JZ

Schriftenreihe
Heft 5

Einführung in das
Insolvenzrecht

von

Reinhard Bork

9., überarbeitete Auflage

Mohr Siebeck 2019

Anschrift des Autors

Prof. Dr. Reinhard Bork
Lehrstuhl für Zivilprozess- und
Allgemeines Prozessrecht
Rothenbaumchaussee 33
20148 Hamburg
E-Mail: bork@uni-hamburg.de

ISBN 978-3-16-156977-7 / eISBN 978-3-16-156978-4
DOI 10.1628/978-3-16-156978-4

ISSN 0937-5538 / eISSN 2569-4162 (JZ-Schriftenreihe)

Die Deutsche Nationalbibliothek verzeichnet diese Publikation in der Deutschen Nationalbibliographie; detaillierte bibliographische Daten sind im Internet über http://dnb.dnb.de abrufbar.

1. Auflage 1995
2. Auflage 1998 überarbeitet
3. Auflage 2002 überarbeitet
4. Auflage 2005 überarbeitet
5. Auflage 2009 neu bearbeitet
6. Auflage 2012 neu bearbeitet
7. Auflage 2014 überarbeitet
8. Auflage 2017 überarbeitet

© 2019 Mohr Siebeck Tübingen. www.mohrsiebeck.com

Das Werk einschließlich aller seiner Teile ist urheberrechtlich geschützt. Jede Verwertung außerhalb der engen Grenzen des Urheberrechtsgesetzes ist ohne Zustimmung des Verlags unzulässig und strafbar. Das gilt insbesondere für die Verbreitung, Vervielfältigung, Übersetzung sowie die Einspeicherung und Verarbeitung in elektronischen Systemen.

Das Buch wurde von Laupp & Goebel in Gomaringen aus der Times gesetzt, auf alterungsbeständiges Werkdruckpapier gedruckt und von der Buchbinderei Nädele in Nehren gebunden.

Vorwort

Die am 1. Januar 1999 in Kraft getretene Insolvenzordnung vom 5. Oktober 1994 führt ein bewegtes Leben. Die Neuregelung eines kompletten Rechtsgebiets hat von Anfang an einen enormen Informationsbedarf ausgelöst, zu dessen Befriedigung die vorliegende Schrift ein wenig beitragen möchte. Sie wendet sich vor allem an die Studierenden. Im Hinblick auf diesen Adressatenkreis ist das Werk als einführendes Lehrbuch konzipiert, bei dem vorrangig Wert auf eine einfache und verständliche Darstellung gelegt wurde. Dem Praktiker, der sich bisher nicht näher mit dem Insolvenzrecht beschäftigt hat, mag es als erste Orientierung, dem Insolvenzfachmann als Quelle für weiterführende Hinweise dienen.

Seit Erscheinen der letzten Auflage ist die Insolvenzordnung erneut mehrfach geändert worden. Zudem haben Rechtsprechung und Literatur in reichem Maße zum weiteren Verständnis des Gesetzes beigetragen, aber auch neue Fragen aufgeworfen. Alles dies war bei der Neubearbeitung zu berücksichtigen, was gelegentlich auch in einer Änderung oder Aufgabe bisher vertretener Ansichten zum Ausdruck kommt. Außerdem mussten die mittlerweile überbordenden Literaturübersichten gestrafft werden; wegen vor Inkrafttreten der Insolvenzordnung erschienener Quellen kann auf die Vorauflage verwiesen werden.

Das Buch befindet sich auf dem Stand vom 15. September 2018. Die Schrift wird weiterhin Fehldeutungen und Schwächen enthalten. Für Verbesserungsvorschläge aller Art wäre ich dankbar!

Hamburg, im September 2018   Reinhard Bork

Inhalt

	Seite	Rdnr.
Verzeichnis der Abkürzungen	XV	
Verzeichnis der abgekürzt zitierten Literatur	XIX	

1. Teil: Grundlagen 1   1

§ 1: Begriff und Zweck des Insolvenzverfahrens 1   1

§ 2: Die Insolvenzordnung als Reformgesetz 5   8
    A. Rechtsentwicklung und Reform 5   8
    B. Schwerpunkte der Reform 7   11

§ 3: Aufbau des Gesetzes 11   24

§ 4: Überblick über den typischen Ablauf
    eines Insolvenzverfahrens 12   28

2. Teil: Beteiligte 14   32

§ 5: Schuldner 14   32
    A. Natürliche und juristische Personen 16   36
    B. Nicht rechtsfähiger Verein 16   37
    C. Gesellschaften ohne Rechtspersönlichkeit 17   39
    D. Nachlass und Gesamtgut 19   42
    E. Juristische Personen des öffentlichen Rechts 20   43
    F. Konzern 21   45a

§ 6: Insolvenzgericht 21   46
    A. Aufgaben 22   47
    B. Zuständigkeit 23   49
    C. Verfahren 25   55
    D. Haftung 27   58

§ 7:	Insolvenzverwalter	28	59
	A. Aufgaben	28	60
	B. Rechtsstellung des Insolvenzverwalters	30	65
	I. Amtsrechtliche Stellung	30	65
	II. Zivilrechtliche Stellung	34	73
§ 8:	Gläubiger	38	80
	A. Gläubigergruppen	39	81
	B. Gläubigerorganisation	43	87
	I. Gläubigerversammlung	43	87
	II. Gläubigerausschuss	46	91

3. Teil: Eröffnung des Insolvenzverfahrens 48   93

§ 9:	Antrag	48	93
§ 10:	Eröffnungsgrund	53	100
	A. Zahlungsunfähigkeit (§ 17 InsO)	54	102
	B. Drohende Zahlungsunfähigkeit (§ 18 InsO)	59	106
	C. Überschuldung (§ 19 InsO)	60	108
	D. Verfahren	62	113
§ 11:	Hinreichende Masse	64	116
§ 12:	Sicherungsmaßnahmen	67	123
	A. Einsetzung eines vorläufigen Insolvenzverwalters	68	125
	B. Allgemeines Verfügungsverbot	70	129
	C. Vollstreckungsverbot	72	131
	D. Sonstige Maßnahmen	72	132
	E. Aufhebung und Anfechtung der Sicherungsmaßnahmen	74	133
§ 13:	Entscheidung über den Antrag	74	135
	A. Abweisung	74	135
	B. Eröffnungsbeschluss	75	136

4. Teil: Wirkungen der Eröffnung 78   139

§ 14:	Beschlagnahme	78	139
	A. Insolvenzmasse	79	140
	B. Beschlagnahmewirkungen	85	150
	C. Sonstige Konsequenzen für den Schuldner	89	156
	D. Exkurs: Die Liquidation von Gesellschaften	90	158

Inhalt IX

§ 15: Berechtigung und gutgläubiger Erwerb 92   162
- A. Verfügungen des Schuldners (§ 81 InsO) 92   163
- B. Leistungen an den Schuldner (§ 82 InsO) 95   171
- C. Sonstiger Rechtserwerb (§ 91 InsO) 96   174

§ 16: Auswirkungen auf schwebende Geschäfte 101   182
- A. Überblick 101   183
- B. Grundsatz (§ 103 InsO) 103   186
  - I. Dogmatik 103   187
  - II. Voraussetzungen 108   197
  - III. Rechtsfolgen 109   199
    1. Erfüllungswahl 109   199
    2. Erfüllungsablehnung 110   201
- C. Ausnahmen 111   203
- D. Insbesondere: Arbeitsverhältnisse in der Insolvenz 115   208
  - I. Auswirkungen der Eröffnung 115   209
  - II. Kündigung 117   211
  - III. Betriebliche Änderungen 118   212
  - IV. Betriebsveräußerung 120   217

§ 17: Auswirkungen auf schwebende Prozesse 121   218
- A. Unterbrechung (§ 240 ZPO) 121   219
- B. Verfahrensfortgang im Aktivprozess 122   220
- C. Verfahrensfortgang im Passivprozess 123   224

5. Teil: Von der „Ist-Masse" zur „Soll-Masse" 125   226

§ 18: Grundgedanke 125   226

§ 19: Forderungseinzug 126   231
- A. Grundzüge 126   232
- B. Gesamt(schadens)liquidation 127   235

§ 20: Insolvenzanfechtung 131   243
- A. Grundlagen 132   244
- B. Voraussetzungen 134   246
  - I. Rechtshandlung 134   246
  - II. Gläubigerbenachteiligung 137   252
  - III. Anfechtungsgrund 140   254
    1. Unentgeltliche Leistung (§ 134 InsO) 141   255
    2. Vorsätzliche Gläubigerbenachteiligung (§ 133 InsO)   143   257
    3. Besondere Insolvenzanfechtung (§§ 130–132 InsO)   147   260
    4. Sonstige Anfechtungsgründe 152   265
- C. Rechtsfolgen 153   266
  - I. Rückgewähranspruch 153   266
  - II. Gegenansprüche des Anfechtungsgegners 156   271
- D. Geltendmachung 157   272

§ 21: Aussonderung ... 160 280
A. Grundgedanke ... 160 281
B. Aussonderungsrechte ... 161 282
C. Verfahren ... 164 288
D. Ersatzaussonderung ... 165 289

§ 22: Absonderung ... 167 292
A. Grundgedanke ... 168 292
B. Absonderungsrechte ... 169 294
C. Verfahren ... 170 298
   I. Verwertung unbeweglichen Vermögens ... 171 299
   II. Verwertung beweglichen Vermögens ... 172 301
      1. Bewegliche Sachen ... 172 301
      2. Forderungen ... 175 305
   III. Absonderungsrecht und Insolvenzforderung ... 176 306
D. Ersatzabsonderung ... 177 307

§ 23: Aufrechnung ... 178 309
A. Grundgedanke ... 178 310
B. Eintritt der Aufrechnungslage vor Verfahrenseröffnung ... 179 311
   I. Insolvenzfestigkeit der Aufrechnungslage ... 179 311
   II. Anfechtbarkeit ... 180 313
C. Eintritt der Aufrechnungslage nach Verfahrenseröffnung ... 182 316
   I. Bedingtheit, Fälligkeit, Gleichartigkeit ... 182 316
   II. Existenz, Gegenseitigkeit ... 183 319

§ 24: Befriedigung der Massegläubiger ... 185 324
A. Hinreichende Masse ... 186 325
B. Unzulängliche Masse ... 186 326

6. Teil: Verteilung der Masse ... 191 330

§ 25: Feststellungsverfahren ... 191 330
A. Überblick ... 191 331
B. Anmeldung der Insolvenzforderungen ... 192 332
C. Prüfungstermin ... 193 333
D. Feststellungsprozess ... 194 335

§ 26: Verwertung der Masse ... 197 341

§ 27: Verteilung ... 199 346
A. Zuständigkeit ... 199 347
B. Verteilungsverzeichnis ... 199 348
C. Auszahlungszeitpunkt ... 200 349
D. Verteilungsschlüssel ... 202 352

7. Teil: Beendigung des Verfahrens ... 204 356

§ 28: Aufhebung und Einstellung ... 204 356
    A. Überblick ... 204 357
    B. Aufhebung ... 204 358
    C. Einstellung ... 205 360

8. Teil: Insolvenzplan ... 208 364

§ 29: Planinhalt ... 209 365
    A. Grundlagen ... 209 365
    B. Darstellender Teil ... 211 370
    C. Gestaltender Teil ... 213 375
        I. Überblick ... 213 375
        II. Rechte der Absonderungsberechtigten ... 215 378
        III. Rechte der Insolvenzgläubiger ... 216 381
        IV. Rechte der nachrangigen Insolvenzgläubiger ... 217 382
        V. Rechtsstellung des Schuldners ... 217 383
        VI. Rechtsstellung der Anteilseigner ... 218 385

§ 30: Planverfahren ... 219 386
    A. Initiativrecht ... 219 387
    B. Verfahren ... 219 388
        I. Ausarbeitung des Plans ... 219 388
        II. Vorlage ... 219 389
        III. Prüfung durch das Insolvenzgericht ... 220 390
        IV. Annahme des Plans durch die Gläubiger ... 220 392
        V. Zustimmung des Schuldners ... 222 396
        VI. Gerichtliche Bestätigung ... 223 397
        VII. Wirkungen ... 224 401
        VIII. Aufhebung des Verfahrens ... 225 403
    C. Erfüllung des Plans ... 226 404
        I. Durchsetzung ... 226 404
        II. Überwachung der Planerfüllung ... 227 407

9. Teil: Sanierung in der Insolvenz ... 230 412

§ 31: Sanierung ... 231 413
    A. Überblick ... 231 413
    B. Ursachen- und Schwachstellenanalyse ... 233 415
    C. Verfahren ... 234 418
        I. Prüfung der Fortführungsmöglichkeit ... 234 419
        II. Kompetenzen ... 235 422
        III. Insolvenzplan als Sanierungsinstrument ... 235 424

IV. Einzelne Maßnahmen ... 237 426
   1. Sicherung des Unternehmensbestandes ... 237 427
   2. Kapitalzufuhr ... 238 428
   3. Umstrukturierungen ... 240 432

§ 32: Übertragende Sanierung ... 240 433
   A. Grundgedanke ... 240 434
   B. Preisfindung ... 241 435
   C. Durchführung ... 243 440

10. Teil: Restschuldbefreiung ... 245 445

§ 33: Überblick ... 246 446
   A. Grundgedanke ... 246 446
   B. Begünstigter Personenkreis ... 246 447
   C. Voraussetzungen ... 247 448

§ 34: Verfahren ... 251 453

11. Teil: Besondere Verfahren ... 258 463

§ 35: Eigenverwaltung ... 258 463
   A. Grundgedanke ... 258 464
   B. Voraussetzungen ... 260 467
   C. Verfahren ... 261 469
   D. Rechtsfolgen ... 262 470

§ 36: Verbraucherinsolvenzverfahren ... 264 476
   A. Grundgedanke ... 265 477
   B. Anwendungsbereich ... 266 478
   C. Verfahren ... 267 480
      I. Eröffnungsantrag eines Gläubigers ... 267 481
      II. Eröffnungsantrag des Schuldners ... 267 482
         1. Außergerichtlicher Einigungsversuch ... 267 483
         2. Insolvenzantrag ... 268 484
         3. Gerichtliche Vermittlung einer Schuldenbereinigung 268 485
      III. Insolvenzverfahren ... 270 487

§ 37: Insolvenzverfahren über besondere Vermögensmassen ... 271   489
A. Nachlassinsolvenz ... 271   489
  I. Grundgedanke ... 271   490
  II. Verfahren ... 272   492
    1. Insolvenzantrag ... 272   492
    2. Eröffnungsgründe ... 273   495
    3. Insolvenzmasse ... 274   496
    4. Gläubigerklassen ... 274   497
B. Gesamtgutinsolvenz ... 275   500
  I. Eherechtliche Grundlagen ... 275   501
  II. Insolvenzrechtliche Konsequenzen ... 277   504
    1. Insolvenzverfahren über das Vermögen eines Ehegatten ... 277   504
    2. Insolvenzverfahren über das gemeinsam verwaltete Gesamtgut ... 278   507
    3. Insolvenzverfahren bei fortgesetzter Gütergemeinschaft ... 279   509

12. Teil: Internationales Insolvenzrecht im Überblick ... 280   510

§ 38: Grenzüberschreitende Wirkungen eines Insolvenzverfahrens ... 280   510
A. Einführung ... 281   511
B. Internationale Zuständigkeit ... 282   514
C. Anerkennung der Insolvenzeröffnung ... 284   516
  I. Auslandswirkungen einer Inlandsinsolvenz ... 284   516
  II. Inlandswirkungen einer Auslandsinsolvenz ... 285   518
D. Anwendbares Recht ... 287   522
E. Sonderinsolvenzverfahren ... 288   525

13. Teil: Insolvenzstrafrecht ... 290   527

§ 39: Überblick über die insolvenzbezogenen Strafnormen ... 290   527
A. Allgemeines ... 290   528
B. Begrifflichkeiten ... 291   529
C. Insolvenzstraftaten im engeren Sinne ... 291   530
D. Insolvenzstraftaten im weiteren Sinne ... 293   536

Paragrafenregister ... 295

Stichwortverzeichnis ... 303

Verzeichnis der Abkürzungen

a. A.	anderer Ansicht
Abs.	Absatz
AcP	Archiv für die civilistische Praxis
AG	Aktiengesellschaft; Aktiengesetz; Die Aktiengesellschaft (Zeitschr.); Amtsgericht
AktG	Aktiengesetz
Alt.	Alternative
a. M.	anderer Meinung
AnfG	Anfechtungsgesetz
Anh.	Anhang
Anm.	Anmerkung
AnwBl.	Anwaltsblatt
AO	Abgabenordnung
AP	Arbeitsrechtliche Praxis
arg.	argumentum
Art.	Artikel
Aufl.	Auflage
ausf.	ausführlich
Ausn.	Ausnahme
BAG	Bundesarbeitsgericht
BayObLG	Bayerisches Oberstes Landesgericht
BayObLGZ	Entscheidungen des Bayerischen Obersten Landesgerichts in Zivilsachen
BB	Der Betriebs-Berater
Bd.	Band
Begr.	Begründung
BetrAVG	Gesetz zur Verbesserung der betrieblichen Altersversorgung
BetrVG	Betriebsverfassungsgesetz
BGB	Bürgerliches Gesetzbuch
BGBl.	Bundesgesetzblatt
BGH	Bundesgerichtshof
BGHZ	Entscheidungen des Bundesgerichtshofs in Zivilsachen
BMJ	Bundesministerium der Justiz
BR-Drs.	Bundesrats-Drucksache
BT-Drs.	Bundestags-Drucksache
BVerfG	Bundesverfassungsgericht
BVerfGE	Entscheidungen des Bundesverfassungsgerichts
BVerwG	Entscheidungen des Bundesverwaltungsgerichts
bzw.	beziehungsweise
d. h.	das heißt
dass.	dasselbe
DB	Der Betrieb

DDR	Deutsche Demokratische Republik
ders.	derselbe
DGVZ	Deutsche Gerichtsvollzieher-Zeitung
dies.	dieselbe(n)
Diss.	Dissertation
DJT	Deutscher Juristentag
DM	Deutsche Mark
DNotZ	Deutsche Notar-Zeitschrift
DRiZ	Deutsche Richterzeitung
DStR	Deutsches Steuerrecht
DZWiR	Deutsche Zeitschrift für Wirtschaftsrecht
EDV	Elektronische Datenverarbeitung
EG	Europäische Gemeinschaft(en)
EGBGB	Einführungsgesetz zum Bürgerlichen Gesetzbuch
EGInsO	Einführungsgesetz zur Insolvenzordnung
EMRK	Europäische Menschenrechtskonvention
ESUG	Gesetz zur weiteren Erleichterung der Sanierung von Unternehmen
etc.	et cetera
EuInsVO	Europäische Insolvenzverordnung
EV	Eigentumsvorbehalt
evtl.	eventuell
EWiR	Entscheidungen zum Wirtschaftsrecht
EWIV	Europäische Wirtschaftliche Interessenvereinigung
f.	folgende(r); für
FamFG	Gesetz über das Verfahren in Familiensachen und in den Angelegenheiten der freiwilligen Gerichtsbarkeit
FamRZ	Zeitschrift für das gesamte Familienrecht
Festschr.	Festschrift
ff.	folgende
FLF	Finanzierung, Leasing, Factoring (Zeitschr.)
Fn.	Fußnote
Frhr.	Freiherr
FS	Festschrift
GBO	Grundbuchordnung
GbR	Gesellschaft bürgerlichen Rechts
GenG	Genossenschaftsgesetz
GesR	Gesellschaftsrecht
GG	Grundgesetz
GmbH	Gesellschaft mit beschränkter Haftung
GmbHG	Gesetz betreffend die Gesellschaften mit beschränkter Haftung
GSZ	Großer Senat für Zivilsachen
GVG	Gerichtsverfassungsgesetz
HGB	Handelsgesetzbuch
h.M.	herrschende Meinung
Hrsg.	Herausgeber
Hs.	Halbsatz
i.Ts.	im Taunus
i.d.F.	in der Fassung
i.d.R.	in der Regel
InsO	Insolvenzordnung
InsVV	Insolvenzrechtliche Vergütungsverordnung

Verzeichnis der Abkürzungen	XVII

InVo	Insolvenz und Vollstreckung
IPRax	Praxis des Internationalen Privat- und Verfahrensrechts
i.V.m.	in Verbindung mit
JA	Juristische Arbeitsblätter
JR	Juristische Rundschau
Jura	Jura (Zeitschr.)
JurBüro	Das juristische Büro
JuS	Juristische Schulung
JZ	Juristenzeitung
KG	Kammergericht; Kommanditgesellschaft
KO	Konkursordnung
KSchG	Kündigungsschutzgesetz
KTS	Zeitschrift für Insolvenzrecht
KuT	Konkurs- und Treuhandwesen
LAG	Landesarbeitsgericht
LG	Landgericht
lit.	littera
Lit.	Literatur
LitVerz.	Literaturverzeichnis
LM	Lindenmaier/Möhring
LZ	Leipziger Zeitung
m.	mit
m.w.N.	mit weiteren Nachweisen
MDR	Monatsschrift für Deutsches Recht
MutterschutzG	Mutterschutzgesetz
NdsRpfleger	Niedersächsische Rechtspfleger
NJW	Neue Juristische Wochenschrift
NJW-RR	NJW-Rechtsprechungsreport Zivilrecht
Nr.	Nummer
NZA	Neue Zeitschrift für Arbeits- und Sozialrecht
NZG	Neue Zeitschrift für Gesellschaftsrecht
NZI	Neue Zeitschrift für Insolvenzrecht
o.	oben
oHG	offene Handelsgesellschaft
OLG	Oberlandesgericht
PatG	Patentgesetz
RabelsZ	Rabels Zeitschrift für ausländisches und internationales Privatrecht
RdA	Recht der Arbeit
Rdnr.	Randnummer
RegE	Regierungsentwurf (wenn nicht anders angegeben: zur Insolvenzordnung)
RG	Reichsgericht
RGBl.	Reichsgesetzblatt
RGZ	Entscheidungen des Reichsgerichts in Zivilsachen
Rpfleger	Der Deutsche Rechtspfleger
RPflG	Rechtspflegergesetz
S.	Satz; Seite
s.	siehe
SGB	Sozialgesetzbuch
s.o.	siehe oben
sog.	sogenannte

Verzeichnis der Abkürzungen

StGB	Strafgesetzbuch
str.	streitig
s. u.	siehe unten
u.	unten
u. a.	unter anderem/n
UrhG	Urheberrechtsgesetz
US	United States (of America)
USt.	Umsatzsteuer
v.	von
VerglO	Vergleichsordnung
VermG	Vermögensgesetz
VersR	Versicherungsrecht
VGH	Verwaltungsgerichtshof
vgl.	vergleiche
VglO	Vergleichsordnung
VVG	Versicherungsvertragsgesetz
WG	Wechselgesetz
WiB	Wirtschaftsrechtliche Beratung
WM	Wertpapier-Mitteilungen
WPg.	Die Wirtschaftsprüfung
z. B.	zum Beispiel
ZBB	Zeitschrift für Bankrecht und Bankwirtschaft
Zeitschr.	Zeitschrift
ZEuP	Zeitschrift für Europäisches Privatrecht
ZfG	Zeitschrift für Gesetzgebung
ZGR	Zeitschrift für Unternehmens- und Gesellschaftsrecht
ZHR	Zeitschrift für das gesamte Handelsrecht
ZInsO	Zeitschrift für das gesamte Insolvenzrecht
ZIP	Zeitschrift für Wirtschaftsrecht
ZPO	Zivilprozessordnung
ZRP	Zeitschrift für Rechtspolitik
zust.	zustimmend
ZVG	Gesetz über die Zwangsversteigerung und Zwangsverwaltung
ZZP	Zeitschrift für Zivilprozess

Verzeichnis der abgekürzt zitierten Literatur

Die Literatur ist im Folgenden nur aufgeführt, soweit sie nicht in den Literaturübersichten zu Beginn eines jeden Paragrafen besonders genannt ist.

Ahrens/Gehrlein/ Ringstmeier	*Ahrens, Martin/Markus Gehrlein/Andreas Ringstmeier*, Fachanwaltskommentar Insolvenzrecht, 3. Aufl., Köln 2017
Andres/Leithaus	*Andres, Dirk/Rolf Leithaus*, InsO, 4. Aufl., München 2018
Balz/Landfermann	*Balz, Manfred/Hans-Georg Landfermann*, Die neuen Insolvenzgesetze, 2. Aufl., Düsseldorf 1999
Baur/Stürner	*Baur, Fritz/Rolf Stürner*, Zwangsvollstreckungs-, Konkurs- und Vergleichsrecht, Bd. II, 12. Aufl., Heidelberg 1990
Becker	*Becker, Christoph*, Insolvenzrecht, 3. Aufl., Köln/Berlin/München 2010
Biehl	Grundklagen des Insolvenzrechts, 4. Aufl. 2010
Blersch/Goetsch/Haas-Bearbeiter	*Blersch, Jürgen/Hans.-W. Goetsch/Ulrich Haas*, Insolvenzrecht, Berlin, Stand Juli 2018
Bork	*Bork, Reinhard*, Allgemeiner Teil des Bürgerlichen Gesetzbuchs, 4. Aufl., Tübingen 2016
Braun-Bearbeiter	*Braun, Eberhard*, Insolvenzordnung, 7. Aufl., München 2017
Braun/Riggert/Herzig	*Braun, Eberhard/Rainer Riggert/Dirk Herzig*, Schwerpunkte des Insolvenzverfahrens, 5. Aufl., Stuttgart 2012
Brei/Bultmann	*Brei, Kathrin/Britta Bultmann*, Insolvenzrecht, 2008
Breuer	*Breuer, Wolfgang*, Insolvenzrecht, 3. Aufl., München 2011
Cranshaw/Paulus/Michel	*Cranshaw, Friedrich L/Christoph G. Paulus/Nicole Michel*, Bankenkommentar zum Insolvenzrecht, 3. Aufl., Heidelberg 2016
Foerste	*Foerste, Ulrich*, Insolvenzrecht, 7. Aufl., München 2018
Gaul/Schilken/Becker-Eberhard	*Gaul, Hans Friedhelm/Eberhard Schilken/Ekkehard Becker-Eberhard*, Zwangsvollstreckungsrecht, 12. Aufl., München 2010
Gerhardt	*Gerhardt, Walter*, Grundbegriffe des Vollstreckungs- und Insolvenzrechts, Stuttgart/Berlin/Köln/Mainz 1985
Gleußner	*Gleußner, Irmgard*, Insolvenzrecht, 2015
Gogger	*Gogger, Martin*, Insolvenzrecht, 2. Aufl., München 2006
Gottwald-Bearb.	*Gottwald, Peter* (Hrsg.), Insolvenzrechts-Handbuch, 5. Aufl., München 2015
Graf-Schlicker-Bearb.	*Graf-Schlicker, Marie Luise* (Hrsg.), InsO, 5. Aufl., Köln 2018

Verzeichnis der abgekürzt zitierten Literatur

Haarmeyer/Wutzke/ Förster	Haarmeyer, Hans/Wolfgang Wutzke/Karsten Förster (Hrsg.), Insolvenzordnung, 2. Aufl., Köln 2012 (zit.: InsO)
dies.	Handbuch zur Insolvenzordnung, 4. Aufl., München 2013 (zit.: Hdb.)
dies.	Präsenzkommentar zur Insolvenzordnung, Münster 2010 (zit.: PK.InsO)
Häsemeyer	Häsemeyer, Ludwig, Insolvenzrecht, 4. Aufl., Köln/Berlin/Bonn/München 2007
HambK.InsO	Schmidt, Andreas, Hamburger Kommentar zum Insolvenzrecht, 6. Aufl., Köln 2017
Hess	Hess, Harald (Hrsg.), Kölner Kommentar zur InsO, Köln (ab) 2016
Hess/Pape	Hess, Harald/Gerhard Pape, InsO und EGInsO, Köln 1995
Jaeger(KO)-Bearbeiter	Jaeger, Ernst, KO, 9. Aufl., Berlin/New York ab 1977; 8. Aufl., Berlin ab 1958
Jaeger-Bearbeiter	Jaeger, Ernst, Insolvenzordnung, Berlin ab 2004
Jauernig/Berger	Jauernig, Othmar/Christian Berger, Zwangsvollstreckungs- und Insolvenzrecht, 23. Aufl., München 2010
Kayser/Thole-Bearbeiter	Kayser, Godehard/Thole, Christoph (Hrsg.), Heidelberger Kommentar zur InsO, 9. Aufl., Heidelberg 2018
Keller	Keller, Ulrich, Insolvenzrecht, 2. Aufl. München 2018
Kirchhof	Kirchhof, Hans-Peter, Leitfaden zum Insolvenzrecht, 2. Aufl., Herne/Berlin 2000
Kölner Schrift	Arbeitskreis für Insolvenz- und Schiedsgerichtswesen e.V. (Hrsg.), Kölner Schrift zur Insolvenzordnung, 3. Aufl., Herne/Berlin 2009
Kraemer	Kraemer, Joachim, Das neue Insolvenzrecht: Gesetze, Begründungen, Materialien, Bonn 1995
Krüger	Krüger, Frank, Insolvenzrecht, 10. Aufl., Altenberge 2018
Kübler (Hrsg.)	Kübler, Bruno M. (Hrsg.), Neuordnung des Insolvenzrechts, Köln 1989
Kübler/Prütting/Bork-Bearbeiter	Kübler, Bruno M./Hanns Prütting/Reinhard Bork (Hrsg.), InsO, Köln Stand Mai 2018
Kuhn/Uhlenbruck	Kuhn, Georg/Wilhelm Uhlenbruck, KO, 11. Aufl., München 1994
Leipold (Hrsg.)	Leipold, Dieter (Hrsg.), Insolvenzrecht im Umbruch, Köln/Berlin/Bonn/München 1991
Leonhardt/Smid/Zeuner	Leonhardt, Peter/Stefan Smid/Mark Zeuner, InsO, 3. Aufl., Stuttgart 2010
Mohrbutter/Ringstmeier	Mohrbutter, Harro/Andreas Ringstmeier (Hrsg.), Handbuch der Insolvenzverwaltung, 9. Aufl., Köln/Berlin/Bonn/München 2015
MünchKomm.BGB-Bearb.	Münchener Kommentar zum BGB, 7. Aufl., München ab 2015
MünchKomm.InsO-Bearb.	Münchener Kommentar zur InsO, 3. Aufl. München ab 2013
MünchKomm.ZPO-Bearb.	Münchener Kommentar zur ZPO, 5. Aufl., München ab 2016
Nerlich/Römermann-Bearbeiter	Nerlich, Jörg/Volker Römermann, InsO, München Stand April 2018

Verzeichnis der abgekürzt zitierten Literatur XXI

Obermüller/Hess	*Obermüller, Manfred/Harald Hess*, InsO, 4. Aufl., Heidelberg 2003
Palandt-Bearbeiter	*Palandt, Otto*, BGB, 77. Aufl., München 2018
Pape	*Pape, Gerhard*, NWB-Kommentar zum Insolvenzrecht, Herne 2013
Pape/Uhlenbruck/Voigt-Salus	*Pape, Gerhard/Wilhelm Uhlenbruck/Joachim Voigt-Salus*, Insolvenzrecht, 2. Aufl., München 2010
Paulus	*Paulus, Christoph*, Insolvenzrecht, 3. Aufl., München, 2017
Reischl	*Reischl, Klaus*, Insolvenzrecht, 4. Aufl., Heidelberg u. a. 2016Heidelberg 2008
K. Schmidt/Bearbeiter	*Schmidt, Karsten*, InsO, 19. Aufl., München 2016
K. Schmidt, GesR	*Schmidt, Karsten*, Gesellschaftsrecht, 4. Aufl., Köln/Berlin/Bonn/München 2002
Schmidt-Räntsch	*Schmidt-Räntsch, Ruth*, Insolvenzordnung, Köln 1995
Smid	*Smid, Stefan*, Grundzüge des Insolvenzrechts, 4. Aufl., München 2002
Staudinger-Bearbeiter	*Staudinger, Julius von*, Neubearbeitungen, Berlin/New York ab 2003
Stein/Jonas-Bearbeiter	*Stein, Friedrich/Martin Jonas*, ZPO, 21. Aufl., Tübingen ab 1993; 22. Aufl., Tübingen ab 2002; 23. Aufl., Tübingen ab 2014
Thomas/Putzo-Bearbeiter	*Thomas, Heinz/Hans Putzo*, ZPO, 39. Aufl., München 2018
Uhlenbruck	*Uhlenbruck, Wilhelm*, Das neue Insolvenzrecht, Herne/Berlin 1994
Uhlenbruck-Bearbeiter	*Uhlenbruck, Wilhelm*, InsO, 15. Aufl., München 2018
Wimmer-Bearbeiter	*Wimmer, Klaus*, Frankfurter Kommentar zur InsO, 9. Aufl., Köln 2018
Zimmermann	*Zimmermann, Walter*, Grundriss des Insolvenzrechts, 11. Aufl., Heidelberg 2018
Zöller-Bearbeiter	*Zöller, Richard*, ZPO, 32. Aufl., Köln 2018

1. Teil

Grundlagen

§ 1: Begriff und Zweck des Insolvenzverfahrens

Literatur: *Bauer*, Ungleichbehandlung der Gläubiger im geltenden Insolvenzrecht, 2007; *Hoffmann*, Prioritätsgrundsatz und Gläubigergleichbehandlung, 2016; *Lepa*, Insolvenzordnung und Verfassungsrecht, 2002; *Vorwerk*, Von der typenübergreifenden Gemeinschaft der insolvenzbeteiligten Gläubiger, 2007; *Werres*, Grundrechtsschutz in der Insolvenz, 2007.

1

Man spricht von der Insolvenz eines Schuldners, wenn sein Vermögen nicht mehr ausreicht, um alle Gläubiger zu befriedigen. Deshalb dient das Insolvenzverfahren nach § 1 S. 1 InsO dazu, „die Gläubiger eines Schuldners gemeinschaftlich zu befriedigen, indem das Vermögen des Schuldners verwertet und verteilt oder in einem Insolvenzplan eine abweichende Regelung, insbesondere zum Erhalt des Unternehmens, getroffen wird"[1]. Ziel eines Insolvenzverfahrens[2] ist danach die **gemeinschaftliche Befriedigung der Gläubiger** eines Schuldners. Dadurch unterscheidet sich das Insolvenzverfahren als Gesamtvollstreckung von der Einzelzwangsvollstreckung. Bei dieser greifen einzelne Gläubiger – jeder für sich – auf einzelne Vermögensgegenstände zu. Haben mehrere Gläubiger denselben Gegenstand pfänden lassen, so werden sie aus dem Erlös nach dem Prioritätsprinzip befriedigt, also in der Reihenfolge des Zugriffs (§ 804 Abs. 3 ZPO). Der dadurch bedingte „Wettlauf der Gläubiger" ist nur solange tolerabel, wie das Vermögen des Schuldners für alle Gläubiger ausreicht. Reicht es nicht aus, wäre es ungerecht, die Forderung des schnellsten Gläubigers voll zu befriedigen, während die übrigen Gläubiger leer ausgehen. Deshalb muss an die Stelle der Einzelzwangsvollstreckung eine Gesamtvollstreckung treten, die zu einer gemeinschaftlichen Befrie-

---

[1] Dazu *Kirchhof*, FS Gerhardt, 2004, S. 443 ff.; vgl. auch *Pöggeler*, FS Nörr, 2003, S. 739 ff.
[2] Grundsätzliche Überlegungen u. a. bei *Eidenmüller*, ZIP 2016, 145 ff.; *Madaus*, FS Wimmer, 2017, S. 446 ff.; *v. Wilmowsky* in: 100 Jahre Rechtswissenschaft in Frankfurt, 2014, 655 ff.

dlgung der Gläubiger führen soll und den Zugriff des einzelnen ausschließt[3].

2 Ein Insolvenzverfahren setzt also voraus, dass das Vermögen des Schuldners nicht zur Befriedigung aller Gläubiger genügt. Anderenfalls kommt es mangels eines Eröffnungsgrundes gar nicht zu einem Insolvenzverfahren (vgl. §§ 16 ff. InsO; → Rdnr. 101 ff.); stellt sich nachträglich heraus, dass das Vermögen doch ausreicht, ist das Verfahren einzustellen (§ 212 InsO; → Rdnr. 361). Sind aber nicht genügend Vermögenswerte vorhanden, um alle Forderungen zu befriedigen, so bedeutet eine gemeinschaftliche Befriedigung aller Gläubiger nicht nur eine gemeinsame, sondern immer auch eine **anteilige Befriedigung**: Ihre Forderungen werden nicht voll, sondern nur quotal erfüllt, also nur zu einem bestimmten Prozentsatz, dessen Höhe davon abhängt, wieviel verwertbares Vermögen zur Verfügung steht. Das Insolvenzrecht geht dabei von dem Grundsatz der Gleichbehandlung aller Gläubiger (*par condicio creditorum*[4]) aus, der vor allem in §§ 1, 38 InsO zum Ausdruck kommt und bei dem es sich um ein Kernstück des Insolvenzrechts handelt[5]: Die Quote aller Insolvenzgläubiger soll gleich hoch sein (sofern nicht besondere Umstände eine Ungleichbehandlung rechtfertigen; → Rdnr. 81 ff.).

3 Die Befriedigung der Gläubiger erfolgt **durch Verwertung des Schuldnervermögens**. Das Gesetz nennt das verwertbare Schuldnervermögen die *Insolvenzmasse* (§ 35 InsO; → Rdnr. 141), die gemäß § 38 InsO zur Befriedigung der Insolvenzgläubiger[6] zur Verfügung steht. Das Insolvenzverfahren dient damit der *Verwirklichung der Vermögenshaftung*: Es soll das gesamte Vermögen des Schuldners, mit dem er seinen Gläubigern für die Erfüllung ihrer Forderungen haftet, verwertet werden. Die meisten[7] Gläubiger haben sich mit dem Schuldner nur im Vertrauen auf eine bestimmte Haftungsmasse eingelassen (mögen sie oft auch nur recht diffuse Vorstellungen davon gehabt haben, welches Vermögen ihnen im Ernstfall zur Verfügung

---

[3] Vgl. auch § 89 Abs. 1 InsO: Für die Dauer des Insolvenzverfahrens ist den Insolvenzgläubigern die Einzelzwangsvollstreckung untersagt.

[4] D 42, 8, 6, 7 (Ulp.): Par condicio creditorum facta esset. – Kritisch zur Verwirklichung dieses Grundsatzes im geltenden Recht *Bauer* (Rdnr. 1) und DZWIR 2007, 188 ff.; *Knospe*, ZInsO 2014, 861 ff.; vgl. ferner *v. Gleichenstein*, NZI 2015, 49 ff.; *Hoffmann* (Rdnr. 1); *Kodek*, KTS 2014, 215 ff.; *Zipperer*, FS Vallender, 2015, S. 843 ff.

[5] *BGHZ* 88, 147, 151; 41, 98, 101; *Bork*, ZIP 2014, 797 ff.; *Brehm*, FS Jelinek, 2002, S. 15 ff.; *Windel*, Jura 2002, 230 ff.

[6] Näher zum Begriff der Insolvenzgläubiger unten Rdnr. 81.

[7] Nicht alle; der folgende Satz gilt zum Beispiel nicht für die Deliktsgläubiger, deren Ansprüche aus einer unerlaubten Handlung des Schuldners herrühren.

§ 1: Begriff und Zweck des Insolvenzverfahrens

steht). Diese Haftungsmasse wird jetzt, soweit noch vorhanden, verwertet. Das Insolvenzverfahren ist also ein rein vermögensorientiertes Verfahren zur Durchsetzung der materiell-rechtlichen Haftungsordnung und kein Verfahren, in dem ein Unwerturteil über die Person des Schuldners gefällt wird[8].

Für die Verwertung des Schuldnervermögens stehen **drei Wege** zur Verfügung[9]: 4

(1) In den meisten Fällen werden die einzelnen Gegenstände des Schuldnervermögens zu Geld gemacht und der Erlös an die Gläubiger verteilt. Man spricht dann von der *Liquidation* des Vermögens[10]. In ihr kommt auch zum Ausdruck, dass es Aufgabe des Insolvenzrechts ist, dafür zu sorgen, dass marode Unternehmen rechtzeitig vom Markt genommen werden (sog. Ordnungsfunktion)[11].

(2) Bei Unternehmen kommt daneben die *Sanierung* in Betracht. Hier wird das Schuldnervermögen (das Unternehmen als Vermögen des Unternehmensträgers[12], also des „Inhabers", der eine natürliche Person, eine juristische Person oder eine Gesellschaft ohne Rechtspersönlichkeit ist; → Rdnr. 36 ff.) dadurch für die Gläubiger eingesetzt, dass es – in der Regel nach nicht unerheblichen Investitionen und Umstrukturierungen – wieder „fit gemacht" wird, so dass es Erträge erwirtschaften kann, aus denen die Gläubiger befriedigt werden können (→ Rdnr. 413 ff.). Man spricht hier auch von einer „investiven Verwertung". Der Schuldner bekommt dabei die Verfügungsmacht über sein Unternehmen zurück, sobald es durch den Insolvenzverwalter bzw. auf der Grundlage eines Insolvenzplans erfolgreich saniert und das Insolvenzverfahren damit abgeschlossen ist. Saniert wird hier nicht nur das Unternehmen, sondern auch der Unternehmensträger, also der Insolvenzschuldner.

(3) Schließlich ist an eine *übertragende Sanierung* zu denken, bei der ein überlebensfähiges Unternehmen (oder ein Teil davon) auf einen anderen Rechtsträger, etwa einen Konkurrenten oder eine Auffanggesellschaft, übertragen und der Kaufpreis als Erlös an die Gläubiger

---

[8] Ausf. dazu *Uhlenbruck*, FS Gerhardt, 2004, S. 979 ff.; vgl. auch *BGH* NJW 2005, 511 f.
[9] Vgl. dazu *Wellensiek*, WM 1999, 405 ff.
[10] Näher unten Rdnr. 227 ff., 342 ff.; zu der Frage, ob das Insolvenzverfahren auch der gesellschaftsrechtlichen Liquidation dient, s. Rdnr. 158.
[11] Vgl. dazu u. a. *Flessner*, KTS 2010, 127, 143; *Heese*, JZ 2018, 179, 180 f.; *Korch*, ZHR 182 (2018), 440, 443 ff.; *Madaus*, FS Wimmer, 2017, S. 446, 448 f.
[12] Vgl. zur Unterscheidung zwischen dem Unternehmen als wirtschaftlicher Einheit (Organisation) und Unternehmensträger als Rechtssubjekt grundlegend *K. Schmidt*, Handelsrecht, 6. Aufl. 2014, § 3 Rdnr. 44 ff.

des bisherigen Unternehmensträgers verteilt wird. Da der bisherige Unternehmensträger in aller Regel eine juristische Person (GmbH) ist, die durch das Insolvenzverfahren liquidiert wird (→ Rdnr. 158), spricht man hier auch von einer „sanierenden Liquidation". Das im Wege der Übertragung zu sanierende Unternehmen wird vom zu liquidierenden Unternehmensträger getrennt (→ Rdnr. 434 ff.).

5   Diese drei Wege stehen nach dem Gesetz **gleichrangig** nebeneinander. Es gibt keinen gesetzlichen Vorrang der Liquidation, auch wenn ihr in der Praxis die größte Bedeutung zukommt. Den Ausschlag muss vielmehr geben, welcher Weg die beste Gläubigerbefriedigung verspricht[13]. Die Entscheidung darüber, welcher Weg beschritten werden soll, wird nach einem für alle Verwertungsformen gemeinsamen und einheitlichen Verfahrensbeginn im sog. Berichtstermin von der Gläubigerversammlung getroffen (§§ 29 Abs. 1 Nr. 1, 156 f. InsO)[14].

6   Von den Gläubigern wird noch eine zweite grundlegende Entscheidung verlangt. Jede der drei Verwertungsarten kann nämlich **nach den gesetzlichen Vorgaben oder privatautonom auf der Grundlage eines Insolvenzplans** durchgeführt werden (vgl. noch einmal § 1 S. 1 InsO). Das Gesetz stellt das Instrumentarium für eine Zwangsverwertung durch den Insolvenzverwalter zur Verfügung, erlaubt es den Beteiligten aber auch, in einem Insolvenzplan ein vom gesetzlichen Modell abweichendes, dem konkreten Einzelfall besser gerecht werdendes Verfahren zu vereinbaren (§§ 217 ff. InsO; → Rdnr. 364 ff.). Ein solches Vorgehen bietet sich vor allem an, wenn ein Unternehmen saniert werden soll, ist darauf aber, wie sich aus dem Wortlaut des § 1 S. 1 InsO („insbesondere") ergibt, nicht beschränkt. Auch die Liquidation kann also in einem Insolvenzplan geregelt werden.

7   Nach dem bisher Gesagten ist das Insolvenzverfahren in erster Linie ein Vermögensverwertungsverfahren. Das Schuldnervermögen soll auf einem der in Rdnr. 4 genannten Wege verwertet und der Verwertungserlös an die Gläubiger verteilt werden. Daneben kann ein zweiter Ver-

---

[13] Das gilt auch für die Sanierung; ausf. *Landfermann*, FS Wimmer, 2017, S. 408 ff. m. w. N.

[14] Diese Konzeption des Gesetzes stößt freilich in der Praxis regelmäßig auf Schwierigkeiten, weil der Berichtstermin nicht selten erst sechs Monate nach dem Insolvenzantrag stattfindet und man mit der Rettung eines insolventen Unternehmens nicht so lange warten kann. Meistens leitet daher schon der vorläufige Insolvenzverwalter Maßnahmen ein, die dann vom endgültigen Insolvenzverwalter nach der Eröffnung, aber vor dem Berichtstermin umgesetzt werden. Faktisch entscheidet also oft der Insolvenzverwalter (ggf. mit Zustimmung eines vorläufigen Gläubigerausschusses, vgl. §§ 22a, 158 InsO) über die Verwertungsform; die Gläubiger können diese Entscheidung im Berichtstermin nur noch zur Kenntnis nehmen.

fahrenszweck treten: die **Restschuldbefreiung** für den Schuldner (§ 1 S. 2 InsO; → Rdnr. 445 ff.)[15]. Sie ergibt sich bei Verbänden (Gesellschaften) von selbst, weil sie in aller Regel am Ende des Insolvenzverfahrens gelöscht werden, so dass mit dem Schuldner auch die Schulden wegfallen (→ Rdnr. 447), oder die Entschuldung in einem Sanierungsverfahren bewirkt wird (→ Rdnr. 4, 6). Bei natürlichen Personen hingegen ist ein besonderes Restschuldbefreiungsverfahren erforderlich, weil das reine Vermögensverwertungsverfahren nur zu einer anteiligen Gläubigerbefriedigung führt (→ Rdnr. 2). Wegen des nicht erfüllten Teils ihrer Ansprüche können die Gläubiger nach Abschluss des Insolvenzverfahrens weiter gegen den Schuldner vorgehen (§ 201 Abs. 1 InsO). Da die Quote, zu der die Forderungen im Insolvenzverfahren befriedigt werden, regelmäßig deutlich unter 10 % liegt, bedeutet ein unbeschränktes Nachforderungsrecht, dass der Schuldner nur schwer wieder „auf einen grünen Zweig kommen" kann. Um redlichen Schuldnern einen Neuanfang zu ermöglichen, sieht die Insolvenzordnung in §§ 286 ff. das Restschuldbefreiungsverfahren vor.

§ 2: Die Insolvenzordnung als Reformgesetz

A. Rechtsentwicklung und Reform[1]

Das Insolvenzrecht ist im Wesentlichen in der am 1.1.1999 in Kraft **8** getretenen Insolvenzordnung geregelt. Sie hat die *Konkursordnung* (vom 10.2.1877; RGBl. 351), die *Vergleichsordnung* (vom 26.2.1935; RGBl. I, 321) und – für die ehemals zur DDR gehörenden „neuen Bundesländer" – die *Gesamtvollstreckungsordnung* (i. d. F. vom 23.5.1991; BGBl. I, 1185) abgelöst. Damit war ein Gesetzgebungsverfahren abgeschlossen, das in seinen Ursprüngen bis in das Jahr 1978 zurückreichte. Damals setzte der Bundesminister der Justiz eine Kommission für Insolvenzrecht ein, in die Wissenschaftler und Praktiker des Insolvenzrechts sowie Sachverständige aus Gewerkschaften und Verbänden berufen wurden und die den Auftrag erhielt, Vorschläge für eine Reform des Insolvenzrechts zu erarbeiten. Diesem Auftrag lag die – vor allem durch die wirtschaftlichen Folgen der „Ölkrise"

---

[15] Ausf. zur Funktion des Insolvenzverfahrens als Entschuldungsverfahren *Madaus*, JZ 2016, 548 ff.
[1] Allg. zur Geschichte des Konkurses *Paulus*, JZ 2009, 1148 ff.; *Uhlenbruck*, DZWIR 2007, 1 ff.; zur Geschichte der InsO *Gerhardt*, FS Leipold, 2009, S. 377 ff.; vgl. ferner *Thole*, JZ 2011, 765 ff.

von 1973 hervorgerufene – Erkenntnis zugrunde, dass das geltende Konkurs- und Vergleichsrecht wegen der großen Massearmut der Insolvenzen nicht mehr in der Lage war, die ihm gestellten Aufgaben zu erfüllen[2]; das Wort vom „Konkurs des Konkurses"[3] machte die Runde. Etwa drei Viertel aller Verfahren wurden mangels Masse gar nicht erst eröffnet[4], weitere 10 % vorzeitig wieder eingestellt[5]. Soweit es überhaupt zu einer Verteilung an die Konkursgläubiger kam, betrug die durchschnittliche Konkursquote 3–5 %. Zu einem bestätigten Vergleich kam es in allenfalls 1 % der Insolvenzverfahren. Gerade das Instrumentarium zur Sanierung insolventer Unternehmen hatte sich als völlig unzureichend erwiesen. Pointiert hieß es dazu bei *Häsemeyer:* „Ein Konkursverfahren, das sich darauf beschränkt, den Arbeitnehmern aus öffentlichen Kassen zu ihrem Lohn zu verhelfen und die gesicherten Gläubiger vor Beeinträchtigungen ihrer Sicherheiten zu schützen, und darüber das letzte verfügbare Schuldnervermögen aufzehrt, verfehlt seine Zwecke."[6]

9 Die Kommission für Insolvenzrecht, die für ihre Arbeit wesentliche Anstöße vom 54. Deutschen Juristentag erhielt[7], legte 1985 ihren *Ersten Bericht* vor[8], dem 1986 ein *Zweiter Bericht* folgte[9]. Diese Berichte wurden – wie auch die späteren Entwürfe des Bundesjustizministeriums – in Wissenschaft und Praxis lebhaft diskutiert. Unter Berücksichtigung der dabei zutage getretenen Kritik veröffentlichte das Bundesjustizministerium 1988 den *Diskussionsentwurf* eines Gesetzes zur Reform des Insolvenzrechts[10], der 1989 noch einmal ergänzt wurde[11] und dem sich noch im selben Jahr ein *Referentenentwurf* anschloss[12]. In diese Phase des Gesetzgebungsverfahrens fielen die Wiedervereinigung Deutschlands und das Bedürfnis nach einem auf die Verhält-

---

[2] Ausf. dazu die sehr instruktive Allg. Begr. zum RegE, BT-Drs. 12/2443, 72 ff.
[3] *Kilger*, KTS 1975, 172.
[4] Vgl. dazu heute § 26 InsO.
[5] Vgl. dazu heute §§ 207 ff. InsO.
[6] *Häsemeyer*, Insolvenzrecht, 1. Aufl., 1992, 73.
[7] Vgl. die Gutachten D und E von *K. Schmidt* und *Hanau* sowie das Referat M 11 von *Zeuner* zum Thema „Möglichkeiten der Sanierung von Unternehmen durch Maßnahmen im Unternehmens-, Arbeits-, Sozial- und Insolvenzrecht", 1982.
[8] *BMJ* (Hrsg.), Erster Bericht der Kommission für Insolvenzrecht, Köln 1985.
[9] *BMJ* (Hrsg.), Zweiter Bericht der Kommission für Insolvenzrecht, Köln 1986.
[10] *BMJ*, Gesetz zur Reform des Insolvenzrechts: Diskussionsentwurf, Köln 1988.
[11] *BMJ*, Gesetz zur Reform des Insolvenzrechts: Diskussionsentwurf (Ergänzungen), Köln 1989.
[12] *BMJ*, Referentenentwurf Gesetz zur Reform des Insolvenzrechts, Köln 1989; Referentenentwurf Einführungsgesetz zum Gesetz zur Reform des Insolvenzrechts, Köln 1990.

nisse in den neuen Bundesländern zugeschnittenen Insolvenzrecht. Man entschloss sich, Konkurs- und Vergleichsordnung nicht auf das Beitrittsgebiet zu erstrecken, sondern mit der *Gesamtvollstreckungsordnung* (→ Rdnr. 8) das Insolvenzrecht der DDR, die Verordnung über die Gesamtvollstreckung von 1975, in überarbeiteter Fassung zu übernehmen.

Mit dem *Regierungsentwurf* zur InsO vom 15.4.1992[13] wurde das förmliche Gesetzgebungsverfahren eingeleitet. Dieser Regierungsentwurf, der vor allem von Seiten der Insolvenzverwalter heftige Kritik erfuhr[14], wurde in den Beratungen des *Rechtsausschusses* noch einmal wesentlich gestrafft und vereinfacht[15]. In dieser Fassung wurde er vom Deutschen Bundestag am 21.4.1994 verabschiedet[16]. (Die „Motive" für die Gesetzesfassung sind daher der Begründung des Regierungsentwurfs und – für dessen Änderungen – dem Bericht des Rechtsausschusses zu entnehmen). Dem Vorschlag des vom Bundesrat angerufenen Vermittlungsausschusses, dass das Gesetz nicht, wie ursprünglich vorgesehen, am 1.1.1997, sondern erst am 1.1.1999 in Kraft treten solle[17], stimmten der Bundestag am 17.6.1994 und der Bundesrat am 8.7.1994 zu[18]. Am 5.10.1994 wurde das Gesetz ausgefertigt und am 18.10.1994 im Bundesgesetzblatt veröffentlicht[19].

10

B. Schwerpunkte der Reform

Die Insolvenzrechtsreform hatte sich vorgenommen, das defizitäre Konkursrecht im Hinblick auf die Verfahrensziele (→ Rdnr. 1 ff.) zu optimieren[20], und verfolgte zwei wesentliche **Ziele**: Sie wollte *Maß-*

11

---

[13] BT-Drs. 12/2443 = BR-Drs. 1/92; ferner RegE EGInsO vom 21.7.1992, BT-Drs. 12/3803 = BR-Drs. 511/92.

[14] Vgl. den Alternativentwurf des Gravenbrucher Kreises zum Regierungsentwurf einer Insolvenzordnung, ZIP 1993, 625 sowie ZIP 1994, 585 ff.; ferner *Uhlenbruck/Brandenburg/Grub/Schaaf/Wellensiek*, BB 1992, 1734 ff.

[15] Bericht des Rechtsausschusses vom 19. April 1994, BT-Drs. 12/7302 und für das EGInsO 12/7303.

[16] BR-Drs. 336/94 und für das EGInsO 337/94.

[17] BT-Drs. 12/7948.

[18] BR-Drs. 644/94.

[19] Insolvenzordnung vom 5.10.1994; BGBl. I, 2866. Einführungsgesetz zur Insolvenzordnung vom 5.10.1994; BGBl. I, 2911.

[20] Vgl. zu den ökonomischen Aspekten eines effizienten Insolvenzrechts *Koschmieder*, Effizientes Insolvenzrecht, 2014; *Schäfer* in: Zwischen Markt und Staat (Gedächtnisschrift f. R. Walz), 2008, 645 ff.; für das Insolvenzanfechtungsrecht *Bork* in: Eger/Bigus/Ott/v. Wangenheim (Hrsg.), Internationalisierung des Rechts und seine ökonomische Analyse, 2008, 593 ff.; alle m.w.N.

nahmen gegen die Massearmut ergreifen, damit möglichst viele Verfahren eröffnet und durchgeführt werden können, so dass möglichst viele Insolvenzfälle in einem geordneten Verfahren abgewickelt werden können. Dazu kam als weitere prägende Intention die bessere *Abstimmung von Liquidation und Sanierung*. Die Insolvenzordnung ist an diesen Reformzielen orientiert[21]. Sie sind daher nicht nur gesetzeshistorisch interessant, sondern stets bei der (teleologischen) Auslegung des Gesetzes zu berücksichtigen. Als – freilich selbst fortwährend reformbedürftiges[22] – Reformgesetz weist die Insolvenzordnung folgende Schwerpunkte auf:

12 Die Insolvenzordnung enthält verschiedene **Maßnahmen gegen die Massearmut**[23]. Es geht dabei vor allen Dingen darum, ein marodes, nicht mehr lebensfähiges Unternehmen möglichst frühzeitig aus dem Markt zu nehmen, um weiteren Schaden abzuwenden (→ Rdnr. 4) und dafür zu sorgen, dass sich nicht die Schere zwischen Vermögen und Verbindlichkeiten durch Begründung neuer Schulden und Ausgabe vorhandener Mittel weiter öffnet.

13 Hier ist im Vergleich zum früheren Recht etwa zu nennen, dass ein neuer Eröffnungsgrund der drohenden Zahlungsunfähigkeit eingeführt worden ist (§ 18 InsO; → Rdnr. 106), dass für die Verfahrenseröffnung nur noch die Verfahrenskosten gedeckt sein müssen, sofern diese nicht überhaupt gestundet werden (§ 26 Abs. 1 InsO; → Rdnr. 116 ff.), dass mit dem Inaussichtstellen einer Restschuldbefreiung (§§ 286 ff. InsO; → Rdnr. 445 ff.), der Möglichkeit einer Eigenverwaltung (§§ 270 ff. InsO; → Rdnr. 463 ff.) und der subsidiären Verfahrenskostenhaftung für Geschäftsführer und Vorstandsmitglieder (§ 26 Abs. 3 und 4 InsO; → Rdnr. 98) Anreize geschaffen werden, den Insolvenzantrag rechtzeitig zu stellen. Dem Kampf gegen die Massearmut dienen ferner Maßnahmen wie die Neustrukturierung der Masseverbindlichkeiten (→ Rdnr. 84), die Einbeziehung des Neuerwerbs (§ 35 InsO; → Rdnr. 145), die Verschärfung des Anfechtungsrechts (→ Rdnr. 243 ff.) oder die Verwertung von Sicherungsgut durch den Insolvenzverwalter bei gleichzeitiger Verfahrenskostenbeteiligung der gesicherten Gläubiger (§§ 166 ff. InsO; → Rdnr. 301 ff.).

14 Mit der Insolvenzordnung ist ein **einheitliches Verfahren** eingeführt worden.

---

[21] Dazu, inwieweit diese Reformziele auch erreicht worden sind, vgl. u. a. *Paulus*, FS Wimmer, 2017, S. 475 ff.

[22] Vgl. die Hinweise in den folgenden Randnummern sowie grundsätzlich *Gaul* in: Münch (Hrsg.), Prozessrecht und materielles Recht, 2015, 119 ff.; *Pape*, FS Vallender, 2015, S. 363 ff.

[23] Dazu *Haarmeyer*, FS Fischer, 2008, S. 193 ff.; *Heinke*, Ausgesuchte Regelungen der InsO zur Steigerung der Befriedigungsaussichten der Insolvenzgläubiger, Diss. Münster 2005; *Schwemer*, WM 1999, 1155 ff.

§ 2: Die Insolvenzordnung als Reformgesetz

Beseitigt wurden sowohl das Nebeneinander von Konkurs- und Vergleichsrecht **15**
(→ Rdnr. 8) als auch das Nebeneinander von Ost- und Westrecht (→ Rdnr. 9).
Es gibt nur noch ein einheitliches Insolvenzrecht, das von dem Zweck geprägt
ist, in einem rein vermögensorientierten Verfahren die materiell-rechtliche
Haftungsordnung durchzusetzen (→ Rdnr. 3). Nur eingeschränkt beibehalten
ist allerdings der Grundsatz des früheren Rechts, dass sowohl die Insolvenz
der natürlichen Personen (Verbraucher und Unternehmer gleichermaßen)
als auch die der juristischen Personen denselben Regeln unterworfen werden
(→ Rdnr. 36 ff., 476 ff.).

Das neue Insolvenzrecht bemüht sich an vielen Stellen um die **Förde-** **16**
rung der Sanierung.

Dazu gehört z. B., dass Hemmnisse für die außergerichtliche Sanierung beseitigt **17**
wurden (wie etwa die Haftung des Vermögensübernehmers nach § 419 BGB
a. F., die bisher insbesondere der übertragenden Sanierung im Wege stand;
→ Rdnr. 444) und dass eine vereinfachte Kapitalherabsetzung bei der GmbH
ermöglicht wurde (§§ 58a ff. GmbHG; → Rdnr. 428). Die übertragende Sanierung in der Insolvenz ist erstmals geregelt (§§ 160 Abs. 2 ff. InsO; → Rdnr. 433 ff.).
Außerdem soll das Instrument des Insolvenzplans (→ Rdnr. 19) Sanierungen
erleichtern. Allerdings hat sich im Laufe des ersten Jahrzehnts seit Inkrafttreten
der Insolvenzordnung herausgestellt, dass das Insolvenzrecht als Sanierungsrecht verbesserungsbedürftig ist. Vor diesem Hintergrund hat der Gesetzgeber
durch das „Gesetz zur weiteren Erleichterung der Sanierung von Unternehmen" (ESUG)[24] weitere sanierungsfördernde Regelungen in die Insolvenzordnung eingefügt, insbesondere das sog. „Schutzschirmverfahren" nach § 270b
InsO (→ Rdnr. 468).

Einen weiteren Schwerpunkt bildet die **Stärkung der Gläubigerauto-** **18**
nomie[25].

Sie schlägt sich nieder in den Vorschriften über den Gläubigerausschuss **19**
(§§ 22a, 67 ff. InsO; → Rdnr. 91) und die Gläubigerversammlung (§§ 74 ff. InsO;
→ Rdnr. 87) sowie deren Kompetenzen[26], vor allem aber in den Vorschriften
über den Insolvenzplan (§§ 217 ff. InsO; → Rdnr. 364 ff.), die es ermöglichen, im

---

[24] Gesetz vom 7.12.2011, BGBl. I, 2582; RegE BT-Drs. 17/5712; ausf. dazu *Haas*,
Das neue Insolvenzrecht, 2012; *Hirte/Knof/Mock*, Das neue Insolvenzrecht nach
dem ESUG, 2012; *Hölzle*, Praxisleitfaden ESUG, 2. Aufl. 2014; *Jaffé*, FS Vallender,
2015, S. 281 ff.; *Laroche/Pruskowski/Schöttler/Siebert/Vallender*, ZIP 2014, 2153 ff.;
Merten, Die neue Insolvenzrechtsreform 2012 (ESUG), 2012; *Wiendl*, Stärkung der
Ziele der Insolvenzordnung durch MoMiG und ESUG?, 2015; *Willemsen/Rechel*,
Kommentar zum ESUG, 2012; *Wimmer*, Das neue Insolvenzrecht nach der ESUG-
Reform, 2012; *Zarzitzky*, Die Reform des Insolvenzplanverfahrens, 2014. – Zur Eva-
luation des ESUG und darauf bezogene Reformvorschläge s. *Prager/Gulbins*, FS
Graf-Schlicker, 2018, S. 349 ff.
[25] Dazu *Beissenhirtz*, FS Braun, 2007, S. 183 ff.; *Marotzke*, FS Kirchhof, 2003,
S. 321 ff.; *Pape*, WM 2003, 313 ff./361 ff.
[26] Vgl. für § 272 InsO *BGH* ZIP 2011, 1622 Rdnr. 10.

Interesse besserer Gläubigerbefriedigung von den Regelungen der Insolvenzordnung abzuweichen. Die Gläubigerversammlung kann den Insolvenzverwalter beauftragen, einen solchen Plan zu erstellen (§ 157 S. 2 InsO), bei dessen Erarbeitung u. a. der Gläubigerausschuss mitwirkt (§ 218 Abs. 3 InsO) und der dann der Zustimmung der in Abstimmungsgruppen zusammengefassten Gläubiger bedarf (§§ 222, 243 ff. InsO).

20 Um eine **gerechtere Verteilung der Insolvenzmasse** zu erreichen, sind gegenüber der Konkursordnung die Gläubigergruppen neu strukturiert und insbesondere alle Befriedigungsprivilegien für ungesicherte Insolvenzgläubiger beseitigt worden.

21 Bei den Massegläubigern ist das Arbeitnehmerprivileg des § 59 Abs. 1 Nr. 3 KO abgeschafft worden, weil die Arbeitnehmer hinreichend durch das Insolvenzgeld und die Einordnung der Sozialplananspruche unter die Masseverbindlichkeiten (§ 123 Abs. 2 S. 1 InsO) gesichert sind (→ Rdnr. 209). Stellt sich während des Verfahrens heraus, dass die Masse nicht ausreicht, um die bereits aufgelaufenen Masseverbindlichkeiten zu berichtigen, so richtet sich die Rangfolge der Massegläubiger nach § 209 InsO, der auch die Ansprüche der Neumassegläubiger regelt (→ Rdnr. 328). Die Insolvenzgläubiger bilden eine einheitliche Rangklasse (§ 38 InsO; → Rdnr. 354); die Konkursvorrechte des § 61 KO sind ebenfalls abgeschafft.

22 Eine grundlegende Neuerung hat die Insolvenzrechtsreform durch die Einführung eines **Verbraucherinsolvenzverfahrens** und einer **Restschuldbefreiung** gebracht.

23 Bei der Verbraucherinsolvenz wird in erster Linie eine Einigung zwischen Schuldner und Gläubiger über die Schuldenbereinigung angestrebt; nur subsidiär steht ein gerichtliches Verfahren zur Verfügung (§§ 304 ff. InsO; → Rdnr. 476 ff.). Darüber hinaus gibt es für natürliche Personen die Möglichkeit einer Restschuldbefreiung (§§ 286 ff. InsO; → Rdnr. 445 ff.). Auch diese Regelungen haben sich im Laufe der Jahre als verbesserungsbedürftig erwiesen. Aufgrund des „Gesetzes zur Verkürzung des Restschuldbefreiungsverfahrens und zur Stärkung der Gläubigerrechte"[27] präsentiert es sich heute in modernerem Gewand.

---

[27] Gesetz vom 15.7.2013, BGBl. I, 2379.; dazu u. a. *Ahrens*, NJW 2014, 1841 ff.; *ders.*, Das neue Privatinsolvenzrecht, 2014; *ders.* in: Münch (Hrsg.), Prozessrecht und materielles Recht, 2015, 1 ff.; *K. Bartels*, KTS 2013, 349 ff.; *Grote/Pape*, ZInsO 2013, 1433 ff.; *dies.*, AnwBl. 2013, 601 ff.; *Hergenröder*, KTS 2013, 385 ff.

§ 3: Aufbau des Gesetzes

Anders als bei der Konkursordnung sind bei der Insolvenzordnung im Ersten und Zweiten Teil des Gesetzes die **allgemeinen Vorschriften** „vor die Klammer gezogen". Das Gesetz beginnt mit der programmatischen Vorschrift des § 1 (→ Rdnr. 1) und schließt dann allgemeine Bestimmungen über das *Verfahren* an (§§ 2–10 InsO). Es folgen die Regelungen des *Eröffnungsverfahrens* einschließlich der Eröffnungsgründe (§§ 11–34 InsO), die Definition der *Insolvenzmasse* (§§ 35–37 InsO) und die Einteilung der *Gläubiger* (§§ 38–55 InsO). Die folgenden Normen befassen sich mit dem *Insolvenzverwalter* (§§ 56–66 InsO) und den *Organen der Gläubigerselbstverwaltung* (§§ 67–79 InsO). 24

Der Dritte Teil ist den **Wirkungen der Eröffnung** des Insolvenzverfahrens gewidmet. Hier werden zunächst die *allgemeinen Wirkungen* (§§ 80–102 InsO), insbesondere die Folgen der Eröffnung für die Verfügungsbefugnis und die damit verbundenen Konsequenzen für Prozesse und Aufrechnungslagen, behandelt. Danach werden die *Auswirkungen auf schwebende Rechtsgeschäfte* normiert (§§ 103–128 InsO), zu denen insbesondere auch die Arbeitsverhältnisse gehören. Dem schließen sich die Vorschriften über die *Insolvenzanfechtung* an (§§ 129–147 InsO). 25

Der Vierte Teil behandelt die **Verwaltung und Verwertung der Insolvenzmasse**. Hier geht es zunächst um die *Sicherung der Insolvenzmasse* (§§ 148–155 InsO) und dann um die *Entscheidung über die Verwertung* (§§ 156–164 InsO; → Rdnr. 4). Der folgende Abschnitt befasst sich mit der Verwertung von Gegenständen, an denen *Absonderungsrechte* bestehen (§§ 165–173). Der Fünfte Teil beinhaltet Vorschriften über die **Befriedigung der Insolvenzgläubiger**, die die *Feststellung der Forderungen* (§§ 174–186 InsO) und die *Erlösverteilung* (§§ 187–206 InsO) regeln. Außerdem ist hier auch die **Einstellung des Verfahrens** behandelt (§§ 207–216 InsO). 26

Die restlichen Vorschriften der Insolvenzordnung haben besondere Institute des Insolvenzrechts zum Gegenstand. So ist im Sechsten Teil der **Insolvenzplan** (§§ 217–269 InsO) normiert, im Siebten Teil die Koordinierung von **Konzerninsolvenzen** (§§ 269a–269i InsO), im Achten Teil die **Eigenverwaltung** durch den Schuldner (§§ 270–285 InsO), im Neunten Teil die **Restschuldbefreiung** (§§ 286–303a InsO) und im Zehnten Teil das **Verbraucherinsolvenzverfahren** (§§ 304–314 InsO), bevor dann der Elfte Teil über **besondere Arten des Insolvenzverfahrens** (§§ 315–334 InsO, die Nachlass- und Gesamtgutinsolvenzen betreffen), der Zwölfte Teil über das **Internationale Insolvenzrecht** 27

(§§ 335–358 InsO) und der Dreizehnte Teil über das **Inkrafttreten** (§ 359 InsO) das Gesetz abschließen.

§ 4: Überblick über den typischen Ablauf eines Insolvenzverfahrens

28   Jedes Insolvenzverfahren beginnt mit einem **Antrag** des Schuldners oder eines Gläubigers (§ 13 InsO)[1]. Dieser Antrag leitet das Eröffnungsverfahren (§§ 11 ff. InsO) ein, in dem das Insolvenzgericht (§ 2 InsO) die Eröffnungsvoraussetzungen prüft: ob ein **Eröffnungsgrund** (§§ 16 ff. InsO) vorliegt und ob **genügend Masse** vorhanden ist, um die Verfahrenskosten zu decken (§ 26 InsO)[2]. In dieser Phase kann das Gericht bereits **Sicherungsmaßnahmen** anordnen, insbesondere einen vorläufigen Insolvenzverwalter bestellen und Verfügungsbeschränkungen erlassen (§§ 21 ff. InsO). Liegen die Eröffnungsvoraussetzungen vor, so wird das eigentliche Insolvenzverfahren durch einen **Eröffnungsbeschluss** eingeleitet (§§ 27 ff. InsO). In diesem Beschluss ernennt das Gericht auch den Insolvenzverwalter (§ 27 Abs. 1 S. 1 InsO) und bestimmt den Berichtstermin (§ 29 Abs. 1 Nr. 1; §§ 156 ff. InsO) sowie den Prüfungstermin (§§ 29 Abs. 1 Nr. 2; 176 InsO). Im Berichtstermin beschließt die Gläubigerversammlung vor allem, ob das Verfahren mit einer Liquidation, einer Sanierung oder einer übertragenden Sanierung fortgesetzt werden soll (→ Rdnr. 4) und ob ein Insolvenzplan aufgestellt werden soll (→ Rdnr. 6)[3]. Im Prüfungstermin wird darüber verhandelt, welche Gläubiger mit welcher Forderung und welchem Rang an der Erlösverteilung teilnehmen (→ Rdnr. 30).

29   Mit dem Eröffnungsbeschluss geht das **Verwaltungs- und Verfügungsrecht** über die Insolvenzmasse vom Schuldner **auf den Insolvenzverwalter** über (§ 80 InsO). Der Verwalter nimmt jetzt die Masse in Besitz, sichtet und verwaltet die Bestände (§§ 148 ff. InsO). Er muss über die Fortsetzung oder Beendigung schwebender Prozesse (§§ 85 ff. InsO) und Verträge entscheiden (§§ 103 ff. InsO). Außerdem kann er Gegenstände, die in anfechtbarer Weise aus dem Schuldnervermögen herausgelangt sind, im Wege der Insolvenzanfechtung

---

[1] Das gilt auch für das Verbraucherinsolvenzverfahren (§§ 304 ff. InsO), das im Übrigen aber besonderen Regeln folgt; vgl. näher Rdnr. 476 ff.
[2] Stellt sich später heraus, dass die Masse nicht ausreicht, um die Masseverbindlichkeiten zu decken, ist das Verfahren nach §§ 207 ff. InsO einzustellen (→ Rdnr. 360).
[3] Im Folgenden wird nur der Regelfall der Liquidation behandelt; vgl. zur Sanierung Rdnr. 412 ff., zum Insolvenzplan Rdnr. 364 ff.

§ 4: Überblick über den typischen Ablauf eines Insolvenzverfahrens 13

in die Insolvenzmasse zurückholen (§§ 129 ff. InsO). Hat die Gläubigerversammlung im Berichtstermin (→ Rdnr. 28) die Liquidation beschlossen, so schließt sich die **Verwertung** des Schuldnervermögens an (§§ 159 ff. InsO). Dazu gehört, dass Forderungen eingezogen und die übrigen Vermögensgegenstände veräußert werden. Das gilt nach Maßgabe der §§ 165 ff. InsO auch für solche Gegenstände, an denen Absonderungsrechte bestehen.

Bevor der Erlös verteilt werden kann, müssen die am Erlös berechtigten Insolvenzgläubiger in einem **Feststellungsverfahren** ermittelt werden (§§ 174 ff. InsO). Das geschieht auf folgendem Wege: Wer am Verwertungserlös partizipieren will, muss seine Forderung beim Insolvenzverwalter zur Eintragung in eine Tabelle anmelden (§ 174 Abs. 1 S. 1 InsO). Ob die angemeldete Forderung wirklich besteht, wird nicht geprüft. Wird der Anmeldung im Prüfungstermin (→ Rdnr. 28) nicht widersprochen, so gilt die Forderung als festgestellt. Dies wird vom Insolvenzgericht in die Tabelle eingetragen und damit ist die Forderung (ohne Prozess!) tituliert (§ 178 InsO). Wird der Anmeldung hingegen vom Insolvenzverwalter oder einem anderen Gläubiger widersprochen, so muss mit dem Widersprechenden um die Richtigkeit der Anmeldung prozessiert werden (§ 179 InsO). Das in diesem Prozess ergehende Urteil bindet außer den Prozessparteien auch den Insolvenzverwalter und alle anderen Insolvenzgläubiger (§ 183 InsO). Dem Feststellungsverfahren schließt sich die **Erlösverteilung** an (§§ 187 ff. InsO). Ist alles verteilt, wird zunächst ein Schlusstermin abgehalten (§ 197 InsO), dem die **Aufhebung des Verfahrens** folgt (§ 200 InsO). 30

Die Erlösverteilung lässt die Verbindlichkeiten nur in Höhe der gezahlten Quote erlöschen (→ Rdnr. 7). Will der Schuldner seiner Schulden insgesamt ledig werden, so muss er die **Restschuldbefreiung** beantragen (§ 287 InsO). Ist der Antrag zulässig (§ 287a Abs. 2 InsO) und liegen keine Versagungsgründe vor (§ 290 InsO), so wird der Schuldner durch Gerichtsbeschluss über die weiteren Restschuldbefreiungsvoraussetzungen informiert (§ 287a Abs. 1 InsO). Es beginnt dann für ihn eine – gerechnet ab der Eröffnung des Insolvenzverfahrens – sechsjährige „Wohlverhaltensperiode", in der er seine Arbeitskraft zu nutzen und den pfändbaren Teil seines Einkommens auf einen Treuhänder zu übertragen hat (§§ 287b, 295 InsO). Kommt er diesen Obliegenheiten nicht nach, so ist die Restschuldbefreiung zu versagen (§§ 296 ff. InsO), anderenfalls zu gewähren (§ 300 InsO). Das hat zur Folge, dass der Schuldner grundsätzlich (zu Ausnahmen s. § 302 InsO) von den restlichen Verbindlichkeiten gegenüber allen Insolvenzgläubigern befreit wird, auch gegenüber denjenigen, die ihre Forderungen nicht angemeldet haben (§ 301 InsO). 31

2. Teil

Beteiligte

§ 5: Schuldner

32 **Literatur:** *d'Avoine*, Arzt und Praxis in Krise und Insolvenz, 2016; *Bader*, Die GmbH in der Insolvenz, Diss. Halle-Wittenberg, 2005; *Bartholomäus*, Die führungslose GmbH in Zivilprozess und Insolvenz, 2014; *Bauer* (Hrsg.), Die GmbH in der Krise, 5. Aufl. 2016; *Beger*, Bankenkrisen und Insolvenzrecht, 2013; *Binder*, Bankeninsolvenzen im Spannungsfeld zwischen Bankaufsichts- und Insolvenzrecht, 2005; *Bugger*, Der Selbstständige in der Insolvenz, 2015; *Gutsche*, Die Organkompetenzen im Insolvenzverfahren, 2003; *Hientzsch*, Die politische Partei in der Insolvenz, 2010; *Kesseler*, Das Insolvenzverfahren über das Vermögen einer Partnerschaftsgesellschaft, 2004; *Korkmaz*, Die Doppelinsolvenz bei der Kommanditgesellschaft, 2014; *Kreißig*, Der Sportverein in Krise und Insolvenz, 2004; *Kühne*, Die Insolvenz des selbstständig tätigen Schuldners, 2013; *Landsmann*, Die stille Gesellschaft in der Insolvenz, 2007; *Mai*, Die Insolvenz des Freiberuflers, 2009; *Maier*, Die Insolvenz des Rechtsanwalts, 2008; *Meßink*, Die unternehmenstragende Erbengemeinschaft in der Insolvenz, 2007; *Müller*, Der Verband in der Insolvenz, 2002; *Naguschewski*, Kommunale Insolvenz, 2011; *Nöll*, Der Tod des Schuldners in der Insolvenz, 2005; *Pannen*, Krise und Insolvenz bei Kreditinstituten, 3. Aufl. 2010; *Rieger*, Kammern in der Insolvenz, 2010; *Röger*, Insolvenz kommunaler Unternehmen in Privatrechtsform, 2005; *Rohrberg-Braun*, Die unselbständige Stiftung in der Insolvenz, 2016; *Schädlich*, Insolvenzverfahren über das Vermögen natürlicher Personen, 2014; *Schildt*, Die Insolvenz des Freiberuflers, 2006; *Schilling*, Insolvenz einer englischen Limited mit Verwaltungssitz in Deutschland, 2006; *Stahlschmidt*, Die GbR in der Insolvenz, 2004; *Starrost*, Die juristische Person in der Insolvenz, 2012; *Steenken*, Die Insolvenz der Vor-GmbH vor dem Hintergrund der Gründerhaftung, 2002; *Szodruch*, Staateninsolvenz und private Gläubiger, 2008; *van Zwoll/Mai/Eckardt/Rehborn*, Die Arztpraxis in Krise und Insolvenz, 2007.

33 Nach § 1 InsO dient das Insolvenzverfahren dazu, die Gläubiger eines Schuldners gemeinschaftlich durch Verwertung des Schuldnervermögens zu befriedigen. Daraus ergeben sich für die Schuldnerstellung zwei Aussagen: Das Verfahren richtet sich gegen den Schuldner, weil er zum einen derjenige ist, **gegen den sich die Ansprüche der Gläubiger richten**, die im Wege der Gesamtvollstreckung durchgesetzt werden sollen (vgl. auch § 38 InsO); zum anderen deshalb, weil er der **Träger des zu verwertenden Vermögens** ist[1].

Normalerweise haftet ein Schuldner für die Erfüllung seiner Verbindlichkeiten mit seinem ganzen Vermögen. Die Insolvenzordnung legt diesen Regelfall zugrunde und geht davon aus, dass das gesamte verwertbare Vermögen des Schuldners verwertet werden soll[2]. Man spricht in diesem Fall auch von der **Gesamt- oder Universalinsolvenz**. Es gibt aber – im Folgenden näher zu erörternde – Ausnahmefälle, in denen nur ein Sondervermögen Objekt des Insolvenzverfahrens sein soll (Beispiel: der Nachlass als Sondervermögen mit dem Erben als Schuldner; → Rdnr. 42, 491). Hier spricht man von der **Sonder- oder Partikularinsolvenz**, die freilich nur in Betracht kommt, wenn das Gesetz es ausdrücklich sagt. 34

Der Schuldner ist der von dem Verfahren unmittelbar Betroffene, weil ihm zunächst die Verfügungsmacht über sein Vermögen (§ 80 InsO) und dann das Vermögen selbst entzogen wird. Als Betroffener ist er **Verfahrensbeteiligter**, was u.a. bedeutet, dass ihm rechtliches Gehör zu gewähren ist (vgl. § 14 Abs. 2 InsO; → Rdnr. 114). Prozessrechtlich ist die Frage anzuschließen, wer eigentlich Verfahrenssubjekt des Insolvenzverfahrens sein kann, also beteiligtenfähig ist. Man nennt die Beteiligtenfähigkeit für das Insolvenzverfahren auf der Schuldnerseite die **Insolvenzfähigkeit**, die im Prinzip mit der Rechtsfähigkeit des materiellen Rechts und der Parteifähigkeit des Zivilprozessrechts korrespondiert: Wer rechtsfähig (§ 1 BGB) und damit auch parteifähig (§ 50 ZPO) ist, ist auch insolvenzfähig[3]; wer nicht rechtsfähig ist, ist – grundsätzlich (→ Rdnr. 37 f., 41) – auch nicht insolvenzfähig[4]. Die Insolvenzfähigkeit ist in §§ 11, 12 InsO näher geregelt, wobei freilich bei der Formulierung dieser Vorschriften die Frage im Vordergrund stand, welches Vermögen verwertet werden soll. Im Einzelnen ergibt sich daraus folgendes Bild: 35

---

[1] Vgl. *Henckel*, ZZP 84 (1971), 447, 457 f. – Ausnahmen bestehen – je nach dogmatischer Auffassung – beim nicht rechtsfähigen Verein und bei der Gesellschaft bürgerlichen Rechts; vgl. dazu Rdnr. 38 und 41.
[2] Dabei wird auch nicht zwischen Privat- und Unternehmensvermögen des Schuldners unterschieden (→ Rdnr. 36).
[3] Die Insolvenzfähigkeit korrespondiert daher *nicht* mit der Geschäfts- oder Prozessfähigkeit; auch über das Vermögen geschäftsunfähiger Schuldner kann ein Insolvenzverfahren eröffnet werden.
[4] Das gilt z. B. für die Bruchteilsgemeinschaft (vgl. *Bork*, ZIP 2001, 545 ff. gegen *AG Göttingen* ZIP 2001, 580) und ebenso für die Erbengemeinschaft (*AG Duisburg* NZI 2004, 97, 98; *Bork*, 100 Jahre BGB – 100 Jahre Staudinger, 1999, 181 ff.).

A. Natürliche und juristische Personen

36 Natürliche und juristische Personen sind rechtsfähig (§ 1 BGB), parteifähig (§ 50 Abs. 1 ZPO) und damit fraglos auch insolvenzfähig. Entsprechend bestimmt § 11 Abs. 1 S. 1 InsO, dass ein Insolvenzverfahren über das Vermögen jeder (lebenden[5]) natürlichen und jeder juristischen Person[6] eröffnet werden kann. Das gilt auch dann, wenn es sich bei der natürlichen Person nicht um einen Unternehmer handelt: Auch der Verbraucher ist, wie sich aus § 304 InsO ohne weiteres ergibt, taugliches Subjekt eines Insolvenzverfahrens. Ist die natürliche Person Unternehmer, so findet eine Trennung zwischen dem Privatvermögen und dem (oder den) Unternehmen nicht statt[7]: Objekt des Insolvenzverfahrens ist immer das ganze Vermögen des Schuldners (→ Rdnr. 34), da der Schuldner ja auch mit seinem ganzen Vermögen haftet, also auch mit seinem Privatvermögen für die Unternehmensverbindlichkeiten und umgekehrt.

B. Nicht rechtsfähiger Verein

37 § 11 Abs. 1 S. 2 InsO stellt den nicht rechtsfähigen Verein einer juristischen Person gleich. Das bedeutet zunächst einmal die Anerkennung der Insolvenzfähigkeit des nicht rechtsfähigen Vereins. Es handelt sich also um eine *verfahrensrechtliche* Aussage, die mit § 50 Abs. 2 ZPO korrespondiert, der dem nicht rechtsfähigen Verein die Partei-

---

[5] Ist der Schuldner verstorben, kommt ein Insolvenzverfahren über das Vermögen des Erben oder ein Nachlassinsolvenzverfahren in Betracht (→ Rdnr. 489 ff.). Stirbt der Schuldner während des Insolvenzverfahrens, kann es in ein Nachlassinsolvenzverfahren übergeleitet werden; vgl. dazu *BGHZ* 175, 307 Rdnr. 6 ff.; 157, 350, 354; *Heyrath/Jahnke/Kühn*, ZInsO 2007, 1202 ff.; *Kampf*, ZVI 2016, 343 ff.; *Köke/Schmerbach*, ZVI 2007, 497 ff.; *Nöll* (Rdnr. 32); *Siegmann*, ZEV 2000, 345 ff.; *Vallender*, NZI 2005, 318 ff.

[6] Zur fehlerhaft gegründeten juristischen Person und der juristischen Person im Gründungsstadium s. *BGH* ZIP 2006, 2174 Rdnr. 11 ff.; zur aufgelösten, in der Liquidation befindlichen juristischen Person s. *BGH* NZI 2005, 225 f.; zur gelöschten, nicht existenten Gesellschaft s. *BGH* WM 2008, 2128 Rdnr. 7; zur Stiftung *Bach/Knof*, ZInsO 2005, 729 ff.; *Cranshaw*, FS Wimmer, 2017, S. 117 ff.; *Feser*, FS Beck, 2016, S. 115 ff.; *Rohrberg-Braun* (Rdnr. 32); zu Krankenkassen *Gottwald*, FS Beck, 2016, S. 191 ff.

[7] Dass auch im Insolvenzverfahren § 17 Abs. 2 HGB gilt, ein Kaufmann also unter seiner Firma statt unter seinem davon möglicherweise abweichenden bürgerlichen Namen Verfahrenssubjekt sein kann, ändert daran nichts. Es handelt sich um dieselbe natürliche Person, die in jedem Fall Schuldner der Verbindlichkeiten und Träger des gesamten zu verwertenden Vermögens ist.

fähigkeit zuerkennt. Schuldner im Sinne der InsO ist damit der Verein selbst; ihm, nicht seinen Mitgliedern, kommen die im Gesetz dem Schuldner zugewiesenen Rechte und Pflichten zu.

Dabei handelt es sich um eine Ausnahme von dem Grundsatz, dass Schuldner im Sinne der Insolvenzordnung der materiell-rechtliche Schuldner ist, dessen Vermögen verwertet werden soll (→ Rdnr. 33). Denn Träger des zu verwertenden Vermögens sind *materiell-rechtlich* die Mitglieder des nicht rechtsfähigen Vereins, nicht der Verein selbst[8]. Die eigentlich betroffenen Vermögensträger sind also an dem Verfahren nicht bzw. nur über den Verein beteiligt. Das ist indessen keine insolvenzrechtliche Besonderheit, da der nicht rechtsfähige Verein auch verklagt (§ 50 Abs. 2 ZPO) und aus einem gegen den Verein ergangenen Titel in das Vereinsvermögen vollstreckt werden kann (§ 735 ZPO). Es soll mit allen diesen Vorschriften den Gläubigern die Rechtsverfolgung und der Zugriff auf das haftende Sondervermögen erleichtert werden. **38**

C. Gesellschaften ohne Rechtspersönlichkeit

Nach § 11 Abs. 2 Nr. 1 InsO kann ein Insolvenzverfahren auch über das Vermögen einer Gesellschaft ohne Rechtspersönlichkeit eröffnet werden[9]. Darunter versteht das Gesetz die offene Handelsgesellschaft (oHG), die Kommanditgesellschaft (KG), die Partnerschaftsgesellschaft, die Gesellschaft bürgerlichen Rechts (GbR), die Partenreederei und die Europäische wirtschaftliche Interessenvereinigung (EWIV). Damit ist vor allem dreierlei gesagt: Erstens wird hier die Insolvenz über ein – gesamthänderisch gebundenes – Sondervermögen zugelassen[10]; zweitens werden diese Gesellschaften, auch wenn sie unstreitig keine juristischen Personen sind, für das Insolvenzverfahren für beteiligtenfähig erklärt, so dass sie selbst als Schuldner Verfahrensbeteiligte sind; und drittens wird hier wieder – wie schon beim nicht rechtsfähigen Verein – teilweise von der materiell-rechtlichen Rechtslage abgesehen. Im Einzelnen bedeutet das: **39**

---

[8] Anders die heute wohl h. M., z. B. *Koch*, GesR, 10 Aufl. 2017, § 28 Rdnr. 9 ff.; MünchKomm.BGB-*Arnold*, § 54 Rdnr. 17 ff.; *K. Schmidt*, GesR, § 25 II 1 m. w. N. – Nach früher herrschender Ansicht ist materiell-rechtlich an die Vereinsmitglieder (in ihrer gesamthänderischen Verbundenheit) anzuknüpfen; vgl. etwa *BGHZ* 50, 325, 329; *RGZ* 143, 212, 213; *Jung*, NJW 1986, 157 ff.
[9] Dazu *Gundlach/Schmidt/Schirrmeister*, DZWIR 2004, 449 ff.
[10] Zur gesellschaftsrechtlichen Liquidation s. Rdnr. 158.

40 **OHG und KG** sind nach materiellem Recht selbst Träger von Rechten und Pflichten (§ 124 Abs. 1 HGB), also sowohl Schuldner der in der Insolvenz zu befriedigenden Ansprüche als auch Träger des zu verwertenden Vermögens. Sie sind vom Gesetz als rechtsfähige Gesamthandsgemeinschaften anerkannt[11]. Es besteht daher im Grunde gar kein Anlass, sich näher mit der Insolvenzfähigkeit von oHG und KG zu befassen. Der Anlass ergibt sich nur daraus, dass das Gesetz oHG und KG unter die Gesellschaften ohne Rechtspersönlichkeit einordnet. Das liegt daran, dass unter der Herrschaft der Konkursordnung, die in § 209 KO ein selbstständiges Konkursverfahren über das Gesellschaftsvermögen von oHG und KG vorsah, die Auffassung vertreten worden war, verfahrensrechtlich seien die Gesellschafter als (Gemein-)Schuldner anzusehen[12]. Diese Ansicht war mit § 124 Abs. 1 HGB unvereinbar und deshalb abzulehnen[13]. Dass derjenige, der rechtsfähig und passiv parteifähig ist, ohne Sondernorm nicht insolvenzfähig sein soll, ist nicht einzusehen. Und es ist auch systemwidrig, oHG und KG in diesem Punkt anders einzustufen als den nicht rechtsfähigen Verein. Es ist deshalb ein Schritt in die richtige Richtung, dass der Gesetzgeber der Insolvenzordnung oHG und KG selbst als Schuldner im Sinne der InsO ansieht[14]. Noch besser wäre es freilich gewesen, sie in § 11 Abs. 1 S. 1 InsO zu erfassen (wo es z. B. hätte heißen können: „Insolvenzfähig ist, wer rechtsfähig ist.").

41 Über das Vermögen einer **GbR** konnte nach früherem Recht gar kein selbstständiges Konkursverfahren eröffnet werden; es musste stets der Konkurs über das Vermögen der Gesellschafter stattfinden[15]. Das heutige Insolvenzrecht erlaubt hingegen das Verfahren über das (Sonder-)Vermögen der (Außen-)GbR[16]. Insoweit gilt das zur oHG/KG Gesagte, wenn man materiell-rechtlich mit der heute ganz herrschenden Meinung in Rechtsprechung[17] und Literatur[18] davon ausgeht, dass zumindest die unternehmenstragende GbR rechtsfähig

---

[11] So die heute ganz herrschende Meinung; vgl. nur *K. Schmidt*, GesR, § 46 II 1 m.w.N.
[12] Vgl. etwa *BGHZ* 34, 293, 297; *Kuhn/Uhlenbruck*, § 209 Rdnr. 16 m.w.N.
[13] Zutr. *K. Schmidt*, GesR, § 46 II 3 b; *ders.*, FS 100 Jahre KO (1977), S. 247, 253.
[14] Vgl. Begr. zu § 13 RegE, BT-Drs. 12/2443, 113.
[15] Vgl. nur *BGH* NJW 1991, 922; *BFH* ZIP 1996, 1617, 1618; Jaeger(KO)-*Henckel*, § 1 Rdnr. 151.
[16] Die Innengesellschaft ist niemals insolvenzfähig; vgl. *AG Köln* NZI 2003, 614.
[17] *BVerfG* JZ 2003, 43 (abl. *Stürner*); *BGHZ* 151, 204, 206; 146, 341, 343 ff.
[18] *Grunewald*, GesR, 10. Aufl. 2017, § 1 Rdnr. 107 ff.; *Koch* (Fn. 8), § 3 Rdnr. 17 ff.; MünchKomm.BGB-*Ulmer/Schäfer*, § 705 Rdnr. 289 ff. m.w.N.; *K. Schmidt*, GesR, §§ 8 III, 58 IV; *Ulmer*, AcP 198 (1998), 113 ff.

sei. Hält man die GbR hingegen nicht für rechtsfähig[19], dann liegt wieder eine Ausnahme zu dem Grundsatz vor, dass Schuldner im Sinne der Insolvenzordnung der materiell-rechtliche Schuldner ist, dessen Vermögen verwertet werden soll (→ Rdnr. 33, 38), denn Träger des Vermögens sind dann die Gesellschafter in ihrer gesamthänderischen Verbundenheit. Der Gesetzgeber hat sich darauf beschränkt, die GbR in § 11 Abs. 2 Nr. 1 InsO als insolvenzfähig einzuordnen und zugleich zu erklären, dass die Frage nach der materiell-rechtlichen Rechtsnatur dadurch nicht präjudiziert werden solle[20].

D. Nachlass und Gesamtgut

Nach § 11 Abs. 2 Nr. 2 InsO kann ein Insolvenzverfahren auch über einen Nachlass, über das Gesamtgut einer fortgesetzten Gütergemeinschaft oder über ein von den Ehegatten gemeinschaftlich verwaltetes Gesamtgut durchgeführt werden. In diesen Fällen geht es um die Realisierung einer auf ein Sondervermögen (Nachlass bzw. Gesamtgut) beschränkten Vermögenshaftung. Es handelt sich um eine Sonderinsolvenz, die dem Umstand Rechnung trägt, dass die Gläubiger nur auf dieses Sondervermögen und nicht auf das Eigenvermögen der Erben oder der Ehegatten zugreifen können; nur das Sondervermögen ist ihnen haftungsrechtlich zugewiesen. In den Materialien heißt es, diese Sondervermögen könnten Schuldner im Sinne der Insolvenzordnung sein[21]. Dabei dürfte es sich indessen um ein Missverständnis handeln. Nachlass und Gesamtgut sind die Vermögen, die verwertet werden, und als solche von dem Vermögensträger, von dem nach materiellem Recht Zahlungspflichtigen und von dem Verfahrenssubjekt „Schuldner" streng zu unterscheiden. Vermögensträger, materiell-rechtliche Schuldner und Verfahrenssubjekte sind bei der Nachlassinsolvenz der bzw. die Erben, bei der Gesamtgutinsolvenz der bzw. die Ehegatten[22].

42

---

[19] Vgl. *Bork*, AT, Rdnr. 195; *ders.*, 100 Jahre BGB – 100 Jahre Staudinger, 1999, 181, 194 f.; *Heil*, NZG 2001, 300 ff.; *Kesseler*, NZI 2018, 680, 681; *Schemmann* DNotZ 2001, 244 ff.; Stein/Jonas-*Bork*[22], § 50 Rdnr. 23; *Zöllner*, FS Gernhuber, 1993, S. 563 ff.; *ders.*, FS Kraft, 1998, S. 701 ff.; alle m. w. N.
[20] Vgl. Begr. zu § 13 RegE, BT-Drs. 12/2443, 112 und Bericht des Rechtsausschusses zu § 13 RegE, BT-Drs. 12/7302, 156.
[21] Begr. zu § 13 RegE, BT-Drs. 12/2443, 113; vgl. auch *Häsemeyer*, Rdnr. 6.20b.
[22] Zu den Einzelheiten s. u. Rdnr. 490 f., 507. – Dass der Gesetzgeber hier die Erben- bzw. Gütergemeinschaft als solche für insolvenzfähig erklären wollte, ist nicht ersichtlich (→ Fn. 5).

E. Juristische Personen des öffentlichen Rechts

43 Mit der Insolvenzfähigkeit juristischer Personen des öffentlichen Rechts befasst sich § 12 InsO[23]. Diese Norm hat große Bedeutung wegen ihrer Ausstrahlungswirkung auf die Beitragspflicht zu den Insolvenzkassen: Arbeitgeber müssen nach § 358 Abs. 1 S. 1 SGB III und nach § 10 Abs. 1 BetrAVG (Betriebsrentengesetz) Umlagen bzw. Beiträge entrichten, aus denen im Insolvenzfall das Insolvenzgeld (→ Rdnr. 209) bzw. die Renten der pensionierten Arbeitnehmer gezahlt werden. Das gilt auch für die juristischen Personen des öffentlichen Rechts, aber nur, sofern sie insolvenzfähig sind (§§ 358 Abs. 1 S. 2 SGB III; § 17 Abs. 2 BetrAVG).

44 Nach § 12 Abs. 1 Nr. 1 InsO ist ein Insolvenzverfahren über das Vermögen des Bundes oder eines Landes unzulässig. Diese Gebietskörperschaften sind also nicht insolvenzfähig. Dasselbe gilt nach § 12 Abs. 1 Nr. 2 InsO für juristische Personen des öffentlichen Rechts, die der Aufsicht eines Landes unterstehen und für die das Landesrecht die Insolvenzunfähigkeit ausdrücklich anordnet[24]. In allen anderen Fällen, in denen weder Bundes- noch Landesrecht sich zur Insolvenzfähigkeit äußern, ist nach Maßgabe des Einzelfalles zu prüfen, ob eine den Privatrechtssubjekten vergleichbare Insolvenzfähigkeit bejaht werden kann[25].

45 **Beispiel:** Die Insolvenzfähigkeit der öffentlich-rechtlichen Rundfunkanstalten ist zu verneinen, weil sie von Verfassungs wegen gebotene Aufgaben wahrnehmen und deshalb die Länder eine finanzielle Gewährleistungspflicht trifft. Diese Finanzgarantie schließt die Insolvenzfähigkeit aus[26].

---

[23] Ausf. dazu *Gundlach/Frenzel/Schmidt*, NZI 2000, 561 ff.; *Siegmund*, ZInsO 2012, 2324 ff.

[24] Vgl. für die Kommunen *Kropf*, ZInsO 2012, 1667 ff.; *Meier/Arts*, NZI 2007, 698 ff.; *Naguschewski* (Rdnr. 32); *Paulus*, ZInsO 2014, 2465 ff.; 2003, 869 ff. – In diesem Fall besteht für das anordnende Land allerdings eine Einstandspflicht in Höhe der sonst nach dem SGB III und dem BetrAVG zu zahlenden Leistungen, wenn die juristische Person zahlungsunfähig wird (§ 12 Abs. 2 InsO); dazu *Gundlach*, DZWIR 2000, 368 ff.; *Gundlach/Frenzel/Schmidt*, NVwZ 2001, 778 f.

[25] Enger (Insolvenzunfähigkeit nur auf Grund von Gesetz oder Verfassungsrecht) *Kuhl/Wagner*, ZIP 1995, 433, 434. – Vgl. Kayser/Thole-*Sternal*, § 12 Rdnr. 4 m. w. N.; für die Insolvenzunfähigkeit von Kirchen und Religionsgemeinschaften *BVerfGE* 66, 1, 19 ff.; *AG Potsdam* DZWIR 2001, 526.

[26] *BVerfGE* 89, 144, 152 ff.

F. Konzern[27]

Ein Konzern ist als solcher kein Rechtssubjekt und nach dem Gesamtkonzept der Insolvenzordnung auch nicht Insolvenzschuldner. Vielmehr wird nach dem Grundsatz „eine Person – ein Vermögen – eine Insolvenz"[28] für jedes insolvente Konzernunternehmen ein eigenes Insolvenzverfahren eröffnet. Das Gesetz beschränkt sich – und dies auch erst seit dem 21.4.2018[29] – darauf, fakultativ in §§ 3a–3e, 13a InsO einen gemeinsamen Gerichtsstand für alle konzernangehörigen Gesellschaften zur Verfügung zu stellen (→ Rdnr. 53), damit die Verfahren über die insolventen Konzernmitglieder besser koordiniert werden können. Demselben Ziel dienen § 56b InsO, der die Bestellung derselben Person als Insolvenzverwalter für mehrere insolvente Konzerngesellschaften zulässt, und §§ 269a–269i, 270d InsO[30], die die Koordinierung der Verfahren durch Zusammenarbeit der Verfahrensorgane sowie ein eigenständiges Gruppenkoordinationsverfahren regeln. Wird für alle Gesellschaften derselbe Insolvenzverwalter eingesetzt, so kann es zu Interessenkonflikten kommen, etwa wenn Ansprüche einer Tochtergesellschaft gegen die Muttergesellschaft durchzusetzen sind; in diesem Fall ist für die Durchsetzung dieser Ansprüche nach dem Rechtsgedanken des § 92 S. 2 InsO (→ Rdnr. 238) ein Sonderinsolvenzverwalter zu bestellen.

45a

§ 6: Insolvenzgericht

Literatur: *Busch*, Allgemeine Verfahrensgrundsätze, 4. Aufl. 2017; *Freesen*, Rechtsweggarantie und Insolvenzrecht, 2011; *Gerloff*, Funktionen und Aufgaben des Insolvenzgerichts, 2008; *Henewer*, Das Forum Shopping einer GmbH unter der deutschen Insolvenzordnung und der Europäischen Insolvenzordnung, 2010; *Holzer*, Entscheidungsträger im Insolvenzverfahren, 3. Aufl., 2004; *Knop*, Amtshaftungsansprüche bei insolvenzgerichtlichen Pflichtverletzungen, 2015; *Stamer*, Das System der Rechtsbehelfe im Insolvenzverfahren, 2015.

46

---

[27] Näher dazu *Berner/Zenker*, FS Graf-Schlicker, 2018, S. 171 ff.; *Blankenburg*, ZInsO 2018, 897 ff.; *Flöther*, Konzerninsolvenzrecht, 2. Aufl. 2018; *Jensen*, Der Konzern in der Krise, 2018; *Laroche*, ZInsO 2017, 2585 ff.; *Pleister/Sturm*, ZIP 2017, 2329 ff.; *Riggert* (Hrsg.), Das neue Konzerninsolvenzrecht, NZI Sonderbeilage 1/2018 zu Heft 8/2018; *J. Schmidt*, KTS 2018, 1 ff.
[28] Ausf. dazu *J. Schmidt*, KTS 2015, 19 ff.
[29] Inkrafttreten des Gesetzes zur Erleichterung der Bewältigung von Konzerninsolvenzen vom 13.4.2017, BGBl. I, 866.
[30] Auf europäischer Ebene finden sich vergleichbare Vorschriften für grenzüberschreitende Konzerninsolvenzen in Art. 56 ff. EuInsVO.

A. Aufgaben

47 Die Aufgabe des Insolvenzgerichts besteht vor allem darin, den **prozeduralen Rahmen** für die Vermögensverwertung zu schaffen und die Aufsicht über den Insolvenzverwalter zu führen. Die Verwertung selbst ist Aufgabe des Insolvenzverwalters, der die Insolvenzmasse in Besitz und Verwaltung zu nehmen (§ 148 InsO) und sie nach Maßgabe der Beschlüsse der Gläubigerversammlung zu verwerten hat (§ 159 InsO; → Rdnr. 60 ff.). Es handelt sich um eine wirtschaftliche Tätigkeit, die nicht Aufgabe des Insolvenzgerichts sein kann, das dafür auch gar nicht geeignet wäre.

48 Damit der prozedurale Rahmen geschaffen werden kann, ist dem Insolvenzgericht zunächst das **Eröffnungsverfahren** zugewiesen (§§ 11 ff. InsO; → Rdnr. 93 ff.). Diese Zuweisung umfasst bei der Eröffnung eines Verbraucherinsolvenzverfahrens auch die Vermittlung des Schuldenbereinigungsplanes nach §§ 306 ff. InsO (→ Rdnr. 485). Das Eröffnungsverfahren endet mit dem Eröffnungsbeschluss, der auch die **Ernennung des Insolvenzverwalters** enthält (§§ 27, 56 ff. InsO). Von jetzt an liegt das Verfahren weitgehend in den Händen des Verwalters. Die Aufgaben des Insolvenzgerichts beschränken sich im Wesentlichen auf die **Aufsicht über den Insolvenzverwalter** (§§ 58 f. InsO), die **Einsetzung eines Gläubigerausschusses** (§ 67 InsO) und die **Leitung der Gläubigerversammlung** (§ 76 Abs. 1 InsO), insbesondere im Berichtstermin (§§ 29, 156 InsO) und im Prüfungstermin (§§ 29, 176 InsO). Erst die **Beendigung des Verfahrens** durch Aufhebung (§ 200 InsO) oder Einstellung (§§ 207 ff. InsO) ist wieder ausschließlich Sache des Gerichts. Hinzu kommen **Kompetenzen in besonderen Verfahren**, etwa bei der Aufstellung und Überwachung des Insolvenzplans (§§ 231, 248 ff. InsO), bei der Eigenverwaltung (§§ 270 ff. InsO) oder bei der Restschuldbefreiung (§§ 287a, 300 InsO). Nicht zu den Aufgaben des Insolvenzgerichts gehört hingegen die Entscheidung von **Rechtsstreitigkeiten, die aus dem Insolvenzverfahren resultieren**, also beispielsweise Haftungsklagen gegen den Insolvenzverwalter (→ Rdnr. 68), Anfechtungsklagen des Insolvenzverwalters (→ Rdnr. 272) oder Streitigkeiten über die Berechtigung einer Forderungsanmeldung (→ Rdnr. 338). Eine solche *vis attractive concursus*, kraft der das Insolvenzgericht für alle aus dem Insolvenzverfahren hervorgehenden Rechtsstreitigkeiten zuständig wäre, kennt das deutsche Recht nicht[1]. Die Zuständigkeit für Rechtsstreitigkeiten,

---

[1] Kritisch dazu *Prütting*, FS Graf-Schlicker, 2018, S. 361 ff.

die unter Beteiligung des Insolvenzverwalters geführt werden, richtet sich vielmehr nach den allgemeinen Regeln.

B. Zuständigkeit

Die **sachliche Zuständigkeit** liegt gemäß § 2 Abs. 1 InsO beim Amtsgericht, und zwar bei demjenigen, in dessen Bezirk das Landgericht seinen Sitz hat. Das Insolvenzgericht ist eine (gemäß § 22 GVG mit einem Einzelrichter besetzte) Abteilung des Amtsgerichts, die nach dem Geschäftsverteilungsplan für Insolvenzverfahren zuständig ist. Es handelt sich um eine ausschließliche Zuständigkeit, von der durch Parteivereinbarung nicht abgewichen werden kann (§ 40 Abs. 2 ZPO). Sie hat zum Ziel, den für die Bewältigung von Insolvenzen erforderlichen Sachverstand und die nötige Ausstattung möglichst bei einem Spruchkörper zu konzentrieren.

49

Die **örtliche Zuständigkeit**[2] richtet sich gemäß § 3 Abs. 1 S. 1 InsO – ebenfalls ausschließlich – nach dem allgemeinen Gerichtsstand des Schuldners. Das ist bei natürlichen Personen deren Wohnsitz (§ 13 ZPO), bei allen übrigen Schuldnern deren Sitz, also der Ort, der als Sitz in der Satzung bestimmt ist, hilfsweise der Ort, an dem ihre Verwaltung geführt wird (§ 17 Abs. 1 ZPO). Liegt allerdings der Mittelpunkt einer selbstständigen wirtschaftlichen Tätigkeit des Schuldners an einem anderen Ort, so ist ausschließlich dasjenige Insolvenzgericht zuständig, in dessen Bezirk dieser Ort liegt (§ 3 Abs. 1 S. 2 InsO)[3]. Es kommt also bei Unternehmen für die örtliche Zuständigkeit in erster Linie darauf an, wo sich die Hauptniederlassung befindet. Liegen diese Umstände bei Stellung des Insolvenzantrages vor, so berührt es die Zuständigkeit nach dem Grundsatz der *perpetuatio fori* nicht, wenn sie sich danach wieder ändern (§ 4 InsO i. V. m. § 261 Abs. 3 Nr. 2 ZPO analog). Fehlen die zuständigkeitsbegründenden Umstände bei Antragstellung, so genügt es, wenn sie – etwa infolge Wohnsitzwechsels – bis zur Entscheidung über den Insolvenzantrag eintreten.[4]

50

Beispiele: Über das Vermögen einer oHG mit Sitz in Frankfurt am Main und über das Vermögen der oHG-Gesellschafter, die in Königstein i. Ts. wohnen, soll das Insolvenzverfahren eröffnet werden. Zuständig für die Insolvenz der

51

---

[2] Zur internationalen Zuständigkeit s. u. Rdnr. 512.
[3] Vgl. *BayObLG* ZInsO 2003, 522; *OLG Karlsruhe* ZInsO 2004, 511 f.; *AG Essen* ZIP 2009, 1826 ff.; *AG Göttingen* ZIP 2001, 387.
[4] Vgl. nur Jaeger-*Gerhardt*, § 3 Rdnr. 40; für die internationale Zuständigkeit auch *BGH* ZIP 2011, 833 Rdnr. 11 ff.

oHG ist das Amtsgericht in Frankfurt. Der allgemeine Gerichtsstand der Gesellschafter liegt in Königstein, so dass für die Insolvenz der Gesellschafter grundsätzlich das dortige Amtsgericht zuständig ist. Die bloße Gesellschafterstellung begründet die Zuständigkeit des Amtsgerichts Frankfurt nicht, denn die Gesellschafter sind selbst nicht Unternehmensträger (das ist die oHG). Das Amtsgericht Frankfurt ist nur dann für die Gesellschafter zuständig, wenn sie in Frankfurt den Mittelpunkt einer selbstständigen wirtschaftlichen Tätigkeit haben, was nur dann der Fall ist, wenn sie gemäß § 114 HGB tatsächlich die Geschäfte der oHG führen[5].

52 Eine GmbH ist mit ihrem Sitz im Handelsregister Würzburg eingetragen. Ihr Geschäftsführer, der seinen Wohnsitz in Augsburg hat, stellt Insolvenzantrag und teilt mit, die Geschäftsbücher befänden sich jetzt in Aachen, wo die „stille Liquidation" betrieben werden solle. Zuständig ist hier das Insolvenzgericht in Würzburg. Da die GmbH keine wirtschaftliche Tätigkeit mehr hat, beurteilt sich die Zuständigkeit allein nach dem in das Handelsregister eingetragenen Sitz. Der Wohnsitz des Geschäftsführers ist dafür ebenso unerheblich wie der Aufenthalt der Geschäftsbücher[6].

53 Bei **Konzernunternehmen** (→ Rdnr. 45a) ist die örtliche Zuständigkeit für jede konzernangehörige Gesellschaft gesondert zu bestimmen. Es sind also – wenn nicht von der Ermächtigung des § 3a InsO Gebrauch gemacht wird – für die einzelnen Konzerngesellschaften unterschiedliche Gerichte zuständig, die vorbehaltlich des § 56b InsO auch unterschiedliche Insolvenzverwalter einsetzen können. Die Praxis versucht das häufig durch die Annahme zu vermeiden, dass sich der Mittelpunkt der wirtschaftlichen Interessen der Tochtergesellschaften am selben Ort befindet wie der der Muttergesellschaft.

---

[5] Str.; auf der Grundlage der KO richtete sich nach h.M. die Zuständigkeit für oHG-Gesellschafter nach der gewerblichen Niederlassung der oHG (vgl. nur *OLG Düsseldorf* DB 1978, 581). Nach a.A. sollte das Wohnsitzgericht ausschließlich zuständig sein (*KG* KuT 1929, 30; *Kilger/Schmidt*, KO, 17. Aufl. 1997, § 71 Anm. 3). Dafür sprach, dass Gesellschafter keine Niederlassung haben, wie sie das alte Recht in § 71 Abs. 1 KO verlangte. Heute kommt es nicht mehr auf die Niederlassung, sondern auf den Mittelpunkt der selbstständigen wirtschaftlichen Tätigkeit an, so dass maßgebend sein sollte, ob die Gesellschafter ihre organschaftliche Geschäftsführungsbefugnis ausüben; vgl. *KG* NZI 2001, 156; ZIP 2000, 1170, 1172; Kayser/Thole-*Sternal*, § 3 Rdnr. 14; MünchKomm.InsO-*Ganter/Lohmann*, § 3 Rdnr. 15.

[6] *BayObLGZ* 2003, 192, 194f.; ZIP 2003, 1305, 1306; 1999, 1714; ZInsO 2003, 1142, 1143; 2003, 1045, 1046; 2003, 902, 903; NZI 2001, 372, 373; InVo 2000, 373; *OLG Braunschweig* ZIP 2000, 1118f.; *OLG Celle* ZInsO 2004, 91, 92; ZIP 2004, 1022, 1023; *OLG Düsseldorf* NZI 2000, 601; *OLG Hamm* NZI 2000, 220f.; ZInsO 1999, 533, 534; *OLG Karlsruhe* ZIP 2005, 1475; *OLG Köln* ZIP 2000, 672f.; *OLG Rostock* ZInsO 2001, 1064, 1065; *OLG Schleswig* NZI 2004, 264; *OLG Stuttgart* NJW-RR 2009, 482, 483; *OLG Zweibrücken* InVo 2002, 367. – A.M. *KG* NJW-RR 2000, 500, 501; *OLG Schleswig* NZI 1999, 416.

§ 6: Insolvenzgericht 25

Die **funktionelle Zuständigkeit** liegt gemäß § 3 Nr. 2 lit. e RPflG **54**
grundsätzlich beim Rechtspfleger. Davon enthält § 18 RPflG wichtige
Ausnahmen[7]. Insbesondere liegt das Eröffnungsverfahren (§§ 11 ff.
InsO) unter Einschluss der Eröffnungsentscheidung und der Ernennung des Insolvenzverwalters in der Hand des Richters. Daneben ist
der Richter vor allem im Insolvenzplanverfahren zuständig, ferner im
Restschuldbefreiungsverfahren, wenn es darum geht, dem Schuldner
die Restschuldbefreiung auf Antrag eines Gläubigers zu versagen
oder wieder zu nehmen (§§ 287a, 290, 296–297a, 300, 303 InsO); hier
handelt es sich um rechtsprechende Tätigkeit, für die der Richtervorbehalt des Art. 92 GG gilt. Außerdem kann der Richter gemäß § 18
Abs. 2 RPflG das Verfahren ganz oder teilweise an sich ziehen und
damit die Zuständigkeit des Rechtspflegers aufheben[8].

C. Verfahren

Das Insolvenzverfahren ist, wie sich aus § 13 InsO ergibt, ein **Antrags-** **55**
verfahren. Sein Charakter wird gleichermaßen durch streitentscheidende wie durch fürsorgerische Elemente geprägt[9], so dass es sich der
Sache nach um ein Verfahren der freiwilligen Gerichtsbarkeit handeln könnte. Der Gesetzgeber hat das Verfahren indes in § 4 InsO der
Anwendung der Zivilprozessordnung unterworfen und diese Frage
damit geklärt, zugleich aber durchaus auch Grundgedanken der freiwilligen Gerichtsbarkeit übernommen. Das zeigt sich vor allem in § 5
Abs. 1 InsO, der den **Untersuchungsgrundsatz** enthält: Die für das
Insolvenzverfahren relevanten Umstände hat das Insolvenzgericht
von Amts wegen zu ermitteln[10]. Es kann dazu insbesondere Zeugen und Sachverständige vernehmen, also etwa ein Wertgutachten
in Auftrag geben. Der Schuldner wird freilich als Partei vernommen
und hat als solche kein Aussageverweigerungsrecht (vgl. § 97 Abs. 1
S. 2 InsO)[11]. Die Vorschriften der §§ 288 ff. ZPO über das Geständnis

---

[7] Dazu, auch rechtspolitisch, *Keller*, Rpfleger 2011, 417 ff.; *Lissner*, Rpfleger 2015, 121 ff.; *Uhlenbruck*, ZInsO 2001, 1129.
[8] Vgl. zu den Grenzen einerseits *Frind*, ZInsO 2001, 993 ff.; andererseits *Fuchs*, ZInsO 2001, 1033 ff.; *Rellermeyer*, Rpfleger 2002, 68 ff.
[9] Vgl. *Häsemeyer*, Rdnr. 3.05.
[10] Vgl. *BGH* ZIP 2006, 442 Rdnr. 13; *Beth*, NZI 2014, 487 ff. – Nach st. Rspr. des BGH gilt das allerdings erst, wenn ein zulässiger Insolvenzantrag vorliegt, wozu die substantiierte Darlegung eines Eröffnungsgrundes gehört (→ Rdnr. 95).
[11] Vgl. unten Rdnr. 156.

gelten aber nicht[12]. Im Insolvenzverfahren herrscht der **Amtsbetrieb**, wie sich etwa aus § 8 Abs. 1 S. 1 InsO ergibt, demzufolge Zustellungen nicht im Parteibetrieb, sondern von Amts wegen erfolgen[13].

56 Für das Insolvenzverfahren ist **keine mündliche Verhandlung** vorgeschrieben (§ 5 Abs. 3 InsO). Folglich gilt auch § 169 GVG nicht: Das Insolvenzverfahren ist lediglich **parteiöffentlich**[14]. Dass das Gesetz an einigen Stellen die **Anhörung des Schuldners** vorsieht (vgl. etwa § 14 Abs. 2 InsO), bedeutet nicht, dass eine mündliche Verhandlung stattfinden müsste, da auch eine schriftliche Anhörung möglich und zulässig ist. Das Gericht kann also, muss aber nicht mündlich verhandeln (fakultative mündliche Verhandlung). Folglich ergehen seine Entscheidungen niemals als Urteil, sondern stets als Verfügung oder als **Beschluss**[15]. Das gilt auch dann, wenn tatsächlich mündlich verhandelt worden ist. In einfach gelagerten Fällen kann das Verfahren sogar vollständig **schriftlich** durchgeführt werden (§ 5 Abs. 2 InsO)[16], was insbesondere bei Verbraucherinsolvenzverfahren zum Zuge kommen wird (→ Rdnr. 488)

57 Fehlerhafte Entscheidungen des Gerichts sind regelmäßig nicht nichtig, sondern wirksam, aber anfechtbar[17]. Um allerdings einen zügigen Ablauf des Insolvenzverfahrens zu gewährleisten, sind die Entscheidungen des Insolvenzgerichts nur dann anfechtbar, wenn das Gesetz es ausdrücklich vorsieht (§ 6 Abs. 1 InsO)[18]. Statthaft ist dann nur die **sofortige Beschwerde**, für die über § 4 InsO die Vorschriften der §§ 567 ff. ZPO ergänzend heranzuziehen sind. Also gilt die zweiwöchige Notfrist des § 569 Abs. 1 S. 1 ZPO, deren Beginn allerdings § 6 Abs. 2 InsO regelt. Über die Beschwerde entscheidet gemäß § 72

---

[12] *OLG Köln* ZIP 2000, 1343, 1348.
[13] Mit der Zustellung kann die Post, gemäß § 8 Abs. 3 InsO aber auch der Insolvenzverwalter beauftragt werden.
[14] Näher *Bork*, FS Schilken, 2015, S. 617 ff. – Zur umstrittenen Frage der **Akteneinsicht** (§ 4 InsO i. V. m. § 299 ZPO) vgl. zusammenfassend *BGH* ZIP 2006, 1154 Rdnr. 12 ff.; *Fölsing*, ZInsO 2016, 1734 ff.; *Graf/Wunsch*, ZIP 2001, 1800 ff.; *Pape*, ZIP 2004, 598 ff.; *Schuster/Friedrich*, ZIP 2009, 2418 ff.; *Swierczok/Kotny*, NZI 2016, 566 ff.; *Thole*, ZIP 2012, 1533 ff.
[15] Zur öffentlichen Bekanntmachung → Rdnr. 136.
[16] Dazu *BGH* ZInsO 2018, 864 Rdnr. 6 ff.
[17] *BGH* ZIP 2016, 1547 Rdnr. 23 ff.; 2014, 134 Rdnr. 12; NZI 2015, 390 Rdnr. 9 ff.
[18] Vgl. etwa *BGH* ZIP 2016, 1351 Rdnr. 9; 2016, 988 Rdnr. 7; 2013, 998 Rdnr. 13; 2013, 525 Rdnr. 4 ff.; 2012, 1615 Rdnr. 6; 2010, 383 Rdnr. 7; 2009, 529 Rdnr. 2 ff.; 2009, 480 Rdnr. 7 ff.; 2008, 2135 Rdnr. 4; 2006, 1065 Rdnr. 3. – Das Enumerationsprinzip gilt nur für im Gesetz vorgesehene Maßnahmen. Dem Gesetz fremde Maßnahmen sind, wenn sie Grundrechte verletzen, stets mit der sofortigen Beschwerde anfechtbar, s. *BGHZ* 158, 212, 216; *BGH* ZIP 2012, 1615 Rdnr. 7 ff.; dazu *Smid*, DZWIR 2004, 359 ff.

Abs. 1 GVG das Landgericht, dessen Entscheidung gemäß § 6 Abs. 3 S. 1 InsO erst mit Rechtskraft wirksam wird. Soweit anstelle des Richters der Rechtspfleger entschieden hat, gilt gemäß § 11 Abs. 1 RPflG dasselbe. Bei nicht mit der sofortigen Beschwerde angreifbaren Entscheidungen ist gemäß § 11 Abs. 2 S. 1 RPflG die **sofortige Erinnerung** statthaft[19]. Der Rechtspfleger kann dieser Erinnerung – ebenso wie der Richter (§ 4 InsO i. V. m. § 572 Abs. 1 S. 1 ZPO[20]) – abhelfen (§ 11 Abs. 2 S. 2 RPflG). Gegen die Beschwerdeentscheidung ist gemäß § 4 InsO i. V. m. §§ 574 Abs. 1 Nr. 1 ZPO, 133 GVG die **Rechtsbeschwerde** zum Bundesgerichtshof eröffnet. Sie setzt voraus, dass das Beschwerdegericht sie zugelassen hat, weil die Rechtssache grundsätzliche Bedeutung hat oder die Fortbildung des Rechts oder die Sicherung einer einheitlichen Rechtsprechung eine Entscheidung des Rechtsbeschwerdegerichts erfordert (§ 4 ZPO i. V. m. § 574 Abs. 3 S. 1, Abs. 2 ZPO).

D. Haftung

Verletzen Richter oder Rechtspfleger im Insolvenzverfahren schuldhaft ihre Pflichten, so können Staatshaftungsansprüche ausgelöst werden (Art. 34 GG, § 839 BGB[21]). Da das Insolvenzgericht keine der materiellen Rechtskraft fähigen Entscheidungen erlässt, greift das Richterspruchprivileg des § 839 Abs. 2 BGB nicht ein[22]. Die Haftung kann beispielsweise bestehen, wenn das Verfahren ohne zureichende Prüfung der Voraussetzungen eröffnet wird[23] oder wenn der Insolvenzverwalter unzureichend ausgewählt[24] oder überwacht wird[25]. 58

---

[19] Vgl. *BGH* ZIP 2017, 387 Rdnr. 10; 2016, 1738 Rdnr. 17; 2013, 998 Rdnr. 13; NZI 2014, 724 Rdnr. 6; ZInsO 2011, 2278 Rdnr. 5 f. – Ausn.: Entscheidungen über die Gewährung des Stimmrechts (§§ 77 Abs. 2 S. 2, 237, 238 InsO; dazu *Frind*, ZInsO 2011, 1726 ff.; *Lüke*, FS Leipold, 2009, S. 411 ff.; *Plathner/Sajogo*, ZInsO 2011, 1090 ff.; *Wenzel*, ZInsO 2007, 751 ff.) sind gemäß § 11 Abs. 4 S. 2 RPflG auch nicht mit der sofortigen Erinnerung anfechtbar. Hier kann nur gemäß § 18 Abs. 3 RPflG die nachträgliche Neufestsetzung durch den Richter beantragt werden, wenn sich die Stimmrechtsentscheidung auf den Beschluss ausgewirkt hat; vgl. *BGH* ZIP 2008, 2428 Rdnr. 8 und zur Verfassungskonformität *BVerfG* ZIP 2010, 237 f.
[20] Vgl. *BGH* ZIP 2006, 1651 Rdnr. 7 ff.
[21] Vgl. *BGH* ZIP 2014, 2299 Rdnr. 18 ff.; *Knop* (Rdnr. 46).
[22] *BGH* NJW 1959, 1085.
[23] *LG Dortmund* KTS 1984, 147, 149 m. Anm. *Mohrbutter*.
[24] *OLG München* ZIP 1991, 1367, 1368.
[25] *RGZ* 154, 291, 296.

§ 7: Insolvenzverwalter

59 Literatur: *Bichler*, Die notwendige Unabhängigkeit des Insolvenzverwalters, Diss. Regensburg 2005; *Biermann*, Die strafrechtlichen Risiken der Tätigkeit des (vorläufigen) Insolvenzverwalters, 2008; *Binz/Hess*, Der Insolvenzverwalter, 2004; *Bluhm*, Die Anwendbarkeit und Auswirkungen der EU-Dienstleistungsrichtlinie auf Auswahl und Bestellung des Insolvenzverwalters, 2015; *Bork/Thole*, Die Verwalterauswahl, 2018; *Fink*, Maßnahmen des Verwalters zur Finanzierung in der Unternehmensinsolvenz, 1998; *Holzer/Kleine-Cosack/Prütting*, Die Bestellung des Insolvenzverwalters, 2001; *Hohl*, Die richterliche Unabhängigkeit bei der Auswahl des (vorläufigen) Insolvenzverwalters nach dem ESUG, 2015; *Hortig*, Kooperationen von Insolvenzverwaltern, 2008; *Jacoby*, Das private Amt, 2007; *Karlstedt*, Die Eigenhaftung des Insolvenzverwalters aus Garantievertrag und culpa in contrahendo, 2013; *Kathke*, Handlungsziele und Gestaltungsmöglichkeiten des Insolvenzverwalters im neuen Insolvenzrecht, 2000; *Köster*, Die Bestellung des Insolvenzverwalters, 2005; *Kruth*, Die Auswahl und Bestellung des Insolvenzverwalters, 2006; *Laukemann*, Die Unabhängigkeit des Insolvenzverwalters, 2010; *Lietzke*, Das Rechtsverhältnis zwischen Insolvenzverwalter und Schuldner, 2011; *Paulsen*, Die Auswahl und Bestellung des Insolvenzverwalters im Spannungsverhältnis zwischen richterlichem Ermessen, Gläubigerautonomie und Eilbedürftigkeit, Diss. Köln 2006; *Rechel*, Die Aufsicht des Insolvenzgerichts über den Insolvenzverwalter, 2009; *Schwerdling*, Die Stellung des Insolvenzverwalters nach neuem Insolvenz- und Handelsrecht, 2000; *Vielsäcker*, Der Amtsbesitz des Insolvenzverwalters, 2013; *Wundenberg*, Der veruntreuende Insolvenzverwalter, 2012.

A. Aufgaben

60 Der Insolvenzverwalter ist die zentrale Figur des Insolvenzverfahrens. Mit der Eröffnung des Verfahrens geht das Recht des Schuldners, sein zur Insolvenzmasse gehörendes Vermögen zu verwalten und darüber zu verfügen, auf den Insolvenzverwalter über (§ 80 Abs. 1 InsO). In seinen Händen liegen jetzt die Verwertung des Schuldnervermögens, die Feststellung der zu befriedigenden Ansprüche und die Erlösverteilung. Im Einzelnen hat der Insolvenzverwalter folgende Aufgaben:

61 Gemäß § 148 Abs. 1 InsO hat der Insolvenzverwalter sofort nach der Eröffnung des Insolvenzverfahrens das gesamte zur Insolvenzmasse gehörende **Schuldnervermögen in Besitz und Verwaltung zu nehmen.** Die Herausgabe kann er gegen den Schuldner nach §§ 883 ff. ZPO unter Einschaltung eines Gerichtsvollziehers durchsetzen. Titel ist der Eröffnungsbeschluss (§ 148 Abs. 2 InsO)[1], auch wenn dieser

---

[1] Dazu *BGH* ZIP 2012, 1096 Rdnr. 5.

die Massegegenstände nicht einzeln aufführt. Nunmehr muss sich der Insolvenzverwalter erst einmal einen Überblick über die Aktiva und Passiva verschaffen. Dazu hat er ein Verzeichnis der einzelnen Gegenstände der Insolvenzmasse (§ 151 InsO), ein Gläubigerverzeichnis (§ 152 InsO) und eine Vermögensübersicht (§ 153 InsO) aufzustellen.

Auf dieser Grundlage muss der Insolvenzverwalter im **Berichtstermin** (§ 29 Abs. 1 Nr. 1 InsO; → Rdnr. 88) der Gläubigerversammlung über die wirtschaftliche Lage des Schuldners und ihre Ursachen berichten[2]. Damit die Gläubigerversammlung über den Fortgang des Verfahrens entscheiden kann, muss der Verwalter in diesem Termin außerdem darlegen, ob Aussichten bestehen, das Unternehmen ganz oder in Teilen zu erhalten, welche Möglichkeiten für einen Insolvenzplan bestehen und wie sich Sanierung bzw. Insolvenzplan auf die Befriedigung der Gläubiger auswirken würden (§ 156 Abs. 1 InsO). 62

Nach dem Berichtstermin hat der Insolvenzverwalter unverzüglich mit der **Verwertung** der Insolvenzmasse zu beginnen, soweit nicht die Gläubigerversammlung etwas anderes beschlossen hat (§ 159 InsO). Da an die Gläubiger nur Zahlungsmittel ausgeschüttet werden dürfen, müssen die zur Insolvenzmasse gehörenden werthaltigen Vermögensgegenstände zu Geld gemacht werden. Das geschieht durch den Einzug von Forderungen und die Veräußerung sonstiger Vermögensgegenstände, auch solcher, an denen einzelne Gläubiger ein Absonderungsrecht haben (§ 166 InsO). In der Wahl der konkreten Verwertungsart ist der Insolvenzverwalter im Grundsatz völlig frei. Er muss allerdings dafür sorgen, dass die Vermögensgegenstände so günstig wie möglich verwertet werden (→ Rdnr. 344). 63

Parallel dazu findet die **Feststellung der zu berücksichtigenden Forderungen** statt. Dazu haben die Insolvenzgläubiger ihre Forderungen schriftlich beim Insolvenzverwalter anzumelden (§ 174 Abs. 1 InsO). Dieser trägt die angemeldeten Ansprüche in eine Tabelle ein, die er beim Insolvenzgericht zur Einsichtnahme auslegt (§ 175 InsO). Das weitere Feststellungsverfahren liegt dann in den Händen des Insolvenzgerichts (→ Rdnr. 333). Der Insolvenzverwalter ist erst wieder am Zuge, wenn es um die **Erlösverteilung** geht, die gemäß § 187 Abs. 3 S. 1 InsO zu seinen Aufgaben gehört (→ Rdnr. 347). 64

---

[2] Dazu *Möhlmann*, Berichterstattung im neuen Insolvenzverfahren, 1999; *ders.*, NZI 1999, 433 ff.

B. Rechtsstellung des Insolvenzverwalters

I. Amtsrechtliche Stellung

65 Der Insolvenzverwalter ist Inhaber eines privaten Amtes[3]. Seine **Ernennung** erfolgt im Eröffnungsbeschluss (§ 27 Abs.1 S.1 InsO). Gemäß § 56 Abs.1 InsO hat das Insolvenzgericht zum Insolvenzverwalter eine für den jeweiligen Einzelfall geeignete, insbesondere geschäftskundige und von den Gläubigern und dem Schuldner unabhängige natürliche Person zu bestellen[4]. Juristische Personen können also nicht zum Insolvenzverwalter ernannt werden[5]. An Vorschläge des Schuldners oder eines vorläufigen Gläubigerausschusses (→ Rdnr. 91) ist das Gericht dabei nur in den Fällen der §§ 56a Abs.2, 270b Abs.2 S.2 InsO gebunden. In der Regel wird ein wirtschafts- und insolvenzrechtserfahrener Rechtsanwalt ausgewählt, seltener ein Wirtschaftsprüfer[6] oder Steuerberater. Da der Insolvenzverwalter gemäß § 56 Abs.1 S.1 InsO „aus dem Kreis aller zur Übernahme von Insolvenzverwaltungen bereiten Personen auszuwählen ist", können sich Interessenten beim Insolvenzgericht für Insolvenzverfahren bewerben und werden dann bei hinreichender Eignung auf eine Vorauswahlliste aufgenommen. Lehnt das Insolvenzgericht das ab, so kann diese Entscheidung gemäß Art. 23 EGGVG als Justizverwaltungsakt gerichtlich überprüft werden[7]. Die Entscheidung des Gerichts, welche auf der Liste geführte Person in einem konkreten Insolvenzverfahren Insolvenzverwalter(in) wird, ist aber unanfechtbar[8]. Die vom Gericht ausgesuchte Person kann hingegen von der

---

[3] Er handelt also – entgegen *BGH* ZIP 2016, 1543 Rdnr. 27 – nicht etwa hoheitlich! Ausführlich zur Theorie des privaten Amtes *Jacoby*, Das private Amt, 2007.

[4] Vgl. allg. *Bork/Thole* (Rdnr. 59); *Förster*, ZInsO 2002, 406 ff.; *Frind*, DZWIR 2001, 497 ff.; *Pape*, ZInsO 2017, 1341 ff.; *Schmidt*, ZInsO 2015, 672 ff. – Zur Unabhängigkeit s. § 56 Abs.1 S.3 InsO; dazu *Bork*, ZIP 2013, 145 ff. und *Vallender/Zipperer*, ZIP 2013, 149 ff., beide gegen *Schmidt/Hölzle*, ZIP 2012, 2238 ff.; Replik durch *Hölzle*, ZIP 2013, 447 ff.; ferner *Kebekus/Zenker*, FS Beck, 2016, S. 285 ff.; *Thole*, FS Graf-Schlicker, 2018, S. 395 ff.; *Wimmer-Amend*, FS Wimmer, 2017, S. 593 ff.

[5] Zur Verfassungsmäßigkeit dieser Regelung *BVerfG* ZIP 2016, 21 Rdnr. 31 ff.; *BGH* ZIP 2013, 2070 Rdnr. 4 ff.; dazu *Frind*, ZInsO 2013, 2151 ff.

[6] Vgl. *BGH* ZIP 2005, 176, 178.

[7] Vgl. zu den Einzelheiten *BVerfG* ZIP 2009, 1722; 2009, 975; 2006, 1956; 2006, 1954; 2006, 1541; 2006, 1355; 2004, 1649. – Antragsgegner ist je nach Landesrecht das Bundesland als Rechtsträger oder das Insolvenzgericht selbst als Behörde; vgl. *BGH* ZIP 2017, 487 Rdnr. 6; 2016, 2127 Rdnr. 3 ff.; 2016, 935 Rdnr. 7 ff.; 2016, 930 Rdnr. 7 ff.; 2016, 876 Rdnr. 8 ff.; 2008, 515 Rdnr. 13; 2007, 1379 Rdnr. 12/14; ZInsO 2016, 2196 Rdnr. 5.

[8] *BVerfG* ZIP 2006, 1355, 1357 ff.

§ 7: Insolvenzverwalter

Gläubigerversammlung wieder abgewählt und durch eine andere ersetzt werden (§ 57 InsO)[9]. Der neue Insolvenzverwalter bedarf dann seinerseits der Bestätigung durch das Insolvenzgericht, die allerdings nur wegen fehlender Eignung versagt werden darf[10]. Eine Anfechtung der Abwahlentscheidung der Gläubigerversammlung ist nicht möglich (→ Rdnr. 90), auch nicht über § 78 InsO[11].

Der Insolvenzverwalter steht unter der **Aufsicht des Insolvenzgerichts**, das von ihm jederzeit Rechenschaft verlangen und dies mit Zwangsgeld (nicht aber Zwangshaft[12]) durchsetzen kann (§ 58 InsO)[13]. Das ändert aber nichts daran, dass der Insolvenzverwalter in seiner Amtsführung grundsätzlich frei ist: Er bedarf auch bei wirtschaftlich einschneidenden Maßnahmen nicht der Zustimmung des Insolvenzgerichts und ist lediglich der Sorgfalt eines ordentlichen und gewissenhaften Insolvenzverwalters verpflichtet (§ 60 Abs. 1 S. 2 InsO). Das Insolvenzgericht kann dem Verwalter also keine Weisungen erteilen, wie er sein Amt zweckmäßigerweise auszuüben habe, sondern nur einschreiten, wenn die Pflicht zur ordnungsgemäßen Amtsführung verletzt ist[14].

Daneben gibt es **keine Aufsicht der Gläubigerversammlung**[15]. Sie kann nur über den Berichtstermin Einfluss nehmen und bei Beendigung des Amtes die dem Insolvenzverwalter aufgegebene Rechnungslegung überprüfen (§ 66 InsO). Hingegen sieht § 69 InsO eine **Überwachung durch den Gläubigerausschuss** vor (→ Rdnr. 92). Bei besonders bedeutsamen Maßnahmen hat der Insolvenzverwalter darüber hinaus die Zustimmung des Gläubigerausschusses einzuholen (§ 160 Abs. 1 InsO)[16]. Ein Verstoß gegen diese Pflicht lässt freilich die

66

67

---

[9] Ausf. zu den Kompetenzen der Gläubigerversammlung hinsichtlich der Verwalterauswahl *Becker*, NZI 2011, 961 ff.
[10] Vgl. *BGH* ZIP 2004, 1113, 1114; *Graeber*, ZIP 2000, 1465 ff.; *Kesseler*, KTS 2000, 491 ff.; *Muscheler/Bloch*, ZIP 2000, 1474 ff.; *Röder-Persson*, DZWIR 2000, 489 ff.; *Smid/Wehdeking*, InVo 2001, 81 ff.
[11] *BGH* ZIP 2004, 2341; 2003, 1613; vgl. aber *Kesseler*, DZWIR 2002, 133 ff.; zur Verfassungskonformität dieser Regelung s. *BVerfG* ZIP 2005, 537 (*Lüke*).
[12] *BGH* ZIP 2010, 190 Rdnr. 6.
[13] Dazu *BGH* NZI 2015, 366 Rdnr. 5; ZInsO 2013, 1635 Rdnr. 5 ff.; ZIP 2011, 1123 Rdnr. 1 ff.; 2010, 382 Rdnr. 5; *Antoni*, DZWIR 2015, 399 ff.; *Ganter*, ZInsO 2017, 2517; *Lissner*, ZVI 2013, 423 ff.; ZInsO 2012, 957 ff.; *Mäusezahl*, FS Greiner, 2005, S. 239 ff.; *Rechel* (Rdnr. 59).
[14] Vgl. dazu *BGH* ZIP 2005, 865 ff.; *Eckert/Berner*, ZInsO 2005, 1130 ff.; *Gundlach/Frenzel/Strandmann*, NZI 2008, 461 ff. – Dementsprechend gibt es auch keine Zwangsmittel zur Erzwingung bestimmter Verwaltungsmaßnahmen; vgl. *LG Göttingen* ZIP 2008, 1933, 1934.
[15] Zu dieser s. Rdnr. 89.
[16] *Wischemeyer*, ZInsO 2016, 2460 ff.

Wirksamkeit der Maßnahme im Außenverhältnis unberührt (§ 164 InsO)[17]. **Einzelne Gläubiger** haben keine Aufsichtsrechte und können auch das Insolvenzgericht nicht zu einem Einschreiten zwingen[18].

68 Der wirksamste Anreiz zu einer ordnungsgemäßen Amtsführung ist die sonst drohende **Haftung** des Insolvenzverwalters nach §§ 60 ff. InsO[19]. Verletzt der Insolvenzverwalter die ihm nach der Insolvenzordnung obliegenden Pflichten, insbesondere die Pflicht zur bestmöglichen Erhaltung und Verwertung der Masse[20], schuldhaft, so ist er allen Beteiligten zum Schadensersatz verpflichtet (§ 60 Abs. 1 S. 1 InsO)[21]. Beteiligte sind dabei alle, denen gegenüber der Insolvenzverwalter insolvenzspezifische Pflichten zu erfüllen hat[22], auch wenn sie – wie etwa die Gesellschafter des Schuldners[23] – nicht am Verfah-

---

[17] *BGH* ZIP 1995, 290, 291; vgl. auch unten Rdnr. 345.
[18] *BGH* ZInsO 2011, 131 Rdnr. 7; ZIP 2009, 529 Rdnr. 10 m. w. N.
[19] Grundlegend dazu W. *Lüke*, Die persönliche Haftung des Konkursverwalters, 1986; *ders.*, Persönliche Haftung des Verwalters in der Insolvenz, 5. Aufl., 2015; vgl. ferner *Bank*, Insolvenzverwalterhaftung, 2016; *Bönner*, Unternehmerisches Ermessen und Haftung des Insolvenzverwalters im Vergleich mit anderen gesetzlichen Vermögensverwaltern, 2009; *Ehrenberg*, Haftungsrisiko des Insolvenzverwalters, 2009; *Kirchhof*, Die Haftung des Insolvenzverwalters nach § 60 InsO gegenüber den Absonderungsberechtigten, 2004; *Laws*, Die Haftung des Insolvenzverwalters nach der Insolvenzordnung, 2011; *Oldiges*, Die Haftung des Insolvenzverwalters unter der Business Judgement Rule, 2011; *Pape/Graeber*, Handbuch der Insolvenzverwalterhaftung, 2009; *Rezbach*, Die Parallelität von Massehaftung und persönlicher Verwalterhaftung bei Versagen des Insolvenzverwalters, 2009; *Zimmer*, Die Haftung des eingewechselten Insolvenzverwalters, 2008. – Zur Haftung nach § 61 InsO → Rdnr. 329; zur vertragsrechtlichen Haftung *Karlstedt* (Rdnr. 59); allg. zum Berufsethos *Stürner*, ZZP 122 (2009), 265 ff.
[20] *BGHZ* 214, 220 Rdnr. 12 ff.; *BGH* ZIP 2016, 727 Rdnr. 15 m. w. N.
[21] Außerdem können Handlungen des Insolvenzverwalters nichtig sein, wenn sie mit dem Zweck des Insolvenzverfahrens offensichtlich unvereinbar sind (→ Rdnr. 152).
[22] Vgl. *BGHZ* 159, 104, 112 ff.; *BGH* ZIP 2016, 1126 Rdnr. 13 ff.; 2010, 242 Rdnr. 9; 2008, 2007, 539 Rdnr. 7; 2006, 859 Rdnr. 9; 2006, 194, 195; 2004, 1107, 1110; *BAG* ZIP 2013, 638 Rdnr. 41 ff. – Ist der Geschädigte nicht Beteiligter oder sind keine insolvenzspezifischen Pflichten verletzt, kann eine Haftung nur auf die allgemeinen Regeln gestützt werden (vgl. *BGHZ* 100, 346, 350; *BGH* ZIP 2001, 1376 ff.; *BAG* ZIP 2013, 638 Rdnr. 74 ff.). Außerdem kommen *Ansprüche gegen die Masse* in Betracht, für die der Insolvenzverwalter gehandelt hat (vgl. *BGH* NJW-RR 1990, 411; *OLG Dresden* ZInsO 2003, 472, 473). Als Zurechnungsnorm ist dabei § 31 BGB heranzuziehen, vgl. *BGH* NZI 2006, 592 Rdnr. 3. Die Haftung aus § 60 InsO ist aber gegenüber der Haftung der Masse nicht subsidiär; vgl. *BGH* ZIP 2009, 91 Rdnr. 59; 2006, 194, 195 f.; *BAG* ZIP 2007, 1169 Rdnr. 18 ff.
[23] Vgl. *BGH* ZIP 1985, 423, 425 (Komplementär einer insolventen KG). Vgl. aber *BGH* ZIP 2016, 1126 Rdnr. 13: Nicht Beteiligter ist der Geschäftsführer der schuldnerischen GmbH (also wohl auch nicht die Komplementär-GmbH als Geschäftsführerin der GmbH & Co. KG).

ren teilnehmen[24]. Voraussetzung ist die Verletzung einer insolvenzspezifischen Pflicht[25] sowie, dass die jeweils verletzte Norm auch den geschädigten Anspruchsteller schützen will (Schutzzweck der Norm). Der Schadensersatzanspruch aus § 60 InsO richtet sich nach §§ 249 ff. BGB, ist regelmäßig auf Ersatz des negativen Interesses gerichtet[26] und unterliegt der Regelverjährung von drei Jahren (§ 195 BGB), die spätestens mit Aufhebung oder rechtskräftiger Einstellung des Insolvenzverfahrens beginnt (§ 62 InsO)[27].

Maßstab für das Verschulden ist die *Sorgfalt eines ordentlichen und gewissenhaften Insolvenzverwalters* (§ 60 Abs. 1 S. 2 InsO)[28]. Freilich bedarf der Vorwurf der Fahrlässigkeit stets besonderer Prüfung. Denn häufig fehlen dem Insolvenzverwalter wichtige Informationen, weil er in der Regel ohne Einarbeitungszeit ein abgewirtschaftetes und heruntergekommenes Unternehmen ohne geordnete Buchführung übernimmt. Außerdem ist zu berücksichtigen, dass sich das Unternehmen in einer schwierigen wirtschaftlichen Situation befindet, so dass es keine Erfolgsgarantie geben kann[29]. **69**

Für eigene *Hilfskräfte* muss der Verwalter dabei nach § 278 BGB einstehen[30]. Bei Schädigung bestand zwischen dem Insolvenzverwalter und dem Geschädigten bereits eine Sonderbeziehung, da die Haftung nach § 60 InsO voraussetzt, dass für den Insolvenzverwalter nach der Insolvenzordnung gegenüber dem Geschädigten Pflichten bestanden haben (→ Rdnr. 68). Bedient sich der Verwalter hingegen der – nicht offensichtlich ungeeigneten – Angestellten des Schuldners (was häufig erforderlich ist, weil diese das Unternehmen am besten kennen), so haftet er für deren Fehler nur, wenn er seine Pflicht verletzt, diese Personen ordentlich zu überwachen und wichtige Entscheidungen selbst zu treffen (§ 60 Abs. 2 InsO)[31]. **70**

---

[24] Schlägt sich der Schaden – etwa bei der Veräußerung eines Gegenstandes unter Wert – in der Insolvenzmasse nieder und trifft er dadurch alle Gläubiger gleichmäßig, so muss gemäß § 92 S. 2 InsO ein neuer Insolvenzverwalter bestellt werden, der von seinem Vorgänger zu leistenden Schadensersatz zur Masse zieht (→ Rdnr. 238).

[25] Dazu zählen solche Pflichten nicht, die den Insolvenzverwalter wie jeden Dritten treffen, etwa Sorgfaltspflichten im Straßenverkehr. Vgl. näher *BGH* ZIP 2014, 1448 Rdnr. 10; 2008, 608 Rdnr. 12; 2007, 539 Rdnr. 7; ZVI 2008, 530 Rdnr. 10 f.

[26] *BGHZ* 159, 104, 118; *BGH* ZInsO 2013, 671 Rdnr. 10 ff.; ZIP 2007, 539 Rdnr. 14; *BAG* ZIP 2013, 638 Rdnr. 68.

[27] Dazu *BGH* ZIP 2018, 1402 Rdnr. 2 ff.; 2014, 2043 Rdnr. 8 ff.

[28] Vgl. etwa *BGHZ* 214, 220 Rdnr. 12; *BAG* ZIP 2013, 638 Rdnr. 59 ff.

[29] Zum Verhältnis zur allgemeinen Geschäftsleiterhaftung s. *Berger/Frege*, ZIP 2008, 204 ff.

[30] *BGH* ZIP 2016, 727 Rdnr. 18 ff. 2001, 1507, 1508; *Holzer*, NZI 2016, 903 ff.; *Lohmann*, ZInsO 2016, 2138 ff.

[31] Vgl. Begr. zu § 71 RegE, BT-Drs. 12/2443, 129.

71 Der Insolvenzverwalter hat nach § 63 InsO Anspruch auf eine angemessene **Vergütung**, die vom Insolvenzgericht festgesetzt wird (§ 64 InsO). Die Höhe der Vergütung bestimmt sich grundsätzlich nach dem Wert der am Ende des Verfahrens zu verteilenden Insolvenzmasse (Teilungsmasse; vgl. § 2 InsVV), kann aber dem Umfang und der Schwierigkeit der konkreten Verwaltertätigkeit angepasst werden. Einzelheiten regelt gemäß § 65 InsO die Vergütungsverordnung[32].

72 Das Amt des Insolvenzverwalters **endet** mit der Aufhebung oder endgültigen Einstellung des Verfahrens (§§ 200, 215 InsO)[33], außerdem mit der Ernennung eines neuen Verwalters (§ 57 InsO), dem Tode oder der Geschäftsunfähigkeit des Verwalters sowie mit seiner vorzeitigen Entlassung. Die Entlassung ist aus wichtigem Grund als disziplinarische Maßnahme zulässig (§ 59 InsO)[34]. Außerdem kann der Insolvenzverwalter auf eigenen Wunsch entlassen werden.

II. Zivilrechtliche Stellung

73 Die zivilrechtliche Stellung des Insolvenzverwalters ist besonders **umstritten**. Es geht um die Frage, in welcher Eigenschaft der Insolvenzverwalter für die Insolvenzmasse tätig wird: als Vertreter der Masse oder des (Gemein-)Schuldners, in neutraler Stellung oder – wie es die h.M. annimmt – als unabhängiges Rechtspflegeorgan, als „Partei kraft Amtes".

74 Die **Bedeutung** des Streits sollte nicht überbewertet werden. Er wirkt sich zwar in mancher Hinsicht aus, insbesondere für die Parteistellung im Prozess (→ Rdnr.79), aber gelegentlich auch im materiellen Recht[35]. Häufig betonen die verschiedenen Theorien aber nur unterschiedliche Aspekte der Rechtsstellung des Insolvenzverwalters, und die sachlichen Ergebnisse lassen sich nur selten aus der Rechtsna-

---

[32] Dazu *Blersch*, Insolvenzrechtliche Vergütungsverordnung, 2000; *Eickmann*, Vergütungsrecht, 3.Aufl., 2005; *Graeber*, InsVV, 2.Aufl., 2016; *Haarmeyer/Mock*, InsVV, 5.Aufl., 2014; *Hess*, InsVV, 3.Aufl., 2016; *Keller*, Vergütung und Kosten im Insolvenzverfahren, 4.Aufl., 2016; *Leonhardt/Smid/Zeuner*, InsVV, 2014; *Lorenz/Klanke*, InsVV – GKG – RVG, 3.Aufl. 2017; *Stephan/Riedel*, InsVV, 2010; *Tröger*, Die Vergütung des endgültigen Insolvenzverwalters, 2008; *Zimmer*, InsVV, 2018.
[33] Zu den nachwirkenden Amtspflichten s. *Pluta/Heidrich*, FS Wimmer, 2017, S. 488 ff.
[34] Vgl. *BGH* ZIP 2017, 1230 Rdnr. 7 ff.; 2014, 2399 Rdnr. 6 ff.; 2012, 1187 Rdnr. 6 ff.; 2012, 583 Rdnr. 4 ff.; 2011, 671 Rdnr. 6 ff.; 2006, 247, 248; ZInsO 2012, 928 Rdnr. 7 ff.; 2009, 1491 Rdnr. 9; *Antoni*, NZI 2015, 543 ff.; *Gehrlein*, ZInsO 2011, 1713 ff.; *Keller*, NZI 2009, 633 ff.
[35] Vgl. *Bork*, FS K. Schmidt, 2009, S. 143 ff.

tur seines Handelns ableiten[36]. Die Fragestellung besitzt häufig eher systematisch-erklärenden als heuristischen Wert. Man sollte daher derjenigen Auffassung den Vorzug geben, die den stärksten Rückhalt im positiven Recht findet, sich am zwanglosesten in das sonst anerkannte begriffliche Instrumentarium einfügt und die geringste Gefahr von Missverständnissen mit sich bringt.

Nach der sog. **Organtheorie** handelt der Insolvenzverwalter als Organ der Insolvenzmasse, die im Prozess als rechtsfähiges Rechtssubjekt selbst Partei sein und vom Verwalter als Organ vertreten werden soll[37]. Diese Theorie ist als systemwidrig abzulehnen. Sie muss sich entgegenhalten lassen, dass eine Vermögensmasse nach unserem Recht[38] kein Rechtssubjekt sein kann, sondern selbst ein Rechtssubjekt als Rechtsträger braucht. Organe sind die vertretungsberechtigten Stellen juristischer Personen, also der Rechtssubjekte, nicht der diesen Rechtssubjekten zugeordneten Vermögensmassen[39]. 75

Die sog. **Vertretertheorie** sieht den Insolvenzverwalter als den gesetzlichen (Zwangs-)Vertreter des Schuldners mit Vertretungsmacht (nur[40]) für die Masse an[41]. Im Prozess ist danach der Schuldner Partei, der vom Insolvenzverwalter gesetzlich vertreten wird. Derselben Auffassung ist heute die „neue Vertretertheorie", allerdings mit der Maßgabe, dass der Insolvenzverwalter in der Insolvenz juristischer Personen deren Organ (also Organ des Rechtsträgers, nicht der Masse!) sein soll[42]. Auch diese Auffassung fügt sich nicht in die zivil- 76

---

[36] Ausf. zur Bedeutung der Theoriebildung *Stürner* ZZP 94 (1981), 263, 286 ff.; krit. zum Theorienstreit *Kluth*, NZI 2000, 351 ff.
[37] *Bötticher*, ZZP 77 (1964), 55 ff.; *ders.*, JZ 1963, 582 ff.; *Erdmann*, KTS 1967, 87 ff.; *Hanisch*, Rechtszuständigkeit der Konkursmasse, 1973, 23 ff., 275 ff.; *Pawlowski*, JuS 1990, 378, 380.
[38] Anders z. B. in Schweden; vgl. *BGHZ* 134, 116, 118.
[39] Man stelle sich nur vor, dass der Insolvenzverwalter für die Masse ein Grundstück erwirbt. Es müsste dann die Insolvenzmasse als Eigentümerin ins Grundbuch eingetragen werden. Das Grundstück ist indessen Bestandteil des dem Schuldner als Rechtsträger zuzuordnenden Masse und nicht deren Rechtsobjekt.
[40] Nicht: für das insolvenzfreie Vermögen; vgl. *BGH* ZInsO 2006, 260 Rdnr. 7.
[41] Grundlegend *Bley*, ZZP 62 (1941), 111, 113 f.; *Lent*, ZZP 62 (1941), 129 ff.; zust. u. a. *Flume*, Das Rechtsgeschäft, 4. Aufl., 1992, § 45 I 2.
[42] So vor allem *K. Schmidt*, der den Insolvenzverwalter in der Insolvenz natürlicher Personen als deren Vertreter, in der Insolvenz juristischer Personen als deren (Vertretungs-)Organ ansieht; vgl. grundlegend KTS 1984, 345, 362 ff., 370 ff.; NJW 1987, 1905, 1906 f.; ferner u. a. in NJW 1995, 911, 912 f.; KTS 1991, 211, 221; zust. u. a. *LAG Hamm* ZInsO 2001, 234 (dagegen *Bork*, ZInsO 2001, 210 ff.; *Fleddermann*, ZInsO 2001, 359 ff.); *MünchKomm.ZPO-Lindacher*, vor § 50 Rdnr. 35 ff.; *Rosenberg/Schwab/Gottwald*, Zivilprozessrecht, 18. Aufl., 2018, § 40 Rdnr. 16; *Stamm*, KTS 2016, 279 ff.; *Thomas/Putzo-Hüßtege*, § 51 Rdnr. 29; ähnlich *Hess*, § 80 Rdnr. 106 ff., 183 ff. („Vertreter kraft Amtes").

rechtliche Systematik ein. Ein Vertreter nimmt die Interessen des Vertretenen wahr, während der Insolvenzverwalter die Interessen aller Beteiligten im Blick behalten muss, die des Schuldners ebenso wie die der Gläubiger[43]. Sodann kompensiert ein gesetzlicher Vertreter fehlende Geschäfts- bzw. Prozessfähigkeit; die Theorie argumentiert daher auf der falschen Ebene, da der Schuldner seine Geschäfts- und Prozessfähigkeit behält (→ Rdnr. 150). Außerdem kann ein Vertreter nur die Rechtsmacht ausüben, die der Vertretene hat[44]. Wenn aber der Schuldner mit der Eröffnung des Insolvenzverfahrens seine Verfügungsmacht an den Insolvenzverwalter verliert (§ 80 Abs. 1 InsO), dann übt dieser nicht fremde, sondern eigene Rechtsmacht aus. Er handelt nicht als Vertreter des Schuldners in dessen Namen, sondern im eigenen Namen. Irritierend wäre ferner, dass der Schuldner (vertreten durch den Insolvenzverwalter) bei der Insolvenzanfechtung sein eigenes Handeln korrigieren würde. Schließlich käme es zu unliebsamen Konsequenzen bei Prozessen des Schuldners gegen den Insolvenzverwalter (z. B. bei einem Streit über die Massezugehörigkeit eines Gegenstandes[45]). Denn nach der Vertretertheorie stünde der Schuldner dann auf beiden Seiten des Prozesses – auf der Klägerseite und (vertreten durch den Insolvenzverwalter) auf der Beklagtenseite –, so dass ein unzulässiger Insichprozess vorläge[46].

77 Nach der **Theorie vom neutralen Handeln** tritt der Insolvenzverwalter weder als Vertreter des Schuldners noch im eigenen Namen auf, sondern handelt objektbezogen als Verwalter fremden Vermögens[47]. Im Prozess ist nach dieser Auffassung der Insolvenzverwalter Partei. Die Lehre vom neutralen Handeln hebt zwar richtig hervor, dass der Insolvenzverwalter nicht im Lager eines der Beteiligten steht, führt aber ansonsten in dem Bemühen um die systematische Einordnung nicht weiter, da unsere Rechtsordnung eine Willenserklärung, die weder im eigenen noch im fremden Namen abgegeben wird, nicht kennt (arg. § 164 Abs. 2 BGB).

---

[43] Allg. dazu *Kumpan*, KTS 2010, 169 ff.

[44] Das ist nicht anders bei der Vertretung nicht voll Geschäftsfähiger durch einen gesetzlichen Vertreter. Dem Minderjährigen fehlt – anders als dem Schuldner im Insolvenzverfahren – nicht die Rechtsmacht (Verfügungsbefugnis), sondern die Fähigkeit, sie wirksam auszuüben.

[45] Beispiel: *BGH* ZIP 2016, 988.

[46] *Bork*, ZInsO 2001, 210, 211; Stein/Jonas-*Bork*[22], vor § 50 Rdnr. 38; vgl. für den Testamentsvollstrecker auch *Tanz*, Das dingliche Verwaltungsrecht des Testamentsvollstreckers, 2000, S. 11 ff.

[47] Grundlegend *Dölle*, FS Schulz, 1951, S. 268 ff.; zust. bis zur 15. Aufl. *Kilger*, KO, 15. Aufl. 1987, § 6 Anm. 2.

§ 7: Insolvenzverwalter   37

Gefolgschaft verdient allein die **Amtstheorie**. Nach dieser seit jeher 78
herrschenden Meinung[48] handelt der Insolvenzverwalter für die Insolvenzmasse[49] im eigenen Namen als Inhaber eines privaten Amtes. Prozesse führt er als „Partei kraft Amtes" in gesetzlicher Prozessstandschaft für den Schuldner, dessen Rechte er kraft der ihm übertragenen Verfügungsbefugnis im eigenen Namen geltend machen kann. Diese Auffassung hat in § 116 S. 1 Nr. 1 ZPO ihren gesetzlichen Niederschlag gefunden, passt am ehesten zu § 80 Abs. 1 InsO sowie zu §§ 92, 93 InsO und bringt ohne Bruch mit der zivilrechtlichen Dogmatik zum Ausdruck, dass der Insolvenzverwalter funktionsbezogen für ein Sondervermögen zuständig ist, das er als unabhängiges Organ der Rechtspflege im allseitigen Interesse zu verwalten und zu verwerten hat.

Konsequenzen äußert diese Sichtweise vor allem *im Prozessrecht*. 79
Nach der Amtstheorie ist nicht der vom Insolvenzverwalter vertretene Schuldner Partei, sondern der Insolvenzverwalter selbst, der für die Insolvenzmasse streitet. Er trägt daher, wenn der Prozess verloren wird, auch die Prozesskosten, die aus der Masse zu bezahlen sind. Will er vollstrecken, so braucht er einen auf seinen Namen lautenden Titel. Hatte der Schuldner bereits einen Titel erstritten, so ist dieser auf den Insolvenzverwalter als Rechtsnachfolger in der Verfügungsmacht umzuschreiben (→ Rdnr. 234). Werden Ansprüche gegen die Masse geltend gemacht, so ist der Insolvenzverwalter, nicht der Schuldner zu verklagen[50]. Das gilt auch im arbeitsrechtlichen Kündigungsschutzprozess[51]. Wird eine vor Verfahrenseröffnung an den Schuldner gerichtete Klage nach Verfahrenseröffnung dem Insolvenzverwalter

---

[48] St.Rspr. seit *RGZ* 29, 29; vgl. etwa *BGHZ* 100, 346, 351; 88, 331, 334; *BGH* ZInsO 2006, 260 Rdnr. 6; *BAG* ZIP 2002, 1412, 1414; *BFH* ZIP 1997, 797, 798; aus der Literatur s. für viele *Baur/Stürner*[12], § 10; *Häsemeyer*, Rdnr. 15.06; *Henckel*, ZIP 1991, 133, 134; Jaeger-*Windel*, § 80 Rdnr. 275; *Jauernig/Berger*, § 43 Rdnr. 43; Kübler/Prütting/Bork-*Lüke*, § 80 Rdnr. 32 ff.; MünchKomm.InsO-*Ott/Vuia*, § 80 Rdnr. 20 ff.; *Pohlmann*, Befugnisse und Funktionen des vorläufigen Insolvenzverwalters, 1998, Rdnr. 546 ff.; Stein/Jonas-*Bork*[22], vor § 50 Rdnr. 33 ff.; *Stürner*, ZZP 94 (1981), 263, 286 ff.; Zöller-*Vollkommer*, § 51 Rdnr. 7; ähnlich *Jacoby*, Das private Amt, 2007, der die Betonung nicht auf den Amtswalter, sondern auf das Amt als Handlungs- und Zurechnungssubjekt legt.
[49] Nicht: für sein Privatvermögen (→ Rdnr. 151).
[50] Der allgemeine Gerichtsstand des Insolvenzverwalters folgt dann aus § 19a ZPO, der aber nur für Passivprozesse (*gegen* den Insolvenzverwalter gerichtete Klagen) gilt, *BGH* ZIP 2009, 1287 Rdnr. 13; 2003, 1419, 1420. § 19a ZPO ist außerdem dann nicht anwendbar, wenn der Insolvenzverwalter (etwa im Wege der Haftung nach § 60 InsO) persönlich in Anspruch genommen wird, *BGH* ZInsO 2018, 1144 Rdnr. 4.
[51] *BAG* ZIP 2007, 1078 Rdnr. 20 ff.; 2002, 1412, 1414; *Bork*, ZInsO 2001, 210 ff. (gegen *LAG Hamm* ZInsO 2001, 234).

zugestellt, so wird weder der Schuldner Partei (weil ihm die Klage nicht zugestellt wurde) noch der Insolvenzverwalter (weil die Klage nicht an ihn gerichtet ist)[52]. Auch *außerhalb des Prozessrechts* kann sich der Meinungsstreit auswirken, etwa für die öffentlich-rechtliche Zustandsstörerhaftung des Schuldners (→ Rdnr. 82), die nach der Amtstheorie erlischt und durch die Zustandsstörerhaftung des Verwalters ersetzt wird[53], während der Verwalter nach der Vertretertheorie nur verpflichtet ist, die andauernden Zustandsstörerpflichten des Schuldners zu erfüllen[54].

§ 8: Gläubiger

80 **Literatur:** *Birkenhauer*, Probleme der Nichtteilnahme am und im Insolvenzverfahren, 2002; *de Bruyn*, Der vorläufige Gläubigerausschuss im Insolvenzeröffnungsverfahren, 2015; *Ganninger*, Neugläubigerforderungen aus Austauschverträgen des Schuldners in der Insolvenz natürlicher Personen, 2015; *Göb/Schnieders/Mönig*, Praxishandbuch Gläubigerausschuss, 2016; *Gogger*, Insolvenzgläubiger-Handbuch, 2011; *Groh*, Stimmvereinbarungen zwischen Gläubigern in der Insolvenz, 2016; *Heukamp*, Verfahrensrechtliche Aspekte der Gläubigerautonomie im deutschen und im französischen Insolvenzverfahren, 2005; *Hoffmann*, Prioritätsgrundsatz und Gläubigergleichbehandlung, 2016; *Holzmann*, Das Regressrisiko des Befreiungsgläubigers, 2016; *Huntemann/Graf Brockdorff*, Der Gläubiger im Insolvenzverfahren, 1999; *Körner*, Der Schuldbefreiungsanspruch in der Insolvenz des Befreiungsgläubigers, 2013; *Lachmann*, Gläubigerrechte in Krise und Insolvenz, 2. Aufl., 2010; *Nachtmann*, Das Fiskusvorrecht im deutschen Insolvenzrecht, 2014; *Niemeyer*, Gläubigerbeteiligung im Regelinsolvenzverfahren, 2009; *Oelrichs*, Gläubigermitwirkung und Stimmverbote im neuen Insolvenzverfahren, 1999; *Pape*, Gläubigerbeteiligung im Insolvenzverfahren, 2000; *Richarz*, Insolvenzrechtliche Einordnung von Ansprüchen des Arbeitnehmers, 2016; *Rohleder*, Unterhaltsansprüche in der Insolvenz 2005; *Schießer*, Bedingte und betagte Ansprüche nach altem und neuem Insolvenzrecht, 1998; *Schütte/Horstkotte/Rohn/Schubert*, Die öffentliche Körperschaft als Insolvenzgläubiger, 2006; *Schulz*, Treuepflichten unter Insolvenzgläubigern, 2003; *Sponagel*, Informationsrechte des Gläubigers im Insolvenzverfahren, 2011; *Steinberg*, Insolvenzforderung oder Masseverbindlichkeit: Die insolvenzrechtliche Einordnung von Steuern, 2012; *Steinwachs/Vallender*, Der Gläubigerausschuss in der Insolvenz des Firmenkunden, 2. Aufl., 2014;

---

[52] Formeller Parteibegriff; s. *BGH* NJW 1994, 3232, 3233; dagegen *K. Schmidt*, NJW 1995, 911 ff., der eine Unterbrechung des durch die Klageeinreichung begonnenen Verfahrens analog § 240 ZPO annimmt; krit. auch *Gerhardt*, ZZP 108 (1995), 390 ff.; *Schöpflin*, JR 1995, 501 f.

[53] *BVerwG* ZIP 2004, 2145, 2146 f.; 2004, 1766, 1768 (*Pape*); *VGH Mannheim* BB 1991, 237, 238.

[54] *K. Schmidt*, BB 1991, 1273 ff.

Theewen, Rechtsstellung der Insolvenzgläubiger, 2. Aufl., 2013; *Weiland,* Der insolvenzrechtliche Gleichbehandlungsgrundsatz und seine Durchbrechungen zugunsten öffentlich-rechtlicher Gläubiger, 2010; *Wolff,* Stimmrechte im Insolvenzverfahren, 2014.

A. Gläubigergruppen

Im Insolvenzverfahren sind verschiedene Gläubigergruppen zu unterscheiden[1]. Wo das Gesetz von „Gläubigern" spricht, sind grundsätzlich die einfachen **Insolvenzgläubiger** gemeint. Das sind jene Gläubiger, die bei der Eröffnung des Insolvenzverfahrens einen Vermögensanspruch gegen den Schuldner haben (§ 38 InsO). Es muss sich um persönliche, also nicht um dingliche Gläubiger[2] handeln. Außerdem müssen ihre Forderungen Vermögensansprüche sein, also Ansprüche, die auf Zahlung einer Geldsumme gerichtet sind oder in einen solchen Zahlungsanspruch umgewandelt werden können (vgl. § 45 InsO)[3]. Schließlich müssen diese Vermögensansprüche bei Eröffnung des Verfahrens bereits begründet sein, d.h. der Rechtsgrund ihrer Entstehung muss bei Verfahrenseröffnung bereits gelegt sein[4]. Das wird deshalb verlangt, weil das bei Verfahrenseröffnung vorhandene verwertbare Schuldnervermögen nur denjenigen Gläubigern zugute kommen soll, deren Ansprüche zu diesem Zeitpunkt wenigs-

81

---

[1] Ausf. zum Folgenden *Henckel,* in: Arbeitskreis für Insolvenz- und Schiedsgerichtswesen e.V. (Hrsg.), Aktuelle Probleme des neuen Insolvenzrechts, 2000, 97 ff.
[2] Vgl. zu diesen Rdnr. 85 f.
[3] Nicht hierunter fallen z.B. Auskunftsansprüche (*OLG Naumburg* NJW-RR 2002, 1704, 1705), Ansprüche auf Vornahme einer höchstpersönlichen Leistung (etwa die Behandlung durch einen Arzt), Ansprüche auf Erteilung eines Zeugnisses (*BAG* MDR 2004, 1425; *Rieger/Philipp,* NZI 2004, 190 ff.), Ansprüche auf Anerkennung einer Vaterschaft oder auf Zustimmung zur steuerlichen Zusammenveranlagung mit dem anderen Ehegatten (*BGH* ZIP 2011, 1527 Rdnr. 22), Gestaltungsrechte etc.; wohl aber Beseitigungsansprüche (*BGHZ* 150, 305, 307 f.). Für Unterlassungsansprüche vgl. *BGHZ* 155, 371, 377 f.; *K. Schmidt,* FS Schilken, 2015, S. 789 ff.; *ders.,* FS Gerhardt, 2004, S. 903 ff.; *ders.,* KTS 2004, 241 ff.
[4] Vgl. *BGH* ZIP 2018, 935 Rdnr. 13; 2016, 1174 Rdnr. 9; 2012, 280 Rdnr. 15; 2011, 924 Rdnr. 11 ff.; ZInsO 2011, 2184 Rdnr. 6 ff.; 2011, 968 Rdnr. 10 ff.; 2008, 100 Rdnr. 3; 2005, 484, 485; 2005, 537, 538; *BAG* ZIP 2008, 374 Rdnr. 15 ff.; *BVerwG* ZIP 2015, 1182 Rdnr. 12 ff.; *BFH* ZIP 2016, 1784 Rdnr. 27 ff.; 2008, 1780 Rdnr. 15 ff.; 2007, 2081 Rdnr. 11 ff.; *Poertzgen,* NZI 2014, 794 ff. – Fälligkeit ist nicht erforderlich, vgl. § 41 InsO (dazu *Bitter,* NZI 2000, 399 ff.). Die Vorschrift gilt aber nur für nicht fällige, nicht für bedingte oder befristete Ansprüche (*BGH* ZIP 2010, 1453 Rdnr. 30) und nur für solche des Gläubigers, nicht für Ansprüche des Schuldners (*BGH* ZIP 2017, 89 Rdnr. 11). Für Unterhaltsansprüche enthält § 40 InsO eine Abgrenzung; vgl. *OLG Koblenz* FamRZ 2002, 31, 32.

tens angelegt waren. Mit der Eröffnung des Insolvenzverfahrens wird also ein „Strich gezogen": Das Schuldnervermögen soll für die in diesem Zeitpunkt berechtigten Gläubiger verwertet werden. Dabei werden alle Insolvenzgläubiger anteilig (quotal) aus der Insolvenzmasse befriedigt[5]. Insolvenzgläubiger können nicht mehr selbstständig gegen den Schuldner oder den Insolvenzverwalter vorgehen, sondern müssen ihre Forderungen zur Tabelle anmelden (§§ 87, 89, 174 ff. InsO)[6] und bekommen nur die Insolvenzquote ausgezahlt.

82 Streitig ist, wie die vor Verfahrenseröffnung entstandenen, also nicht vom Insolvenzverwalter selbst verursachten Ansprüche des Staates auf **Altlastenbeseitigung** zu behandeln sind. Teilweise wird vertreten, wegen des Vollstreckungsverbots in § 89 InsO sei ein auf Altlastenbeseitigung gerichteter Verwaltungsakt nicht mehr zulässig. Vielmehr sei der gegen den Schuldner gerichtete Gefahrenbeseitigungsanspruch gemäß § 45 InsO in Geld umzurechnen und zur Tabelle anzumelden[7]. Zutreffen dürfte demgegenüber die Ansicht, dass der Staat hier nicht als Gläubiger mit einem Vermögensrecht auftritt, sondern eine auch nach Verfahrenseröffnung fortbestehende öffentlich-rechtliche Verpflichtung zur Gefahrenbeseitigung geltend macht, für deren Erfüllung in erster Linie[8] der Insolvenzverwalter

---

[5] Die anderen Gläubiger werden entweder ganz befriedigt (so die Aussonderungsberechtigten mit ihren Herausgabeansprüchen) oder nicht aus der Insolvenzmasse. Insbesondere nehmen die persönlichen **Neugläubiger** des Schuldners, also diejenigen, die ihre Ansprüche gegen den Schuldner erst nach Verfahrenseröffnung erworben haben, am Insolvenzverfahren überhaupt nicht teil; krit. dazu *Hoffmann* (Rdnr. 80), S. 223 ff. Ihnen haftet der Schuldner nur mit seinem nach Abschluss des Insolvenzverfahrens erworbenen Neuvermögen; vgl. *BGH* NZI 2017, 62 Rdnr. 2; ZIP 2014, 480 Rdnr. 9 ff.; 2014, 137 Rdnr. 8; *BFH* ZIP 2010, 2014 Rdnr. 19 ff.; *Ganninger* (Rdnr. 80); *Pape*, ZInsO 2002, 917 ff.; *Tetzlaff*, ZVI 2002, 309 ff. Für weitere Insolvenzanträge der Neugläubiger fehlt daher nach Abschluss des bereits laufenden Verfahrens regelmäßig das Rechtsschutzbedürfnis (→ Rdnr. 95), *BGH* ZIP 2011, 1326 Rdnr. 6; 2008, 1976 Rdnr. 10.

[6] *BGH* ZIP 2017, 1336 Rdnr. 9.

[7] *VGH Kassel* NZI 2000, 47; *OVG Lüneburg* OVGE 39, 441, 442; *OVG Schleswig* NJW 1993, 2004, 2005; *Franz*, NZI 2000, 10 ff.; *Häsemeyer*, Rdnr. 13.13 ff.; *Lüke*, in: Kölner Schrift, 683 ff. Rdnr. 39; *Lwowski/Tetzlaff*, Umweltrisiken und Altlasten in der Insolvenz, 2002, Rdnr. E 1 ff.; *dies.*, NZI 2001, 57 ff.; *Pape*, FS Kreft, 2004, S. 445 ff.; *ders.*, ZInsO 2002, 453 ff.; *ders.*, KTS 1993, 551, 577 f.; *Petersen*, NJW 1992, 1202, 1206; *Pöhlmann*, NZI 2003, 486 ff.; *Tetzlaff*, ZIP 2001, 10 ff.; *Weitemeyer*, NVwZ 1997, 533 ff.; *Westphal*, Umweltschutz in der Insolvenz, 1998, Rdnr. 297; *v. Wilmowsky*, ZIP 1997, 1445 ff.; *ders.*, ZIP 1997, 389 ff.; *ders.*, ZHR 110 (1996), 593 ff.; krit. auch Kübler/Prütting/Bork-*Pape/Schaltke*, § 55 Rdnr. 129 ff.

[8] Eine Inanspruchnahme des Schuldners wird regelmäßig ermessensfehlerhaft sein, da dieser auf das verseuchte Grundstück nicht mehr einwirken kann (§ 80 InsO); vgl. *VG Gelsenkirchen*, ZIP 1996, 1257, 1258 f.

§ 8: Gläubiger

als Zustandsstörer verantwortlich ist, wenn der ordnungsrechtliche Tatbestand in seiner Person verwirklicht ist[9]. Erfüllt der Insolvenzverwalter die Polizeipflicht nicht und kommt es deshalb zur Ersatzvornahme, so handelt es sich bei dem Kostenerstattungsanspruch um eine Masseschuld nach § 55 Abs. 1 Nr. 1 InsO[10].

Eine eigene Gruppe bilden noch einmal die sog. **nachrangigen Insolvenzgläubiger**, die bei der Verteilung erst ganz zum Schluss zum Zuge kommen (§ 39 InsO). Hierher gehören u. a. Gläubiger, deren Ansprüche auf Geldstrafen etc. (§ 39 Abs. 1 Nr. 3 InsO)[11], auf unentgeltliche Zuwendungen (§ 39 Abs. 1 Nr. 4 InsO)[12] und vor allem auf Rückzahlung von Gesellschafterdarlehen (§ 39 Abs. 1 Nr. 5 InsO; → Rdnr. 265) gerichtet sind, ferner solche, die freiwillig im Rang hinter andere Gläubiger zurückgetreten sind (§ 39 Abs. 2 InsO)[13]. Auch sie werden in das Verfahren einbezogen. Das geschieht aber nicht deshalb, weil sie Ausschüttungen zu erwarten hätten; eine solche Ausschüttung ist nur bei vollständiger Befriedigung aller („normalen") Insolvenzgläubiger möglich, zu der es normalerweise nicht kommt. Vielmehr sollen diese Gläubiger den für alle Insolvenzgläubiger geltenden Regeln unterworfen werden, insbesondere dem Vollstreckungsverbot (§ 89 InsO) und dem Anfechtungsrecht (§§ 129 ff. InsO). 83

Neben die Insolvenzgläubiger treten die sog. **Massegläubiger**. Das sind diejenigen Gläubiger, deren Ansprüche erst nach Verfahrenser- 84

---

[9] *BVerwG* ZInsO 2006, 495, 496; ZIP 2004, 2145, 2146 f.; 2004, 1766 ff. (*Pape*); 1999, 538, 540; NJW 1999, 1416, 1417; *BayVGH* ZInsO 2006, 496, 497 ff.; *VGH Baden-Württemberg* ZIP 1991, 393, 394; *OVG Greifswald* ZIP 1997, 1460, 1462 ff.; *OVG Lüneburg* NJW 1998, 398; 1993, 1671; *OVG Sachsen-Anhalt* ZInsO 2000, 506; *Blum*, Ordnungsrechtliche Verantwortlichkeit in der Insolvenz, 2001, 48 ff.; *Forcher*, FS Braun, 2007, S. 355 ff.; *Lwowski/Tetzlaff*, WM 2005, 921 ff.; MünchKomm.InsO-*Hefermehl*, § 55 Rdnr. 99; *Schatte*, FS Metzeler, 2003, S. 59 ff.; *K. Schmidt*, NJW 2012, 3344 ff.; 1993, 2833, 2835; ZIP 2000, 1913 ff.; 1997, 1441 ff.; *Seidel/Flitsch*, DZWIR 2005, 278 ff.; *Stürner*, FS Merz, 1992, S. 563 ff.; *Vierhaus*, ZInsO 2005, 127 ff./1026 ff.; *Weber*, Die Altlastensanierung in der Insolvenz, 2002, 27 ff.; *Weers/Hönig*, ZInsO 2005, 244 ff. – Zur **Freigabe** altlastenverseuchter Grundstücke → Rdnr. 149 Fn. 38.

[10] *BVerwG* ZIP 2004, 2145, 2147; 1999, 538, 540; NJW 1999, 1416, 1417; *OVG Greifswald* ZIP 1997, 1460, 1463 f.; *OVG Münster* NZI 2013, 945, 946; *OVG Lüneburg* NJW 1998, 398, 399 m.w.N.; *Hess*, § 55 Rdnr. 62; *Kebekus*, NZI 2001, 63 ff.; MünchKomm.InsO-*Hefermehl*, § 55 Rdnr. 100 ff. – A. M. *AG Essen* ZIP 2001, 756 ff.; *Tetzlaff*, ZIP 2001, 10, 11 f.

[11] Vgl. dazu *BVerfG* NJW 2006, 3626 ff.; *BGH* ZIP 2010, 1250 Rdnr. 5 ff.

[12] Vgl. *BGH* ZIP 2009, 37 Rdnr. 3; 2008, 975 Rdnr. 6 ff.

[13] Dazu *BGH* ZIP 2015, 638 Rdnr. 11 ff.; 2014, 1087 Rdnr. 7 ff.; *Fischer*, FS Kübler, 2015, S. 137 ff.; *Haas*, FS Prütting, 2018, S. 669 ff.

öffnung[14] begründet und nicht durch den Schuldner[15] oder die Gläubiger[16], sondern durch das Verfahren selbst veranlasst worden sind. Hierher gehören vor allem:

- die Verfahrenskosten, also die Gerichtskosten sowie die Vergütung und die Auslagen für den Insolvenzverwalter und die Mitglieder des Gläubigerausschusses (§ 54 InsO);
- Ansprüche, die durch Handlungen des Insolvenzverwalters oder in anderer Weise durch die Verwaltung, Verwertung und Verteilung der Insolvenzmasse begründet werden (§ 55 Abs. 1 Nr. 1 InsO)[17];
- Ansprüche aus bei Verfahrenseröffnung beiderseits noch nicht erfüllten gegenseitigen Verträgen, die der Insolvenzverwalter nach §§ 103 ff. InsO erfüllen will oder muss (§ 55 Abs. 1 Nr. 2 InsO)[18];
- Ansprüche aus einer ungerechtfertigten Bereicherung der Masse (§ 55 Abs. 1 Nr. 3 InsO)[19];
- Sozialplanansprüche der Arbeitnehmer (§ 123 Abs. 2 S. 1 InsO);
- Zinsen, die den gesicherten Gläubigern für die Nutzung des Sicherungsgutes zustehen (§ 169 InsO);
- Unterhaltsansprüche des Schuldners und seiner Familie (§ 100 Abs. 1 InsO).

---

[14] Gleichgestellt sind Ansprüche, die vor Verfahrenseröffnung von einem „starken" vorläufigen Insolvenzverwalter begründet worden sind (§ 55 Abs. 2 InsO; → Rdnr. 127).

[15] → Fn. 5. Ausnahmen bestehen im Falle der Eigenverwaltung (→ Rdnr. 463 ff.) sowie dann, wenn das Insolvenzgericht den Schuldner gemäß § 270b Abs. 3 InsO im vorläufigen Eigenverwaltungsverfahren wie einen vorläufigen Insolvenzverwalter zur Begründung von Masseverbindlichkeiten ermächtigt hat (*BGH* ZIP 2016, 1295 Rdnr. 19 ff.).

[16] Vgl. für die Vergütung eines von den Gläubigern bestellten gemeinsamen Vertreters *BGH* ZIP 2017, 383 Rdnr. 12 ff.

[17] **Beispiel:** Ansprüche von Personen, die auf Bestellung des Insolvenzverwalters Rohstoffe geliefert haben, damit die Produktion vorläufig fortgeführt werden kann. Vgl. zur Abgrenzung *BGHZ* 150, 305, 309 ff.; *BGH* ZIP 2006, 583 Rdnr. 8; 2005, 2267 f.

[18] **Beispiele:** auf die Zeit nach der Verfahrenseröffnung entfallende Mietzinsen oder Gewährleistungsansprüche für gemietete Immobilien (vgl. § 108 InsO sowie *BGH* ZIP 2003, 854 f., aber auch *BGH* ZIP 2015, 589 Rdnr. 79 ff.; → Rdnr. 206); Lohn- und Gehaltsansprüche der Arbeitnehmer für die Zeit nach der Verfahrenseröffnung (→ Rdnr. 209, ferner *BAG* ZIP 2014, 139 Rdnr. 31 ff. [dazu *Steinhauser*, Bleibeprämien in der Insolvenz des Arbeitgebers, 2016]; 2014, 37 Rdnr. 31 ff.; 2013, 2414 Rdnr. 33 ff.); Wohngeldforderungen der Wohnungseigentümergemeinschaft (*BGH* ZIP 2011, 1723 Rdnr. 7); zur Abgrenzung *BGH* ZIP 2009, 428 Rdnr. 9 ff.

[19] Es muss sich um Bereicherungen handeln, die der Masse *nach* der Eröffnung zugeflossen sind, *BGHZ* 204, 74 Rdnr. 16; *BGH* ZIP 2015, 738 Rdnr. 11; 2009, 1477 Rdnr. 12; 2009, 428 Rdnr. 19; 2007, 2279 Rdnr. 9. **Beispiele:** Zahlungen auf mit Verfahrenseröffnung erloschene Ansprüche; Einziehung von Forderungen, die vor Eröffnung abgetreten waren (vgl. auch *BGH* ZIP 2015, 2282 Rdnr. 19); irrtümliche Zahlungen an den Schuldner.

Die Massegläubiger werden, wenn es um die Erlösverteilung geht, (nur[20]) aus der Insolvenzmasse, aber vor den Insolvenzgläubigern befriedigt (§ 53 InsO). Sie müssen daher ihre Forderungen nicht zur Tabelle anmelden, sondern können gegen den Insolvenzverwalter auf Zahlung klagen[21] und nach Maßgabe des § 90 InsO vollstrecken. Reicht die Insolvenzmasse nicht einmal für die Massegläubiger, so werden diese in der Reihenfolge des § 209 InsO berücksichtigt (→ Rdnr. 327 f.).

Aussonderungsberechtigte Gläubiger (→ Rdnr. 281 ff.) sind diejenigen, die geltend machen können, dass ein bestimmter Gegenstand nicht zum Vermögen des Schuldners, sondern zu ihrem Vermögen gehört und deshalb den Insolvenzgläubigern nicht haftet (§ 47 InsO). Diese Personen haben dingliche (z. B. § 985 BGB) oder persönliche (z. B. § 546 BGB) Herausgabeansprüche, die sie unabhängig vom Insolvenzverfahren geltend machen können, indem sie verlangen, dass der Gegenstand aus der Insolvenzmasse ausgesondert und ihnen zurückgegeben wird. Die Aussonderungsberechtigten sind keine Insolvenzgläubiger. 85

Demgegenüber haben die **Absonderungsberechtigten** (→ Rdnr. 293 ff.) nur ein Recht auf Befriedigung aus einem zum Schuldnervermögen gehörenden Gegenstand. Wer z. B. an einem Grundstück des Schuldners ein Grundpfandrecht oder an einer Maschine ein Pfandrecht erlangt hat, kann den Gegenstand nicht herausverlangen (aussondern), sondern er kann nur verlangen, dass der Gegenstand separat (abgesondert) verwertet und der Erlös vorrangig zur Befriedigung der gesicherten Ansprüche verwendet wird (§§ 49 ff., 165 ff. InsO). Die absonderungsberechtigten Gläubiger sind in der Regel zugleich Insolvenzgläubiger, weil die gesicherte Forderung eine Insolvenzforderung ist. Zahlungsanspruch und Sicherungsrecht sind aber auch in der Insolvenz streng auseinanderzuhalten. 86

B. Gläubigerorganisation

I. Gläubigerversammlung

Die Gläubiger koordinieren ihre Interessen in erster Linie in der Gläubigerversammlung, an der alle absonderungsberechtigten Gläubiger, alle Insolvenzgläubiger, der Insolvenzverwalter, die Mitglie- 87

---

[20] Vgl. *BGH* ZIP 2009, 2204 Rdnr. 10 ff.
[21] *BGH* ZIP 2018, 451 Rdnr. 23; 2015, 738 Rdnr. 6.

der des Gläubigerausschusses (→ Rdnr. 91) und der Schuldner teilnehmen (§ 74 Abs. 1 InsO)[22]. Die Gläubigerversammlung wird vom Insolvenzgericht geleitet (§ 76 Abs. 1 InsO). Sie fasst ihre Beschlüsse grundsätzlich mit einfacher Mehrheit, wobei sich die Mehrheit nicht nach der Kopfzahl der abstimmenden Gläubiger, sondern nach den von ihnen vertretenen Forderungen richtet (§ 76 Abs. 2 InsO)[23].

88 Die wichtigsten Gläubigerversammlungen, die terminlich miteinander verbunden werden können (§ 29 Abs. 2 S. 1 InsO), sind

– der *Berichtstermin*, in dem über den Fortgang des Verfahrens und die konkrete Verwertungsform beschlossen wird (§§ 29 Abs. 1 Nr. 1; 156 f. InsO);
– der *Prüfungstermin*, in dem die angemeldeten Forderungen der Insolvenzgläubiger erörtert werden (§§ 29 Abs. 1 Nr. 2; 176 InsO);
– der *Schlusstermin*, in dem die Schlussrechnung des Verwalters erörtert wird, Einwendungen gegen das Schlussverzeichnis, also gegen die abschließende Erlösverteilung erhoben werden können und über unverwertbare Massegegenstände entschieden wird (§ 197 InsO);
– der *Erörterungs- und Abstimmungstermin*, in dem die Gläubiger über die Annahme eines Insolvenzplans entscheiden (§ 235 InsO).

Darüber hinaus müssen Gläubigerversammlungen stattfinden, wenn der Insolvenzverwalter, der Gläubigerausschuss oder eine qualifizierte Gläubigerminderheit[24] dies verlangt (§ 75 InsO). Weist das Gericht einen solchen Antrag zurück, so ist das mit der sofortigen Beschwerde anfechtbar[25].

89 Die **Kompetenzen** der Gläubigerversammlung betreffen zunächst die Bestätigung oder Ersetzung des vom Insolvenzgericht eingesetzten Insolvenzverwalters (§ 57 InsO) sowie die Wahl des Gläubigerausschusses (§ 68 InsO). Inhaltlich entscheidet die Gläubigerversammlung im Berichtstermin vor allem darüber, ob das Unternehmen des Schuldners stillgelegt oder zeitweilig fortgeführt werden soll, damit es saniert oder als funktionsfähige Einheit (ganz oder teilweise) veräußert

---

[22] Zur Organisation in Großverfahren *Möhlen*, Rpfleger 2010, 355 ff.
[23] Eine Ausnahme enthalten § 57 S. 2 InsO für die Abwahl des vom Gericht eingesetzten Verwalters (→ Rdnr. 65) und § 244 Abs. 1 InsO für die Annahme eines Insolvenzplans (→ Rdnr. 394). – Zur Stimmrechtsfeststellung → Rdnr. 57.
[24] Vgl. *BGH* ZIP 2011, 673 Rdnr. 4 ff.; 2009, 1528 Rdnr. 8 f.; 2004, 2339, 2340. Ob die Gläubiger die angemeldeten Forderungen wirklich haben, wird dabei nicht geprüft, *BGH* ZInsO 2011, 131 Rdnr. 6.
[25] *BGH* ZIP 2007, 551 Rdnr. 3 ff.

werden kann (§ 157 S.1 InsO)²⁶. Außerdem kann die Gläubigerversammlung den Insolvenzverwalter beauftragen, einen Insolvenzplan auszuarbeiten (§ 157 S.2 InsO). Der Zustimmung der Gläubigerversammlung bedarf ferner eine Veräußerung ganzer Betriebseinheiten, die Aufnahme erheblicher Darlehen und die Entscheidung über größere Rechtsstreitigkeiten; das gilt allerdings nur, wenn ein Gläubigerausschuss nicht bestellt ist, der sonst an Stelle der Gläubigerversammlung entscheidet (§ 160 InsO)²⁷. Die Gläubigerversammlung braucht dann nur noch in Sonderfällen gefragt zu werden (vgl. §§ 162, 163 InsO)²⁸. Unbeschadet gesetzlicher Kompetenzen kann eine Gläubigerversammlung auch zur bloßen Meinungsbildung und -äußerung, insbesondere gegenüber dem Insolvenzverwalter, einberufen werden²⁹. Wirksam sind die Beschlüsse der Gläubigerversammlung nur, wenn diese ordnungsgemäß einberufen und der Beschlussgegenstand mit der Tagesordnung ordnungsgemäß bekannt gemacht wurde³⁰.

Eine **Anfechtung** der Entscheidungen der Gläubigerversammlung mit der sofortigen Beschwerde ist nicht möglich, da es sich nicht um eine Gerichtsentscheidung handelt³¹. Das Gesetz sieht aber in § 78 InsO vor, dass das Insolvenzgericht den Gläubigerversammlungsbeschluss aufheben kann, wenn er dem gemeinsamen Interesse der Gläubiger widerspricht³². Voraussetzung ist, dass ein absonderungsberechtigter Gläubiger, ein nicht nachrangiger Insolvenzgläubiger oder der Insolvenzverwalter³³ dies noch in der Gläubigerversammlung beantragt³⁴. Ist die Entscheidung der Gläubigerversammlung ausnahmsweise bereits nichtig, kommt eine Aufhebung durch das Gericht nicht in Betracht³⁵. Dasselbe gilt für nicht begründungspflichtige Verfahrensentscheidungen, die das Insolvenzgericht gesetzlich binden³⁶.

90

---

²⁶ Vgl. *BAG* ZIP 2013, 638 Rdnr. 53 ff.
²⁷ Näher *Zimmermann*, ZInsO 2012, 245 ff.
²⁸ Dazu *Gundlach/Frenzel/Jahn*, ZInsO 2008, 360 ff.; *Köchling*, ZInsO 2007, 690 ff.
²⁹ Vgl. *Pape*, NZI 2006, 65 ff.
³⁰ *BGH* ZIP 2016, 1351 Rdnr. 11; 2011, 1626 Rdnr. 7.
³¹ *OLG Zweibrücken* ZInsO 2000, 670, 671; *LG Göttingen* NZI 2000, 490; MünchKomm.InsO-*Ganter/Lohmann*, § 6 Rdnr. 17.
³² Allg. dazu *BGH* ZIP 2017, 1377 Rdnr. 6 ff.; 2008, 1384 Rdnr. 9 ff.; *Ehricke*, FS Kübler, 2015, S. 119 ff.; *Goebel*, KTS 2002, 615 ff.; *Görg*, DZWIR 2000, 364 ff.; *Kübler*, FS Kreft, 2004, S. 369 ff.; *Pape*, ZInsO 2001, 691 ff.; 2000, 469 ff. – Vgl. aber auch Rdnr. 55.
³³ Für Ausnahmen zum Antragsrecht des Insolvenzverwalters s. *BGH* ZIP 2014, 627 Rdnr. 5 ff.
³⁴ *BGH* ZIP 2017, 1377 Rdnr. 7 ff.
³⁵ *BGH* ZIP 2011, 1626 Rdnr. 6 ff.
³⁶ Vgl. für § 272 InsO *BGH* ZIP 2011, 1622 Rdnr. 5 ff.

II. Gläubigerausschuss[37]

91 Die Gläubigerversammlung ist schon wegen ihrer Größe, aber auch wegen der Unterschiedlichkeit der vertretenen Interessen, ein relativ unbewegliches Gremium, das nicht geeignet ist, das laufende Verfahren zu begleiten. Deshalb können[38] Insolvenzgericht und Gläubigerversammlung einen Gläubigerausschuss einsetzen. Über **Einsetzung und Besetzung** eines solchen Ausschusses entscheidet die Gläubigerversammlung (§ 68 InsO). Das Insolvenzgericht kann aber vor der ersten Gläubigerversammlung einen vorläufigen Gläubigerausschuss einsetzen (§ 67 Abs. 1 InsO), nach Maßgabe von §§ 21 Abs. 2 S. 1 Nr. 1a, 22a InsO auch schon im Eröffnungsverfahren[39]. In einem Gläubigerausschuss, der aus mindestens zwei Personen bestehen muss[40], wirken Vertreter der absonderungsberechtigten Gläubiger, der Insolvenzgläubiger mit den höchsten Forderungen und der Kleingläubiger mit (§ 67 Abs. 2 S. 1 InsO)[41]. Außerdem sollen die Arbeitnehmer vertreten sein, wenn sie als Insolvenzgläubiger mit nicht unerheblichen Forderungen beteiligt sind (§ 67 Abs. 2 S. 2 InsO). Die Vertreter dieser Gruppen brauchen selbst nicht Gläubiger zu sein, so dass außenstehender Sachverstand eingebracht werden kann.

92 Ist ein Gläubigerausschuss bestellt, so besteht die wichtigste **Aufgabe** nicht nur des Gremiums, sondern eines jeden einzelnen Mitglieds darin, den Insolvenzverwalter bei seiner Geschäftsführung zu unterstützen und zu überwachen (§ 69 InsO)[42]. Der Ausschuss, der mit der Mehrheit der abgegebenen Stimmen entscheidet (§ 72 InsO)

---

[37] Dazu *Frege*, NZG 1999, 478 ff.; *Göb/Schnieders/Mönig* (Rdnr. 80); *Graeber*, FS Runkel, 2009, S. 63 ff.; *Hegmanns* (Rdnr. 80); *Obermüller*, ZInsO 2012, 18 ff.; *Steinwachs/Vallender* (Rdnr. 80); *Uhlenbruck*, ZIP 2002, 1373 ff.; *Vallender*, WM 2002, 2040 ff.; *Wohlleben*, FS Wimmer, 2017, S. 636 ff.

[38] Ein Gläubigerausschuss *muss* nicht gebildet werden. Es gibt viele (vor allem: Verbraucher-)Insolvenzverfahren ohne Gläubigerausschuss. Eine Pflicht zur Einsetzung eines (vorläufigen) Gläubigerausschusses besteht nur in den Fällen des § 22a Abs. 1 InsO.

[39] Näher dazu *de Bruyn* (Rdnr. 80); *Frind*, ZIP 2013, 2244 ff.; *ders.*, ZIP 2012, 1380 ff.; *ders.*, ZInsO 2012, 2028 ff. gegen *Haarmeyer/Horstkotte*, ZInsO 2012, 1441 ff.; *Harbrecht*, FS Beck, 2016, S. 255 ff.; *Huber/Magill*, ZInsO 2016, 200 ff.; *Pape/Schultz*, ZIP 2016, 506 ff.; *Rauscher*, ZInsO 2012, 1201 ff. (dagegen *Haarmeyer*, ZInsO 2012, 1204 ff.); *Schmidt*, ZInsO 2012, 1107 ff.; *Smid*, ZInsO 2012, 757 ff.

[40] *BGH* ZIP 2009, 727 Rdnr. 4 f.

[41] Mitglieder können auch juristische Personen sein (die dann durch ihre Organe handeln), nicht aber Behörden, da diese nicht rechtsfähig sind, *BGHZ* 124, 86, 89 f.

[42] Diese Funktion entspricht der des Aufsichtsrates einer AG, *BGHZ* 124, 86, 91.

und dessen Mitglieder nach § 71 InsO allen Beteiligten haften[43], hat zwar kein Weisungsrecht. Er ist aber gehalten, sich über die Tätigkeit des Insolvenzverwalters zu informieren, ihn zu beraten und notfalls das Insolvenzgericht einzuschalten. Besonders wichtige Maßnahmen des Insolvenzverwalters bedürfen der Zustimmung des Gläubigerausschusses (§§ 158 ff. InsO). Allerdings bleibt die Maßnahme wirksam, wenn der Insolvenzverwalter ohne die erforderliche Zustimmung handelt (§ 164 InsO; → Rdnr. 67).

---

[43] Vgl. dazu *BGHZ* 202, 324 Rdnr. 12 ff.; 124, 86, 93 ff.; *BGH* ZInsO 2015, 1563 Rdnr. 12 ff.; ZIP 2013, 1235 Rdnr. 2 ff.; *Ampferl/Kilper*, ZIP 2015, 553 ff.; *Ganter*, FS Fischer, 2008, S. 121 ff.; *Gundlach/Frenzel/Jahn*, ZInsO 2009, 1095 ff.; *Pape*, WM 2006, 19 ff.; *Pape/Schultz*, ZIP 2015, 1662 ff.; *Vortmann*, ZInsO 2006, 310 ff.

3. Teil

Eröffnung des Insolvenzverfahrens

§ 9: Antrag

93 **Literatur:** *Barthel*, Deutsche Insolvenzantragspflicht und Insolvenzverschleppungshaftung in Scheinauslandsgesellschaften nach dem MoMiG, 2009; *Benndorf*, Insolvenzverschleppungshaftung im deutschen und englischen Recht, 2008; *Eckhoff*, Die Haftung der Geschäftsleiter gegenüber den Gläubigern der Gesellschaft wegen Insolvenzverschleppung, 2010; *Frings*, Die zivil- und strafrechtliche Haftung des GmbH-Geschäftsführers in der Insolvenz, 2008; *Hartmann*, Die Insolvenzantragspflicht des faktischen Organs, 2005; *Heil*, Insolvenzantragspflicht und Insolvenzverschleppungshaftung bei der Scheinauslandsgesellschaft in Deutschland, 2008; *Hübert*, Sorgfaltskonforme Prognosen und Pflichten der Geschäftsleiter im Vorfeld der Insolvenz, 2018; *Klein*, Gemeinschaftskonformität der Insolvenzantragspflicht, 2010; *Lang*, Das Rechtsschutzinteresse beim Antrag auf Eröffnung des Insolvenzverfahrens, 2003; *Mayer*, Insolvenzantragspflicht und Scheinauslandsgesellschaften, 2008; *Poertzgen*, Organhaftung wegen Insolvenzverschleppung, 2006; *Rauert*, Insolvenzantrag gegen eine geschäftsführerlose GmbH, 2005; *Renner*, Insolvenzverschleppungshaftung in internationalen Fällen, 2007; *Schädlich*, Die objektiven und subjektiven Voraussetzungen der Insolvenzantragspflicht (§ 15a Abs. 1 InsO), 2012; *Schigallis*, Rechtsschutz des Schuldners bei fahrlässig unberechtigten Insolvenzanträgen, 2006; *Schlenkhoff*, Insolvenzgründe, Prognose und Antragspflicht, 2014; *Schmittmann*, Haftung von Organen in Krise und Insolvenz, 2. Aufl., 2018; *Seime*, Der Fremdinsolvenzantrag durch die öffentliche Hand, 2006.

94 Gemäß § 13 Abs. 1 InsO kann das Insolvenzverfahren[1] nur auf schriftlichen Antrag eröffnet werden[2]. Es gilt also – jedenfalls bis zur Entscheidung über die Eröffnung (§ 13 Abs. 2 InsO) – die **Dispositionsmaxime**. Der Antrag ist als Prozesshandlung bedingungs- und befristungsfeindlich[3]. Er ist auch nicht anfechtbar[4], kann aber nach

---

[1] Dazu gehört hier auch das Eröffnungsverfahren selbst. Das Insolvenzgericht wird also auch im Vorfeld nicht von Amts wegen tätig.
[2] Umfassend dazu *Pape*, ZInsO 2011, 2154 ff.; *ders.*, FS Wellensiek, 2011, S. 91 ff.; *Vallender*, MDR 1999, 280 ff.
[3] Zu innerprozessualen Bedingungen s. *BGH* ZIP 2012, 582 Rdnr. 13 f.; 2010, 888 Rdnr. 7 ff.
[4] *OLG Schleswig* MDR 1951, 49.

§ 13 Abs. 2 InsO (nur) bis zur Wirksamkeit der Entscheidung über die Eröffnung zurückgenommen werden[5]. Befriedigt der Schuldner den Gläubiger nach Antragstellung, so kommt anstelle der Rücknahme in Betracht, den Antrag übereinstimmend für erledigt zu erklären mit der Folge, dass die Verfahrenskosten dem Schuldner auferlegt werden können[6].

Antragsberechtigt sind nach § 13 Abs. 1 S. 2 InsO die Gläubiger und der Schuldner[7]. Dem Antrag eines Schuldners[8] müssen die in § 13 Abs. 1 S. 3–7 InsO aufgeführten Unterlagen beigefügt sein. Der Antrag eines Gläubigers[9] setzt voraus, dass dieser ein rechtliches Interesse an der Eröffnung des Insolvenzverfahrens hat (→ Rdnr. 96). Außerdem muss er seine Forderung[10] und den Eröffnungsgrund substantiiert darlegen[11] und glaubhaft machen (§ 14 Abs. 1 InsO)[12], solange sie nicht unstreitig sind[13]. Einen Titel muss der Gläubiger, 95

---

[5] *BGH* ZVI 2006, 564 Rdnr. 2 f. – Ein Antrag, der von einem Organmitglied einer juristischen Person oder einer Gesellschaft ohne Rechtspersönlichkeit gestellt worden ist (→ Rdnr. 95), kann nur von diesem und nicht von einem anderen Organmitglied zurückgenommen werden. Etwas anderes gilt allerdings dann, wenn das antragstellende Organmitglied zwischenzeitlich ausgeschieden ist, *BGH* ZIP 2008, 1596 Rdnr. 5 ff.; *Schmidt*, ZInsO 2015, 2168 ff.; weitergehend *Horstkotte*, ZInsO 2017, 146 ff.

[6] *BGH* ZIP 2008, 2285 Rdnr. 6 ff.; 2005, 91 f.; vgl. auch *Kaufmann/Casse*, ZInsO 2013, 2138, 2141 f.; *Zipperer*, ZVI 2018, 299 ff.

[7] Zum Insolvenzantragsrecht der Staatsanwaltschaft nach § 111i Abs. 2 StPO s. *Laroche*, ZInsO 2017, 1245 ff.

[8] Zum Schuldnerantrag *Stapper/Jacobi*, ZInsO 2012, 628 ff.; *Uhlenbruck*, InVo 1999, 333 f.- In der Praxis wird der Antrag in der Unternehmensinsolvenz in der Regel von den Finanzbehörden oder den Sozialversicherungsträgern gestellt, an die die Lohnsteuern, Steuervorauszahlungen oder Sozialabgaben nicht abgeführt worden sind, während bei Verbraucherinsolvenzen fast ausschließlich Schuldneranträge vorkommen.

[9] Zum Gläubigerantrag näher *Frind*, ZInsO 2011, 412 ff.; *Klages/Pape*, NZI 2013, 561 ff.

[10] Für sich aus mehreren Teilbeträgen zusammensetzenden Gesamtforderungen s. *BGH* ZIP 2015, 1445 Rdnr. 7; zur Auswechslung der Forderung während des Eröffnungsverfahrens *BGH* ZIP 2012, 593 Rdnr. 6 ff.

[11] Das ergibt sich – übrigens auch für den Schuldnerantrag – aus § 4 InsO i.V.m. § 253 Abs. 2 Nr. 2 ZPO; Schlüssigkeit ist dabei nicht erforderlich. Vgl. *BGHZ* 153, 205, 207; *BGH* ZInsO 2005, 264; ZIP 2003, 1005.

[12] Zur Glaubhaftmachung s. § 4 InsO i.V.m. § 294 ZPO und dazu *BGH* ZIP 2011, 1971 Rdnr. 4; 2010, 291 Rdnr. 6; 2006, 1457 Rdnr. 5; 2006, 1456 Rdnr. 6; 2006, 141, 142; ZInsO 2012, 1418 Rdnr. 7 ff.; 2007, 1275 Rdnr. 3; NZI 2006, 34; 2004, 1466; ZVI 2006, 565 Rdnr. 4; *Schmahl*, NZI 2007, 20 ff.; *Uhlenbruck*, ZInsO 2006, 338 ff.; zur Frage, welche Punkte der Gläubiger vor der Antragstellung zu klären hat, vgl. instruktiv *App*, JurBüro 1996, 177.

[13] *BGH* ZInsO 2009, 1533 Rdnr. 3.

anders als in der Einzelzwangsvollstreckung, nicht haben[14]. Allerdings wird es ohne Titel und fruchtlosen Vollstreckungsversuch schwer werden, den Eröffnungsgrund glaubhaft zu machen[15]. Handelt es sich bei dem Schuldner um eine juristische Person oder eine Gesellschaft ohne Rechtspersönlichkeit (→ Rdnr. 36, 39), so kann der Antrag für den Schuldner von jedem Mitglied des Vertretungsorgans (Vorstand, Geschäftsführer), jedem persönlich haftenden Gesellschafter[16] und – wenn die Gesellschaft bereits liquidiert wird – jedem Abwickler gestellt werden (§ 15 Abs. 1 S. 1 InsO)[17].

96 Jeder Insolvenzantrag setzt ein **Rechtsschutzbedürfnis** voraus[18]. Das Gesetz erwähnt dies in § 14 Abs. 1 InsO für den Gläubiger ausdrücklich, aber es gilt auch für den Schuldner[19]. Das Rechtsschutzbedürfnis ist wegen des staatlichen Vollstreckungsmonopols grundsätzlich gegeben, fehlt aber ausnahmsweise, wenn es eine einfachere Rechtsschutzmöglichkeit gibt[20], etwa bei dem Antrag eines aussonderungsberechtigten, eines dinglich vollständig gesicherten[21] oder des einzigen Gläubigers[22], außerdem dann, wenn das Insolvenzverfahren zu keiner Verbesserung der Rechtsposition des Antragstellers führen kann[23] oder wenn mit dem Eröffnungsantrag ausschließlich insol-

---

[14] Hat er allerdings einen Titel, sind Einwendungen des Schuldners dagegen solange unbeachtlich, bis es ihm gelungen ist, den Titel oder dessen Vollstreckbarkeit in dem dafür vorgesehenen zwangsvollstreckungsrechtlichen Verfahren zu beseitigen, *BGH* ZIP 2016, 2177 Rdnr. 14; ZInsO 2010, 1091, Rdnr. 6; 2010, 331 Rdnr. 6 ff.; 2009, 2072 Rdnr. 5; 2008, 103 Rdnr. 9.
[15] Vgl. *BGH* NZI 2006, 34.
[16] Vgl. *BGH* ZIP 2017, 1335 Rdnr. 11.
[17] Die Vorschrift gilt analog für das Einlegen von Beschwerden im Namen der Gesellschaft als Schuldnerin, *BGH* NZI 2008, 121 Rdnr. 2.
[18] Ausf. *Guski*, WM 2011, 103 ff.
[19] Ausf. *Gundlach/Müller/Rautmann*, ZInsO 2015, 889 ff.
[20] *AG Burgwedel* ZIP 1984, 475; *AG Potsdam* NZI 2001, 604, 605. Für das Verhältnis zur Nachtragsverteilung s. *BGH* ZIP 2011, 134 Rdnr. 5.
[21] *BGH* ZIP 2016, 1447 Rdnr. 17; 2008, 281 Rdnr. 11 f.; ZInsO 2011, 1216 Rdnr. 6; 2010, 1662 Rdnr. 5; NZI 2011, 632 Rdnr. 6.
[22] Str.; vgl. zum Meinungsstand *Antoni*, DZWIR 2009, 362 ff.; *Jansen/Biebinger*, ZInsO 2006, 126 ff. – Anders jedenfalls beim Schuldnerantrag, *AG Köln* ZInsO 2003, 912, 913; a. M. *LG Koblenz* ZInsO 2003, 909.
[23] *BGH* ZInsO 2007, 1223 Rdnr. 7 ff. für den wiederholenden Antrag des Schuldners, dem Restschuldbefreiung versagt wurde und der keine neuen Gläubiger hat; vgl. aber für Gläubiger aus gegenseitigen Verträgen, die dem Wahlrecht des Insolvenzverwalters aus § 103 InsO (→ Rdnr. 186) unterliegen, *BGH* ZIP 2006, 1452 Rdnr. 9; für nachrangige Insolvenzgläubiger *BGH* ZIP 2010, 2055 Rdnr. 8 ff.; für Gläubiger, die wegen Masseunzulänglichkeit vermutlich keine Quote erhalten werden, *BGH* ZIP 2016, 2177 Rdnr. 21; für Neugläubiger → Rdnr. 81 Fn. 5.

§ 9: Antrag   51

venzfremde Zwecke verfolgt werden[24]. Freilich wird es hier i.d.R. auch an einem Eröffnungsgrund fehlen, so dass der Antrag auch als unbegründet zurückgewiesen werden könnte[25]. Dass dem Gläubiger nur eine verhältnismäßig geringfügige Forderung zusteht, hindert das Rechtsschutzinteresse nicht[26]. Ebenso wenig ist der Gläubiger gehalten, zuvor eine Einzelzwangsvollstreckung zu versuchen[27]. Stellt der Gläubiger[28] den Antrag *rechtsmissbräuchlich*, so haftet er unter den Voraussetzungen des § 826 BGB auf Schadensersatz. Eine Fahrlässigkeitshaftung besteht aber nicht, da die subjektiv redliche Inanspruchnahme eines staatlich zur Verfügung gestellten Verfahrens nicht rechtswidrig ist[29].

Stellt ein Gläubiger den Insolvenzantrag und wird seine Forderung 97 anschließend vom Schuldner (oder einem Dritten) **erfüllt**, so verliert der Gläubiger die Antragsbefugnis. Der Antrag wird eigentlich unzulässig und der Gläubiger kann ihn, wenn er die kostenpflichtige Abweisung vermeiden will, für erledigt erklären. Abweichend davon bleibt aber der Wegfall der Antragsbefugnis nach § 14 Abs.1 S.2 InsO unbeachtlich[30]. Voraussetzung ist freilich, dass der Gläubiger, der an seinem Antrag festhalten will, dafür ein Rechtsschutzbedürfnis sowie den Eröffnungsgrund glaubhaft machen kann.

Es liegt in der Absicht des Gesetzes, marode Unternehmen mög- 98 lichst frühzeitig vom Markt zu nehmen (→ Rdnr.4, 12). Gleichwohl gibt es eine **Antragspflicht** nur auf der Schuldner-, nicht auf der Gläubigerseite und nur für die Organe juristischer Personen und solcher Gesellschaften, bei denen keine natürliche Person unbeschränkt haf-

---

[24] *BGHZ* 153, 205, 207; *BGH* ZIP 2011, 1161 Rdnr.5; 2008, 565 Rdnr.7; 2006, 1452 Rdnr.12; Beispiele: Vermeidung eines Erkenntnisverfahrens über die Gläubigerforderung, Auflösung einer Gesellschaft, Beseitigung eines lästigen Vertrages, Auseinandersetzung im Wettbewerb, Erlangung von Informationen über pfändbares Schuldnervermögen, Erzwingung von Steuererklärungen.
[25] Vgl. *Häsemeyer*, Rdnr.7.08.
[26] *BGH* NJW-RR 1986, 1188; *Gerhardt*, FS Weber, 1975, S.181, 189 ff.
[27] *BGH* ZIP 2004, 1466, 1467 f.
[28] Zum missbräuchlichen Schuldnerantrag s. *Brinkmann*, ZIP 2014, 197 ff.; *Brünkmans/Uebele*, ZInsO 2014, 265 ff.; *Ley*, FS Beck, 2016, S.319 ff.; *Prütting*, FS Kübler, 2015, S.567 ff.
[29] *BGHZ* 95, 10, 19; 74, 9, 13 ff.; 36, 18, 20 ff.; *OLG Koblenz* NZI 2006, 353 (*Rein*); *Pape*, ZIP 1995, 623 ff.; vgl. auch *BGHZ* 118, 201, 206.
[30] Ausf. dazu *Frind*, NZI 2017, 417 ff.; *Gundlach/Müller/Rautmann*, ZInsO 2018, 1188 ff.; *Webel*, ZInsO 2017, 2261 ff.

tet (§§ 42 Abs. 2 BGB³¹, 15a InsO)³². Ist der Schuldner eine natürliche Person, brächte eine Antragspflicht, bei deren Verletzung Schadensersatz zu leisten ist, nur weitere Schulden; in diesen Fällen kann nur strafrechtlicher Druck ausgeübt (vgl. §§ 283 ff. StGB; → Rdnr. 528 ff.) und durch das Inaussichtstellen einer Restschuldbefreiung ein Anreiz geboten werden, den Antrag rechtzeitig zu stellen (vgl. § 290 Abs. 1 Nr. 4 InsO; → Rdnr. 448). Verletzen hingegen die Organe juristischer Personen ihre Antragspflicht, so haften sie für den dadurch verursachten Schaden³³ über § 823 Abs. 2 BGB i.V.m. § 15a InsO, so dass neben dem Schuldner weitere Personen mit ihrem Privatvermögen in Anspruch genommen werden können (→ Rdnr. 237). Außerdem müssen säumige Antragspflichtige damit rechnen, den Gläubigern einen Verfahrenskostenvorschuss erstatten (§ 26 Abs. 3 InsO)³⁴ oder selbst Vorschuss leisten zu müssen (§ 26 Abs. 4³⁵; → Rdnr. 120). Berufsrechtliche Konsequenzen gibt es hingegen nur bei einer strafrechtlichen Verurteilung wegen vorsätzlich begangener Bankrottdelikte oder Erteilung eines Berufsverbots durch gerichtliches Urteil (z.B. nach § 70 StGB) oder Verwaltungsakt, etwa nach § 35 GewO (§§ 76 Abs. 3 S. 2 Nr. 2, 3 lit. a, b AktG, 6 Abs. 2 S. 2 Nr. 2, 3 lit. a, b GmbHG), was im Bundeszentralregister (§ 5 Abs. 1 Nr. 7 BZRG) bzw. Gewerbezentralregister (§ 149 Abs. 2 S. 1 Nr. 1 lit. b GewO) vermerkt wird.

99 Liegt ein Antrag vor, so prüft das Gericht die **Zulässigkeit des Antrags**³⁶. Dazu gehören:

- die Zuständigkeit des Gerichts (→ Rdnr. 49 ff.);
- die Partei- und Prozessfähigkeit des Antragstellers (§ 4 InsO i.V.m. §§ 50 ff. ZPO)³⁷;

---

[31] Dazu *Hörnig/Knauth*, NZI 2017, 785 ff.; *Lenger/Finsterer*, NZI 2016, 571 ff.; *Poertzgen*, ZInsO 2012, 1697 ff.; *Rugullis*, NZI 2007, 323 ff.
[32] Vgl. etwa *Barthel*, ZInsO 2010, 1776 ff.; *Bayer/Schmidt*, AG 2005, 644 ff.; *Berger*, ZInsO 2009, 1977 ff.; *Knauth*, NZI 2018, 55 ff.; *Köhler-Ma/de Bruyn*, ZIP 2018, 261 ff.; *Müller/Rautmann*, ZInsO 2017, 2408 ff.; *Poertzgen*, ZInsO 2014, 165 ff.; *Römermann*, NZI 2010, 241 ff. – In der Nachlassinsolvenz sind außerdem die Erben (§ 1980 BGB), der Nachlassverwalter (§ 1985 Abs. 2 S. 2 BGB) und der Testamentsvollstrecker (§ 2219 Abs. 1 BGB) antragspflichtig; vgl. auch § 317 InsO.
[33] Zum Umfang des Schadensersatzes vgl. *BGHZ* 138, 211, 214 ff.; 126, 181, 192 ff.; *BGH* ZIP 2009, 1220 Rdnr. 13 ff.; *Poertzgen*, ZInsO 2007, 285 ff.; zur Geltendmachung s. Rdnr. 235 ff.
[34] Dazu *BGH* ZIP 2009, 571 Rdnr. 10 ff.; ZInsO 2003, 28.
[35] Dazu *Foerste*, ZInsO 2012, 532 f.; *Marotzke*, ZInsO 2013, 1940 ff.; *K. Schmidt*, NJW 2011, 1255 ff.
[36] Dazu *Fritsche*, DZWIR 2003, 234 ff.
[37] Vgl. *OLG Zweibrücken* ZIP 2000, 2172.

- die Insolvenzfähigkeit (→ Rdnr. 35) sowie die Prozessfähigkeit[38] des Schuldners;
- die Antragsbefugnis (→ Rdnr. 95);
- das Rechtsschutzbedürfnis (→ Rdnr. 96);
- die formellen Voraussetzungen, insbesondere die Glaubhaftmachung der Antragsvoraussetzungen (→ Rdnr. 95).

Fehlt eine dieser Voraussetzungen im Zeitpunkt der Entscheidung[39], ist der Antrag als unzulässig zurückzuweisen. Gegen diese Entscheidung kann der Antragsteller sofortige Beschwerde einlegen (§ 34 Abs. 1, § 6 InsO, § 567 ZPO). Ist der Antrag hingegen zulässig, kann sich das Gericht ohne besondere Zwischenentscheidung der Begründetheitsprüfung zuwenden[40]. In der Praxis wird allerdings der Antrag nicht selten ausdrücklich zugelassen. Dabei handelt es sich indessen nur um eine den Beschluss über die Verfahrenseröffnung vorbereitende Handlung, nicht um eine gerichtliche Entscheidung im Rechtssinne. Sie ist daher ebenso wenig anfechtbar wie andere die Eröffnungsentscheidung vorbereitende Maßnahmen[41].

§ 10: Eröffnungsgrund

Literatur: *Andresen*, Die objektiven Kriterien der Zahlungsunfähigkeit nach der Rechtsprechung des BGH und dem IDW, 2014; *Bitter/Hommerich*, Die Zukunft des Überschuldungsbegriffs, 2012; *Brahmstaedt*, Die Feststellung der Zahlungsunfähigkeit, 2012; *Dittmer*, Die Feststellung der Zahlungsunfähigkeit von Gesellschaften mit beschränkter Haftung, 2013; *Drews*, Der Insolvenzgrund der Überschuldung bei Kapitalgesellschaften, Diss. Osnabrück 2003; *Götz*, Überschuldung und Handelsbilanz, 2004; *Hater*, Insolvenzrechtliche Fortbestehensprognose und handelsrechtliche Fortführungsprognose, 2013; *Hornschuh*, Die Finanzmarktkrise – Reaktionen des deutschen Gesetzgebers und der Wandel des Überschuldungsbegriffs, 2010; *Karollus/Huemer*, Die Fortbestehensprognose im Rahmen der Überschuldungsprüfung, 2. Aufl. 2006; *Keßler*, Interne

100

---

[38] Die fehlt z.B. bei einer geschäftsführerlosen GmbH (sofern nicht § 35 Abs. 1 S. 2 GmbHG Abhilfe schafft); *BGH* ZIP 2007, 144 Rdnr. 11; zur Abhilfe über § 57 ZPO vgl. *OLG München* ZInsO 2006, 882, 883; *OLG Zweibrücken* NZI 2001, 378; *LG Berlin* NZI 2002, 163; *AG München* ZVI 2008, 211; ausf. *Bartholomäus*, Die führungslose GmbH in Zivilprozess und Insolvenz, 2013.
[39] Vgl. *BGH* ZIP 2004, 1466, 1467; für die Zuständigkeit → Rdnr. 50.
[40] *KG* KTS 1963, 111, 112.
[41] *OLG Köln* NZI 2001, 598, 599; 2000, 130, 131; *LG Göttingen* ZIP 1997, 988 m.w.N.

und externe Patronatserklärungen als Instrumente zur Insolvenzvermeidung, 2015; *Möser*, Die drohende Zahlungsunfähigkeit des Schuldners als neuer Eröffnungsgrund, 2006; *Nickert/Lamberti*, Überschuldungs- und Zahlungsunfähigkeitsprüfung, 3. Aufl. 2016; *Pabst*, Materielle Insolvenz, 2015; *Pfaff*, Die Rückkehr zur Fortführungsbewertung im Überschuldungstatbestand, 2013; *Pohl*, Der Insolvenzgrund der Zahlungsunfähigkeit, 2011; *Schäfer*, Der Eröffnungsgrund der Überschuldung, 2012; *Schlenkhoff*, Insolvenzgründe, Prognose und Antragspflicht, 2014; *Teller/Steffan*, Rangrücktrittsvereinbarungen zur Vermeidung der Überschuldung bei der GmbH, 3. Aufl., 2003; *Temme*, Die Eröffnungsgründe der Insolvenzordnung, 1997; *Wolf/Schlagheck*, Überschuldung, 2007.

101 Ob der Antrag begründet ist, ein Insolvenzverfahren also eröffnet werden muss, hängt im Wesentlichen davon ab, ob ein **Eröffnungsgrund** gegeben ist (§ 16 InsO). Ein Insolvenzverfahren kann natürlich nur stattfinden, wenn der Schuldner (materiell) insolvent ist[1]. Anderenfalls wäre das nicht ganz billige und für den Schuldner einschneidende Verfahren nicht gerechtfertigt. Insolvent ist nach dem Gesetz, wer zahlungsunfähig ist (§ 17 InsO), eine juristische Person außerdem bei Überschuldung (§ 19 InsO)[2]. Diese Eröffnungsgründe festzustellen, ist häufig ein komplexer Vorgang. Das Institut der Wirtschaftsprüfer (IDW) hat dazu Prüfungsstandards vorgelegt, die zwar rechtlich unverbindlich sind, in der Praxis aber hilfreiche Handreichungen bieten[3].

A. Zahlungsunfähigkeit (§ 17 InsO)[4]

102 Die Zahlungsunfähigkeit ist der *allgemeine* Eröffnungsgrund (§ 17 Abs. 1 InsO), d. h. er kommt bei Schuldnern aller Art (→ Rdnr. 36 ff.) in Betracht. Der Schuldner ist nach der Legaldefinition in § 17 Abs. 2 S. 1 InsO zahlungsunfähig, wenn er nicht in der Lage ist, die fälligen

---

[1] Umfassend zur Relevanz der materiellen Insolvenz *Haarmeyer*, ZInsO 2009, 1273 ff.
[2] Dasselbe gilt bei Sondervermögen; vgl. § 320 InsO. – Rechtsvergleichend zu den Eröffnungsgründen *Haas/Hoffmann*, FS Beck, 2016, S. 223 ff.
[3] Vgl. zu den IDW S 11 (abgedr. u. a. in ZInsO 2015, 1136 ff.) u. a. *Steffan/Solmecke*, ZInsO 2015, 1365 ff.; *Zabel/Pütz*, ZIP 2015, 912 ff.
[4] Ausf. dazu *Bork*, KTS 2005, 1 ff.; *Bremer*, GmbHR 2002, 257 ff.; *Gehrlein*, ZInsO 2018, 354 ff.; *Hölzle*, ZIP 2007, 613 ff.; *ders.*, ZIP 2006, 101 ff.; *Koza*, DZWIR 2007, 322 ff.; *Krüger/Wigand*, ZInsO 2011, 314 ff.; *Neuhof*, FS Beck, 2016, S. 355 ff.; *Niesert*, ZInsO 2002, 356 ff.; *Pape*, WM 2008, 1949 ff.; *Plagens/Wilkes*, ZInsO 2010, 2107 ff.; *Stahlschmidt*, ZInsO 2005, 1086 ff.; *Staufenbiel/Baziuk*, ZInsO 2016, 1726 ff.; *Staufenbiel/Hoffmann*, ZInsO 2008, 785/838/891 ff.; *Tetzlaff*, ZInsO 2007, 1334 ff.

§ 10: Eröffnungsgrund

Zahlungspflichten zu erfüllen. Entscheidend ist die Zahlungsunfähigkeit, nicht die Zahlungsunwilligkeit des Schuldners[5]. Es muss festgestellt werden, dass dem Schuldner die nötigen Zahlungsmittel fehlen und er deshalb andauernd, nicht nur vorübergehend[6], außerstande ist, einen nicht nur unwesentlichen Teil[7] seiner fälligen und ernsthaft eingeforderten[8] Geldverbindlichkeiten noch zu berichtigen[9].

Von der Zahlungsunfähigkeit kann ausgegangen werden, wenn der Schuldner seine Zahlungen eingestellt hat (§ 17 Abs. 2 S. 2 InsO; sog. „wirtschaftskriminalistische Methode")[10]. Die **Zahlungseinstellung** erfordert mehr als die bloße Nichtzahlung. Vielmehr muss die Zahlungsunfähigkeit für die beteiligten Verkehrskreise in einer Gesamtschau aller relevanten Indizien nach außen erkennbar gewor-

103

---

[5] *BGH* ZInsO 2014, 1661 Rdnr. 5 ff.; NJW 1962, 102, 104; KTS 1960, 38, 39; *Burger/Schellberg*, BB 1995, 261, 262; Kayser/Thole-*Rüntz*, § 17 Rdnr. 12.

[6] Eine kurzfristige **Zahlungsstockung** führt nicht zur Zahlungsunfähigkeit, solange sie sich nicht über einen Zeitraum von mehr als **drei Wochen** hinzieht; vgl. *BGHZ* 163, 134, 139 f.; *BGH* ZIP 2018, 283 Rdnr. 32; 2013, 228 Rdnr. 19, 31; 2010, 682 Rdnr. 43; 2007, 1469 Rdnr. 30; 2006, 2222 Rdnr. 27; 2006, 290, 293; *Bork*, ZIP 2008, 1749 ff.; *Kamm/Köchling*, ZInsO 2006, 732 ff.; *Knolle/Tetzlaff*, ZInsO 2005, 897 ff.; *Neumaier*, NJW 2005, 3041 ff. Eine Zahlungsstockung kann etwa darauf beruhen, dass Forderungen des Schuldners gegen Dritte verspätet erfüllt oder erst in Kürze fällig werden, dass sich eine Kreditverhandlung oder die Veräußerung von Vermögensgegenständen verzögert, etc.; vgl. auch *Burger/Schellberg*, BB 1995, 261, 262 f.; *Kuna*, GmbHR 2018, 723 ff.

[7] Ganz geringfügige Liquiditätslücken bleiben außer Betracht. Nach der Rechtsprechung des BGH ist die Liquiditätslücke i. d. R. erheblich, wenn mindestens **10 %** **der fälligen Verbindlichkeiten** nicht erfüllt werden können; vgl. *BGHZ* 163, 134, 142 ff.; *BGH* ZIP 2018, 283 Rdnr. 32; 2013, 228 Rdnr. 19; 2007, 1469 Rdnr. 37; 2006, 2222 Rdnr. 27; 2006, 1957 Rdnr. 16; 2006, 290, 293.

[8] Dieses zusätzliche Merkmal steht weder im Gesetz noch im Einklang mit § 271 BGB, entspricht aber ständiger Rechtsprechung; vgl. etwa *BGHZ* 173, 286 Rdnr. 10 ff.; ZIP 2017, 1379 Rdnr. 16; 2014, 1289 Rdnr. 30; 2013, 228 Rdnr. 26, 29; 2013, 79 Rdnr. 8; 2011, 1875 Rdnr. 8 ff.; 2009, 1235 Rdnr. 21 ff.; 2008, 930 Rdnr. 10 ff.; 2008, 706 Rdnr. 21; 2008, 420 Rdnr. 25 ff.; zust. *Erdmann*, NZI 2007, 695 ff. Die Rechtsprechung will damit freilich nur solche Forderungen erfassen, die rein tatsächlich – also ohne rechtlichen Bindungswillen oder erkennbare Erklärungen – gestundet worden sind.

[9] Für das (Insolvenz-)Strafrecht werden dieselben Kriterien angewandt; vgl. *BGH* ZInsO 2015, 2021 Rdnr. 14; 2013, 2107 Rdnr. 13 ff. und unten Rdnr. 448.

[10] Vgl. *BGH* ZInsO 2015, 2021 Rdnr. 14; ZIP 2013, 2469 Rdnr. 15; *Harz/Bornmann/Conrad/Ecker*, NZI 2015, 737, 740 f.; *Waßmer*, ZInsO 2018, 1485 ff. – Die Zahlungs*einstellung* ist nur Indiz, nicht selbständiger Eröffnungsgrund! Näher *Bork*, KTS 2005, 1, 2 f.; *Harz/Baumgartner/Conrad*, ZInsO 2005, 1304, 1306 ff.; *Hölzle*, ZIP 2007, 613, 617 f.

den sein[11] Ist das der Fall, dann kann von der Zahlungseinstellung auf die Zahlungsunfähigkeit geschlossen werden, weil der Schuldner dann selbst zu erkennen gegeben hat, dass er sich nicht mehr zu hel-

---

[11] **Beispiele:**
- die Nichtzahlung eines wesentlichen Teils der fälligen und ernsthaft eingeforderten Verbindlichkeiten, auch wenn es sich dabei nur um eine einzige Forderung handelt (*BGH* ZIP 2017, 2368 Rdnr. 12; 2017, 1379 Rdnr. 24; 2016, 2423 Rdnr. 19; 2015, 437 Rdnr. 15; 2013, 2015 Rdnr. 9; 2013, 228 Rdnr. 21; 2012, 2355 Rdnr. 19; 2012, 735 Rdnr. 9; 2011, 1416 Rdnr. 16; 2010, 682 Rdnr. 39 ff.; 2008, 706 Rdnr. 15; 2008, 420 Rdnr. 21; 2007, 1469 Rdnr. 29; 2006, 2222 Rdnr. 19; ZInsO 2012, 2048 Rdnr. 4; 2012, 976 Rdnr. 10);
- Bestehen erheblicher Forderungen, die bis zur Verfahrenseröffnung nicht mehr befriedigt werden konnten (*BGH* ZIP 2016, 1388 Rdnr. 9; 2016, 1348 Rdnr. 20; 2016, 481 Rdnr. 14; 2015, 1234 Rdnr. 15; 2015, 437 Rdnr. 18);
- Vorsichherschieben eines beträchtlichen Zahlungsrückstands (*BGH* ZIP 2017, 2368 Rdnr. 12; 2017, 1677 Rdnr. 16, 18; 2016, 2423 Rdnr. 19; 2016, 1348 Rdnr. 23; 2015, 1234 Rdnr. 15; 2015, 585 Rdnr. 19; 2013, 2015 Rdnr. 12 f.);
- sprunghaftes Anwachsen der Zahlungsrückstände (*BGH* ZIP 2016, 1388 Rdnr. 14);
- eigene Erklärungen des Schuldners, fällige Verbindlichkeiten nicht begleichen zu können, ggf. verbunden mit einer Stundungsbitte (*BGH* ZIP 2017, 1677 Rdnr. 16; 2016, 2423 Rdnr. 19; 2016, 1686 Rdnr. 17; 2016, 1388 Rdnr. 18; 2016, 173 Rdnr. 20; 2015, 437 Rdnr. 21; 2013, 228 Rdnr. 23; 2008, 420 Rdnr. 21; 2006, 2222 Rdnr. 15 f.);
- monatelanges Schweigen des Schuldners auf Rechnungen und Mahnungen (*BGH* ZIP 2017, 1677 Rdnr. 16; 2016, 1686 Rdnr. 23; 2016, 627 Rdnr. 13);
- nicht eingehaltene Zahlungszusagen (*BGH* ZIP 2016, 1348 Rdnr. 21);
- die Information eines Großgläubigers (*BGH* ZIP 2013, 228 Rdnr. 23; 1995, 929, 930 f.; NJW 1985, 1785 f.);
- die Schließung des Geschäftslokals (*BGH* ZIP 2006, 1056 Rdnr. 14);
- Flucht vor den Gläubigern (*BGH* ZIP 2006, 1056 Rdnr. 14);
- Informationen in der Presse (*BGH* NJW 1991, 980, 981);
- Zurückholen von unter Eigentumsvorbehalt gelieferter Ware durch die Lieferanten (*OLG Stuttgart* ZIP 1997, 652);
- Nichteinlösung von Schecks (*BGH* ZIP 2011, 1416 Rdnr. 17);
- Rückgabe von Lastschriften (*BGH* ZIP 2015, 585 Rdnr. 19; 2013, 2015 Rdnr. 15; 2013, 228 Rdnr. 31, 44);
- Häufung von Pfändungen (*BGH* ZIP 2012, 2355 Rdnr. 30; 2011, 1416 Rdnr. 17; 2006, 1056 Rdnr. 14);
- Fruchtlose Pfändungen (*BGH* ZIP 2017, 1677 Rdnr. 20);
- strategische Teilzahlungen nur an die wichtigsten bzw. gefährlichsten Gläubiger (*BGH* ZIP 2017, 1677 Rdnr. 16; 2016, 1348 Rdnr. 26; 2015, 1234 Rdnr. 15, 21; 2013, 228 Rdnr. 34);
- Nichtabführung von Sozialversicherungsbeiträgen im Hinblick auf § 266a StGB (*BGH* ZIP 2016, 173 Rdnr. 21; 2015, 1234 Rdnr. 15, 20; 2015, 585 Rdnr. 19; 2013, 2015 Rdnr. 12; 2012, 2355 Rdnr. 30; 2011, 1416 Rdnr. 15; 2006, 1457 Rdnr. 6; 2006, 1056 Rdnr. 14);
- schleppende Zahlung von Löhnen und Gehältern (*BGH* ZIP 2015, 585 Rdnr. 19; 2015, 437 Rdnr. 20; 2008, 706 Rdnr. 20) oder Steuerforderungen (*BGH* ZIP 2016, 481 Rdnr. 15; 2015, 1234 Rdnr. 15; 2013, 228 Rdnr. 36; 2011, 1416 Rdnr. 16 f.);
- schleppende Zahlungen an existenziell wichtige Gläubiger (*BGH* ZIP 2016, 1348 Rdnr. 24; 2013, 2015 Rdnr. 12);

§ 10: Eröffnungsgrund

fen weiß[12]. Es ist dann Sache desjenigen, der die Zahlungsunfähigkeit bestreitet, die Vermutung aus § 17 Abs. 2 S. 2 InsO zu widerlegen[13]. Fehlt es an einer Zahlungseinstellung, so ist die Zahlungsunfähigkeit mit Hilfe einer **Liquiditätsbilanz** festzustellen, in der die fälligen Verbindlichkeiten den kurzfristig verfügbaren Zahlungsmitteln gegenübergestellt werden[14] (sog. „betriebswirtschaftliche Methode"). Zu den verfügbaren Zahlungsmitteln gehören dabei auch abrufbare Kredite[15]. Wer also von seiner Bank noch ausreichenden Kredit bekommt, ist in der Regel nicht zahlungsunfähig[16].

Maßgeblicher Zeitpunkt ist nicht der Moment des Antrags, sondern der Moment der Entscheidung des Insolvenzgerichts[17]. Das

104

- Bitte um den nachträglichen Abschluss von Ratenzahlungsvereinbarungen, die nicht den Gepflogenheiten des Geschäftsverkehrs entsprechen (*BGH* ZIP 2016, 1686 Rdnr. 17; 2016, 1348 Rdnr. 21; 2016, 874 Rdnr. 8; 2016, 627 Rdnr. 2; 2016, 481 Rdnr. 18; 2015, 2180 Rdnr. 3; 2015, 937 Rdnr. 3); dazu auch *Wiester/Naumann*, ZIP 2016, 2351 ff.
- Nichteinhaltung von Ratenzahlungsvereinbarungen (*BGH* ZIP 2013, 2015 Rdnr. 15; 2013, 228 Rdnr. 31, 34; ZInsO 2012, 2048 Rdnr. 4).

Beseitigt wird die Zahlungsunfähigkeit, auch wenn sie durch Zahlungseinstellung indiziert ist, nur durch die vom Anfechtungsgegner zu beweisende allgemeine Wiederaufnahme der – d. h.: aller – Zahlungen; *BGHZ* 149, 178, 188; *BGH* ZIP 2017, 2370 Rdnr. 10; 2017, 1962 Rdnr. 23; 2016, 2423 Rdnr. 25; 2016, 1388 Rdnr. 22; 2016, 874 Rdnr. 9 ff.; 2016, 627 Rdnr. 24; 2013, 228 Rdnr. 32 ff.; 2012, 2355 Rdnr. 18; 2012, 735 Rdnr. 10; 2010, 682 Rdnr. 44; 2008, 930 Rdnr. 21; 2008, 420 Rdnr. 24; 2007, 1469 Rdnr. 32; *Baumert*, NZI 2015, 589 ff.; *Swierczok*, DZWIR 2016, 361 ff.

[12] *Häsemeyer*, Rdnr. 7.21.
[13] *BGH* ZIP 2017, 2368 Rdnr. 13.
[14] Vgl. *BGHZ* 173, 286 Rdnr. 30; *BGH* ZIP 2016, 2423 Rdnr. 17; 2013, 2015 Rdnr. 7; 2013, 228 Rdnr. 19; 2009, 1235 Rdnr. 15 ff.; 2006, 2222 Rdnr. 28; ZInsO 2015, 841 Rdnr. 12; 2003, 519, 520; *Frystatzki*, NZI 2010, 389 ff.; *Harz*, ZInsO 2001, 193 ff.; *Harz/Baumgartner/Conrad*, ZInsO 2005, 1304 ff.; *Harz/Bornmann/Conrad/Ecker*, NZI 2015, 737, 738 ff.; *Hermanns/Wachter*, ZInsO 2018, 1589 ff.; *IDW*, ZIP 2009, 201 ff.; *Koppel*, ZInsO 2017, 74 ff.; *Staufenbiel/Hoffmann*, ZInsO 2008, 838 ff./891 ff.; abweichend *Neu/Ebbinghaus*, ZInsO 2012, 2229 ff. – Zur Berücksichtigung der im Drei-Wochen-Zeitraum hinzukommenden Verbindlichkeiten (sog. „Passiva II") s. *BGH* ZIP 2018, 283 Rdnr. 34 ff. m. w. N.; *Bork*, ZIP 2008, 1749 ff.; *Ganter*, ZInsO 2011, 2297 ff.; *Krauß*, ZInsO 2016, 2361 ff.; *Mylich*, ZIP 2018, 283 ff.; *Prager/Jungclaus*, FS Wellensiek, 2011, S. 101 ff.; a. M. *Fischer*, FS Ganter, 2010, S. 153 ff.
[15] Zur Berücksichtigung von Patronatserklärungen s. *BGH* ZIP 2011, 1111 Rdnr. 17 ff.; *Keßler* (Rdnr. 100).
[16] Vgl. *BGHZ* 163, 134, 147 f.; *BGH* ZIP 2001, 1155, 1156.
[17] Vgl. – auch zum Folgenden – *BGHZ* 169, 17 Rdnr. 8 ff. – Nach a. M. ist auf den Zeitpunkt des Antrags abzustellen; vgl. etwa *Häsemeyer*, Rdnr. 7.20. Aber ein Gericht stellt die Rechtslage, wenn eine mündliche Verhandlung nicht erfolgt ist, immer für den Zeitpunkt seiner Entscheidung fest. Deshalb ist das Insolvenzverfahren zu eröffnen, wenn der Schuldner zwar noch nicht bei Antragstellung zahlungsunfähig war, es aber im Laufe des Eröffnungsverfahrens geworden ist. Bei zwischenzeitlichem Wegfall der Zahlungsunfähigkeit ist der Antrag als unbegründet zurückzuweisen.

Gericht muss überzeugt sein, dass der Schuldner im Moment der Entscheidung über den Eröffnungsantrag zahlungsunfähig ist, also die zu diesem Zeitpunkt fälligen Verbindlichkeiten dauerhaft nicht mehr begleichen kann (sog. Zeitpunkt-Illiquidität). Ist das nicht der Fall, ist der Antrag abzuweisen. Wird dagegen sofortige Beschwerde eingelegt (→ Rdnr. 135), so sind neue Tatsachen uneingeschränkt zu berücksichtigen (§ 571 Abs. 2 S. 1 ZPO). Deshalb kommt es bei Ablehnung der Eröffnung für den Eröffnungsgrund auf den Zeitpunkt der Beschwerdeentscheidung an[18]. Hat das Insolvenzgericht den Eröffnungsgrund bejaht und das Verfahren eröffnet, ist, wenn dagegen sofortige Beschwerde erhoben wird (→ Rdnr. 138), die Rechtmäßigkeit des Eröffnungsbeschlusses und damit die Sach- und Rechtslage zum Zeitpunkt des Eröffnungsbeschlusses zu überprüfen[19]. Daher kann das Beschwerdegericht den Eröffnungsbeschluss nur aufheben, wenn der Schuldner bei seinem Erlass nicht zahlungsunfähig war. Ist hingegen der Eröffnungsgrund zwischen Eröffnung und Beschwerdeentscheidung weggefallen, ist die sofortige Beschwerde unbegründet. Es kommt nur eine Einstellung nach § 212 InsO durch das Insolvenzgericht in Betracht (→ Rdnr. 361).

105 Zum früheren Konkursrecht ist der „Zeitpunkt-Illiquidität" mit guten Gründen ein prognostisches Modell entgegengehalten worden: Wenn man insolvente Unternehmen möglichst frühzeitig aus dem Markt nehmen wolle, dann könne man sich nicht mit der Frage begnügen, ob der Schuldner heute in der Lage sei, seine heute fälligen Verbindlichkeiten zu begleichen. Vielmehr müsse man auch die nähere Zukunft mit in den Blick nehmen und fragen, ob der Schuldner die in absehbarer Zeit fälligen Verbindlichkeiten nicht mehr begleichen könne (sog. Zeitraum-Illiquidität)[20]. Der Gesetzgeber hat diese Betrachtungsweise nur partiell übernommen, indem er in § 18 InsO den Eröffnungsgrund der drohenden Zahlungsunfähigkeit eingeführt hat (→ Rdnr. 106). Daraus folgt im Umkehrschluss für § 17 InsO, dass es grundsätzlich bei der Zeitpunkt-Illiquidität bleiben muss. Eine Prognose findet also nur unter dem Gesichtspunkt der Dauerhaftigkeit (→ Rdnr. 102) statt.

---

[18] *BGH* ZIP 2008, 1034 Rdnr. 6.
[19] *BGHZ* 169, 17, 25 ff.; *BGH* ZIP 2008, 1034 Rdnr. 6; ZVI 2006, 564 Rdnr. 4.
[20] *Gerhardt*, Rdnr. 244; bis zur 15. Aufl. *Kilger*, § 102 Anm. 2 a; *Kuhn/Uhlenbruck*, § 102 Rdnr. 2; de lege ferenda grundlegend *K. Schmidt*, Gutachten zum 54. DJT, 1982, D 60 f.

§ 10: Eröffnungsgrund

B. Drohende Zahlungsunfähigkeit (§ 18 InsO)[21]

Wie soeben dargelegt, wird die Zahlungsunfähigkeit normalerweise auf den Zeitpunkt der Entscheidung über den Eröffnungsantrag festgestellt. Das Gesetz erlaubt es aber dem Schuldner in § 18 InsO, die Eröffnung des Insolvenzverfahrens auch wegen einer nur drohenden, noch nicht eingetretenen Zahlungsunfähigkeit zu beantragen. Damit soll bei einer sich deutlich abzeichnenden Insolvenz das Instrumentarium des Insolvenzrechts frühzeitig zur Verfügung stehen[22]. Allerdings kann nur ein Eröffnungsantrag des Schuldners auf diesen Eröffnungsgrund gestützt werden[23]. Damit soll verhindert werden, dass Gläubiger den Schuldner schon im Vorfeld der Insolvenz durch einen Insolvenzantrag unter Druck setzen.

106

Nach § 18 Abs. 2 InsO droht der Schuldner zahlungsunfähig zu werden, wenn er voraussichtlich nicht in der Lage sein wird, die bestehenden Zahlungspflichten im Zeitpunkt der Fälligkeit zu erfüllen. Es werden also die derzeit noch nicht fälligen Verbindlichkeiten erfasst, ebenso die noch nicht begründeten Verbindlichkeiten, deren Entstehung (wie etwa bei den Löhnen) vorausssehbar ist[24]. In die Prognose muss die gesamte Entwicklung der Finanzlage des Schuldners miteinbezogen werden. Vorhandene Liquidität und zu erwartende Einnahmen sind denjenigen Verbindlichkeiten gegenüberzustellen, die in einem überschaubaren Zeitraum voraussichtlich fällig werden, und es ist dann zu prüfen, ob der Eintritt der Zahlungsunfähigkeit wahrscheinlicher ist als deren Vermeidung[25].

107

---

[21] Dazu *Ehlers*, ZInsO 2005, 169 ff.; *Ganter*, NZI 2012, 985 ff.; *Staufenbiel/Baziuk*, ZInsO 2016, 1726 ff.
[22] Vgl. dazu *Burger/Buchhart*, WPg. 1999, 155 ff.
[23] Zur Substanziierung s. *App*, DGVZ 2004, 132 f.; zum Konflikt zwischen antragswilliger Geschäftsführung und opponierenden Gesellschaftern *Gessner*, NZI 2018, 185 ff.
[24] Krit. dazu *Uhlenbruck*, KTS 1994, 169, 171 f.; vgl. auch *Burger/Schellberg*, BB 1995, 261, 264 f.
[25] Näher zur Feststellung der drohenden Zahlungsunfähigkeit *Greil/Herden*, ZInsO 2011, 109 ff.; vgl. auch *BGH* ZIP 2016, 374 Rdnr. 16; 2014, 1289 Rdnr. 13, 25, 33; 2014, 183 Rdnr. 10; 2013, 79 Rdnr. 14 ff. Für das Verhältnis zur Überschuldung s. *Drukarczyk/Schüler*, ZInsO 2017, 61 ff.

C. Überschuldung (§ 19 InsO)

108 Bei juristischen Personen und solchen Personengesellschaften, bei denen – wie bei der GmbH & Co. KG – keine natürliche Person persönlich haftet (§ 19 Abs. 3 InsO), kann das Insolvenzverfahren auch wegen Überschuldung eröffnet werden (§ 19 Abs. 1 InsO)[26]. Eine Überschuldung liegt nach der Legaldefinition in § 19 Abs. 2 S. 1 InsO vor, wenn das Vermögen des Schuldners die bestehenden Verbindlichkeiten nicht mehr deckt. Maßgeblicher Zeitpunkt ist auch hier wieder der Moment der Entscheidung des Gerichts über den Eröffnungsantrag; insoweit gilt das zu Rdnr. 104 Gesagte sinngemäß.

109 Dass es diesen Eröffnungsgrund bei natürlichen Personen und grundsätzlich (→ Rdnr. 108) bei Personengesellschaften nicht gibt, liegt daran, dass das Unternehmen bei ihnen in erheblichem Maße von den persönlichen Fähigkeiten des Unternehmers profitiert, die kaum bewertbar sind. Das wirkliche „Kapital" ist hier die Leistungsfähigkeit des Unternehmers, die in eine Vermögensbilanz nicht aufgenommen werden kann, so dass es bei anderen Schuldnern als juristischen Personen nicht sachgerecht wäre, die rechnerische Überschuldung als Eröffnungsgrund anzuerkennen.

110 Um die Überschuldung zu ermitteln, kann nicht auf die Handelsbilanz zurückgegriffen werden, weil die dort nicht ausgewiesenen stillen Reserven sowie handelsrechtlich nicht bilanzierbare Vermögenswerte aufzudecken und die Vermögensgegenstände mit ihren aktuellen Werten anzusetzen sind[27]. Vielmehr ist eine **Überschuldungsbilanz** aufzustellen, in der Aktiva und Passiva[28] gegenübergestellt werden[29]. Dazu sind die aufzunehmenden Gegenstände des Aktivvermögens zunächst mit den Liquidationswerten anzusetzen, also denjenigen Werten, die sich bei einer Einzelveräußerung im Zuge einer Zerschlagung des Unternehmens für jeden einzelnen Gegenstand erzielen ließen. Ergibt sich daraus rechnerisch eine Überschuldung, so ist, wie aus § 19 Abs. 2 S. 1 InsO folgt, als nächstes eine **Fortbestehensprog-**

---

[26] Näher zum Überschuldungsbegriff *Drukarczyk*, Festschr. Baums, 2017, S. 339 ff.; *Greil/Herden*, ZInsO 2010, 833 ff.; *Harz/Bornmann/Conrad/Ecker*, NZI 2015, 737, 741 ff.; *Piekenbrock*, KTS 2017, 333 ff.; *Wuschek*, ZInsO 2011, 1734 ff. sowie die nachstehend Genannten.
[27] *BGH* ZInsO 2012, 732 Rdnr. 4 f.
[28] Zu überschuldungsvermeidenden Rangrücktrittsvereinbarungen, die die Passivierung von Passiva ausschließen, s. *BGH* ZIP 2015, 638 Rdnr. 10 ff.; *Bitter*, ZHR 181 (2017), 428 ff.; *Teller/Steffan* (Rdnr. 100).
[29] Vgl. – auch zum Folgenden – *BGH* ZIP 2006, 2171 Rdnr. 3. – Praktische Hinweise bei *Harz*, ZInsO 2001, 193, 198 ff.

nose zu stellen: Es ist zu ermitteln, ob eine Fortführung des Unternehmens überwiegend wahrscheinlich ist, was Fortführungswillen des Schuldners und mittelfristige Überlebensfähigkeit des Unternehmens verlangt[30]. Wird diese Frage verneint, steht die Überschuldung fest. Wird sie bejaht, ist das Unternehmen nicht überschuldet.

Seit Inkrafttreten der Insolvenzordnung am 1.1.1999 und bis zum Inkrafttreten des Finanzmarktstabilisierungsgesetzes[31] am 18.10.2008 war bei positiver Fortbestehensprognose noch eine zweite Überschuldungsbilanz zu erstellen, in der die Aktiva mit den Betriebsfortführungswerten („Going-concern-Werten"[32]) anzusetzen waren[33]. Ergab dies immer noch eine Überschuldung, lag ein Eröffnungsgrund vor. Anderenfalls war der Antrag als unbegründet abzuweisen. Mit dieser „dreistufigen Überschuldungsprüfung" war der Gesetzgeber ausdrücklich[34] der zum früheren Konkursrecht vertretenen herrschenden Meinung entgegengetreten. Nach damaliger Auffassung sollte – wie es heute wieder Gesetz ist – eine Überschuldung vorliegen, wenn das Vermögen bei Ansatz von

111

---

[30] Dazu *BGH* ZIP 2004, 1049, 1051; *Aleth/Harlfinger*, NZI 2011, 166 ff.; *Bitter/Kresser*, ZIP 2012, 1733 ff.; *Bork*, ZIP 2000, 1709 ff.; *H. Ehlers*, NZI 2011, 161 ff.; *J. Ehlers*, ZInsO 2016, 1244 ff.; *Fischer*, NZI 2016, 665 ff.; *Frystatzki*, NZI 2011, 173 ff.; *Ganter*, NZI 2014, 673 ff.; *Goette*, DStR 2016, 1684 ff., 1752 ff.; *Greil/Herden*, ZInsO 2011, 109 ff.; *Groß/Amen*, DB 2005, 1861 ff.; *Harz/Bornmann/Conrad/Ecker*, NZI 2015, 737, 742 f.; *Hater* (Rdnr. 100); *Hermanns/Blome*, ZInsO 2018, 362 ff.; *Karollus/Huemer* (Rdnr. 100); *Riegger/Spahlinger*, FS Wellensiek, 2011, S. 119 ff.; *Sikora*, ZInsO 2010, 1761 ff.

[31] Art. 5 FMStG v. 17.10.2008; BGBl. I, 1982. Vgl. dazu und zur Diskussion um den „richtigen" gesetzlichen Überschuldungsbegriff *Ahrendt/Plischkaner*, NJW 2009, 964 ff.; *d'Avoine*, FS Runkel, 2009, S. 263 ff.; *Beck/Brucklacher*, FS Wellensiek, 2011, S. 5 ff.; *Bitter/Hommerich* (Rdnr. 100); *Bitter/Hommerich/Reiß*, ZIP 2012, 1201 ff.; *Büttner*, ZInsO 2009, 841 ff.; *Groß*, FS Wellensiek, 2011, S. 23 ff.; *Hecker/Glozbach*, BB 2009, 1544 ff.; *Holzer*, ZIP 2008, 2108 ff.; *Hornschuh* (Rdnr. 100); *Lüer*, FS Hüffer, 2010, S. 603 ff.; *Pfaff* (Rdnr. 100); *Poertzgen*, ZInsO 2009, 401 ff.; *Pott*, NZI 2012, 4 ff.; *K. Schmidt*, ZIP 2013, 485 ff.; *Wackerbarth*, NZI 2009, 145 ff.

[32] Es geht in diesem Fall um die Ermittlung des bei einer Veräußerung des gesamten Unternehmens zu erzielenden wirklichen Unternehmenswertes einschließlich aller stillen Reserven und des *good will* (vgl. *BGHZ* 116, 359, 370 f.; 17, 130, 136; *BGH* ZIP 1995, 819, 825). Ermittelt wird dieser Wert zum Teil nach der „Substanzwertmethode". Sie legt den Zeitwert zugrunde bezogen auf die Wiederbeschaffungs- oder Reproduktionskosten: Es wird gefragt, was es kosten würde, das Unternehmen in seiner jetzigen Verfassung neu zu errichten; vgl. etwa *Temme/Steffan* (Rdnr. 100), Rdnr. 113 ff. Andere bedienen sich der „Ertragswertmethode". Sie errechnet die künftigen Erträge des fortgeführten Unternehmens und fragt, ob damit die Schulden beglichen werden können; *Burger/Schellberg*, BB 1995, 261, 265 f.; *Spliedt*, DB 1999, 1941 ff. m. w. N.

[33] Vgl. zu diesem Überschuldungstatbestand u. a. *Fromm*, GmbHR 2004, 940 ff.; ZInsO 2004, 943 ff.; *Götz*, KTS 2003, 1 ff.; *ders.*, ZInsO 2000, 77 ff.; *Höffner*, BB 1999, 198 ff./252 ff.; *Hüttemann*, FS K. Schmidt, 2009, S. 761 ff.; *Stahlschmidt*, JR 2002, 89, 91 ff.

[34] Vgl. den Bericht des Rechtsausschusses, BT-Drs. 12/7302, 157.

Liquidationswerten unter Einbeziehung der stillen Reserven die bestehenden Verbindlichkeiten nicht deckt (rechnerische Überschuldung) und die Finanzkraft der Gesellschaft nach überwiegender Wahrscheinlichkeit mittelfristig nicht zur Fortführung ausreicht (Überlebens- oder Fortbestehensprognose)[35]. Beide Ansätze haben zum Ziel, die Ertragsfähigkeit des Unternehmens mit zu berücksichtigen. Das Gesetz bestand aber zunächst darauf, dass auch bei günstiger Fortbestehensprognose noch einmal (mit Fortführungswerten) nachgerechnet wurde, die günstige Prognose die Überschuldung also nicht von vornherein ausschloss. Von dieser dritten Stufe hat man abgesehen, um zur Bewältigung der 2008 aufgetretenen Finanzmarktkrise vor allem Banken und Versicherungen die aus einer Überschuldung resultierende Insolvenz zu ersparen. Für die meisten anderen Schuldner ist das im Ergebnis neutral, weil sie regelmäßig über die Zahlungsunfähigkeit und nicht über die Überschuldung in die Insolvenz gehen.

112 **Zahlungsunfähigkeit und Überschuldung** liegen häufig, aber nicht zwingend nebeneinander vor. Es ist durchaus denkbar, dass ein Schuldner trotz fehlender Überschuldung zahlungsunfähig ist (Beispiel: werthaltige Aktiva sind gebunden und können weder als Kreditunterlage benutzt noch veräußert werden) oder dass er trotz Zahlungsfähigkeit überschuldet ist (Beispiel: eine überschuldete GmbH bekommt noch Kredit). Gerade das zweite Beispiel zeigt, dass der Eröffnungsgrund der Überschuldung den Insolvenzzeitpunkt häufig vorverlegt.

D. Verfahren

113 Nach § 5 Abs. 1 InsO hat das Insolvenzgericht **von Amts wegen** alle Umstände zu ermitteln, die für das Insolvenzverfahren von Bedeutung sind. Das gilt auch für die Feststellung der Eröffnungsgründe. Allerdings wird dem Insolvenzgericht die Arbeit häufig dadurch erleichtert, dass beim Antrag eines Gläubigers der Eröffnungsgrund substanziiert darzulegen und glaubhaft zu machen ist (→ Rdnr. 95). Für die Entscheidung des Gerichts genügt die Glaubhaftmachung indessen nicht. Dieses muss vielmehr, will es eröffnen, davon überzeugt sein, dass ein Eröffnungsgrund vorliegt[36]. Das bedeutet vor allem, dass das Insolvenzgericht einen Gläubiger auf den Prozessweg verweisen muss, wenn der Eröffnungsgrund nur von der Forderung

---

[35] *BGHZ* 129, 136, 154; 119, 201, 214 (krit. dazu *Drukarczyk*, WM 1994, 1737 ff.); *BGH* ZIP 1995, 819, 825; 1995, 124, 125 f.; *Bähner*, KTS 1988, 443 ff.; *K. Schmidt*, ZIP 1985, 713, 719; JZ 1982, 165, 170; Gutachten (Fn. 18), D 61 ff.; *Ulmer*, KTS 1981, 469, 473 ff. – Aufgegeben u. a. in *BGH* ZIP 2007, 676 Rdnr. 19.
[36] Vgl. *OLG Düsseldorf* NJW-RR 1996, 32.

des Antragstellers abhängt, diese nicht tituliert ist und der Schuldner sie substanziiert bestreitet. Denn es ist nicht Aufgabe des Insolvenzgerichts, streitige Forderungen zu klären[37].

Das Gericht kann und muss darüber hinaus auch den **Schuldner** als den wichtigsten Informanten bei der Aufklärung heranziehen. Insoweit bestimmt zunächst § 14 Abs. 2 InsO, dass der Schuldner zu hören ist, wenn ein Gläubiger den Eröffnungsantrag gestellt hat. Bei dieser Anhörung handelt es sich nicht nur um die Gewährung rechtlichen Gehörs (Art. 103 Abs. 1 GG)[38], sondern auch um eine dem Richter vorgeschriebene Maßnahme der Sachverhaltsaufklärung im Rahmen der Amtsermittlung[39]. Nach §§ 20, 97 InsO hat der Schuldner dem Gericht alle Auskünfte zu erteilen, die zur Entscheidung über den Antrag erforderlich sind[40] (→ Rdnr. 156). Dazu kann das Gericht u. a. die Vorlage einer Liquiditätsbilanz (→ Rdnr. 103), eines auf einen längeren Zeitraum bezogenen Liquiditätsplans zur Feststellung der drohenden Zahlungsunfähigkeit (→ Rdnr. 106) und eine Überschuldungsbilanz (→ Rdnr. 110) verlangen[41]. Die Mitwirkung des Schuldners ist nach § 20 Abs. 1 S. 2 i. V. m. § 98 InsO erzwingbar. Ist der Schuldner aber nicht erreichbar, so kann der Insolvenzantrag nicht schon deswegen als unbegründet zurückgewiesen werden[42]. 114

Außerdem kann das Gericht **Zeugen** hören (etwa den Leiter des Rechnungswesens) und **Sachverständige** mit der Aufnahme und Bewertung des Vermögens beauftragen (§ 5 Abs. 1 S. 2 InsO)[43] oder, was in der Praxis regelmäßig geschieht, einen **vorläufigen Insolvenzverwalter** einsetzen und ihn beauftragen, das Vorliegen eines Eröffnungsgrundes zu prüfen (§ 22 Abs. 1 Nr. 3 InsO; → Rdnr. 126). 115

---

[37] *BGH* ZIP 2016, 2177 Rdnr. 12; 2016, 1447 Rdnr. 13 ff.; 2011, 1875 Rdnr. 5; 2010, 291 Rdnr. 6; 2008, 281 Rdnr. 9; 2007, 1226 Rdnr. 7; 2006, 1452 Rdnr. 11; 2006, 247; ZInsO 2009, 2072 Rdnr. 5; 2009, 1533 Rdnr. 4; NZI 2007, 350 Rdnr. 6; ZVI 2006, 564 Rdnr. 4; *Henkel*, ZInsO 2011, 1237 ff.
[38] Dazu *BGH* ZIP 2004, 724.
[39] Die persönliche Anhörung kann nach § 10 InsO entfallen, wenn sich der Schuldner im Ausland aufhält oder sein Aufenthalt unbekannt ist; in diesem Fall soll ein Vertreter oder Angehöriger angehört werden. Auch das spricht für die Zuordnung zur Amtsermittlung.
[40] Vgl. dazu *BGH* ZIP 2008, 2183 Rdnr. 9 ff.; *Uhlenbruck*, KTS 1994, 169, 175 f.
[41] Vgl. *BGH* KTS 1957, 12, 13.
[42] *BGH* ZIP 2006, 1056, 1057 Rdnr. 7 ff.
[43] Vgl. *BGH* ZInsO 2011, 1499 Rdnr. 7; KTS 1957, 12, 13 f.; ausf. *Wessel*, Der Sachverständige im Konkurseröffnungsverfahren, 1993; Beispiel bei *Förster*, ZInsO 1999, 141 ff.

§ 11: Hinreichende Masse

116 **Literatur:** *Bayer*, Stundungsmodelle der Insolvenzordnung und die Regelungen der Prozesskostenhilfe, 2005; *Häusler*, Die Bedeutung der Kosten für die Eröffnung und die Durchführung des Insolvenzverfahrens, 1999; *Kaufmann*, Die Berücksichtigung sonstiger Masseverbindlichkeiten des § 55 InsO bei der Kostendeckungsprüfung des § 26 Abs. 1 Satz 1 InsO, 2004; *Metzger*, Verfahrenskostendeckende Masse, 2002.

117 Ein Insolvenzverfahren verursacht erhebliche Kosten, vor allem die Gerichtsgebühren und die Vergütung für den Insolvenzverwalter und für die Mitglieder des Gläubigerausschusses[1]. Diese Kosten sind als **Massekosten** aus der Insolvenzmasse zu begleichen (§§ 53, 54 InsO), und zwar vor allen anderen Verbindlichkeiten (arg. § 209 Abs. 1 Nr. 1 InsO). Reicht die verwertbare[2] Insolvenzmasse im Moment der Entscheidung des Insolvenzgerichts über den Antrag[3] nicht einmal aus, um diese Verfahrenskosten zu decken[4], so braucht der Staat das Verfahren und seine Organe nicht unentgeltlich zur Verfügung zu stellen, denn das Insolvenzverfahren wird nicht im öffentlichen Interesse, sondern im Interesse der Gläubiger durchgeführt. Vielmehr weist das Insolvenzgericht den Eröffnungsantrag dann mangels Masse als unbegründet ab (§ 26 Abs. 1 S. 1 InsO), sofern nicht jemand die Kosten vorschießt (→ Rdnr. 120) oder die Voraussetzungen einer Stundung nach §§ 4a ff. InsO vorliegen (→ Rdnr. 121)[5].

118 Die Abweisung mangels Masse geschah unter dem alten Recht in etwa 75 % aller Fälle. Die Gründe dafür werden deutlich, wenn man sich eine **Bestandsaufnahme der Aktiva** vorstellt (vgl. § 266 Abs. 2 HGB), die in den meisten Fällen zu folgendem Ergebnis führt: Das *Grundvermögen* ist in aller Regel bis zur Wertgrenze mit Grund-

---

[1] In der Praxis geht man davon aus, dass die Kosten eines Insolvenzverfahrens mindestens 2.000 bis 2.500 € betragen.

[2] Es kann nicht jeder vorhandene Vermögenswert berücksichtigt werden. So sind etwa Gegenstände, an denen Absonderungsrechte bestehen, nur mit ihrem Überschussbetrag anzusetzen. Bei Werten, um die prozessiert werden muss, sind die Prozessaussichten und die Prozesskosten zu berücksichtigen (*OLG Karlsruhe* ZIP 1989, 1070, 1071).

[3] *BGH* ZIP 2011, 90 Rdnr. 3.

[4] Dies wird festgestellt durch Vergleich der voraussichtlich für das gesamte Insolvenzverfahren anfallenden Kosten mit dem in angemessener Zeit in Geld umwandelbaren Vermögen des Schuldners, *BGH* ZIP 2003, 2171, 2172. Die sonstigen Masseverbindlichkeiten (§ 55 InsO) bleiben hingegen unberücksichtigt (*Kaufmann*, ZInsO 2006, 961 ff.; a. M. *Voigt*, ZIP 2004, 1531 ff. m. w. N.).

[5] Zum Verfahren s. *Haarmeyer*, ZInsO 2001, 103 ff.; zur Praxis *Haarmeyer/Beck*, ZInsO 2007, 1065 ff.

pfandrechten belastet und außerdem häufig altlastengeschädigt. Die *Geschäftsausstattung* ist unter Eigentumsvorbehalt geliefert oder sicherungsübereignet; außerdem unterliegt sie der Zubehörhaftung, ist also nicht selbstständig verwertbar. *Beteiligungen* an anderen Unternehmen sind zumeist nichts wert, weil auch die Tochtergesellschaften insolvent sind. Das *Umlaufvermögen* (Vorräte, Halbfertigwaren) steht häufig nur auf dem Papier und ist zudem mit Sicherungsrechten belastet. *Forderungen* gegen Dritte sind in aller Regel im Voraus abgetreten; außerdem ist mit Gegenrechten zu rechnen (Verjährung, Aufrechnung, Gewährleistung für vom Schuldner gelieferte Waren oder von ihm erbrachte Werkleistungen). Zudem sind auch diese Forderungen mit einem Insolvenzrisiko belastet, insbesondere wenn sie sich gegen verbundene Unternehmen richten. *Bankguthaben* sind zumeist gepfändet und mit Gegenrechten der Bank belastet. Der *Kassenbestand* ist nicht der Rede wert.

Die **Abweisung mangels Masse** führt stets zu einem misslichen Zustand, weil jetzt kein geordnetes Verfahren mehr stattfindet, sondern der „Wettlauf der Gläubiger" um das wenige verwertbare Vermögen einsetzt, sofern dieses überhaupt bekannt ist[6]. Außerdem kann der Schuldner weiter am Markt agieren[7]. Dass die Abweisung des Eröffnungsantrages in ein Schuldnerverzeichnis („schwarze Liste") eingetragen wird (§ 26 Abs. 2 InsO; → Rdnr. 135), ändert daran wenig. Schließlich bleibt den natürlichen Personen die Restschuldbefreiung verwehrt, weil es ohne eröffnetes Insolvenzverfahren keine Restschuldbefreiung gibt (→ Rdnr. 454).

Das Gesetz eröffnet aber einen Ausweg, indem es Dritten (z. B. den Gläubigern oder Verwandten des Schuldners) die Möglichkeit bietet, einen **Vorschuss** auf die Verfahrenskosten zu leisten[8], so dass das Verfahren eröffnet werden kann (§ 26 Abs. 1 S. 2 InsO). Ein solcher Vorschuss kann beispielsweise sinnvoll sein, wenn zu erwarten ist, dass die Masse noch aufgestockt wird, etwa durch Insolvenzanfechtung oder durch den Verkauf angefangener, noch fertigzustellender Produkte, oder wenn es sich um ein Unternehmen handelt, bei dem realistische Sanierungschancen bestehen[9]. Der Gläubiger kann dann vom Insolvenzverwalter Rückzahlung des Vorschusses verlangen, sobald

---

[6] Vgl. dazu *Uhlenbruck*, ZIP 1996, 1641.
[7] Vgl. aber für Gesellschaften Rdnr. 135.
[8] Vgl. *BGH* NZI 2006, 34, 35. – Dem antragstellenden Gläubiger wird das Gericht durch Beschluss einen entsprechenden Vorschuss abverlangen.
[9] Es sind in diesen Fällen vor allem die gesicherten Gläubiger (die Absonderungsberechtigten), die bewogen werden können, die Massekosten zu garantieren und damit das Verfahren zu „sponsern".

die Insolvenzmasse ausreicht, um die Verfahrenskosten zu decken[10], Organmitglieder, die ihre Antragspflicht verletzt haben, sind gemäß § 26 Abs. 4 InsO zur Vorschussleistung verpflichtet (→ Rdnr. 98).

121 Die Abweisung mangels Masse unterbleibt auch dann, wenn gemäß § 4a InsO eine **Stundung** der Kosten möglich ist (§ 26 Abs. 1 S. 2 InsO)[11]. Eine solche Stundung setzt voraus, dass der Schuldner eine natürliche Person ist und dass er Restschuldbefreiung (1.) beantragt hat und (2.) bekommen kann (§ 4a Abs. 1 InsO)[12]. Die Stundung bewirkt, dass die vorhandene Masse für die Begleichung der Massekosten verwendet werden muss und dass die daraus nicht zu deckenden Kosten vorerst von der Staatskasse getragen werden. Außerdem kann dem Schuldner ein Rechtsanwalt beigeordnet werden, der ebenfalls von der Staatskasse bezahlt wird. Nach Erteilung der Restschuldbefreiung[13] legt das Insolvenzgericht fest, mit welchen Beträgen der Schuldner die Kosten aus seinem Einkommen und Neuvermögen abzahlen muss[14].

122 Ist zunächst genügend Masse vorhanden, stellt sich dann aber **nach der Eröffnung** heraus, dass die Masse doch nicht reicht, um die Verfahrenkosten zu decken, muss das Insolvenzverfahren nach §§ 207 ff. InsO wieder eingestellt werden (→ Rdnr. 326). Etwas anderes gilt nur dann, wenn die Kosten nachträglich gestundet[15] oder vorgeschossen werden.

---

[10] *OLG Frankfurt* ZIP 1986, 930, 931. – Außerdem kann nach § 26 Abs. 3 InsO Rückzahlung des Vorschusses von Organmitgliedern verlangt werden, die ihre gesellschaftsrechtliche Antragspflicht schuldhaft verletzt haben (→ Rdnr. 98).
[11] *BGHZ* 156, 92, 93 f.; *BGH* ZInsO 2006, 773 Rdnr. 3 ff.; 2005, 264; 2004, 1307, 1308; *Frind*, ZInsO 2015, 542 ff.; *Grote*, ZInsO 2002, 179 ff.; *Kießner*, FS Braun, 2007, S. 205 ff.; *Kohte/Ahrens/Grote/Busch*, Verfahrenskostenstundung, Restschuldbefreiung und Verbraucherinsolvenzverfahren, 7. Aufl. 2015; *Rüntz/Heßler/Wiedemann/Schwörer*, ZVI 2006, 185 ff.
[12] Vgl. dazu *BGH* ZInsO 2015, 1790 Rdnr. 7; 2015, 1734 Rdnr. 219 f.; 2010, 783 Rdnr. 6; 2010, 587 Rdnr. 6; 2010, 491 Rdnr. 6; 2008, 860 Rdnr. 5; 2008, 319 Rdnr. 7 f. m. w. N.; *Fischer/Hempler*, ZInsO 2005, 351 ff.; *Heilmaier*, ZInsO 2015, 1838 ff.
[13] Die Restschuldbefreiung erfasst die Massekosten nicht, da es sich nicht um Insolvenzforderungen, sondern um Masseverbindlichkeiten handelt (vgl. § 301 InsO).
[14] Vgl. *Hergenröder*, ZVI 2005, 198 ff.
[15] Vgl. *Hesse*, Rpfleger 2011, 364 ff.

§ 12: Sicherungsmaßnahmen

Literatur: *Ampferl*, Der „starke" vorläufige Insolvenzverwalter in der Unternehmensinsolvenz, 2002; *Betka*, Die Sicherung des Schuldnervermögens im deutschen und tschechischen Insolvenzverfahren, 2005; *Böhme*, Unternehmensfortführung als Sicherungsmittel, 2017; *Dreves-Marlow*, Die Begründung von Masseverbindlichkeiten durch den vorläufigen Insolvenzverwalter ohne allgemeine Verwaltungs- und Verfügungsbefugnis, 2004; *Engelhardt*, Die gerichtliche Entscheidung nach §§ 21 ff. InsO und ihre Auswirkungen auf die vermögensrechtliche Stellung des Insolvenzschuldners, 2002; *Haarmeyer/Wutzke/Förster*, Handbuch der vorläufigen Insolvenzverwaltung, 2010; *Lenenbach*, Sicherungsmaßnahmen im Insolvenzeröffnungsverfahren, 2003; *Marotzke*, Das Unternehmen in der Insolvenz: Fortführung und Veräußerung zwischen Eröffnungsantrag und Berichtstermin, 2000; *Meyer*, Die Haftung des vorläufigen Insolvenzverwalters, 2003; *Pohlmann*, Befugnisse und Funktionen des vorläufigen Insolvenzverwalters, 1998; *Thiemann*, Die vorläufige Masseverwaltung im Insolvenzeröffnungsverfahren, 2000; *Unterbusch*, Der vorläufige Insolvenzverwalter: unter besonderer Berücksichtigung aktueller Probleme der Betriebsfortführung, 2006; *Weigelt*, Sicherungsanordnungen gegenüber aus- und absonderungsberechtigten Gläubigern, 2010.

123

Die Prüfung der Eröffnungsvoraussetzungen, insbesondere des Eröffnungsgrundes, nimmt einige Zeit in Anspruch. Es besteht die Gefahr, dass der Schuldner in dieser Phase ungehindert über sein Vermögen verfügt und neue Verbindlichkeiten eingeht, die die Lage weiter verschlechtern. Um das zu verhindern, muss das Insolvenzgericht, sofern der Insolvenzantrag zulässig ist[1], nach § 21 Abs. 1 InsO alle Maßnahmen treffen, die erforderlich erscheinen, um bis zur Entscheidung über den Antrag eine den Gläubigern nachteilige Veränderung in der Vermögenslage des Schuldners zu verhüten[2]. Die Entscheidung ergeht von Amts wegen, bedarf also keines besonderen Antrags[3]. Im Einzelnen kommen folgende Sicherungsmaßnahmen in Betracht[4]:

124

---

[1] Vgl. – auch zu Ausnahmen – *BGH* ZInsO 2011, 1499 Rdnr. 7; 2010, 1013 Rdnr. 5; ZIP 2007, 878 Rdnr. 6 ff.

[2] Zu den Ausnahmen bei der Eigenverwaltung s. § 270a InsO und unten Rdnr. 469. – Liegen diese Voraussetzungen nicht vor, ist die Sicherungsanordnung gleichwohl wirksam (*BGH* ZIP 2012, 737 Rdnr. 13), wenn auch anfechtbar (→ Rdnr. 134).

[3] Auch eine Anhörung des Schuldners ist nicht erforderlich, *BGH* ZIP 2011, 1875 Rdnr. 12 ff. Näher zum Verfahren *Haarmeyer*, ZInsO 2001, 203 ff.

[4] Ausf. *Flörcn* in Bork/Hölzle (Hrsg.), Handbuch Insolvenzrecht, 2014, Kap. 4; *Zipperer*, NZI 2004, 656 ff.

A. Einsetzung eines vorläufigen Insolvenzverwalters[5]

125 Die in der Praxis wichtigste Maßnahme ist die Einsetzung eines vorläufigen Insolvenzverwalters nach § 21 Abs. 2 S. 1 Nr. 1 InsO[6]. Dieser ist, wenn nichts anderes angeordnet wird, lediglich „vorgeschobener Beobachter" des Insolvenzgerichts und „Berater" des Schuldners ohne eigene Verfügungsmacht über das Schuldnervermögen und mit nur denjenigen Pflichten, die das Insolvenzgericht ausdrücklich bestimmt (§ 22 Abs. 2 InsO; → Rdnr. 128)[7]. Man spricht in diesen Fällen auch von einem „schwachen" vorläufigen Insolvenzverwalter, weil er keine eigene Verfügungsbefugnis, sondern allenfalls eine Verhinderungsmacht hat, nämlich (nur) dann, wenn das Gericht Verfügungen des Schuldners von der Zustimmung des vorläufigen Insolvenzverwalters abhängig macht (§ 21 Abs. 2 Nr. 2, 2. Fall InsO; → Rdnr. 132). Die Gerichte können aber auch weitergehen und dem Schuldner nach § 21 Abs. 2 Nr. 2, 1. Fall InsO ein allgemeines Verfügungsverbot auferlegen (→ Rdnr. 129). In der Kombination mit der Einsetzung eines vorläufigen Insolvenzverwalters hat das zur Folge, dass die Verwaltungs- und Verfügungsbefugnis über das Vermögen des Schuldners auf den vorläufigen Insolvenzverwalter übergeht (§ 22 Abs. 1 S. 1 InsO). Man spricht in diesem Fall auch vom „starken" vorläufigen Insolvenzverwalter.

126 Die **Kompetenzen** des „*starken*" vorläufigen Insolvenzverwalters entsprechen weitgehend denen des endgültigen Insolvenzverwalters[8].

---

[5] Dazu *Ries*, ZInsO 2013, 1612 ff.

[6] Für Auswahl, Überwachung und Haftung des vorläufigen Insolvenzverwalters gilt dasselbe wie für den endgültigen Insolvenzverwalter (§§ 21 Abs. 2 Nr. 1, 56, 58–66 InsO; → Rdnr. 65 ff.). Vgl. zur Haftung etwa *BGH* ZIP 2011, 1419 Rdnr. 29; 2008, 608 Rdnr. 11 ff.; *Meyer* (Rdnr. 123).

[7] Der vorläufige Insolvenzverwalter wird in diesen Fällen vor allem beauftragt, die Vermögensverhältnisse zu sichten, damit Eröffnungsgrund und Deckung der Verfahrenskosten beurteilt werden können.

[8] Der „starke" vorläufige Insolvenzverwalter ist daher wie der endgültige Insolvenzverwalter (→ Rdnr. 78) Partei kraft Amtes, nicht – wie nach altem Recht angenommen wurde (vgl. *Uhlenbruck*, KTS 1982, 201, 208) – Vertreter des Schuldners (ausf. dazu *Pohlmann* (Rdnr. 123), Rdnr. 546 ff.). Titel sind daher auf den „starken" vorläufigen Insolvenzverwalter analog § 727 ZPO umzuschreiben (*LG Cottbus* ZInsO 2000, 337, 338; 2000, 107). Dem entspricht es, dass anhängige Prozesse nach § 240 S. 2 ZPO mit Einsetzung eines „starken" vorläufigen Insolvenzverwalters unterbrochen werden und nur vom vorläufigen Insolvenzverwalter wieder aufgenommen werden können (§ 24 Abs. 2 InsO). § 240 S. 2 ZPO gilt aber nur für den „starken", nicht für den „schwachen" vorläufigen Insolvenzverwalter (*BGH* ZIP 1999, 1314, 1315; *KG* ZInsO 2001, 265), es sei denn, dieser wäre zur Prozessführung ermächtigt (*BGH* NZI 2013, 747 Rdnr. 16). Wird nur ein allgemeines Verfügungsverbot angeordnet, kann der Rechtsstreit gemäß § 148 ZPO bis zur Einsetzung eines vorläufigen Insolvenzverwalters ausgesetzt werden (*OLG Jena* NZI 2000, 271).

§ 12: Sicherungsmaßnahmen 69

Abweichungen rechtfertigen sich daraus, dass über die Eröffnung des Insolvenzverfahrens erst noch entschieden werden muss, es also noch nicht um die Verwertung, sondern nur um die Sicherung des Vermögens gehen kann[9]. Vor diesem Hintergrund bestimmt § 22 Abs. 1 S. 2 Nr. 1 InsO zunächst, dass der vorläufige Insolvenzverwalter das Vermögen des Schuldners zu sichern und zu erhalten hat. Zu Veräußerungen ist er nur in Notfällen befugt, etwa bei verderblichen Waren. Ein Unternehmen muss er bis zur Entscheidung über den Insolvenzantrag fortführen[10]. Stilllegen kann er es nur mit Zustimmung des Gerichts, wenn das erforderlich ist, um eine erhebliche Verminderung des Vermögens zu vermeiden (§ 22 Abs. 1 S. 2 Nr. 2 InsO)[11]. Außerdem wird der vorläufige Insolvenzverwalter als Gehilfe des Gerichts tätig, für das er als Gutachter die Deckung der Verfahrenskosten und bei entsprechendem Auftrag auch das Vorliegen eines Eröffnungsgrundes und die Sanierungschancen prüfen muss (§ 22 Abs. 1 S. 2 Nr. 3 InsO). Bestehen Sanierungschancen, dann ergibt sich aus der Fortführungsbefugnis des vorläufigen Insolvenzverwalters zugleich die Zulässigkeit von Maßnahmen, mit denen die Sanierung vorbereitet wird[12].

Zur Ausübung seines Amtes darf der vorläufige Insolvenzverwalter **127** die Geschäftsräume des Schuldners betreten, dort Nachforschungen anstellen und Einblick in die Bücher und Geschäftspapiere nehmen. Außerdem muss ihm der Schuldner alle erforderlichen Auskünfte erteilen (§ 22 Abs. 3 InsO). Führen Rechtshandlungen eines „starken" vorläufigen Insolvenzverwalters zu Verbindlichkeiten, so belasten diese den Schuldner. Wird später das Insolvenzverfahren eröffnet, so handelt es sich um Masseverbindlichkeiten, die denselben Rang genießen wie die vom endgültigen Insolvenzverwalter begründeten Verbindlichkeiten (§ 55 Abs. 2 InsO)[13]. Das gilt insbesondere für Massekredite, die der vorläufige Insolvenzverwalter aufnimmt, um ein Unternehmen fortführen und gegebenenfalls sanieren zu können[14].

Die Kompetenzen des *„schwachen"* vorläufigen Insolvenzverwal- **128** ters werden vom Gericht festgelegt (→ Rdnr. 125). Er kann insbeson-

---

[9] *BGHZ* 154, 72, 79; *BGH* ZIP 2012, 737 Rdnr. 11; ZIP 2006, 1641 Rdnr. 8. – Ausf. dazu *Pohlmann* (Rdnr. 123), Rdnr. 92 ff.
[10] Zu den damit verbundenen Problemen instruktiv *Undritz*, NZI 2007, 65 ff.
[11] Vgl. *AG Aachen* ZIP 1999, 1494. – Die Entscheidung über Erhalt oder Liquidation des Unternehmens sollen die Gläubiger im Berichtstermin treffen (§ 157 InsO); vgl. dazu freilich Rdnr. 5.
[12] Der vorläufige Insolvenzverwalter kann also beispielsweise über Sanierungskredite verhandeln.
[13] Für Arbeitsentgelte *BAG* ZIP 2017, 2113 Rdnr. 27 ff.
[14] Vgl. dazu *Ebbing*, KTS 1996, 327 ff.; *Hess/Weis*, InVo 1996, 225 ff.

dere keine Masseverbindlichkeiten begründen, solange er dazu nicht vom Insolvenzgericht ausdrücklich ermächtigt worden ist[15]. Auch zu Eingriffen in die gesellschaftsrechtlichen Organkompetenzen ist er nicht befugt[16]. Er kann aber ermächtigt werden, das Hausrecht auszuüben[17], die Kasse zu verwalten oder Forderungen des Schuldners einzuziehen[18]. Insbesondere kann ihm mit einem Zustimmungsvorbehalt eine Verhinderungsmacht eingeräumt werden (→ Rdnr. 125, 132). Die Grenze setzt § 22 Abs. 2 S. 2 InsO in der Weise, dass dem „schwachen" vorläufigen Verwalter durch Gerichtsbeschluss keine weitergehenden Kompetenzen zugewiesen werden können, als sie der „starke" kraft Gesetzes hat.

B. Allgemeines Verfügungsverbot

129 Neben der Einsetzung eines vorläufigen Insolvenzverwalters kommt als weitere wichtige Sicherungsmaßnahme die Anordnung eines allgemeinen Verfügungsverbotes in Betracht (§ 21 Abs. 2 Nr. 2, 1. Fall InsO). Dieses Verbot bezieht sich auf das bei seiner Anordnung vorhandene Vermögen sowie auf diejenigen Vermögensgegenstände, die der Schuldner bis zur Entscheidung über den Eröffnungsantrag erwirbt und die im Falle der Eröffnung zur Insolvenzmasse gehören[19]. Die Wirkungen des allgemeinen Verfügungsverbotes ergeben sich aus § 24 Abs. 1 i.V.m. §§ 81, 82 InsO[20]: Verfügungen des Schuldners und Leistungen an ihn[21] sind – anders als bei §§ 135, 136 BGB – absolut unwirksam; der gute Glaube wird nur bei Grundstücksgeschäften und bei Leistungen an den Schuldner geschützt. Allerdings verweist § 24 Abs. 1 InsO nicht auf § 91 InsO (→ Rdnr. 174 ff.). Dritte können deshalb auch nach Anordnung des allgemeinen Verfügungsverbotes noch Rechte an den beschlagnahmten Gegenständen erwerben, wenn ihnen diese Rechte im Wege der Vorausverfügung eingeräumt wor-

---

[15] Grundlegend *BGHZ* 151, 353, 357 ff. Vgl. ferner *BGHZ* 161, 315, 318; 154, 190, 193; *BGH* ZIP 2015, 434 Rdnr. 17 ff.; 2012, 779 Rdnr. 27; 2008, 608 Rdnr. 9; ZInsO 2015, 261 Rdnr. 2 ff.; NZI 2011, 143 Rdnr. 2 f.; vgl. auch *Beck*, FS Runkel, 2009, S. 3 ff.; *Marotzke*, ZInsO 2005, 561 ff.; *Stann*, FS Beck, 2016, S. 509 ff.
[16] *BGH* ZIP 2007, 438 Rdnr. 20 ff.
[17] *BGH* ZIP 2007, 438 Rdnr. 14 ff.
[18] *BGH* ZIP 2012, 737 Rdnr. 9 f.; ZIP 2007, 827 Rdnr. 13; NZI 2013, 747 Rdnr. 16; zu sicherungszedierten Forderungen → Rdnr. 132.
[19] *Gerhardt*, ZZP 109 (1996), 415, 416.
[20] Zu den Einzelheiten s. u. Rdnr. 163 ff.
[21] Vgl. *BGH* ZIP 2018, 1082 Rdnr. 57 ff.

den sind und eine weitere Rechtshandlung des Schuldners nach der Anordnung nicht mehr erforderlich ist[22]. Aufrechnungen gegenüber dem Schuldner bleiben ebenfalls zulässig. Für sie gelten die §§ 94 ff. InsO, die erst ab Verfahrenseröffnung eingreifen, noch nicht, auch nicht analog[23]. Nach der Verfahrenseröffnung kann eine Aufrechnung aber anfechtbar sein mit der Folge, dass sie gemäß § 96 Abs. 1 Nr. 3 InsO, der Rückwirkung entfaltet (→ Rdnr. 313), ohne weiteres unwirksam wird.

Das allgemeine Verfügungsverbot kann grundsätzlich nicht als alleinige Sicherungsmaßnahme angeordnet werden, denn dann gäbe es niemanden, der über das Schuldnervermögen verfügen kann[24]. Es muss daher mit der Einsetzung eines vorläufigen Insolvenzverwalters verknüpft werden, der dann an Stelle des Schuldners verfügungsbefugt ist (→ Rdnr. 125). Etwas anderes kann nur gelten, wenn (wie etwa bei stillgelegten Unternehmen) kein akuter Verfügungsbedarf besteht[25] oder die Voraussetzungen für die Einsetzung eines vorläufigen Insolvenzverwalters erst noch kurzfristig geprüft werden müssen. In jedem Fall ist das Verbot gemäß § 23 InsO den Beteiligten zuzustellen, öffentlich bekannt zu machen und in die Register (Grundbuch, Handels-, Genossenschafts- oder Vereinsregister) einzutragen, was bei Grundstücken einen gutgläubigen Erwerb ausschließt (§ 892 Abs. 1 S. 2 BGB). Wirksam wird das Verfügungsverbot aber bereits mit der Verkündung oder (wenn, wie im Normalfall, eine mündliche Verhandlung nicht stattgefunden hat) mit der Hinausgabe in den Geschäftsgang, nicht erst mit Zustellung oder Bekanntmachung[26]. **130**

---

[22] *BGHZ* 170, 196 Rdnr. 8; 135, 140, 147 (dazu *Bork* in: Zimmermann [Hrsg.], Rechtsgeschichte und Privatrechtsdogmatik, 1999, 289 ff.); *BGH* ZIP 2012, 1256 Rdnr. 10 ff.; 2010, 138 Rdnr. 27; 2009, 2347 Rdnr. 15; *Eickmann*, FS Uhlenbruck, 2000, S. 149, 150 f.; *Gehrlein*, ZIP 2011, 5 ff. – A. M. *Eckardt*, ZIP 1997, 957 ff./964; *Gerhardt*, ZZP 109 (1996), 415, 419 ff.; *Häsemeyer*, ZZP 111 (1998), 83 ff.; *Simokat*, NZI 2012, 57 ff.; für den Zustimmungsvorbehalt auch *BGH* ZIP 2010, 138 Rdnr. 24 ff.; 2009, 2347 Rdnr. 9 ff.
[23] *BGH* ZIP 2004, 1558; vgl. aber auch *OLG Naumburg* ZIP 2008, 1931, 1933.
[24] *Gerhardt*, ZZP 109 (1996), 415, 419.
[25] *AG Göttingen* ZInsO 1999, 482 (L).
[26] Vgl. Begr. zu § 25 RegE, BT-Drs. 12/2443, 116 und zum alten Recht *BGHZ* 133, 307, 310 ff.; *Gerhardt*, KTS 1979, 260 ff.

C. Vollstreckungsverbot

131 Nach § 21 Abs. 2 Nr. 3 InsO kann das Gericht Maßnahmen der Zwangsvollstreckung gegen den Schuldner untersagen oder einstweilen einstellen[27]. Damit soll verhindert werden, dass sich einzelne Gläubiger während der Dauer des Eröffnungsverfahrens noch im Wege der Zwangsvollstreckung Befriedigung oder jedenfalls (Pfändungspfand-)Rechte an zum Schuldnervermögen gehörenden Gegenständen verschaffen oder dem Unternehmen für die vorläufige Fortführung benötigte Gegenstände entziehen. Ein Vollstreckungsverbot ist durch das Insolvenzgericht allerdings nur zulässig, soweit nicht das unbewegliche Vermögen betroffen ist, also nur für bewegliche Sachen, Forderungen und sonstige Vermögensrechte. Bei Grundstücken ist eine entsprechende Anordnung auf Antrag des vorläufigen Insolvenzverwalters durch das Vollstreckungsgericht möglich (§ 30d Abs. 4 ZVG)[28]. Wird das Vollstreckungsverbot für das gesamte Vermögen des Schuldners (und nicht nur, was zulässig wäre, für einzelne Gegenstände) angeordnet, dann entspricht das der Rechtslage nach der Eröffnung des Insolvenzverfahrens, in der Zwangsvollstreckungen ebenfalls ausgeschlossen sind (§ 89 InsO; → Rdnr. 153). Allerdings werden hier (anders als bei § 89 InsO, → Rdnr. 153 ff.) auch Zwangsvollstreckungsmaßnahmen der absonderungsberechtigten Gläubiger verhindert, während die Aussonderungsberechtigten von dem Zwangsvollstreckungsverbot nicht betroffen sind[29]. Mit Verfahrenseröffnung werden im Übrigen Zwangsvollstreckungsmaßnahmen, die während des Eröffnungsverfahrens ausgebracht worden sind, ohnehin unwirksam (§ 88 InsO; → Rdnr. 154), so dass dem Vollstreckungsverbot wirklich nur sichernde Bedeutung zukommt.

D. Sonstige Maßnahmen

132 Wie sich aus der Formulierung in § 21 Abs. 2 InsO („insbesondere") ergibt, kann sich das Gericht auch mit anderen Maßnahmen begnügen oder diese zusätzlich anordnen. In Betracht kommt etwa – neben der Einsetzung eines vorläufigen Gläubigerausschusses (→ Rdnr. 91) –

---

[27] Allg. zur Zwangsvollstreckung im Insolvenzantragsverfahren *Hintzen*, ZInsO 1998, 174 ff./318 ff.; *Lohkemper*, ZIP 1995, 1641, 1648 ff.; *Steder*, ZIP 2002, 65 ff.; *Viertelhausen*, JurBüro 2000, 6 ff.

[28] Dazu *Hintzen* ZInsO 1998, 317, 318; *Jungmann*, NZI 1999, 352 ff.

[29] *Jaeger-Gerhardt*, § 21 Rdnr. 52 ff. – A.M. *BGHZ* 183, 269 Rdnr. 44.

§ 12: Sicherungsmaßnahmen

ein *Zustimmungsvorbehalt*, also die Anordnung, dass Verfügungen[30] des Schuldners nur mit Zustimmung des vorläufigen Insolvenzverwalters wirksam sein sollen (§ 21 Abs. 2 Nr. 2, 2. Fall InsO; → Rdnr. 125), wobei diese Regelung gegenständlich oder der Höhe nach beschränkt sein kann, aber nicht sein muss[31]. Die Zustimmung ist zusätzlich zur Willenserklärung des Schuldners erforderlich[32] und kann sowohl diesem als auch dem Dritten gegenüber erklärt werden (§ 182 Abs. 1 BGB). Denkbar ist auch eine *Kontensperre* oder die *Siegelung* einzelner Gegenstände. Es handelt sich dabei allerdings nur um relative Verfügungsbeschränkungen i. S. v. §§ 135, 136 BGB[33]. Zulässig ist ferner, dass dem Schuldner die Herausgabe bestimmter Gegenstände an absonderungsberechtigte Gläubiger untersagt wird[34]. Weitergehend erlaubt § 21 Abs. 2 S. 1 Nr. 5 InsO im Interesse der Betriebsfortführung unter engen Voraussetzungen und in Anlehnung an die Vorschriften über das eröffnete Verfahren (→ Rdnr. 301) *Eingriffe in die Rechte der aus- und absonderungsberechtigten Gläubiger*, etwa in dem Sinne, dass die Weiterbenutzung geleaster Fahrzeuge, die Verwertung sicherungsübereigneter Vorräte oder die Einziehung sicherungszedierter Forderungen erlaubt wird[35]. Davon abgesehen sind Anordnungen gegen Dritte aber unzulässig[36]. Notfalls kann das Gericht auch *Zwangsmaßnahmen* anordnen, also den Schuldner zwangsweise vorführen und nach Anhörung in Haft nehmen lassen (§ 21 Abs. 3 InsO)[37] oder eine

---

[30] Die Rechts- und Geschäftsfähigkeit – und damit die Verpflichtungsmacht – können dem Schuldner aber nicht genommen werden, *BGH* ZIP 2018, 1082 Rdnr. 53.

[31] In letzterem Fall spricht man von einem allgemeinen Zustimmungsvorbehalt; vgl. dazu *Bork*, ZIP 1999, 781, 783 ff.; *Mankowski*, NZI 2000, 572 ff.

[32] Deshalb ersetzt eine rechtskräftige Verurteilung des Schuldners zur Abgabe der Willenserklärung nicht die Zustimmung des vorläufigen Insolvenzverwalters, *BGH* ZIP 2018, 1506 Rdnr. 22.

[33] *Gerhardt*, ZZP 109 (1996), 415, 423.

[34] Vgl. auch *OLG Naumburg* ZInsO 2009, 1538 f. – Eine solche Anordnung hat zur Folge, dass der Insolvenzverwalter bei Eröffnung des Insolvenzverfahrens Besitz ergreifen kann (§ 148 InsO), so dass der Verwalter und nicht der absonderungsberechtigte Gläubiger zur Verwertung befugt ist (§ 166 Abs. 1 InsO).

[35] Grundlegend, auch zu den möglichen Ausgleichsansprüchen, *BGHZ* 183, 269 Rdnr. 14 ff.; *BGH* ZIP 2016, 2131 Rdnr. 7 ff.; 2012, 1566 Rdnr. 22 ff.; 2012, 779 Rdnr. 8 ff.; zur Verfassungskonformität *BVerfG* ZIP 2012, 1252 Rdnr. 15 ff. Vgl. ferner *Andres/Hees*, NZI 2011, 881 ff.; *Bork*, NZI 2012, 590 ff.; *Christoph/Doghonadze*, NZI 2016, 809 ff.; *Kreft*, FS Wimmer, 2017, S. 386 ff.; *Wiche-Wendler*, ZInsO 2011, 1530 ff.

[36] *BGH* ZIP 2009, 2068 Rdnr. 12 ff.

[37] Etwa um Vermögensverschiebungen ins Ausland zu verhindern oder die Zeit bis zur Besitzergreifung durch den vorläufigen Insolvenzverwalter zu überbrücken. – Davon zu unterscheiden ist die Inhaftierung zur Durchsetzung der Informationspflichten des Schuldners nach §§ 22 Abs. 3 S. 3, 98 InsO; vgl. dazu *BGH* NZI 2004, 86.

Aufenthaltsbeschränkung anordnen und dazu seinen Reisepass einziehen[38]. Auch eine *Postsperre* (§ 99 InsO) ist zulässig (§ 21 Abs. 2 Nr. 4 InsO)[39].

E. Aufhebung und Anfechtung der Sicherungsmaßnahmen

133 Die Sicherungsmaßnahmen sind aufzuheben, wenn sie nicht mehr benötigt werden, insbesondere wenn der Antrag auf Eröffnung des Insolvenzverfahrens abgewiesen wird. In diesem Fall ist auch die Aufhebung einer Verfügungsbeschränkung bekannt zu machen (§ 25 InsO)[40]. Maßnahmen des vorläufigen Insolvenzverwalters bleiben aber analog § 34 Abs. 3 S. 3 InsO (→ Rdnr. 138) wirksam[41]; bisher verbotswidrige Verfügungen des Schuldners werden wirksam, soweit ihnen der vorläufige Insolvenzverwalter noch hätte zustimmen können[42].

134 Die Anordnung von Sicherungsmaßnahmen ist gemäß § 21 Abs. 1 S. 2 InsO (nur) für den Schuldner mit der sofortigen Beschwerde **anfechtbar**. Allerdings entfällt das Rechtsschutzbedürfnis für das Rechtsmittel, sobald das Verfahren eröffnet ist[43]. Die sofortige Beschwerde hat keine aufschiebende Wirkung (§ 570 Abs. 1 ZPO). Hat sie Erfolg, werden die Maßnahmen allerdings rückwirkend unwirksam. Für Rechtshandlungen des vorläufigen Insolvenzverwalters muss dann aber wieder (→ Rdnr. 133) § 34 Abs. 3 S. 3 InsO analog angewandt werden.

§ 13: Entscheidung über den Antrag

A. Abweisung

135 Liegen die Voraussetzungen für die Eröffnung des Insolvenzverfahrens nicht vor, dann weist das Gericht den Antrag ab. Die Entscheidung ergeht durch Beschluss, der gemäß § 34 Abs. 1 InsO vom Antragsteller, bei Abweisung mangels Masse auch vom Schuldner,

---

[38] *AG München* NZI 2013, 1033.
[39] Vgl. *OLG Celle* NZI 2001, 143 ff.; *LG Göttingen* NZI 2001, 44 f.; DZWIR 1999, 471; *Greiner*, ZInsO 2017, 262 ff.
[40] Dazu *BGH* ZIP 2007, 827 Rdnr. 16; *Haarmeyer*, ZInsO 2000, 70 ff.
[41] *Uhlenbruck*, KTS 1994, 169, 181 f.
[42] Vgl. *BGH* ZIP 2001, 28, 29.
[43] *BGH* ZIP 2007, 438 Rdnr. 9 ff.

§ 13: Entscheidung über den Antrag

der keinen Antrag gestellt hat[1], mit der sofortigen Beschwerde angefochten werden kann. Die Abweisung mangels Masse wird in ein vom Gericht geführtes Schuldnerverzeichnis („schwarze Liste") eingetragen (§ 26 Abs. 2 InsO)[2] und dem Handels-, Genossenschafts- oder Vereinsregister mitgeteilt, wenn der Schuldner dort als juristische Person oder Gesellschaft ohne Rechtspersönlichkeit verzeichnet ist (§ 31 Nr. 2 InsO). Mit Rechtskraft des auf Masseunzulänglichkeit gestützten Abweisungsbeschlusses werden die Gesellschaften von Gesetzes wegen aufgelöst (§§ 131 Abs. 1 Nr. 3, Abs. 2 Nr. 1 HGB, 262 Abs. 1 Nr. 4 AktG, 60 Abs. 1 Nr. 5 GmbHG, 81a Nr. 1 GenG). Sie werden liquidiert und nach vollständiger Abwicklung im Register gelöscht[3]. Ist der Schuldner eine natürliche Person, kann der Insolvenzantrag wiederholt werden, wenn glaubhaft gemacht werden kann, dass das Verfahren jetzt finanzierbar ist[4]. Dasselbe gilt für juristische Personen, solange das Liquidationsverfahren nicht durch Löschung im Handelsregister abgeschlossen ist[5].

B. Eröffnungsbeschluss

Liegen die Eröffnungsvoraussetzungen vor, so muss das Gericht das Insolvenzverfahren eröffnen. Ein Ermessensspielraum besteht nicht. Die Entscheidung ergeht auch hier durch **Beschluss**. Sie ist öffentlich bekannt zu machen (§ 30 Abs. 1 InsO)[6] und dem Schuldner, seinen Gläubigern und seinen Schuldnern[7] zuzustellen (§ 30 Abs. 2 InsO). Außerdem ist sie, wenn der Schuldner dort verzeichnet ist, im Handels-, Genossenschafts- oder Vereinsregister (§ 31 InsO) sowie vor allem im Grundbuch einzutragen (§ 32 InsO)[8].

136

---

[1] *LG Berlin* ZInsO 2001, 269.
[2] Dazu *Heyer*, ZInsO 2004, 1127 ff. – Zur Eintragung in das Schuldnerverzeichnis nach § 303a InsO → Rdnr. 457.
[3] Vgl. dazu *Uhlenbruck*, ZIP 1996, 1641 ff.
[4] *BGH* ZIP 2002, 1695, 1696.
[5] *LG Zweibrücken* NZI 2005, 397 f.
[6] Öffentliche Bekanntmachung erfolgt grundsätzlich im Internet (unter www.insolvenzbekanntmachungen.de), § 9 Abs. 1 S. 1 InsO. Die Bekanntmachung gilt dann zwei Tage nach der Veröffentlichung als bewirkt (§ 9 Abs. 1 S. 3 InsO); vgl. dazu *BGH* ZIP 2018, 86 Rdnr. 17 ff.; 2017, 1680 Rdnr. 14 ff.; 2016, 988 Rdnr. 7 ff.; 2014, 1133 Rdnr. 5; 2014, 86 Rdnr. 7 ff.; 2011, 2479 Rdnr. 6 ff.
[7] Wichtig wegen § 82 InsO! Vgl. dazu unten Rdnr. 172.
[8] Wichtig wegen §§ 81, 91 Abs. 2 InsO! Vgl. unten Rdnr. 170, 177. Die Eintragung erfolgt auf Ersuchen des Insolvenzgerichts oder auf Antrag des Insolvenzverwalters (§ 32 Abs. 2 InsO); vgl. auch *BGH* ZIP 2017, 2109 Rdnr. 13 ff.; 2011, 1273 Rdnr. 7 ff.; *Kysel/Röder*, ZIP 2017, 1650 ff.

137 Der notwendige **Inhalt** des Eröffnungsbeschlusses ergibt sich aus §§ 27 ff. InsO. Zunächst wird ausgesprochen, dass das Insolvenzverfahren über das Vermögen des Schuldners eröffnet wird. Dabei ist die Stunde der Eröffnung genau zu bezeichnen (§ 27 Abs. 2 Nr. 3 InsO)[9]. Fehlt es daran, gilt die Mittagsstunde des Tages, an dem der Beschluss erlassen wurde, als Stunde der Eröffnung. Ferner ernennt das Gericht in dem Eröffnungsbeschluss den Insolvenzverwalter (→ Rdnr. 65). Sodann fordert es die Gläubiger auf, ihre Rechte (einschließlich der Sicherungsrechte[10]) beim Insolvenzverwalter anzumelden (§ 28 Abs. 1 S. 1 InsO), die Schuldner des Schuldners, nur noch an den Verwalter zu leisten (§ 28 Abs. 3 InsO; sog. „offener Arrest"). Außerdem werden der Berichtstermin und der Prüfungstermin festgesetzt (§ 29 InsO; → Rdnr. 88).

138 Ist der Eröffnungsbeschluss **fehlerhaft**, so ist er gleichwohl wirksam. Das gilt beispielsweise

- bei örtlicher Unzuständigkeit[11];
- bei nur aus den Akten ermittelbarer Person des Schuldners[12];
- bei mangelnder Existenz oder Insolvenzfähigkeit des Schuldners[13];
- bei unzulässiger Vordatierung des Eröffnungsbeschlusses[14].

Anders ist es nur, wenn ein Mangel vorliegt, der dem Beschluss schon äußerlich den Charakter einer richterlichen Entscheidung nimmt[15]. Ein fehlerhafter Eröffnungsbeschluss kann jedoch mit der **sofortigen Beschwerde** angefochten werden[16], allerdings gemäß § 34 Abs. 2 InsO nur vom Schuldner[17]. Das setzt voraus, dass der Schuldner nicht selbst den Antrag gestellt hat, denn wenn seinem eigenen Antrag stattgege-

---

[9] Wichtig, weil der Beschluss nicht erst mit Zustellung, sondern bereits mit Erlass, also mit Unterschrift des Richters und Hinausgabe in den Geschäftsgang, wirksam wird! Vgl. *BGHZ* 50, 242, 245/247 sowie unten Rdnr. 125 ff.; allg. auch *Kummer*, FS Metzeler, 2003, S. 15 ff. – Zur Vordatierung → Rdnr. 138.
[10] Diese muss der Insolvenzverwalter freilich selbstständig prüfen und beachten, *Hahn*, ZInsO 2018, 911 ff.
[11] *BGHZ* 138, 40, 44 f.
[12] *BGH* ZIP 2003, 356, 357; dazu *Stiller*, ZInsO 2003, 259 ff.
[13] *BGHZ* 113, 216, 218; *BGH* ZIP 2008, 1677 Rdnr. 13.
[14] *BGH* ZIP 2004, 766 = EWiR 2004, 553 (*Bork*).
[15] *BGHZ* 137, 49, 51: fehlende Unterschrift des Richters.
[16] Ausf. *Brinkmann*, FS Schilken, 2015, S. 631 ff.
[17] Dasselbe soll gelten, wenn das Insolvenzgericht den Insolvenzantrag auf einseitige Erledigungserklärung des Gläubigers hin für erledigt erklärt hat, *BGH* ZIP 2008, 2285 Rdnr. 8. Hier liegt freilich eine Analogie zu § 34 Abs. 1 InsO näher. – Zur Berechnung der Frist für die sofortige Beschwerde s. *BGH* ZIP 2014, 1133 Rdnr. 5 ff.

ben wurde, ist er nicht beschwert[18]. Die Beschwerde hat keine aufschiebende Wirkung (§ 4 InsO i.V.m. § 570 Abs.1 ZPO), so dass die Wirkungen der Eröffnung (→ Rdnr.139 ff.) zunächst einmal eintreten. Hat die Beschwerde Erfolg, ist die Aufhebung des Verfahrens in derselben Weise bekanntzumachen wie der Eröffnungsbeschluss[19]. Die Aufhebung wird erst mit Rechtskraft der Beschwerdeentscheidung wirksam[20], hat aber rückwirkende Kraft. Der Schuldner wird also so behandelt, als wäre das Verfahren nie eröffnet worden[21]. Gleichwohl bleiben im Interesse der Sicherheit des Rechtsverkehrs zwischenzeitliche Handlungen des Insolvenzverwalters, insbesondere seine Verfügungen über das Schuldnervermögen, wirksam (§ 34 Abs.3 S.3 InsO). Von ihm begründete Verbindlichkeiten sind vom Schuldner zu erfüllen.

---

[18] *BGH* ZIP 2012, 998 Rdnr. 3 ff. (auch nicht bei Parallelantrag eines Gläubigers); ZIP 2008, 1793 Rdnr. 4 ff. und ZInsO 2007, 663 Rdnr. 3 (auch nicht, wenn mangelnde Masse eingewandt wird); ZIP 2007, 499 Rdnr. 5 ff. – Etwas anderes gilt dann, wenn der Schuldner geltend machen will, dass sich die Sach- und Rechtslage nach seinem Antrag verändert hat, etwa der Eröffnungsgrund weggefallen (vgl. *OLG Koblenz* ZIP 1991, 1604, 1605; der Irrtum über die bei Antragstellung vorliegenden Umstände reicht hingegen nicht, *BGH* ZIP 2007, 499 Rdnr. 14) oder der Antrag zurückgenommen ist (*BGH* ZIP 2007, 499 Rdnr. 11); oder wenn bei einer juristischen Person, die den Antrag ohne Rücksicht auf die unzureichende Masse stellen *musste* (→ Rdnr. 98), geltend gemacht werden soll, dass der Antrag mangels Masse abzuweisen war (*BGH* ZIP 2004, 1727); oder wenn der Schuldner ein Verbraucherinsolvenzverfahren beantragt hat und ein Regelinsolvenzverfahren eröffnet wurde (*BGH* ZIP 2013, 1139 Rdnr. 6 ff.); ebenso bei Ablehnung der Eigenverwaltung (str.; → Rdnr. 469).
[19] Das ergibt sich aus §§ 34 Abs. 3 S. 1 und 2; 200 Abs. 2 S. 2 und 3; 9; 31–33 InsO.
[20] Der Insolvenzverwalter kann die Beschwerdeentscheidung allerdings genauso wenig anfechten wie die Entscheidung über die Eröffnung, *BGH* ZIP 2007, 792 Rdnr. 5 ff.
[21] *Baur*, FS Weber, 1975, S. 41, 49 f; *Baur/Stürner*[12], Rdnr. 7.43; *Häsemeyer*, Rdnr. 7.57; *Kuhn*, KTS 1957, 6 f.

4. Teil
Wirkungen der Eröffnung

§ 14: Beschlagnahme

139 **Literatur:** *Ahlmer*, Die Insolvenz im Filmrechtehandel, 2005; *Bai*, Die Freigabe im Insolvenzverfahren, 2009; *Bartholomäus*, Der GmbH-Gesellschafter in der Insolvenz, 2009; *Beier*, Die Freigabe von Immobilienvermögen bei der Insolvenz natürlicher Personen, 2013; *Berger*, Insolvenzschutz für Markenlizenzen, 2006; *Blunk*, Zur Verwertbarkeit von Datenbeständen in der Insolvenz, 2006; *Bortz*, Urheberrechtliche Lizenzen in nationaler und internationaler Insolvenz, 2012; *Eichholz*, Probleme in der Insolvenz des GmbH-Gesellschafters, 2011; *Empting*, Immaterialgüterrechte in der Insolvenz, 2003; *Esser*, Urheberrechtliche Lizenzen in der Insolvenz, 2009; *Finke*, Kollision von Gesellschaftsrecht und Insolvenzrecht, 2011; *Gelbke*, Die Pflichten des Insolvenzverwalters bei einer im eröffneten Insolvenzverfahren anfallenden und angenommenen Erbschaft, 2015; *Göcke*, Wechselwirkungen bei der Insolvenz von Gesellschaft, Gesellschafter und Organwalter, 2009; *Gotter*, Die selbstständige Tätigkeit im Insolvenzverfahren und die Negativerklärung gemäß § 35 Abs. 2 S. 1 InsO, 2015; *Grau*, Die Insolvenz des selbstständigen Freiberuflers aus der Sicht des Verwalters, 2010; *Handrup*, Die Sicherung von Softwarelizenzen in der Insolvenz des Lizenzgebers, 2015; *Harder*, Insolvenzrechtliche Surrogation, 2002; *Harlfinger*, Der Freiberufler in der Insolvenz, 2005; *Herr*, Übertragungsrechte an Sportveranstaltungen in der Insolvenz, 2008; *Hillebrand*, Rechnungslegung in der Insolvenz, 2. Aufl., 2013; *Hinger*, Die Bauunternehmerinsolvenz, 2010; *Hub*, Filmlizenzen in der Insolvenz des Lizenzgebers, 2006; *Klauze*, Urheberrechtliche Nutzungsrechte in der Insolvenz, 2006; *Koch*, Die Insolvenz des selbstständigen Rechtsanwalts, 2008; *Köster*, Die Auseinandersetzung einer Gesellschaft oder Gemeinschaft nach § 84 InsO, 2010; *Kühne*, Die Insolvenz des selbstständig tätigen Schuldners, 2013; *Lehmann*, Erbrechtlicher Erwerb im Insolvenz- und Restschuldbefreiungsverfahren, 2007; *Lüders*, Das Autohaus in der Insolvenz, 2011; *Mai*, Die Insolvenz des Freiberuflers, 2009; *Maier*, Die Insolvenz des Rechtsanwalts, 2008; *Markgraf*, Der Grundsatz der par conditio creditorum im Spannungsverhältnis zu der strafprozessualen Vermögensabschöpfung, 2008; *Marrder*, Verwertung von Filmrechten in der Insolvenz, 2006; *Maus*, Die Rechnungslegung des Insolvenzverwalters nach Handels- und Steuerrecht (§ 155 InsO), 2010; *Meyer-Sommer*, Die Freigabe streitbefangener Forderungen im Regelinsolvenzverfahren über das Vermögen einer GmbH, 2007; *Molitor/Hild*, Immobilien in der Insolvenzrechtspraxis, 2014; *Müller*, Die echte Freigabe durch den Insolvenzverwalter im Spannungsfeld von gesetzlicher Prozessstandschaft und Parteiwechsel, 2007; *Neuwinger*, Die handelsrechtliche Personenfirma in der Insolvenz, 2006; *Pech*, Die Einbeziehung des Neuerwerbs in die Insolvenzmasse, 1999; *Pelka/Niemann*, Praxis der Rechnungslegung in Insolvenzverfahren, 5.Aufl., 2002; *Pfennig*, Das Erbbaurecht in der Insolvenz, 2010; *Pieger*, Die nicht-exklusive Patentlizenz in der Insolvenz des Lizenzgebers, 2012; *Potthoff*, Patentlizenzen in der Insolvenz, 2015; *Prusko*, Die Gesellschafterstellung in der Insolvenz, 2013; *Queisner*, Wohnungseigentum in der Insolvenz, 2015; *Raffel*, Die Verwertbarkeit der Firma im Konkurs, 1995; *Riewe*, Insolvenz im urheberrechtlichen Lizenzvertrag, 2008; *Roth*, Filmrechte in der Insolvenz, 2007; *Rudolph*, Filmrechte in der Insolvenzordnung, 2006; *Schaake*, Informationsansprüche des Insolvenzverwalters gegenüber der Finanzverwaltung, 2014; *Schäfer*, Die Wirkungen der Insolvenzeröffnung, 2014; *Scherenberg*, Lizenzverträge in der Insolvenz des Lizenzgebers unter besonderer Berücksichtigung des Wahlrechts des Insolvenzverwalters nach § 103 Abs. 1 InsO, 2005; *Schildt*, Die Insolvenz des Freiberuflers, 2006; *Scholz*, Lizenzen in der Insolvenz, 2010; *Schmitz*, Insolvenzfestigkeit von Lizenzen, 2013; *Schulte*, Das Konkurrenzverhältnis von Insolvenzbeschlag und strafprozessualer Beschlagnahme, 2007; *Schoos*, Die vertragliche Lizenz an Schutzrechten des geistigen Eigentums in der Insolvenz, 2015; *Seidler*, Selbständige in der Insolvenz – Der Insolvenzbeschlag von Arbeitsmitteln, 2008; *Spetzler*, Eingriffe in die Rechte von Anteilseignern im Insolvenzverfahren, 2011; *Spies*, Zur Neuregelung der Insolvenzfestigkeit von Lizenzen nach § 108a InsO-Entwurf, 2010; *Spliedt/Fridgen*, Feststellung, Sicherung und Verwaltung der Insolvenzmasse, 3.Aufl., 2015; *Stillner*, Die Marke und sonstige Kennzeichenrechte im Insolvenzverfahren, 2006; *Suda*, Mitwirkungspflichten des Vollstreckungsschuldners, Diss. Bonn 2000; *Tabrizi*, Lizenzen in der Insolvenz nach dem Scheitern des Gesetzes zur Einführung eines § 108a InsO, 2011; *Thomas*, Die Kompetenzverteilung im Insolvenzverfahren einer Aktiengesellschaft, 2012; *Viertelhausen*, Einzelzwangsvollstreckung während des Insolvenzverfahrens, 1999; *Vitt*, Der Grundstücksnießbrauch in der Insolvenz, 2017; *Wallner*, Die Insolvenz des Urhebers, 2002; *Weber*, Vermögensrechtlich und haftungsrechtlich veranlasste Surrogation im Insolvenzverfahren, 2003; *Weidmüller*, Die Rückschlagsperre als Instrument zur gemeinschaftlichen Haftungsverwirklichung, 2012; *Wiedemann*, Lizenzen und Lizenzverträge in der Insolvenz, 2006; *Wipperfürth*, Das Grundstück in der Insolvenz, 2014; *Wolff*, Urheberrechtliche Lizenzen in der Insolvenz von Film- und Fernsehunternehmen, 2007; *Zehnsdorf*, Filmnutzungsrechte in der Insolvenz, 2006; *van Zwoll/Mai/Eckardt/Rehborn*, Die Arztpraxis in Krise und Insolvenz, 2007.

A. Insolvenzmasse

Die wichtigste Wirkung der Eröffnung des Insolvenzverfahrens ist die Beschlagnahme der Insolvenzmasse[1]. Sie ist im Gesetz nicht ausdrücklich erwähnt, ergibt sich aber unmittelbar aus § 80 Abs. 1 InsO, der bestimmt, dass der Schuldner durch die Verfahrenseröffnung das Verwaltungs- und Verfügungsrecht über die Insolvenzmasse an den Insolvenzverwalter verliert. **140**

---

[1] Ausf. zum Folgenden *Hess/Weis*, InVo 1998, 273 ff.

141 Die Beschlagnahme erstreckt sich (nur) auf die Insolvenzmasse. Darunter versteht das Gesetz „das gesamte Vermögen, das dem Schuldner zur Zeit der Eröffnung des Verfahrens gehört und das er während des Verfahrens erlangt" (§ 35 InsO). Unpfändbare Gegenstände sind – mit Einschränkungen – von der Insolvenzmasse ausgenommen (§ 36 InsO). Im Einzelnen bedeutet das:

142 Die Insolvenzmasse setzt sich kraft Gesetzes[2] in erster Linie (→ Rdnr. 144) aus dem **bei Eröffnung vorhandenen Vermögen** des Schuldners zusammen. Es wurde bereits dargelegt (→ Rdnr. 81), dass mit der Verfahrenseröffnung ein „Strich gezogen" wird: Das in diesem Moment vorhandene Schuldnervermögen soll für die in diesem Moment berechtigten Gläubiger verwertet werden; es wird ihnen jetzt endgültig haftungsrechtlich zugewiesen[3]. Zu der Insolvenzmasse zählen also sämtliche Aktiva (Grundstücke, bewegliche Sachen, Forderungen, sonstige Vermögenswerte), die dem Schuldner im Moment der Verfahrenseröffnung gehören[4]. Hat der Schuldner nur Miteigentum, so fällt nur sein Miteigentumsanteil in die Masse[5]. Die Auseinandersetzung unter den Miteigentümern folgt dann gemäß § 84 InsO den allgemeinen Regeln[6].

143 Nicht zum **Vermögen** rechnet man die *Persönlichkeitsrechte* des Schuldners[7]. Wegen des höchstpersönlichen Charakters liegt auch die Entscheidung über die Annahme oder Ausschlagung einer Erbschaft allein in den Händen des Schuldners (§ 83 InsO[8]); die angenommene Erbschaft fällt dann freilich in die Insolvenzmasse. *Marken* (Kennzeichen)[9] und die *Firma*[10] eines Unternehmens

---

[2] Einer besonderen Erklärung des Verwalters, dass er einen Gegenstand als massezugehörig betrachte, bedarf es nicht; *BGHZ* 127, 156.
[3] Ausf. dazu *Henckel*, FS Weber, 1975, S. 237 ff.
[4] Gegenstände, die ihm nicht gehören, werden grundsätzlich ausgesondert (§ 47 InsO). Ausn.: Sicherungsübereignete Gegenstände berechtigen nur zur abgesonderten Befriedigung (§ 51 Nr. 1 InsO). Sie gehören insolvenzrechtlich noch zum Schuldnervermögen und damit zur Insolvenzmasse. Ausf. dazu unten Rdnr. 281 ff.
[5] *BGH* ZIP 2017, 1627 Rdnr. 15 ff.
[6] Vgl. *BGH* ZIP 2012, 1426 Rdnr. 11 ff.; *Fehl/Streicher*, DZWIR 2005, 320 ff.; *Köster* (Rdnr. 139); *Smid*, InVo 2006, 45 ff.
[7] Der Schuldner ist daher nicht verpflichtet, für die Masse zu arbeiten, da die Arbeitskraft nicht zur Masse gehört; vgl. *BGH* NZI 2013, 797 Rdnr. 15; *BAG* ZIP 2014, 1938 Rdnr. 14; ZInsO 2013, 1806 Rdnr. 17 ff. Eine Arbeitspflicht besteht nur im Zusammenhang mit der Restschuldbefreiung (→ Rdnr. 450).
[8] Näher zur Reichweite dieser Norm *BGH* ZIP 2013, 272 Rdnr. 12 ff.; *Hillmann-Stadtfeld/Jüchser*, ZInsO 2014, 1597 ff.
[9] *BGHZ* 32, 103, 113; *Bergmann*, FS Kreft, 2004, S. 207 ff.; *Repenn*, ZIP 1994, 1565 ff.; *Teplitzky*, FS Quack, 1991, S. 111 ff.
[10] *BGHZ* 109, 364, 366 ff.; 85, 221, 223 ff.; *Barnert*, KTS 2003, 523 ff.; *Benner*, Rpfleger 2002, 342 ff.; *Kern*, BB 1999, 1717 ff.; *K. Schmidt/W. Schulz*, ZIP 1982, 1015, 1019;

sind Bestandteile der Masse, können aber vom Insolvenzverwalter, wenn sie den Familiennamen des Schuldners enthalten, in der Insolvenz eines Einzelkaufmanns oder einer Personenhandelsgesellschaft nur mit Zustimmung des Schuldners auf Dritte übertragen werden.

Hinzu kommt nach § 35 InsO dasjenige Vermögen, das der Schuldner[11] bis zur Aufhebung oder Einstellung des Verfahrens erlangt. Man spricht hier vom **Neuerwerb**. Was der Schuldner[12] während des Verfahrens erwirbt – sei es Lohn oder Gehalt[13] oder Einkommen aus selbstständiger Tätigkeit[14], sei es Sachvermögen, das er erbt[15], geschenkt bekommt, im Lotto gewinnt oder auf andere Weise erlangt[16] –, fällt in die Insolvenzmasse und steht den Insolvenzgläubigern zur Verfügung[17]. Das gilt allerdings nur für solches Vermögen, das der Schuldner bis zum Abschluss des Verfahrens erwirbt (→ Rdnr. 145). Was er danach erlangt, ist freies Vermögen, in das die Insolvenzgläubiger ebenso wie zwischenzeitlich hinzugekommene Neugläubiger einzeln vollstrecken können und das notfalls im Wege eines zweiten Insol-

144

---

krit. *Bokelmann*, KTS 1982, 27 ff.; *Uhlenbruck*, ZIP 2000, 401 ff.; *Wertenbruch*, ZIP 2002, 1931 ff.

[11] Gegenstände, die der *Insolvenzverwalter* mit Mitteln der Insolvenzmasse erwirbt, fallen im Wege der Surrogation ohnehin in die Masse; vgl. *BGHZ* 27, 360, 366; ausf. *Harder* (Rdnr. 139), Rdnr. 15 ff.; *Weber* (Rdnr. 139), 41 ff.

[12] Zahlungen Dritter auf ein Treuhandkonto des Insolvenzverwalters sind kein Neuerwerb des Schuldners; zum Schuldnervermögen gehört hier nur der Auszahlungsanspruch gegen den Insolvenzverwalter bei Beendigung des Verfahrens, *BGH* ZIP 2011, 1220 Rdnr. 9; 2009, 531 Rdnr. 8 ff.

[13] Auch hier sind die Pfändungsfreigrenzen zu beachten (§ 36 Abs. 1 InsO; → Rdnr. 146). Zu Abfindungsansprüchen s. *BAG* ZIP 2014, 1938 Rdnr. 15 ff.

[14] *BGH* ZInsO 2011, 1412 Rdnr. 4.

[15] Dazu *BGH* ZIP 2010, 1610 Rdnr. 4; *Marotzke*, ZVI 2003, 309 ff.; *Messner*, FS Runkel, 2009, S. 431 ff.

[16] Vgl. für Kostenerstattungsansprüche *BGH* ZIP 2009, 240 Rdnr. 15 ff.; 2007, 1020 Rdnr. 10; für auf irrtümlicher Überweisung beruhende Kontoforderungen des Schuldners gegen seine Bank *BGH* ZIP 2015, 738 Rdnr. 8; für Vertragsangebote *BGH* ZIP 2015, 694 Rdnr. 17 ff.

[17] Diese Ausnahme von dem alten konkursrechtlichen Grundsatz, dass auf den Moment der Verfahrenseröffnung abzustellen ist (§ 1 Abs. 1 KO), wird damit begründet, dass Lohn- und Gehaltsansprüche des Schuldners, die sich auf die Zeit nach der Verfahrenseröffnung beziehen, in der Regel ohnehin zugunsten von Insolvenzgläubigern abgetreten oder gepfändet seien. Es sei gerecht, diese Ansprüche für alle Insolvenzgläubiger zu verwerten (vgl. auch § 81 Abs. 2 InsO). Außerdem sei zu berücksichtigen, dass bei der Verbraucherinsolvenz (vgl. § 305 Abs. 1 Nr. 4 InsO) und bei der Restschuldbefreiung (§ 295 Abs. 1 Nr. 1 und 2 InsO) auch über künftiges Einkommen und Vermögen des Schuldners befunden werde, so dass die Erfassung des Neuerwerbs für die Dauer des Verfahrens diese Entscheidungen vorbereite; vgl. Begr. zu § 42 RegE, BT-Drs. 12/2443, 122; zu Recht kritisch *Dieckmann*, in: Leipold (Hrsg.), 127 ff.; *Häsemeyer*, Rdnr. 9.02.

venzverfahrens verwertet werden muss. Dasselbe gilt für Neuerwerb nach Erteilung einer Restschuldbefreiung[18].

145 Ob Vermögenswerte **bis zum Abschluss des Insolvenzverfahrens bereits vorhanden** waren oder nicht, kann im Einzelfall schwer zu beurteilen sein[19]. Entscheidend ist, ob der Rechtsgrund für den Erwerb bereits vor oder während des Insolvenzverfahrens gelegt worden und der Vermögenswert deshalb den Gläubigern haftungsrechtlich zugewiesen ist. So sind beispielsweise *Lohn- und Gehaltsansprüche*, die sich auf die Zeit nach der Verfahrensbeendigung beziehen, nicht Massebestandteile, mag auch der Arbeits- oder Dienstvertrag vorher abgeschlossen worden sein[20]. Bei *Renten* kommt es darauf an, ob der Arbeitnehmer bereits in den Ruhestand getreten ist oder nicht[21]. *Anwartschaftsrechte*, die bis zum Abschluss des Verfahrens erworben wurden, begründen die Massezugehörigkeit des Vollrechts[22]. Bei *Schadensersatzansprüchen* kommt es auf den Zeitpunkt der schädigenden Handlung, nicht auf den Schadenseintritt an[23], bei *aufschiebend bedingten Forderungen* einschließlich der Versicherungsansprüche[24] auf die Begründung der Forderung, nicht auf den Bedingungseintritt[25], ebenso bei *Pflichtteilsansprüchen* auf den Erbfall und nicht auf die Verwertbarkeit nach § 852 ZPO[26]. Der Anspruch auf *Maklerlohn* ist nicht mit Abschluss des Maklervertrages, sondern erst mit Erbringen der vereinbarten Leistung (Nachweis oder Vermittlung eines geeigneten Objekts) hinreichend begründet[27].

146 **Unpfändbare Gegenstände** gehören nicht zur Insolvenzmasse (§ 36 Abs. 1 InsO). Das Insolvenzverfahren als Gesamtvollstreckungsverfahren kann den Gläubigern keine größere Haftungsmasse verschaffen, als ihnen in der Einzelzwangsvollstreckung zur Verfügung stünde. Außerdem wollen die Vorschriften über die Unpfändbarkeit dem Schuldner das Existenzminimum sichern, damit er nicht über die Sozialhilfe der Allgemeinheit zur Last fällt; das soll auch für das Insol-

---

[18] *BGH* NZI 2014, 603 Rdnr. 5 ff.
[19] Vgl. zum Folgenden *Bork*, ZIP 1991, 988 ff. – Im alten Recht war zu fragen, ob die Vermögenswerte *bei Eröffnung* des Insolvenzverfahrens vorhanden waren. Da nach heutigem Recht auch der Neuerwerb zur Masse gehört (→ Rdnr. 144), kommt es nunmehr auf die Vermögenswerte an, die der Schuldner „während des Verfahrens erlangt" hat (§ 35 InsO). Die Abgrenzungskriterien sind aber dieselben, so dass insoweit auf Rechtsprechung und Literatur zum alten Recht zurückgegriffen werden kann. Zur rechtspolitischen Bedeutung der Abgrenzung s. Jaeger-*Henckel*, § 35 Rdnr. 100.
[20] *RGZ* 142, 291, 295.
[21] *BGHZ* 92, 339, 341.
[22] *RGZ* 140, 223, 225.
[23] Jaeger-*Henckel*, § 35 Rdnr. 108.
[24] Vgl. *RGZ* 52, 49, 51.
[25] *BGH* ZIP 2006, 340 Rdnr. 12 ff.; *RGZ* 143, 113, 116; 69, 416, 421.
[26] *BGH* ZIP 2011, 135 Rdnr. 8; ZInsO 2009, 1831 Rdnr. 9; 2009, 1461 Rdnr. 8; 2009, 299 Rdnr. 14.
[27] Hingegen kommt es nicht auf den Abschluss des Hauptvertrages an, *BGHZ* 63, 74, 76.

venzverfahren gelten. Was also nach §§ 811 ff., 850 ff. ZPO unpfändbar ist, kann für die Gläubiger auch in der Insolvenz des Schuldners nicht verwertet werden[28]. Unabtretbare und deshalb nach § 851 ZPO unpfändbare Forderungen können allerdings je nach der Ursache für die Unabtretbarkeit sehr wohl zur Insolvenzmasse gehören[29], ebenso der Pflichtteilsanspruch trotz § 852 ZPO (→ Rdnr. 145). Pfändbar und damit massezugehörig ist außerdem, was aus unpfändbarem Vermögen (z. B. angespartem pfändungsfreien Arbeitseinkommen) erworben wurde[30].

Rechte aus *geistigen Erfindungen* des Schuldners gehören deshalb nur soweit **147** zur Insolvenzmasse, wie sie übertragbar und damit auch pfändbar sind (§§ 857, 851 ZPO)[31]. Beim Urheberrecht fällt daher nicht das Urheberpersönlichkeitsrecht, sondern nur das Nutzungsrecht in die Masse, sofern der Schuldner eingewilligt hat (§§ 31, 113 ff. UrhG). Patente sind nach § 15 PatG übertragbar, fallen aber ebenfalls nur in die Masse, wenn der Erfinder den Willen zur wirtschaftlichen Nutzung kundgetan hat[32].

---

[28] Vgl. für §§ 850a ff. ZPO *BGH* ZIP 2018, 737 Rdnr. 7 ff.; 2017, 976 Rdnr. 6 ff.; 2016, 1078 Rdnr. 10 ff.; 2014, 1598 Rdnr. 7 ff.; 2014, 1542 Rdnr. 6 ff.; 2014, 688 Rdnr. 14 ff.; 2012, 1086 Rdnr. 5 ff.; 2010, 293 Rdnr. 7 ff.; ZInsO 2018, 377 Rdnr. 11 ff.; 2017, 2429 Rdnr. 7 ff.; 2013, 1845 Rdnr. 7; 2012, 2247 Rdnr. 9 ff.; für § 811 Abs. 1 Nr. 5 ZPO *BFH* ZIP 2011, 1728 Rdnr. 21; zur Zuständigkeit des Insolvenzgerichts *BGH* NZI 2018, 528 Rdnr. 3 ff.; für die kollisionsrechtliche Behandlung *BGH* ZIP 2017, 1578 Rdnr. 7 ff.; 2013, 374 Rdnr. 14 ff.

[29] Vgl. *BGHZ* 162, 187 ff.; 141, 173 ff. und *BGH* ZInsO 2003, 1099 f. (für Honoraransprüche; dazu *Schörnig*, InVo 1999, 297 ff.); *BGH* ZIP 2018, 135 Rdnr. 7 ff. (für Lebensversicherungen); *BGH* ZIP 2014, 1235 Rdnr. 14 ff., 2011, 820 Rdnr. 32 ff. (für Schmerzensgeld einerseits, Opferentschädigungen andererseits; für Entschädigungen nach dem AGG auch *LAG Baden-Württemberg* NZI 2012, 333, 335); *BGH* ZIP 2011, 824 Rdnr. 14 ff.; 2001, 1248 (für zweckgebundene Forderungen); *BGH* ZIP 2013, 586 Rdnr. 11 (für nach § 613 S. 2 BGB nicht übertragbare Ansprüche auf Dienstleistung); *BGH* ZInsO 2013, 1845 Rdnr. 8 ff. (für Eigengeld eines Strafgefangenen); *BVerfG* ZIP 2013, 986 Rdnr. 10 (zur kassenärztlichen Zulassung); zur beschränkten persönlichen Dienstbarkeit *BGH* ZIP 2006, 2321 Rdnr. 8 ff. (*Kesseler*); *LG Hamburg* ZInsO 2009, 774, 775; zum Nießbrauch *Eickmann*, FS Gerhardt, 2004, S. 211 ff.

[30] *BGH* ZIP 2013, 2112 Rdnr. 7 f.

[31] Ausf. *Berger*, ZInsO 2013, 569 ff.

[32] Vgl., insbesondere zu den Lizenzen, die bei Rdnr. 139 aufgeführten Monographien von *Ahlmer, Berger, Bortz, Empting, Esser, Harlfinger, Handrup, Hub, Klauze, Marrder, Pieger, Potthoff, Riewe, Roth, Rudolph, Scherenberg, Schmitz, Scholz, Schoos, Spies, Tabrizi, Wallner, Wiedemann, Wolff* und *Zehnsdorf;* ferner *Berger*, ZInsO 2013, 569, 572 ff.; *ders.*, FS Wellensiek, 2011, S. 373 ff.; *ders.*, GRUR 2004, 20 ff.; *Chrocziel*, FS Beck, 2016, S. 63 ff.; *Ganter*, NZI 2011, 833 ff.; *Graef*, ZUM 2006, 104 ff.; *Hoffmann*, ZInsO 2003, 732 ff.; *Jaeger-Henckel*, § 35 Rdnr. 42 ff., 56 ff.; MünchKomm. InsO-*Peters*, § 35 Rdnr. 283 ff.; *Pahlow*, WM 2016, 1717 ff.; *ders.*, WM 2008, 2041 ff.; *Raitz von Frentz/Masch*, ZIP 2011, 1245 ff.; *Smid/Lieder*, DZWIR 2005, 7 ff.; *Stickelbrock*, WM 2004, 549 ff.; *Wallner*, NZI 2002, 70 ff.; *Weber/Hötzel*, NZI 2011, 432 ff.; allg. auch *BGHZ* 16, 172, 175; *BGH* NZI 2016, 97 Rdnr. 40 ff.

148 Abweichend von der Regel, dass unpfändbare Gegenstände nicht zur Masse gehören, bezieht das Gesetz in § 36 Abs. 2 InsO die *Geschäftsbücher* des Schuldners[33] und das für einen landwirtschaftlichen Betrieb oder eine Apotheke erforderliche *Inventar* entgegen § 811 Nr. 4, 9, 11 ZPO in die Insolvenzmasse mit ein, damit das Unternehmen des Schuldners zunächst einmal als veräußerungsfähige Einheit erhalten bleibt. *Hausrat* gehört – soweit er nicht ohnehin nach § 811 Nr. 1 ZPO unpfändbar ist – in Übereinstimmung mit § 812 ZPO nur dann zur Insolvenzmasse, wenn seine Verwertung unter Berücksichtigung der Kosten einen brauchbaren Erlös verspricht (§ 36 Abs. 3 InsO).

149 Gegenstände, die zum Schuldnervermögen gehören, kann der Insolvenzverwalter[34] durch **Freigabe** aus der Insolvenzmasse aussondern[35] (vgl. § 32 Abs. 3 S. 1 InsO). Sie unterliegen dann wieder der freien Verfügungsmacht des Schuldners[36]. Die Freigabe erfolgt durch einseitige empfangsbedürftige Erklärung gegenüber dem Schuldner[37]. Sie kann etwa für prozessbefangene Gegenstände sinnvoll sein, bei denen ein hohes Prozessrisiko besteht (in diesem Fall richtet sich die Freigabe nach § 85 Abs. 2 InsO), oder für Gegenstände, die unverwertbar oder bis zu ihrem erzielbaren Wert belastet sind[38]. Einen Sonderfall regelt § 35 Abs. 2 und 3 InsO für die Freigabe des Neuerwerbs bei selbstständiger Tätigkeit des Schuldners[39]. Die Freigabe liegt im Ermessen

---

[33] Dazu *OLG Saarbrücken* ZIP 2001, 164, 165.

[34] Zur „Freigabebefugnis" des vorläufigen Insolvenzverwalters s. *Heinze*, ZInsO 2013, 1173 ff.

[35] Nach neuerer Ansicht gilt das allerdings nur in der Insolvenz natürlicher Personen (→ Rdnr. 158 ff.). – Allg. zur Freigabe *Haberzettl*, NZI 2017, 474 ff.; ferner die in Rdnr. 139 genannten Werke von *Bai, Beier, Meyer-Sommer, Müller* und *Piper*.

[36] *BGH* ZIP 2017, 1919 Rdnr. 12; 2017, 686 Rdnr. 8; 2013, 1181 Rdnr. 22. Missverständlich *BGH* ZIP 2007, 194 Rdnr. 20: Die Freigabe bewirke den „Übergang in das insolvenzfreie Vermögen".

[37] Vgl. *BGHZ* 192, 322 Rdnr. 19; 152, 136, 140; *BGH* ZIP 2017, 1919 Rdnr. 13; 2013, 1181 Rdnr. 9, 21; 2007, 194 Rdnr. 18.

[38] *BGHZ* NJW 1994, 3232, 3233; *Henckel*, FS Kreft, 2004, S. 291 ff.; *Kleine/Flöther*, NJW 2000, 405 ff.; *Krause*, ZInsO 2000, 22 ff.; *Purbs/Schumann*, NJW 1999, 2476 ff. – Zweifelhaft ist, ob eine **Freigabe altlastenverseuchter Grundstücke** oder sonstiger mit Ordnungspflichten verbundener Vermögensgegenstände die Haftung der Masse für die Beseitigungskosten vermeiden kann; bejahend *BVerwG* ZInsO 2006, 495, 496; ZIP 2004, 2145, 2147; 2004, 1766, 1767 (*Pape*); NJW 1984, 2427 (*W. Schulz*); zum Meinungsstand *Kayser/Thole-Ries*, § 35 Rn. 54; MünchKomm.InsO-*Peters*, § 35 Rdnr. 95 ff.; *Blum*, Ordnungsrechtliche Verantwortlichkeit in der Insolvenz, 2001, 237 f.; *K. Schmidt*, NJW 2010, 1489 ff.; *Weber*, Die Altlastensanierung in der Insolvenz, 2002, 121 ff.; *Weitemeyer*, Ordnungsrechtliche Maßnahmen im Konkursverfahren, 1995, 164 ff. – Zu den Konsequenzen für den Schuldner s. *Vortmann*, KTS 2004, 51 ff.

[39] Vgl. dazu *BGHZ* 192, 322 Rdnr. 10 ff.; *BGH* ZIP 2018, 543 Rdnr. 6 ff.; 2013, 1181 Rdnr. 9 ff.; ZInsO 2014, 824 Rdnr. 16 ff.; 2013, 1586 Rdnr. 7 ff.; *BAG* ZIP 2014, 339 Rdnr. 13 ff.; *BFH* ZIP 2015, 532 Rdnr. 17 ff.; *BSG* ZIP 2015, 1079 Rdnr. 16 ff.; *Berger*, ZInsO 2008, 1101 ff.; *Ehlers*, ZInsO 2014, 53 ff.; *Gehrlein*, ZInsO 2017, 1352 ff.; *ders.*,

des Insolvenzverwalters. Ein Anspruch des Schuldners auf Freigabe besteht in keinem Fall[40]. – Zur Freigabe eines Mietverhältnisses nach § 109 Abs. 1 S. 2 InsO → Rdnr. 206.

B. Beschlagnahmewirkungen

Durch die Eröffnung des Insolvenzverfahrens büßt der **Schuldner** das Recht ein, das zur Insolvenzmasse gehörende Vermögen zu verwalten und darüber zu verfügen (§ 80 Abs. 1 InsO). Er verliert demnach weder seine Rechts- noch seine Geschäftsfähigkeit und bleibt Eigentümer auch der zur Insolvenzmasse gehörenden Gegenstände und Gläubiger der Forderungen. Er verliert lediglich die Verwaltungs- und Verfügungsbefugnis und damit prozessual auch die Prozessführungsbefugnis. Verfügungen des Schuldners über zur Insolvenzmasse gehörende Gegenstände sind daher unwirksam (§ 81 Abs. 1 S. 1 InsO), ebenso Leistungen an den Schuldner auf zur Insolvenzmasse gehörende Forderungen (§ 82 InsO; → Rdnr. 171). Der Schuldner kann sich indessen neu verpflichten, wobei für die neu begründeten Ansprüche allerdings nur das freie Vermögen haftet, nicht die Insolvenzmasse, auf die Neugläubiger nicht zugreifen können (vgl. §§ 38, 91 InsO)[41]. **150**

Die Verwaltungs- und Verfügungsbefugnis über die zur Insolvenzmasse gehörenden Gegenstände[42] geht im Moment der Verfahrenseröffnung auf den **Insolvenzverwalter** über (§ 80 Abs. 1 InsO). Er ist jetzt – als Partei kraft Amtes (→ Rdnr. 73 ff.) – allein verfügungs- und prozessführungsbefugt, kann also über zwei Vermögen verfügen: über die Insolvenzmasse und über sein Privatvermögen[43]. Er hat die **151**

2016, 825 ff.; *v. Gleichenstein*, ZVI 2013, 409 ff.; *Gotter* (Rdnr. 139); *Grote*, FS Wimmer, 2017, S. 219 ff.; *ders.*, ZInsO 2011, 1489 ff.; *Haarmeyer*, ZInsO 2007, 696 ff.; *Heinze*, ZInsO 2016, 1563 ff.; *ders.*, ZVI 2007, 349 ff.; *Peters*, WM 2012, 1067 ff.; *Priebe*, ZInsO 2015, 937 ff.; *Schmidt*, ZInsO 2016, 1235 ff.; *Smid*, DZWIR 2008, 133 ff.; 2005, 625 ff.; *Undritz*, FS Runkel, 2009, S. 449 ff.; *Windel*, RdA 2012, 366 ff.; *Wischemeyer*, ZInsO 2009, 2121 ff.; *ders.*, ZInsO 2009, 937 ff.; *Wischemeyer/Schur*, ZInsO 2007, 1240 ff. – Zur Einordnung von nach Freigabe vom Schuldner begründeten Verbindlichkeiten s. *BAG* DZWIR 2008, 371, 372 f.; zu einem ausnahmsweise zulässigen zweiten Insolvenzverfahren über freigegebenes Vermögen s. *BGH* ZIP 2011, 1326 Rdnr. 5 ff.; *Nawroth/Steinbach*, ZInsO 2018, 700 ff.

[40] *BGH* ZIP 2007, 1020 Rdnr. 13 ff.
[41] *BGH* ZIP 2018, 1082 Rdnr. 46; 2001, 2008, 2009. – Schließt der Schuldner den Vertrag während des Insolvenzverfahrens, so fällt sein Leistungsanspruch als Neuerwerb in die Masse (§ 35 InsO). Es bleibt aber dabei, dass der Vertragspartner Erfüllung nur vom Schuldner verlangen kann.
[42] *BGH* ZIP 2018, 1506 Rdnr. 15.
[43] Rechtsträger ist er aber nur in Bezug auf sein Privatvermögen (→ Rdnr. 150).

Insolvenzmasse sofort in Besitz und Verwaltung zu nehmen (§ 148 Abs. 1 InsO), um sie für die Gläubiger zu verwerten (→ Rdnr. 61). Leistungen auf zur Insolvenzmasse gehörende Forderungen können mit befreiender Wirkung nur noch an ihn erbracht werden (arg. § 82 InsO; vgl. auch § 28 Abs. 3 InsO), Erklärungen für die Masse kann nur der Insolvenzverwalter abgeben[44]. Außerdem treffen den Insolvenzverwalter jetzt die auf die Masse bezogenen Buchführungs- und Rechnungslegungspflichten[45] sowie die Steuererklärungspflichten[46].

152 Der Insolvenzverwalter kann von seiner Verfügungsbefugnis grundsätzlich freien Gebrauch machen. Das gilt auch für Verfügungen über aus der Insolvenz resultierende Ansprüche[47], etwa für die Abtretung von Anfechtungsansprüchen (→ Rdnr. 272) oder Haftungsansprüche gegen Geschäftsführer[48]. Unzweckmäßige, unrichtige oder gläubigerschädigende Maßnahmen können zwar zur Haftung des Insolvenzverwalters führen (→ Rdnr. 68), sind aber gleichwohl von der Verfügungsmacht gedeckt[49]. Etwas anderes gilt erst für **Rechtshandlungen, die dem Zweck des Insolvenzverfahrens offensichtlich zuwiderlaufen**: Maßnahmen, die evident insolvenzzweckwidrig, also mit dem Verfahrenszweck (größtmögliche und gleichmäßige Befriedigung aller Insolvenzgläubiger aus der Insolvenzmasse; → Rdnr. 1) bei objektiver Betrachtungsweise für einen verständigen Menschen offensichtlich unvereinbar sind, sind – wie bei einem Missbrauch der Vertretungsmacht – unwirksam[50].

---

[44] Vgl. für steuerrechtliche Erklärungen *BGH* NZI 2011, 615 Rdnr. 11; 2007, 455 Rdnr. 9; für die Annahme von an den Schuldner gerichteten, aber nicht höchstpersönlichen Vertragsangeboten *BGH* ZIP 2015, 694 Rdnr. 16 ff.; für die Kündigung von Mitgliedschaften *BGHZ* 180, 185 Rdnr. 5; *BGH* ZIP 2018, 1256 Rdnr. 15.
[45] Vgl. dazu *KG* ZIP 1997, 1511; *Braun*, ZIP 1997, 1013 ff.; *Fischer-Böhnlein/Körner*, BB 2001, 191 ff.; *Förster*, ZIP 1997, 344; *Hess/Weis*, InVo 1996, 281 ff.; *Hillebrand* (Rdnr. 139); *Kunz/Mundt*, DStR 1997, 620 ff., 664 ff.; *Maus* (Rdnr. 139); *Pelka/Niemann* (Rdnr. 139); *Pink* ZIP 1997, 177 ff.; *Weisang*, BB 1998, 1149 ff.
[46] Vgl. § 34 AO sowie *BVerwG* ZIP 2018, 1554 Rdnr. 14, 20 ff.; *BFH* ZIP 2011, 1728 Rdnr. 8 ff.; *Heidel/Pohl*, InVo 1996, 117, 120; *Onusseit*, ZIP 1995, 1798 ff.
[47] Vgl. *BGH* ZInsO 2017, 596 Rdnr. 6.
[48] *BGH* ZIP 2018, 1451 Rdnr. 13; *Haas*, FS Wimmer, 2017, S. 243 ff.
[49] Vgl. nur *BGHZ* 208, 227 Rdnr. 24; *BGH* ZIP 2018, 1451 Rdnr. 13.
[50] Grundlegend *Jauernig*, FS Weber, 1975, S. 307 ff.; vgl. auch *BGHZ* 150, 353, 360 ff.; *BGH* ZIP 2018, 1451 Rdnr. 12 ff.; 2013, 1182 Rdnr. 13 f.; 2013, 531 Rdnr. 8 ff.; 2009, 428 Rdnr. 14; 2008, 884 Rdnr. 4; *Jaeger-Windel*, § 80 Rdnr. 252 ff.; *Kübler/Prütting/Bork-Lüke*, § 80 Rdnr. 28 ff.; *MünchKomm.InsO-Ott/Vuia*, § 80 Rdnr. 60 ff.; *Pape*, ZInsO 2016, 2149 ff.; *Preuß*, NZI 2003, 625 ff.; *Spickhoff*, KTS 2000, 15 ff. – **Beispiele:** Schenkungen aus der Masse (*BGH* ZIP 2011, 1114 Rdnr. 10; *RGZ* 57, 195, 199); Bevorzugung eines Insolvenzgläubigers, z. B. durch Abtretung einer Forderung des Schuldners gegen einen Dritten (*BGH* BB 1955, 76; vgl. aber auch *BGH* NJW 1983, 2018, 2019) oder vollständige Befriedigung nach Verfahrenseröffnung (*BGH* ZIP 2004, 2442, 2444 [*Bork*]); vertragliche Einräumung eines vorrangigen Befriedigungsrechts (*RGZ* 53, 190, 193); Ablösung eines unwirksam bestellten Sicherungsrechts (*OLG Düsseldorf* ZIP 1995, 1100, 1101; vgl. aber auch *OLG Düsseldorf* WM

Für die **Insolvenzgläubiger** bedeutet die Beschlagnahme, dass ihnen **153** jetzt die Insolvenzmasse zur gemeinschaftlichen Befriedigung haftungsrechtlich zugewiesen ist (→ Rdnr. 142). Die Betonung liegt hier auf dem Wort „gemeinschaftlich": Einzelrechte können an den zur Insolvenzmasse gehörenden Gegenständen nicht mehr erworben werden, weder rechtsgeschäftlich (§§ 81, 91 InsO; → Rdnr. 163, 174) noch im Wege der Zwangsvollstreckung. Denn nach § 89 InsO führt die Verfahrenseröffnung zu einem *Vollstreckungsverbot*: Die Insolvenzgläubiger können während der Dauer des Insolvenzverfahrens weder in die Insolvenzmasse noch in das freie Vermögen des Schuldners[51] vollstrecken; die Gesamtvollstreckung schließt die Einzelzwangsvollstreckung[52] aus[53]. Sollen Forderungen des Schuldners gegen Drittschuldner gepfändet werden, darf deshalb der Pfändungs- und Überweisungsbeschluss dem Drittschuldner nach Eröffnung des Insolvenzverfahrens nicht mehr zugestellt werden, da die Pfändung mit dieser Zustellung wirksam werden soll[54]. Wegen § 87 InsO können die Gläubiger während des Verfahrens auch nicht unter Verzicht auf die Teilnahme am Insolvenzverfahren auf das freie Vermögen des Schuldners zugreifen[55]. Zulässig ist nur die freiwillige Zahlung des Schuldners aus dem insolvenzfreien Vermögen[56].

Sicherungsrechte, die in der Zeit zwischen der Eröffnung und **154** einem Monat vor dem Eröffnungsantrag im Wege der Zwangsvollstreckung erworben wurden[57], werden allein infolge der Eröffnung unwirksam, ohne dass es einer Anfechtung nach §§ 129 ff. InsO be-

---

1995, 1247, 1249); Ablösung eines wertlosen Grundpfandrechts (*BGH* ZIP 2008, 884 Rdnr. 4 ff.; aber auch *BGH* ZIP 2015, 1131 Rdnr. 12; 2014, 978 Rdnr. 15 ff.); Anerkennung eines nicht bestehenden Ersatzabsonderungsrechts (*BGHZ* 150, 353, 360 ff.; *BGH* ZIP 2009, 428 Rdnr. 14).
[51] Dazu *BGHZ* 166, 74 Rdnr. 26; *BGH* ZIP 2014, 2090 Rdnr. 12; 2009, 818 Rdnr. 8 ff.
[52] Einschließlich des Verfahrens der eidesstattlichen Versicherung nach §§ 807, 899 ff. ZPO, *BGH* ZIP 2012, 1311 Rdnr. 7 ff.
[53] Allg. dazu *Berger*, ZZP 121 (2008), 407 ff.; *Kuleisa*, ZVI 2014, 121 ff.; *Lissner*, DGVZ 2015, 157 ff. – Wird trotzdem vollstreckt, kann der Insolvenzverwalter dagegen mit der Vollstreckungserinnerung nach § 766 ZPO vorgehen; vgl. *App*, NZI 1999, 138 ff. Solange das aber nicht geschehen und die Pfändung aufgehoben worden ist, bleibt die öffentlich-rechtliche Verstrickung bestehen und ist von einem Drittschuldner zu beachten, *BGH* ZIP 2017, 2016 Rdnr. 15.
[54] *OLG Frankfurt* ZIP 1995, 1689 f. m. w. N. (auch zur Gegenansicht).
[55] *BGH* ZIP 2009, 627 Rdnr. 22 ff.
[56] *BGH* ZIP 2010, 380 Rdnr. 9.
[57] Dazu gehört auch die im Wege der einstweiligen Verfügung erlangte Vormerkung; *BGH* ZIP 1999, 1490, 1491; *BayObLGZ* 2000, 176, 178; *Keller*, ZIP 2000, 1324 ff.

dürfte (§ 88 InsO; sog. „**Rückschlagsperre**")⁵⁸ Nur die in der Zeit davor erworbenen Pfändungspfandrechte haben dem Gläubiger ein Absonderungsrecht verschafft (§ 50 Abs. 1 InsO), dessen Realisierung sich nach §§ 166 ff. InsO richtet, wenn es nicht nach §§ 129 ff. InsO (→ Rdnr. 244 ff.) anfechtbar ist. In der Verbraucherinsolvenz ist die Rückschlagsperre sogar auf drei Monate vor Antragstellung ausgedehnt (§ 88 Abs. 2 InsO)⁵⁹. Hat die Zwangsvollstreckung bereits zur Befriedigung des Gläubigers geführt, so ist § 88 InsO nicht anwendbar⁶⁰. Es kann dann aber nach Maßgabe des § 131 InsO angefochten werden (→ Rdnr. 262). Sonstige Beschlagnahmen, die nicht im Wege der Zwangsvollstreckung erfolgen und zu einem relativen Veräußerungsverbot führen, sind schon nach § 80 Abs. 2 InsO unwirksam⁶¹.

155 Für **sonstige Gläubiger**, die keine Insolvenzgläubiger sind (→ Rdnr. 84 ff.), ist zu unterscheiden: *Aussonderungsberechtigte Gläubiger* können ihre Herausgabeansprüche im Wege der Zwangsvollstreckung durchsetzen. Die Zwangsvollstreckung in Sicherungsgut durch *absonderungsberechtigte Gläubiger* ist grundsätzlich zulässig⁶², aber in §§ 166 ff. InsO, §§ 30d ff., 153b ff. ZVG eingeschränkt⁶³. *Massegläubiger* können grundsätzlich⁶⁴ auch in zur Insolvenzmasse gehörende Gegenstände vollstrecken, *Neugläubiger* nur in das freie Vermögen, soweit es pfändbar ist (→ Rdnr. 146 f.)⁶⁵. Das gilt grundsätzlich auch für die Pfändung künftiger **Lohn- und Gehaltsansprüche**. Diese gehören, soweit sie sich auf den Zeitraum des Verfahrens beziehen, als Neuerwerb ohnehin zur Insolvenzmasse⁶⁶.

---

⁵⁸ Vgl. *BGHZ* 166, 74 Rdnr. 8 ff.; *BGH* ZIP 2014, 796 Rdnr. 7; 2012, 1767 Rdnr. 7 ff.; 2011, 1372 Rdnr. 6 ff.; *BFH* ZIP 2005, 1182 ff.; *Alff/Hintzen*, ZInsO 2006, 481 ff. *Gundlach/Frenzel/Schmidt*, NZI 2005, 663 f.; *Jacobi*, KTS 2006, 239 ff.; *Keller*, ZIP 2006, 1174 ff.; *Kohler*, ZIP 2015, 1471 ff.; *Raebel*, FS Kirchhof, 2003, S. 443 ff.; *Thietz-Bartram*, ZInsO 2006, 527 ff.; *Thietz-Bartram/Spilger*, ZInsO 2005, 858 ff.; *Weidmüller* (Rdnr. 139); *Wilsch*, JurBüro 2006, 396 ff.; *Wipperfürth/Deppe*, ZInsO 2016, 78 ff. – Unbeschadet dessen bleibt es aber bei der öffentlich-rechtlichen Verstrickung, *BGH* ZIP 2017, 2016 Rdnr. 14.

⁵⁹ Vgl. *BGH* ZIP 2011, 1271 Rdnr. 10.

⁶⁰ *OLG Frankfurt* NZI 2002, 491 f.

⁶¹ Vgl. für § 111c StPO *BGH* ZIP 2007, 1338 Rdnr. 12 ff. – Nach Verfahrenseröffnung scheitert die auf §§ 111b ff. StPO gegründete hoheitliche Beschlagnahme an § 89 InsO; *KG* ZIP 2005, 2126; *Fortmann*, ZInsO 2005, 140 ff.; *Pape*, InVo 2006, 454 ff.; *Rönnau*, ZInsO 2012, 509 ff.; *Vorwerk*, FS Kreft, 2004, S. 581 ff.

⁶² § 89 InsO gilt nicht; vgl. *LG Traunstein* NZI 2000, 438; *AG Rosenheim* ZInsO 2000, 291 f.

⁶³ Näher dazu *Smid*, ZInsO 2001, 433 ff. – Zur Einschränkung durch § 49 InsO vgl. *BGHZ* 168, 339 ff.

⁶⁴ Eine Ausnahme gilt für sechs Monate für die Vollstreckung wegen bestimmter Masseverbindlichkeiten (§ 90 InsO).

⁶⁵ *OLG Celle* ZInsO 2003, 128; *Pape*, ZInsO 2002, 917 ff.; *Plog/Riecke*, DGVZ 2004, 81 ff. – Neugläubiger können nicht in die Insolvenzmasse vollstrecken; der Erwerb eines Pfändungspfandrechts scheitert hier an § 91 Abs. 1 InsO (→ Rdnr. 174).

⁶⁶ Vgl. nur *BSG* ZInsO 2010, 1275 Rdnr. 12.

§ 14: Beschlagnahme 89

Unabhängig davon schließt § 89 Abs. 2 InsO die Pfändung während des Verfahrens generell aus, um die Ansprüche für die Restschuldbefreiung zu reservieren[67].

C. Sonstige Konsequenzen für den Schuldner

Die Verfahrenseröffnung hat für den Schuldner[68] weitere Konsequenzen, die in §§ 97 ff. InsO geregelt sind. Zunächst trifft ihn eine **Auskunfts- und Mitwirkungspflicht** gegenüber den Organen des Insolvenzverfahrens (§ 97 InsO)[69], die zwangsweise durchgesetzt werden kann (§ 98 InsO)[70]. Dazu gehört z.B. auch, dass er sich zu den vom Verwalter aufgestellten Verzeichnissen erklärt (§§ 151 Abs. 1 S. 2, 153 Abs. 2 InsO). Außerdem muss der Schuldner, wenn eine **Postsperre** angeordnet wird, eine Einschränkung seines Briefgeheimnisses hinnehmen (§§ 99, 102 InsO)[71]. 156

Der **Unterhalt** für den Schuldner und seine Familie ist grundsätzlich dadurch gesichert, dass der unpfändbare Teil des Arbeitseinkommens nicht in die Insolvenzmasse fällt (→ Rdnr. 145 f.). Reicht das freie Vermögen nicht aus, so *kann* der notwendige Unterhalt gem. § 100 InsO aus der Insolvenzmasse gewährt werden[72]. Ein Anspruch des Schuldners darauf besteht aber nicht[73]. Über den notwendigen Unterhalt wird vorläufig vom Insolvenzverwalter mit Zustimmung des Gläubigerausschusses, endgültig von der Gläubigerversammlung 157

---

[67] Vgl. § 287 Abs. 2 S. 1 InsO sowie unten Rdnr. 450. – Zu den durch § 89 Abs. 2 S. 2 InsO privilegierten Gläubigern s. *BGH* NZI 2006, 593 Rdnr. 7 ff.

[68] Gleichgestellt sind organschaftliche Vertreter und Angestellte, auch wenn sie in den letzten zwei Jahren aus den Diensten des Schuldners ausgeschieden sind (§ 101 InsO); dazu *Laroche*, ZInsO 2015, 1469 ff.

[69] Dazu *BGH* ZInsO 2006, 264 Rdnr. 8 f.; *Brill*, ZVI 2015, 201 f.; *Gaiser*, ZInsO 2002, 472 ff.; *Uhlenbruck*, FS Kreft, 2004, S. 543 ff.; *ders.*, NZI 2002, 401 ff. – Diese Pflicht gilt nach § 97 Abs. 1 InsO auch dann, wenn der Schuldner strafbare Handlungen offenbaren muss. Freilich besteht dann in späteren Strafverfahren ein Verwertungsverbot; vgl. (auch zu den Grenzen) *OLG Celle* NJW 2010, 3673; *LG Stuttgart* ZInsO 2001, 135, 136; *Weyand*, ZInsO 2001, 108 ff. Die Vorschrift geht auf die Entscheidung *BVerfGE* 56, 37, 41 ff. zurück; vgl. bereits oben Rdnr. 55 sowie *BVerfG* NJW 2001, 745.

[70] Vgl. *BGHZ* 162, 187, 190 ff.; *BGH* ZIP 2016, 686 Rdnr. 7 ff.; *Greiner*, ZInsO 2016, 1928 ff.

[71] Vgl. *BGH* ZIP 2003, 1953; ausf. *Gundlach/Frenzel/Schmidt*, ZInsO 2001, 979 ff.

[72] Dazu *BGH* ZIP 2018, 543 Rdnr. 11; *OLG Celle* ZIP 2011, 2311, 2312; *Fischer/Hempler*, ZInsO 2006, 474 f.; *Keller*, NZI 2007, 316 ff.; *Morgen/Baumgarten*, ZVI 2018, 267 ff. Vgl. auch *BGH* ZIP 2013, 1189 Rdnr. 10

[73] Vgl. den Bericht des Rechtsausschusses zu § 114 RegE, BT-Drs. 12/7302, 167.

entschieden. Die gewährten Unterhaltsansprüche sind Masseforderungen (§§ 100 Abs. 1, 209 Abs. 1 Nr. 3 InsO)[74].

D. Exkurs: Die Liquidation von Gesellschaften

158 Das **Gesellschaftsrecht** bestimmt, dass die Eröffnung des Insolvenzverfahrens bei juristischen Personen (→ Rdnr. 36) und Gesellschaften ohne Rechtspersönlichkeit (→ Rdnr. 39) zur Auflösung führt (§§ 42 Abs. 1 S. 1, 728 Abs. 1 S. 1 BGB; 131 Abs. 1 Nr. 3 HGB; 262 Abs. 1 Nr. 3 AktG; 60 Abs. 1 Nr. 4 GmbHG)[75]. Die Gesellschaft wird liquidiert. Ihr Vermögen wird durch die Liquidatoren, die die Gesellschaft anstelle des Vorstandes bzw. der Geschäftsführung abzuwickeln haben, verwertet, vom Erlös werden die Schulden getilgt, und anschließend wird die Gesellschaft – soweit sie dort eingetragen ist – im Handels-, Vereins- oder Genossenschaftsregister gelöscht (§ 394 Abs. 1 S. 2 FamFG).

159 Nach neuerer Ansicht[76] ist die durch die Eröffnung des Insolvenzverfahrens ausgelöste Liquidation **Aufgabe des Insolvenzverwalters**: Die Insolvenz einer Gesellschaft ist nicht nur Gesamtvollstreckungsverfahren, sondern ein insolvenzrechtliches und zugleich gesellschaftsrechtliches Liquidationsverfahren, in dem der Insolvenzverwalter die Aufgaben des Liquidators wahrnimmt[77]. Er hat nicht nur das Vermögen der Gesellschaft zu verwerten und aus dem Erlös die Gläubiger zu befriedigen, sondern die Gesellschaft bis zur Löschungsreife vollständig abzuwickeln, sich also auch um die wertlosen Vermögensgegenstände zu kümmern und die Löschung im Handelsregister herbeizuführen. Das bedeutet vor allem, dass es kein massefreies Vermögen geben darf, so dass der Insolvenzverwalter Gegenstände des Gesellschaftsvermögens abweichend von dem zu Rdnr. 149 Ausgeführten auch nicht freigeben kann. Es bedeutet außerdem, dass das Insolvenzverfahren nicht mit der Verteilung des Verwertungserlöses, sondern erst mit der Vollbeendigung der Gesellschaft endet.

---

[74] Zur Abgrenzung zu einem dem Schuldner für seine Mitarbeit im Unternehmen gewährten Arbeitsentgelt s. *BGH* DZWIR 2007, 107 Rdnr. 6.

[75] Dazu *Gehrlein*, ZInsO 2018, 1173 ff.; *Hirte*, ZInsO 2000, 127 ff. – Die anderweitig bewirkte Auflösung hindert das Insolvenzverfahren nicht, § 11 Abs. 3 InsO.

[76] Grundlegend *K. Schmidt*, Wege zum Insolvenzrecht der Unternehmen, 1990, 99 ff.; ferner *OLG Karlsruhe* ZIP 2003, 1510, 1511; *Jaeger-Henckel*, § 35 Rdnr. 146 ff.; *Müller*, Der Verband in der Insolvenz, 2002, 13 ff.; *K. Schmidt*, ZIP 2000, 1913, 1920; GmbHR 1994, 829, 830 f.; KTS 2001, 373, 374 ff.; 1994, 309 ff.; 1988, 1, 2 ff.; *ders./W. Schulz*, ZIP 1982, 1015 ff.; *W. Schulz*, NJW 1984, 2428; *Uhlenbruck*, ZIP 1996, 1641, 1646 f.

[77] Vgl. dazu einerseits §§ 49 BGB, 149 HGB, 268 AktG, 70 GmbHG; andererseits §§ 1, 80 InsO.

§ 14: Beschlagnahme

160 Diese Sicht der Dinge ist **umstritten**. Nach herrschender Meinung[78] dient das Insolvenzverfahren als reines Gesamtvollstreckungsverfahren nur der Vermögensverwertung. Zur Begründung wird auf den Wortlaut des § 1 S. 1 InsO verwiesen und geltend gemacht, die gesellschaftsrechtliche Abwicklung verursache zu Lasten der Gläubiger zusätzliche Kosten. Vor allem aber müsse der Insolvenzverwalter die Möglichkeit zur Freigabe haben, um sich von Vermögensgegenständen trennen zu können, die für die Masse wertlos sind. Außerdem ergebe sich aus § 10 KO/§ 85 InsO (→ Rdnr. 220 ff.), dass der Verwalter zur Masse gehörige Gegenstände freigeben könne: Wenn er vom Schuldner vor Verfahrenseröffnung angestrengte Prozesse nicht aufnehme, dann gebe er damit den eingeklagten Vermögensgegenstand für den Schuldner frei. Da die Vorschriften Einschränkungen für Gesellschaften nicht enthielten, sprächen sie gegen die These von der Liquidation als Aufgabe des Insolvenzverfahrens.

161 Eine **Stellungnahme** muss zunächst zur Kenntnis nehmen, dass § 1 Abs. 2 S. 3 RegE InsO[79] noch ausdrücklich hervorhob, dass das Insolvenzverfahren auch der Vollabwicklung des Rechtsträgers dient. Diese Vorschrift ist vom Rechtsausschuss des Bundestages gestrichen worden, um die Vorschrift (nicht: das Insolvenzverfahren!) zu straffen und auf ihre wesentlichen Ziele zurückzuführen[80]. Eine sachliche Änderung war damit nicht beabsichtigt. Das ergibt sich auch aus der Begründung zu Art. 23 Nr. 1 EGInsO/§ 141a FGG (heute: § 394 FamFG), in der es heißt, dass bei Gesellschaften vermieden werden solle, dass sich an die Liquidation im Insolvenzverfahren noch eine gesellschaftsrechtliche Liquidation anschließen muss; eine Gesellschaft solle im Insolvenzverfahren bis zur Löschungsreife abgewickelt werden[81]. Schließlich setzt auch § 199 S. 2 InsO[82] diese Auffassung voraus, denn sie schreibt die Auskehr eines Verwertungsüberschusses an die Gesellschafter und nicht an die Liquidatoren vor, wie es geschehen müsste, wenn die Liquidation nicht Aufgabe des Insolvenzverwalters wäre. In der Tat gibt es zwar, wie sich § 11 Abs. 3 InsO entnehmen lässt, keine insolvenzrechtliche Liquidation ohne Vermögensverwertung. Es ist aber nicht einzusehen, warum sich an das einmal eingeleitete Vermögensverwertungsverfahren noch ein gesellschaftsrechtliches Liquidationsverfahren anschließen soll. Es ist sinnvoll, dass der Verwalter die Vollabwicklung gleich miterledigt. Die dadurch hervorgerufenen (Kosten-)Nachteile sind ebenso hinnehmbar wie die Konsequenzen für die Freigabebefugnis des Insolvenzverwalters. Der in Rdnr. 159 dargestellten Ansicht ist also zu folgen.

---

[78] Vgl. etwa *BGHZ* 163, 32, 34 ff.; *BGH* ZIP 2018, 1451 Rdnr. 29; 2007, 194 Rdnr. 18; 2006, 583 Rdnr. 9; *BVerwG* ZIP 2004, 2145, 2147; *Förster*, ZInsO 2000, 315 ff.; *Henckel*, ZIP 1991, 133 ff.; *ders.*, FS Kreft, 2004, S. 291, 300 ff.; *ders.*, FS Merz, 1992, S. 197 ff.; *Kilger*, FS Merz, 1992, S. 253, 269 f.; MünchKomm.InsO-*Peters*, § 35 Rdnr. 104 ff.; *Pape*, EWiR 1994, 165, 166; *ders.*, NJW 1994, 2205 f.; offen *BGHZ* 150, 305, 318.
[79] BT-Drs. 12/2443, 10; Begr. 109.
[80] BT-Drs. 12/7302, 155.
[81] BT-Drs. 12/3803, 70 f. (zu Art. 22 RegE EGInsO); diese Vorschrift blieb im Gesetzgebungsverfahren unbeanstandet; vgl. BT-Drs. 12/7303, 109.

§ 15: Berechtigung und gutgläubiger Erwerb

162 **Literatur:** *Dobler*, Die übertragene Anwartschaft in der Insolvenz, 2008; *Haller*, Die gesicherte Rechtsposition im Rahmen des § 91 InsO, 2016; *Köhn*, Veräußerungsgeschäfte des Insolvenzschuldners (§§ 80 Abs. 1, 81 InsO), Diss. Hannover 2000.

A. Verfügungen des Schuldners (§ 81 InsO)

163 Mit der Eröffnung des Insolvenzverfahrens verliert der Schuldner die Verfügungsmacht über die Insolvenzmasse (§ 80 Abs. 1 InsO). Folgerichtig bestimmt § 81 Abs. 1 InsO, dass Verfügungen des Schuldners **unwirksam** sind, wenn nach der Eröffnung des Insolvenzverfahrens über einen Gegenstand der Insolvenzmasse verfügt wurde[1]. Es handelt sich – anders als bei §§ 135, 136 BGB – nicht um eine relative Unwirksamkeit, die nur zugunsten der Insolvenzgläubiger wirkt, sondern um eine absolute Unwirksamkeit, die gegenüber jedermann wirkt[2]. Wirksam sind hingegen die Verfügungen über das freie Vermögen sowie die Verpflichtungsgeschäfte (→ Rdnr. 150), die aber nur den Schuldner und diesen nur mit seinem freien Vermögen betreffen. Die Insolvenzmasse wird durch sie nicht berührt (arg. § 38 InsO)[3].

164 Die Unwirksamkeit nach § 81 InsO setzt voraus, dass **nach der Eröffnung des Insolvenzverfahrens** verfügt wurde[4]. Dafür kommt es auf die Verfügungshandlungen des Schuldners, nicht auf den Eintritt des Verfügungserfolges an[5]. Hat der Schuldner vor der Verfahrenseröffnung verfügt, ist aber der rechtliche Erfolg erst nach der Eröffnung

---

[82] Dazu *Keller*, FS Kübler, 2015, S. 342 ff.

[1] Ausf. zu § 81 InsO *Buchegger/Duursma-Kepplinger*, FS Ishikawa, 2001, S. 47 ff.; *Gundlach*, DZWIR 1999, 363 ff.; vgl. zur Abgrenzung auch *BGH* ZIP 2012, 1517 Rdnr. 9 ff.

[2] „Relativ" ist die Unwirksamkeit nur insofern, als sie auf die Zwecke des Insolvenzverfahrens begrenzt ist. Gibt der Insolvenzverwalter den Gegenstand, über den der Schuldner verfügt hat, nachträglich frei (→ Rdnr. 149) oder wird das Verfahren eingestellt (→ Rdnr. 360 ff.), so erhält der Schuldner die Verfügungsbefugnis zurück und die Verfügung wird analog § 185 Abs. 2 BGB nachträglich wirksam; vgl. *BGH* ZIP 2013, 1181 Rdnr. 25 f.; *RGZ* 157, 294, 295; MünchKomm.InsO-*Ott/Vuia*, § 81 Rdnr. 18; für die Rückschlagsperre (→ Rdnr. 154) ähnlich *BGHZ* 166, 74 Rdnr. 20 ff.; für § 91 InsO → Rdnr. 174.

[3] Zu der Frage, ob der Leistungsanspruch des S als Neuerwerb in die Masse fällt, s. Rdnr. 150 Fn. 41.

[4] Zum genauen Zeitpunkt vgl. oben Rdnr. 137 sowie die Vermutung in § 81 Abs. 3 InsO.

[5] *BGH* ZIP 2012, 1256 Rdnr. 10.

eingetreten, so richtet sich die Wirksamkeit nicht nach § 81 InsO, sondern nach § 91 InsO (→ Rdnr. 174 ff.).

Beispiel: Der Schuldner hat vor der Verfahrenseröffnung (und ohne einem allgemeinen Verfügungsverbot nach § 21 Abs. 2 Nr. 2 InsO zu unterliegen) ein Grundstück veräußert und auch den Eintragungsantrag noch vor der Eröffnung des Insolvenzverfahrens gestellt. Hier greift § 81 InsO auch dann nicht ein, wenn der Eigentümerwechsel erst nach der Verfahrenseröffnung im Grundbuch eingetragen wird oder wenn die behördlichen Genehmigungen erst nach der Eröffnung erteilt werden. **165**

Ein **gutgläubiger Erwerb**[6] ist in § 81 Abs. 1 S. 2 InsO nur für Grundstücke[7] vorgesehen[8]. Verfügt der Schuldner also nach Verfahrenseröffnung über *bewegliche Sachen*, so ist die Verfügung unwirksam (es sei denn, der Insolvenzverwalter genehmigt die Verfügung, § 185 Abs. 2 S. 1 BGB[9]). Ein gutgläubiger Erwerb kommt nicht in Betracht[10]. Der Insolvenzverwalter kann den Gegenstand nach § 985 BGB zurückverlangen, denn der Schuldner ist Eigentümer geblieben und die daraus folgenden Rechte werden vom Insolvenzverwalter geltend gemacht. **166**

Hat der Erwerber bereits eine *Gegenleistung* erbracht, so kann er sie aus der Insolvenzmasse zurückfordern, soweit die Masse durch die Gegenleistung bereichert ist (§ 81 Abs. 1 S. 3 InsO)[11]. Es handelt sich im Verhältnis zur Masse um einen Bereicherungsanspruch, weil das schuldrechtliche Geschäft nur den Schuldner, nicht die Masse bindet (→ Rdnr. 163). Der Bereicherungsanspruch ist vom Insolvenzverwalter als Masseverbindlichkeit zu berichtigen (§ 55 Abs. 1 Nr. 3 InsO). Bereichert ist die Masse freilich nur, wenn die Gegenleistung in die Masse gelangt und dort noch vorhanden ist. Daran fehlt es, wenn der Erwerber nicht an den Insolvenzverwalter, sondern an den Schuldner gezahlt und dieser die Gegenleistung nicht an den Verwalter abgeführt hat oder wenn die Masse inzwischen wieder entreichert ist (§ 818 Abs. 3 BGB). **167**

Bei *Forderungen* gibt es ohnehin keinen gutgläubigen Erwerb des Zessionars; jedenfalls wäre er durch § 81 Abs. 1 InsO ausgeschlos- **168**

---

[6] Allg. zum gutgläubigen Erwerb in der Insolvenz *Meier*, ZInsO 2016, 1393 ff.
[7] Außerdem für Schiffe, Schiffsbauwerke und Luftfahrzeuge; davon wird hier abgesehen.
[8] Vgl. *BGH* ZIP 2018, 1082 Rdnr. 71 ff.
[9] *BGH* ZInsO 2014, 3.
[10] *OLG Frankfurt* ZInsO 2003, 713, 714. – Anders, wenn der Dritte die Sache, die er vom Insolvenzschuldner erhalten hat, an einen Vierten weiterveräußert. Hier ist gutgläubiger Erwerb des Vierten nach § 932 BGB möglich, da die Sache der Masse nur dann abhandengekommen ist (§ 935 BGB), wenn der Insolvenzverwalter bereits Besitz ergriffen und den Besitz unfreiwillig wieder verloren hatte; vgl. *Baur/Stürner*[12], Rdnr. 8.6.
[11] Die Vorschrift setzt dabei stillschweigend voraus, dass auch das schuldrechtliche Geschäft nach Verfahrenseröffnung geschlossen wurde. Zum Schicksal vorher geschlossener Verträge s. Rdnr. 183 ff.

gen. Tritt der Schuldner also zur Insolvenzmasse gehörende Ansprüche nach der Verfahrenseröffnung[12] ab, so ist die Zession unwirksam. Zahlt der Drittschuldner an den Zessionar, so wird er selbst dann nicht frei, wenn ihm die Zession vom Schuldner angezeigt wurde[13]. § 409 BGB gilt hier nicht, da Handlungen des Schuldners nach der Verfahrenseröffnung keine Wirkungen zu Lasten der Masse haben. Zahlt der Drittschuldner an den Insolvenzschuldner, so richtet sich die Rechtslage nach § 82 InsO (→ Rdnr. 171).

169 *Lohn- und Gehaltsforderungen* fallen ebenfalls unter das Verfügungsverbot. Die Abtretung ist nach § 81 Abs. 1 InsO unwirksam, soweit sie rückständige und die während des Verfahrens fällig werdenden[14] Ansprüche betrifft. § 81 Abs. 2 InsO erweitert das Verfügungsverbot insoweit noch: Der Schuldner kann auch die auf die Zeit nach Abschluss des Insolvenzverfahrens entfallenden Ansprüche auf laufende Bezüge[15] nicht abtreten. Sie sollen für Regelungen in einem Insolvenzplan (→ Rdnr. 365 ff.) und für die Restschuldbefreiung (vgl. § 287 Abs. 2 InsO) zur Verfügung stehen.

170 Verfügt der Schuldner nach der Verfahrenseröffnung über *Grundstücke*, so ist gemäß § 81 Abs. 1 S. 2 InsO ein gutgläubiger Erwerb nach §§ 892, 893 BGB möglich[16]. Da aber die Eröffnung des Insolvenzverfahrens in das Grundbuch eingetragen wird (§ 32 InsO), scheitert ein gutgläubiger Erwerb in der Regel daran, dass die Verfügungsbeschränkung aus dem Grundbuch ersichtlich ist (§ 892 Abs. 1 S. 2 BGB). Außerdem führt die Eintragung der Eröffnung zu einer Grundbuchsperre[17]. Ohne Zustimmung des Insolvenzverwalters kann nichts mehr eingetragen werden. Wegen des grundbuchverfahrensrechtlichen Prioritätsprinzips (Anträge werden in der Reihenfolge ihres Eingangs erledigt, § 17 GBO) kommt es also letztlich nur darauf an, ob das Ersuchen auf Eintragung der Verfahrenseröffnung vor dem Antrag auf Eintragung der Rechtsänderung eingegangen ist (dann kann letzterer nicht mehr bearbeitet werden) oder nicht (dann ist gutgläubiger Erwerb möglich)[18].

---

[12] Maßgebend ist, ob das Verfahren vor Zugang der Abtretungserklärung des Schuldners eröffnet wurde; §§ 130 Abs. 2, 153 BGB gelten nicht. Vgl. *Baur/Stürner*[12], Rdnr. 8.6; MünchKomm.InsO-*Ott/Vuia*, § 81 Rdnr. 11.
[13] *BGH* ZIP 2012, 1565 Rdnr. 4 ff.
[14] Sie fallen als Neuerwerb in die Insolvenzmasse (→ Rdnr. 145).
[15] Darunter fallen auch Renten etc.
[16] Dieser Erwerb ist allerdings möglicherweise anfechtbar (§ 147 Abs. 1 InsO; → Rdnr. 249 ff.).
[17] *BGH* ZIP 2011, 1273 Rdnr. 7.
[18] Nach Auffassung der Rechtsprechung führt die Verfahrenseröffnung sogar zu einer absoluten Grundbuchsperre, die abweichend von der in § 17 GBO vorgesehenen Reihenfolge vorzuziehen und sofort einzutragen ist; vgl. *BayObLGZ* 1994, 66,

B. Leistungen an den Schuldner (§ 82 InsO)[19]

171 Schon im Eröffnungsbeschluss werden diejenigen, die Verpflichtungen gegenüber dem Schuldner haben, aufgefordert, nicht mehr an den Schuldner, sondern nur noch an den Insolvenzverwalter zu leisten (§ 28 Abs. 3 InsO; sog. „offener Arrest"). Der Schuldner ist nicht mehr berechtigt, Leistungen anzunehmen, die in die Insolvenzmasse gehören, denn auch die Annahme einer solchen Leistung ist eine Verfügung über die massezugehörige Forderung[20] und damit nach § 81 Abs. 1 S. 1 InsO unwirksam. Der Drittschuldner muss noch einmal leisten, und zwar an den Insolvenzverwalter. Die Leistung an den Schuldner kann er nur aus dem freien Vermögen des Schuldners zurückverlangen.

172 Den **Schutz des gutgläubigen Dritten** regelt in diesem Fall § 82 InsO[21]: Leistet der Drittschuldner an den Schuldner[22], obwohl er an den Insolvenzverwalter hätte zahlen müssen, so wird er von seiner Verbindlichkeit befreit, wenn er die Verfahrenseröffnung zur Zeit der Leistung (oder zu einem Zeitpunkt, in dem er den Leistungserfolg noch hätte verhindern können[23]) nicht kannte. Es schadet also nur positive Kenntnis von der Eröffnung des Insolvenzverfahrens, wobei

---

71; *BayObLG* NJW 1954, 1120; *OLG Frankfurt* Rpfleger 1991, 361, 362; *KG* NJW 1973, 56, 58. – Wie hier dagegen die h. M. in der Literatur; vgl. *Böhringer*, Rpfleger 1990, 337, 344; *Böttcher*, Rpfleger 1983, 187, 191; *Eickmann*, Rpfleger 1972, 77, 78; *Ertl*, Rpfleger 1980, 41, 44; *Habscheid*, ZZP 90 (1977), 199, 200; *Meikel-Nowak*, GBO, 11. Aufl., 2015, § 12c Rdnr. 20; MünchKomm.BGB-*Kohler*, § 892 Rdnr. 65; Münch-Komm.InsO-*Ott/Vuia*, § 81 Rdnr. 23; *Oepen/Rettmann*, KTS 1995, 609, 623 f.; *Schmitz*, JuS 1995, 245, 247; einschränkend Staudinger-*Gursky*, § 892 Rdnr. 253.
[19] Ausf. *Kayser*, FS Wellensiek, 2011, S. 211 ff.
[20] Ob die Forderungseinziehung eine Verfügung ist, ist streitig; vgl. nur *Bork*, AT, Rdnr. 1732. Auf diesen Streit kommt es hier aber wegen § 82 InsO nicht an.
[21] Gäbe es § 82 InsO nicht, müssten §§ 412, 407 BGB analog angewandt werden. (Eine direkte Anwendung müsste daran scheitern, dass bei Verfahrenseröffnung nicht die Forderung, sondern nur die Einziehungsbefugnis auf den Insolvenzverwalter übergeht.) Zum Unterschied zwischen beiden Normen s. *BGH* ZIP 2009, 1726 Rdnr. 9 ff. – § 407 ist hingegen (direkt) anwendbar, wenn der Drittschuldner weder an den Insolvenzschuldner noch an den Insolvenzverwalter zahlt, sondern an einen Dritten, der seinen Anspruch an den Insolvenzschuldner abgetreten hat. In diesem Fall kann aber der Insolvenzverwalter bei dem Dritten nach § 816 Abs. 2 BGB kondizieren. – Ebenfalls möglich ist ein Gutglaubensschutz nach § 808 BGB, *BGH* ZIP 2010, 890 Rdnr. 9 ff.
[22] Die Norm greift nicht ein, wenn der Schuldner den Drittschuldner anweist, an eine andere Person zu zahlen, denn eine solche Anweisung ist nach § 81 InsO unwirksam (→ Rdnr. 168), *BGH* ZIP 2014, 2251 Rdnr. 29 ff.; 2014, 1037 Rdnr. 20 ff.; 2014, 32 Rdnr. 20 ff.; ZInsO 2014, 1662 Rdnr. 3.
[23] *BGH* ZIP 2009, 1726 Rdnr. 9.

sich die Wissenszurechnung nach § 166 BGB richtet[24]. Diese positive Kenntnis ist leicht festzustellen, wenn dem Drittschuldner der Eröffnungsbeschluss gemäß § 30 Abs. 2 InsO zugestellt oder er vom Insolvenzverwalter informiert wurde. Fehlt es daran, wird häufig die Beweislast über die befreiende Wirkung der Leistung entscheiden, da subjektive Tatbestandsmerkmale wie die positive Kenntnis von der Verfahrenseröffnung nur schwer feststellbar sind. Die Beweislast hängt davon ab, wann der Drittschuldner geleistet hat. Hat er vor der öffentlichen Bekanntmachung des Eröffnungsbeschlusses geleistet, dann wird zu seinen Gunsten vermutet, dass er die Eröffnung nicht kannte (§ 82 S. 2 InsO). Es ist dann Sache des Insolvenzverwalters, der erneute Zahlung begehrt, die Vermutung zu widerlegen und die Kenntnis nachzuweisen. Hat der Drittschuldner nach der öffentlichen Bekanntmachung geleistet, so muss er seine Unkenntnis nachweisen[25].

173 In § 8 Abs. 1 KO war bestimmt, dass der Drittschuldner auch dann frei wird, wenn er zwar an den Schuldner geleistet hat, aber die **Leistung in die Insolvenzmasse** gelangt ist. Nach der Begründung zu § 82 InsO sollte § 8 KO nur redaktionell gekürzt, der Sache nach aber unverändert übernommen werden[26]. Soll das auch für § 8 Abs. 1 KO gelten, so wird man annehmen müssen, dass der Schuldner, der die empfangene Leistung an den Verwalter herausgibt, die bisher noch nicht erfüllte Verbindlichkeit als Dritter erfüllt (§ 267 BGB) oder dass der Insolvenzverwalter die Leistung des Drittschuldners an den Schuldner als Dritten genehmigt (§ 362 Abs. 2 BGB)[27].

C. Sonstiger Rechtserwerb (§ 91 InsO)[28]

174 § 91 Abs. 1 InsO bestimmt, dass Rechte an den Gegenständen der Insolvenzmasse nach der Eröffnung des Insolvenzverfahrens nicht mehr wirksam erworben werden können[29]. Für Verfügungen des

---

[24] *BGH* ZIP 2010, 935 Rdnr. 10 ff.; 2006, 138 Rdnr. 13; *Bork*, DB 2012, 33 ff.; *Wittmann/Kinzl*, ZIP 2011, 2232 ff.; allg. auch *Bork*, AT, Rdnr. 1655 ff.
[25] Vgl. näher *BGH* ZIP 2010, 935 Rdnr. 10 ff.; 2006, 138 Rdnr. 12 ff.; *BAG* ZIP 2014, 692 Rdnr. 8; *Bork*, DB 2012, 33, 39.
[26] Begr. zu § 93 RegE, BT-Drs. 12/2443, 136.
[27] *Häsemeyer*, Rdnr. 10.14.
[28] Ausf. *Eckardt*, in: Münch (Hrsg.), Prozessrecht und materielles Recht, 2015, 81 ff.
[29] Unberührt bleibt selbstverständlich der Rechtserwerb durch Verfügungen oder Genehmigungen des Insolvenzverwalters; vgl. *OLG Düsseldorf* ZIP 1992, 256, 257 f. Unberührt bleibt auch die Übertragung bereits wirksam bestellter Rechte auf einen Dritten, etwa die Abtretung einer bereits wirksam für einen Gläubiger be-

§ 15: Berechtigung und gutgläubiger Erwerb

Schuldners ergibt sich das schon aus § 81 InsO, für die Zwangsvollstreckung durch Insolvenzgläubiger aus § 89 InsO[30]. § 91 InsO enthält also einen Auffangtatbestand, der gewährleisten will, dass den Insolvenzgläubigern die Insolvenzmasse in dem Umfang zur Verfügung steht, in dem sie bei Eröffnung des Insolvenzverfahrens vorhanden war. Sie soll nicht noch nachträglich vermindert werden. Rechtstechnisch handelt es sich um ein gesetzliches Erwerbsverbot[31], das allerdings nur für die Dauer des Insolvenzverfahrens gilt[32]. Gibt also beispielsweise der Insolvenzverwalter den Verfügungsgegenstand frei, dann wird die zunächst nach § 91 InsO eingetretene Unwirksamkeit gemäß § 185 Abs. 2 S. 1, 2. Fall BGB durch Konvaleszenz geheilt[33].

§ 91 InsO erfasst vor allem[34] den **gestreckten Erwerb**: Der Erwerbstatbestand ist vor der Verfahrenseröffnung eingeleitet, aber erst danach vollendet worden. In diesen Fällen unterbricht das Gesetz den Erwerbsvorgang und bestimmt, dass sich der Erwerb nicht mehr vollenden kann.

Beispiele: Der Schuldner hat vor der Verfahrenseröffnung künftige oder befristete Forderungen abgetreten. Die Abtretung scheitert nicht an § 81 InsO. Der Erwerbstatbestand ist aber erst mit der Entstehung der Forderungen vollendet und scheitert deshalb an § 91 InsO[35]. Dasselbe gilt für (Pfändungs-)Pfand-

---

stellten Grundschuld an einem zur Masse gehörenden Grundstück an einen Dritten. Der Wechsel der Rechtsinhaberschaft beeinträchtigt die Masse nicht zusätzlich (vgl. *BGH* ZIP 2008, 703 Rdnr. 10; 2002, 407, 408). Dasselbe gilt für den Erwerb von Gegenständen, die nie zur Insolvenzmasse gehört haben (vgl. *BGH* ZIP 2010, 1964 Rdnr. 2 ff.).
[30] Vgl. dazu Rdnr. 153. Die Zwangsvollstreckung durch *Massegläubiger* ist nur in den Grenzen des § 90 InsO zulässig. Die Zwangsvollstreckung durch *Neugläubiger* des Schuldners fällt hingegen unter § 91 InsO (→ Rdnr. 155). Wird die Vorschrift missachtet, muss sich der Insolvenzverwalter wehren, i. d. R. mit der Erinnerung nach § 766 ZPO; vgl. *Häsemeyer*, Rdnr. 10.05.
[31] *BGH* ZIP 2011, 2364 Rdnr. 9. Grundlegend *Häsemeyer*, 1. Aufl. 1992, S. 200 ff.; vgl. ferner *Eckardt* (Fn. 27).
[32] *BGH* ZIP 2015, 233 Rdnr. 12.
[33] *BGH* ZIP 2013, 1181 Rdnr. 15 ff.; vgl. auch oben Fn. 2.
[34] Daneben die *Zwangsvollstreckung durch Neugläubiger* (s. vorige Fn.) und den *Rechtserwerb kraft Gesetzes*. So ist beispielsweise die Ersitzung (§ 937 BGB) oder der Fruchterwerb (§§ 955 f. BGB) durch § 91 InsO ausgeschlossen, ebenso der Erwerb gesetzlicher Pfandrechte (vgl. *LG Mönchengladbach* ZInsO 2003, 527, 528) oder kaufmännischer Zurückbehaltungsrechte. Bei der Verbindung, Vermischung und Verarbeitung bleiben die §§ 946 ff. BGB anwendbar; es fällt dann der Ausgleichsanspruch aus § 951 BGB in die Insolvenzmasse.
[35] *BGHZ* 181, 362 Rdnr. 11; 167, 363 Rdnr. 6; 162, 187, 190; *BGH* ZIP 2017, 2395 Rdnr. 22; 2016, 1353 Rdnr. 3; 2013, 1082 Rdnr. 26 ff.; 2012, 638 Rdnr. 29; 2011, 2364 Rdnr. 9; 2006, 2276 Rdnr. 9; NZI 2010, 682 Rdnr. 9; *Häsemeyer*, Rdnr. 10.26; *Kuleisa*, InsVZ 2010, 203 ff.; *Schäfer*, ZInsO 2007, 18 ff.

rechte an künftigen Forderungen³⁶. Anders verhält es sich, wenn der Gläubiger bereits eine gesicherte Rechtsposition erlangt hat³⁷. Das ist etwa der Fall bei der Abtretung oder (Ver-)Pfändung von Forderungen, bei denen der Rechtsgrund bereits gelegt ist, die aber noch unter einer Bedingung stehen, deren Eintritt der Schuldner nicht beeinflussen kann. Denn hier ist der Erwerbstatbestand nach dem Rechtsgedanken des § 161 Abs. 1 S. 2 BGB vor Verfahrenseröffnung vollendet³⁸. Dasselbe gilt für die bedingte Abtretung³⁹ sowie für die Abtretung von betagten, also noch nicht fälligen Forderungen⁴⁰. Entscheidend ist, dass der Schuldner keine Möglichkeit mehr hatte, den Vermögensgegenstand aufgrund alleiniger Entscheidung wieder zurückzuerlangen⁴¹. Das Gesetz enthält zu diesen Regeln allerdings in § 110 Abs. 1 InsO für Miet- und Pachtzinsansprüche eine Sondervorschrift, indem es der Abtretung die Wirkung ab einem bestimmten Zeitpunkt nach Verfahrenseröffnung versagt, sie bis zu diesem Zeitpunkt aber aus dem Anwendungsbereich des § 91 InsO herausnimmt⁴². Hat der Schuldner eine bereits entstandene Forderung vor Verfahrenseröffnung als Nichtberechtigter abgetreten und erwirbt er (und mit ihm der Insolvenzverwalter) die Berechtigung nach Verfahrenseröffnung, so kann die Abtretung wegen § 91 InsO nicht gemäß § 185 Abs. 2 S. 1, 2. Fall BGB wirksam werden⁴³. Anders verhält es sich wegen der in § 184 Abs. 1 BGB angeordneten Rückwirkung, wenn der Berechtigte nachträglich genehmigt⁴⁴. – Hat der Schuldner vor der Eröffnung des Insolvenzverfahrens einen Dritten zur Verfügung ermächtigt, so sind dessen nach Verfahrenseröffnung vorgenommenen Verfügungen schon deshalb unwirksam, weil die Verfügungsermächtigung nach dem Rechtsgedanken der §§ 115 ff. InsO (→ Rdnr. 207) mit Verfahrenseröffnung erlischt.

177 Der Hauptanwendungsfall des gestreckten Erwerbs ist die Verfügung über *Grundstücke*, bei denen der Erwerb trotz der Regel des § 91 Abs. 1 InsO über §§ 878, 892, 893 BGB gelingen kann (§ 91 Abs. 2 InsO)⁴⁵.

---

³⁶ *BGH* ZIP 2012, 638 Rdnr. 30; 2010, 335 Rdnr. 9 ff.; 2009, 380 Rdnr. 25 ff.

³⁷ *BGH* ZIP 2015, 233 Rdnr. 10; 2013, 1082 Rdnr. 27; 2012, 2214 Rdnr. 17. Ausf. dazu *Haller* (Rdnr. 162).

³⁸ Vgl. dazu *BGHZ* 155, 87, 92 f.; 124, 76, 80; 70, 86, 94 f.; *BGH* ZIP 2008, 885 Rdnr. 9; NJW 1977, 247; 1955, 544; *Ganter*, FS Vallender, 2015, S. 151 ff.; *Serick*, FS 100 Jahre KO, 1977, S. 271 ff., 283 ff.; krit. *Christiansen*, KTS 2003, 549, 551 ff.

³⁹ *BGH* ZIP 2008, 885 Rdnr. 9; 2006, 87 Rdnr. 13.

⁴⁰ Vgl. *BGHZ* 167, 363 Rdnr. 6; 109, 368, 371 ff.; *BGH* ZIP 2013, 1082 Rdnr. 27; 2010, 335 Rdnr. 20 ff.

⁴¹ *BGH* ZIP 2012, 2214 Rdnr. 17; 2012, 638 Rdnr. 31; 2011, 2364 Rdnr. 9; 2009, 380 Rdnr. 29; 2008, 703 Rdnr. 10.

⁴² Vgl. (z.T. zum früheren § 114 InsO) *BGHZ* 167, 364 Rdnr. 8 ff.; 162, 187, 190; *BGH* ZIP 2013, 1082 Rdnr. 25; 2012, 2358 Rdnr. 12 ff.; 2010, 1186 Rdnr. 7 ff.; 2006, 2276 Rdnr. 5 ff.

⁴³ *BGH* NZI 2004, 29, 30.

⁴⁴ *BGH* ZIP 2009, 485 Rdnr. 11 ff.

⁴⁵ Auch hier ist freilich wieder an eine Anfechtung nach §§ 129 ff. InsO zu denken (→ Rdnr. 249 ff.).

§ 15: Berechtigung und gutgläubiger Erwerb

Beispiele: Im Beispiel zu Rdnr. 165 wurde bereits dargelegt, dass eine Grundstücksveräußerung nicht an § 81 InsO scheitert, wenn der Schuldner den Eintragungsantrag vor der Verfahrenseröffnung gestellt hat. Durch den Verweis auf § 878 BGB ergibt sich, dass der Erwerb in diesem Fall auch durch § 91 InsO nicht gehindert wird[46]. Der Erwerber wird schon deshalb geschützt, weil der Zeitpunkt der Eintragung nicht mehr in seiner Hand liegt, wenn der Eintragungsantrag gestellt ist. – Ist vor der Verfahrenseröffnung die Auflassung erklärt und die Eintragung bewilligt worden und wird der Antrag nach der Eröffnung vom Erwerber[47] gestellt, so ist § 878 BGB unanwendbar und es kommt nur ein gutgläubiger Erwerb in Betracht, wenn der Erwerber die Eröffnung des Insolvenzverfahrens nicht kennt (§ 91 Abs. 2 InsO i.V.m. § 892 Abs. 1 S. 2 BGB) und das Gesuch um Eintragung der Verfahrenseröffnung bei Antragstellung noch nicht vorlag (§ 17 GBO; → Rdnr. 170)[48]. **178**

Beim *Eigentumsvorbehalt* ist der Eigentumserwerb noch nicht vollendet, solange der Kaufpreis nicht vollständig bezahlt ist. Der Käufer hat aber bereits ein Anwartschaftsrecht erworben. Die Vollendung des Vollrechtserwerbs soll nach der Wertung des § 161 Abs. 1 BGB nur noch davon abhängen, dass er den Kaufpreis bezahlt und damit die Bedingung für den Eigentumsübergang herbeiführen. Diese Wertung setzt sich auch in der Insolvenz fort (arg. § 161 Abs. 1 S. 2 BGB): Wird über das Vermögen des *Verkäufers* das Insolvenzverfahren eröffnet, bevor die letzte Rate gezahlt ist, dann kann der Käufer ungehindert von § 91 InsO Eigentümer werden, wenn er den Restkaufpreis an den Insolvenzverwalter zahlt[49]. **179**

Ist der Eigentumsvorbehalts*käufer* insolvent und hat er sein Anwartschaftsrecht vor der Eröffnung des Insolvenzverfahrens auf einen Dritten übertragen, so wird der Dritte mit der Zahlung des Restkaufpreises Eigentümer der Ware. Im Grunde genommen handelt es sich gar nicht um einen nach der Eröffnung des Verfahrens vollendeten Erwerb aus der Insolvenzmasse, denn das Anwartschaftsrecht hat die Insolvenzmasse vor der Verfahrenseröffnung verlassen und das Eigentum (Vollrecht) ist nie in der Insolvenzmasse gewesen, sondern direkt vom Verkäufer auf den Dritten übergegangen[50]. **180**

---

[46] Vgl. *RGZ* 81, 424, 425; *Scholtz*, ZIP 1999, 1693 ff.; zur Frage, ob für den Schutz durch § 878 BGB ein Antrag des Veräußerers genügt, vgl. *Oepen/Rettmann*, KTS 1995, 609, 615 ff. m. w. N.

[47] Ein Antrag des Schuldners wäre nach § 81 InsO unwirksam.

[48] *BGH* ZIP 2005, 627, 628. – Ausf. *Eickmann*, Rpfleger 1972, 77 ff.; *Oepen/Rettmann*, KTS 1995, 609 ff.

[49] Eine andere Frage ist, ob der Verwalter die Erfüllung des Kaufvertrages nach § 103 InsO ablehnen und dadurch den Bedingungseintritt vereiteln kann, was wegen § 107 Abs. 1 S. 1 InsO zu verneinen ist (→ Rdnr. 198).

[50] Grundlegend *BGHZ* 20, 88, 93 ff.

181 Bei dem Erwerb von *Sicherungsrechten* für[51] bedingte oder künftige Forderungen setzt sich die im Beispiel zu Rdnr. 176 getroffene Wertung fort. Ist eine Vormerkung, ein Pfandrecht, eine Hypothek oder eine Grundschuld zur Sicherung einer aufschiebend bedingten Forderung begründet worden, so wird der Rechtserwerb nach dem Rechtsgedanken des § 161 Abs. 1 S. 2 BGB nicht gehindert. Bei der Absicherung künftiger Forderungen ist unstreitig, dass Vormerkung[52], Hypothek[53] und Sicherungsgrundschuld[54] an § 91 InsO scheitern, wenn die gesicherte Forderung erst nach Verfahrenseröffnung entsteht. Nur beim Pfandrecht wollen manche anders entscheiden mit der Begründung, es entstehe auch dann mit seiner Begründung, wenn eine künftige Forderung gesichert werden solle[55]. Das ist zwar materiell-rechtlich richtig[56], ändert aber nichts daran, dass auch einem derart begründeten Pfandrecht bis zur Entstehung der gesicherten Forderung die Einrede der mangelnden Valutierung entgegen steht, die – wie bei der Sicherungsgrundschuld – nicht nach Verfahrenseröffnung zugunsten des Gläubigers beseitigt werden kann. Nicht die materiell-rechtliche Konstruktion, sondern die insolvenzrechtliche Wertung des § 91 InsO muss den Ausschlag geben. Der Gläubiger hat in allen genannten Fällen bei Verfahrenseröffnung noch kein Absonderungsrecht in den Händen. Der nachträgliche Erwerb muss daher in allen diesen Fällen an § 91 InsO scheitern.

---

[51] Unterscheide davon den Erwerb von Sicherungsrechten *an* künftigen Forderungen (also beispielsweise die Verpfändung von künftigen Forderungen); hier gilt das zu Rdnr. 176 Ausgeführte unmittelbar.

[52] Dazu *Häsemeyer*, Rdnr. 10.27; Jaeger(KO)-*Henckel*, § 24 Rdnr. 18; vgl. aber Jaeger-*Windel* § 91 Rdnr. 68 f. – Anders ist wieder zu entscheiden, wenn die Entstehung des Anspruchs weder vom Schuldner noch vom Insolvenzverwalter verhindert werden kann; *BGHZ* 166, 319 Rdnr. 11 ff.; 149, 1, 3 ff.

[53] Sie ist zunächst Eigentümergrundschuld und wird erst bei Valutierung Fremdgrundschuld, so dass der Gläubiger sie erst nach Verfahrenseröffnung aus der Insolvenzmasse erlangt; *Häsemeyer*, Rdnr. 10.28; MünchKomm.InsO-*Breuer*, § 91 Rdnr. 27.

[54] Hier hat der Gläubiger zwar vor Verfahrenseröffnung die Grundschuld, aber belastet mit der Einrede der mangelnden Valutierung; vgl. *BGH* ZIP 2008, 703 Rdnr. 13; NJW 1975, 122; *Häsemeyer*, Rdnr. 10.28; Jaeger-*Windel*, § 91 Rdnr. 41; MünchKomm.InsO-*Breuer*, § 91 Rdnr. 28.

[55] *BGHZ* 170, 196 Rdnr. 11; 86, 340, 346 ff.; *Baur/Stürner*[12], Rdnr. 8.13; *Jauernig/Berger*, § 40 Rdnr. 35. – Wie hier dagegen *Berger*, NZI 2007, 566 ff.; *Häsemeyer*, Rdnr. 10.28; Jaeger-*Windel*, § 91 Rdnr. 31; *Uhlenbruck*, § 91 Rdnr. 11.

[56] Vgl. die Motive zum BGB, III, 798; ausf. *BGHZ* 86, 340, 346 ff.

§ 16: Auswirkungen auf schwebende Geschäfte

Literatur: *Achsnick/Krüger,* Factoring in Krise und Insolvenz, 2. Aufl., 2011; **182** *Baldringer,* Das Wahlrecht des Insolvenzverwalters, 2014; *Beckermann,* Der Grundversorger in der Insolvenz, 2009; *Berthold,* Unternehmensverträge in der Insolvenz, 2004; *Bopp,* Der Bauvertrag in der Insolvenz, 2009; *Bork,* Zahlungsverkehr in der Insolvenz, 2002; *Burkhard,* Der Einfluss der Schuldrechtsreform auf von § 103 InsO erfasste Kaufverträge, 2010; *Engel/Völckers,* Leasing in der Insolvenz, 1999; *Faßbender,* Die Insolvenz des Energie-Contractors, 2014; *Flatow,* Insolvenz und Zwangsverwaltung bei Mietverhältnissen, 4. Aufl., 2015; *Franken/Dahl,* Mietverhältnisse in der Insolvenz, 2. Aufl. 2006; *Gerster,* Behandlung schwebender Verträge in der Insolvenz, 2. Aufl., 2013; *Grau,* Realisierung von Absonderungsrechten an Forderungen aus nichterfüllten Verträgen, 2006; *Haak,* Verträge mit Personenmehrheiten in der Insolvenz, 2018; *Heidland,* Der Bauvertrag in der Insolvenz von Auftraggeber und Auftragnehmer, 2. Aufl., 2003; *Heise,* Verbraucherkredit und Geschäftskredit in der Insolvenz, 2001; *Henkelmann,* Schwebende Verträge in der Insolvenz, 2009; *Kalkschmidt,* Immobilienleasing in der Insolvenz, 2003; *Krämer,* Leasingverträge in der Insolvenz, 2005; *Krüger,* Leasing in Krise und Insolvenz des Leasingnehmers, 2014; *Lachmann/Nieberding,* Insolvenz am Bau, 2006; *Lindner,* Vorleistungen in der Insolvenz, 2006; *Marotzke,* Gegenseitige Verträge im neuen Insolvenzrecht, 3. Aufl., 2001; *Matthies,* Der Teilbarkeitsbegriff in der Insolvenzordnung sowie die insolvenzrechtliche Behandlung unteilbarer Leistungen im gegenseitigen Vertrag, 2008; *Mokhtari,* Insolvenzabsicherung von Pauschalreisen, 2014; *Mossler,* Bereicherung aus Leistung und Gegenleistung, 2006; *Niemann,* Leasing und leasingähnliche Fonds in der Insolvenz, 2005; *Peschke,* Die Insolvenz des Girokontoinhabers, 2005; *Rendtorff,* Der beiderseitig nicht vollständig erfüllte Vertrag in der Insolvenz, 2004; *Rühle,* Gegenseitige Verträge nach Aufhebung des Insolvenzverfahrens, 2006; *Schmitz,* Die Bauinsolvenz, 6. Aufl. 2015; *Schwörer,* Lösungsklauseln für den Insolvenzfall, 2000; *Sinz,* Factoring in der Insolvenz, 1997; *Socher,* Die Vereinbarkeit insolvenzbedingter Lösungsklauseln mit dem Wahlrecht des Insolvenzverwalters, 2003; *Stahmer,* Verzinsliche Darlehen in der Insolvenz, 2002; *Stephan,* Die insolvenzrechtliche Erfassung von Bankgeschäften und Finanzdienstleistungsverträgen, 2014; *Strieder,* Der Bestand von Fußballübertragungsrechten in der Insolvenz und deren Ertragssicherung durch Hedging, 2014; *Susel,* Der Teilbarkeitsbegriff des § 105 InsO am Beispiel des BGB-Bauvertrags, 2015; *Wegener,* Das Wahlrecht des Insolvenzverwalters unter dem Einfluss des Schuldrechtsmodernisierungsgesetzes, 2007; *Wiegmann,* Grund, Grenzen und Wirkungsweise des § 105 InsO, 2004; *Wöllner,* Die Wirksamkeit vertraglicher Lösungsklauseln im Insolvenzfall, 2009; *Wortberg,* Lösungsklauseln und Insolvenz, 2003; vgl. auch die Nachweise vor Rdnr. 139.

A. Überblick

Wird über das Vermögen eines Schuldners das Insolvenzverfahren **183** eröffnet, so gibt es drei **Möglichkeiten**, wie sich die Eröffnung auf die zur Masse gehörenden[1] Vertragsverhältnisse des Schuldners auswirken kann: Die Vertragsverhältnisse können erlöschen; sie können bestehen bleiben; ihr Schicksal kann von der Entscheidung des Insolvenzverwalters abhängen. In §§ 103 ff. InsO, die gemäß § 119 InsO zwingendes Recht enthalten[2], sind alle diese Möglichkeiten vorgesehen. So bestimmt beispielsweise § 108 Abs. 1 InsO, dass Grundstücksmietverhältnisse fortbestehen (→ Rdnr. 206), während Aufträge nach § 115 Abs. 1 InsO erlöschen (→ Rdnr. 207). Ist in den §§ 104 ff. InsO nichts Abweichendes vorgesehen, so hat der Insolvenzverwalter nach § 103 Abs. 1 InsO bei gegenseitigen Verträgen, die von keiner Partei vollständig erfüllt sind, die Wahl, ob er den Vertrag erfüllen will oder nicht (→ Rdnr. 186).

184   Daraus ergibt sich folgende **Systematik**: Die Auswirkungen der Verfahrenseröffnung sind für einige besonders wichtige Vertragstypen in §§ 104 ff. InsO geregelt. Findet sich dort nichts, gilt für gegenseitige Verträge § 103 InsO: Der Verwalter kann über die Erfüllung des Vertrages entscheiden, wenn der Vertrag von keiner Seite vollständig erfüllt ist. Anderenfalls – also bei nicht-synallagmatischen oder von einer Seite bereits vollständig erfüllten Verträgen – bleibt der Vertrag bestehen und ist, soweit noch nicht geschehen, zu erfüllen.

185   **Beispiele:** Hat ein Verkäufer bereits vor Verfahrenseröffnung an den Schuldner geliefert, so liegen die Voraussetzungen des § 103 InsO nicht vor. Der Kaufvertrag bleibt bestehen. Der Verkäufer kann daher, wenn er sich nicht das Eigentum vorbehalten hat, den gelieferten Gegenstand nicht zurückverlangen, denn er hat mit Rechtsgrund geleistet. Er behält seinerseits den Kaufpreisanspruch, den er aber als Insolvenzforderung zur Tabelle anmelden muss. Der Verkäufer erhält auf diese Forderung nur die Quote; er ist der typische Insolvenzgläu-

---

[1] Verträge gehören nicht zur Masse, wenn die aus ihnen folgenden Ansprüche des Schuldners nicht pfändbar sind, vgl. *BGH* ZIP 2016, 1174 Rdnr. 11; 2014, 688 Rdnr. 14 ff.

[2] Vgl. *BGH* ZIP 2017, 1915 Rdnr. 30; 2016, 1226 Rdnr. 54 ff.; 2016, 981 Rdnr. 13 ff. 2013, 274 Rdnr. 8 ff.; 2006, 87, 90; *Adam,* DZWIR 2005, 1 ff.; *Baldringer,* DZWIR 2004, 285 ff.; *Becker,* ZInsO 2018, 1881 ff.; *Berger,* ZInsO 2016, 2111 ff.; *van Betteray,* FS Görg, 2010, S. 43 ff.; *Brugugnone,* NZI 2012, 638 ff.; *Foerste,* ZInsO 2015, 601 ff.; *Gieseke/Szebrowski,* MDR 2003, 121; *Hausmann,* ZUM 1999, 914 ff.; *Huber,* ZInsO 2016, 2130 ff.; *ders.,* ZIP 2013, 493 ff.; *Huber/Riewe,* ZInsO 2006, 290 ff.; *Jacoby,* ZIP 2014, 649 ff.; *Lenger/Schmitz,* NZI 2015, 396 ff.; *Obermüller,* ZInsO 2013, 476 ff.; *Piekenbrock,* ZIP 2018, 1 ff.; *Prütting,* FS Gerhardt, 2004, S. 761 ff.; *Raeschke-Kessler/Christopeit,* WM 2013, 1592 ff.; *Scheef/Uyani-Wietz,* ZIP 2016, 250 ff.; *Schwenker,* NJW 2016, 3068 ff.; *Thole,* ZHR 181 (2017), 548 ff.; *ders.,* KTS 2010, 383 ff.; *ders.,* Jb. Jung. ZivilRWiss. 2008, 2009, 267 ff.; *Tintelnot,* FS Kübler, 2015, S. 697 ff. *Treffer,* MDR 2000, 1178; *T. Wellensiek,* FS Wellensiek, 2011, S. 251 ff.; *Wagner/Klein,* FS Prütting, 2018, S. 805 ff.; *Wimmer,* FS Vallender, 2015, S. 793 ff.; *Wortberg,* ZInsO 2004, 1032 ff.; umfassend *Schwörer, Socher, Wöllner* und *Wortberg* (alle Rdnr. 182).

biger. – Hat umgekehrt der Schuldner vor der Verfahrenseröffnung bereits gezahlt, der Verkäufer aber noch nicht geliefert, so kann und muss der Insolvenzverwalter Erfüllung zur Masse verlangen.

B. Grundsatz (§ 103 InsO)

Nach § 103 Abs. 1 InsO, der dem früheren § 17 Abs. 1 KO entspricht, kann der Insolvenzverwalter bei gegenseitigen Verträgen, die zur Zeit der Eröffnung des Insolvenzverfahrens vom Schuldner und vom Vertragspartner nicht oder nicht vollständig erfüllt sind, anstelle des Schuldners den Vertrag erfüllen und die Erfüllung vom anderen Teil verlangen. Die Vorschrift will es dem Insolvenzverwalter ermöglichen, für die Masse vorteilhafte Verträge im Interesse der Gläubigergesamtheit zu erfüllen, und sie will den Vertragspartner davor schützen, seine Leistung erbringen zu müssen, wegen der Gegenleistung aber auf die Quote verwiesen zu werden. Entscheidet sich nämlich der Verwalter für die Vertragsdurchführung, so müssen beide Seiten die ihnen obliegenden Leistungen erbringen, wobei die Ansprüche des Vertragspartners nicht nur einfache Insolvenzforderungen, sondern Masseansprüche nach § 55 Abs. 1 Nr. 2 InsO sind. Entscheidet sich der Verwalter gegen die Erfüllung, so kann der Vertragspartner von ihm bereits erbrachte (Teil-)Leistungen nicht zurückverlangen[3], sondern nur Schadensersatz wegen Nichterfüllung in Geld verlangen[4], wobei dieser Schadensersatzanspruch als einfache Insolvenzforderung nur mit der Quote bedient wird (§ 103 Abs. 2 InsO). **186**

I. Dogmatik

Die Dogmatik dieser Norm ist umstritten. Der BGH – und ihm folgend die **herrschende Meinung** – hatte zunächst angenommen, dass in den Fällen des § 103 Abs. 1 InsO bereits die Eröffnung des Insolvenz- **187**

---

[3] Hingegen kann der Verwalter die vom Schuldner einseitig erbrachten Vorleistungen zurückverlangen, soweit sie die Gegenansprüche des Gläubigers übersteigen, sobald sich der Vertragspartner gemäß §§ 323, 346 BGB oder gemäß § 281 Abs. 4 BGB vom Vertrag gelöst hat, *BGHZ* 196, 160 Rdnr. 9 ff. Krit. zur Dogmatik *Bork*, FS Wellensiek, 2011, S. 201 ff.; *Häsemeyer*, Rdnr. 20.26; *Marwedel*, ZInsO 2011, 937, 941 f.; *Dahl/Schmitz*, NZI 2013, 631 ff.; zur Abgrenzung auch *BGH* ZIP 2012, 34 Rdnr. 16 ff.; 2009, 428 Rdnr. 9 ff. – Zu Bereicherungsansprüchen des Gläubigers s. *Prahl*, ZInsO 2005, 568 ff.

[4] Zur Anspruchsgrundlage für diesen Schadensersatzanspruch s. u. Rdnr. 202.

verfahrens zur Folge habe, dass sämtliche Erfüllungsansprüche aus dem gegenseitigen Vertrag erlöschen[5] („Erlöschenstheorie"). Dabei bleibe es, wenn sich der Verwalter entscheide, den Vertrag nicht zu erfüllen. Der Vertragspartner könne dann nur Schadensersatz wegen Nichterfüllung verlangen (→ Rdnr. 201). Entscheide sich der Verwalter hingegen für die Durchführung des Vertrages, dann lebten die Erfüllungsansprüche mit Wirkung ex nunc wieder auf.

188 Auf die Kritik an dieser Sichtweise[6] hat der BGH die „Erlöschenstheorie" aufgegeben[7]. Richtig sei vielmehr, dass die wechselseitigen Leistungsansprüche mit der Verfahrenseröffnung nur ihre Durchsetzbarkeit verlören. Wähle der Verwalter Erfüllung, so werde den Ansprüchen allerdings die Rechtsqualität von originären Masseverbindlichkeiten und -forderungen beigelegt („Qualitätssprungtheorie"). Dabei handelt es sich freilich nur um einen Etikettenwechsel, denn die Ergebnisse bleiben unverändert (→ Rdnr. 191).

189 Diese Sicht der Dinge ist massefreundlich, weil sie dazu führt, dass die „qualitativ aufgewerteten" Erfüllungsansprüche frei von Gegenrechten des Vertragspartners sind, also uneingeschränkt zur Masse geltend gemacht werden können (→ Rdnr. 190f.). Allerdings gilt das nach einer einschränkenden Rechtsprechung des BGH[8] gemäß dem

---

[5] Grundlegend *BGHZ* 116, 156, 158ff.; 106, 236, 241ff.; 103, 250, 252/254; ferner *BGHZ* 135, 25, 26f.; *BGH* WM 1993, 1057; ZIP 1989, 1413, 1415. In der Literatur u.a. *Heilmann*, KTS 1985, 639, 640ff.; *Henckel*, JZ 1987, 360; 1986, 695/696; ZZP 99 (1986), 419, 425, 429f.; Jaeger(KO)-*Henckel*, § 17 Rdnr. 149/162/210/212; *Kreft*, ZIP 1997, 865ff.; *Kuhn/Uhlenbruck*, § 17 Rdnr. 1, 19, 36; *Pape*, EWiR 1989, 283; *Paulus*, EWiR 1993, 697, 698; *Rendtorff* (Rdnr. 182); *Stürner*, ZZP 94 (1981), 263, 298; *Uhlenbruck*, JZ 1992, 425f.; vgl. Uhlenbruck-*Wegener*, § 103 Rdnr. 6ff. und zusammenfassend *Wazlawik*, NZI 2018, 337ff.
[6] Ablehnend u.a. *Adam*, DZWIR 1998, 227ff.; *Bork*, FS Zeuner, 1994, S. 297, 302ff.; *Gerhardt*, FS Merz, 1992, S. 117ff.; *ders.*, Gedächtnisschrift f. Knobbe-Keuk, 1997, S. 169ff.; Kübler/Prütting/Bork-*Tintelnot*, § 103 Rdnr. 27ff.; *Marotzke*, EWiR 1992, 71, 72; 1988, 285, 286; JR 1990, 331, 332ff.; *H. Roth*, FS Rolland, 1999, S. 305, 306ff.; *Tintelnot*, ZIP 1995, 616, 618.
[7] Grundlegend *BGHZ* 150, 353, 359 (dazu *Bärenz*, NZI 2006, 72ff.; *Graf/Wunsch*, ZIP 2002, 2117ff.; *Huber*, NZI 2002, 467ff.; *Henckel*, FS Kirchhof, 2003, S. 191, 195ff.; *Mohrbutter/Mohrbutter*, DZWIR 2003, 1ff.; *Wazlawik*, DB 2002, 2587ff.; *Wieser*, JZ 2003, 231ff.); vgl. ferner *BGHZ* 196, 160 Rdnr. 8; 155, 87, 90 (dazu *Christiansen*, KTS 2003, 549ff.); *BGHZ* 196, 160 Rdnr. 8; *BGH* ZIP 2017, 89 Rdnr. 15; 2016, 85 Rdnr. 18; 2012, 34 Rdnr. 18; 2010, 238 Rdnr. 11; 2006, 87, 90. Zustimmend u.a. *BFH* ZIP 2007, 976, 977; *Gehrlein*, NZI 2015, 97ff.; *Kreft*, FS Kübler, S. 2015, 359ff.; MünchKomm. InsO-*Kreft*, § 103 Rdnr. 11ff.
[8] *BGHZ* 150, 353, 358ff.; 147, 28, 31ff.; 129, 336 = JZ 1996, 49 (m. krit. Anm. *Bork*); *BGH* NZI 2002, 35, 36; ZIP 2001, 2142, 2143; 2000, 2207, 2209; vgl. auch *Kreft*, FS Uhlenbruck, 2000, S. 387ff.; *Krull*, InVo 1998, 180ff.; NZI 1998, 66ff.; ZInsO 1998, 291ff.; *Meyer*, NZI 2001, 294ff.; *Scheffler*, ZIP 2001, 1182ff.

Rechtsgedanken des § 105 InsO bei teilbaren Verträgen nur für den Teil, der auf die Zeit nach der Verfahrenseröffnung entfällt: Dieser Teil des Anspruchs ist frei von Gegenrechten, während der auf die Zeit vor der Verfahrenseröffnung entfallende Teil entsprechend belastet ist.

Beispiele: Das Bundesland G hatte gegen S eine Steuerforderung. Außerdem bestand zwischen den Parteien ein noch nicht vollständig erfüllter Werkvertrag. Als S insolvent wurde, verlangte der Insolvenzverwalter Erfüllung des Werkvertrages und stellte das Bauwerk fertig. Als er seinen Werklohn geltend machte, rechnete G mit der Steuerforderung auf. Der BGH hat dieser Aufrechnung – damals noch auf dem Boden der „Erlöschenstheorie"[9] – den Erfolg mit der Begründung versagt, der Werklohnanspruch sei erst mit der Erfüllungswahl des Verwalters und damit nach Verfahrenseröffnung (neu) entstanden und die Aufrechnung deshalb nach § 96 Abs. 1 Nr. 1 InsO (damals: § 55 Abs. 1 Nr. 2 KO) unzulässig[10]. Der Verwalter konnte also den Werklohn voll zur Masse verlangen, während sich G wegen seiner Steuerforderung mit der Quote begnügen musste. Heute würde der BGH den Werklohnanspruch aufteilen[11]: Soweit das Bauwerk bei Verfahrenseröffnung fertiggestellt war, kann bei Erfüllungswahl gegen den auf diese Zeit entfallenden Werklohnanspruch aufgerechnet werden[12], während die Aufrechnung gegen die Restforderung (die durch Leistungen des Insolvenzverwalters nach Verfahrenseröffnung verdient worden ist) an § 96 Abs. 1 Nr. 1 InsO scheitert[13]. **190**

In einem anderen Fall hatte S seinen Zahlungsanspruch aus einem gegenseitigen Vertrag vor Verfahrenseröffnung im Wege der Globalzession an einen Dritten abgetreten[14]. Der Insolvenzverwalter entschied sich für die Erfüllung dieses Vertrages und verlangte Zahlung des Kaufpreises zur Masse. Der BGH hat seiner Klage auf der Grundlage der „Erlöschenstheorie" mit der Begründung stattgegeben, der Zahlungsanspruch sei bei Verfahrenseröffnung erloschen und erst durch die Erfüllungswahl des Verwalters neu entstanden. Dieser neue Anspruch könne zwar von einer Globalzession erfasst sein. Der Anspruchsübergang müsse aber an § 91 InsO (damals: § 15 KO) scheitern, so dass der Verwalter Zahlung zur Masse verlangen könne[15]. Nicht anders wurde auf der Basis der „Qualitätssprungtheorie" entschieden[16]. **191**

---

[9] Auf der Basis der „Qualitätssprungtheorie" ist nicht anders zu entscheiden, da der Werklohnanspruch zwar mit Erfüllungswahl nicht neu entstanden, aber so zu behandeln ist, als wäre er vom Insolvenzverwalter neu begründet worden.
[10] *BGHZ* 116, 156, 158 ff.
[11] Dazu *Huber*, FS Kreft, 2004, S. 327 ff.
[12] Soweit nicht § 96 Abs. 1 Nr. 3 InsO entgegensteht; vgl. *BGH* ZIP 2008, 1435 Rdn. 10 ff.; NZI 2002, 35, 36; ZIP 2000, 2207, 2209 f.
[13] Vgl. die in Fn. 7 Genannten sowie *BGH* ZIP 2011, 2262 Rdn. 5 ff.
[14] Zur Insolvenzfestigkeit einer solchen Verfügung s. o. Rdn. 175.
[15] *BGHZ* 106, 236, 241 ff.; dazu *H. Roth*, FS Rolland, 1999, S. 305 ff.
[16] *BGHZ* 150, 353, 359 f.; *BGH* ZIP 2006, 859 Rdn. 12.

192 Nach der **Gegenansicht**[17] hat die Eröffnung des Insolvenzverfahrens auf die Erfüllungsansprüche keinen Einfluss. Wählt der Verwalter die Erfüllung des Vertrages, so hat dies keine rechtsgestaltende Wirkung, sondern bringt im Gegenteil zum Ausdruck, dass es bei der unveränderten Rechtslage bleiben soll[18]. Lehnt der Verwalter hingegen die Erfüllung ab, so kann aus der Insolvenzmasse Schadensersatz wegen Nichterfüllung verlangt werden (→ Rdnr. 201). Die Erfüllungsansprüche erlöschen aber auch jetzt nicht automatisch[19]. Vielmehr muss sich der Vertragspartner entscheiden: Meldet er den Schadensersatzanspruch wegen Nichterfüllung zur Tabelle an, so kann er Erfüllung nicht mehr verlangen; das ergibt sich aus § 281 Abs. 4 BGB. Er kann aber auch den Erfüllungsanspruch[20] zur Tabelle anmelden und bekommt dann die Quote nur Zug um Zug gegen Erbringung der ihm obliegenden Gegenleistung[21]. Verzichtet er auf eine Teilnahme am Insolvenzverfahren, so bleiben die Erfüllungsansprüche bestehen. Sie richten sich nur noch gegen den Schuldner, gegen den sie nach Abschluss des Insolvenzverfahrens nach Maßgabe der allgemeinen Regeln durchgesetzt werden können (arg. § 201 Abs. 1 InsO)[22].

193 Eine **Stellungnahme** muss konstatieren, dass die Lösung der h.M. systematisch an der falschen Stelle ansetzt. Die geschilderten Problemfälle (→ Rdnr. 190 f.) sind nicht mit einer dogmatischen Manipulation des § 103 InsO, sondern mit den allgemeinen insolvenzrechtlichen Instrumenten zu bewältigen. Dabei muss man sich vor pauschalen Einheitslösungen hüten. Vielmehr ist für jede Konstellation gesondert zu prüfen, welche Norm wertungsmäßig passt.

---

[17] Grundlegend *Marotzke* (Rdnr. 182), Rdnr. 3.42 ff. und passim; *ders.*, JZ 1977, 552, 553; im Grundsatz übereinstimmend *Bork*, FS Zeuner, S. 297, 302 ff.; *Häsemeyer*, Rdnr. 20.07; *U. Huber*, BB 1964, 731, 733; *Musielak*, AcP 179 (1979), 189, 212; *Pflug*, AG 1986, 305, 307 ff.; *Windel*, Jura 2002, 230, 233; krit. zur Rechtsprechung auch *v. Wilmowsky*, ZIP 2012, 401 ff.; *Wimmer-Wegener*, § 103 Rdnr. 3.

[18] Dies bedeutet beispielsweise im Falle einer Sicherungszession, dass der Sicherungsnehmer Inhaber der an ihn bereits abgetretenen Forderung bleibt und diese nicht durch die Erfüllungswahl zur Masse zurückfällt.

[19] Anders die früher herrschende Meinung; vgl. nur *Baur*, FS Weber, 1975, S. 41, 43 f.; *Baur/Stürner*[12], Rdnr. 9.3. Nach dieser Ansicht erlöschen die Erfüllungsansprüche nicht mit Verfahrenseröffnung, sondern mit Erfüllungsablehnung. An ihre Stelle tritt der Schadensersatzanspruch wegen Nichterfüllung.

[20] Nicht auf Geld gerichtete Erfüllungsansprüche sind gemäß § 45 InsO umzurechnen.

[21] Das ergibt sich aus § 320 BGB, der sich auch im Insolvenzverfahren durchsetzt. Der Gläubiger kann diese Einrede dadurch ausräumen, dass er den Wert der Gegenleistung von seiner Forderung abzieht und nur die Differenz zur Tabelle anmeldet.

[22] Vgl. Zu diesen Konsequenzen auch *BFH* ZIP 2007, 976, 977.

§ 16: Auswirkungen auf schwebende Geschäfte

Im *Aufrechnungsfall* (→ Rdnr. 190) führt das zu folgenden Überlegungen: Auszugehen ist von der Wertung des § 94 InsO, demzufolge bei Verfahrenseröffnung bestehende Aufrechnungslagen insolvenzfest sind. Dabei kann man es belassen und die Lösung bei der Haftung des Insolvenzverwalters suchen, der es immerhin in der Hand hat, die Erfüllungswahl von einem Aufrechnungsverzicht der Gegenseite abhängig zu machen[23]. Heute werden freilich die von der Rechtsprechung entwickelten Ergebnisse grundsätzlich für vernünftig gehalten[24], weil die Aufrechnungsmöglichkeit für den Gläubiger erst dadurch werthaltig wird, dass der Insolvenzverwalter Erfüllung wählt und aus der Masse leistet. Diese Wertsteigerung kann allerdings nicht mit einer Insolvenzanfechtung[25] korrigiert werden, da der Gläubiger erst nach Verfahrenseröffnung durch den Insolvenzverwalter begünstigt wird. Ebenso wenig kann direkt auf das Bereicherungsrecht zurückgegriffen werden[26], da der Gläubiger die Leistung auf der Basis des zu erfüllenden Vertrages und damit mit Rechtsgrund erhält. Wertungsmäßig scheint der Fall auf einer Ebene mit dem der Erfüllung einer Insolvenzforderung durch den Insolvenzverwalter zu liegen. Diese kann eine insolvenzzweckwidrige Handlung sein[27]. Deren Rechtsfolge wäre aber, dass die Erfüllungswahl unwirksam ist mit der Konsequenz, dass der Masse anstelle des aufrechenbaren Werklohnanspruchs ein nach Verfahrenseröffnung entstandener (und damit gemäß § 96 Abs. 1 Nr. 1 InsO nicht aufrechenbarer) Bereicherungsanspruch zusteht[28]. Dieser ist freilich nur auf Wertersatz gerichtet und umfasst nicht die im Werklohnanspruch enthaltene Gewinnspanne. Sachgerechter erscheint daher die Verortung in den §§ 94 ff. InsO, zwar nicht durch teleologische Reduktion des § 94 InsO[29], wohl aber durch analoge Anwendung des § 96 Abs. 1 Nr. 1 InsO: Dem dort geregelten Fall, dass die Verbindlichkeit des Gläubigers und damit die Aufrechnungsmöglichkeit erst nach Verfahrenseröffnung entsteht, ist der vorliegende wertungsmäßig gleichzustellen, dass sie zwar vorher entsteht, aber durch Leistung des Insolvenzverwalters aus der Masse erst nachher werthaltig wird.

194

Entsprechend ist für den *Zessionsfall* (→ Rdnr. 191) zu entscheiden. Auch hier hilft weder die Insolvenzanfechtung noch das Bereicherungsrecht[30]. Auch die Einordnung unter die insolvenzzweckwidrigen Handlungen führt nicht zum Ziel[31]. Die einschlägige Wertung enthält vielmehr § 91 InsO,[32] der zwar nicht

195

---

[23] So noch *Bork*, FS Zeuner, 1994, S. 297, 310 f.
[24] Stellvertretend *Henckel*, FS Kirchhof, 2003, S. 191, 206.
[25] Sie ist u. a. dann eröffnet, wenn Rechte des Gläubigers vor Verfahrenseröffnung werthaltig werden (→ Rdnr. 247).
[26] So aber u. a. *Henckel*, FS Kirchhof, 2003, S. 191, 207.
[27] Vgl. Rdnr. 152 Fn. 50.
[28] So in der Tat *Häsemeyer*, Rdnr. 20.20.
[29] So aber *Wieser*, JZ 2003, 231 ff.
[30] Anders wieder *Henckel*, FS Kirchhof, 2003, S. 191, 206 f.
[31] Vgl. aber *Häsemeyer*, Rdnr. 20.20. Hier wäre zusätzlich einzuwenden, dass der Partner des zu erfüllenden gegenseitigen Vertrages eine auf der Zession beruhende Insolvenzzweckwidrigkeit zumeist nicht erkennen kann, da er von der Zession nichts weiß, und der begünstigte Dritte an der objektiv insolvenzzweckwidrigen Handlung nicht beteiligt ist, so dass es auf seinen Kenntnisstand nicht ankommt.
[32] So jetzt auch Kübler/Prütting/Bork-*Tintelnot*, § 103 Rdnr. 10.

direkt anwendbar ist, da der Sicherungsnehmer die Forderung vor Verfahrenseröffnung aus dem Schuldnervermögen erhalten hat, wohl aber analog, da die Abtretung erst nach Verfahrenseröffnung werthaltig geworden ist.

196 Die *Grundwertungen* sind in beiden Fällen dieselben: Zum einen kann ein Gläubiger, der schon die vor Verfahrenseröffnung erlangten Wertsteigerungen nicht behalten darf[33], nicht erwarten, dass die nach Verfahrenseröffnung erlangten Wertsteigerungen anders behandelt werden. Zum anderen darf der Gläubiger durch die Erfüllungswahl nicht besser gestellt werden, als er stünde, wenn der Verwalter die Erfüllung abgelehnt und einen gleichlautenden neuen Vertrag geschlossen hätte.

II. Voraussetzungen

197 § 103 Abs. 1 InsO setzt voraus, dass es sich um einen gegenseitigen (synallagmatischen) Vertrag handelt, der vor Verfahrenseröffnung geschlossen wurde und den beide Seiten nicht oder **nicht vollständig erfüllt** haben[34]. Das ist der Fall, wenn beide Seiten ihre Leistung noch nicht vollständig in das Vermögen des Vertragspartners überführt haben[35]. Rechts-, Sach- oder Werkmängel schließen die Erfüllung aus, wenn die Mangelfreiheit nach den Vorschriften des Bürgerlichen Rechts – wie etwa nach §§ 433 Abs. 1 S. 2, 633 Abs. 1 BGB – zum Leistungserfolg gehört[36].

198 Beim **Kauf unter Eigentumsvorbehalt** ist wie folgt zu unterscheiden[37]: In der *Insolvenz des Käufers* hat der Verwalter nach der heute ganz herrschenden Meinung[38] das Wahlrecht aus § 103 Abs. 1 InsO, denn der Verkäufer hat zwar schon alle Leistungshandlungen vorgenommen, es ist aber der Leistungserfolg noch nicht eingetreten und die Eigentumsverschaffungspflicht des Verkäufers deshalb noch nicht erfüllt. Entscheidet sich der Insolvenzverwalter für die Vertragserfül-

---

[33] Vgl. Fn. 23.
[34] Eine Ausnahme ist im Hinblick auf § 55 Abs. 2 InsO (→ Rdnr. 127) für Verträge zu machen, die ein „starker" vorläufiger Insolvenzverwalter geschlossen hat, *Hoenig/Meyer-Löwy*, ZIP 2002, 2162 ff. – Zur Anwendung auf Rückgewährschuldverhältnisse *Muthorst*, KTS 2009, 467 ff.
[35] *Häsemeyer*, Rdnr. 20.14; *Jaeger(KO)-Henckel*, § 17 Rdnr. 8/40. Zur teilweisen Erfüllung näher *BGH* ZIP 2010, 238 Rdnr. 12.
[36] *BGH* ZIP 2016, 85 Rdnr. 17 m. w. N. Nach a. M. greift § 103 InsO stets ein; vgl. *Baur/Stürner*[12], Rdnr. 9.5; *Kübler/Prütting/Bork-Tintelnot*, § 103 Rdnr. 199 ff.; *Marotzke*, ZInsO 2017, 1758 ff.; differenzierend *Henckel*, FS Wieacker, 1978, S. 366 ff.
[37] Vgl. *Kupka*, InVo 2003, 213 ff.
[38] Grundlegend *BGHZ* 98, 160, 168 f.; vgl. ferner *Huber*, FS Musielak, 2004, S. 267 ff.

lung³⁹, zahlt aber trotzdem nicht, so kann der Verkäufer unter den Voraussetzungen des § 323 BGB vom Vertrag zurücktreten und die verkaufte Sache als Eigentümer aussondern (§ 47 InsO)⁴⁰. Lehnt der Insolvenzverwalter die Erfüllung ab, so kann der Verkäufer ebenfalls zurücktreten, aussondern und einen Schadensersatzanspruch wegen Nichterfüllung geltend machen⁴¹. – In der *Insolvenz des Verkäufers* ist das Wahlrecht des Insolvenzverwalters hingegen durch § 107 Abs. 1 InsO ausgeschlossen⁴². Der Käufer, der bereits ein Anwartschaftsrecht erlangt hat, muss die restlichen Kaufpreisraten wie im Kaufvertrag vereinbart erbringen und erwirbt mit Zahlung der letzten Rate das Eigentum an der verkauften Sache.

III. Rechtsfolgen

1. Erfüllungswahl

§ 103 InsO gewährt dem Insolvenzverwalter ein originäres, der vorinsolvenzlichen Disposition des Schuldners entzogenes Wahlrecht⁴³. Entscheidet sich der Insolvenzverwalter für die Durchführung des Vertrages⁴⁴, so kann er die dem Schuldner versprochene Leistung zur Masse ziehen und muss seinerseits die Forderung des Vertragspartners vertragskonform als Masseverbindlichkeit erfüllen (§ 55 Abs. 1

199

---

[39] Für diese Entscheidung räumt ihm § 107 Abs. 2 InsO eine Frist bis zum Berichtstermin ein, damit er in Ruhe prüfen kann, ob er den Kaufgegenstand für eine Fortführung des Unternehmens braucht. Während dieser Zeit muss der Verwalter keine Kaufpreisraten zahlen. Kommt es zur Rückabwicklung, kann aber der Verkäufer analog § 172 Abs. 1 InsO Nutzungsersatz verlangen; *Marotzke*, JZ 1995, 803, 813; a. M. *Runkel*, FS Kirchhof, 2003, S. 455, 461 f. Die unberechtigte Veräußerung von Vorbehaltsware kann im Übrigen noch nicht als Erfüllungswahl verstanden werden (*BGH* NJW 1998, 992 f.; *OLG Düsseldorf* ZIP 2003, 1306, 1307). Sie führt nur zu Schadensersatzansprüchen (→ Rdnr. 290).

[40] A. M. (nur Absonderungsrecht) *Häsemeyer*, Rdnr. 11.10. – Vgl. zum Zahlungsverzug des Käufers auch *Rugullis*, KTS 2005, 459 ff.

[41] Zu den Konsequenzen für das Anwartschaftsrecht des Käufers s. *OLG Frankfurt* ZInsO 2002, 377, 379; *Foltis*, ZInsO 2002, 361 ff.

[42] Ausf. *Marotzke*, JZ 1995, 803, 805 ff.

[43] *BGH* ZIP 2011, 1477 Rdnr. 14. Auch eine vom vorläufigen Insolvenzverwalter getroffene Erfüllungswahl ist unwirksam, *BGH* ZIP 2017, 1915 Rdnr. 19 ff. m. w. N.

[44] Die darauf gerichtete Erklärung des Insolvenzverwalters ist eine empfangsbedürftige Willenserklärung, die konkludent abgegeben werden kann; vgl. *BGH* ZIP 2017, 1915 Rdnr. 18; 2016, 682 Rdnr. 9; 2014, 736 Rdnr. 12; 2013, 1729 Rdnr. 25; 2009, 428 Rdnr. 10; vgl. auch oben Fn. 36.

Nr. 2 InsO)⁴⁵. Bei *teilbaren* Verträgen gilt das gemäß § 105 InsO allerdings nur für die nach Verfahrenseröffnung erbrachten Leistungen[46].

200 **Beispiel:** Der Schuldner hat mit einem Energieversorgungsunternehmen einen Stromlieferungsvertrag zu Sonderkonditionen geschlossen. Nach altem Recht hätte der Verwalter bei Erfüllungswahl auch den vor Verfahrenseröffnung abgenommenen Strom vollständig bezahlen müssen[47]. Die Praxis war deshalb dazu übergegangen, die Erfüllung abzulehnen und mit dem einem Kontrahierungszwang unterliegenden Energielieferanten einen neuen Vertrag zu schließen, freilich ohne die Sonderkonditionen. Da der Vertrag teilbar ist, führt nach § 105 InsO die Erfüllungswahl nunmehr zu einer Fortsetzung des alten Vertrages einschließlich der Sonderkonditionen mit der Besonderheit, dass das Energieversorgungsunternehmen Ansprüche wegen des vor der Verfahrenseröffnung gelieferten Stroms trotz der Erfüllungswahl nur als einfache Insolvenzforderung geltend machen kann, auf diese Ansprüche also nur die Quote erhält, während für den nach Verfahrenseröffnung gelieferten Strom eine Masseverbindlichkeit entsteht[48].

2. Erfüllungsablehnung

201 Lehnt der Verwalter die Erfüllung ab, so kann Leistung aus oder zu der Insolvenzmasse nicht mehr verlangt werden[49] (→ Rdnr. 186). Der Gläubiger muss sich mit einem als einfache Insolvenzforderung zu behandelnden **Schadensersatzanspruch**[50] begnügen[51]. Äußert sich der Insolvenzverwalter zur Erfüllung des Vertrages nicht, so kann ihn[52] der Gläubiger zur Ausübung des Wahlrechts auffordern mit der Folge, dass der Insolvenzverwalter keine Erfüllung mehr verlangen kann, wenn er sich nicht unverzüglich[53] erklärt (§ 103 Abs. 2 S. 2 und 3 InsO).

---

[45] *BGH* ZIP 2017, 89 Rdnr. 12.
[46] Vgl. *BGHZ* 135, 25, 27 ff.; *Adam*, DZWIR 2010, 187 ff.; *Kesseler*, ZIP 2005, 2046 ff.; *Meyer*, NZI 2014, 679 ff.; *Scherer*, NZI 2004, 113 ff.; *Susel* (Rdnr. 182); *Wiegmann* (Rdnr. 182).
[47] Vgl. *BGHZ* 97, 87, 90.
[48] *BGH* ZIP 2016, 682 Rdnr. 5 ff.; *Möhring/Prietze*, ZInsO 2016, 2140 ff.
[49] Auch der Verwalter kann weder Erfüllung noch Schadensersatz wegen Nichterfüllung verlangen, *BGH* ZIP 2016, 85 Rdnr. 19 ff.
[50] Nach a. A. handelt es sich um den ursprünglichen Primäranspruch des Vertragspartners; vgl. vor allem Jaeger-*Jacoby*, § 103 Rdnr. 34, 241.
[51] Zur Aufrechnung dieses Anspruchs gegen massezugehörige Schuldneransprüche *Tintelnot*, KTS 2004, 339 ff.
[52] Eine bereits an den vorläufigen Insolvenzverwalter gerichtete Aufforderung ist ebenso unwirksam (*BGH* ZIP 2007, 2322 Rdnr. 7 ff.).
[53] D. h. „ohne schuldhaftes Zögern" (§ 121 Abs. 1 S. 1 BGB), *BGH* ZIP 2017, 1915 Rdnr. 29. Je nach Sachlage zögert der Verwalter nicht schuldhaft, wenn er zunächst den Berichtstermin (→ Rdnr. 28, 88) abwartet; vgl. *OLG Köln* ZInsO 2003, 336.

Dass der Gläubiger einen solchen Anspruch hat, ist unstreitig. Die *Anspruchs-* **202** *grundlage* für diesen Schadensersatzanspruch ist freilich zweifelhaft. Zum alten Recht wurde teilweise § 26 S. 2 KO direkt herangezogen[54]. Die h. M. stützte den Anspruch auf die Vorschriften des Bürgerlichen Rechts, etwa auf §§ 325, 326 BGB a. F.[55] oder auf eine positive Vertragsverletzung[56] (heute für beides: §§ 280 ff. BGB[57]). Diese Vorschriften passen jedoch nicht, da sie Verschulden voraussetzen, das Gesetz indessen dem Verwalter diese Entscheidung erlaubt. Es bleibt daher nur, § 103 Abs. 2 S. 1 InsO selbst als Anspruchsgrundlage anzusehen[58], wenn auch der Wortlaut der Vorschrift eher dafür spricht, dass hier nur die insolvenzrechtliche Einordnung eines anderweitig zu begründenden Anspruchs geregelt wird.

C. Ausnahmen (§§ 104 ff. InsO)

Es wurde schon dargelegt, dass § 103 InsO nur herangezogen werden **203** kann, wenn das Schicksal des Schuldverhältnisses nicht in §§ 104 ff. InsO spezieller geregelt ist (→ Rdnr. 184). So ist z. B. in § 104 InsO für **Fixgeschäfte** und **Finanztermingeschäfte**, bei denen die Leistung zu einem bestimmten Termin nach Verfahrenseröffnung vereinbart war, normiert, dass nicht Erfüllung, sondern nur eine Forderung wegen Nichterfüllung geltend gemacht werden kann[59]. Das Wahlrecht des Insolvenzverwalters ist ausgeschlossen, um dem bei diesen Geschäften besonders großen Interesse des Vertragspartners an einer raschen Klärung der Rechtslage Rechnung zu tragen.

Ist bei einem Grundstücksgeschäft für den Erwerber eine **Vor-** **204** **merkung** eingetragen[60], so kann der Insolvenzverwalter das durch die Vormerkung gesicherte Recht nicht dadurch vereiteln, dass er die Erfüllung des Vertrages ablehnt (§ 106 Abs. 1 InsO)[61]. Der gesicherte Anspruch muss daher voll aus der Insolvenzmasse erfüllt werden[62].

---

[54] Vgl. etwa Jaeger(KO)-*Henckel*, § 17 Rdnr. 170 f.
[55] So z. B. *BGHZ* 17, 127, 129; *Baur/Stürner*[12], Rdnr. 9.9; *Musielak*, AcP 179 (1979), 189, 203 ff. Die Rechtsprechung hat die Frage später offengelassen; vgl. etwa *BGHZ* 106, 236, 242; 96, 392, 395; 68, 379, 380.
[56] So z. B. *Hess*, § 103 Rdnr. 192.
[57] Dafür u. a. *Riehm*, KTS 2016, 143 ff.
[58] Ebenso Kübler/Prütting/Bork-*Tintelnot*, § 103 Rdnr. 318.
[59] Vgl. dazu *BGH* ZIP 2016, 1226 Rdnr. 53 ff.; *Bornemann*, FS Graf-Schlicker, 2018, S. 195 ff.; *Bosch*, WM 1995, 365/413 ff.; *Ehricke*, ZIP 2003, 273 ff.; *Obermüller*, FS Merz, 1992, S. 423 ff.; *Obermüller/Hess*, Rdnr. 892 ff.; *v. Wilmowsky*, WM 2002, 2264 ff.
[60] Der gesetzlich wie ein vorgemerkter Anspruch behandelte Löschungsanspruch aus § 1179a BGB steht dem gleich, *BGH* ZIP 2012, 1140 Rdnr. 7 ff.
[61] Dazu *Fritsche*, DZWIR 2002, 92 ff.
[62] *BGH* ZIP 2008, 1028 Rdnr. 11; 2001, 2008, 2010.

Das gilt auch dann, wenn die Vormerkung nach Maßgabe der §§ 81, 91 InsO gutgläubig erworben wurde[63]. Erforderlich ist lediglich, dass die Vormerkung wirksam ist[64].

205 Bei **Miet- und Pachtverträgen**[65] ist zu unterscheiden: Ist eine *bewegliche Sache* vermietet oder verpachtet worden, so gilt § 103 InsO[66]. Der Verwalter kann frei entscheiden, ob er den Vertrag fortsetzen will oder nicht. Entscheidet er sich für die Fortsetzung, so sind die vor Verfahrenseröffnung begründeten Miet-/Pachtzinsansprüche lediglich einfache Insolvenzforderungen (§ 105 InsO). Masseforderungen entstehen nur, wenn der Insolvenzverwalter die Sache zwischen Eröffnung des Insolvenzverfahrens und Erfüllungsablehnung nutzt und dadurch gemäß § 546a BGB einen Anspruch auf Nutzungsentschädigung begründet[67]. Außerdem kann der Vermieter/Verpächter in der Insolvenz des Mieters/Pächters nicht wegen der Insolvenz kündigen (§ 112 InsO; → Rdnr. 206). Damit soll erreicht werden, dass die Sache zur wenigstens vorläufigen Fortführung des Unternehmens zur Verfügung steht. Im Übrigen richtet sich die Kündigung nach den allgemeinen Regeln[68]. Eine Ausnahme von diesen Grundsätzen gilt nach § 108 Abs. 1 S. 2 InsO nur für solche beweglichen Sachen, die der Schuldner vermietet oder verpachtet hat und die er zur Absicherung seiner Finanzierung Dritten zur Sicherheit übertragen hat. Hier ist der Miet- bzw. Pachtvertrag insolvenzfest, so dass die Mieteinnahmen, die regelmäßig vor Vertragsbeginn an die finanzierende Bank abgetreten wurden, weiter von dieser Bank eingezogen werden können[69].

---

[63] *BGH* ZIP 1998, 836, 839.

[64] *BGHZ* 150, 138, 143; vgl. auch *BGHZ* 166, 319 Rdnr. 16 ff.

[65] Zu **Leasinggeschäften** s. *BGH* ZIP 2013, 1082 Rdnr. 24; *Bien*, ZIP 1998, 1017 ff.; *Eckstein*, FLF 1986, 149 ff.; *Eckert*, ZIP 1997, 2077 ff.; *ders.*, ZIP 1996, 897 ff.; *Fehl*, DZWIR 1999, 89 ff.; *Feinen*, DB 1986, Beil. 13, 12 ff.; *Kalkschmidt* (Rdnr. 182); *Krämer* (Rdnr. 182); *Krüger* (Rdnr. 182); *Krull*, ZMR 1998, 746 ff.; *Livonius*, ZInsO 1998, 111 ff.; *Niemann* (Rdnr. 182); *Obermüller/Hess*, Rdnr. 846 ff.; *Obermüller/Livonius*, DB 1995, 27 ff.; *Schmidt-Burgk/Ditz*, ZIP 1998, 1022 ff.; *dies.*, ZIP 1996, 1123 ff.; *Schwemer*, ZMR 2000, 348 ff.; *Seifert*, NZM 1998, 217 ff.; *ders.*, FLF 1995, 13 ff.; *Sinz*, in: Kölner Schrift, 403 ff.; *Tintelnot*, ZIP 1995, 616, 620 ff.; *Vogel*, NZI 2018, 588 ff.; *Zahn*, DB 1996, 1393 ff.; *ders.*, DB 1995, 1597 ff./1649 ff. – Zu den **Lizenzen** (→ Rdnr. 147) s. *BGH* NZI 2016, 97 Rdnr. 40 ff.

[66] *BGH* ZIP 2015, 589 Rdnr. 30. – Ausf. v. *Wilmowsky*, ZInsO 2011, 1473 ff.; 2007, 731 ff.

[67] *BGH* ZIP 2007, 778 Rdnr. 20 ff.; vgl. zur Abgrenzung *BGH* ZIP 2007, 340 Rdnr. 8 ff.

[68] Zum Sonderkündigungsrechts des Grundstückserwerbers nach § 111 InsO s. *Neumann*, NZI 2018, 471 ff.

[69] Vgl. dazu *BGH* ZIP 2018, 695 Rdnr. 26; *Bien*, Die rechtliche Stellung des Refinanzierers der Leasinggesellschaft beim Finanzierungsleasing nach der Insol-

Für *unbewegliche Sachen* enthalten die §§ 108 ff. InsO Sonderregelungen[70]. Nach § 108 Abs. 1 InsO bestehen Miet- und Pachtverträge über Immobilien mit Wirkung für die Insolvenzmasse fort[71]. War der Schuldner Vermieter/Verpächter, muss der Verwalter das Grundstück dem Mieter/Pächter überlassen und das Entgelt zur Masse ziehen[72]. Im umgekehrten Fall kann der Verwalter das Grundstück nutzen und muss den Miet- oder Pachtzins als Masseverbindlichkeit zahlen (§ 55 Abs. 1 Nr. 2 InsO)[73]. Will sich eine Partei von dem Vertrag lösen, so kann sie ihn nur nach den allgemeinen Regeln *kündigen*[74]. Die Eröffnung des Insolvenzverfahrens berechtigt also ebenso wenig zur fristlosen Kündigung wie die Insolvenz als solche[75]. In der Insolvenz des Mieters/Pächters ist der Vermieter/Verpächter wegen Rückständen aus der Zeit vor dem Insolvenzantrag[76] auch nicht zur fristgerechten Kündigung befugt (§ 112 InsO)[77], während § 109 Abs. 1 InsO dem Verwalter die Kündigung durch die Bestimmung erleichtert, dass als

206

---

venzordnung, 2000; *Bornholdt*, Leasingnehmer und refinanzierende Bank in der Insolvenz des Leasinggebers nach der InsO, 1999; *Klinck*, KTS 2007, 37 ff.; *Michalski/ Ruess*, NZI 2000, 250 ff.; *Peters*, ZIP 2000, 1759 ff.; *Schmidt-Burgk/Ditz*, ZIP 1996, 1123 ff.; *de With*, FLF 1996, 183 ff.; *Zahn*, ZIP 2007, 365 ff.; *ders.*, DB 1996, 1393 ff.

[70] Vgl. dazu *BGH* ZIP 2015, 589 Rdnr. 28; 2015, 135 Rdnr. 10; *Hain*, ZInsO 2007, 192 ff.; *Lohmann*, FS Fischer, 2008, S. 333 ff.; *zur Nieden*, NZI 2018, 465 ff.; *Vehslage*, ZInsO 2001, 786 ff.

[71] Das gilt allerdings nur, wenn das Mietobjekt dem Mieter bereits überlassen und dieser noch unmittelbarer oder mittelbarer Besitzer war, *BGHZ* 173, 116 Rdnr. 13 ff.; *BGH* ZIP 2015, 135 Rdnr. 17 ff.; vgl. auch *Wegener*, ZInsO 2005, 1259 ff.

[72] Zu den in § 110 InsO geregelten Vorausverfügungen des Schuldners s. Rdnr. 176.

[73] *BGH* ZIP 2012, 784 Rdnr. 7/11. – Ansprüche des Vertragspartners, die die Zeit *vor* der Verfahrenseröffnung betreffen, können aber nur als einfache Insolvenzforderungen geltend gemacht werden (§ 108 Abs. 3 InsO); vgl. *BGH* ZIP 2013, 179 Rdnr. 10; 2003, 854.

[74] War die Sache dem Schuldner als Mieter/Pächter noch nicht überlassen, können beide Seiten vom Vertrag zurücktreten (§ 109 Abs. 2 InsO).

[75] *BGH* NJW-RR 2002, 946.

[76] Anders für Mietrückstände, die nach dem Antrag oder nach Verfahrenseröffnung aufgelaufen sind, *BGHZ* 151, 353, 370. – Freilich lässt sich dieses Ergebnis bei Mietverträgen über bewegliche Sachen kaum begründen, wenn man mit der h. M. (→ Rdnr. 187 ff.) annimmt, dass solche Verträge mit Verfahrenseröffnung zunächst einmal ihre Durchsetzbarkeit verlieren, denn dann kann der zur Kündigung erforderliche Verzug (§ 543 Abs. 2 Nr. 3 BGB) nicht eintreten.

[77] Dazu *BGH* ZIP 2008, 608 Rdnr. 14 ff.; *Langer*, ZInsO 2017, 477 ff.; *Marotzke*, FS Zöllner, 1999, S. 1193 ff.; *Tetzlaff*, NZI 2006, 87 ff.; *v. Wilmowsky*, ZInsO 2004, 882 ff.; die Vorschrift bezieht sich nicht auf das Nutzungsrecht absichernde Grunddienstbarkeiten, *BGH* ZIP 2011, 1063 Rdnr. 14 ff.

Kündigungsfrist immer die gesetzliche Kündigungsfrist, höchstens aber eine Frist von drei Monaten gelten soll[78].

207 **Aufträge** (§ 115 InsO), **Geschäftsbesorgungsverträge** (§ 116 InsO)[79] und **Vollmachten** (§ 117 InsO)[80], die sich auf die Insolvenzmasse beziehen[81], erlöschen mit Wirkung ex nunc (für die Zukunft)[82]. Auch hier besteht kein Wahlrecht des Verwalters. Für die Insolvenzmasse soll jetzt nämlich nur noch der Verwalter tätig werden, nicht mehr ein vom Schuldner eingesetzter Dritter[83]. Etwas anderes gilt nur bei Gefahr im Verzug (§§ 115 Abs. 2, 116 S. 1, 117 Abs. 2 InsO)[84]. Der Dritte wird allerdings geschützt, wenn er die Verfahrenseröffnung ohne Verschulden nicht kennt (§§ 115 Abs. 3, 116 S. 1, 117 Abs. 3 InsO)[85].

---

[78] Vgl. *Pohlmann-Weide/Ahrendt*, ZVI 2013, 374 ff. – Zu dem daraus resultierenden Schadensersatzanspruch (§ 109 Abs. 1 S. 3 InsO) s. *Marotzke*, FS Fischer, 2008, S. 379 ff.; zur anstelle der Kündigung möglichen Freigabe des Mietverhältnisses aus dem Insolvenzbeschlag (§ 109 Abs. 1 S. 2 InsO) s. *BGH* ZIP 2017, 884 Rdnr. 6 ff.; 2015, 1496 Rdnr. 19 ff.; 2014, 1341 Rdnr. 7 ff.; 2014, 1086 Rdnr. 9 ff.; 2012, 784 Rdnr. 7 ff.; ZInsO 2017, 1726 Rdnr. 6 ff.; *Heinze*, ZInsO 2018, 155 ff.; *ders.*, ZInsO 2016, 2067 ff.; *Jacoby*, FS Wimmer, 2017, S. 326 ff.; *Ritter*, ZVI 2016, 179 ff.; zur Wirkung auch für Mitmieter s. *BGH* ZIP 2013, 835 Rdnr. 11 ff.

[79] Geschäftsbesorgungsverträge sind insbesondere die Giroverträge des Schuldners mit seiner Bank. Die Konten des Schuldners werden also durch die Eröffnung des Insolvenzverfahrens abgeschlossen (*BGH* ZIP 2015, 738 Rdnr. 9). Vgl. zu den Einzelheiten *Baur/Stürner*[12], Rdnr. 9.45 ff. m. w. N.; zum Erlöschen des Kontokorrents *BGHZ* 170, 206 Rdnr. 19; *BGH* ZIP 2010, 1137 Rdnr. 3; 2009, 1529 Rdnr. 10; zu den „Nachwirkungen" des Girovertrages *BGH* ZIP 1995, 659, 660; zur Aufrechnungsbefugnis der Bank *Gerhardt*, FS Zeuner, 1994, S. 353 ff. – Zum Handelsvertretervertrag s. *Emde/Kelm*, ZIP 2005, 58 ff.; zum Kautionsversicherungsvertrag *BGHZ* 168, 276 Rdnr. 8; *BGH* ZIP 2011, 282 Rdnr. 7; 2010, 1453 Rdnr. 10; 2008, 885 Rdnr. 7; 2007, 543 Rdnr. 7; zum Anwaltsvertrag *Paulus*, NJW 2010, 1633 ff.; zum Versicherungsauftrag *BGH* ZIP 2013, 1189 Rdnr. 14; zum Treuhandvertrag *BGHZ* 207, 23 Rdnr. 37; 193, 129 Rdnr. 12; *BGH* ZIP 2012, 1517 Rdnr. 12; *BAG* ZIP 2013, 2025 Rdnr. 47 ff.; *Jacoby*, FS Kübler, 2015, S. 309 ff.; für Unterstützungskassen *BGH* ZIP 2017, 91 Rdnr. 17.

[80] Vgl. *BGHZ* 155, 87, 90 f.; *Kesseler*, NZI 2018, 680 ff.; *Schilken*, KTS 2007, 1 ff.; *ders.* in: Münch (Hrsg.), Prozessrecht und materielles Recht, 2015, 301 ff.; zur Prozessvollmacht *BGH* ZIP 2009, 240 Rdnr. 14; *BAG* NJW 2006, 461; zur Prozessführungsermächtigung für einen Prozessstandschafter *BGH* ZInsO 2016, 1852 Rdnr. 9.

[81] Das gilt z. B. nicht für die Vollmacht zur Vertretung des Schuldners im Insolvenzverfahren, *BGH* ZIP 2011, 1014 Rdnr. 4.

[82] *BGHZ* 168, 276 Rdnr. 9 ff.

[83] *BGH* ZIP 2017, 91 Rdnr. 32.

[84] Dazu *BGH* ZIP 2017, 2317 Rdnr. 15 ff.

[85] *BGH* ZIP 2017, 2317 Rdnr. 24.

D. Insbesondere: Arbeitsverhältnisse in der Insolvenz[86]

Auf die Interessen der Arbeitnehmer des Schuldners[87], deren Arbeitsplatz in Gefahr ist, nimmt das Insolvenzrecht besondere Rücksicht. Die allgemeinen Regeln des § 103 InsO passen für sie nicht. Das Gesetz versucht deshalb, einen angemessenen Ausgleich zu finden zwischen den Arbeitnehmerinteressen einerseits und den Zwängen andererseits, denen der Insolvenzverwalter unterliegt, der das Unternehmen möglichst rasch liquidieren, sanieren oder im Wege der übertragenden Sanierung veräußern muss. **208**

I. Auswirkungen der Eröffnung

Vor diesem Hintergrund bestimmt § 108 Abs. 1 InsO, dass Dienstverhältnisse[88] des Schuldners mit Wirkung für die Insolvenzmasse fortbe- **209**

---

[86] **Literatur:** *Arend*, Der Personalabbau nach der Insolvenzordnung, 1998; *Arens/Brand*, Arbeits- und Sozialrecht in der Insolvenz, 2009; *Berscheid*, Arbeitsverhältnisse in der Insolvenz, 1999; *Caspers*, Personalabbau und Betriebsänderung im Insolvenzverfahren, 1998; *Daus*, Die betriebliche Altersversorgung in der Insolvenz des Arbeitgebers, 2015; *Eisenbeis/Mues*, Arbeitsrecht in der Insolvenz, 2000; *Göpfert*, Handbuch Arbeitsrecht in Restrukturierung und Insolvenz, 2013; *Gossak*, Praxis des Insolvenzarbeitsrecht, 2015; *Grunsky/Moll*, Arbeitsrecht und Insolvenz, 1997; *Hase/Peters-Lange*, Sicherung der Arbeitnehmeransprüche in der Insolvenzpraxis, 1999; *Heilmann*, Neues Insolvenzrecht und Arbeitnehmerinteressen, 1998; *Heinrich*, Das Insolvenzarbeitsrecht – ein Weg aus der Krise?, 2004; *Hess/Weis/Wienberg*, Insolvenzarbeitsrecht, 2. Aufl., 2000; *Hoffmann*, Die Rolle der Gewerkschaften in der Unternehmensinsolvenz,, 2016; *Klopp/Mokros*, Rechtslage des Arbeitnehmers in der Insolvenz seines Arbeitgebers, 2006; *Knörig*, Arbeitsrecht in Sanierung und Insolvenz, 2. Aufl., 2000; *Lakies*, Das Arbeitsverhältnis in der Insolvenz, 2. Aufl., 2014; *Lill*, Insolvenz und Arbeitsrecht, 2016; *Moll/Plagemann*, Arbeitsrecht und Sozialrecht, 2001; *Mückl*, Arbeitsrecht in Krise und Insolvenz, 2. Aufl. 2015; *Nagel*, Die Stellung des Arbeitnehmers im neuen Insolvenzrecht, 1999; *Neef/Schrader*, Arbeitsrechtliche Neuerungen im Insolvenzfall, 1998; *Regh/Fanselow/Jakubowski/Kreplin*, Arbeitsrecht in der Insolvenz, 2015; *Schmidt*, Arbeits- und Sozialrecht in der Insolvenz, 2010; *Schrader/Straube*, Insolvenzarbeitsrecht, 2008; *Schulze-Pfefferkorn*, Das Arbeitsverhältnis in der Insolvenz, 2011; *Röger*, Insolvenzarbeitsrecht, 2018; *Tretow*, Personalabbaumaßnahmen nach der neuen Insolvenzordnung, Diss. Bremen 1999; *Tuxhorn*, Kündigung und Kündigungsschutz in der Insolvenzordnung, 1995; *Willemsen/Tiesler*, Interessenausgleich und Sozialplan in der Insolvenz, 1995; *Zinecker*, Der Insolvenzverwalter als Arbeitgeber, 2001; *Zwanziger*, Kommentar zum Arbeitsrecht der Insolvenzordnung, 4. Aufl., 2010; *Zwinkmann*, Der Interessenausgleich über die Sozialauswahl in der Insolvenz nach § 125 InsO, 2003.

[87] Für die Insolvenz des Arbeitnehmers gibt es keine insolvenzrechtlichen Besonderheiten. Im Folgenden wird nur die Insolvenz des Arbeitgebers behandelt.

[88] Gemeint sind Dienst- und Arbeitsverhältnisse aller Art, also auch das des GmbH-Geschäftsführers, *OLG Brandenburg* NZI 2003, 324, 325. Für eine Redu-

stehen. Der Insolvenzverwalter rückt in die Arbeitgeberstellung ein[89] und muss die Arbeitnehmer zunächst einmal *weiterbeschäftigen* und ihre *Löhne und Gehälter* aus der Masse bezahlen (§ 55 Abs. 1 Nr. 2 InsO). Rückständige Löhne aus der Zeit vor der Eröffnung des Insolvenzverfahrens sind allerdings nur einfache Insolvenzforderungen (§ 108 Abs. 3 InsO)[90]. Diese für die Arbeitnehmer nachteilige Regelung wird weitgehend dadurch kompensiert, dass die Beschäftigten nicht bezahltes Arbeitsentgelt für die letzten drei Arbeitsmonate vor der Verfahrenseröffnung als *Insolvenzgeld* von der Agentur für Arbeit (Arbeitsamt) erhalten (§§ 165 ff. SGB III)[91]. Für die vom Schuldner versprochenen betrieblichen *Renten* (Versorgungszusagen), die einfache Insolvenzforderungen sind, soweit sie vor Eröffnung des Insolvenzverfahrens erarbeitet worden sind[92], tritt nach Maßgabe der §§ 7, 14 BetrAVG der Pensionssicherungsverein ein. Zahlt der Insolvenz-

---

zierung auf die Insolvenz des Arbeitgebers *Wente*, ZIP 2005, 335 ff.; restriktiv auch *BGH* ZIP 2011, 2262 Rdnr. 6 (keine Anwendung in der Insolvenz des Dienstverpflichteten, wenn die Dienstleistung nur unter Begründung von Masseverbindlichkeiten erbracht werden kann).

[89] Zum vorläufigen Insolvenzverfahren vgl. *Motz*, Die Arbeitgeberstellung des vorläufigen Insolvenzverwalters, 2012.

[90] Zur Abgrenzung s. *BAG* ZIP 2013, 1033 Rdnr. 19 ff.; NZI 2013, 357 Rdnr. 10 ff. (*Lohmann*); 2006, 1962 Rdnr. 12 ff.; NZI 2013, 360 Rdnr. 10 ff.; – Zur Absicherung „angesparter" (vorgearbeiteter) Ansprüche vgl. *Begiebing*, Contractual Trust Arrangement (CTA), 2011; *Huke/Lepping*, ZIP 2009, 1204 ff.; *Lohmann*, Insolvenzsicherung von Arbeitszeitkonten, 2004; *Schietinger*, Die Insolvenzsicherung von Arbeitszeitguthaben, 2008; *Thomé*, Contractual Trust Agreements aus insolvenzrechtlicher Sicht 2011; *Wiezer*, Insolvenzsicherung von Arbeitszeitkonten, 2004.

[91] Ausf. dazu *Braun/Wierzioch*, ZIP 2003, 2001 ff.; *Grepl*, Die Funktion des Insolvenzgeldes, 2007; *Hess*, Insolvenzgeld, 1999; *Lakies*, NZA 2000, 565 ff.; *Schaub*, NZI 1999, 215 ff.; vgl. auch *BAG* ZIP 2017, 2113 Rdnr. 22 f., 33 ff.; 2014, 2147 Rdnr. 14 ff.; *BSG* ZIP 2013, 795 Rdnr. 13 ff.; zur Verfassungsmäßigkeit der Umlagefinanzierung *BVerfG* ZIP 2009, 680 ff. – Diese Regelung hilft nicht selten dem vorläufigen Insolvenzverwalter, das Unternehmen während des Eröffnungsverfahrens mit den benötigten Arbeitskräften fortzuführen, ohne dass deren Entgeltforderungen die Masse belasten, sofern es ihm gelingt, das Insolvenzgeld vorzufinanzieren. Die **Vorfinanzierung** erfolgt i. d. R. dadurch, dass ein Kreditinstitut die Arbeitnehmer befriedigt und sich im Gegenzug deren Lohnforderungen abtreten lässt. Die Abtretung bedarf der Zustimmung der Agentur für Arbeit, die nur zur Sicherung von Arbeitsplätzen erteilt werden kann (§ 188 Abs. 3 SGB III). Damit geht dann auch der Anspruch auf das Insolvenzgeld auf die Bank über; vgl. *BSG* ZIP 1995, 935 ff.; *Berkowsky*, NZI 2000, 253 ff.; *Cranshaw*, ZInsO 2013, 1493 ff.; *Gebauer*, ZInsO 2002, 716 f.; *Hase*, WM 2000, 2231 ff.; *Hauser/Hawelka*, ZIP 1998, 1261 ff.; *Kämpfer*, Die Stellung von Sanierungskrediten im Insolvenzrecht, 1993, 40 ff.; *Kind*, InVo 1998, 57 ff.; *Klüter*, WM 2010, 1483 ff.; *Muschiol*, ZInsO 2016, 248 ff.; *Pape*, ZInsO 2002, 1171 ff.; *Sinz*, FS Uhlenbruck, 2000, S. 157 ff.; *Steinwedel*, DB 1998, 822 ff.; *Wiester*, NZI 1999, 397 ff.; ZInsO 1998, 99 ff.; *Wimmer*, ZIP 1997, 1635 ff.

[92] *BGH* ZIP 2008, 279 Rdnr. 12 f.

verwalter nach der Verfahrenseröffnung die Löhne und Gehälter nicht, so erhalten die Arbeitnehmer *Arbeitslosengeld* von der Agentur für Arbeit (§ 157 Abs. 3 SGB III).

Kann der Insolvenzverwalter die Arbeitnehmer mangels tatsächlicher Beschäftigungsmöglichkeit nicht einsetzen oder kann er ihre Entgeltansprüche aus der Masse nicht erfüllen, so kann er die Arbeitnehmer bis zum nächstmöglichen Kündigungstermin (→ Rdnr. 211) **freistellen**[93]. Das ändert allerdings an den Ansprüchen der Arbeitnehmer nichts (vgl. § 615 BGB). Vielmehr können diese jetzt fristlos kündigen. Zahlt der Insolvenzverwalter auch die Löhne und Gehälter nicht, so sind die Arbeitnehmer wiederum zum Bezug von Arbeitslosengeld berechtigt (§ 157 Abs. 3 SGB III; → Rdnr. 209). Ihre Entgeltansprüche bleiben (Alt-)Masseverbindlichkeiten i. S. v. § 209 Abs. 1 Nr. 3 InsO[94] (→ Rdnr. 328). 210

II. Kündigung[95]

Nach § 113 InsO können beide Teile[96] das fortbestehende Dienstverhältnis mit der gesetzlichen oder tarifvertraglichen[97] Kündigungsfrist (jedenfalls aber mit einer Frist von drei Monaten zum Monatsende) kündigen, auch wenn es sich um ein befristetes Dienstverhältnis handelt oder eine ordentliche Kündigung vertraglich ausgeschlossen wurde[98]. Die Vorschrift enthält aber keinen Kündigungsgrund, sondern regelt nur die *Kündigungsfrist*[99]. Die gesetzlichen *Kündigungs-* 211

---

[93] Vgl. *LAG Hamm* ZInsO 2002, 45, 46; NZI 2001, 499; *LAG Nürnberg* ZIP 2012, 1476 ff.; *ArbG Oberhausen* ZInsO 2003, 626; *Lauer*, ZIP 2006, 983 ff.; *Lindemann*, ZInsO 2012, 1873 ff.; *Marotzke*, InVo 2004, 301 ff.; *Pirscher*, ZInsO 2001, 698 f.; *Seifert*, DZWIR 2002, 407 ff.; *Wroblewski*, NJW 2011, 347 ff.; a. M. *Oberhofer*, ZInsO 2002, 21 ff. – Sind die Arbeitnehmer schon vor der Verfahrenseröffnung freigestellt worden, sind ihre Lohnforderungen nur einfache Insolvenzforderungen (§ 108 Abs. 3 InsO; → Rdnr. 209). – Unterscheide davon die Freistellung nach Kündigung gemäß § 629 BGB; vgl. *BAG* ZIP 2013, 638 Rdnr. 45 ff.
[94] *BAG* ZIP 1999, 585; vgl. auch *BAG* ZIP 2017, 2113 Rdnr. 20, 43; 2017, 1031 Rdnr. 14 ff.
[95] Dazu *Bertram*, NZI 2001, 625 ff.
[96] Bei Kündigung durch den Insolvenzverwalter erwirbt der Arbeitnehmer einen Schadensersatzanspruch, mit dem er als einfacher Insolvenzgläubiger am Verfahren teilnimmt (§ 113 S. 3 InsO); s. *BAG* ZIP 2008, 1829 Rdnr. 15 ff.
[97] *BAGE* 46, 206, 209 ff.
[98] *BAG* ZIP 2014, 1685 Rdnr. 9 ff.; 2000, 1941; 2000, 985; NZI 2000, 39; 1999, 370; *Berkowsky*, NZI 1999, 129 ff.; *Berscheid*, ZInsO 1998, 115 ff./159 ff.
[99] *BAG* ZIP 2017, 1083 Rdnr. 28 ff., 33, 49; DZWIR 2006, 461, 463 (*Bichlmeier*).

hindernisse, etwa nach § 9 MutterschutzG für Schwangere[100], nach § 18 Abs. 1 BErzGG für Arbeitnehmer in Elternzeit[101], nach §§ 85 ff. SGB IX für Schwerbehinderte oder nach § 15 KSchG für Betriebsratsmitglieder[102], gelten in der Insolvenz fort. Auch die gesetzlich erforderlichen *Kündigungsgründe* müssen weiterhin vorliegen. Insbesondere muss die Kündigung sozial gerechtfertigt sein (§ 1 KSchG), d. h. der Insolvenzverwalter muss die Anforderungen an die Sozialauswahl und die betrieblichen Erfordernisse beachten[103]. Die Insolvenz berechtigt also nicht zur fristlosen Kündigung. Liegen die Kündigungsvoraussetzungen nicht vor, so kann der Arbeitnehmer dies mit einer *Kündigungsschutzklage* geltend machen, die innerhalb von drei Wochen nach Zugang der Kündigung beim Arbeitsgericht zu erheben ist (§ 4 KSchG)[104].

III. Betriebliche Änderungen[105]

212 Die Insolvenz führt nicht nur bei der Liquidation, sondern auch bei der Sanierung (→ Rdnr. 413 ff.) zu betrieblichen Änderungen. Hierzu bestimmt zunächst § 120 InsO, dass zwischen Verwalter und Betriebsrat über die Änderung oder Aufhebung bestehender **Betriebsvereinbarungen** verhandelt werden soll, die den Arbeitgeber zu Sonderleistungen verpflichten, die die Insolvenzmasse belasten[106] (Beispiele: Unterhaltung einer Kantine oder eines Betriebskindergartens). Eine Kündigung der Betriebsvereinbarungen ist nach §§ 77 Abs. 5 BetrVG, 120 Abs. 1 S. 2 InsO mit einer Frist von drei Monaten möglich.

213 Umstrukturierungen, die zu einer für die Belegschaft nachteiligen **Betriebsänderung** i. S. v. § 111 Abs. 1 S. 2 BetrVG führen – insbesondere eine Einschränkung, Stilllegung oder Verlegung des ganzen Betriebes oder von wesentlichen Betriebsteilen, ein Zusammenschluss mit anderen Betrieben oder grundlegende Änderungen der Betriebsorganisation –, müssen in mitbestimmten Betrieben mit mehr als 20 Arbeitnehmern mit dem Betriebsrat beraten werden (§ 111

---

[100] *LAG Niedersachsen* MDR 2003, 1303.
[101] *BAG* NJW 2004, 244.
[102] *BAG* ZIP 2006, 918, 919 f.
[103] Vgl. dazu *BAG* ZIP 2017, 1083 Rdnr. 33; 2007, 2136 Rdnr. 31 ff.; *BAG* DZWIR 2006, 461, 463 (*Bichlmeier*); Ettwig, Betriebsbedingte Kündigungen in der Insolvenz, 2000.
[104] Vgl. *LAG Düsseldorf* NZI 2000, 448; *Gleisner*, InVo 2001, 225 ff.
[105] Dazu *Annuß*, NZI 1999, 344 ff.
[106] Dazu *Oetker/Friese*, DZWIR 2000, 397 ff.

Abs. 1 S. 1 BetrVG). Das Gesetz will damit erreichen, dass Arbeitgeber und Betriebsrat Einvernehmen über die Betriebsänderung erzielen und sich auf eine Regelung einigen, die allen beteiligten Interessen gerecht wird (*Interessenausgleich*; § 112 Abs. 1 S. 1 BetrVG). Entstehen den Arbeitnehmern – etwa durch Entlassung, Gehaltskürzungen oder Wegfall von Sondervorteilen – wirtschaftliche Nachteile, soll ein *Sozialplan* vereinbart werden (§ 112 Abs. 1 S. 2 BetrVG)[107]. Diese Vorschriften gelten auch in der Insolvenz[108], allerdings mit einigen Modifikationen[109]:

214 Kommt **keine Einigung** zustande, so können die Parteien gemäß § 112 Abs. 2 BetrVG ein *Vermittlungsverfahren* vor dem Vorstand der Bundesagentur für Arbeit oder vor einer Einigungsstelle einleiten. Dazu enthält die Insolvenzordnung Sonderregeln[110]. Nach § 121 InsO kommt ein Verfahren vor dem Vorstand der Bundesagentur für Arbeit nur in Betracht, wenn beide Parteien darauf bestehen. Damit soll erreicht werden, dass der Insolvenzverwalter möglichst rasch Klarheit darüber erhält, ob und wie er die Betriebsänderung durchführen kann. Aus demselben Grund bestimmt § 122 Abs. 1 InsO, dass der Insolvenzverwalter auch ohne vorangehendes Einigungsstellenverfahren[111] beim Arbeitsgericht die *Zustimmung zur Betriebsänderung* beantragen kann, wenn mit dem Betriebsrat nicht drei Wochen nach Beginn der Verhandlungen eine Einigung erzielt worden ist[112]. Sind Kündigungen erforderlich, so kann sich der Insolvenzverwalter die Rechtmäßigkeit der Kündigungen nach Maßgabe des § 126 InsO vom Arbeitsgericht bestätigen lassen[113]. Die Entscheidung ist in einem späteren Kündigungsschutzprozess für die Parteien bindend (§ 127 InsO).

215 Einigen sich die Parteien auf einen **Interessenausgleich**, der die Kündigung von namentlich bezeichneten Arbeitnehmern vorsieht, so können diese Arbeitnehmer zwar weiterhin Kündigungsschutzklage

---

[107] Der Interessenausgleich betrifft die organisatorische Seite der Betriebsänderung (Art, Umfang, Zeitpunkt, einschließlich der Konsequenzen für die Personalstruktur), der Sozialplan die finanzielle Seite für die Arbeitnehmer.
[108] *BAG* ZIP 2003, 2216, 2217.
[109] Vgl. *Lakies*, BB 1999, 206 ff.
[110] Dazu *Schrader/Straube*, ZInsO 2005, 910 ff.
[111] Normalerweise entscheidet nach § 112 Abs. 4 BetrVG die Einigungsstelle abschließend.
[112] Dazu *BAG* ZIP 2003, 2216, 2218; *Arend*, ZInsO 1998, 303 ff.; *Kreuzer/Rößner*, NZI 2012, 699 ff.; *Müller*, DZWIR 1999, 221 ff.
[113] Vgl. *BAG* ZIP 2000, 1588 ff.; NZI 2000, 498 ff.; *Friese*, ZInsO 2001, 350 ff.; *Lakies*, NZI 2000, 345 ff.; *Müller*, DZWIR 1999, 226 ff.; *Müller-Limbach*, KTS 2001, 531 ff.

erhoben. Es wird aber nach § 125 InsO vermutet, dass die Kündigung auf dringenden betrieblichen Erfordernissen beruht, und die Sozialauswahl ist nur eingeschränkt nachprüfbar[114].

216 Für die von der Entlassung betroffenen Arbeitnehmer kann nach Eröffnung des Insolvenzverfahrens[115] in einem **Sozialplan** ein Ausgleich von bis zu zweieinhalb Monatsverdiensten vereinbart werden (§ 123 Abs. 1 InsO; absolute Grenze). Allerdings darf der Gesamtbetrag der Sozialplanforderungen, bei denen es sich um Masseverbindlichkeiten handelt, ein Drittel der Insolvenzmasse nicht übersteigen (§ 123 Abs. 2 InsO; relative Grenze)[116].

IV. Betriebsveräußerung

217 Wird ein Betrieb oder Betriebsteil veräußert, so tritt der Erwerber nach § 613a BGB in die Rechte und Pflichten aus bestehenden Arbeitsverhältnissen ein[117]. Das gilt auch in der Insolvenz[118]. Diese Regelung beruht auf der Richtlinie 2001/23/EG des Rates vom 12. März 2001 zur Angleichung der Rechtsvorschriften der Mitgliedstaaten über die Wahrung von Ansprüchen der Arbeitnehmer beim Übergang von Unternehmen, Betrieben oder Unternehmens- oder Betriebsteilen. Diese erlaubt es den Mitgliedstaaten in ihrem Art. 5, für Übertragungen in einem Insolvenzverfahren Ausnahmen zuzu-

---

[114] Vgl. *BAG* ZIP 2013, 2476 Rdnr. 16 ff.; 2013, 284 Rdnr. 17 ff.; 2012, 1928 Rdnr. 18 ff.; 2011, 1786 Rdnr. 18 ff.; 2004, 1271, 1272; ZInsO 2012, 1851 Rdnr. 33; *Fleddermann* ZInsO 2004, 793 f.; *Hinkel/Pantlen*, FS Wellensiek, 2011, S. 713 ff.; *Hohenstedt*, NZA 1998, 846 ff.; *Oetker/Friese*, DZWIR 2001, 133 ff./177 ff.; *Schrader/Straube*, ZInsO 2004, 432 ff.; *Zwinkmann* (Fn. 74).

[115] Vorher aufgestellte Sozialpläne können nach § 124 InsO widerrufen werden. – Für Gleichstellung insolvenznaher mit verfahrensimmanenten Sozialplänen *Häsemeyer*, ZIP 2003, 229 ff.

[116] Vgl. dazu *Boemke/Tietze*, DB 1999, 1389 ff.; *Kohnen/Römer*, ZInsO 2010, 1206 ff.; *Oetker/Friese*, DZWIR 2001, 265 ff.

[117] Instruktiv *EuGH* Rechtssache C-466/07, *Dietmar Klarenberg v. Ferrotron Technologies GmbH*, ECLI:EU:C:2009:8; *BAG* ZIP 2010, 694 Rdnr. 16 ff.

[118] Vgl. nur *BAG* NZI 2008, 450 Rdnr. 26 ff.; DZWIR 2008, 366 Rdnr. 26 ff.; *Adam*, FS Wellensiek, 2011, S. 701 ff.; *Berkowsky*, NZI 2007, 204 ff.; *Bichlmeier*, DZWIR 2006, 89 ff.; *Lindemann*, ZInsO 2010, 792 ff. – Derjenige, der einen Betrieb nach Verfahrenseröffnung erworben hat, haftet allerdings nicht für vor Verfahrenseröffnung entstandene Ansprüche. § 613a BGB ist insoweit teleologisch zu reduzieren, *BAG* AP Nr. 18, 34, 38 zu § 613a BGB; NZI 2005, 118, 120; ZIP 2004, 1011, 1012; 1996, 239, 240; NJW 1993, 2259, 2260; *Richter/Nacewicz*, ZIP 2008, 256 ff. (gegen *LAG Frankfurt* ZIP 2007, 391); *Staufenbiel/Baziuk*, ZInsO 2016, 1726 ff.; krit. u. a. *Loritz*, RdA 1987, 65, 85 ff.; vgl. auch *Kilger*, FS Merz, 1992, S. 253, 259 ff.

lassen[119]. Deutschland hat davon aber keinen Gebrauch gemacht. Die Norm kann die Veräußerung insolventer Unternehmen im Zuge einer übertragenden Sanierung (→ Rdnr. 434 ff., 442) außerordentlich erschweren[120]. Gleichwohl hat sich der Gesetzgeber nicht dazu entschließen können, die Anwendung des § 613a BGB in der Insolvenz auszuschließen. Er hat sich vielmehr mit der Klarstellung des § 128 InsO begnügt, dass die vorstehend dargestellten insolvenzspezifischen Abweichungen vom allgemeinen Arbeitsrecht auch im Falle der Betriebsveräußerung gelten sollen.

§ 17: Auswirkungen auf schwebende Prozesse

Literatur: *Damerius,* Das Schicksal schwebender Verfahren des Schuldners, 2007; *Müller,* Die echte Freigabe durch den Insolvenzverwalter im Spannungsfeld von gesetzlicher Prozessstandschaft und Parteiwechsel, 2007; *Rückert,* Die Einwirkung des Insolvenzverfahrens auf schwebende Prozesse des Insolvenzschuldners, 2007; *Weber,* Prozessunterbrechung und materielles Recht in der Insolvenz, 2010.

218

A. Unterbrechung (§ 240 ZPO)[1]

Will der Insolvenzverwalter *nach* der Eröffnung des Insolvenzverfahrens zur Insolvenzmasse gehörende Ansprüche einklagen, so kann er das im eigenen Namen tun. Er handelt dabei als „Partei kraft Amtes" in gesetzlicher Prozessstandschaft (→ Rdnr. 73 ff.), während der Schuldner zwar nicht seine Partei- und Prozessfähigkeit[2], wohl aber seine Prozessführungsbefugnis gem. § 80 InsO durch die Verfahrenseröffnung verloren hat. Diese Rechtslage muss sich auch auf die *vor*[3] der Verfahrenseröffnung angestrengten Prozesse auswirken:

219

---

[119] Vgl. dazu *EuGH* Rechtssache C-126/16 *Federatie Nederlandse Vakvereniging u. a. v. Smallsteps BV,* ECLI:EU:C:2017:489.

[120] Dazu und zu möglichen Lösungswegen *Annuß,* ZInsO 2001, 49 ff.; *Danko,* FS Kübler, 2015, S. 99 ff.; *Hoffmann/Marquardt,* NZI 2017, 513 ff.; *Mückl,* ZIP 2012, 2373 ff.; *Tretow,* ZInsO 2000, 309 ff.; *Warmbein,* DZWIR 2003, 11 ff.; *Willmer/Fuchs/Berner,* NZI 2015, 263 ff.

[1] Umfassend zu diesem Kapitel auch *Henckel,* FS Schumann, 2001, S. 211 ff.; *Huber,* JuS 2013, 1070 ff.; *Vallender,* FS Wellensiek, 2011, S. 241 ff.; speziell zu § 240 ZPO *Waltenberger,* NZI 2018, 505 ff.

[2] *BGH* ZIP 2009, 240 Rdnr. 7.

[3] Durch Klagezustellung an den Schuldner *nach* Insolvenzeröffnung begründete Rechtsstreitigkeiten werden nicht unterbrochen. Diese Klagen sind aber im Hinblick auf § 87 InsO unzulässig. Vgl. *BGH* ZIP 2009, 240 Rdnr. 7, 8 ff.

Da der Schuldner nicht mehr prozessführungsbefugt ist, muss an seiner Stelle der Insolvenzverwalter den Prozess übernehmen können. Deshalb wird der Rechtsstreit, wenn er die Masse betrifft[4], zunächst einmal kraft Gesetzes unterbrochen (§§ 240, 249 ZPO)[5], um dem Verwalter Gelegenheit zu geben, über die Fortsetzung des Prozesses zu entscheiden.

B. Verfahrensfortgang im Aktivprozess

220 Handelt es sich bei dem unterbrochenen, massebezogenen Verfahren um einen Aktivprozess, hat also der Schuldner die Klage erhoben, so kann der Insolvenzverwalter den Rechtsstreit **aufnehmen** (§ 85 Abs. 1 InsO; sog. „Teilungsmassestreit"; → Rdnr. 228)[6]. Dies geschieht durch einen Schriftsatz an den Gegner, der gemäß § 250 ZPO vom Gericht zuzustellen ist. Der Verwalter tritt dadurch in die prozessuale Stellung des Schuldners ein. Der Rechtsstreit wird also in der Lage fortgesetzt, in der er sich zum Zeitpunkt der Unterbrechung befand.

221 Um einen Aktivprozess in diesem Sinne handelt es sich auch dann, wenn der Schuldner zwar nicht Kläger, sondern Beklagter ist, wenn es aber um einen Anspruch geht, der bei Obsiegen des Schuldners für die Masse verwertet werden kann[7]. Das ist etwa der Fall, wenn gegen den Schuldner eine Zwangsvollstreckungsgegenklage erhoben wurde oder wenn der in erster Instanz zur Zahlung verurteilte Schuldner zur Abwendung der Zwangsvollstreckung leistet, so dass es in der Rechtsmittelinstanz der Sache nach darum geht, ob der Kläger die Leistung behalten darf oder an die Masse zurückgeben muss[8]. Umgekehrt liegt kein Aktivprozess vor, wenn der Schuldner vorläufig vollstreckt hat und

---

[4] *BGH* ZIP 2017, 2379 Rdnr. 15; 2015, 399 Rdnr. 15. – Unberührt von der Insolvenz bleiben nicht vermögensrechtliche Streitigkeiten (Beispiel: Ehescheidungsverfahren) oder Prozesse, mit denen der Schuldner persönlich auf Leistung in Anspruch genommen wird (Beispiel: an ein Verhalten des Schuldners anknüpfende, nicht den Gewerbebetrieb betreffende Unterlassungsprozesse; vgl. *K. Schmidt*, FS Gerhardt, 2004, S. 903, 919; *ders.*, ZZP 90 [1977], 38 ff.; Stein/Jonas-*Roth*, § 240 Rdnr. 11); für ein Gewerbeuntersagungsverfahren s. *BVerwG* ZIP 2006, 530 f.; für die Entziehung einer geschützten Berufsbezeichnung *OVG Lüneburg* NJW 2007, 1224.

[5] § 246 ZPO gilt in den Fällen des § 240 ZPO schon seinem Wortlaut nach nicht. Das ist konsequent, weil durch die Eröffnung des Insolvenzverfahrens auch die Prozessvollmacht des Anwalts erlischt (§ 117 InsO; → Rdnr. 207); vgl. *BGH* ZIP 2009, 240 Rdnr. 14; zur Anwendung der §§ 115, 116 InsO auf den Anwaltsvertrag s. *Paulus*, NJW 2010, 1633 ff. – Zur Unterbrechung bei Anordnung der Eigenverwaltung (→ Rdnr. 464 ff.) s. *BGH* ZIP 2007, 249 Rdnr. 6 ff.

[6] Zur Aufnahme nach Beendigung des Insolvenzverfahrens s. *Markgraf/Hertelt*, ZIP 2018, 1480 ff.

[7] *BGH* ZIP 2017, 2414 Rdnr. 11.

[8] *BGHZ* 36, 258, 264.

der Gegner nach Aufhebung in der Rechtsmittelinstanz Schadensersatz gemäß § 717 Abs. 2 ZPO verlangt[9].

Will der Insolvenzverwalter den Prozess nicht fortsetzen – etwa weil **222** er die Erfolgsaussichten gering einschätzt oder weil der Streitgegenstand für die Masse wertlos ist –, so kann er die **Aufnahme ablehnen**. Dies geschieht durch formlose Erklärung gegenüber dem Schuldner oder dem Prozessgegner, mit der der Verwalter zugleich den (im Falle des Prozesserfolges) zur Masse gehörenden Gegenstand freigibt[10]. Es können dann zwar sowohl der Schuldner als auch der Prozessgegner den unterbrochenen Prozess aufnehmen (§ 85 Abs. 2 InsO)[11]. Insolvenzverwalter und Insolvenzmasse haben aber mit diesem Rechtsstreit nichts mehr zu tun.

Da die Freigabe nach der hier vertretenen Auffassung in der **Insolvenz von** **223** **Gesellschaften** unzulässig ist (→ Rdnr. 158 ff.), kann der Insolvenzverwalter hier die Aufnahme des Rechtsstreits nicht ablehnen (wohl aber nach Fortsetzung des Verfahrens gemäß § 306 ZPO verzichten oder die Klage zurücknehmen). § 85 InsO ist insoweit teleologisch zu reduzieren. Das bedeutet, dass die Unterbrechung analog § 241 ZPO endet (mit der Folge, dass ein neuer Termin zur mündlichen Verhandlung anzuberaumen ist), sobald der Insolvenzverwalter dem Gericht seine Bestellung anzeigt. Das ist interessengerecht, da dem Prozessgegner für den Fall seines Obsiegens nun wenigstens die Insolvenzmasse für seinen Kostenerstattungsanspruch haftet, während er sich bei einer Freigabe nur an die vor der Löschung stehende Gesellschaft halten könnte. Dass er in der Insolvenz natürlicher Personen an den Schuldner verwiesen wird, ist hinnehmbar, da dieser mit seinem nach Verfahrensabschluss hinzuerworbenen Vermögen haften kann[12].

C. Verfahrensfortgang im Passivprozess

Handelt es sich bei dem unterbrochenen Rechtsstreit um einen Passivprozess, ist also der Schuldner verklagt oder befindet er sich in **224** einer vergleichbaren Rolle (→ Rdnr. 221)[13], so ist zu unterscheiden:

---

[9] *BGH* ZIP 2005, 952, 953; 2004, 769 f.
[10] *BGHZ* 163, 32, 36; *BGH* ZIP 2007, 194 Rdnr. 18; *BFH* ZInsO 2009, 1365, 1367. – Umgekehrt führt eine Freigabe auch zum Verlust der Prozessführungsbefugnis, da jetzt um einen keinesfalls mehr zur Insolvenzmasse gehörenden Gegenstand gestritten wird (→ Rdnr. 149).
[11] Geschieht das nicht, wird der Prozess gemäß § 240 ZPO von Gesetzes wegen zwischen den alten Parteien fortgesetzt, wenn das Insolvenzverfahren aufgehoben wird.
[12] Vgl. zum Ganzen *K. Schmidt*, KTS 1994, 309 ff. gegen *LG Osnabrück* Nds-Rpfleger 1993, 364 und *Pape*, EWiR 1994, 165 f.
[13] *BGH* ZInsO 2018, 1369 (Kläger einer Vollstreckungsabwehrklage).

Macht der Prozessgegner mit der Klage einen **Vermögensanspruch i. S. d. § 38 InsO** geltend (sog. „Schuldenmassestreit"; → Rdnr. 228), so ist er Insolvenzgläubiger. Als solcher kann er gegen den Schuldner nur noch nach den Regeln über das Insolvenzverfahren vorgehen (§ 87 InsO). Er muss also seinen Anspruch im Feststellungsverfahren zur Tabelle anmelden (§ 174 InsO). Erst wenn dieser Anmeldung widersprochen wird, kann der (immer noch unterbrochene) Prozess aufgenommen werden (§ 180 Abs. 2 InsO)[14]. Der Bestreitende tritt dadurch in die Parteirolle des Schuldners auf der Beklagtenseite ein.

225 Geht es in dem unterbrochenen Rechtsstreit um **sonstige Ansprüche**, die die Masse betreffen (sog. „Teilungsmassegegenstreit"), so kann der Prozess sowohl vom Insolvenzverwalter als auch vom Prozessgegner aufgenommen werden (§ 86 InsO)[15]. Der Verwalter kann sich also gegen die Fortsetzung des Rechtsstreits nicht wehren, insbesondere keine „Freigabe" erklären[16], sondern allenfalls gemäß § 307 ZPO anerkennen[17]. Das gilt für alle Verfahren, die ein Aussonderungsrecht[18], ein Absonderungsrecht[19] oder eine Masseverbindlichkeit betreffen.

---

[14] Vgl. *BGHZ* 213, 362 Rdnr. 7 ff.; *BGH* ZIP 2014, 1503 Rdnr. 8 ff.; 2013, 1094 Rdnr. 7; 2012, 2369 Rdnr. 4 ff.; 1995, 643, 644; NZI 2011, 937 Rdnr. 9 ff.; *Adam*, ZInsO 2013, 1127 ff. – Das gilt aber nicht, wenn nur der Schuldner widerspricht (→ Rdnr. 334), *BGH* ZIP 2003, 2271 f. Dann kann der Rechtsstreit nur gegen diesen aufgenommen werden, *BGH* ZInsO 2005, 95.

[15] Vgl. für Absonderungsrechtsstreitigkeiten *BGH* NZI 2013, 996 Rdnr. 10 ff. (*Schnepp*); für wettbewerbsrechtliche Unterlassungsansprüche *BGH* ZIP 2010, 948 Rdnr. 19 ff.

[16] *BGH* ZIP 2007, 194 Rdnr. 18. – Anders aber, wenn es um die Klage aus einer Grundschuld geht und der Insolvenzverwalter das Grundstück freigegeben hat, *BGH* ZInsO 2018, 1369 Rdnr. 2.

[17] Der **Kostenerstattungsanspruch** des Gegners ist dann nur als Insolvenzforderung zu behandeln (§ 86 Abs. 2 InsO). Im Übrigen ist die Qualifikation des Kostenerstattungsanspruchs des obsiegenden Gegners streitig; vgl. zum Meinungsstand *Fröhner*, NZI 2016, 425 ff.

[18] Vgl. *BGH* ZIP 2013, 1447 Rdnr. 7 ff.

[19] Für die Begründetheit der Klage ist bei Absonderungsrechten allerdings zu beachten, dass die Verwertung des Sicherungsgutes in der Insolvenz dem Verwalter zusteht (§§ 165 ff. InsO). Eine auf Herausgabe gerichtete Klage eines Sicherungsnehmers kann daher beispielsweise keinen Erfolg mehr haben.

5. Teil

Von der „Ist-Masse" zur „Soll-Masse"

§ 18: Grundgedanke

Literatur: *Brinkmann/Luttmann*, Massemehrung durch den Verwalter, 2008. 226

Nach §§ 35, 38 InsO sollen die Insolvenzgläubiger aus der Insolvenz- 227
masse befriedigt werden. Was der Insolvenzverwalter bei der Übernahme seines Amtes vorfindet, ist aber noch nicht die verteilungsfähige Masse, aus deren Verwertungserlös die Insolvenzgläubiger quotal befriedigt werden. Der Verwalter übernimmt vielmehr einen faktischen Bestand, die **„Ist-Masse"**, die einerseits noch vermehrt, andererseits noch verringert wird, bis dann die **„Soll-Masse"** übrig bleibt, die den Insolvenzgläubigern als Haftungsvermögen zur Verfügung steht[1].

Die „Soll-Masse" wird auch als „Aktivmasse" oder als *„Teilungs-* 228
masse" bezeichnet, weil sie – nach Verwertung – Gegenstand der Verteilung an die Insolvenzgläubiger ist (§§ 187ff. InsO). Demgegenüber heißt die Gesamtheit der Insolvenzgläubigerforderungen auch „Passivmasse" oder *„Schuldenmasse"*. Die **Terminologie des Gesetzes** ist allerdings uneinheitlich. § 35 InsO definiert die Insolvenzmasse als „Soll-Masse", und im Allgemeinen wird dieser Sprachgebrauch auch durchgehalten. Es gibt aber auch Vorschriften, in denen von der Insolvenzmasse als „Ist-Masse" die Rede ist, etwa in § 53 InsO oder in § 148 InsO.

Vermehrt wird die „Ist-Masse" zunächst durch *Forderungseinzug* 229
(→ Rdnr. 232 ff.). Streng genommen handelt es sich dabei freilich nur um eine „Umschichtung", denn anstelle der Forderung kommt mit der Leistung des Schuldners der geschuldete Gegenstand in die Insolvenzmasse. Da aber die Realisierung von Forderungen unsicher sein kann, kann man den erfolgreichen Forderungseinzug zumindest wirtschaftlich als Massevermehrung ansehen. Eine echte Vermehrung bewirkt hingegen die *Insolvenzanfechtung* nach §§ 129ff. InsO, denn mit ihr holt der Insolvenzverwalter Vermögenswerte, die vor der Verfahrenseröffnung aus dem Schuldnervermögen ausgeschieden sind, in die Insolvenzmasse zurück (→ Rdnr. 244ff.).

---

[1] Vgl. *BAG* ZIP 2008, 1184 Rdnr. 31.

230 **Vermindert** wird die „Ist-Masse" durch die *Aussonderung* von Gegenständen, die dem Schuldner nicht gehören (§§ 47 f. InsO; → Rdnr. 281 ff.), und durch die *Absonderung*, mit der Vorabbefriedigungsrechte Dritter erfüllt werden (§§ 49 ff., 165 ff. InsO; → Rdnr. 293 ff.). Auch die *Aufrechnung* nach §§ 94 ff. InsO (→ Rdnr. 310 ff.) führt zu einer Verminderung der „Ist-Masse" und ist nicht etwa masseneutral: Durch die Aufrechnung erlöschen beide Forderungen nach Maßgabe des § 389 BGB; ohne Aufrechnung hingegen würde die Forderung des Gläubigers nur mit der Quote befriedigt, während der Verwalter seine Forderung voll durchsetzen könnte. Schließlich gehört zur Herbeiführung der „Soll-Masse" auch die *Befriedigung der Massegläubiger* (→ Rdnr. 325 ff.), da für die Insolvenzgläubiger die Insolvenzmasse nur als „Soll-Masse" zur Verfügung steht und die Massegläubiger vor den Insolvenzgläubigern befriedigt werden (§ 53 InsO).

§ 19: Forderungseinzug

231 **Literatur:** *Brinkmann*, Die Bedeutung der §§ 92, 93 InsO für den Umfang der Insolvenz- und Sanierungsmasse, 2001; *Flöther*, Auswirkungen des inländischen Insolvenzverfahrens auf Schiedsverfahren und Schiedsabrede, 2001; *Keller*, Die Einziehung unbelasteter sowie sicherungsabgetretener Außenstände im Insolvenzverfahren, 2016; *Körber*, Die Haftungsabwicklung des persönlich haftenden Gesellschafters in der Insolvenz, 2012; *Oepen*, Massefremde Masse, 1999; *Walker*, Die GmbH-Stammeinlageforderung in der Insolvenz, 2004.

A. Grundzüge

232 Nach § 148 InsO hat der Insolvenzverwalter die Insolvenzmasse in Besitz und Verwaltung zu nehmen. Dazu gehört auch, dass er fällige Forderungen des Insolvenzschuldners einzieht. **Materiell-rechtlich** ist der Verwalter dazu berechtigt, da er gemäß § 80 Abs. 1 InsO mit der Eröffnung des Insolvenzverfahrens verfügungsbefugt, also auch zur Einziehung von Forderungen ermächtigt ist (→ Rdnr. 60 f.). Die Schuldner des Insolvenzschuldners können jetzt mit befreiender Wirkung nur noch an den Insolvenzverwalter leisten[1], wozu sie in dem ihnen zugestellten Eröffnungsbeschluss aufgefordert worden sind (§§ 28 Abs. 3, 30 Abs. 2 InsO; → Rdnr. 136 f.).

---

[1] Zu den sich aus § 82 InsO ergebenden Einschränkungen → Rdnr. 171 ff.

Werden die zur Insolvenzmasse gehörenden Ansprüche des Schuldners nicht freiwillig erfüllt, kann der Insolvenzverwalter **Klage** erheben[2]. Er führt den Rechtsstreit im eigenen Namen als „Partei kraft Amtes", klagt also als Insolvenzverwalter auf Leistung zur Masse. Seine Prozessführungsbefugnis ergibt sich wiederum aus § 80 Abs. 1 InsO (→ Rdnr. 73 ff.). Hatte bereits der Schuldner vor Eröffnung des Insolvenzverfahrens Klage erhoben, so kann der Insolvenzverwalter den durch die Verfahrenseröffnung unterbrochenen Prozess aufnehmen (§ 85 InsO; → Rdnr. 220). Die für die Prozessführung benötigten Informationen erhält der Verwalter vom Schuldner (§ 97 InsO). 233

Das vorstehend Gesagte gilt entsprechend für die **Zwangsvollstreckung**, für die der Insolvenzverwalter einen Vollstreckungstitel benötigt (§§ 704, 794, 750 Abs. 1 ZPO). Aus dem Eröffnungsbeschluss kann der Verwalter nur gegen den Insolvenzschuldner (→ Rdnr. 61), nicht aber gegen dessen Schuldner vollstrecken. Der Verwalter muss sich gegen diese einen Vollstreckungstitel erst noch verschaffen. Hat bereits der Insolvenzschuldner vor Verfahrenseröffnung einen Titel erwirkt, so kann dieser nach § 727 ZPO auf den Insolvenzverwalter umgeschrieben werden[3]. 234

B. Gesamt(schadens)liquidation[4]

Die Einziehungs- und Prozessführungsbefugnis des Insolvenzverwalters bezieht sich prinzipiell nur auf die zur Insolvenzmasse gehören- 235

---

[2] Der Verwalter ist nicht gezwungen, Klage zu erheben. Er muss vielmehr einerseits sorgfältig die Prozessaussichten prüfen, darf also keine aussichtslosen Prozesse anstrengen (vgl. *W. Lüke*, Persönliche Haftung des Verwalters in der Insolvenz, 5. Aufl., 2015, Rdnr. 93 ff.; *Weber*, FS Lent, 1957, S. 301, 321). Andererseits muss er, will er seine Haftung vermeiden, bei hinreichender Erfolgsaussicht die Ansprüche für die Masse durchsetzen, insbesondere eine drohende Verjährung abwenden (vgl. *BGH* ZIP 1993, 1886, 1887). – Zur Bindung an vom Schuldner getroffene Schiedsvereinbarungen s. *BGH* ZIP 2018, 487 Rdnr. 11; 2017, 2317 Rdnr. 11 ff., 18 ff.; je m. w. N.

[3] *BGH* ZInsO 2017, 596 Rdnr. 5; ZIP 2005, 1474; *Baur/Stürner/Bruns*, Zwangsvollstreckungsrecht, Bd. I, 13. Aufl., 2006, Rdnr. 17.12; *Jaeger-Windel*, § 80 Rdnr. 196; *Jauernig/Berger*, § 4 Rdnr. 8. – Nach h. M. ist § 727 ZPO allerdings nur analog anzuwenden; vgl. nur *Brox/Walker*, Zwangsvollstreckungsrecht, 11. Aufl., 2018, Rdnr. 127; *Gaul/Schilken/Becker-Eberhard*, § 16 Rdnr. 99; *Stein/Jonas-Münzberg*, § 727 Rdnr. 27. – Wieder anders auf der Grundlage der Vertretertheorie (→ Rdnr. 76) *K. Schmidt*, JR 1991, 309 ff.: nur Klauselergänzung um die Feststellung, dass der Titel zugunsten der Masse vollstreckt werden kann, also nicht das massefreie Vermögen betrifft.

[4] Ausf. dazu *Bork*, in: Kölner Schrift, S. 1021 ff.; *Brinkmann* (Rdnr. 231); *Körber* (Rdnr. 231); *Oepen* (Rdnr. 231); *ders.*, ZInsO 2002, 162 ff.; *Runkel/Schmidt*, ZInsO 2007, 505 ff./578 ff.

den Ansprüche des Schuldners. Dieser Grundsatz wird in §§ 92 f. InsO erweitert, die zur Vermeidung eines Wettlaufs der Gläubiger[5] bestimmen, dass bestimmte **Ansprüche der Gläubiger** gegen einen *Dritten* nur vom Insolvenzverwalter geltend gemacht werden können. Die Gläubiger bleiben zwar Anspruchsinhaber[6], sind aber für die Dauer des Insolvenzverfahrens weder einziehungs- noch prozessführungsbefugt (Sperrwirkung)[7]. An ihrer Stelle verlangt der Insolvenzverwalter Erfüllung der Ansprüche durch Leistung zur Insolvenzmasse (Ermächtigungswirkung)[8]. Der Insolvenzverwalter kann die Ansprüche als gesetzlicher Prozessstandschafter einklagen, sich vergleichen[9] und in der Insolvenz des Dritten zur Tabelle anmelden[10].

236 Das betrifft zum einen **Schadensersatzansprüche**, wenn die Gläubiger dadurch einen Schaden erlitten haben, dass der Schuldner[11] oder ein Dritter die Insolvenzmasse geschmälert und dadurch bewirkt hat, dass an die Gläubiger[12] nur eine geringere Quote ausgeschüttet werden kann (§ 92 InsO)[13].

237 **Beispiel:** Ein *GmbH-Geschäftsführer* hat seine Insolvenzantragspflicht aus § 15a Abs. 1 S. 1 InsO (früher: § 64 Abs. 1 GmbHG) verletzt und in der Zeit, in der der Antrag schon hätte gestellt sein müssen, weiter Geschäfte getätigt, die zu einer Verminderung des verwertbaren Vermögens geführt haben. Dadurch haben diejenigen Gläubiger, deren Ansprüche bereits begründet waren, als der Antrag hätte gestellt werden müssen („Altgläubiger"), einen Schaden erlitten. Der Schaden besteht darin, dass sie jetzt eine geringere Quote auf ihre Forderungen erhalten als bei rechtzeitiger Eröffnung des Insolvenzverfahrens („Quotenschaden"). Dieser Schaden kann dadurch ausgeglichen werden, dass

---

[5] *BGH* ZIP 2013, 781 Rdnr. 45.
[6] *BGH* ZIP 2007, 79 Rdnr. 9. – A. M. für § 93 InsO (cessio legis) *Heitsch*, ZInsO 2003, 692 ff.
[7] Zur Vereinbarkeit mit der EMRK s. *Oepen*, ZIP 2000, 526 ff. – §§ 92, 93 InsO gelten reziprok auch für eine negative Feststellungsklage des Haftungsschuldners gegen einen Gläubiger, *BGH* ZIP 2012, 1683 Rdnr. 3 ff.
[8] Titel, die der Gläubiger bereits erlangt hatte, können daher analog § 727 ZPO auf den Insolvenzverwalter umgeschrieben werden, *OLG Dresden* ZInsO 2000, 607; *OLG Jena* NZI 2002, 156, 157. Prozesse, die der Gläubiger führt, werden infolge der Insolvenzeröffnung unterbrochen, *BGH* ZIP 2009, 47 Rdnr. 6 ff.; 2003, 39 (a. M. *Kesseler*, ZInsO 2003, 67 ff.). Zur Freigabebefugnis *Böckmann*, ZInsO 2005, 2186 ff.
[9] *BGH* ZIP 2016, 274 Rdnr. 22 ff.
[10] Vgl. zur Doppelinsolvenz auch *Kranz*, ZInsO 2013, 1119 ff.
[11] Vgl. *BGH* ZIP 2014, 2305 Rdnr. 5 ff.
[12] Auf geschädigte Gesellschafter ist die Norm nicht (analog) anwendbar, *BGH* ZIP 2013, 781 Rdnr. 41 ff.
[13] Das Gesetz spricht in § 92 S. 1 InsO vom Gesamtschaden. Man kann auch vom Quoten- oder Masseverkürzungsschaden reden. Vgl. *BGH* ZIP 2016, 727 Rdnr. 7 sowie zur Abgrenzung auch *BGH* ZIP 2011, 1453 Rdnr. 4 ff.

§ 19: Forderungseinzug

der Geschäftsführer die Masse wieder auffüllt, was der Insolvenzverwalter nach § 92 S. 1 InsO verlangen kann. Hingegen können sich diejenigen Gläubiger, die mit der GmbH erst nach Entstehung der Antragspflicht kontrahiert haben („Neugläubiger"), direkt an den Geschäftsführer wenden (§ 823 Abs. 2 BGB i. V. m. § 15a Abs. 1 S. 1 InsO[14]), denn sie sind nicht durch die Masseverkürzung, sondern dadurch geschädigt worden, dass sie sich überhaupt noch auf ein Geschäft mit der GmbH eingelassen haben. Wäre der Antrag rechtzeitig gestellt worden, wäre es zu diesem Geschäft gar nicht gekommen[15].

Hat der *Insolvenzverwalter* die Masse geschädigt, etwa durch die Verschleuderung von Vermögenswerten oder durch unnötig verursachte Masseverbindlichkeiten, so ist er den Insolvenzgläubigern nach § 60 InsO zum Schadensersatz verpflichtet. Auch insoweit geht es um den Ersatz eines Gesamtschadens[16], der durch Wiederauffüllen der Masse zu ersetzen ist[17]. § 92 S. 2 InsO bestimmt ergänzend, dass die Ansprüche gegen den Insolvenzverwalter in diesen Fällen nur von einem neu bestellten – d. h. entweder neben den oder an die Stelle des bisherigen tretenden – (Sonder-)Insolvenzverwalter geltend gemacht werden können[18]. **238**

Zum anderen können nach § 93 InsO **Haftungsansprüche** der Gläubiger einer Personengesellschaft gegen persönlich haftende Gesell- **239**

---

[14] Zur Haftung nach § 823 Abs. 2 BGB i. V. m. § 283 StGB und § 826 BGB s. *Graf von Spee*, Sanktion schuldnerseitiger Insolvenzverursachung durch Vermögensdisposition, 2016.

[15] Zu den Einzelheiten *BGHZ* 164, 50, 55 ff.; 143, 246, 251; 138, 211, 214; 126, 181 m. w. N.; ferner *BGH ZIP* 2015, 267 Rdnr. 11 ff.; 2014, 23 Rdnr. 8 ff.; 2012, 1455 Rdnr. 7 ff.; 2010, 2356 Rdnr. 11; 2009, 1220 Rdnr. 8 ff.; 2007, 676 Rdnr. 11 ff.; 2003, 1713, 1714 (*K. Schmidt*); 2003, 1097, 1099 f.; 1995, 211, 212 f.; *Altmeppen*, ZIP 2001, 2201 ff.; *Bork* in: Kölner Schrift, S. 1021 ff. m. w. N.; *Henssler/Dedek*, FS Uhlenbruck, 2000, S. 175 ff.; *Kiethe*, ZIP 2005, 1535 ff.; *Klöhn*, KTS 2012, 133 ff.; *Pape*, KTS 1998, 367 ff.; *Smid*, DZWIR 1998, 342 ff.

[16] Hingegen besteht bei Individualschäden einzelner Gläubiger, etwa bei der Verletzung eines Aussonderungsrechts, auch nur ein Individualanspruch dieses Gläubigers. Dasselbe gilt für vom Verwalter geschädigte Massegläubiger, *BGH* ZIP 2006, 1683 Rdnr. 7 f.

[17] *BGH* ZIP 2004, 1218, 1219; zur Abwicklung nach Verfahrensaufhebung *BGH* ZIP 2009, 2012 Rdnr. 6 ff.

[18] Vgl. zum Sonderinsolvenzverwalter *BVerfG* ZIP 2010, 1301 f.; *BGHZ* 214, 220 Rdnr. 10; *BGH* ZIP 2016, 1738 Rdnr. 7 ff.; 2016, 1351 Rdnr. 10; 2009, 529 Rdnr. 4; 2007, 548 Rdnr. 7 ff.; 2007, 547 Rdnr. 5 ff.; 2004, 1218, 1219/1220; ZInsO 2010, 186 Rdnr. 6; NZI 2010, 940 Rdnr. 5; 2010, 301 Rdnr. 6; 2009, 517 Rdnr. 3 f.; 2006, 474 Rdnr. 11; *Blöse*, ZIP 2010, 2185 ff.; *Dahl*, ZInsO 2004, 1014 ff.; *Eckert*, Der Sonderinsolvenzverwalter, 2014; *Fölsing*, NZI 2009, 297 ff.; *Foltis*, ZInsO 2010, 545 ff.; *Frege*, Der Sonderinsolvenzverwalter, 2. Aufl. 2012; *Graeber/Pape*, ZIP 2007, 991 ff.; *Graf/Wunsch*, DZWIR 2002, 177 ff.; *Lissner*, ZInsO 2016, 1409 ff.; 2014, 768 ff.; *Runkel*, FS Beck, 2016, S. 471 ff.; *Schäfer*, Der Sonderinsolvenzverwalter, 2009.

schafter[19] aus § 128 HGB ebenfalls nur vom Insolvenzverwalter geltend gemacht werden[20] (→ Rdnr. 235).

240 Das ist unmittelbar einsichtig bei der Kommanditgesellschaft, da der *Kommanditist* den Gläubigern der KG nur auf den Betrag der noch nicht erbrachten Einlage haftet (§ 171 Abs. 1 HGB). Hier muss der Insolvenzverwalter die ausstehende Einlage zur Masse ziehen, die dann durch Quotenerhöhung allen Gläubigern gleichmäßig zugutekommt (§ 171 Abs. 2 HGB).

241 Demgegenüber ist die Haftung des *Komplementärs* einer KG, der *OHG-Gesellschafter* und der *BGB-Gesellschafter* gemäß oder analog § 128 HGB unbegrenzt. Es wäre also möglich, die Haftungsansprüche den Gläubigern zu überlassen mit der Folge, dass notfalls ein zweites Insolvenzverfahren über das Vermögen des Gesellschafters stattfinden muss. § 93 InsO schließt die Insolvenzgläubiger aber auch in diesen Fällen aus und bestimmt, dass nur der Verwalter über das Vermögen der Gesellschaft die Haftungsansprüche[21] der Gläubiger geltend machen kann[22], damit die Haftung allen Gläubigern gleichmäßig zugutekommt und sich nicht einzelne Gläubiger durch schnellen Zugriff Sondervorteile verschaffen[23].

---

[19] Eine Ausdehnung auf Haftungsansprüche gegen Nichtgesellschafter lehnt die Rechtsprechung regelmäßig ab; vgl. etwa *BGH* ZIP 2013, 1433 Rdnr. 1f. (für § 133 UmwG).

[20] Vgl. allg. *Bork* in: Breitenbücher/Ehricke (Hrsg.), Insolvenzrecht 2003, 2003, 97ff.; *Brinkmann*, ZGR 2003, 264ff.; *Freitag/Korch*, KTS 2017, 137ff.; *Fuchs*, ZIP 2000, 1089ff.; *Reiswich*, ZInsO 2014, 2411ff.; *Ringstmeier*, FS Vallender, 2015, S. 525ff.; *Wessel*, DZWIR 2002, 53ff. – Zur analogen Anwendung auf die Haftung eines GmbH-Gesellschafters s. *LG Hildesheim* ZInsO 2001, 474, 475; zur Anwendung auf ausgeschiedene Personengesellschafter *Gerhardt*, ZIP 2000, 2181ff.; auf Haftungsansprüche aus § 303 AktG *Bork*, ZIP 2012, 1001ff.

[21] Dazu zählen auch Ansprüche aus einer Bürgschaft, die der persönlich haftende Gesellschafter zur Absicherung der Gesellschaftsschuld übernommen hat; vgl. *Bork* (Fn. 16), 104ff.; *ders.*, NZI 2002, 362, 366; *Kesseler*, Das Insolvenzverfahren über das Vermögen einer Partnerschaftsgesellschaft, 2004, Rdnr. 504ff.; *ders.*, DZWIR 2003, 488ff.; ZInsO 2002, 549ff.; ZIP 2002, 1974ff.; *Oepen* (Rdnr. 231), Rdnr. 272; a. M. *BGHZ* 151, 245, 248ff.; *BFH* ZIP 2002, 179, 180f.; *Bitter*, ZInsO 2002, 557ff.; *Bunke*, NZI 2002, 591ff.; *ders.*, KTS 2001, 471ff.; *Gundlach/Frenzel/Schmidt*, DZWIR 2002, 189ff.; *Haas/Müller*, NZI 2002, 366f.; *J. Schmidt*, Die Gesellschafterbürgschaft in der Insolvenz der Personenhandelsgesellschaft, 2006, 54ff. und passim; *Theißen*, ZIP 1998, 1625ff. – Zur Bedeutung des § 93 InsO bei der Anfechtung von Gesellschafterleistungen s. *BGH* ZIP 2008, 2224 Rdnr. 7ff.; *Bork*, FS Kübler, 2015, S. 73ff.; *ders.* in: Münch (Hrsg.), Prozessrecht und materielles Recht, 2015, 17ff.; *Bork/Vogelsang*, ZIP 2014, 2313ff.; *Jeitner*, NZI 2009, 673ff.

[22] Es ist zu beachten, dass der persönlich haftende Gesellschafter nur mit dem Betrag in Anspruch genommen werden kann, mit dem die Gläubiger in ihrer Gesamtheit in der Insolvenz der Gesellschaft ausfallen (vgl. *BGH* ZIP 2009, 2204 Rdnr. 26; 1994, 1118, 1119/1120). Das ergab sich früher aus § 212 KO und folgt heute daraus, dass bei voller Einforderung der überschüssige Betrag wieder an den Gesellschafter zurückgezahlt werden müsste (§ 199 S. 2 InsO); für eine reine Ausfallhaftung *Schmidt/Bitter*, ZIP 2000, 1077ff.

[23] Zugleich wird verhindert, dass das Verfahren über das Gesellschaftsvermögen mangels Masse abgewiesen werden muss, obwohl ein persönlich haftender Gesell-

Ein Insolvenzverfahren über das Vermögen des Gesellschafters ist freilich auch in diesen Fällen möglich. Der Insolvenzverwalter der Gesellschaft nimmt daran dann neben denjenigen Gläubigern des Gesellschafters teil, die nicht zugleich Gesellschaftsgläubiger sind, indem er den Haftungsanspruch zur Tabelle anmeldet[24].

Beispiel: G hat eine Forderung gegen eine OHG, deren Gesellschafter A 242
seinerseits noch eine Forderung gegen G hat. In der Insolvenz der OHG macht der Insolvenzverwalter die Forderung des G gegen A aus § 128 HGB geltend. A kann sich aber analog §§ 412, 406 BGB durch Aufrechnung befreien.

§ 20: Insolvenzanfechtung

Literatur: *Allgayer*, Rechtsfolgen und Wirkungen der Gläubigeranfechtung, 243
2000; *F. Bartels*, Insolvenzanfechtung und Leistungen Dritter, 2015; *Beissenhirtz*, Die Insolvenzanfechtung in Deutschland und England, 2003; *Biehl*, Insider im Insolvenzverfahren, 2000; *Blank*, Insolvenzanfechtung gegenüber Arbeitnehmern, 2016; *Bömmel*, Insolvenzanfechtung von upstream guarantees im GmbH-Konzern, 2009; *Bork* (Hrsg.), Handbuch des Insolvenzanfechtungsrechts, 2006; *Bork/Gehrlein*, Aktuelle Probleme der Insolvenzanfechtung, 14. Aufl. 2017; *Bräuer*, Ausschluss der Insolvenzanfechtung bei Bargeschäften nach Maßgabe des § 142 InsO, 2006; *Bredemeyer*, Die Insolvenzanfechtung im systematischen Kontext zivilrechtlicher Rückgewährhaftung, 2010; *Burchard*, Die Insolvenzanfechtung im Dreieck, 2009; *Cranshaw/Hinkel*, Praxiskommentar zum Anfechtungsrecht, 2. Aufl., 2015; *Dauernheim*, Das Anfechtungsrecht in der Insolvenz, 1999; *Doebert*, Die Insolvenzanfechtung von Lohnzahlungen, 2016; *Eckert*, Probleme der Bestimmung des für die Insolvenzanfechtung relevanten Zeitpunktes nach § 140 InsO, 2003; *Fridgen*, Die Rechtsfolgen der Insolvenzanfechtung, 2009; *Füßmann*, Die Auswirkungen des reformierten Insolvenzanfechtungsrechts auf das Prinzip der Gläubigergleichbehandlung, 2001; *Güther*, Die Insolvenzanfechtung der Deckung von Altverbindlichkeiten, 2006; *Haarmeyer/Huber/Schmittmann*, Praxis der Insolvenzanfechtung, 3. Aufl., 2018; *Hallermann*, Die Risiken einer Insolvenzanfechtung für den Käufer eines Unternehmens, 2007; *Harbeck*, Gläubigerbenachteiligung als normale Voraussetzung der Insolvenzanfechtung, 2013; *Held*, Die Anfechtung unentgeltlicher Leistungen gem. § 134 InsO, 2017; *Hess/Weis*, Anfechtungsrecht, 2. Aufl., 1999; *Hoffmann*, Prioritätsgrundsatz und Gläubigergleichbehandlung, 2016; *Jakele*, Der Schutz von Sozialversicherungsbeiträgen vor dem Anfechtungsrecht des Insolvenzverwalters bei Unternehmensinsolvenzen, 2010; *Jensen*, Grundfragen des Rechts der Gläubiger- und Insolvenzanfechtung, 2008; *Klinck*, Die Grundlagen der besonderen Insolvenzanfechtung, 2011; *Knospe*, Die Insolvenzan-

---

schafter über ausreichendes Vermögen verfügt. Allerdings ist zu beachten, dass die beim Gesellschafter eingezogenen Beträge nicht allen Gesellschaftsgläubigern, sondern – über die Bildung einer „Sondermasse" – nur den Gesellschaftergläubigern zugute kommen; vgl. *BGH* ZIP 2009, 47 Rdnr. 9.

[24] *BGH* ZIP 2008, 2224 Rdnr. 16; Rpfleger 2002, 94 f.

fechtung von Sozialversicherungsbeiträgen im Spannungsfeld zwischen öffentlichem und Privatrecht, 2014; *Koss*, Zur Wirkung der Insolvenzanfechtung nach der Insolvenzrechtsreform, 2001; *Krämer*, Die Rückzahlung covenantgestützter Kredite im Spiegel der Insolvenzanfechtung, 2016; *Kühnemund*, Die insolvenzrechtliche Anfechtung von Prozeßhandlungen des Insolvenzschuldners nach der InsO, 1998; *Kummer/Schäfer/Wagner*, Insolvenzanfechtung, 3. Aufl., 2017; *Lehleiter*, Insolvenzanfechtung, 2013; *Lind*, Zur Auslegung von § 133 InsO, insbesondere im System der Anfechtungstatbestände, 2006; *Martini*, Die Anfechtbarkeit der Zahlung der Vergütung des vorläufigen Insolvenzverwalters im Zweitverfahren, 2014; *Mauer*, Der Anfechtungsprozess, 2000; *Merten*, Insolvenzrecht – Anfechtbarkeit von Gehaltszahlungen in der Krise des Unternehmens, 2010; *Neyes*, Die Insolvenzanfechtung in Mehrpersonenverhältnissen, 2012; *Niehus*, Die Insolvenzanfechtung in der Bundesrepublik Deutschland und den Vereinigten Staaten von Amerika, Diss. Köln 1999; *Persch*, Die Insolvenzanfechtung von Kontokorrentverrechnungen, 2008; *Raschke*, Funktion und Abgrenzung des Bargeschäftstatbestandes in § 142 InsO, Diss. Hamburg 1999; *Röttger*, Die insolvenzanfechtungsrechtliche Rückabwicklung von Anweisungsleistungen, 2013; *Roth*, Insolvenzanfechtungsrechtliche Privilegierungen von Sanierungsbemühungen, 2015; *Schäfer*, Insolvenzanfechtung in der Praxis, 2016; *Schlie*, Die Anfechtung von Unterlassungen nach der Insolvenzordnung und dem Anfechtungsgesetz, 2009; *Schlinkmann*, Der Begriff der Unentgeltlichkeit im Insolvenzrecht, 2015; *Scholl*, Der Betriebsmittelkredit als Gegenstand der Insolvenzanfechtung im deutschen und englischen Recht, 2005; *Schwarz*, Der subjektive Tatbestand der Vorsatzanfechtung nach § 133 InsO, 2013; *Sieber*, Die Rechtsnatur der Gläubigeranfechtung innerhalb und außerhalb des Insolvenzverfahrens, 2008; *Thole*, Gläubigerschutz durch Insolvenzanfechtung, 2010; *v. Wiedersperg*, Die besondere Anfechtung in der Insolvenz, 2001; *Wille*, Insolvenzanfechtung von Kreditsicherheiten im Konzern, 2014; *Wischemeyer*, Die Insolvenzanfechtung der Rückführung debitorischer Konten durch Einstellung von Gutschriften in der Krise, 2002; *Würdinger*, Insolvenzanfechtung im bargeldlosen Zahlungsverkehr, 2012; *Zenger*, Die Insolvenzanfechtung aus zivilrechtlicher Perspektive, 2016; *Zerrath*, Die vorsätzliche Benachteiligung gemäß § 133 InsO gegenüber einem Kreditinstitut als Anfechtungsgegner, 2015; *Zeuner*, Die Anfechtung in der Insolvenz, 2. Aufl., 2007.

A. Grundlagen

244 Die Insolvenzmasse, mit der der Schuldner seinen Gläubigern haftet, besteht grundsätzlich nur aus denjenigen Vermögenswerten, die dem Schuldner zur Zeit der Eröffnung des Insolvenzverfahrens gehören (§ 35 InsO; → Rdnr. 141 ff.). **Gegenstände, die der Schuldner vorher veräußert hat** und die deshalb bei Verfahrenseröffnung nicht ihm, sondern einem Dritten gehören, fallen nicht darunter. Das Gesetz erlaubt aber dem Insolvenzverwalter, solche Gegenstände unter bestimmten Voraussetzungen im Wege der Insolvenzanfechtung wieder in die Insolvenzmasse zurückzuholen (§§ 129 ff. InsO). Diese Erlaubnis bezieht sich auf Vermögenswerte, die aus dem Schuldnervermögen in zeitlicher Nähe zur Verfahrenseröffnung oder unter Bedingungen ausgeschieden sind, die es auch unter Berücksichtigung notwendigen Vertrauensschutzes für den Anfechtungsgegner gerechtfertigt erscheinen lassen, die Gegenstände haftungsrechtlich den Gläubigern als Gesamtheit zur Befriedigung zuzuweisen. Dadurch soll verhindert werden, dass der Schuldner Vermögenswerte der Insolvenzbeschlagnahme entzieht (so vor allem bei § 133 InsO; → Rdnr. 257) oder dass sich einzelne Gläubiger entgegen dem Grundsatz der *par condicio creditorum* (→ Rdnr. 2) im Vorfeld der Insolvenzeröffnung Sondervorteile verschaffen (so vor allem bei §§ 130–132 InsO; → Rdnr. 260 ff)[1].

Die Vorschriften über die Insolvenzanfechtung stehen daher in einem engen **Verhältnis zu §§ 81, 91 InsO**. Letztere bestimmen, dass ein Erwerb aus der Insolvenzmasse *nach der Verfahrenseröffnung* ohne Zustimmung des Verwalters unwirksam ist (→ Rdnr. 163 ff.), während sich §§ 129 ff. InsO mit dem *vor der Verfahrenseröffnung* vollzogenen Erwerb befassen und davon ausgehen, dass dieser Erwerb zwar wirksam, aber unter bestimmten Voraussetzungen anfechtbar ist[2]. Die Anfechtung führt dabei nach h. M. nicht zu einer Vernichtung des anfechtbaren Erwerbs, sondern nur zu einem schuldrechtlichen Rückgabeanspruch des Verwalters (→ Rdnr. 266). Die Insolvenzanfechtung ist von der Anfechtung nach §§ 119 ff. BGB streng zu unterscheiden. Allerdings können anfechtbare Rechtshandlungen nach § 138 BGB wegen **Sittenwidrigkeit** unwirksam sein, etwa unter dem Gesichtspunkt der Kredittäuschung oder der Verschleppung der Insolvenzeröffnung[3]. Es müssen dann aber über den bloßen Anfechtungsgrund hinausgehende Umstände vorliegen. Dasselbe gilt für die Nichtigkeit nach § 134 BGB[4].

245

---

[1] Vgl. zu den grundlegenden Wertungen *Bork*, ZIP 2014, 797 ff.; Kübler/Prütting/Bork-*Bork*, vor § 129 Rdnr. 1 ff. m. w. N.; *Marotzke*, ZInsO 2014, 417 ff.; *Thole*, ZZP 121 (2008), 67 ff. – Demgegenüber dient die Gläubigeranfechtung nach dem **Anfechtungsgesetz** (Gesetz über die Anfechtung von Rechtshandlungen eines Schuldners außerhalb des Insolvenzverfahrens), dessen Regeln denen der §§ 129 ff. InsO weitgehend entsprechen, dem Erhalt des haftenden Vermögens in der Einzelzwangsvollstreckung und damit nur dem Schutz des *einzelnen* Gläubigers; vgl. zum Verhältnis der Insolvenzanfechtung zur Gläubigeranfechtung *BGH* ZIP 2013, 131 Rdnr. 15 ff. – Zur Effizienz des Anfechtungsrechts vgl. *Bork* in: Eger/Bigus/Ott/v. Wangenheim (Hrsg.), Internationalisierung des Rechts und seine ökonomische Analyse, 2008, 593 ff.
[2] Vgl. *BGH* ZIP 2012, 1517 Rdnr. 6; 2011, 1419 Rdnr. 15.
[3] Vgl. *BGHZ* 138, 291, 299 f.; 130, 314, 331; *BGH* ZIP 2018, 1455 Rdnr. 33; 2007, 1120 Rdnr. 11; 2002, 1155, 1158.
[4] *BGH* ZIP 2006, 2176 Rdnr. 13.

B. Voraussetzungen

I. Rechtshandlung

246 Anfechtbar sind nach § 129 Abs. 1 InsO „Rechtshandlungen, die vor der Eröffnung des Insolvenzverfahrens vorgenommen worden sind und die Insolvenzgläubiger benachteiligen". Der **Begriff** der Rechtshandlung ist dabei weit auszulegen: Anfechtbar ist jedes willensgeleitete, verantwortungsgesteuerte Verhalten (also nicht nur das aktive Tun, sondern, wie § 129 Abs. 2 InsO klarstellt, auch das bewusste und gewollte Unterlassen[5]), das eine rechtliche Wirkung auslöst[6]. Soweit das Gesetz nicht ausdrücklich etwas anderes sagt (wie z. B. in §§ 132 ff. InsO), muss die Rechtshandlung nicht vom Schuldner selbst vorgenommen worden sein. Vielmehr können auch Rechtshandlungen Dritter anfechtbar sein, sofern sie nur zu einer Gläubigerbenachteiligung geführt haben. Es muss sich auch nicht um ein Rechtsgeschäft handeln; darauf, ob die rechtliche Wirkung auf dem Willen des Handelnden oder auf Gesetz beruht, kommt es nicht an[7].

247 Beispiele (1) für aktives Tun des Schuldners: alle Rechtsgeschäfte und rechtsgeschäftsähnlichen Handlungen wie Verpflichtungsverträge, Verfügungen oder Kündigungen[8]; Realakte wie die Vermischung oder Verarbeitung[9]; das Erteilen eines Überweisungsauftrags[10]; das „Werthaltigmachen" sicherungszedierter Werklohnforderungen durch Erbringen der Werkleistung[11]; Prozesshandlungen wie Klageverzicht, Anerkenntnis[12] oder Geständnis; das Zahlen einer Geldstrafe[13]; (2) für Unterlassen des Schuldners: Verstreichen lassen der Ver-

---

[5] *BGHZ* 165, 343, 348; *BGH* ZIP 2017, 1281 Rdnr. 19; 2014, 275 Rdnr. 11 ff.; 2012, 833 Rdnr. 8; 2011, 531 Rdnr. 8 f.

[6] *BGH* ZIP 2017, 1962 Rdnr. 12; 2004, 620, 621. – Anders, wenn insolvenzrechtliche Wertungen entgegenstehen, etwa die des § 83 InsO (→ Rdnr. 118), *BGH* ZIP 2013, 272 Rdnr. 9 ff.

[7] *BGH* ZIP 2013, 1180 Rdnr. 6; 2010, 2350 Rdnr. 4.

[8] *BGH* ZIP 2017, 489 Rdnr. 9; 2013, 1180 Rdnr. 6.

[9] Vgl. *BGH* ZIP 2009, 1674 Rdnr. 20 ff. (Bierbrauen); Jaeger-*Henckel*, § 129 Rdnr. 10; Kübler/Prütting/Bork-*Ehricke*, § 129 Rdnr. 41; Uhlenbruck-*Hirte/Ede*, § 129 Rdnr. 110 f.; *Serick*, ZIP 1982, 507, 509.

[10] *BGH* ZIP 2014, 35 Rdnr. 9; 2013, 2262 Rdnr. 8; 2012, 2513 Rdnr. 9; 2011, 1324 Rdnr. 10/16 f.

[11] *BGHZ* 174, 297 Rdnr. 35 ff.; *BGH* ZIP 2008, 1437 Rdnr. 22 f.; 2008, 1435 Rdnr. 16 ff.; 2008, 372 Rdnr. 14; *Kirchhof*, FS Uhlenbruck, 2000, S. 269, 277; MünchKomm. InsO-*Kayser*, § 130 Rdnr. 13 f.

[12] Vgl. aber *BGH* ZIP 2017, 1962 Rdnr. 33: Das zum Titel führende Anerkenntnis ist nicht mitursächlich für die spätere Zwangsvollstreckung durch den Gläubiger, wenn es die Rechtslage richtig wiedergibt. Vgl. auch unten Fn. 67.

[13] *BGH* ZIP 2014, 1887 Rdnr. 10; 2010, 2358 Rdnr. 6 ff.

§ 20: Insolvenzanfechtung

jährungsfrist; unterlassener Wechselprotest; Nichtbestreiten im Prozess; (3) für Rechtshandlungen Dritter: Aufrechnung (soweit nicht ohnehin nach § 96 Abs. 1 Nr. 3 InsO unwirksam, → Rdnr. 313); Einzelzwangsvollstreckung oder Arrestvollziehung in das Schuldnervermögen (vgl. auch § 141 InsO), soweit nicht ohnehin nach § 88 InsO wegen der Rückschlagsperre unwirksam (→ Rdnr. 154); Nichtauszahlung von Beihilfen durch eine Behörde[14].

Rechtshandlungen eines **vorläufigen Insolvenzverwalters**, der über das Schuldnervermögen verfügen kann (→ Rdnr. 125), waren im Konkursrecht dem Gemeinschuldner zuzurechnen[15] und daher wie dessen eigenes Verhalten anfechtbar. Dabei konnte der Insolvenzverwalter Rechtshandlungen des vorläufigen Insolvenzverwalters auch dann anfechten, wenn er selbst dieses Amt ausgeübt hatte. Etwas anderes galt nur dann, wenn der spätere Insolvenzverwalter durch sein Handeln einen schutzwürdigen Vertrauenstatbestand beim Empfänger begründet hatte und dieser infolgedessen nach Treu und Glauben damit rechnen durfte, an dem zugewendeten Gegenstand eine nicht mehr in Frage zu stellende Rechtsposition errungen zu haben[16]. Seit Inkrafttreten der Insolvenzordnung gilt für Rechtshandlungen des „schwachen" vorläufigen Insolvenzverwalters dasselbe[17]. Hingegen wird man für den verfügungsbefugten „starken" vorläufigen Insolvenzverwalter anders entscheiden müssen, soweit er von ihm selbst begründete Masseverbindlichkeiten (§ 55 Abs. 2 InsO) erfüllt oder absichert, denn insoweit müssen seine Handlungen solchen des endgültigen Insolvenzverwalters gleichgestellt werden. Sie werden Teil des Insolvenzverfahrens und sind deshalb nicht anfechtbar[18]. Allerdings müssen sie wirksam sein, woran es fehlen kann, wenn die Rechtshandlung des „starken" vorläufigen Insolvenzverwalters evident insolvenzzweckwidrig ist (→ Rdnr. 152).   **248**

Die Rechtshandlung muss nach § 129 Abs. 1 InsO grundsätzlich **vor der Eröffnung des Insolvenzverfahrens** vorgenommen worden sein. Dabei definiert § 140 InsO, dass eine Rechtshandlung erst mit Eintritt ihrer Wirkungen[19], bei eintragungspflichtigen Rechtshandlun-   **249**

---

[14] *BGH* ZIP 2012, 833 Rdnr. 8.
[15] Für diese Zurechnung spielt es keine Rolle, ob man den vorläufigen Insolvenzverwalter als Vertreter des Schuldners oder als Partei kraft Amtes ansieht (→ Rdnr. 126 Fn. 8); vgl. Jaeger-*Henckel*, § 129 Rdnr. 36.
[16] *BGHZ* 97, 87, 91; 86, 190, 195 f.; *BGH* ZIP 1992, 1005, 1007.
[17] *BGHZ* 165, 283, 285 ff.; 161, 315, 319 ff.; 154, 190, 193 f.; *BGH* ZIP 2013, 1127 Rdnr. 36; 2013, 528 Rdnr. 17 f.; NZI 2010, 981 Rdnr. 10; ZInsO 2005, 88 f.; *BAG* ZIP 2005, 86, 87; *Ganter*, FS Gerhardt, 2004, S. 237 ff.; *Malitz*, FS Greiner, 2005, S. 215, 222 ff.
[18] Ausf. *BGHZ* 200, 210 Rdnr. 10 ff.
[19] Vgl. etwa *BGH* ZIP 2009, 228 Rdnr. 11 ff. – Ausn.: Bedingte und befristete Rechtsgeschäfte, bei denen der Eintritt der Bedingung oder Befristung außer Betracht bleibt (§ 140 Abs. 3 InsO), so dass hier der Abschluss des Rechtsgeschäfts reicht; vgl. *BGH* ZIP 2010, 682 Rdnr. 12 f. sowie zur Abgrenzung, insbesondere bei mehraktigen Erwerbstatbeständen wie etwa bei der Übertragung, Pfändung oder Verpfändung künftiger Forderungen, für die es auf die Forderungsentstehung, nicht auf die Übertragung ankommt, *BGHZ* 170, 196 Rdnr. 13 ff.; 167, 11 Rdnr. 6 ff.;

gen[20] mit Einreichen des Eintragungsantrages als vorgenommen gilt[21]. Das Gesetz kann sich mit dieser zeitlichen Schranke begnügen, da nach der Verfahrenseröffnung vorgenommene Rechtshandlungen ohnehin nach §§ 81, 91 InsO unwirksam sind[22]. In diesen Vorschriften ist freilich auch bestimmt, dass bei Grundstücken ein gutgläubiger Erwerb in Betracht kommt (→ Rdnr. 170, 177). Auch dieser Erwerb ist, obwohl erst nach Verfahrenseröffnung vollendet, gemäß § 147 InsO anfechtbar.

250 **Beispiele:** S hat vor Verfahrenseröffnung an G ein Grundstück verkauft und aufgelassen. G stellt in Unkenntnis der inzwischen erfolgten Eröffnung des Insolvenzverfahrens den Eintragungsantrag und wird eingetragen. Hier scheitert der Erwerb mangels Rechtshandlung des Schuldners nicht an § 81 InsO (→ Rdnr. 164) und wegen der Gutgläubigkeit des G auch nicht an § 91 InsO (→ Rdnr. 177). Da G den Eintragungsantrag *nach* Verfahrenseröffnung gestellt hat, gilt für die Anfechtbarkeit das gesamte Rechtsgeschäft sowohl nach § 140 Abs. 1 InsO als auch nach § 140 Abs. 2 InsO als nach Verfahrenseröffnung vorgenommen, ist aber gemäß § 147 InsO so anfechtbar, als wäre es vor Verfahrenseröffnung vorgenommen worden.

251 Hat G den Eintragungsantrag im vorigen Beispiel bereits *vor* Verfahrenseröffnung gestellt, so ist der Erwerb nach §§ 91 Abs. 2 InsO, 878 BGB wirksam (→ Rdnr. 177). Fraglich ist, ob er anfechtbar ist. Hat der *Erwerber* den Eintragungsantrag gestellt, so gilt der Erwerb gemäß § 140 Abs. 2 InsO als vor Ver-

---

162, 143, 146; 157, 350, 353 f.; 156, 350, 357; *BGH* ZIP 2016, 124 Rdnr. 3; 2012, 1422 Rdnr. 20 ff.; 2011, 1324 Rdnr. 12 f.; 2010, 1137 Rdnr. 6; 2010, 335 Rdnr. 30 f.; 2010, 38 Rdnr. 8 ff.; 2009, 2347 Rdnr. 20 ff.; 2008, 1488 Rdnr. 9 ff.; 2007, 1507 Rdnr. 14 ff.; 2007, 1274 Rdnr. 28; 2007, 435 Rdnr. 10; *Christiansen*, KTS 2003, 353 ff.; *Fischer*, ZIP 2004, 1679 ff.; *ders.*, KTS 2009, 481 ff.; *Gehrlein*, ZInsO 2013, 1169 ff.

[20] Auch: bei Vormerkungen, *BGHZ* 166, 125 Rdnr. 23; 131, 189, 196 ff.; *BGH* ZIP 2010, 339 Rdnr. 7 ff.; ZInsO 2006, 371 Rdnr. 13.

[21] Die Vorschrift hat erhebliche Bedeutung auch bei der Frage, ob die Rechtshandlung in dem für einen Anfechtungsgrund erheblichen Zeitraum vor dem Insolvenzantrag (drei Monate bei §§ 130–132, ein Jahr bei § 135 Abs. 1 Nr. 2, vier Jahre bei § 134, zehn Jahre bei §§ 133 Abs. 1, 135 Abs. 1 Nr. 2) vorgenommen wurde; vgl. etwa *BGH* ZIP 2018, 1606 Rdnr. 9 ff. So folgt etwa aus § 140 Abs. 1 InsO, dass es für die Erfüllung auf den letzten Teilakt (BGH ZIP 2018, 1601 Rdnr. 12), bei der Erfüllung im Lastschriftwege daher weder auf die Erteilung der Einzugsermächtigung noch auf die Belastungsbuchung, sondern auf die Genehmigung dieser Buchung ankommt (vgl. *BGH* ZIP 2017, 2370 Rdnr. 26; 2013, 1127 Rdnr. 20; 2012, 285 Rdnr. 8; 2012, 280 Rdnr. 23; 2010, 2307 Rdnr. 18; NZI 2010, 981 Rdnr. 11, je m. w. N.; zum Abbuchungsauftrag auch *BGH* ZIP 2013, 322 Rdnr. 8). Bei der Lebensversicherung kommt es bei Einräumung eines unwiderruflichen Bezugsrechts auf dessen Bestellung, bei einem widerruflichen Bezugsrecht auf den Versicherungsfall an (*BGH* ZIP 2012, 636 Rdnr. 7 f.; vgl. auch *BGH* ZIP 2010, 1964 Rdnr. 3).

[22] Vgl. zu diesen Zusammenhängen auch *BGH* ZIP 2011, 1419 Rdnr. 15; *Gerhardt*, FS Greiner, 2005, S. 31 ff.

fahrenseröffnung vollzogen, so dass §§ 129 ff. InsO direkt anwendbar sind[23]; auf § 147 InsO kommt es gar nicht an. Hat dagegen der *Schuldner* den Eintragungsantrag gestellt, dann gilt seinem Wortlaut nach nicht § 140 Abs. 2 InsO, sondern es bleibt bei § 140 Abs. 1 InsO: Der Erwerb ist nach Verfahrenseröffnung vollendet, so dass § 147 InsO eingreift. In dieser Vorschrift ist § 878 BGB aber nicht erwähnt, so dass die Rechtshandlung offenbar gar nicht anfechtbar ist. Dieses Ergebnis kann jedoch nicht gewollt sein[24]. Es würde bedeuten, dass der auf einem Schuldnerantrag beruhende Erwerb überhaupt nicht anfechtbar wäre, also besser behandelt würde als der, der auf einem Erwerberantrag beruht und damit bereits zu einem Anwartschaftsrecht geführt hat. Der Anwartschaftsrechtsinhaber darf hier keinesfalls schlechter, aber auch nicht besser gestellt werden. Denn § 878 BGB schützt vor Verzögerungen durch das Grundbuchverfahren, und zwar unabhängig davon, wer den Eintragungsantrag gestellt hat, also auch unabhängig davon, ob der Erwerber bereits ein Anwartschaftsrecht hat oder nicht. Beide Fälle müssen demnach gleich behandelt werden. Diese Wertung des § 878 BGB muss sich gegenüber der des § 140 Abs. 2 InsO durchsetzen. Man muss deshalb § 140 Abs. 2 InsO in den Fällen der §§ 91 InsO, 878 BGB[25] mit der Maßgabe anwenden, dass es nicht darauf ankommt, wer den Eintragungsantrag gestellt hat. § 129 InsO ist also in beiden Fällen anwendbar[26].

II. Gläubigerbenachteiligung[27]

252 § 129 InsO setzt weiter voraus, dass die normalen Insolvenzgläubiger (§ 38 InsO)[28] in ihrer Gesamtheit durch die anzufechtende Rechtshandlung objektiv benachteiligt worden sind[29]. Eine Benachteiligung

---

[23] Ausf. – auch zum Folgenden – *Oepen/Rettmann*, KTS 1995, 609, 626 ff.; *Scherer*, ZIP 2002, 341 ff. – Die Anfechtungsvoraussetzungen, insbesondere die subjektiven Merkmale, müssen dann schon bei Stellung des Eintragungsantrages und nicht erst bei Eintragung ins Grundbuch vorgelegen haben.

[24] Die in diesem Punkt unklaren Gesetzesmaterialien haben den auf einem Schuldnerantrag beruhenden Erwerb offenbar übersehen; vgl. Begr. zu § 166 RegE, BT-Drs. 12/2443, 169.

[25] Anders, wenn es noch vor Verfahrenseröffnung zur Eintragung gekommen ist; dann bleibt es beim Wortlaut des § 140 Abs. 2 InsO. Vgl. *BGHZ* 166, 125 Rdnr. 23.

[26] Dafür spricht im Übrigen auch, dass in der Praxis der Notar den Antrag für beide Parteien stellt. – Hilfsweise muss § 147 InsO um § 878 BGB erweitert werden, da sonst der auf einem Schuldnerantrag beruhende Erwerb gar nicht anfechtbar wäre; dafür *Breutigam/Tanz*, ZIP 1998, 717, 723; für eine analoge Anwendung des § 140 Abs. 2 InsO *Raebel*, ZInsO 2002, 954 ff.

[27] Dazu *Ganter*, FS Görg, 2010, S. 169 ff.; *Gehrlein*, ZInsO 2017, 128 ff.; *Harbeck* (Rdnr. 243); *Kulzer/Müller*, ZInsO 2002, 313 ff.

[28] Vgl. *BGH* ZIP 2013, 637: Keine Benachteiligung durch die Befriedigung eines solchen Insolvenzgläubigers, wenn die Masse zur Befriedigung aller einfachen Insolvenzgläubiger (§ 38 InsO) ausreicht und nur nachrangige Ansprüche (§ 39 InsO) unberücksichtigt bleiben.

[29] Die folgenlos gebliebene Benachteiligungsabsicht ist also irrelevant. *Beispiele*: Aufrechnung durch den Gläubiger, die gemäß §§ 94 ff. InsO auch noch nach Verfah-

liegt vor, wenn eine Rechtshandlung entweder die Schuldenmasse vermehrt oder die Aktivmasse verkürzt und dadurch den Zugriff auf das Schuldnervermögen vereitelt, erschwert oder verzögert hat[30]. Das ist sicher der Fall, wenn der Schuldner keine oder keine angemessene Gegenleistung erhalten[31] oder wenn er für eine unentgeltlich zu erbringende Leistung eine Gegenleistung versprochen oder gewährt

---

renseröffnung zulässig gewesen wäre; unwirksame Zuwendung eines Bezugsrechts aus einer Lebensversicherung, *BGH* ZIP 2015, 2328 Rdnr. 15.

[30] St. Rspr.; vgl. etwa *BGHZ* 193, 129 Rdnr. 11; *BGH* ZIP 2018, 1794 Rdnr. 15; 2018, 1601 Rdnr. 15; 2018, 385 Rdnr. 9; 2017, 2370 Rdnr. 24; sowie die in den nachfolgenden Fn. Genannten. – Die Gläubigerbenachteiligung **fehlt** beispielsweise,
- wenn ein Gegenstand übertragen wird, der für die Insolvenzmasse nutzlos ist (BGH ZIP 2018, 1601 Rdnr. 20 ff.), etwa wenn er bereits wertausschöpfend belastet ist, sofern die Belastungen ihrerseits unanfechtbar sind (*BGH* ZIP 2016, 1491 Rdnr. 21; 2007, 1326 Rdnr. 15; 2004, 1509, 1511; vgl. auch *BGH* ZIP 2008, 1028 Rdnr. 14 ff.) und auch nicht nach dem Übertragungsvertrag beseitigt werden sollen (*BGH* ZIP 2009, 1285 Rdnr. 19 ff.);
- ebenso bei der Verwertung der unanfechtbar bestellten Sicherheit (*BGH* ZIP 2018, 290 Rdnr. 11; 2017, 1962 Rdnr. 16 f.; 2008, 131 Rdnr. 9; 2007, 35 Rdnr. 9; vgl. zur Abgrenzung auch *BGH* ZIP 2009, 83 Rdnr. 9 ff.; 2006, 1009 Rdnr. 19 ff.; 2006, 959 Rdnr. 13 ff.; 2005, 1651, 1652 f.), bei ihrer Ablösung (*BGH* ZIP 2015, 585 Rdnr. 8; 2012, 2513 Rdnr. 14; 2012, 1422 Rdnr. 14; 2012, 1301 Rdnr. 22; 2010, 38 Rdnr. 6; 2009, 817 Rdnr. 13) sowie beim Sicherheitentausch (*BGHZ* 174, 297 Rdnr. 13; *BGH* ZIP 2017, 2074 Rdnr. 13 ff.; 2017, 533 Rdnr. 12; 2012, 1301 Rdnr. 24; 2011, 773 Rdnr. 32; 2008, 1437 Rdnr. 20; 2008, 1435 Rdnr. 18); für den Eigentumsvorbehalt *Bork*, FS Graf-Schlicker, 2018, S. 183 ff.; für die Vormerkung *Ries*, ZInsO 2017, 2683 ff.
- regelmäßig auch dann, wenn der Gläubiger von einem Dritten befriedigt wird, der dem Schuldner zu dieser Leistung nicht verpflichtet ist (*BGH* ZIP 2008, 2182 Rdnr. 9; 2007, 1274 Rdnr. 18; 2003, 1666, 1669; vgl. aber für Zahlungen aus nicht geschuldeter Kontoüberziehung *BGHZ* 182, 317 Rdnr. 11 ff.; *BGH* ZIP 2013, 1127 Rdnr. 18; 2013, 371 Rdnr. 20; 2012, 280 Rdnr. 25; dazu *Henning*, NJW 2010, 1055 ff.; *Kreft*, FS Ganter, 2010, S. 247 ff.; *Thole*, NZI 2009, 800 ff.)
- bei Eingehung einer weiteren Verbindlichkeit zum Zwecke der Erfüllung gemäß § 364 Abs. 2 BGB, etwa durch Begebung eines Wechsels oder Schecks (*BGHZ* 166, 125 Rdnr. 42; *BGH* ZIP 2008, 467 Rdnr. 10; ZInsO 2006, 371 Rdnr. 22);
- bei Verfügung über nicht zur künftigen Insolvenzmasse gehörende, nicht dem Insolvenzbeschlag unterliegende Gegenstände; vgl. *BGH* ZIP 2016, 1174 Rdnr. 17; 2014, 1887 Rdnr. 12; 2013, 1288 Rdnr. 4 f.; 2013, 374 Rdnr. 28; für den Eigentumsvorbehalt *Bork*, FS Graf-Schlicker, 2018, S. 183 ff.;
- wenn mit der Rechtshandlung unmittelbar Vorteile zusammenhängen, die die Benachteiligung ausgleichen; *BGH* ZIP 2016, 427 Rdnr. 16 ff.;
- wenn die verbleibende Insolvenzmasse zur Befriedigung aller (auch der nachrangigen) Insolvenzgläubiger ausreicht; *BGH* ZIP 2018, 1794 Rdnr. 15.

[31] *BGH* ZIP 2016, 1491 Rdnr. 17; 2013, 374 Rdnr. 27; 2012, 285 Rdnr. 6. Beispiele: Erfüllung einer nicht mehr werthaltigen Forderung; Bestellung einer nicht geschuldeten Sicherheit (*BGH* ZIP 2016, 1491 Rdnr. 17 f.); Werthaltigmachen einer wertlosen Sicherheit (*BGH* ZIP 2013, 2113 Rdnr. 12/21; vgl. auch *Schmidt/Steinbach*, ZInsO 2013, 2423 ff.).

§ 20: Insolvenzanfechtung 139

hat[32] (*unmittelbare* Benachteiligung). Wenn das Gesetz nichts anderes sagt, reicht aber auch jeder Nachteil für die Gläubiger, der erst nach Abschluss der Rechtshandlung durch das Hinzutreten weiterer Umstände entstanden ist (*mittelbare* Benachteiligung)[33]. Eine mittelbare Benachteiligung kann zum Beispiel darin liegen, dass der Schuldner die Gegenleistung beiseite geschafft oder verbraucht hat, dass sich die Wertrelation zwischen Leistung und Gegenleistung mittlerweile zulasten der Masse verändert hat[34], dass durch die anfechtbare Rechtshandlung weitere Insolvenzgläubiger hinzugekommen sind, so dass die Masse für einen größeren Personenkreis reichen muss, dass eine ungesicherte Forderung durch eine gesicherte[35] oder eine einfache Insolvenzforderung durch eine Masseforderung[36] ersetzt wird. Dass die Rechtshandlung neben den benachteiligenden Wirkungen auch der Masse günstige Effekte hat, ist unerheblich, denn eine Saldierung der Vor- und Nachteile findet ebenso wenig statt wie ein Vorteilsausgleich[37]. Auch hypothetische Alternativgeschehen bleiben unberücksichtigt; ob derselbe Effekt auch ohne die Rechtshandlung eingetreten wäre, ist daher grundsätzlich unbeachtlich[38]. Die Testfrage für die (mittelbare) Gläubigerbenachteiligung lautet stets, ob die Gläubiger im Zeitpunkt der Beurteilung mehr bekommen würden, wenn die Rechthandlung unterblieben (bzw. eine unterlassene Rechtshandlung vorgenommen worden) wäre[39].

---

[32] Vgl. *BGH* ZIP 2009, 1674 Rdnr. 24 ff.; 2009, 817 Rdnr. 17; 2009, 573 Rdnr. 11; 2007, 2084 Rdnr. 11. Grundlegend zur Relevanz der Gegenleistung im Insolvenzanfechtungsrecht *Bitter*, KTS 2016, 455 ff.

[33] *BGHZ* 124, 76, 79; *BGH* ZIP 2018, 1794 Rdnr. 15; 2017, 489 Rdnr. 9; 2016, 2392 Rdnr. 13; 2016, 1491 Rdnr. 39; 2012, 1183 Rdnr. 21 ff.; 2007, 1164 Rdnr. 10; 2007, 1120 Rdnr. 15. – Maßgeblicher Zeitpunkt ist der Schluss der mündlichen Verhandlung, *BGH* ZIP 2018, 1794 Rdnr. 15; 2007, 1326 Rdnr. 17. Deshalb kommt es auch nicht darauf an, ob der Schuldner schon zum Zeitpunkt der Rechtshandlung noch weitere Gläubiger hatte, *BGH* ZIP 2010, 841 Rdnr. 14; 2009, 1909 Rdnr. 5.

[34] Beispiel: Veräußerte Wertpapiere sind im Kurs gestiegen.

[35] *BGH* ZIP 1999, 973, 974.

[36] *BGH* ZIP 2012, 1183 Rdnr. 25 ff.; ZInsO 2012, 971 Rdnr. 4.

[37] *BGH* ZIP 2013, 1180 Rdnr. 7; 2012, 1183 Rdnr. 30 ff. – Zur Beseitigung der einmal eingetretenen Gläubigerbenachteiligung s. *BGHZ* 198, 77 Rdnr. 18, 31; 173, 328 Rdnr. 57; *BGH* ZIP 2018, 385 Rdnr. 10 ff.; 2015, 2083 Rdnr. 15; 2007, 2084 Rdnr. 19; ZInsO 2013, 670 Rdnr. 3.

[38] *BGHZ* 159, 397, 401; *BGH* ZIP 2013, 1127 Rdnr. 40; 2007, 2084 Rdnr. 15; 2005, 2025, 2026.

[39] So verhält es sich häufig bei der Anweisung auf Schuld (anders als bei der Anweisung auf Kredit, sog. „reiner Passivtausch"): Der Insolvenzschuldner hat einen Drittschuldner angewiesen, die geschuldete Summe nicht an ihn, sondern direkt an einen Gläubiger zu bezahlen. Es handelt sich um eine mittelbare Zuwendung, die die Gläubiger regelmäßig benachteiligt, denn wenn Anweisung und Zahlung unterblie-

253 Zu beachten ist allerdings, dass § 142 InsO unmittelbar erfüllte **Bargeschäfte** von der Anfechtung ausnimmt. Ein Bargeschäft im Sinne dieser Norm liegt vor, wenn auf vertraglicher Grundlage gleichwertige Leistungen ausgetauscht werden und Leistung und Gegenleistung in einem unmittelbaren Zusammenhang stehen[40]. In diesem Fall scheidet eine unmittelbare Gläubigerbenachteiligung begrifflich aus, aber eine mittelbare Gläubigerbenachteiligung ist weiterhin Voraussetzung. Der BGH[41] beschränkt allerdings den Wirkungsbereich des § 142 InsO auf Fälle der kongruenten Deckung (→ Rdnr. 261), so dass nur die Anfechtung nach § 130 InsO ausgeschlossen ist, nicht aber die nach § 131 InsO und – schon nach dem Gesetzeswortlaut – auch nicht die nach § 133 InsO, solange nicht der Schuldner unlauter[42] handelte und der Anfechtungsgegner dies erkannt hat.

III. Anfechtungsgrund

254 Dass die Rechtshandlung die Gläubiger benachteiligt hat, kann für die Anfechtung nicht ausreichen, sollen nicht alle masseverkürzenden Maßnahmen anfechtbar sein. Erforderlich ist vielmehr zusätzlich,

---

ben wären, dann könnte der Insolvenzverwalter die Schuldnerforderung beim Drittschuldner vollständig einziehen, müsste aber dem Gläubiger nur die Insolvenzquote auszahlen, so dass sich für die übrigen Gläubiger eine höhere Quote ergibt; vgl. etwa *BGH* ZIP 2016, 173 Rdnr. 13; 2011, 824 Rdnr. 9 ff.; *BGH* ZIP 2011, 438 Rdnr. 11 ff.; *Ganter*, NZI 2011, 475 ff.; *Geiger*, NZI 2014, 585 ff.; *Harig*, DZWIR 2014, 533 ff.; *Jacobi/Böhme*, NZI 2012, 865 ff.; *Kayser*, FS Ganter, 2010, S. 221 ff.; zur Abgrenzung auch *BGH* ZIP 2012, 1468 Rdnr. 12 (dazu *Heitsch*, ZInsO 2012, 2088; *Henkel*, ZInsO 2012, 1933 ff.; *Huber*, ZInsO 2012, 1412 ff.); ZIP 2012, 280 Rdnr. 30 ff.; *Schäfer*, ZInsO 2014, 1965 ff.; *Staufenbiel/Brill*, ZInsO 2013, 2040 ff.

[40] Vgl. – auch zum Folgenden – *BGHZ* 184, 101 Rdnr. 13 ff.; 167, 190 Rdnr. 30 ff.; 166, 129 Rdnr. 8; 150, 122, 130 ff.; *BGH* ZIP 2014, 1491 Rdnr. 8 ff.; 2012, 1301 Rdnr. 13; 2012, 333 Rdnr. 20 ff.; 2010, 2009 Rdnr. 23 ff.; 2010, 682 Rdnr. 30 ff.; 2009, 1334 Rdnr. 9 ff.; 2008, 1977 Rdnr. 47; 2008, 1241 Rdnr. 11 ff.; 2008, 237 Rdnr. 5 ff.; 2008, 235 Rdnr. 15; 2008, 232 Rdnr. 19 ff.; 2007, 1469 Rdnr. 51; 2007, 1162 Rdnr. 10; 2007, 924 Rdnr. 22; 2006, 2222 Rdnr. 10; 2006, 1009 Rdnr. 29; *BAG* NZI 2015, 325 Rdnr. 15 ff.; ZIP 2014, 628 Rdnr. 46 ff.; 2011, 2366 Rdnr. 13 ff.; ZInsO 2012, 834 Rdnr. 13 ff.; 2012, 271 Rdnr. 13 ff.; *Bork*, FS Kirchhof, 2003, S. 57 ff.; *Ganter*, ZIP 2012, 2037 ff.; *Huber*, ZInsO 2013, 1049 ff.; *Kayser*, FS Fischer, 2008, S. 267 ff.; *ders.*, ZIP 2007, 49 ff.; *Lwowski/Wunderlich*, FS Kirchhof, 2003, S. 301 ff.; *dies.*, WM 2004, 1511 ff.; *Meyer*, DZWIR 2003, 6 ff.; *Riggert*, FS Braun, 2007, S. 139 ff.; *Windel*, ZIP 2014, 2167 ff.

[41] Grundlegend *BGHZ* 150, 122, 130; ferner die vorstehend Genannten sowie *BGH* ZIP 2013, 2210 Rdnr. 30; 2009, 1124 Rdnr. 13; vgl. ferner *BAG* NZI 2015, 325 Rdnr. 19 ff.

[42] Dazu *Bork*, FS Wimmer, 2017, S. 98, 115; *Hiebert*, ZInsO 2018, 1657 ff.; *Thole*, ZIP 2017, 401, 407 f.

dass die Rechtshandlung in zeitlicher Nähe zur Eröffnung des Insolvenzverfahrens oder unter Bedingungen erfolgt ist, die es gerechtfertigt erscheinen lassen, die Gegenstände wieder zurückzuholen und sie haftungsrechtlich den Gläubigern als Gesamtheit zur Befriedigung zuzuweisen. Diese Bedingungen sind in §§ 130–137 InsO als Anfechtungsgründe normiert. Bei ihnen ist jeweils zu fragen, welcher *objektive Tatbestand* zur Anfechtung führen kann, welche *zeitlichen Grenzen* bestehen[43], welche *subjektiven Voraussetzungen* auf Seiten des Schuldners und des Erwerbers erfüllt sein müssen und wer die *Beweislast* trägt.

1. Unentgeltliche Leistung (§ 134 InsO)[44]

Anfechtbar sind nach § 134 Abs. 1 InsO die unentgeltlichen Leistungen des Schuldners, sofern sie innerhalb der letzten vier Jahre[45] vor dem Insolvenzantrag vorgenommen wurden. Die Vorschrift beruht auf dem Gedanken, dass der unentgeltliche Erwerb nicht in gleichem Maße schutzwürdig ist wie der entgeltliche: Wer etwas unentgeltlich erhält, muss eher damit rechnen, dass es wieder herauszugeben ist[46]. Erfasst werden alle Leistungen des Schuldners[47], durch die zugunsten einer anderen Person ein Vermögenswert aufgegeben wurde, ohne dass der Empfänger objektiv[48] eine ausgleichende Gegenleistung an den Schuldner (oder mit dessen Einverständnis an einen Dritten) erbracht hat[49]. „Ausgleichende Gegenleistung" ist dabei auch ein werthaltiger Bereicherungsanspruch, der aber wegen § 814 BGB nur besteht, wenn der Schuldner irrtümlich auf eine nicht bestehende

255

---

[43] Das Gesetz bemisst die – je nach Anfechtungsgrund unterschiedlich langen – Zeiträume stets ab dem Eröffnungsantrag. Zu den Einzelheiten der Fristberechnung s. § 139 InsO sowie zur Unerheblichkeit für erledigt erklärter oder zurückgenommener Anträge *BGHZ* 157, 350, 354; 149, 178, 180 ff.; *BGH* ZIP 2011, 1372 Rdnr. 9; 2009, 921 Rdnr. 7 ff.; 2008, 930 Rdnr. 8 ff.; 2006, 290; *Biebinger*, ZInsO 2008, 1188 ff.; zu § 139 Abs. 2 S. 2 InsO vgl. *BGH* NZI 2015, 955 Rdnr. 11 ff.; ZIP 2008, 235 Rdnr. 10 ff.
[44] Ausf. dazu *Geißler*, ZInsO 2015, 2349 ff.; *Held* (Rdnr. 243); *Schäfer*, ZInsO 2014, 973 ff.; *Schlinkmann* (Rdnr. 243); *Thole*, KTS 2011, 219 ff.
[45] Zum maßgeblichen Zeitpunkt s. o. Fn. 20.
[46] Vgl. auch §§ 528, 816 Abs. 1 S. 2, 822, 988, 2287, 2325 BGB.
[47] Ob eine Leistung des Schuldners vorliegt, ist aus der Sicht des Leistungsempfängers zu beurteilen, vgl. *BGH* ZIP 2018, 1505 Rdnr. 14.
[48] Ausf. dazu *Bork*, NZI 2018, 1, 2 ff.
[49] *BGH* ZIP 2018, 1606 Rdnr. 8; 2018, 1601 Rdnr. 26; 2018, 792 Rdnr. 11; 2015, 638 Rdnr. 49; 2016, 2329 Rdnr. 18 ff.; 2012, 1183 Rdnr. 36 ff.; *Ganter*, NZI 2015, 249 ff.

Schuld geleistet hat[50]. Nur die gebräuchlichen Gelegenheitsgeschenke geringen Werts sind von der Anfechtung ausgenommen (§ 134 Abs. 2 InsO)[51]. Besondere subjektive Voraussetzungen gibt es nicht[52]. Die Beweislast für die unentgeltliche Leistung des Schuldners liegt beim Insolvenzverwalter, während der Gegner beweisen muss, dass die Rechtshandlung früher als vier Jahre vor dem Eröffnungsantrag vorgenommen wurde[53].

256 **Beispiele:** S überträgt sein Privatgrundstück unentgeltlich auf seine Kinder (ein dabei vorbehaltener Nießbrauch ist keine Gegenleistung, sondern mindert nur den Wert des Geschenks[54]); S verpflichtet sich gegenüber seiner Tochter, deren Grundschulden abzulösen[55]; S zahlt bewusst auf eine nicht bestehende Forderung[56], etwa Scheingewinne an einen Gesellschafter[57]; S zahlt ohne rechtliche Verpflichtung die Schulden des D oder erbringt sonstige von D geschuldete Leistungen (dies ist grundsätzlich eine unentgeltliche Leistung an D und nur dann eine unentgeltliche Leistung an G, wenn dessen Forderung gegen D nicht mehr werthaltig war, weil D selbst insolvent war und der ansonsten ungesicherte Dritte nach der Zahlung keine Gegenleistung mehr an seinen Gläubiger erbracht hat)[58];

---

[50] *BGH* ZIP 2018, 1746 Rdnr. 12; 2017, 1233 Rdnr. 9 ff.; 2017, 1284 Rdnr. 7; 2015, 638 Rdnr. 49; ZInsO 2017, 2693 Rdnr. 5; 2013, 1577 Rdnr. 21 m.w.N.; *BAG* ZIP 2015, 341 Rdnr. 9; 2014, 2519 Rdnr. 21. Ebenso für sonstige, auch vertragliche Herausgabeansprüche, etwa gegenüber einem Treuhänder oder einem sonstigen Geschäftsbesorger, *BGH* ZIP 2018,, 1746 Rdnr. 12; 2017, 1863 Rdnr. 15, 18 ff.; 2017, 91 Rdnr. 42. Ausf. *Bork*, NZI 2018, 1, 4 f.
[51] Dazu *BGH* ZIP 2016, 583 Rdnr. 24 ff.;
[52] Die übereinstimmenden Intentionen der Parteien können aber für die Feststellung der Unentgeltlichkeit erheblich sein; vgl. *BGHZ* 113, 98, 101 ff.; *BGH* ZIP 2018, 1606 Rdnr. 8; 2016, 2329 Rdnr. 18 ff.; *Gerhardt*, ZIP 1991, 273, 279 ff.; *Häsemeyer*, Rdnr. 21.90; *Henckel*, ZIP 1990, 137, 139 ff.; krit. *Bork*, NZI 2018, 1, 2 ff., 6 ff.
[53] Diese Beweislastumkehr ergibt sich aus der Gesetzesformulierung („es sei denn, dass ..."): Es handelt sich um eine Einschränkung, die nach allgemeinen Regeln von demjenigen zu beweisen ist, der sich darauf beruft.
[54] *BGH* ZIP 2007, 1326 Rdnr. 10.
[55] *BGHZ* 141, 96, 99 ff.
[56] → Fn. 48.
[57] Grundlegend *BGHZ* 179, 137 Rdnr. 6 (vgl. auch Rdnr. 14 ff.: § 814 BGB steht dem Anfechtungsanspruch dabei nicht entgegen); vgl. ferner *BGH* ZIP 2012, 931 Rdnr. 8; 2011, 674 Rdnr. 8; 2011, 390 Rdnr. 6; 2010, 1457 Rdnr. 14; 2010, 1185 Rdnr. 6; ZInsO 2013, 1577 Rdnr. 9; 2011, 2264 Rdnr. 14; 2011, 484 Rdnr. 9 ff.; 2011, 183 Rdnr. 9 ff.; 2009, 1202 Rdnr. 6 ff.; zur Abgrenzung auch *BGH* ZIP 2010, 1455 Rdnr. 7 f.
[58] *BGHZ* 174, 228 Rdnr. 7 ff.; 162, 276, 279 ff.; *BGH* 2016, 581 Rdnr. 10; ZIP 2015, 2484 Rdnr. 8 ff.; 2015, 2135 Rdnr. 8; 2014, 977 Rdnr. 5 ff.; 2013, 2208 Rdnr. 5 ff.; 2013, 1131 Rdnr. 6 ff.; 2010, 1402 Rdnr. 7; 2010, 36 Rdnr. 8; 2009, 2303 Rdnr. 8, 12; 2007, 1118 Rdnr. 16; 2006, 957 Rdnr. 10 ff.; 2004, 917, 918; ZInsO 2013, 549 Rdnr. 3; 2010, 1092 Rdnr. 6 f.; *Huber*, ZInsO 2010, 977 ff.; *Kayser*, WM 2007, 1 ff.; *Lütcke*, ZIP 2014, 1769 ff.; *Passarge*, ZInsO 2005, 971 ff.; zur Abgrenzung auch *BGH* ZIP 2018, 1746 Rdnr. 13 ff.; 2008, 1385 Rdnr. 10 ff.; differenzierend *Prütting*, KTS 2005, 253 ff.

§ 20: Insolvenzanfechtung 143

S besichert die Schuld eines Dritten[59]; S benennt seine Ehefrau als Begünstigte seines Lebensversicherungsvertrages[60] oder eines sonstigen Leistungsversprechens[61]; S verkauft Gesellschaftsanteile zu einem unangemessen niedrigen Kaufpreis[62]; S führt die Nachrangigkeit seiner Forderung gegen einen Dritten herbei[63]; S spendet Geld an eine gemeinnützige Organisation[64]. – *Nicht* nach § 134 InsO anfechtbar sind hingegen Leistungen auf eigene Verbindlichkeiten (Ausn.: Vollzug eines Schenkungsversprechens[65]); das nachträgliche Stellen von Sicherheiten für eigene Verbindlichkeiten[66]; Leistungen, die im Rahmen eines Vergleichs erbracht werden[67]; Leistungen zur Abwendung eines Strafverfahrens[68].

2. Vorsätzliche Gläubigerbenachteiligung (§ 133 InsO)[69]

Einer der praktisch wichtigsten Anfechtungsgründe findet sich in § 133 Abs. 1 S. 1 InsO. Diese Norm setzt in ihrem **objektiven** Tatbestand eine Rechtshandlung gerade des Schuldners[70] voraus, die   **257**

---

[59] *BGH* ZIP 2012, 1254 Rdnr. 21; 2006, 1362 Rdnr. 7 ff.; *Henckel*, ZIP 2004, 1671 ff. – Anders aber, wenn der Sicherungsnehmer dem Dritten den Kredit erst im Gegenzug für das Sicherungsgeschäft gewährt, *BGH* ZIP 2009, 228 Rdnr. 14.
[60] *BGHZ* 156, 350, 352 ff.; *BGH* ZIP 2016, 1034 Rdnr. 9; 2013, 223 Rdnr. 13 ff.; 2012, 2409 Rdnr. 6 ff.
[61] *BGH* ZIP 2006, 1639 Rdnr. 7 ff.
[62] *BGH* ZIP 1993, 1170, 1173; *LG Dresden* ZInsO 2002, 140, 141.
[63] *BGH* ZIP 2009, 1080 Rdnr. 14 ff.
[64] *BGH* ZIP 2016, 583 Rdnr. 12 ff.; *Gehrlein*, ZInsO 2016, 2123 ff.
[65] Vgl. *BGH* ZIP 2014, 493 Rdnr. 9 ff.; ferner *BAG* ZIP 2016, 377 Rdnr. 11 ff.
[66] *BGH* ZIP 2018, 1606 Rdnr. 16; 2012, 1254 Rdnr. 20; 2010, 841 Rdnr. 10; 2004, 1819, 1820 f.; NZI 2013, 81 Rdnr. 3 f.
[67] *BGH* ZIP 2012, 984 Rdnr. 28 ff.; 2006, 2391 Rdnr. 15 ff.
[68] *BGH* ZIP 2008, 1291 Rdnr. 11 ff.
[69] Ausf. dazu *Bauer*, ZInsO 2004, 594 ff.; *Berner*, ZVI 2010, 215 ff.; *Bork*, FS Wimmer, 2017, S. 98 ff.; *ders.*, ZIP 2014, 797 ff.; *ders.*, ZIP 2004, 1684 ff.; *Foerste*, ZInsO 2013, 897 ff.; *ders.*, in: Festschrift E. Picker, 2010, 227 ff.; *Guski*, WM 2009, 1071 ff.; *Huber*, ZInsO 2003, 1025 ff.; *Hutschenreuther/Neugebauer*, ZInsO 2013, 1221 ff.; *Jensen*, NZI 2013, 471 ff.; *Kübler*, FS Greiner, 2005, S. 159 ff.; *Lütcke*, ZInsO 2013, 1984 ff.; *Schoppmeyer*, ZIP 2009, 600 ff.; *Thole*, ZIP 2013, 2081 ff.; *ders.*, KTS 2007, 293 ff.
[70] Vgl. dazu *BGHZ* 155, 75, 79; *BGH* ZIP 2018, 1188 Rdnr. 5; 2013, 1127 Rdnr. 19 ff. Zwangsvollstreckungsmaßnahmen eines Gläubigers sind grundsätzlich keine Rechtshandlungen des Schuldners, *BGHZ* 162, 143, 147 ff.; *BGH* ZIP 2017, 2074 Rdnr. 14; 2014, 1032 Rdnr. 30; 2014, 275 Rdnr. 7; 2014, 35 Rdnr. 7 ff.; 2012, 2513 Rdnr. 15; 2012, 2355 Rdnr. 25; 2012, 1422 Rdnr. 8; 2011, 1416 Rdnr. 22; 2010, 191 Rdnr. 6; 2009, 728 Rdnr. 3; 2008, 131 Rdnr. 16; *Bork*, ZIP 2004, 1684, 1685 f.; *Huber*, ZIP 2018, 519, 521; *Schoppmeyer*, NZI 2005, 185, 190 f.; a. M. *Kreft*, KTS 2004, 205, 216 ff.; *Rendels*, ZIP 2004, 1289 ff./2085 ff.; differenzierend *Jacoby*, KTS 2005, 371, 395 f. Etwas anderes gilt nur dann, wenn der Schuldner die Zwangsvollstreckung durch eine wenigstens mitursächliche Handlung gefördert hat, sofern der Beitrag des Schuldners bei wertender Betrachtungsweise einer der Vollstreckungshandlung des Gläubigers zumindest vergleichbares Gewicht erreicht, *BGH* ZIP 2017,

mitursächlich für die Gläubigerbenachteiligung geworden ist. Erfasst werden mittelbar und unmittelbar benachteiligende Handlungen[71] (→ Rdnr. 252). Die Handlung muss innerhalb der letzten zehn Jahre vor dem Eröffnungsantrag[72] (oder zwischen Antrag und Eröffnungsbeschluss) vorgenommen worden sein, bei Deckungsgeschäften (→ Rdnr. 261) innerhalb der letzten vier Jahre (§ 133 Abs. 2 InsO). Der Anfechtungsgegner muss aber – anders als bei §§ 130, 131 InsO (→ Rdnr. 261 f.) – nicht Insolvenzgläubiger sein, weshalb beispielsweise unter den weiteren Voraussetzungen der Vorschrift auch gegenüber einem Leistungsmittler, etwa einer als Zahlstelle fungierenden Bank, angefochten werden kann[73].

257a Im **subjektiven** Tatbestand wird *auf Seiten des Schuldners* verlangt, dass er mit dem Vorsatz gehandelt hat, seine Gläubiger zu benachteiligen. Der subjektive Tatbestand[74] muss auf die anzufechtende Rechtshandlung bezogen sein[75]. Benachteiligungsvorsatz liegt dabei bereits vor, wenn es der Schuldner für möglich hielt, dass sich seine Handlungsweise zum Nachteil der Gläubiger auswirken könnte, und dass er diese Folge in Kauf genommen hat (*dolus eventualis*)[76]. Auf *Seiten des Empfängers* (Anfechtungsgegners) ist erforderlich, dass er die gläubigerbenachteiligende Rechtshandlung[77] und den Vorsatz des Schuldners im Zeitpunkt der Handlung (§ 140 InsO[78]) kannte[79]. Nach

---

1962 Rdnr. 13, 30 f.; 2017, 1379 Rdnr. 10; 2017, 1281 Rdnr. 15 ff.; ZInsO 2017, 1479 Rdnr. 7 ff.; *Pießkalla*, ZInsO 2018, 501 ff.; *Schäfer*, ZInsO 2018, 917 ff.

[71] *Beispiel*: S bezahlt Schulden (*BGHZ* 155, 75, 80 f.; *BGH* ZIP 2004, 1512, 1513); S verkauft ein Grundstück unter Wert (*BGHZ* 131, 189, 195); S bestellt nachträglich eine Sicherheit (*BGH* ZIP 2016, 1491 Rdnr. 39; 2010, 841 Rdnr. 14).

[72] Zum maßgeblichen Zeitpunkt s. o. Fn. 20.

[73] Ausf. dazu *BGHZ* 193, 129 Rdnr. 8 ff.; *BGH* ZIP 2017, 2370 Rdnr. 21; 2017, 1863 Rdnr. 25; 2013, 1826 Rdnr. 21 ff.; 2013, 1127 Rdnr. 13 ff.; 2013, 371 Rdnr. 17 ff.; *Berner*, FS Kübler, 2015, S. 43 ff.; *Ede*, ZInsO 2012, 1541 ff.; *J. Ehlers*, ZInsO 2016, 208 ff.; *Kayser*, FS Kübler, 2015, S. 321 ff. – Zur Anfechtung in der Insolvenz des Leistungsmittlers durch *dessen* Insolvenzverwalter s. *BGH* ZIP 2013, 81 Rdnr. 8 ff.

[74] Dazu u. a. *F. Bartels*, KTS 2016, 301 ff.

[75] *BGH* ZIP 2018, 1033 Rdnr. 7; 2013, 2262 Rdnr. 12 f.; 2013, 2113 Rdnr. 18 f.; dagegen *Häger/Harig*, ZInsO 2013, 1677, 1680.

[76] Vgl. *BGH* ZIP 2017, 1379 Rdnr. 14; 2017, 1281 Rdnr. 10; 2015, 1645 Rdnr. 20; 2011, 1416 Rdnr. 8; 2009, 573 Rdnr. 13; 2008, 1291 Rdnr. 18 ff.; 2007, 1120 Rdnr. 26; 2006, 290, 292; 2004, 1512, 1513; 2004, 1060, 1062; *Kirchhof*, FS Fischer, 2008, S. 285 ff.

[77] *BGH* ZIP 2013, 2262 Rdnr. 12 f.

[78] *BGH* ZIP 2011, 1416 Rdnr. 8; 2009, 228 Rdnr. 15.

[79] Grob fahrlässige Unkenntnis reicht also nicht. Kritisch zum subjektiven Tatbestand *Jungclaus*, KTS 2014, 257 ff. – Die Kenntnis eines Vertreters wird nach § 166 Abs. 1 BGB zugerechnet; vgl. *BGHZ* 33, 389, 397; *BGH* ZIP 2016, 2376 Rdnr. 17; 2015, 1234 Rdnr. 23; 2015, 279 Rdnr. 11; 2014, 1497 Rdnr. 2; 2013, 685 Rdnr. 4 ff.; 2013, 174 Rdnr. 26; 2011, 1523 Rdnr. 14 ff.; 2011, 1416 Rdnr. 2; 2009, 726 Rdnr. 3; 2004, 957,

§ 133 Abs. 1 S. 2 InsO wird allerdings die Kenntnis des Gegners vom Benachteiligungsvorsatz des Schuldners widerleglich vermutet, wenn (was wiederum vom Insolvenzverwalter zu beweisen ist) der Gegner wusste (oder Umstände kannte, die zwingend darauf schließen lassen[80]), dass die Zahlungsunfähigkeit des Schuldners drohte[81] und dass die Handlung die Gläubiger benachteiligte[82]. Für den Vorsatz des Schuldners gilt diese Vorschrift entsprechend[83].

Die **Beweisführung** obliegt – auch für die subjektiven Voraussetzungen – dem Insolvenzverwalter[84]. Da gerade der subjektive Tatbestand eines direkten Beweises kaum zugänglich ist, muss der Insolvenzverwalter sich regelmäßig auf *Indizien* stützen[85]. Insoweit kommt es auf eine umfassende Würdigung aller maßgeblichen Umstände des Einzelfalles an[86]. So kann es z. B. ein erhebliches Beweisanzeichen sowohl für den Benachteiligungsvorsatz des Schuldners als auch für die Kenntnis des Gegners sein, wenn dieser eine inkongruente Deckung (→ Rdnr. 262) erhalten hat, sofern Anlass bestand, an der Liquidität des Schuldners zu zweifeln[87]. Handelt es sich um eine kongruente Deckung, kann relevant sein, ob der Schuldner an den Gläubiger nicht nur zahlte, um seine Verbindlichkeit zu erfüllen, sondern um besondere Vorteile zu erlangen oder Nachteile (wie etwa die Kündi-

257b

960; NZI 2013, 253 Rdnr. 28; *Bork*, DB 2012, 33 ff.; *Fridgen*, ZInsO 2004, 1341 f. Das gilt aber nicht für Minderjährige, *BGH* ZIP 2017, 1863 Rdnr. 27 f.

[80] Vgl. zu dieser Erweiterung *BGHZ* 180, 63 Rdnr. 13; *BGH* ZIP 2017, 1379 Rdnr. 18; 2013, 174 Rdnr. 25; 2012, 735 Rdnr. 17; 2009, 2253 Rdnr. 10; 2009, 1966 Rdnr. 8; ZInsO 2010, 1598 Rdnr. 9 ff.

[81] → näher Rdnr. 102 ff., 106 ff. Nach § 133 Abs. 3 S. 1 InsO genügt die Kenntnis von der drohenden Zahlungsunfähigkeit nicht, wenn kongruente Deckungen (→ Rdnr. 261 f.) angefochten werden.

[82] Dazu *BGHZ* 210, 249 Rdnr. 22; *BGH* ZIP 2018, 435 Rdnr. 12; 2017, 2368 Rdnr. 22; 2017, 1962 Rdnr. 21; 2017, 1677 Rdnr. 14; 2017, 1379 Rdnr. 30; 2017, 1232 Rdnr. 8; 2016, 173 Rdnr. 23; alle m. w. N. – Zur Widerlegung der Vermutung *Kayser*, WM 2013, 293 ff.

[83] *BGHZ* 167, 194 Rdnr. 14; *BGH* ZIP 2017, 1232 Rdnr. 7; 2014, 183 Rdnr. 9; 2011, 1416 Rdnr. 8.

[84] *BGH* ZIP 2015, 1077 Rdnr. 6; 2009, 573 Rdnr. 8.

[85] Generell zu den Indizien für den subjektiven Tatbestand *Kayser*, NJW 2014, 422 ff.; *Marwyk*, ZInsO 2014, 1734 ff.

[86] *BGH* ZIP 2018, 432 Rdnr. 12; 2017, 2370 Rdnr. 9; 2017, 1677 Rdnr. 12, 19 f.; 2016, 1686 Rdnr. 12; 2015, 437 Rdnr. 17; 2013, 371 Rdnr. 28; 2013, 174 Rdnr. 25; 2009, 1966 Rdnr. 8.

[87] St. Rspr.; vgl. nur *BGHZ* 157, 242, 250 ff.; *BGH* ZIP 2013, 2368 Rdnr. 12; 2013, 2113 Rdnr. 14; 2013, 1579 Rdnr. 33; 2013, 228 Rdnr. 46; 2013, 174 Rdnr. 19/37; 2012, 2355 Rdnr. 13; 2012, 137 Rdnr. 10; 2010, 841 Rdnr. 15/18; 2009, 1434 Rdnr. 15 ff.; 2009, 922 Rdnr. 17; 2007, 1375 Rdnr. 37 f.; ausf. *Huber*, ZInsO 2012, 53 ff.; *ders.*, FS Kirchhof, 2003, S. 247 ff.; *Sander*, ZIP 2003, 613 ff.; *Schoppmeyer*, NZI 2005, 185 ff.

gung eines wichtigen Vertrages) von sich abzuwenden[88]. Ein besonders kräftiges Indiz ist erfüllt, wenn der Schuldner zahlungsunfähig[89] war und die Parteien dies wussten[90]. Gegenindizien sind aber möglich[91].

258 § 133 Abs. 4 InsO enthält neben Absatz 1 keinen eigenen Anfechtungstatbestand, sondern eine partielle Beweislastumkehr: Wenn ein entgeltlicher[92] Vertrag[93] mit einer **nahestehenden Person** (→ Rdnr. 259), durch den die Gläubiger unmittelbar benachteiligt werden (→ Rdnr. 252) und der in den letzten zwei Jahren vor dem Insolvenzantrag geschlossen wurde (was vermutet wird), angefochten wird, dann vermutet das Gesetz widerleglich sowohl den Benachteiligungsvorsatz des Schuldners als auch die Kenntnis des Gegners[94]. Gelingt

---

[88] *BGHZ* 155, 75, 83 f.; *BGH* ZIP 2012, 2355 Rdnr. 10; ausf. *Blum*, ZInsO 2006, 807 ff.; *Fischer*, NZI 2008, 588 ff.; *Foerste*, NZI 2006, 6 ff.; *Koza*, DZWIR 2009, 404 ff. – Wird eine eigentlich kongruente Leistung zur Abwendung eines Insolvenzantrages erbracht, geht die Rechtsprechung allerdings von der Inkongruenz aus, vgl. *BGH* ZIP 2012, 2355 Rdnr. 10 m. w. N.

[89] → näher Rdnr. 102 ff.

[90] St. Rspr.; vgl. nur *BGHZ* 180, 98 Rdnr. 10; 174, 314 Rdnr. 32; 167, 190 Rdnr. 14; *BGH* ZIP 2018, 1794 Rdnr. 9; 2018, 432 Rdnr. 10; 2017, 2370 Rdnr. 8; 2017, 1677 Rdnr. 9; 2016, 1348 Rdnr. 19; 2016, 874 Rdnr. 7; 2015, 1645 Rdnr. 20; 2015, 585 Rdnr. 16; alle m. w. N.

[91] **Beispiele:**
– Leistungen im Rahmen eines ernsthaften Sanierungsversuchs auf der Grundlage eines schlüssigen, von den tatsächlichen Gegebenheiten ausgehenden Sanierungskonzepts, vgl. etwa *BGHZ* 210, 249 Rdnr. 14 ff.; *BGH* ZIP 2018, 1794 Rdnr. 8 ff.; 2016, 173 Rdnr. 32 ff.; 2013, 894 Rdnr. 11; 2012, 137 Rdnr. 11; 2009, 117 Rdnr. 52; *Huber*, NZI 2015, 489 ff.; *Kayser*, ZInsO 2016, 2134 ff.; *ders.*, WM 2013, 293 ff.; *Pape*, ZInsO 2017, 114 ff.; *Steffan*, ZIP 2016, 1712 ff.; *Thole*, NZI 2017, 129 ff.; *Wischemeyer/Dimassi*, ZIP 2017, 593 ff.;
– bargeschäftsähnlicher Leistungsaustausch, *BGH* ZIP 2017, 1232 Rdnr. 7, 9; 2016, 173 Rdnr. 37 ff.; 2015, 585 Rdnr. 21 ff.; *Foerste*, ZInsO 2015, 832 f.; *ders.*, WM 2014, 1213 ff.; *Heil/Schmitt*, ZIP 2018, 714 ff.; *Huber*, ZIP 2018, 519, 521 f.; *Riggert*, FS Beck, 2016, S. 451 ff.

[92] Der Begriff ist weit auszulegen: Ein Vertrag ist entgeltlich i. S. v. § 133 Abs. 2 InsO, wenn der Leistung des Schuldners eine ausgleichende Zuwendung – etwa die Befreiung von einer Verbindlichkeit – der ihm nahestehenden Person gegenübersteht und beide rechtlich voneinander abhängen, *BGH* ZIP 2016, 1481 Rdnr. 14; 2013, 374 Rdnr. 26.

[93] Auch der Begriff des Vertrages ist weit auszulegen: Erfasst wird jedes Verhalten des Schuldners, das in Übereinstimmung mit dem Gegner vorgenommen wurde (Kübler/Prütting/Bork-*Bork*, § 133 Rdnr. 74). Dazu zählen auch Vertragsübernahmen (*BGH* ZIP 2018, 792 Rdnr. 13) und güterrechtliche Verträge (*BGH* ZIP 2010, 1702 Rdnr. 9). Auch die Erfüllung ist ein „entgeltlicher Vertrag" i. S. v. § 133 Abs. 2 InsO, *BGH* ZIP 2017, 582 Rdnr. 17; 2016, 1491 Rdnr. 15; 1990, 459, 460; a. M. wohl *BGH* ZIP 2012, 2449 Rdnr. 7. – Unentgeltliche Verträge sind schon nach § 134 InsO anfechtbar; → Rdnr. 255.

[94] *BGH* ZIP 2013, 374 Rdnr. 30.

dem Insolvenzverwalter der Beweis, dass der Schuldner mit einer nahestehenden Person[95] einen die Gläubiger unmittelbar benachteiligenden entgeltlichen Vertrag geschlossen hat, so muss der Anfechtungsgegner beweisen, dass der Vertrag früher als zwei Jahre vor dem Insolvenzantrag geschlossen wurde, dass der Schuldner ohne Benachteiligungsvorsatz handelte oder dass die nahestehende Person diesen Vorsatz nicht kannte[96].

Der **Kreis der nahestehenden Personen** ist in § 138 InsO definiert[97]. Er erfasst **259** in Abs. 1 Ehegatten (Nr. 1)[98], Lebenspartner (Nr. 1a) und Verwandte des Schuldners (Nr. 2), Personen, die mit ihm in häuslicher Gemeinschaft leben (Nr. 3)[99], sowie Gesellschaften, denen das Wissen des Schuldners zugerechnet wird (Nr. 4); in Abs. 2 für Gesellschaften die Mitglieder von Vorstand, Geschäftsführung und Aufsichtsrat, die persönlich haftenden Gesellschafter und die Gesellschafter mit einer Beteiligung von mindestens 25 % (Nr. 1)[100] sowie weitere „Insider" (Nr. 2 und 3)[101]. Die verschärfte Anfechtbarkeit beruht darauf, dass diese Personen die wirtschaftlichen Verhältnisse des Schuldners besonders gut kennen, seine Absichten leichter durchschauen und eher bereit sind, mit ihm zum Nachteil der Gläubiger zusammenzuarbeiten.

3. Besondere Insolvenzanfechtung (§§ 130–132 InsO)

Während sich die Anfechtungsgründe der Unentgeltlichkeit und der **260** vorsätzlichen Gläubigerbenachteiligung auch in §§ 3, 4 AnfG finden, enthalten die §§ 130–132 InsO Anfechtungsgründe, die nur in einem

---

[95] Gleichzustellen sind *Verträge mit Dritten*, mit denen die unmittelbare Zuwendung an die nahestehende Person umgangen werden soll, *BGH* NJW 1995, 1093.

[96] *BGH* ZIP 2013, 374 Rdnr. 30; 2010, 1702 Rdnr. 11, 15 ff.; *Kayser*, WM 2013, 293 ff.

[97] Dazu *BGHZ* 131, 189, 192 f.; 129, 236, 244 f.; *BGH* ZIP 1998, 247, 248; *Hirte*, ZInsO 1999, 429 ff.; *Kirchhof*, ZInsO 2001, 825 ff.; *Paulus*, WM 2000, 2225 ff.; *Ropohl*, Gesellschaftsrechtliche Insider nach § 138 Abs. 2 InsO, 2002; *ders.*, *Ropohl*, NZI 2006, 425 ff.; *Wolf*, Der Dritte in der Pflicht: Kapitalerhaltung und Insolvenzanfechtung unter Berücksichtigung des § 138 InsO, 2015; zur Verfassungsmäßigkeit der Regelung s. *Biehl*, FamRZ 2001, 745 ff.

[98] Auch wenn die Ehe erst nach der Rechtshandlung geschlossen wurde, *BGH* ZIP 2016, 1491 Rdnr. 11.

[99] Dazu gehören nicht die nichtehelichen Partner, *BGH* ZIP 2016, 1491 Rdnr. 11; ZInsO 2011, 784 Rdnr. 3.

[100] *BGH* ZIP 2018, 792 Rdnr. 21 (Alleingesellschafter).

[101] Vgl. für die beherrschte (Tochter-)Gesellschaft *BGH* NZI 2004, 449; für Personenidentität der Geschäftsführer beider Parteien *BGH* ZIP 2007, 1469 Rdnr. 41; für verheiratete Geschäftsführer *BGH* ZIP 2017, 582 Rdnr. 11 ff.; für Eltern des Geschäftsführers *OLG Düsseldorf* ZInsO 2005, 215, 216 f.; für Steuerberater *BGH* ZIP 2012, 2449 Rdnr. 10.

Insolvenzverfahren geltend gemacht werden können, weshalb man hier auch von der „besonderen" Insolvenzanfechtung spricht. Den Vorschriften ist gemeinsam, dass die dort erfassten Rechtshandlungen in der „Krise" erfolgt sein müssen, also in dem kritischen Zeitraum unmittelbar vor der Einleitung des Insolvenz(eröffnungs) verfahrens[102]. In dieser Phase ist es mehr oder minder Zufall, ob es Dritten noch gelingt, etwas aus der Masse herauszuholen, oder ob das Verfahren so rechtzeitig eingeleitet wird, dass der Erwerb aus der Insolvenzmasse an §§ 81, 91 InsO scheitert. Wer in dieser Phase „seine Schäfchen ins Trockene bringen" will, muss deshalb mit der Insolvenzanfechtung rechnen. Im Einzelnen nennt das Gesetz folgende Anfechtungsgründe:

261 § 130 InsO regelt die **kongruente Deckung**. Hier hat ein Insolvenzgläubiger[103] vor der Verfahrenseröffnung eine ihm zustehende[104] Leistung (Sicherung oder Befriedigung) erhalten[105]. Das ist als solches nicht anstößig. Zur Anfechtung berechtigt es nach § 130 Abs. 1 Nr. 1 InsO nur dann, wenn die Rechtshandlung in den letzten drei Monaten vor dem Eröffnungsantrag[106] vorgenommen wurde, der Schuldner zu diesem Zeitpunkt bereits zahlungsunfähig war[107] und der Gläubiger dies zur Zeit der Handlung wusste[108] (oder Umstände kannte, die zwingend auf die Zahlungsunfähigkeit schließen ließen,

---

[102] Zum maßgeblichen Zeitpunkt s. o. Fn. 20.
[103] Zum Begriff u. a. *BGH* ZIP 2018, 335 Rdnr. 10; 2013, 2210 Rdnr. 9 ff.; 2012, 833 Rdnr. 9 ff.; 2012, 280 Rdnr. 11 f.
[104] Genau genommen kommt es bei der Anfechtung nach § 130 InsO nicht darauf an, ob die Leistung dem Gläubiger zustand oder nicht. Aus dem Zusammenspiel von § 130 InsO und § 131 InsO ergibt sich, dass § 131 InsO nur die dem Gläubiger nicht zustehenden, § 130 InsO hingegen alle Leistungen erfasst, so dass eigentlich offen bleiben kann, ob die Deckung kongruent war oder nicht; vgl. etwa *BGH* ZIP 2012, 333 Rdnr. 13.
[105] Darüber hinaus werden Rechtshandlungen erfasst, die die Sicherung oder Befriedigung ermöglichen, wie etwa eine Kündigung (*BGH* ZIP 2017, 489 Rdnr. 11 ff.), ein Anerkenntnis im Prozess, das selbst keine Deckung gewährt, jedoch zu einer solchen führen kann; das Schaffen einer Aufrechnungslage (*BGH* ZIP 2010, 682 Rdnr. 7) oder das „Werthaltigmachen" einer Globalzession durch Begründung neuer oder „Werthaltigmachen" alter Forderungen (*BGHZ* 174, 297 Rdnr. 14 ff., 35 ff.; *BGH* ZIP 2008, 1435 Rdnr. 16 ff.; 2008, 650 Rdnr. 20; 2008, 372 Rdnr. 13 ff.).
[106] Zum maßgeblichen Zeitpunkt s. o. Fn. 20.
[107] Vgl. § 17 InsO (→ Rdnr. 102). Für eine eigenständige Definition hingegen *Henckel*, FS Gerhardt, 2004, S. 361, 362 ff.
[108] Zum maßgeblichen Zeitpunkt sowie zu den Voraussetzungen, unter denen sich der Anfechtungsgegner darauf berufen kann, die ursprünglich vorhandene Kenntnis sei infolge neuer Informationen fortgefallen, vgl. *BGH* ZIP 2011, 1111 Rdnr. 15/25; 2010, 682 Rdnr. 48; 2008, 930 Rdnr. 10 ff. – Kritisch zum subjektiven Tatbestand *Jungclaus*, KTS 204, 257 ff.

§ 130 Abs. 2 InsO[109]); wurde die Rechtshandlung zwischen Insolvenzantragstellung und Eröffnungsbeschluss vorgenommen, genügt die Kenntnis vom Eröffnungsantrag (§ 130 Abs. 1 Nr. 2 InsO)[110]. Außerdem genügt für die Kenntnis von der Zahlungsunfähigkeit die Kenntnis von der Zahlungseinstellung (→ Rdnr. 103)[111]. Der Gläubiger darf unter diesen Voraussetzungen nicht darauf vertrauen, dass er die ihm geschuldete Leistung behalten darf. Darlegen und beweisen muss diese Voraussetzungen der Insolvenzverwalter. Nur wenn die Rechtshandlung gegenüber einer nahestehenden Person (→ Rdnr. 259) vorgenommen wurde, wird vermutet, dass diese Person die Zahlungsunfähigkeit oder den Eröffnungsantrag kannte (§ 130 Abs. 3 InsO)[112].

Eine **inkongruente Deckung** ist nach § 131 InsO anfechtbar. Auch **262** bei ihr geht es um den Erwerb durch einen (späteren) Insolvenzgläubiger, aber um einen Erwerb, den der Gläubiger nicht, nicht in dieser Art oder nicht zu diesem Zeitpunkt beanspruchen konnte[113]. Eine solche Rechtshandlung ist, ohne dass der Anfechtungsgegner die Inkongruenz kennen müsste[114], ohne weiteres anfechtbar, wenn sie im letzten Monat vor dem Insolvenzantrag oder nach diesem Antrag vorgenommen wurde (§ 131 Abs. 1 Nr. 1 InsO). Wurde sie im zweiten oder dritten Monat vor dem Insolvenzantrag[115] vorgenommen, ist sie anfechtbar, wenn der Schuldner bereits zahlungsunfähig[116] war (§ 131 Abs. 1 Nr. 2 InsO[117]) oder wenn der Gläubiger wusste, dass die Rechtshandlung die Insolvenzgläubiger benachteiligte (§ 131 Abs. 1 Nr. 3

---

[109] Krit. dazu *Gerhardt*, FS Brandner, 1996, S. 605, 615 f. – Beispiele: *BGHZ* 149, 178, 185; *BGH* ZIP 2015, 1549 Rdnr. 8 ff.; 2013, 2015 Rdnr. 17; 2010, 682 Rdnr. 46 f.; 2008, 930 Rdnr. 10 ff.; 2003, 410, 411 f.; speziell zur Kenntnis der Arbeitnehmer von der Zahlungsunfähigkeit des Arbeitgebers bei der Anfechtung von Lohnzahlungen bislang *BAG* NZI 2010, 444 Rdnr. 6 f.; ZIP 2009, 2308 Rdnr. 6 f.; 2009, 526 Rdnr. 13 ff. einerseits und nunmehr *BAG* ZInsO 2012, 834 Rdnr. 24 ff.; 2012, 271 Rdnr. 30 ff.; ZIP 2011, 2366 Rdnr. 27 ff. andererseits; dazu auch *Krause* in: Münch (Hrsg.), Prozessrecht und materielles Recht, 2015, 17 ff. – Grobe Fahrlässigkeit reicht dafür aber nicht; vgl. nur *BGH* ZIP 2009, 526 Rdnr. 13.

[110] Diese wird allerdings nicht schon aufgrund der öffentlichen Bekanntmachung vermutet, *BGH* ZIP 2010, 2307 Rdnr. 19 ff.

[111] St. Rspr. sowohl zu § 130 InsO als auch zu § 133 InsO; vgl. etwa *BGH* ZIP 2016, 1686 Rdnr. 14; 2016, 1388 Rdnr. 9, 13; 2016, 1348 Rdnr. 17.

[112] Vgl. *BGH* ZIP 2012, 2449 Rdnr. 7 ff.; zur Widerlegung der Vermutung *Kayser*, WM 2013, 293 ff.

[113] Vgl. zum Begriff u. a. *Flöther/Bräuer*, ZInsO 2005, 1244 ff.

[114] Zutr. *Häger/Harig*, ZInsO 2012, 1677 ff.

[115] Zum maßgeblichen Zeitpunkt s. o. Fn. 20.

[116] → näher Rdnr. 102 ff.

[117] Die Kenntnis des Gläubigers wird hier wegen der besonderen Verdächtigkeit der Umstände unwiderleglich vermutet.

InsO), oder wenn er Umstände kannte, die zwingend darauf schließen ließen (§ 131 Abs. 2 S. 1 InsO)[118]. Die Darlegungs- und Beweislast liegt wieder beim Insolvenzverwalter[119]. Nur bei Rechtshandlungen gegenüber nahestehenden Personen (→ Rdnr. 259) wird in den Fällen der Nr. 3 vermutet, dass diese Person die Gläubigerbenachteiligung kannte (§ 131 Abs. 2 S. 2 InsO).

263 **Beispiele:** Zahlung auf eine nicht existierende Verbindlichkeit[120]; Zahlung auf eine durch Vertragsänderung begründete oder fällig gestellte Verbindlichkeit, sofern auch die Vertragsänderung (Kongruenzvereinbarung) inkongruent und deshalb anfechtbar ist[121]; nachträgliche Bestellung einer nicht geschuldeten Sicherheit[122]; Zahlung eines Honorars für eine unentgeltlich zu erbringende Leistung[123]; Leistung an Erfüllungs Statt oder erfüllungshalber[124] (nicht aber Zahlung per Scheck[125] oder im Lastschriftverfahren[126], wenn und soweit sie verkehrsüblich sind); Vereinbarung einer Ersetzungsbefugnis[127]; Leistungen des Schuldners auf gegen Dritte gerichtete Forderungen des Gläubigers[128]; Zahlung eines Dritten auf Anweisung des Schuldners[129]; Zahlung über das Konto eines Dritten[130]; Erfüllung nicht fälliger, einredebehafteter oder verjährter For-

---

[118] Dazu *BGHZ* 157, 242, 250.
[119] Zu Beweisanzeichen für die Kenntnis des Gegners vgl. *BGHZ* 157, 242, 250 ff.; *BGH* ZIP 2007, 1913 Rdnr. 3 ␣ff.; NJW 1995, 1093, 1094.
[120] *BGH* ZIP 2012, 280 Rdnr. 12.
[121] *BGH* ZIP 2016, 279 Rdnr. 17 ff.; 2014, 1595 Rdnr. 19 ff.; 2013, 2323 Rdnr. 11 ff.; *Ponseck/Swierczok*, ZInsO 2017, 420 ff.
[122] *BGHZ* 33, 389, 392; *BGH* ZIP 2013, 1579 Rdnr. 33 f.; 2013, 174 Rdnr. 21; 2010, 841 Rdnr. 16; 2007, 1274 Rdnr. 21; 2007, 924 Rdnr. 14 ff.; *Berger*, ZIP 2010, 2078 ff.; *Kirchhof*, ZInsO 2004, 465 ff.; *Streit/Jordan*, DZWIR 2004, 441 ff.; anders bei gesetzlichen Pfandrechten, *BGHZ* 150, 326, 330; *BGH* ZIP 2005, 992, 993 sowie bei der bereits mit dinglicher Wirkung vereinbarten Zession künftiger Forderungen *BGHZ* 174, 297 Rdnr. 18 ff., 25 ff.; *BGH* ZIP 2011, 773 Rdnr. 36 ff.
[123] *BGH* NJW 1995, 1093 f.
[124] *BGHZ* 159, 388, 394; 123, 320, 324 f.; *BGH* ZIP 2014, 231 Rdnr. 18; NZI 2011, 855 Rdnr. 10 ff.
[125] *BGHZ* 166, 125 Rdnr. 46; *BGH* ZIP 2006, 2222 Rdnr. 9. – Wieder anders, wenn mit Schecks bezahlt wird, die Dritte ausgestellt haben (Kundenschecks), *BGH* ZIP 2009, 1235 Rdnr. 10 f.
[126] *BGH* ZIP 2013, 324 Rdnr. 12.
[127] *BGH* ZIP 2005, 2025, 2026.
[128] *BGH* ZIP 2013, 228 Rdnr. 46.
[129] *BGH* ZIP 2018, 335 Rdnr. 8; 2013, 174 Rdnr. 23; 2011, 438 Rdnr. 17; 2010, 2358 Rdnr. 8; 2008, 2324 Rdnr. 13; 2007, 1162 Rdnr. 8; 2006, 290, 291; 2005, 992, 994; *BAG* ZIP 2014, 233 Rdnr. 13; *Huber*, FS Fischer, 2008, S. 255 ff.; zur Abgrenzung *BGH* ZIP 2016, 279 Rdnr. 15 ff.; 2014, 1595 Rdnr. 16 ff. – Zur Anfechtung der Anweisung und zum Konkurrenzverhältnis s. *BGHZ* 174, 314 Rdnr. 13 ff.; allg. zum Verhältnis mehrerer Anfechtungsgegner *BGH* ZIP 2016, 2376 Rdnr. 22; 2012, 280 Rdnr. 29 ff.; zur Doppelinsolvenz des Anweisenden und des Angewiesenen *BGHZ* 174, 228 Rdnr. 23 ff.; *BGH* ZIP 2016, 478 Rdnr. 11 ff.; ferner *Huber*, NZI 2008, 149 ff.; *Jungclaus*, NZI 2008, 535 ff.
[130] *BAG* ZIP 2016, 33 Rdnr. 11 ff.; 2015, 533 Rdnr. 13 ff.; NZI 2015, 325 Rdnr. 14.

derungen[131]; Erlangung der Befriedigung oder eines Pfändungspfandrechts durch Einzelzwangsvollstreckung[132] (§ 131 InsO verlangt keine Rechtshandlung des Schuldners!), soweit dieses nicht ohnehin nach § 88 InsO unwirksam ist (→ Rdnr. 154); Zahlungen zur Abwendung der angedrohten Zwangsvollstreckung[133] oder eines angedrohten oder bereits gestellten Insolvenzantrags[134] bzw. einer Geldstrafe[135, 136].

Schließlich sind nach § 132 InsO **unmittelbar nachteilige Rechtshandlungen** des Schuldners anfechtbar. Es handelt sich um einen Auffangtatbestand. Unter ihn fallen unmittelbar gläubigerbenachteiligende (→ Rdnr. 252) Rechtsgeschäfte (Abs. 1), soweit sie nicht als Deckungsgeschäfte von §§ 130, 131 InsO erfasst werden[137], und alle anderen Rechtshandlungen des Schuldners, durch die der Schuldner ein Recht verliert oder nicht mehr geltend machen kann oder durch die ein vermögensrechtlicher Anspruch gegen ihn erhalten oder durchsetzbar wird (Abs. 2)[138]. Diese Rechtshandlungen können unter denselben Voraussetzungen wie kongruente Deckungen angefochten werden, also dann, wenn sie innerhalb der letzten drei Monate vor

264

---

[131] *BGHZ* 167, 190 Rdnr. 24; *BGH* ZIP 2012, 280 Rdnr. 10 ff., 13 ff.; 2010, 1188 Rdnr. 5; 2009, 1235 Rdnr. 12 ff.; 2006, 1591 Rdnr. 12; 2005, 1243 f.; insbesondere Rückführungen nicht gekündigter Dispositionskredite, vgl. grundlegend *BGHZ* 150, 122, 127 f.; ferner *BGH* ZIP 2011, 1576 Rdnr. 6; 2010, 2460 Rdnr. 6; 2009, 1124 Rdnr. 7 ff.; 2005, 585; *Bork*, FS Fischer, 2008, S. 37 ff.; anders für die jederzeit fällige Rückführung der nur geduldeten Kontoüberziehung (*BGH* ZIP 2011, 1111 Rdnr. 13) sowie bei vertraglich vereinbarter Rückführung (*BGH* ZIP 2010, 588 Rdnr. 3); zur Anfechtung nach § 133 InsO *Kirstein*, ZInsO 2012, 711 ff.

[132] *BGHZ* 157, 350, 353; 157, 242, 245; 136, 309, 310 ff.; 34, 254, 258 f.; *BGH* ZIP 2017, 2074 Rdnr. 13; 2008, 1488 Rdnr. 8; 2007, 1274 Rdnr. 24; 2004, 669; *BAG* ZIP 2011, 1628 Rdnr. 9; a. M. *Foerste*, FS Musielak, 2004, S. 141 ff.; *Niesert*, NZI 2014, 592 ff.; *Paulus* ZInsO 2001, 241 ff.; differenzierend *Jacoby*, KTS 2005, 371 ff.

[133] *BGHZ* 167, 11 Rdnr. 9; 157, 242, 245; 155, 75, 82 f.; 136, 309, 311; *BGH* ZIP 2013, 838, Rdnr. 13; 2011, 385 Rdnr. 6; 2010, 38 Rdnr. 6; 2009, 83 Rdnr. 13; 2008, 1488 Rdnr. 8; 2008, 701 Rdnr. 18 ff.; 2007, 435 Rdnr. 7; 2007, 136 Rdnr. 8; 2004, 1512, 1513; NZI 2012, 561 Rdnr. 2; ZInsO 2010, 1324 Rdnr. 6; *BAG* ZInsO 2014, 2040 Rdnr. 14 m. w. N.; ZIP 2014, 1396 Rdnr. 14; 2011, 629 Rdnr. 15 ff.; *Fischer*, FS Kirchhof, 2003, S. 73, 78 f.; *Henckel*, FS Gerhardt, 2004, S. 361, 367 ff.; krit. *Jacoby*, KTS 2005, 371 ff.

[134] *BGHZ* 157, 242, 248; *BGH* ZIP 2013, 2113 Rdnr. 16; 2013, 838 Rdnr. 9 ff.; *BAG* ZInsO 2014, 1386 Rdnr. 22; *Fischer*, FS Kirchhof, 2003, S. 73 ff.; krit. *Gerhardt*, FS Kreft, 2004, S. 267 ff.

[135] *BGH* ZIP 2010, 2358 Rdnr. 8.

[136] Zu weiteren Repressalien s. *Berbuer*, NZI 2016, 717 ff.

[137] *Beispiel*: Besonderes Tilgungsversprechen (*BGHZ* 154, 190, 194 ff.; *BGH* ZIP 2003, 855, 856).

[138] Von § 132 Abs. 2 InsO werden vor allem die Unterlassungen erfasst. *Beispiele*: S unterlässt es, einen Wechsel rechtzeitig vorzulegen oder Protest zu erheben (vgl. Art. 53 WG), die Verjährung zu hemmen, die Verjährungseinrede zu erheben, Anfechtungsfristen zu wahren oder Rechtsmittel einzulegen.

dem Insolvenzantrag vorgenommen wurden, der Schuldner zu diesem Zeitpunkt bereits zahlungsunfähig[139] und dem Gläubiger dies bekannt war (§ 132 Abs. 1 Nr. 1 InsO), oder wenn sie nach dem Eröffnungsantrag vorgenommen wurden und der Gegner die Zahlungsunfähigkeit oder den Eröffnungsantrag kannte (§ 132 Abs. 1 Nr. 2 InsO). Für die grob fahrlässige Unkenntnis und die Beweislast gilt gemäß § 132 Abs. 3 InsO dasselbe wie bei der kongruenten Deckung (→ Rdnr. 261).

4. Sonstige Anfechtungsgründe

265 Anfechtbar sind nach § 135 InsO Rechtshandlungen, die zur Sicherung oder Befriedigung einer Forderung aus einem **Gesellschafterdarlehen** geführt haben[140]. Nach § 39 Abs. 1 Nr. 5 InsO kann ein Gesellschafter (oder ein gesellschaftergleicher Dritter[141]), der seiner Gesellschaft ein Darlehen gewährt hat, Rückzahlung dieses Darlehens (oder Befriedigung einer gleichgestellten Forderung[142]) erst verlangen, wenn alle anderen Insolvenzgläubiger befriedigt sind. Flankierend bestimmt § 135 InsO, dass die *Sicherung* des Rückzahlungsanspruches anfechtbar ist, wenn sie innerhalb der letzten zehn Jahre vor dem Insolvenzantrag oder nach diesem Antrag gewährt worden ist (Nr. 1)[143], die *Befriedigung*, wenn sie innerhalb des letzten

---

[139] → näher Rdnr. 102 ff.
[140] Dazu u. a. *Braunschweig*, Die Behandlung von Gesellschafterdarlehen in der Insolvenz in Deutschland und den USA, 2013; *Eggert*, Gesellschafter-Nutzungsüberlassung in der Insolvenz der Gesellschaft, 2015; *Gehrlein*, FS Beck, 2016, S. 167 ff.; *Haas*, ZIP 2017, 545 ff.; *Marotzke*, ZInsO 2013, 641 ff.; *Neuberger*, ZInsO 2018, 1125 ff.; *Schröder*, Die Reform des Eigenkapitalersatzrechts durch das MoMiG, 2012; *Taras*, Cash-Pooling und die Insolvenzanfechtung nach § 135 InsO im Zuge des MoMiG, 2013; *Thole*, FS Kübler, 2015, S. 681 ff.
[141] Vgl. etwa *BGH* ZIP 2017, 2481 Rdnr. 5 ff.; 2013, 1579 Rdnr. 22 ff.; 2013, 582 Rdnr. 11 (krit. *Reinhard/Schützler*, ZIP 2013, 1898 ff.); 2012, 1869 Rdnr. 10 ff. (krit. *Mylich*, WM 2013, 1010 ff.); für die nachträgliche Trennung von Gesellschaftsanteil und Forderung (etwa durch Zession) *BGHZ* 196, 220 Rdnr. 23 ff.; *BGH* ZIP 2015, 1130 Rdnr. 3; 2012, 86 Rdnr. 13 ff.; *d'Avoine*, NZI 2013, 321 ff.
[142] Etwa einer gestundeten Kaufpreisforderung oder eines Gehaltsanspruchs, mit dem die Schuldnerin in Verzug ist. Vgl. zur Abgrenzung auch *BGH* ZIP 2017, 2481 Rdnr. 5 ff.; 2015, 589 Rdnr. 65 ff.; 2014, 1491 Rdnr. 50; *BAG* ZIP 2014, 927 Rdnr. 28 ff.; zur Anfechtung des „Stehenlassens" in der Insolvenz des Gesellschafters *BGHZ* 212, 272 Rdnr. 9 ff.; krit. *Bork*, NZI 2018, 1, 4; *Jacoby*, ZIP 2018, 505 ff.
[143] Vgl. *BGH* ZIP 2013, 1579 Rdnr. 6 ff. (dazu *Altmeppen*, ZIP 2013, 1745 ff.; *Hölzle*, ZIP 2013, 1992 ff.; *Mylich*, ZIP 2013, 2444 ff.; *Plathner/Luttmann*, ZInsO 2013, 1630 ff.); anders *Bitter*, ZIP 2013, 1497 ff./1998 ff.; kritisch auch *Marotzke*, ZInsO 2017,

Jahres vor dem Eröffnungsantrag oder nach diesem Antrag erfolgt ist (Nr. 2)[144]. Weitere, insbesondere subjektive Voraussetzungen gibt es nicht. – Daneben gibt es einen speziellen Tatbestand für **Leistungen an stille Gesellschafter** (§ 136 InsO) und eine Einschränkung des § 130 InsO bei **Wechsel- und Scheckzahlungen** (§ 137 InsO), auf die hier nicht weiter eingegangen werden soll.

C. Rechtsfolgen[145]

I. Rückgewähranspruch

Nach § 143 Abs. 1 S. 1 InsO führt die Anfechtung dazu, dass alles, was **266** dem Vermögen des Schuldners durch die anfechtbare Rechtshandlung entzogen wurde, zur Insolvenzmasse **zurückgewährt** werden muss. Genau genommen geht es um die Beseitigung der gläubigerbenachteiligenden Wirkung durch Abschöpfung beim Anfechtungsgegner[146]. Das hat beispielsweise bei der anfechtbaren Begründung einer Aufrechnungslage zur Konsequenz, dass nur die Aufrechnung versagt wird, nicht aber das Rechtsgeschäft rückabzuwickeln ist, mit dem die Aufrechnungslage begründet worden ist (→ Rdnr. 313).

Die **Dogmatik** dieser Vorschrift ist umstritten[147]. Nach herrschen- **267** der Meinung ist sie dahin zu verstehen, dass die Rechtshandlung durch die Anfechtung nicht etwa mit dinglicher Wirkung rückwirkend vernichtet wird[148]. Vielmehr existiert lediglich ein schuldrecht-

---

2264 ff. Zum gesellschafterbesicherten Drittdarlehen (§§ 135 Abs. 2, 143 Abs. 3 InsO) s. *BGHZ*, 192, 9 Rdnr. 5 ff.; *BGH* ZIP 2017, 1632 Rdnr. 8 ff.; 2017, 441 Rdnr. 6 f.; 2015, 1130 Rdnr. 4 ff.; 2014, 584 Rdnr. 7 ff.; 2013, 1629 Rdnr. 13 ff.; *Bork*, FS Ganter, 2010, S. 135 ff.; *Schäfer*, NZI 2016, 11 ff.; *Thole*, ZIP 2017, 1742 ff.; *ders.*, ZIP 2015, 1609 ff.

[144] Dazu *BGH* ZIP 2014, 785 Rdnr. 1 ff.; 2013, 1629 Rdnr. 28 ff.; 2013, 734 Rdnr. 9 ff.; 2013, 582 Rdnr. 8 ff.; *Mylich*, ZIP 2017, 1255 ff.; *ders.*, ZIP 2013, 1650 ff.

[145] Ausf. *Kayser*, ZIP 2015, 449 ff.

[146] Näher *K. Bartels*, KTS 2016, 181 ff.; ferner *BGH* ZIP 2017, 1281 Rdnr. 17; 2017, 489 Rdnr. 11; je m. w. N.

[147] Vgl. zum Meinungsstreit umfassend *Baur/Stürner*[12], Rdnr. 18.6 ff.; *Häsemeyer*, Rdnr. 21.11 ff.; *Jaeger-Henckel*, § 143 Rdnr. 3 ff.; Kübler/Prütting/Bork-*Bork*, vor § 129 Rdnr. 5 ff.

[148] So aber die früher vertretene „dingliche Theorie" (grundlegend *Hellwig*, ZZP 26 [1899], 474 ff.; heute noch *Zenger* [Rdnr. 243], passim; wohl auch *Hoffmann* [Rdnr. 243], S. 89 ff.). Der Gesetzgeber hat der dinglichen Theorie, die auch kaum zur Verjährungsvorschrift des § 146 InsO passt, bewusst eine Absage erteilt; vgl. Begr. zu § 144 RegE, BT-Drs. 12/2443, 157; krit. dazu *Marotzke*, ZfG 1989, 138, 140 ff.; *Nowack*, KTS 1992, 161, 175 f.; *Pfefferle*, ZIP 1984, 147, 155 f.

licher Rückübertragungsanspruch[149], der nicht erst als Folge einer Anfechtungserklärung, sondern mit Verfahrenseröffnung von Gesetzes wegen entsteht (→ Rdnr. 272).

268 Diese „schuldrechtliche Theorie" ist mit der „**haftungsrechtlichen Theorie**"[150] um folgenden Aspekt zu ergänzen: Der anfechtbar erworbene Vermögensgegenstand gehört zwar bis zur Rückübertragung dinglich dem Vermögen des Erwerbers an. Es muss aber berücksichtigt werden, dass er durch die Anfechtungsregeln haftungsrechtlich dem Vermögen des Schuldners zugewiesen ist und deshalb – vergleichbar einem Sicherungsobjekt – nur dessen Gläubigern, nicht aber denen des Erwerbers als Haftungsobjekt zur Verfügung steht. Das hat beispielsweise zur Folge, dass in der Insolvenz des Erwerbers zugunsten der Insolvenzmasse des Schuldners auszusondern ist[151] und dass der Insolvenzverwalter die Drittwiderspruchsklage nach § 771

---

[149] *BGH* ZIP 2014, 2303 Rdnr. 10 ff.; 2011, 1114 Rdnr. 7; 2007, 1274 Rdnr. 10; 2006, 2176 Rdnr. 10. – Der Anspruch ist darauf gerichtet, die Masse in die Lage zu versetzen, in welcher sie sich befunden hätte, wenn das anfechtbare Verhalten unterblieben wäre (*BGHZ* 124, 76, 84). Der genaue **Inhalt** richtet sich nach der anfechtbaren Rechtshandlung:
– übereignete Sachen oder abgetretene Forderungen sind zurückzuübertragen;
– auf bestellte (Grund-)Pfandrechte oder Treuhänderpositionen (*BGH* ZIP 2007, 1274 Rdnr. 10) muss verzichtet werden;
– erlassene Forderungen müssen wieder begründet werden (sofern nicht gleich Wertersatz verlangt wird);
– auf nachteilige Erklärungen und Verträge des Schuldners kann sich der Anfechtungsgegner nicht berufen (*BGH* ZIP 2014, 2303 Rdnr. 11);
– zur Masseverkürzung führende Klauseln eines ansonsten ausgewogenen Vertrages können nicht geltend gemacht werden (*BGHZ* 124, 76, 84 f.; zur Abgrenzung *BGH* ZIP 2008, 1028 Rdnr. 16; 2007, 1120 Rdnr. 22 f.).
Der Insolvenzverwalter kann sich auch mit einem *minus* begnügen, also beispielsweise anstelle der Rückübertragung Duldung der Zwangsvollstreckung verlangen (vgl. *Häsemeyer*, Rdnr. 21.13 m. w. N.).
[150] Grundlegend *Paulus*, AcP 155 (1956), 277 ff.; vgl. ferner *Biehl*, KTS 1999, 313 ff.; *Eckardt*, 40 ff.; *Gerhardt*, 262 ff.; Jaeger-*Henckel*, § 143 Rdnr. 23 ff.; *K. Schmidt*, JZ 1990, 619 ff.
[151] *BGHZ* 178, 171 Rdnr. 15; 156, 350, 358 ff.; *BGH* ZIP 2017, 1336 Rdnr. 11, 14; abl. *Hoffmann* (Rdnr. 243), S. 241 ff., 330 f. Der *BGH* gibt zwar vor, dieses Ergebnis nicht aus der haftungsrechtlichen Theorie abzuleiten, wendet aber in der Sache deren Kriterien an. Der ergänzenden Heranziehung des § 145 InsO (→ Rdnr. 274) unter dem Aspekt, dass der Insolvenzverwalter insoweit als Rechtsnachfolger des Empfängers anzusehen sei (so *BGHZ* 155, 199, 203; *Haas/Müller*, ZIP 2003, 49, 56; *Kreft*, ZInsO 1999, 370, 372; mit Recht ablehnend hingegen *Eckardt*, KTS 2005, 15, 35 ff.; *Gerhardt*, ZIP 2004, 1675, 1678), bedarf es allerdings nicht. Richtig ist indessen, dass eine Aussonderung ausscheiden muss, wenn nur gemäß § 143 Abs. 1 S. 2 InsO Wertersatz verlangt werden kann (→ Rdnr. 270), da eine Ersatzaussonderung von Surrogaten nur unter den Voraussetzungen des § 48 InsO in Betracht kommt (→ Rdnr. 287, 289); vgl. *BGHZ* 155, 199, 202 ff.; *Eckardt*, KTS 2005, 15, 43 ff.

§ 20: Insolvenzanfechtung   155

ZPO erheben kann, wenn Gläubiger des Erwerbers in die Sache vollstrecken[152]. Eine solche haftungsrechtliche Zuordnung ist dem Vollstreckungsrecht keineswegs fremd, wie sich etwa bei der Einzel- oder Gesamtvollstreckung gegen Treuhänder oder Kommissionäre zeigt, deren Gläubigern das Treu- bzw. Kommissionsgut ebenfalls nicht haftet, obwohl Treugeber bzw. Kommittent nur schuldrechtliche Herausgabeansprüche haben[153]. Die haftungsrechtliche Zuordnung darf freilich nicht zu einer allgemeinen „Verdinglichung" der Position des Insolvenzverwalters und damit zu einem Widerspruch zur schuldrechtlichen Theorie führen. Mehr als ein Wertungsgesichtspunkt bei der Anwendung konkreter Normen (wie z. B. des § 771 ZPO bei der Einzelzwangsvollstreckung gegen den Erwerber) kann sie nicht sein.

Für den **Umfang** des Rückgewähranspruchs verweist § 143 Abs. 1 **269**
S. 2 InsO auf die Rechtsfolgen einer ungerechtfertigten Bereicherung, bei der dem Empfänger der Mangel des rechtlichen Grundes bekannt ist[154]. Das bedeutet, dass der Empfänger auch Nutzungen und Surrogate herauszugeben hat (§ 818 Abs. 1 BGB) und dass er gemäß §§ 819 Abs. 1, 818 Abs. 4 BGB wie ein bösgläubiger Bereicherungsschuldner nach den allgemeinen Vorschriften haftet, so dass er sich insbesondere nicht auf den Wegfall der Bereicherung berufen kann[155].

Kann er also das Erlangte nicht oder nur verschlechtert herausgeben, so haftet **270**
er auf Wertersatz. Das gilt verschuldensunabhängig gemäß § 818 Abs. 2 BGB[156], außerdem bei Verschulden vor Verfahrenseröffnung gemäß §§ 819 Abs. 1, 818 Abs. 4, 292 Abs. 1, 989 BGB[157]. Nach Eröffnung des Insolvenzverfahrens, mit der der Rückgabeanspruch entsteht (→ Rdnr. 266, 272), haftet er auch ohne Verschulden (§§ 819 Abs. 1, 818 Abs. 4, 292 Abs. 1, 287 S. 2 BGB)[158]. Nutzungen

---

[152] Vgl. insbesondere *Gerhardt*, 333 ff.; *Jaeger-Henckel*, § 143 Rdnr. 87 ff.; *K. Schmidt*, JZ 1990, 619 ff. gegen *BGH* NJW 1990, 990; a. M. auch *Häsemeyer*, Rdnr. 21.16.

[153] Vgl. zu dieser Parallele etwa *Gerhardt*, 268 ff.; *Henckel*, FS Nagel, 1987, S. 93, 101 f. – Vgl. auch Rdnr. 287.

[154] Dazu *Eckardt*, FS Gerhardt, 2004, S. 145 ff.

[155] Vgl. nur *BGH* ZIP 2013, 1127 Rdnr. 42; *BAG* ZIP 2011, 1628 Rdnr. 18 ff. – Das gilt nach § 143 Abs. 2 InsO nicht für den Empfänger einer **unentgeltlichen Leistung**, solange er im Zeitpunkt der Leistung (§ 140 InsO) weder weiß noch den Umständen nach wissen muss, dass diese Leistung die Gläubiger benachteiligt; vgl. *BGH* ZIP 2016, 2376 Rdnr. 8 ff.; 2016, 2326 Rdnr. 10 ff.; 2016, 1034 Rdnr. 10 ff.; 2013, 131 Rdnr. 9 ff. Der Gläubiger hat den Wegfall der Bereicherung (*BGH* ZIP 2010, 531 Rdnr. 17), der Insolvenzverwalter die Bösgläubigkeit zu beweisen.

[156] Zutr. *Kübler/Prütting/Bork-Jacoby*, § 143 Rdnr. 24 m. w. N.

[157] *BGHZ* 193, 129 Rdnr. 31; *BGH* ZIP 2018, 792 Rdnr. 17; 2006, 2176 Rdnr. 20; 1996, 184, 185.

[158] Die fingierte Kenntnis vom Mangel des rechtlichen Grundes (§ 143 Abs. 1 S. 2 InsO) steht der Rechtshängigkeit (§ 819 Abs. 1 BGB) und diese ihrerseits der Mahnung gleich (§ 286 Abs. 1 S. 2 BGB), so dass sich der Empfänger in Verzug befindet

muss der Empfänger ohne Rücksicht darauf herausgeben, ob er noch bereichert ist, und für schuldhaft nicht gezogene Nutzungen muss er Ersatz leisten (§§ 819 Abs. 1, 818 Abs. 4, 292 Abs. 2, 987 BGB). Das gilt allerdings nicht für Geldschulden, denn sie sind gemäß § 143 Abs. 1 S. 3 InsO nur zu verzinsen, wenn sich der Anfechtungsgegner in Verzug befindet (§ 286 BGB) oder wenn der Anfechtungsanspruch rechtshängig geworden ist (§ 291 BGB).

II. Gegenansprüche des Anfechtungsgegners

271 Die Gegenansprüche des Anfechtungsgegners regelt § 144 InsO, der verhindern soll, dass die Anfechtung zu einer nicht gerechtfertigten Bereicherung der Masse führt. Ist ein *Erfüllungsgeschäft* angefochten worden, so lebt die Forderung des Anfechtungsgegners, die durch die anfechtbare Leistung erloschen ist, bei tatsächlicher Rückgewähr des anfechtbar Erlangten[159] in der Gestalt, die sie vor der Eröffnung hatte[160], mit allen Neben- und Sicherungsrechten[161] wieder auf (§ 144 Abs. 1 InsO). Ist ein *obligatorisches Geschäft*, also die Begründung einer noch nicht erfüllten Verbindlichkeit für den Schuldner angefochten worden, so ist dem Anfechtungsgegner eine von ihm erbrachte Gegenleistung aus der Masse zurückzuerstatten, soweit sie dort noch vorhanden oder die Masse um sie bereichert ist (§ 144 Abs. 2 S. 1 InsO)[162]. Weitergehende Ansprüche kann er aber nur als einfache Insolvenzforderung geltend machen (§ 144 Abs. 2 S. 2 InsO). Auch eine Aufrechnung ist nach § 96 Abs. 1 Nr. 1 InsO (→ Rdnr. 319) ausgeschlossen, da der Rückgewähranspruch der Masse erst mit der Eröffnung des Insolvenzverfahrens entstanden ist[163]. Ersatz für Verwendungen, die er auf die anfechtbar erworbene Sache gemacht hat, erhält der Empfänger nur für notwendige Verwendungen und nur nach den Vorschriften der Geschäftsführung ohne Auftrag (§§ 143 Abs. 1 S. 2 InsO i. V. m. §§ 819 Abs. 1, 818 Abs. 4, 292 Abs. 2, 994 Abs. 2, 683, 670 BGB).

---

und damit nach § 287 S. 2 BGB auch für Zufall haftet; a. M. *Breutigam/Tanz*, ZIP 1998, 717, 725 Fn. 62; *Foerste*, ZZP 110 (1997), 227, 229.
[159] *BGH* ZIP 2015, 485 Rdnr. 17.
[160] *BGH* ZIP 2012, 537 Rdnr. 11.
[161] Dazu *BGH* ZIP 2017, 337 Rdnr. 10 ff.; *Biehl*, ZInsO 2003, 932 ff.; *Bork*, FS Kreft, 2004, S. 229 ff.; *Ganter*, WM 2011, 245 ff.; *Heidbrink*, NZI 2005, 363 ff. – Für steuerrechtliche Zinsansprüche und Säumniszuschläge einschränkend *BFH* NZI 2018, 565 Rdnr. 29; krit. dazu *Mitlehner*, NZI 2018, 550 ff.
[162] Der Anfechtungsgegner hat wegen dieses Erstattungsanspruches ein Zurückbehaltungsrecht nach § 273 BGB.
[163] *BGHZ* 130, 38, 40; *BGH* ZIP 2017, 1233 Rdnr. 26; NJW 1995, 1093, 1095.

D. Geltendmachung[164]

Wie bereits dargelegt (→ Rdnr. 266), entsteht bei anfechtbaren **272** Rechtshandlungen ein Rückübertragungsanspruch mit Eröffnung des Insolvenzverfahrens von Gesetzes wegen[165]. Das Anfechtungsrecht des Insolvenzverwalters ist folglich kein Gestaltungsrecht, sondern das Recht, den zur Masse gehörenden Rückübertragungsanspruch geltend zu machen[166]. Das Gericht – zuständig sind die Zivilgerichte[167] – muss daher das Bestehen des Rückgewähranspruchs bei der Rechtsanwendung selbst dann berücksichtigen, wenn sich der Insolvenzverwalter nicht ausdrücklich auf die Anfechtbarkeit beruft[168]. Der Insolvenzverwalter kann aber auch ausdrücklich auf Rückgabe zur Masse klagen oder den Rückgewähranspruch einredeweise vorbringen, wenn der Gläubiger eine in anfechtbarer Weise erworbene Rechtsposition gegenüber dem Insolvenzverwalter durchsetzen will.

---

[164] Dazu *Zenker*, NJW 2008, 1038 ff.
[165] Vgl. *BGHZ* 135, 140, 149; 101, 286, 288; 15, 333, 337; *BGH* NZI 2015, 178; *BAG* NJW 2004, 1196, 1197; *Baur/Stürner*[12], Rdnr. 18.13; *Bork*, ZIP 2006, 589, 590; *Häsemeyer*, ZZP 111 (1998), 83, 86 ff.; Kübler/Prütting/Bork-*Jacoby*, § 143 Rdnr. 9; nun auch Uhlenbruck-*Ede/Hirte*, § 143 Rdnr. 3. – A.M. *OLG Frankfurt* ZIP 1997, 598, 602 (Entstehung erst mit Anfechtungserklärung); *Henckel*, JZ 1996, 531, 532; Jaeger-*Henckel*, § 143 Rdnr. 103.
[166] *BAG* NJW 2004, 1196, 1197. – Dogmatisch präzise wird man sagen müssen, dass der Schuldner Gläubiger des Rückübertragungsanspruches ist, während dem Insolvenzverwalter – entsprechend den allgemeinen Regeln (§ 80 InsO) – die Verfügungsbefugnis zusteht; vgl. *BGH* ZIP 2011, 1114 Rdnr. 7 ff. (zur Abtretbarkeit); *Baur/Stürner*[12], Rdnr. 20.1 m.w.N.; *Bork*, ZIP 2006, 589, 590; Jaeger-*Henckel*, § 143 Rdnr. 97; Kübler/Prütting/Bork-*Jacoby*, § 143 Rdnr. 2 ff.; *Smid*, ZInsO 2015, 1716 ff. (zur Vergleichsbefugnis); *Thole*, ZIP 2014, 1653 ff.; zu den Grenzen der Verfügungsmacht s. *Bork*, ZIP 2006, 589 ff. – Nach a.M. (die aber durch die Amtstheorie [→ Rdnr. 78] nicht zwingend geboten wird) handelt es sich um ein unmittelbar mit dem Amt des Verwalters verbundenes, originär in seiner Person entstehendes Recht; vgl. etwa *OLG Schleswig* ZIP 1985, 820, 821; Uhlenbruck-*Ede/Hirte*, § 143 Rdnr. 8; wohl auch *BGHZ* 86, 190, 196; 83, 102, 105. – In jedem Fall ist festzuhalten, dass es sich um ein auf den Zweck des Insolvenzverfahrens beschränktes Recht handelt, das mit Abschluss dieses Verfahrens **erlischt** und deshalb vom Schuldner nicht mehr geltend gemacht werden kann, *BGHZ* 83, 102, 105 f.
[167] Für die Abgrenzung zur Arbeitsgerichtsbarkeit *BGH* ZIP 2012, 2524 Rdnr. 6 ff.; 2012, 1681 Rdnr. 4 ff.; 2009, 825 Rdnr. 9 ff. (gegen *BAG* ZIP 2008, 1499; vgl. auch *BAG* ZIP 2009, 831; die entgegenstehende Entscheidung des *GmS OGB* ZIP 2010, 2418 ist unhaltbar); für die Abgrenzung zur Sozialgerichtsbarkeit *BGH* ZIP 2011, 683 Rdnr. 4 ff.; für den Finanzrechtsweg *BAG* ZIP 2014, 2309 Rdnr. 12 ff.; vgl. auch *Brinkmann*, ZZP 125 (2012), 197 ff.; *Kreft*, ZIP 2013, 241 ff.; *Krüger/Wigand*, ZInsO 2011, 1441 ff.
[168] *BGHZ* 135, 140, 149; *BGH* ZIP 2017, 1863 Rdnr. 32; 2008, 888 Rdnr. 11.

273 **Beispiel:** S hat G in anfechtbarer Weise einen LKW übereignet, den G jetzt gemäß § 47 InsO vom Insolvenzverwalter herausverlangt. Der Verwalter kann diesem Herausgabeverlangen den Rückübertragungsanspruch entgegensetzen. Sachlich handelt es sich um den Einwand des *dolo agit qui petit quod statim redditurus est* (§ 242 BGB)[169]. Befindet sich der LKW bereits bei G, kann der Insolvenzverwalter gemäß § 143 Abs. 1 S. 1 InsO Rückübereignung verlangen.

274 **Schuldner** des Rückgewähranspruchs („Anfechtungsgegner") ist der durch die anfechtbare Rechtshandlung Begünstigte, also der Erwerber des anfechtbar übertragenen oder begründeten Rechts[170]. Nach § 145 Abs. 1 InsO kann die Anfechtung auch gegen einen *Gesamtrechtsnachfolger* geltend gemacht werden, der den anfechtbar weggegebenen Gegenstand erlangt hat[171]. *Einzelrechtsnachfolger*[172] schulden die Rückübertragung nur, wenn sie beim Erwerb die Umstände kannten, aus denen sich die Anfechtbarkeit ergibt (§ 145 Abs. 2 Nr. 1 InsO)[173], oder wenn dem Rechtsnachfolger das Erlangte unentgeltlich zugewendet wurde (§ 145 Abs. 2 Nr. 3 InsO[174]). Die Entscheidung im Anfechtungsprozess gegen den Begünstigten bindet dessen Rechtsnachfolger allerdings nicht[175]. Auch §§ 325, 265 ZPO gelten nicht[176]. Die Klage gegen den Begünstigten hemmt lediglich die Anfechtungsfrist (→ Rdnr. 275) auch mit Wirkung für den Rechtsnachfolger[177].

275 Nach § 146 Abs. 1 InsO **verjährt** der Rückübertragungsanspruch („Anfechtungsanspruch") bei allen Anfechtungsgründen nach den allgemeinen Regeln der §§ 194 ff. BGB[178]. Dabei handelt es sich um zwingendes Recht[179]. Die dreijährige Verjährungsfrist beginnt also gemäß

---

[169] Vgl. *Baur/Stürner*[12], Rdnr. 20.7; *Bork*, JR 1989, 494, 497. – Zur Widerklage auf Rückübereignung s. u. Rdnr. 277.
[170] Vgl. *BGHZ* 161, 49, 56 f.; *BGH* NZI 2010, 981 Rdnr. 10; sowie für (mittelbare) Zuwendungen an Dritte *BGHZ* 193, 129 Rdnr. 9; 174, 314 Rdnr. 14; 174, 228 Rdnr. 35; 142, 284, 287 ff.; *BGH* ZIP 2018, 335 Rdnr. 9 ff.; 2018, 290 Rdnr. 14 ff., 32; 2015, 2486 Rdnr. 6; 2014, 2351 Rdnr. 7 ff.; 2014, 1032 Rdnr. 13 ff.; 2013, 1826 Rdnr. 21; 2009, 769 Rdnr. 7 ff.; 2009, 726 Rdnr. 2; *Lütcke*, NZI 2016, 72 ff.; *Raebel*, KTS 2015, 285 ff.
[171] *BGHZ* 155, 199, 203 f.
[172] *Beispiel*: Derjenige, der für den Empfänger einen Scheck einlöst (*BGH* ZIP 2002, 404, 405); nicht aber derjenige, an den empfangenes Bargeld nicht in Natur, sondern per Banküberweisung weitergeleitet wird (*BGH* ZIP 2018, 290 Rdnr. 12; 2009, 769 Rdnr. 12; 2008, 2183 Rdnr. 11).
[173] Das wird bei nahestehenden Personen (→ Rdnr. 259) gemäß § 145 Abs. 2 Nr. 2 InsO vermutet. – Ausf. *Gerhardt*, FS Kirchhof, 2003, S. 121 ff.
[174] Dazu *BGH* ZIP 2012, 1617 Rdnr. 2.
[175] *OLG Düsseldorf* ZIP 1996, 185, 187.
[176] Vgl. *Uhlenbruck-Hirte/Ede*, § 145 Rdnr. 24 m. w. N.
[177] *OLG Düsseldorf* ZIP 1996, 185, 187.
[178] *BGH* ZIP 2015, 1234 Rdnr. 26; ZInsO 2015, 2183, Rdnr. 7.
[179] *BAG* ZIP 2014, 91 Rdnr. 21.

§ 199 Abs. 1 BGB mit dem Schluss des Jahres, in dem der Insolvenzverwalter[180] von den den Anfechtungsanspruch begründenden Umständen Kenntnis erlangt hat[181]. Auch für die Hemmung der Verjährung gelten die allgemeinen Vorschriften der §§ 203 ff. BGB[182]. Die Frist wird durch jede Klage gewahrt, mit der der Sache nach Rückgewähr zur Masse verlangt wird[183]. Darüber hinaus bestimmt § 146 Abs. 2 InsO, dass der Insolvenzverwalter die Erfüllung einer anfechtbar erlangten Forderung des Gläubigers auch nach Ablauf der Verjährungsfrist verweigern darf. Diese Regelung erlaubt dem Insolvenzverwalter, den Angriff des Gläubigers abzuwarten, und verhindert, dass anfechtbar veräußerte Gegenstände, die sich noch in der Masse befinden, nach Ablauf der Verjährungsfrist der Masse entzogen werden können[184].

Beispiele: In dem zu Rdnr. 273 erörterten Fall kann der Insolvenzverwalter die Einrede der Anfechtbarkeit auch noch drei Jahre nach Eröffnung des Insolvenzverfahrens und Kenntnis der maßgeblichen Umstände (§§ 195, 199 BGB) erheben. Die Verjährung wird nicht gehemmt, wenn sich der Verwalter als Beklagter einredeweise auf den Gegenanspruch beruft. Der Rückübertragungsanspruch ist daher selbst dann verjährt, wenn G den Herausgabeprozess vor Ablauf der Verjährungsfrist angestrengt hat. Das ist aber nach § 146 Abs. 2 InsO unschädlich.

Hat G im vorstehenden Fall bereits einen vollstreckbaren Titel, so kann der Insolvenzverwalter die Anfechtbarkeit trotz Ablaufs der Verjährungsfrist im Wege der Vollstreckungsgegenklage (§§ 179 Abs. 2 InsO, 767 ZPO) geltend machen[185]. § 146 Abs. 2 InsO gilt auch für Aktivprozesse, wenn der Insolvenzverwalter der Sache nach nur den Bestand der Masse verteidigt[186]. So kann (und muss!) der Verwalter z. B. (Wider-)Klage auf Rückübereignung erheben, wenn er durch Klage des Gläubigers auf Herausgabe in Anspruch genommen wird[187].

---

[180] Gemeint ist der Verwalter des laufenden Verfahrens. Hat bereits früher ein Insolvenzverfahren gegen den Schuldner stattgefunden, so ist die dort eingetretene Verjährung im jetzigen Verfahren nur dann beachtlich, wenn es sich um dieselbe materielle Insolvenz handelt, *BGH* ZIP 2013, 1088 Rdnr. 5 ff.

[181] Beispiele: *BGH* ZIP 2017, 139 Rdnr. 10 ff.; 2015, 1303 Rdnr. 7 ff.

[182] Vgl. etwa *BGH* ZInsO 2015, 2183 Rdnr. 8 ff.

[183] *BGHZ* 135, 140, 149 f.; *BGH* ZIP 2013, 894 Rdnr. 17; 2009, 1080 Rdnr. 35; 2008, 1593 Rdnr. 19; 2008, 888 Rdnr. 12; 2001, 33, 35; *BAG* NJW 2004, 1196, 1197; *Huber*, FS Gerhardt, 2004, S. 379 ff. Zur Klageänderung s. *OLG Köln* ZInsO 2004, 554.

[184] Vgl. *BGHZ* 83, 158, 160; *BGH* ZIP 2008, 1593 Rdnr. 26 ff.; 2007, 1120 Rdnr. 13; zur Abgrenzung *BGH* ZIP 2001, 1250, 1252 f.

[185] § 767 Abs. 2 ZPO steht nicht entgegen, da der Rückübertragungsanspruch aus § 143 Abs. 1 InsO erst mit Eröffnung des Insolvenzverfahrens entsteht (→ Rdnr. 272).

[186] Vgl. für Klagen des Verwalters auf Feststellung, dass ein Absonderungsrecht nicht besteht, *BGHZ* 83, 158, 160 f.

[187] Vgl. *Baur/Stürner*[12], Rdnr. 20.22. – Anderenfalls könnten Eigentum und Besitz dauerhaft auseinanderfallen, so dass der Verwalter trotz des ihm in § 146 Abs. 2 InsO gewährten Schutzes die Sache nicht verwerten könnte.

278 Hat S einen Anspruch gegen D in anfechtbarer Weise an G abgetreten, so ist G zunächst einmal Gläubiger. Der Insolvenzverwalter muss G innerhalb der Anfechtungsfrist (§ 146 Abs.1 InsO) auf Rückabtretung in Anspruch nehmen[188]. Verklagt G den D auf Zahlung, tritt der Insolvenzverwalter dem Rechtsstreit als Nebenintervenient bei und beruft er sich in dieser Rolle auf die Anfechtbarkeit, so unterbricht das die Verjährung nicht. Auch § 146 Abs.2 InsO greift nicht ein, da es dort nur um Gegenstände geht, die sich noch in der Masse befinden. Ein Angriff des G gegen die Masse, den der Verwalter nach Sinn und Zweck des § 146 Abs.2 InsO in Ruhe abwarten dürfte, wäre gar nicht möglich gewesen[189].

279 Hat hingegen im vorstehenden Fall D in Unkenntnis der Zession zur Masse gezahlt, so kann der Insolvenzverwalter dem Regressanspruch des G aus § 816 Abs.2 BGB die Einrede der Anfechtbarkeit auch noch nach Ablauf der Verjährungsfrist entgegenhalten[190].

§ 21: Aussonderung

280 **Literatur:** *Achsnick*, Die doppelnützige Treuhand in der Sanierung, 2. Aufl., 2013; *Assfalg*, Die Behandlung von Treugut im Konkurs des Treuhänders, 1960; *v. Danckelmann*, Aus- und Absonderung im deutschen Konkursrecht, 2008; *Eckardt*, Grundpfandrechte im Insolvenzverfahren, 14. Aufl., 2014; *Erdmann*, Der Eigentumsvorbehalt des Baustofflieferanten in der Bauinsolvenz, 2011; *Gundlach*, Der Ersatzaussonderungsberechtigte, 1994; *Hirschberger*, Die Doppeltreuhand in der Insolvenz und Zwangsvollstreckung, 2005; *Hochmuth*, Die Ersatzaussonderung, 1931; *Janssen*, Betriebsfortführung des Insolvenzverwalters mit Mobiliarsicherungsgut trotz Sicherungsübereignung und Eigentumsvorbehalt, 2005; *Kuhn*, Ersatzaussonderungsrecht und Drittwiderspruchsklage, 2008; *Mellwig*, Das Vorbehaltsgut als Vermögen in § 1 KO, 1988; *Niesert*, Aus- und Absonderungsrechte in der Insolvenz, 1999; *Serick*, Mobiliarsicherheiten und Insolvenzrechtsreform, 1987; *Spickerhoff*, Aus- und Absonderungsrechte in der Insolvenz nach deutschem und französischem Recht, 2005; *Vitt*, Der Grundstücksnießbrauch in der Insolvenz, 2017. – Vgl. auch die Hinweise zu Rdnr. 292.

A. Grundgedanke

281 Wie sich aus § 35 InsO unmittelbar ergibt, haftet den Insolvenzgläubigern nur das Vermögen des Schuldners. Das nicht dem Schuldner gehörende Vermögen wird aus der bei Verfahrenseröffnung vorhan-

---

[188] *BGH* ZIP 2006, 2176 Rdnr. 10 ff.
[189] *BGHZ* 106, 127, 130 ff.; zust. *Bork*, JR 1989, 494 ff.; a. M. *Gerhardt*, KTS 1984, 177 ff.
[190] *BGH* WM 1970, 756, 757.

denen „Ist-Masse" ausgesondert[1]. Die Aussonderungsberechtigten sind mit ihren Ansprüchen nicht Insolvenzgläubiger (§ 47 S. 1 InsO). Folglich werden diese Ansprüche auch nicht wie Insolvenzforderungen durch Anmeldung zur Tabelle geltend gemacht, sondern „nach den Gesetzen, die außerhalb des Insolvenzverfahrens gelten" (§ 47 S. 2 InsO), also im normalen Zivilprozess (→ Rdnr. 288)[2]. Das Aussonderungsrecht hat auch keinen festgelegten Inhalt. Dieser hängt vielmehr davon ab, welcher Vermögensgegenstand ausgesondert werden soll (→ Rdnr. 282 ff.).

B. Aussonderungsrechte

Wer im Einzelnen aussonderungsberechtigt ist, ergibt sich nicht aus der Insolvenzordnung. Das Gesetz sagt in § 47 S. 1 nur, dass aussonderungsberechtigt derjenige ist, der auf Grund eines dinglichen oder persönlichen Rechts geltend machen kann, dass ein Gegenstand nicht zur Insolvenzmasse gehört. Das trifft in erster Linie auf das **Eigentum** zu. Sachen, die im Eigentum Dritter stehen, gehören nicht dem Schuldner und damit nicht zur Insolvenzmasse[3]. Dasselbe gilt für Forderungen, die der Verwalter unberechtigterweise als zur Masse gehörende Forderungen des Schuldners behandelt[4]. Bei beweglichen Sachen kann der Eigentümer Herausgabe[5], bei Immobilien evtl. auch

282

---

[1] In der Einzelzwangsvollstreckung entspricht dem die Drittwiderspruchsklage nach § 771 ZPO.
[2] Die Vorschrift hat entgegen dem ersten Anschein Bedeutung nur für die Durchsetzbarkeit. Die Entstehung materieller Rechte richtet sich im Insolvenzrecht nicht nur bei den Aussonderungsrechten (→ Rdnr. 282), sondern immer „nach den Gesetzen, die außerhalb des Insolvenzverfahrens gelten".
[3] *BGHZ* 127, 156, 161. – Da das unpfändbare Vermögen des Schuldners nicht zur Insolvenzmasse gehört (→ Rdnr. 146), kann für solche Gegenstände auch der Schuldner aussonderungsberechtigt sein.
[4] *BGH* ZIP 2014, 384 Rdnr. 10 ff.; NJW-RR 1989, 252. – *Beispiel:* Insolvenzschuldner S hat an G eine Forderung abgetreten, obwohl er mit seinem Schuldner X ein Abtretungsverbot vereinbart hatte (§ 399 BGB). Liegt der Forderung ein Handelsgeschäft zwischen S und X zugrunde, so ist das Abtretungsverbot nach § 354a HGB unwirksam. G kann die Forderung in der Insolvenz des S aussondern. Hat X bereits an S mit befreiender Wirkung (§ 354a S. 2 HGB) geleistet, so hat G ein Ersatzaussonderungsrecht (→ Rdnr. 289); vgl. *v. Olshausen,* ZIP 1995, 1950 ff.; *Wagner,* WM 1994, 2093, 2102. – Zu Treuhandkonten s. *BGH* ZIP 2003, 1404, 1405; *Ganter,* FS Kreft, 2004, S. 251 ff.; *Lange,* NJW 2007, 2513 ff.
[5] Das setzt voraus, dass der Verwalter die Sache in Verwaltungsbesitz hat oder anderweitig für die Masse in Anspruch nimmt, *BGHZ* 148, 252, 260 f.; 127, 156, 161; *BGH* ZIP 2008, 1736 Rdnr. 14 f.; 2007, 340 Rdnr. 12; *Gundlach/Frenzel/Jahn,* DZWIR 2007, 320 ff.

Grundbuchberichtigung verlangen und diese Ansprüche in einem normalen Zivilprozess gegen den Insolvenzverwalter durchsetzen[6]. Allerdings muss er sein Aussonderungsrecht in diesem Prozess beweisen. Befand sich eine bewegliche Sache bei Verfahrenseröffnung im Besitz des Schuldners, so wird gemäß § 1006 Abs. 1 BGB dessen Eigentum und damit auch die Massezugehörigkeit vermutet.

283 Beim **Eigentumsvorbehalt** kann der Verkäufer in der Insolvenz des Käufers auf der Grundlage des vorbehaltenen Eigentums aussondern, wenn der Verwalter den Kaufvertrag nicht erfüllen will[7] (→ Rdnr. 198). Das gilt aber nur für den einfachen Eigentumsvorbehalt[8], mit dem nur der Kaufpreis für die verkaufte Sache gesichert werden soll. Die möglichen Verlängerungs- und Erweiterungsformen des Eigentumsvorbehalts[9] gewähren dem Verkäufer kein Aussonderungsrecht, sondern lediglich ein Recht auf abgesonderte Befriedigung[10].

284 **Beispiele:** Hat der Schuldner den Kaufgegenstand veräußert und die daraus resultierenden Ansprüche im Voraus an den Verkäufer abgetreten (verlängerter EV), so kann der Verkäufer nur abgesonderte Befriedigung verlangen (§ 51 Nr. 1 InsO)[11]. Das bedeutet, dass der Insolvenzverwalter die Ansprüche einzieht oder anderweitig verwertet (§ 166 Abs. 2 InsO) und den Verkäufer aus dem Erlös, von dem die Kosten abzuziehen sind, befriedigt (§ 170 Abs. 1 InsO). – Dasselbe gilt, wenn vereinbart ist, dass das Eigentum erst übergehen soll, wenn alle Ansprüche aus der Geschäftsverbindung zwischen Verkäufer und Käufer erfüllt sind (erweiterter EV/Kontokorrentvorbehalt). Der Verkäufer hat, solange der Kaufpreis für die gelieferte Sache noch nicht bezahlt ist, ein Aussonderungsrecht, danach wegen des erweiterten Eigentumsvorbehalts nur noch ein Absonderungsrecht[12].

285 Das **Sicherungseigentum** an beweglichen Sachen oder Forderungen begründet *in der Insolvenz des Sicherungsgebers* kein Aussonderungsrecht, sondern – wie sich aus § 51 Nr. 1 InsO ohne weiteres ergibt – nur ein Recht zur abgesonderten Befriedigung. Der Sicherungsneh-

---

[6] Zum vorläufigen Rechtsschutz s. *OLG Düsseldorf* ZIP 2008, 1930.
[7] *BGH* ZIP 2014, 1345 Rdnr. 13; 2008, 842 Rdnr. 24.
[8] Dazu *Brinkmann*, FS Vallender, 2015, S. 39 ff.
[9] Vgl. zu den Einzelheiten MünchKomm.BGB-*H. P. Westermann*, § 449 BGB Rdnr. 81 ff. – Die Vereinbarung eines „Konzernvorbehalts" ist nach § 449 Abs. 3 BGB nichtig, vgl. *BGH* ZIP 2008, 842 Rdnr. 8.
[10] Sie werden rechtlich als Sicherungsübertragung i. S. v. § 51 Nr. 1 InsO (→ Rdnr. 296) gewertet; vgl. Begr. zu § 58 RegE, BT-Drs. 12/2443, 125; *BGH* ZIP 2014, 1345 Rdnr. 14 f.; 2008, 842 Rdnr. 24; *Bork*, FS Gaul, 1997, S. 71, 77 f.; *Elz*, ZInsO 2000, 478 ff.; *Gottwald*, FS Fischer, 2008, S. 183 ff.; *Lux*, MDR 2008, 895 ff.; *Prütting*, FS Leipold, 2009, S. 427 ff.; sowie die nachstehend Genannten.
[11] *BGH* JZ 1971, 505. – A. M. *Baur/Stürner*[12], Rdnr. 14.9.
[12] *BGHZ* 98, 160, 170. – A. M. *Baur/Stürner*[12], Rdnr. 14.9.

mer wird zwar formal-rechtlich Eigentümer, hat aber letztlich kein Recht auf die Sache selbst, sondern nur ein pfandrechtsähnliches Recht auf den in ihr verkörperten Wert, den er als Verwertungserlös nur soweit beanspruchen kann, wie seine gesicherte Forderung reicht (→ Rdnr. 296). Hingegen hat der Sicherungsgeber *in der Insolvenz des Sicherungsnehmers* ein Aussonderungsrecht, wenn er auf die gesicherte Forderung zahlt[13]. Das gilt sicher dann, wenn die Sicherungsübereignung auflösend bedingt ist. Der Fall, dass nur ein schuldrechtlicher Rückübertragungsanspruch vereinbart wurde, ist bei wirtschaftlicher Betrachtungsweise gleichzustellen (→ Rdnr. 287).

Bestimmte **dingliche Rechte** berechtigen ebenfalls zur Aussonderung. So ermöglicht das *dingliche Vorkaufsrecht* (§ 1094 BGB) die Aussonderung des belasteten Grundstücks. Das gilt sowohl in der Insolvenz des Grundstückseigentümers als auch – wegen der Vormerkungswirkung nach § 1098 Abs. 2 BGB – in der Insolvenz des Drittwerbers, dem das verkaufte Grundstück übereignet worden ist. Für einen Gläubiger bestellte *Grunddienstbarkeiten* (§§ 1018 ff. BGB), *beschränkte persönliche Dienstbarkeiten* (§§ 1090 ff. BGB) und die *Grundpfandrechte* (Hypothek, Grundschuld, Rentenschuld; §§ 1113 ff. BGB) können selbst ausgesondert werden, wenn sie auf dem Grundstück eines Dritten lasten und vom Verwalter für die Masse in Anspruch genommen werden. Hingegen berechtigt ein Grundpfandrecht, das auf einem Grundstück des Schuldners lastet, den Grundpfandgläubiger nicht zur Aussonderung des belasteten Grundstücks, sondern nur zur abgesonderten Befriedigung aus dem Grundstück (§ 49 InsO). 286

Schließlich können auch **obligatorische Herausgabeansprüche** Aussonderungsrechte an den Sachen begründen, die herausgegeben werden sollen[14]. Freilich muss der schuldrechtliche Herausgabeanspruch daraus resultieren, dass der Gegenstand nicht zur Masse gehört, wie etwa beim durch eine Vormerkung gesicherten Rückübertragungsanspruch[15] oder beim Rückgabeanspruch des Vermieters (§ 546 BGB)[16], des Verpächters (§§ 581 Abs. 2, 596 BGB) oder des Verleihers (§ 604 Abs. 1 BGB), die selbst nicht Eigentümer der 287

---

[13] *RGZ* 94, 305, 307; *Baur/Stürner*[12], Rdnr. 14.24; *Heinsius*, FS Henckel, 1995, S. 387 ff.; *Jauernig/Berger*, § 44 Rdnr. 6; *Serick*, KTS 1970, 89, 91 ff.

[14] Dazu *Berger*, FS Kreft, 2004, S. 191 ff.; unterscheide davon das Aussonderungsrecht *an* Forderungen; → Rdnr. 282.

[15] *BGH* ZIP 2008, 1028 Rdnr. 11.

[16] *BGHZ* 127, 156, 160. Einschränkend *BGHZ* 148, 252, 255 ff. (nur im selben Umfang wie § 985 BGB; ebenso *BGH* ZIP 2010, 2410 Rdnr. 8; zust. *Scherer*, DZWIR 2002, 184 ff.).

an den Schuldner vermieteten, verpachteten oder verliehenen Sache sein müssen[17]. Auch der Treugeber kann kraft seines schuldrechtlichen Herausgabeanspruchs in der Insolvenz des Treuhänders aussondern[18]. Reine Verschaffungsansprüche erfüllen diese Voraussetzung aber nicht[19]. Der Käufer kann daher in der Insolvenz des Verkäufers aus seinem Lieferanspruch kein Aussonderungsrecht herleiten[20]. Und ein „Treugeber" kann nicht aussondern, wenn ihm der Treuhänder nur schuldrechtlich verspricht, den schon immer dem Treuhänder gehörenden Gegenstand künftig treuhänderisch für den Treugeber zu halten („Vereinbarungstreuhand")[21].

C. Verfahren

288 Das Aussonderungsverfahren richtet sich „nach den Gesetzen, die außerhalb des Insolvenzverfahrens gelten" (§ 47 S. 2 InsO). Es bestimmen daher das Bürgerliche Recht[22] und das Zivilprozessrecht, was der Berechtigte verlangen kann und wie er vorzugehen hat[23]. Das

---

[17] Vgl. *RGZ* 63, 307, 308.
[18] *BGH* ZIP 2010, 2009 Rdnr. 11 ff.; 2005, 1465, 1466 m. w. N.; *Holzer*, ZIP 2009, 2324 ff.; zur Abgrenzung *BGH* ZIP 2011, 777 Rdnr. 12 ff.; *BAG* ZIP 2017, 1340 Rdnr. 20 ff.; für den bauvertraglichen Anspruch auf Rückgabe einer Bürgschaftsurkunde auch *BGH* ZIP 2011, 626 Rdnr. 18 ff. – Anders verhält es sich bei der sog. „Sicherungstreuhand", bei der der Treuhänder Sicherungsgüter für einen oder mehrere Sicherungsnehmer hält und damit nur (deren) Absonderungsrechte geltend macht, *BAG* ZIP 2013, 2025 Rdnr. 18 ff. m. umf. N.
[19] Das gilt auch für Ansprüche aus § 285 BGB (*BGH* ZInsO 2005, 95). Surrogate können nur im Wege der Ersatzaussonderung nach Maßgabe des § 48 InsO herausverlangt werden (→ Rdnr. 289).
[20] Aussonderungsberechtigt ist hingegen der Kommittent in der Insolvenz des Einkaufskommissionärs. Das Kommissionsgut gehört, wie sich aus der Wertung des § 392 Abs. 2 HGB ergibt, haftungsrechtlich nicht zum Vermögen des Kommissionärs, so dass der Herausgabeanspruch des Kommittenten aus § 384 Abs. 2 HGB zur Aussonderung berechtigt. Vgl. *Canaris*, Handelsrecht, 24. Aufl., 2006, § 30 Rdnr. 73 f.; *Häsemeyer*, Rdnr. 11.08; a. M. *BGH* NJW 1974, 456, 457 f.; *OLG Hamm* ZIP 2003, 2262, 2263; offen *OLG Köln* NZI 2005, 37.
[21] *BGHZ* 155, 227, 231 ff.; vgl. auch *BAG* ZIP 2004, 124, 127; *Armbrüster*, DZWIR 2003, 495 ff.; *Fleckner*, ZIP 2004, 585, 588 ff.; *Flitsch*, FS Wellensiek, 2011, S. 383 ff.
[22] Zu §§ 985 ff. BGB *Smid*, NZI 2014, 633 ff.
[23] Allerdings gibt es auch insolvenzrechtliche Grenzen. Vgl. zu § 21 Abs. 2 S. 1 Nr. 5 InsO oben Rdnr. 132; zu den sich gegenüber Gesellschaftern des Schuldners aus § 135 Abs. 3 InsO ergebenden Schranken *Fischer*, FS Wellensiek, 2011, S. 443 ff.; *Geißler*, Geschichte und juristische Gegenwart gesellschaftsinterner Nutzungsüberlassungen, 2010; *Haas*, FS Ganter, 2010, S. 189 ff.; *Koutsós*, ZInsO 2011, 1626 ff.; *Marotzke*, FS Runkel, 2009, S. 359 ff.; *K. Schmidt*, FS Wellensiek, 2011, S. 551 ff.; *Spahl*, Die insolvenzrechtliche Behandlung von Nutzungsüberlassungen, 2016.

Aussonderungsrecht wird genauso geltend gemacht, wie es verfolgt worden wäre, wenn der Schuldner nicht insolvent geworden wäre, nur dass etwaige Klagen gegen den Insolvenzverwalter zu richten sind. Dabei sind Leistungsklagen (etwa auf Herausgabe oder Grundbuchberichtigung) ebenso möglich wie Feststellungsklagen (etwa auf Feststellung des Eigentums bei berechtigtem Besitz des Verwalters oder auf Feststellung der Rechtsinhaberschaft bei vom Verwalter in Anspruch genommenen Forderungen). Gegenüber einer Klage des Insolvenzverwalters kann das Aussonderungsrecht auch einredeweise geltend gemacht werden[24].

D. Ersatzaussonderung[25]

289 Ist ein Gegenstand, dessen Aussonderung hätte verlangt werden können[26], vor der Eröffnung des Insolvenzverfahrens vom Schuldner oder nach der Eröffnung vom Insolvenzverwalter unberechtigt veräußert[27] worden, so setzt sich das Aussonderungsrecht nach § 48 InsO an der Gegenleistung (oder, wenn diese noch nicht erbracht worden ist, an dem auf die Gegenleistung gerichteten Anspruch) fort[28]. Auf die Wirksamkeit der Veräußerung kommt es dabei nicht an, weil in dem Herausgabeverlagen des Ersatzaussonderungsberechtigten regelmäßig eine Genehmigung der bis dahin unwirksamen Veräußerung zu sehen ist[29]. Voraussetzung für die Ersatzaussonderung ist allerdings, dass die Gegenleistung in der Masse noch unterscheidbar vorhanden ist[30]. Ist

---

[24] Zur negativen Feststellungsklage des Insolvenzverwalters vgl. *BAG* ZInsO 2011, 1604 Rdnr. 11 ff.

[25] Näher dazu *Ganter*, NZI 2005, 1 ff.; *Geißler*, ZInsO 2017, 2727 ff.; *Gundlach* (Rdnr. 280); *Hochmuth* (Rdnr. 280); *Kuhn* (Rdnr. 280).

[26] Nicht hierunter fallen Handlungen, mit denen die Entstehung eines Aussonderungsrechts von vornherein bewusst verhindert wird, vgl. *BGH* ZIP 2013, 179 Rdnr. 12.

[27] Gemeint ist jede Wertrealisierung, also z.B. auch die Einziehung fremder Forderungen; vgl. *BGH* NJW-RR 1989, 252; *Häsemeyer*, Rdnr. 11.20 m.w.N. Diese ist freilich nicht unberechtigt, wenn der Gläubiger eine Einziehungsermächtigung erteilt hat, *BGH* ZIP 2010, 2009 Rdnr. 17; 2003, 1404, 1406; allg. zur fehlenden Berechtigung *Gundlach/Frenzel/Schmidt*, KTS 2002, 459 ff.

[28] Zur Dogmatik *Ganter*, NZI 2008, 583, 586 f.; 2005, 1, 2 ff.

[29] Einzelheiten sind streitig; vgl. etwa *BGH* NJW 1977, 901; *RGZ* 98, 143, 149; *Baur/Stürner*[12], Rdnr. 14.33; *Häsemeyer*, Rdnr. 11.22; Jaeger-*Henckel*, § 48 Rdnr. 40 ff.; MünchKomm.InsO-*Ganter*, § 48 Rdnr. 43.

[30] Geldzahlungen sind sicher noch unterscheidbar in der Masse vorhanden, wenn sie der Verwalter auf einem Sonderkonto verwahrt (vgl. *BGHZ* 139, 319, 324). Bei Zahlungen auf ein Girokonto kann man von einer Unterscheidbarkeit an und für

das nicht der Fall, ist das Aussonderungsrecht erloschen[31]. Es kommen dann nur noch Bereicherungs- und Schadensersatzansprüche in Betracht[32].

290 Beispiele: S hat bei V einen PKW unter Eigentumsvorbehalt gekauft und ihn vertragswidrig an D weiterverkauft. D hat auf den Kaufpreis 5.000 € angezahlt, bevor S insolvent wird. Hätte S sich vertragstreu verhalten, hätte V den PKW aussondern können (→ Rdnr. 283). Stattdessen kann er jetzt Abtretung der Restkaufpreisforderung des S gegen D verlangen (§ 48 S. 1 InsO), ferner die gezahlten 5.000 €, wenn sie sich noch unterscheidbar in der Masse befinden (§ 48 S. 2 InsO). Ist das nicht der Fall, ist V auf Bereicherungs- und Schadensersatzansprüche angewiesen, bei denen es sich um einfache Insolvenzforderungen handelt[33]. – Hat der Insolvenzverwalter den PKW an D veräußert, gilt dasselbe, allerdings mit der Maßgabe, dass Bereicherungs- und Schadensersatzansprüche Masseforderungen sind (§ 55 Abs. 1 Nr. 1, 3 InsO)[34]. – Hat V dem S die Weiterveräußerung erlaubt, kommt es nicht zu einer Ersatzaussonderung, die eine unberechtigte Veräußerung voraussetzt, sondern nur zu einer Absonderung aus einem verlängerten Eigentumsvorbehalt (→ Rdnr. 283)[35]. Eine Ersatzaussonderung findet ferner dann nicht statt, wenn S nicht den PKW, sondern nur sein Anwartschaftsrecht an D veräußert hat[36].

291 Dass § 48 InsO auch die unberechtigten Veräußerungen **durch den Schuldner vor Verfahrenseröffnung** erfasst, ist im Grunde systemwid-

---

sich nur reden, wenn dort keine anderen Eingänge oder keine Auszahlungen gebucht worden sind, da anderenfalls nicht feststellbar ist, von welchem Gutschriftbetrag ausgezahlt wurde (*Gerhardt*, KTS 1990, 1, 6 ff.). Die h. M. lässt aber genügen, dass die Gutschrift durch Belege feststellbar ist (*BGH* ZIP 1989, 118 f.; JZ 1971, 505; *Raiser*, VersR 1954, 203, 204), und gibt ein Ersatzaussonderungsrecht in der Höhe des geringsten zwischenzeitlichen Tagessaldos (*BGHZ* 150, 326, 328; 141, 116, 118 ff.; *BGH* ZIP 2008, 1127 Rdnr. 7; 2006, 959 Rdnr. 18 f.; *Krull*, InVo 2000, 257 ff.; ZInsO 2000, 304 ff.; MünchKomm.InsO-*Ganter*, § 48 Rdnr. 58 ff., 71). Sind also als Entgelt 20.000 € auf ein Girokonto gezahlt worden, hat sich der Saldo dieses Kontos zwischenzeitlich auf 5.000 € ermäßigt und sind jetzt wieder 12.000 € auf dem Konto, so besteht das Ersatzaussonderungsrecht (nur) in Höhe von 5.000 €.

[31] Zur abermaligen Surrogation und der „zweiten Ersatzaussonderung" s. *Ganter*, NZI 2005, 1, 6 f.; *Gundlach/Frenzel/Schirrmeister*, KTS 2003, 69 ff.; *Scherer*, KTS 2002, 197 ff.

[32] Vgl. *OLG Hamm* ZInsO 2001, 178, 179 f.

[33] Allg. zur Haftung des Insolvenzverwalters gegenüber Aussonderungsberechtigten *Barnert*, KTS 2005, 431 ff.

[34] *BGH* NJW 1998, 992, 993 f.; 1982, 1751. – Zur Haftung der Masse für schädigende Handlungen des Insolvenzverwalters s. Rdnr. 68 Fn. 22.

[35] Etwas anderes gilt bei der Veräußerung durch den Insolvenzverwalter, da sich die Erlaubnis i. d. R. nur auf die Weiterveräußerung „im normalen Geschäftsgang" bezieht, also nicht auf die Weiterveräußerung in der Insolvenz; vgl. *BGH* NJW 1953, 217, 218; *Serick*, Eigentumsvorbehalt und Sicherungsübertragung, Bd. V, 1982, 328 ff.; a. M. *LG Lübeck* DZWIR 2000, 302 (abl. *Gundlach*).

[36] *OLG Düsseldorf* ZIP 2003, 1306, 1307.

rig[37]. In diesen Fällen hat der auszusondernde Gegenstand nie zur Insolvenzmasse gehört. Vielmehr bestanden bei Verfahrenseröffnung nur Schadensersatz- oder Bereicherungsansprüche. Mit diesen Regressforderungen ist der ursprünglich Herausgabeberechtigte an und für sich nur einfacher Insolvenzgläubiger. Dass der Rechtsausschuss[38] an dieser Regelung – entgegen § 55 RegE[39] – festgehalten hat, ist nicht berechtigt.

§ 22: Absonderung

Literatur: *Achsnick*, Die doppelnützige Treuhand in der Sanierung, 2. Aufl., 2013; *Berner*, Sicherheitenpools der Lieferanten und Banken im Insolvenzverfahren, 2006; *Blaum*, Zurückbehaltungsrechte in der Insolvenz, 2008; *Bucksch*, Der Poolvertrag, 1998; *Burgermeister*, Der Sicherheitenpool im Insolvenzrecht, 2. Aufl., 1996; *v. Danckelmann*, Aus- und Absonderung im deutschen Konkursrecht, 2008; *Eckardt*, Grundpfandrechte im Insolvenzverfahren, 14. Aufl., 2014; *Eickmann*, Immobiliarvollstreckung und Insolvenz, 3. Aufl., 1998; *Funk*, Der verlängerte Eigentumsvorbehalt in der Insolvenz, Diss. Würzburg 2000; *Furche*, Das Gesamtgrundpfandrecht in der Insolvenz, 2005; *Grau*, Realisierung von Absonderungsrechten an Forderungen aus nichterfüllten Verträgen, 2006; *Häcker*, Abgesonderte Befriedigung aus Rechten, 2001; *Hirschberger*, Die Doppeltreuhand in der Insolvenz und Zwangsvollstreckung, 2005; *Huth*, Kreditsicherungsrecht im Lichte der neuen Insolvenzordnung, 2000; *Janssen*, Betriebsfortführung des Insolvenzverwalters mit Mobiliarsicherungsgut trotz Sicherungsübereignung und Eigentumsvorbehalt, 2005; *Jungmann*, Grundpfandgläubiger und Unternehmensinsolvenz, 2004; *Keller*, Die Einziehung unbelasteter sowie sicherungsabgetretener Außenstände im Insolvenzverfahren, 2016; *Kindler*, Grundpfandrechte im Insolvenzverfahren, 2009; *Kreuzberg*, Die Insolvenzfestigkeit von Drittsicherheiten, 2013; *Kuszlik*, Sicherheiten für künftige Forderungen in der Insolvenz, 2016; *Mitlehner*, Mobiliarsicherheiten im Insolvenzverfahren, 4. Aufl., 2016; *Müller*, Die Haftungsverwirklichung nach der Insolvenzordnung als Steuerungsinstrument des Mobiliarkreditsicherungsrechts, 2005; *Niesert*, Aus- und Absonderungsrechte in der Insolvenz, 1999; *Oberscheidt*, Die Insolvenzfestigkeit der Softwarehinterlegung, 2002; *Oerther*, Verwertung des mit Absonderungsrechten belasteten Schuldnervermögens in der Insolvenz nach §§ 165 ff. InsO, 2010; *Plappert*, Dingliche Sicherungsrechte in der Insolvenz, 2008; *Pobuda*, Fortgesetzte Vermögensbewirtschaftung in der Insolvenz, 2004; *Riggert*, Die Rechtsverfolgung der Gläubiger dinglicher Kre-

292

---

[37] Vgl. zur Kritik *Dieckmann*, FS Henckel, 1995, S. 95, 101 ff.; *Häsemeyer*, Rdnr. 11.19 f.; *Marotzke*, ZZP 109 (1996), 429, 434 ff.; verteidigend hingegen *Gundlach/Frenzel/Schmidt*, DZWIR 2001, 441 ff.; zur Genese der Vorschrift auch *BGH* ZIP 1998, 655, 657 f.
[38] BT-Drs. 12/7302, 160.
[39] BT-Drs. 12/2443, 17/125; vgl. auch *BGH* NJW 1998, 2213, 2214 f.

ditsicherheiten in der Unternehmensinsolvenz des Schuldners, 2006; *von Rom*, Insolvenzsicherung und Jahresabschlussgestaltung durch doppelseitige Treuhandkonstruktionen, 2010; *Rüger*, Die Doppeltreuhand zur Insolvenzsicherung von Arbeitnehmeransprüchen, 2010; *Smid*, Kreditsicherheiten in der Insolvenz des Sicherungsgebers, 2003; *Spickerhoff*, Aus- und Absonderungsrechte in der Insolvenz nach deutschem und französischem Recht, 2005; *Städtler*, Grundpfandrechte in der Insolvenz, 1998; *Stieber*, Der gesicherte Geld- und Warenkredit in der Insolvenz, 2010; *Verdenhalven*, Die Sicherungsgrundschuld in der Insolvenz des Sicherungsnehmers, 2012; *Voß*, Die Vorausabtretung in der Insolvenz, 2010; *Xu*, Die Rechtsstellung von dinglich gesicherten Gläubigern im Unternehmensinsolvenzverfahren, 2008. – S. auch die Literaturangaben zu Rdnr. 280.

A. Grundgedanke

293   Das Recht der abgesonderten Befriedigung dient der Bewährung der Sicherungsrechte in der Insolvenz. Demjenigen, der ein Sicherungsrecht an einem zum Vermögen des Schuldners gehörenden Gegenstand hat, gebührt grundsätzlich nicht die Sache selbst, sondern nur der in ihr verkörperte Wert (bis zur Höhe der gesicherten Forderung). Deshalb kann der Gläubiger das Sicherungsgut in der Insolvenz des Schuldners nicht aussondern; es gehört als solches zur Masse[1]. Er kann nur verlangen, dass er sich vor allen anderen Gläubigern aus dem Sicherungsgut befriedigen darf, dass also der Verwertungserlös vorrangig zur Tilgung der gesicherten Forderung verwendet wird[2]. Bleibt ein Rest[3], so fließt dieser „Übererlös" in die (Soll-)Masse und steht für die Befriedigung der Insolvenzgläubiger zur Verfügung. Das Gesetz regelt in §§ 49, 165 InsO für das unbewegliche, in §§ 50 f., 166 ff. InsO für das bewegliche Vermögen, welche Sicherungsrechte ein Absonderungsrecht[4] gewähren und wie das Sicherungsgut verwertet wird.

---

[1] *BGH* ZIP 2007, 1126 Rdnr. 12. – Bei bis zur Höhe ihres Wertes belasteten Gegenständen kann der Verwalter den Gegenstand freilich durch Freigabe wieder der Verfügungsgewalt des Schuldners unterstellen (→ Rdnr. 149); vgl. *BGH* ZIP 2016, 1031 Rdnr. 12.
[2] In der Einzelzwangsvollstreckung entspricht dem die Klage auf vorzugsweise Befriedigung nach § 805 ZPO. – Hier und im Folgenden ist dabei im Übrigen stets vorausgesetzt, dass dem Absonderungsrecht nicht mit der Insolvenzanfechtung nach §§ 129 ff. InsO (→ Rdnr. 244 ff.) begegnet werden kann.
[3] Instruktiv zur Deckungsquote durch Kreditsicherheiten *Grunert*, ZBB 2009, 126 ff.
[4] Zur Terminologie *Mitlehner*, ZIP 2015, 60 ff.

B. Absonderungsrechte

Absonderungsberechtigt ist zunächst derjenige, dem ein Recht auf **294** Befriedigung aus einem Gegenstand zusteht, der der Zwangsvollstreckung in das **unbewegliche Vermögen** unterliegt (§ 49 InsO). Es muss daher zunächst gefragt werden, ob der betreffende Gegenstand gemäß §§ 864, 865 ZPO der *Immobiliarzwangsvollstreckung* unterliegt. Damit sind vor allem Grundstücke[5] sowie diejenigen beweglichen Sachen und Forderungen erfasst, die zum Haftungsverband der Hypothek gehören (§§ 1120 ff. BGB) und deshalb gemäß § 865 ZPO zusammen mit dem Grundstück verwertet werden[6]. Sodann ist zu fragen, ob dem Gläubiger ein *Recht auf Befriedigung* aus diesem Gegenstand zusteht. Dies richtet sich nach § 10 ZVG[7]. Zur abgesonderten Befriedigung aus dem unbeweglichen Vermögen berechtigen danach insbesondere die Grundpfandrechte und Reallasten (§ 10 Abs. 1 Nr. 4 ZVG) sowie die Ansprüche des persönlichen Gläubigers, der mindestens einen Monat vor dem Eröffnungsantrag[8] die Beschlagnahme des Grundstücks herbeigeführt hat (§ 10 Abs. 1 Nr. 5 ZVG).

Zur abgesonderten Befriedigung aus dem **beweglichen Vermögen** **295** (zu dem das Gesetz bewegliche Sachen und Forderungen zählt, die nicht der Immobiliarzwangsvollstreckung unterliegen; → Rdnr. 294) berechtigen in erster Linie die *Pfandrechte* (§ 50 InsO). Dabei spielt es keine Rolle, ob das Pfandrecht rechtsgeschäftlich bestellt wurde[9] oder ob es sich um ein gesetzliches[10] oder ein Pfändungspfandrecht handelt[11], solange es nur wirksam ist.

§ 51 InsO stellt einige andere Gläubiger den Pfandgläubigern **296** gleich. In dem praktisch wichtigsten Fall beruht das Absonderungs-

---

[5] Außerdem grundstücksgleiche Rechte, Schiffe und Schiffsbauwerke (§ 864 ZPO).
[6] Vgl. für Mietforderungen *BGHZ* 168, 339 Rdnr. 3 ff.; *BGH* ZIP 2010, 38 Rdnr. 17 f.; 2007, 35 Rdnr. 12; *Mitlehner*, ZIP 2007, 804 ff. – Zur Veräußerung von *Zubehör* durch den Insolvenzverwalter s. u. Rdnr. 308.
[7] Vgl. *BGH* ZIP 2013, 2122 Rdnr. 7, 24 f.; 2011, 1723 Rdnr. 7; 2009, 818 Rdnr. 4 ff.
[8] Arg. §§ 88, 91 InsO.
[9] Vgl. für bewegliche Sachen §§ 1204 ff. BGB, für Forderungen § 1279 BGB und für andere übertragbare Rechte §§ 1273 f. BGB.
[10] Ob es sich um ein Besitz- oder ein besitzloses Pfandrecht handelt, ist gleich. Beispiele: Pfandrechte des Kommissionärs (§ 397 HGB), des Spediteurs (§ 410 HGB) oder des Vermieters (§ 562 BGB; vgl. *BGH* ZIP 2018, 236 Rdnr. 7; 2015, 378 Rdnr. 10 ff.; 2004, 326, 327); letzteres kann allerdings gemäß § 50 Abs. 2 InsO nur für die letzten zwölf Monate vor der Eröffnung des Insolvenzverfahrens geltend gemacht werden (vgl. dazu *Giesen*, KTS 1995, 579, 600 ff.).
[11] Vgl. § 804 ZPO sowie *Bork*, FS Gaul, 1997, S. 71, 79 f.

recht auf einer *Sicherungsübereignung* oder einer *Sicherungszession* (§ 51 Nr. 1 InsO). Der Sicherungsnehmer ist hier zwar Eigentümer bzw. Gläubiger. Gleichwohl kann er das Sicherungsgut nicht aussondern, sondern nur abgesonderte Befriedigung verlangen, da ihm wirtschaftlich nicht die Sache selbst, sondern nur – dem Pfandrecht durchaus vergleichbar – der in ihr verkörperte Wert in Form des Verwertungserlöses zusteht (→ Rdnr. 285). Unter § 51 Nr. 1 InsO werden auch die Verlängerungs- und Erweiterungsformen des *Eigentumsvorbehalts* subsumiert, während der einfache Eigentumsvorbehalt zur Aussonderung berechtigt (→ Rdnr. 283).

297 Zur Absonderung berechtigen ferner bestimmte *Zurückbehaltungsrechte*. Wer wegen werterhöhender Verwendungen[12] oder nach den Vorschriften des Handelsgesetzbuches[13] ein Zurückbehaltungsrecht hat, kann sich aus dem Gegenstand nach materiellem Recht befriedigen (vgl. §§ 1003 BGB, 371 HGB) und ist deshalb auch in der Insolvenz zur abgesonderten Befriedigung berechtigt (§ 51 Nr. 2 und 3 InsO)[14]. Das Zurückbehaltungsrecht aus § 273 BGB fällt aber nicht darunter, weil es kein Befriedigungsrecht gewährt[15]. *Weitere Absonderungsrechte* bestehen unter den Voraussetzungen des § 51 Nr. 4 InsO für den Fiskus, nach § 84 Abs. 1 S. 2 InsO bei der Auseinandersetzung einer Gesellschaft oder Gemeinschaft. Pfandrechtsähnlich ist schließlich das Absonderungsrecht des Geschädigten am Freistellungsanspruch des Schädigers gegen dessen Haftpflichtversicherung in der Insolvenz des Schädigers aus § 110 VVG[16].

C. Verfahren

298 Abgesonderte Befriedigung bedeutet zunächst, dass der Gegenstand, an dem das Absonderungsrecht besteht, verwertet und der Erlös bis zur Höhe der gesicherten Forderung an den Gläubiger ausgeschüttet wird (→ Rdnr. 293). Dabei ist es nicht selten von „kriegsentscheidender" Bedeutung, wer die Verwertung durchführt. Liegt sie nämlich in den Händen des absonderungsberechtigten Gläubigers, so kann dieser ein im Besitz des Insolvenzverwalters befindliches Sicherungsgut

---

[12] *Beispiele*: §§ 1000, 994, 996 BGB.
[13] *Beispiele*: §§ 369 ff. HGB.
[14] Das gilt freilich nur bei beweglichen Sachen, *BGH* ZInsO 2003, 767.
[15] BGHZ 161, 241, 252; 150, 138, 144 ff.; *BGH* ZIP 2013, 179 Rdnr. 9; 2010, 529 Rdnr. 17.
[16] Vgl. *BGH* NZI 2013, 886 Rdnr. 10 (*Schnepp*).

herausverlangen und es damit dem organisatorischen Verbund des Unternehmens entziehen. Das kann misslich sein, wenn die mit einem Sicherungsrecht belasteten Gegenstände für die wenigstens vorläufige Fortführung des Unternehmens, zur Erhaltung von Sanierungschancen oder jedenfalls für eine geordnete Abwicklung gebraucht werden[17]. Auf dieses Interesse an der Erhaltung der wirtschaftlichen Einheit nimmt das Gesetz in den §§ 49, 165 ff. InsO Rücksicht:

I. Verwertung unbeweglichen Vermögens[18]

299 Besteht das Absonderungsrecht am unbeweglichen Vermögen, so kann der Gläubiger die **Zwangsversteigerung oder Zwangsverwaltung** nach den Vorschriften des ZVG betreiben (§ 49 InsO)[19]. Die Verwertung liegt daher grundsätzlich in den Händen des Gläubigers, der freilich den gegen den Schuldner gerichteten Titel gemäß § 727 ZPO auf den Insolvenzverwalter umschreiben lassen muss[20]. Den Interessen des Insolvenzverwalters an einem Zusammenhalt der Masse wird dadurch genügt, dass dem Insolvenzverwalter unter bestimmten Voraussetzungen das Recht eingeräumt wird, die einstweilige Einstellung der Zwangsversteigerung bzw. Zwangsverwaltung durch das Vollstreckungsgericht zu erwirken[21]. Als Ausgleich für die Einstellung erhält der absonderungsberechtigte Gläubiger als Masseforderung ab dem Berichtstermin die (vertraglichen oder gesetzlichen) Zinsen auf seine gesicherte Forderung[22] sowie Ersatz für einen zwischenzeitlichen Wertverlust[23].

---

[17] Vgl. Begr. zu § 191 RegE, BT-Drs. 12/2443, 178.
[18] Vgl. dazu die Schriften von *Eckardt, Eickmann, Jungmann* und *Städtler* (Rdnr. 292); ferner *Hintzen*, Rpfleger 1999, 256 ff.; *ders.*, FS Kirchhof, 2003, S. 209 ff.; *Klawikowski*, InVo 1999, 37 ff.; *Knees*, ZIP 2001, 1568 ff.; *Lwowski/Tetzlaff*, WM 1999, 2336 ff.; *Stöber*, NZI 1998, 105 ff.; *Tetzlaff*, ZInsO 2004, 521 ff.; *Wenzel*, NZI 1999, 101 ff.
[19] Vgl. *BGHZ* 168, 339 Rdnr. 3 ff.; *BGH* ZIP 2012, 1426 Rdnr. 7 ff.; 2011, 1723 Rdnr. 20. – Zur sog. „kalten Zwangsverwaltung" *Bork*, ZIP 2013, 2129 ff.; *Fleisch*, Die kalte Zwangsverwaltung, 2017; *Körner*, Die kalte Zwangsverwaltung, 2017.
[20] *BGH* ZIP 2011, 926 Rdnr. 8; Rpfleger 2006, 423; *Kesseler*, ZInsO 2005, 918 ff.
[21] Zu den Einzelheiten s. §§ 30d, 153b ZVG; dazu u. a. *Mönning/Zimmermann*, NZI 2008, 134 ff. – Bedeutsam ist, dass die Zwangsversteigerung auch schon auf Antrag des vorläufigen Insolvenzverwalters eingestellt werden kann (§ 30d Abs. 4 ZVG). Da der das Unternehmen gemäß § 22 Abs. 1 S. 2 Nr. 2 InsO grundsätzlich fortzuführen hat (→ Rdnr. 126), wird er diesen Antrag – schon zur Vermeidung eigener Haftung – regelmäßig stellen; vgl. *Uhlenbruck*, 65.
[22] Nicht: die im Grundbuch eingetragenen dinglichen Zinsen!
[23] Zu den Einzelheiten s. §§ 30e, 153b Abs. 2 ZVG.

300 Solange der Gläubiger die Zwangsversteigerung oder Zwangsverwaltung des Grundstücks nicht eingeleitet hat, kann auch der **Insolvenzverwalter** die Zwangsvollstreckung betreiben (§§ 165 InsO, 172 ff. ZVG)[24]. Die zur Absonderung berechtigenden Grundpfandrechte bleiben dann in der Zwangsversteigerung bestehen (§ 52 ZVG). Der Verwalter muss diesen Weg aber nicht beschreiten. Er kann das Grundstück auch freihändig veräußern, also an einen Dritten verkaufen,[25] oder er kann es dem Schuldner freigeben (→ Rdnr. 149). In der Regel bleibt dann das Sicherungsrecht des Gläubigers am Grundstück bestehen, so dass ihm dieses weiterhin haftet. Geht das Sicherungsrecht allerdings bei freihändiger Veräußerung unter, so erstreckt sich das Absonderungsrecht im Wege dinglicher Surrogation auf den Erlös.[26]

II. Verwertung beweglichen Vermögens[27]

1. Bewegliche Sachen

301 Die Verwertungsbefugnis hängt bei beweglichen Sachen davon ab, ob sich die Sache im **Besitz des Insolvenzverwalters** befindet oder nicht. Hat der Insolvenzverwalter gemäß § 148 InsO (→ Rdnr. 61) Besitz erlangt (was insbesondere bei zur Sicherheit übereigneten Gegenständen der Fall sein wird), so steht ihm allein das Verwertungsrecht zu (§ 166 Abs. 1 InsO)[28]. Das gilt sowohl bei unmittelbarem als auch

---

[24] Zur Zwangsvollstreckung des Insolvenzverwalters aus einer Eigentümergrundschuld s. *BGH* ZIP 2016, 828 Rdnr. 6 ff. Vgl. auch *BGH* ZIP 2011, 387 Rdnr. 13 ff. (vollstreckungsbeschränkende Abreden zugunsten des Schuldners gelten dann für den Insolvenzverwalter nicht).
[25] *BGH* ZIP 2015, 1131 Rdnr. 11; 2010, 994 Rdnr. 10.
[26] *BGH* ZIP 2010, 791 Rdnr. 8; 2010, 994 Rdnr. 7 ff.; *Eckardt*, FS Schilken, 2015, S. 645 ff.; zu entsprechenden Verwertungsvereinbarungen mit dem gesicherten Gläubiger *Mitlehner*, ZIP 2012, 649 ff.
[27] Dazu *Berger*, KTS 2007, 433 ff.; *Ganter*, ZInsO 2007, 841 ff.; *Gaul*, ZInsO 2000, 256 ff.; *Gundlach/Frenzel/Schmidt*, ZInsO 2001, 537 ff.; *dies.*, NZI 2001, 119 ff.; *Haunschild*, DZWIR 1999, 60 ff.; *Pobuda* (Rdnr. 292).
[28] Näher zu dieser Norm *Sessig/Fischer*, ZInsO 2011, 618 ff. sowie die in den folgenden Fn. Genannten. – Der Verwalter kann allerdings die Sache einem absonderungsberechtigten Gläubiger zum Zwecke der Verwertung herausgeben (arg. § 170 Abs. 2 InsO). Man spricht dann auch von einer „unechten Freigabe", weil der Verwalter nur auf das Verwertungsrecht verzichtet, die Sache aber Bestandteil der Masse bleibt. (Zur „echten" Freigabe s. Rdnr. 124.) Hingegen können Schuldner und Sicherungsnehmer das Verwertungsrecht des Insolvenzverwalters aus § 166 InsO im Sicherungsvertrag nicht ausschließen, *BGH* ZIP 2009, 768 Rdnr. 3. Zu weiteren von § 166 Abs. 1 InsO gedeckten Verwertungsarten s. *Markgraf/Remuta*, ZInsO 2018, 841 ff.

bei mittelbarem Besitz des Insolvenzverwalters, ferner bei Besitz des Schuldners, wenn der Insolvenzverwalter eine bessere Besitzposition hat als der Sicherungsnehmer und das Sicherungsgut zum organisatorischen Verbund des Unternehmens gehört[29]. Der Insolvenzverwalter darf das Sicherungsgut unter Wahrung der Interessen des Gläubigers nach Maßgabe von § 172 InsO nutzen und es verbinden, vermischen oder verarbeiten[30]. Solange nicht verwertet wird, kann der Gläubiger, der Befriedigung aus dem Verwertungserlös erhoffen kann, ab dem Berichtstermin die Zinsen auf die gesicherte Forderung aus der Insolvenzmasse verlangen (§ 169 InsO)[31]. Damit soll erreicht werden, dass die Verwertung nicht ungebührlich verzögert wird. Will der Insolvenzverwalter den Gegenstand an einen Dritten veräußern, dann muss er dies dem absonderungsberechtigten Gläubiger mitteilen, damit dieser binnen einer Woche eine günstigere Verwertungsmöglichkeit nachweisen, eventuell auch selbst ein Angebot abgeben kann (§ 168 InsO)[32]. Nutzt der Verwalter dieses Angebot nicht, muss er den Gläubiger schadlos halten (§ 168 Abs. 2 InsO)[33].

Befindet sich die bewegliche Sache **nicht im Besitz des Insolvenzverwalters**, so ist der Gläubiger zur Verwertung befugt (§ 173 Abs. 1 InsO)[34]. Das gilt freilich nur, wenn der Gläubiger nach materiellem Recht zur Verwertung berechtigt ist, was sich z. B. für Pfandrechte (§ 50 InsO) aus § 1228 BGB[35], für Sicherungsübereignungen (§ 51 Nr. 1 InsO) aus dem Sicherungsvertrag ergibt[36]. Eine bestimmte Verwertungsart sieht das Gesetz nicht vor[37]. Es wird davon ausgegangen, dass der Gläubiger den Gegenstand schon im eigenen Interesse mög-

302

---

[29] *BGHZ* 166, 215 Rdnr. 24; *BGH* ZIP 2018, 695 Rdnr. 18 ff.; 2018, 236 Rdnr. 7; 2016, 1301 Rdnr. 20; 2015, 2286 Rdnr. 18 ff.; 2006, 2390 Rdnr. 7 ff.; *Bitter*, ZIP 2015, 2249 ff.; *Bork*, FS Gaul, 1997, S. 71, 72 ff.; *Hirte*, FS Fischer, 2008, S. 244 ff.; *Lwowski/Tetzlaff*, FS Fischer, 2008, S. 365 ff.; *Marotzke*, ZZP 109 (1996), 429, 443 f.; *Uhlenbruck*, ZInsO 2008, 114 ff.
[30] Ausf. dazu *Bork*, FS Gaul, 1997, S. 71 ff.
[31] Dazu *BGHZ* 166, 215 Rdnr. 12 ff.; *Hellmich*, ZInsO 2005, 678 ff.
[32] Vgl. *BGHZ* 165, 28, 31 ff.; *BGH* ZIP 2010, 1089 Rdnr. 3; *Bork*, FS Leipold, 2009, S. 361 ff.; *Foerste*, NZI 2006, 275 ff.
[33] Dazu *BGH* ZInsO 2013, 1690 Rdnr. 2 ff.
[34] Vgl. nur *BGH* ZIP 2016, 1301 Rdnr. 11. – Diese Regelung ist konsequent: Gegenstände, an denen der Schuldner den Besitz aufgegeben hat, werden in der Regel für die Fortführung des Unternehmens oder eine Gesamtveräußerung ohne Bedeutung sein (→ Rdnr. 298). – Zur Anfechtung der Besitzaufgabe s. *Gundlach/Frenzel/Schmidt*, NZI 2002, 20 ff.
[35] Vgl. *BGH* ZIP 2013, 987 Rdnr. 16 ff. (krit. *Primozic/Doetsch*, NZI 2013, 736 ff.); 2005, 909, 911.
[36] Zu den Zurückbehaltungsrechten s. oben Rdnr. 297.
[37] Zur Versteigerung s. *Tetzlaff*, ZInsO 2007, 478 ff.

lichst günstig verwertet. Damit allerdings die Verwertung nicht verzögert wird, kann das Insolvenzgericht dem Gläubiger eine Frist setzen (§ 173 Abs. 2 InsO)[38].

303 Wird der Gegenstand verwertet, so wird der absonderungsberechtigte Gläubiger aus dem **Erlös** befriedigt[39], sofern der Sicherungsfall eingetreten ist, der Gläubiger also auch ohne Insolvenz zur Verwertung des Sicherungsgutes berechtigt gewesen wäre[40]. Bei mehreren Absonderungsrechten entscheidet für die Rangfolge das materielle Recht, in der Regel also das Prioritätsprinzip. Vorher sind allerdings die durch die Verwertung entstandenen **Kosten** zu berücksichtigen. Hat der *Insolvenzverwalter* verwertet, so sind nach § 170 Abs. 1 S. 1 InsO aus dem Verwertungserlös zunächst die Kosten der Feststellung des Absonderungsrechts[41] und der Verwertung des Gegenstandes vorweg für die Masse zu entnehmen. Dabei sind die Feststellungskosten pauschal mit 4 % des Verwertungserlöses (§ 171 Abs. 1 InsO), die Verwertungskosten mit 5 % des Erlöses anzusetzen, sofern nicht die tatsächlichen Verwertungskosten erheblich höher oder niedriger lagen (§ 171 Abs. 2 S. 1 und 2 InsO)[42]. Außerdem ist dem Erlös vorweg die für die Masse anfallende Umsatzsteuer zu entnehmen (§ 171 Abs. 2 S. 3 InsO)[43]. Kosten für die Erhaltung des Sicherungsrechts muss der Gläubiger hingegen nur dann tragen, wenn er sich dazu gegenüber

---

[38] Dazu *BGH* ZIP 2016, 1301 Rdnr. 6 ff.

[39] Das Absonderungsrecht setzt sich im Wege der dinglichen Surrogation am auszuschüttenden Erlös fort, solange er sich unterscheidbar in der Masse befindet. Das sah das alte Recht in § 127 Abs. 1 S. 2 KO ausdrücklich vor, muss aber nach allgemeinen Rechtsgrundsätzen (vgl. nur §§ 1247 BGB, 92 ZVG) auch im jetzigen Recht gelten. Wenn schon die unberechtigte Verwertung zur dinglichen Surrogation führt (→ Rdnr. 307), dann erst recht die berechtigte. Vgl. *BGH* ZIP 2008, 1638 Rdnr. 10; zum Verhältnis des § 170 InsO zu § 48 InsO *Ganter/Bitter*, ZIP 2005, 93 ff. – Zur Erlösverteilung bei Absicherung mehrerer Ansprüche s. *BGH* ZIP 2014, 2248 Rdnr. 9 ff.; *Klinck*, ZIP 2015, 859 ff.

[40] Daran kann es fehlen, wenn der Insolvenzschuldner mit dem Sicherungsgut die Verbindlichkeit eines Dritten abgesichert hat und diese Verbindlichkeit noch nicht notleidend geworden ist, *BGH* ZIP 2009, 228 Rdnr. 18 ff.

[41] Wegen der vielfältigen Formen der Mobiliarsicherheiten ist es in der Praxis regelmäßig schwierig und aufwendig, die Rechtsverhältnisse an den Massegegenständen zu ermitteln. Die Feststellungskosten sollen daher nicht die Masse belasten, sondern diejenigen, zu deren Gunsten das Sicherungsrecht besteht; vgl. *Kilger*, KTS 1975, 142, 148; *Landfermann*, KTS 1987, 381, 383 f.

[42] *BGH* ZIP 2007, 686 Rdnr. 2; 2005, 1974; *Humbeck*, DZWIR 2003, 283 ff.; *Weis*, ZInsO 2002, 170 ff.

[43] Beträgt also der Verkaufserlös z. B. 1.000 € (840,34 € zzgl. 19 % USt.), so werden vom Erlös 9 % Kostenbeitrag (90 €) und 19 % USt. (159,66 €) einbehalten, und nur der Rest (750,34 €) kann an den Gläubiger ausgeschüttet werden.

dem Insolvenzverwalter eigens verpflichtet hat[44]. Der Resterlös ist an den gesicherten Gläubiger, soweit er Befriedigung verlangen kann, herauszugeben (§ 170 Abs. 1 S. 2 InsO)[45]. Hat hingegen der *Gläubiger* selbst verwertet, so bekommt die Insolvenzmasse die Verwertungskosten selbst dann nicht, wenn die Verwertung durch den Gläubiger unberechtigt war, denn dann sind bei der Masse keine Verwertungskosten angefallen[46]. Ob das Sicherungsrecht auch die Verwertungskosten des Gläubigers absichert, ist eine Frage des materiellen Rechts. Konnte der Gläubiger nur deshalb verwerten, weil der Insolvenzverwalter von seiner Verwertungsbefugnis keinen Gebrauch gemacht hat, so muss er vorweg die Feststellungskosten sowie die Umsatzsteuerbelastung der Masse ausgleichen (§ 170 Abs. 2 InsO)[47]. Dasselbe gilt, wenn der Gläubiger entgegen § 166 InsO eigenmächtig verwertet hat[48].

Die gesicherten Gläubiger werden der Belastung durch den Kostenbeitrag dadurch zu begegnen versuchen, dass sie in der Sicherungsvereinbarung die **Kostenpflicht absichern** und sich entsprechend höhere Sicherheiten bestellen lassen. Der Gesetzgeber ist davon ausgegangen, dass die Rechtsprechung erhöhte Sicherungsmargen akzeptiert[49]. Der Große Zivilsenat des Bundesgerichtshofs hat dem für revolvierende Globalsicherheiten (Globalzession, Übereignung von Warenlagern etc.) dadurch Rechnung getragen, dass er eine Sicherungsmarge von 110 % zzgl. Umsatzsteuer anerkannt hat[50]. **304**

2. Forderungen und sonstige Rechte

Für zur Sicherung abgetretene Forderungen des Schuldners gilt dasselbe wie für bewegliche Sachen, die sich im Besitz des Insolvenzverwalters befinden: Die Verwertung steht allein dem Insolvenzverwalter zu (§ 166 Abs. 2 InsO), gleich ob die Sicherungszession gegenüber dem Drittschuldner offen gelegt wurde oder nicht[51]. Er kann die For- **305**

---

[44] Vgl. Bericht des Rechtsausschusses, BT-Drs. 12/7302, 177; krit. *Uhlenbruck*, 70 f.
[45] Dazu *Ganter*, ZInsO 2016, 2119 ff.; zur Verjährung des Anspruchs s. *Schmidt*, ZInsO 2005, 422 ff.
[46] *BGH* ZIP 2004, 42 f.
[47] Vgl. dazu *BGH* ZIP 2007, 1126 Rdnr. 14 ff.
[48] *BGHZ* 154, 72, 76 ff. (dazu *Obermüller*, NZI 2003, 417 ff.).
[49] Vgl. Allg. Begr. zum RegE, BT-Drs. 12/2443, 89.
[50] *BGH (GSZ) BGHZ* 137, 212: Abzusichern sind 100 % Forderung (Hauptforderung nebst Zinsen), 10 % Kosten (Feststellungs-, Verwertungs- und Rechtsverfolgungskosten) sowie die Umsatzsteuerbelastung, wenn diese den Sicherungsnehmer trifft.
[51] *BGH* ZIP 2009, 1077 Rdnr. 10 ff.; 2009, 1075 Rdnr. 10 ff.; 2002, 1630; *KG* ZIP 2001, 2012, 2013 (dazu *Häcker*, NZI 2002, 409 ff.). § 166 Abs. 2 InsO gilt aber nur

derung einziehen oder auf andere Weise verworten, beispielsweise durch Einziehungsermächtigung an einen Dritten oder Verkauf an eine Factoring-Bank[52], und vom Erlös nach Maßgabe der §§ 170 ff. InsO Feststellungs- und Verwertungskosten abziehen. Ist die Forderung vom Drittschuldner allerdings vor Verfahrenseröffnung erfüllt worden, so wird die Masse nicht beteiligt[53]. Bei allen anderen Absonderungsrechten an Forderungen sowie bei Absonderungsrechten an sonstigen Rechten steht die Verwertungsbefugnis nach Maßgabe des materiellen Rechts (→ Rdnr. 302) dem Gläubiger zu[54]. Dieser kann allerdings den Insolvenzverwalter ermächtigen, die Forderung im Wege der gewillkürten Prozessstandschaft einzuziehen[55].

III. Absonderungsrecht und Insolvenzforderung

306 Richtet sich auch die gesicherte Forderung gegen den Schuldner, so ist der absonderungsberechtigte Gläubiger zugleich Insolvenzgläubiger (§§ 38, 52 S. 1 InsO)[56]. Das wirft die Frage auf, ob der Gläubiger die gesicherte Forderung in vollem Umfang zur Tabelle anmelden und auf sie die Quote verlangen kann. Ließe man das zu, bekäme er den Verwertungserlös aus der abgesonderten Befriedigung und – wenn dieser nicht reicht – zusätzlich die Quote auf die volle Insolvenzforderung. Dieses als ungerecht empfundene Ergebnis vermeiden §§ 52 S. 2, 190 InsO: Die gesicherte Forderung kann zwar in vollem Umfang zur Tabelle angemeldet werden, wird aber bei der Verteilung nur

---

für die sicherungszedierte Forderung, nicht für ersatzweise an deren Stelle tretende Ansprüche (etwa aus § 816 Abs. 2 BGB), *BGH* ZIP 2003, 1256, 1257. – Allg. zu § 166 Abs. 2 InsO *Becker*, DZWIR 2010, 133 ff.; *Berger*, FS Fischer, 2008, S. 1 ff.; *Lüke*, FS Fischer, 2008, S. 353 ff.; *Schlegel*, NZI 2003, 17 ff.; *Szalai*, ZInsO 2009, 1177 ff.
[52] *BGH* ZIP 2013, 35 Rdnr. 2.
[53] *BGH* ZIP 2006, 91 f.
[54] Vgl. für das Pfandrecht an Forderungen *BGH* ZIP 2013, 987 Rdnr. 15; 2003, 1256, 1257; 2002, 1630, 1631; *Pape*, NZI 2000, 301, 303; für Wertpapiere *Berger*, WM 2009, 577 ff.; für Gesellschaftsanteile *Lwowski/Tetzlaff*, FS Ganter, 2010, S. 281 ff.; *Primozic/Voll*, NZI 2004, 363 ff.; für Marken *Pöggeler*, WRP 2002, 1241 ff; vgl. ferner *Häcker*, ZIP 2001, 995, der bei Absonderungsrechten an gewerblichen Schutzrechten § 166 InsO analog anwenden will; ebenso *Berger*, FS Kirchhof, 2003, S. 1, 11 f.; *Hirte*, FS Fischer, 2008, S. 249 ff. Dem ist angesichts der eindeutigen Gesetzeslage nicht zu folgen: Es fehlt die planwidrige Regelungslücke; vgl. *Bork*, NZI 1999, 337, 342; *Lwowski/Tetzlaff*, FS Ganter, 2010, S. 281, 289 ff.; *Wallner*, ZInsO 1999, 453 ff. Insgesamt krit. *Marotzke*, ZZP 109 (1996), 429, 446 ff.
[55] *BGH* ZIP 2008, 929 Rdnr. 7 ff.
[56] *BGH* ZIP 2006, 1009 Rdnr. 11 ff.

dann in vollem Umfang berücksichtigt, wenn der Gläubiger auf sein Absonderungsrecht verzichtet[57]. Tut er das nicht, wird nur der Teil der gesicherten Forderung berücksichtigt, der durch den Erlös aus der abgesonderten Befriedigung nicht getilgt worden ist[58] (→ Rdnr. 353). Man bezeichnet deshalb diesen Teil der gesicherten Forderung in der Praxis auch als „Ausfallforderung"[59].

D. Ersatzabsonderung

Ein Gegenstück zur Ersatzaussonderung nach § 48 InsO (→ Rdnr. 289) findet sich für das Recht der abgesonderten Befriedigung in der InsO nicht[60]. Es ist jedoch anerkannt, dass eine Ersatzabsonderung in Analogie zur Ersatzaussonderung zulässig ist, wenn der *Insolvenzverwalter* die abgesonderte Befriedigung durch unberechtigte Veräußerung des Sicherungsgutes vereitelt[61]. Der Gläubiger kann dann analog § 48 InsO abgesonderte Befriedigung aus dem Anspruch auf die Gegenleistung verlangen, soweit diese noch aussteht. Die Gegenleistung ist selbst Gegenstand des Absonderungsrechts, soweit sie noch unterscheidbar in der Masse vorhanden ist (→ Rdnr. 289). Anderenfalls bleiben nur Schadensersatz- und Bereicherungsansprüche[62]. Bei unberechtigter Veräußerung des Sicherungsgutes vor Verfahrenseröffnung durch den *Schuldner* kommt hingegen eine Analogie zu § 48 InsO nicht in Betracht, da diese Vorschrift insoweit systemwidrig ist[63] (→ Rdnr. 291).

307

---

[57] Vgl. *BGH* ZIP 2011, 180 Rdnr. 6 ff. Die vorbehaltslose Anmeldung der gesicherten Forderung genügt dafür aber nicht, *BGH* ZIP 2017, 686 Rdnr. 16.

[58] Vgl. *BGH* ZIP 2009, 1580 Rdnr. 9 ff.; 2009, 874 Rdnr. 9.

[59] Ausf. dazu *Görg*, KTS 2006, 151 ff.; *Klasmeyer/Elsner*, FS Merz, 1992, S. 303 ff. – Zur entsprechenden Anwendung auf die Befriedigung durch Aufrechnung s. *BGH* ZIP 2012, 1087 Rdnr. 13 f.

[60] In § 60 RegE war eine Regelung vorgesehen, die der Rechtsausschuss gestrichen hat, ohne damit die schon im alten Recht anerkannte Ersatzabsonderung abschaffen zu wollen; vgl. BT-Drs. 12/7302, 160.

[61] Vgl. nur *BGHZ* 184, 101 Rdnr. 8; *BGH* ZIP 2012, 638 Rdnr. 21; 2006, 1641 Rdnr. 12; 2006, 959 Rdnr. 22; *Baur/Stürner*[12], Rdnr. 15.6; *Dieckmann*, FS Henckel, 1995, S. 95, 120 ff.; *Ganter*, NZI 2005, 1, 7 f.; *Häsemeyer*, Rdnr. 18.68 ff.; *Harder*, KTS 2001, 97 ff.; Jaeger-*Henckel*, § 48 Rdnr. 61; *Jauernig/Berger*, § 45 Rdnr. 32; Münch-Komm.InsO-*Ganter*, vor §§ 49–52 Rdnr. 167 ff. m.w.N.

[62] *BGH* ZIP 2015, 2282 Rdnr. 12 ff.; 2001, 1250, 1252.

[63] *Marotzke*, ZZP 109 (1996), 429, 436. Vgl. zum alten Recht auch *BGHZ* 150, 353, 357 f. – A.M. zum neuen Recht *BGH* ZIP 2007, 924 Rdnr. 12; 2006, 1641 Rdnr. 12; 2006, 989 Rdnr. 22.

308 Beispiel: In der Insolvenz eines Industrieunternehmens legt der Insolvenzverwalter den Betrieb still und veräußert die Maschinen. Die Grundpfandrechtsgläubiger verlangen den Erlös heraus. Die Maschinen sind Zubehör des Betriebsgrundstücks. Diese Zubehöreigenschaft haben sie zwar durch die Betriebsstilllegung verloren. Das ändert aber nichts daran, dass sie nach § 1120 BGB zum Haftungsverband der Grundpfandrechte gehören, da eine Enthaftung nur nach §§ 1121 ff. BGB möglich ist[64]. Als Enthaftungstatbestand kommt i.d.R. nur § 1121 Abs. 1 BGB in Betracht. Liegen dessen Voraussetzungen vor, setzt sich das Absonderungsrecht der Grundpfandgläubiger im Wege der Ersatzabsonderung am Verkaufserlös fort[65].

§ 23: Aufrechnung

309 Literatur: *Altmann*, Die sozialrechtliche Auf- und Verrechnung der Sozialleistungsträger im Insolvenzverfahren, 2008; *Bich*, Die Unwirksamkeit von Aufrechnungen im Cash Pool bei Insolvenz einer Tochtergesellschaft, 2014; *Ebert*, Aufrechnungsvereinbarungen nach bisherigem und neuem Insolvenzrecht, Diss. Heidelberg 2000; *von Hall*, Insolvenzverrechnung in bilateralen Clearingsystemen, 2011; *Huber*, Die Anfechtung vertraglich vereinbarter Aufrechnungen innerhalb und außerhalb der Insolvenz, 2016; *Hüttner*, Aufrechnung des Finanzamtes mit Steueransprüchen in der Insolvenz, 2008; *Kinski*, Aufrechnung durch das Finanzamt in der Insolvenz des Steuerpflichtigen, 2006; *Peitsch*, Die Insolvenzaufrechnung, Diss. Hamburg 2001; *Pluta*, Insolvenzaufrechnung und der Grundsatz der par conditio creditorum, 2009; *Rickert*, Die Aufrechnungsmöglichkeit von Gesellschafterdarlehen in der Insolvenz, 2014; *Roßkopf*, Die Aufrechnung im deutschen und englischen Insolvenzrecht, 2008; *Schaudinn*, Der Schutz vertraglicher Drittaufrechnungsbefugnisse im Insolvenzverfahren, 2006; *Schwahn*, Der Aufrechnungsvertrag in der Insolvenz, 2003; *Tinnefeld*, Die Auf- und Verrechnungsmöglichkeiten von Kreditinstituten, 2006.

A. Grundgedanke

310 Das Gesetz befasst sich in §§ 94 ff. InsO mit der Frage, ob ein Gläubiger in der Insolvenz des Schuldners seine Forderung dadurch befrie-

---

[64] *BGHZ* 60, 267, 269; *BGH* NJW 1996, 835, 836; Jaeger-*Henckel*, § 48 Rdnr. 64.

[65] *Gundlach*, DZWIR 1998, 485, 488 f.; *Häsemeyer*, Rdnr. 18.10. – Nach a. M. bestehen dagegen (nur) Schadensersatz- und Bereicherungsansprüche gegen die Masse nach Maßgabe der §§ 1135, 823 BGB, wenn die Veräußerung nicht den Regeln einer ordnungsmäßigen Wirtschaft genügte; vgl. *BGHZ* 60, 267, 272 ff.; Jaeger-*Henckel*, § 48 Rdnr. 64. – Nach wieder a. M. fällt der Erlös in die Masse zur freien Verfügung des Insolvenzverwalters, weil § 1121 BGB anders als § 1122 BGB auf die Grenzen einer ordnungsmäßigen Wirtschaft keine Rücksicht nehme; vgl. nur *J. Schmidt*, NJW 1973, 1611 m. w. N.

§ 23: Aufrechnung 179

digen kann, dass er gegen einen Anspruch des Schuldners aufrechnet[1]. Das Gesetz bejaht diese Frage einschränkungslos für den Fall, dass die Aufrechnungslage bereits im Moment der Eröffnung des Insolvenzverfahrens bestand, verneint sie hingegen in einigen Fällen für die erst nach Verfahrenseröffnung entstandene Aufrechnungslage. Der Grundgedanke der §§ 94 ff. InsO lautet also: Wer vor Verfahrenseröffnung aufrechnen konnte, kann es auch nach Verfahrenseröffnung[2]; wer bei Verfahrenseröffnung nicht aufrechnen konnte, muss damit rechnen, dass ihm die Aufrechnung grundsätzlich verwehrt wird[3]. Er muss dann die ihm obliegende Leistung voll zur Masse erbringen und kann die ihm gebührende Leistung nur in Höhe der Quote verlangen.

B. Eintritt der Aufrechnungslage vor Verfahrenseröffnung

I. Insolvenzfestigkeit der Aufrechnungslage

§ 94 InsO bestimmt, dass die bei Verfahrenseröffnung bestehende Aufrechnungsbefugnis eines Gläubigers[4] durch das Insolvenzverfahren unberührt bleibt. Der Gläubiger braucht seine Forderung **nicht im Feststellungsverfahren** (→ Rdnr. 331 ff.) zur Tabelle **anzumelden**[5], sondern kann sich unmittelbar durch Aufrechnung befriedigen. Er wird behandelt wie jemand, der an der Forderung des Schuldners ein Recht auf abgesonderte Befriedigung hat. **311**

Voraussetzung ist, dass der Gläubiger **kraft Gesetzes oder auf Grund einer Vereinbarung** zur Aufrechnung berechtigt ist (§ 94 InsO). **312**

---

[1] Ausf. *Becker*, DZWIR 2005, 221 ff.; *Hess/Weis*, InVo 2002, 1 ff.; *Höhn/Kaufmann*, JuS 2003, 751 ff.; *Holzer*, DStR 1998, 1268 ff.; *Kayser*, WM 2008, 1477 ff./1525 ff.; *v. Wilmowsky*, NZG 1998, 481 ff.; speziell aus der Sicht der Banken *Obermüller*, ZInsO 2009, 689 ff.

[2] Der zur Aufrechnung befugte Gläubiger wird daher wertungsmäßig wie ein absonderungsberechtigter gesicherter Gläubiger behandelt, *BGH* ZIP 2012, 1087 Rdnr. 14.

[3] Dieser Grundgedanke korrespondiert mit den Vorschriften des BGB, die die einmal erworbene Aufrechnungslage schützen; vgl. etwa §§ 390, 406 BGB und im vorliegenden Zusammenhang vor allem § 392 BGB.

[4] Zur Aufrechnungsbefugnis des Insolvenzverwalters s. *BGH* ZIP 2014, 1181 Rdnr. 11 ff.; *Dobmeier*, ZInsO 2007, 1208 ff.; *Eckardt*, ZIP 1995, 257 ff.; *Hasse*, ZInsO 2014, 1796 ff.; *Rost/Lind*, ZInsO 2012, 2179 ff.

[5] Das gilt wegen § 389 BGB natürlich nur, soweit sich die zur Aufrechnung stehenden Forderungen decken. Soweit die Gegenforderung des Gläubigers die Hauptforderung des Schuldners übersteigt, kann sie zur Tabelle angemeldet werden. Bestreitet der Insolvenzverwalter die Aufrechnungsbefugnis, kann vorsorglich die ganze Forderung angemeldet werden.

"Kraft Gesetzes" besteht die Aufrechnungsbefugnis, wenn die Voraussetzungen der §§ 387 ff. BGB erfüllt sind. Nach diesen Vorschriften setzt eine Aufrechnungslage voraus, dass sich zwei gleichartige Forderungen (die Hauptforderung des Aufrechnungsgegners und die Gegenforderung des Aufrechnenden) gegenüberstehen, die Hauptforderung erfüllbar und die Gegenforderung durchsetzbar (also fällig, erzwingbar und einredefrei) ist und dass kein gesetzliches[6] oder vertragliches Aufrechnungsverbot besteht. "Auf Grund einer Vereinbarung" besteht die Aufrechnungsbefugnis, wenn die Voraussetzungen der §§ 387 ff. BGB nicht vorliegen, die Parteien aber vereinbart haben, dass trotzdem aufgerechnet werden können soll[7]. Besteht eine Aufrechnungslage, kann sich der Gläubiger durch einseitige Aufrechnungserklärung gegenüber dem Insolvenzverwalter befriedigen (§§ 388 BGB, 80 InsO)[8].

II. Anfechtbarkeit[9]

313 Bestand die Aufrechnungslage bereits bei Verfahrenseröffnung, ist sie aber in anfechtbarer Weise herbeigeführt worden, so ist die Aufrechnung nach § 96 Abs. 1 Nr. 3 InsO ausgeschlossen. Das Gesetz beurteilt die Erlangung der Aufrechnungslage so, als wenn das Insolvenzverfahren im Zeitpunkt des Erwerbs der Forderung bereits eröffnet gewesen wäre[10], und kürzt damit das Verfahren ab, indem es für die Unwirksamkeit der Aufrechnung darauf verzichtet, dass der Insolvenzverwalter die Anfechtung geltend macht[11]. Erforderlich ist ledig-

---

[6] Z.B. §§ 393–395 BGB, 66, 278 Abs. 3 AktG, 19 Abs. 2 GmbHG, 22 Abs. 5 GenG.
[7] Ausf. *Schwahn* (Rdnr. 309); vgl. ferner *von Hall*, KTS 2011, 343 ff. – Voraussetzung ist dann allerdings wenigstens, dass die zur Aufrechnung gestellten Forderungen existieren, *BGH* NJW-RR 1991, 744. Von Aufrechnungsverboten können sich die Parteien nur befreien, wenn durch diese Verbote Dritte nicht geschützt werden sollen. Auch §§ 95, 96 InsO gelten uneinschränkbar; vgl. für Konzernverrechnungsklauseln *BGHZ* 160, 107, 109 f. (dazu *v. Olshausen*, ZInsO 2004, 1229 ff.); *BGH* NZI 2006, 639 Rdnr. 11 f. (*Gundlach/Frenzel*; dazu auch *Lieder*, DZWIR 2007, 13 ff.); ferner unten Fn. 25.
[8] *BGH* ZIP 1983, 1473, 1474.
[9] Dazu *Altmeppen*, FS Kübler, 2015, S. 1 ff.; *Bork*, FS Ishikawa, 2001, S. 31 ff.; *Huber*, ZInsO 2009, 566 ff.
[10] *BGH* ZIP 2017, 1233 Rdnr. 28.
[11] Das gilt auch dann, wenn die Aufrechnung bereits vor Verfahrenseröffnung erklärt wurde: Die Aufrechnungserklärung wird dann mit Verfahrenseröffnung automatisch unwirksam (vgl. Begr. zu § 108 RegE, BT-Drs. 12/2443, 141; *BGH* ZIP 2013, 1826 Rdnr. 28; 2012, 537 Rdnr. 11; 2006, 2178 Rdnr. 11 ff.; 2005, 1334, 1335; 2004, 1912, 1913; 2003, 2370, 2371; *Bork*, FS Ishikawa, 2001, S. 31, 34 ff.; Jaeger-*Windel*, § 96 Rdnr. 49;

lich, dass irgendeine Voraussetzung für die Aufrechnung (Begründung der Hauptforderung, der Gegenforderung, der Gegenseitigkeit etc.[12]) in einer Weise geschaffen wurde, die den Insolvenzverwalter zur Anfechtung nach §§ 129 ff. InsO (→ Rdnr. 246 ff.) berechtigen würde[13]. Rechtsfolge des § 96 Abs. 1 Nr. 3 InsO ist freilich nur die Unwirksamkeit der Aufrechnungserklärung, während die Begründung der Aufrechnungslage gesondert angefochten werden muss[14]. Außerdem kann der Insolvenzverwalter die sich aus der Unwirksamkeit der Aufrechnung ergebenden Ansprüche (nur) innerhalb der Verjährungsfrist des § 146 InsO (→ Rdnr. 275 ff.) geltend machen[15].

Beispiele: G hat eine Forderung gegen S über 100.000 €. Als S seine Zahlungen einstellt, verkauft G seine Forderung an D, der seinerseits dem S noch 100.000 € schuldet. Wenige Tage später stellt S den Eröffnungsantrag. Nach Verfahrenseröffnung rechnet D gegenüber dem Insolvenzverwalter auf. Diese Aufrechnung scheitert zwar nicht an § 96 Abs. 1 Nr. 2 InsO, da D die Forderung des G vor Verfahrenseröffnung erworben hat. Sie scheitert aber an §§ 96 Abs. 1 Nr. 3, 131 Abs. 1 Nr. 1 InsO, da die Aufrechnungslage in anfechtbarer Weise herbeigeführt worden ist. § 96 Abs. 1 Nr. 3 InsO ist zwar seinem Wortlaut nach nicht einschlägig, da hier nicht ein Gläubiger, sondern ein Schuldner des Insolvenzschuldners die Aufrechnungsmöglichkeit in anfechtbarer Weise erworben hat. Ihrem Sinn und Zweck nach erfasst die Vorschrift aber alle Fälle, in denen die Aufrechnungslage (hier: die Gegenseitigkeit) in anfechtbarer Weise geschaffen wurde[16].

314

S verkauft kurz vor Insolvenzantrag Gegenstände seines Anlagevermögens an seinen Gläubiger G und verrechnet den Kaufpreis mit dessen Forderung.

315

---

a. M. *Gerhardt*, KTS 2004, 195, 199; *Ries*, ZInsO 2005, 848, 849; 2004, 1231 ff.; *Zenker*, NZI 2006, 16 ff.; *Zeuner*, NZI 2006, 16, 18 f.). Weitergehende Nachteile für die Masse muss der Verwalter hingegen im Wege der Insolvenzanfechtung beseitigen (Beispiel: Hat der Gläubiger mit einer in anfechtbarer Weise begründeten Gegenforderung aufgerechnet, so ist die Aufrechnung wirkungslos. Meldet er die Forderung deshalb zur Tabelle an, muss der Verwalter noch die Einrede der Anfechtbarkeit erheben; → Rdnr. 272). Zu weiteren Aufrechnungsmöglichkeiten s. v. *Olshausen*, KTS 2001, 45 ff.

[12] Vgl. für das „Werthaltigmachen" einer dem Grunde nach bereits bestehenden Aufrechnungslage *BGH* ZIP 2015, 1398 Rdnr. 16 ff.; 2013, 588 Rdnr. 10 ff.

[13] *Beispiele* in *BGH* ZIP 2014, 22 Rdnr. 12 ff.; 2013, 1190 Rdnr. 5 ff., 2012, 1254 Rdnr. 15 ff., ZInsO 2009, 1294 Rdnr. 3 f. sowie in der vorigen und den folgenden Fußnoten. Zum nach § 140 InsO maßgeblichen Zeitpunkt s. *BGH* ZIP 2011, 1523 Rdnr. 9 sowie oben Rdnr. 249 f.

[14] *BGH* ZIP 2013, 1180 Rdnr. 8; 2010, 2460 Rdnr. 7 ff.; 2006, 818 Rdnr. 18; 2004, 1912, 1913 ff.; *BSG* ZIP 2016, 2488 Rdnr. 21 f.

[15] *BGHZ* 169, 158 Rdnr. 23 ff.; *BGH* ZIP 2008, 1593 Rdnr. 19; 2007, 1467 Rdnr. 12 ff.; *BFH* ZIP 2015, 1598 Rdnr. 11 *Henkel*, NZI 2007, 84 ff.; *Zenker*, ZInsO 2007, 142 ff. – Verteidigt er sich gegen Ansprüche des Gläubigers mit der Unwirksamkeit der Aufrechnung, so kommt ihm allerdings auch § 146 Abs. 2 InsO zugute; vgl. *BGH* ZIP 2008, 1593 Rdnr. 25 ff.

[16] Ebenso *BGH* NZI 2010, 903 Rdnr. 9; ZInsO 2010, 1378 Rdnr. 9; ZIP 2006, 818 Rdnr. 13 ff.; *Paulus*, ZIP 1997, 569, 576.

Hier wird die Aufrechnung mit Verfahrenseröffnung rückwirkend unwirksam, weil die Aufrechnungslage nach §§ 131, 133 InsO anfechtbar ist. Wirtschaftlich betrachtet hat G lediglich eine Leistung an Erfüllungs Statt (Anlagevermögen statt Geld) und damit eine inkongruente Deckung erhalten[17].

C. Eintritt der Aufrechnungslage nach Verfahrenseröffnung

I. Bedingtheit, Fälligkeit, Gleichartigkeit

316 Besteht die Aufrechnungslage bei Verfahrenseröffnung deshalb nicht, weil wenigstens eine der zur Aufrechnung gestellten Forderungen noch aufschiebend bedingt, noch nicht fällig oder noch nicht auf eine gleichartige Leistung gerichtet ist, so ist die Aufrechnung zwar ungehindert von § 96 InsO (→ Rdnr. 319) zulässig, kann aber erst dann erfolgen, wenn dieses Aufrechnungshindernis behoben ist (§ 95 Abs. 1 S. 1 InsO)[18]. Das gilt auch dann, wenn das Hindernis auf Seiten des Gläubigers besteht: § 41 InsO, der die fehlende Fälligkeit bei Verfahrenseröffnung grundsätzlich fingiert, und § 45 InsO, der die Umrechnung nicht auf Geld gerichteter Forderungen vorsieht, sind nicht anzuwenden (§ 95 Abs. 1 S. 2 InsO)[19]. Da der Gläubiger aber in diesen Fällen bei Verfahrenseröffnung immerhin bereits eine Gegenforderung hatte, durfte er darauf vertrauen, er werde die ihm obliegende Leistung bei Fälligkeit etc. nicht erbringen müssen, sondern sich durch Aufrechnung befreien und seinerseits durch Aufrechnung befriedigen können. Dieses Vertrauen schützt das Gesetz in § 95 Abs. 1 InsO. Voraussetzung ist allerdings, dass die Forderungen in ihrem rechtlichen Kern bereits soweit angelegt sind, dass die Aufrechnungslage ohne weitere Rechtshandlungen eintreten kann[20]. Außerdem bestimmt § 95 Abs. 1 S. 3 InsO in Anlehnung an § 392 BGB, dass die Aufrechnung ausgeschlossen ist, wenn die Hauptforderung des Schuldners fällig und unbedingt wird, bevor die Aufrechnung erfolgen kann[21].

---

[17] *BGH* ZIP 2005, 1521, 1522 f.; 2004, 1912, 1913 ff. Ebenso bei zuvor sicherungsübereigneten Gegenständen *BGH* ZIP 2003, 2370, 2371. Vgl. ferner *BGHZ* 147, 233, 235 ff.

[18] *BGH* ZIP 2016, 678 Rdnr. 13 ff.; 2011, 1826 Rdnr. 19; 2007, 1612 Rdnr. 23; 2007, 239 Rdnr. 9 ff.; 2005, 181.

[19] Im Vertrag kann allerdings vereinbart werden, dass die Forderung mit Eröffnung des Insolvenzverfahrens fällig werden soll. – Für Fremdwährungsforderungen etc. s. § 95 Abs. 2 InsO.

[20] *BGHZ* 160, 1, 4; *BGH* ZIP 2013, 1180 Rdnr. 11.

[21] Dazu *BGHZ* 164, 159, 164 ff.; 163, 274, 281; *BGH* ZIP 2013, 179 Rdnr. 18; 2007, 239 Rdnr. 17; 2005, 181, 182; 2004, 1608; 2003, 2166, 2168 f.; *Christiansen*, ZInsO 2011, 1177 ff.; *Schütze*, FS Braun, 2007, S. 103 ff.

Beispiele: Stehen sich bei Verfahrenseröffnung zwei nicht fällige Forderungen 317
gegenüber und wird zuerst die Gegenforderung des Gläubigers fällig, so kann
dieser aufrechnen, sobald die Hauptforderung erfüllbar geworden und damit
die Aufrechnungslage entstanden ist (§ 95 Abs. 1 S. 1 und 2 InsO). Wird hingegen zuerst die Hauptforderung des Schuldners fällig (oder ist diese bei Verfahrenseröffnung schon fällig bzw. – etwa gemäß § 116 InsO – mit Eröffnung fällig
geworden), so ist die Aufrechnung durch § 95 Abs. 1 S. 3 InsO ausgeschlossen,
auch wenn die Gegenforderung des Gläubigers noch während des Insolvenzverfahrens fällig wird. Der Gläubiger muss also die ihm obliegende Leistung zur
Insolvenzmasse erbringen und kann auf seine Forderung nur die Quote beanspruchen.

Hat jemand dem Schuldner vor der Eröffnung des Insolvenzverfahrens eine 318
Sicherheit gestellt und wird er nach Verfahrenseröffnung aus dieser Sicherheit
in Anspruch genommen, so kann er mit seinem Regressanspruch gegen den
Schuldner aufrechnen, weil der Schuldner schon vor der Verfahrenseröffnung
zur Freistellung verpflichtet war. Etwas anderes gilt nur dann, wenn die Sicherheit erst in Anspruch genommen wurde, als die Hauptforderung des Schuldners
schon unbedingt und fällig war (§ 95 Abs. 1 S. 3 InsO)[22].

II. Existenz, Gegenseitigkeit

Der Insolvenzgläubiger kann auf die Befriedigung durch Aufrech- 319
nung dann nicht vertrauen, wenn bei Verfahrenseröffnung auch nur
eine der Forderungen noch nicht existierte oder der anderen noch
nicht in einem Gegenseitigkeitsverhältnis gegenüberstand. Nach § 96
InsO ist es deshalb grundsätzlich unbeachtlich, wenn diese Voraussetzungen nach Verfahrenseröffnung geschaffen werden und dadurch
die Aufrechnungslage entsteht[23]. Das gilt zunächst dann, wenn die
Hauptforderung des Schuldners erst nach Verfahrenseröffnung entstanden ist (§ 96 Abs. 1 Nr. 1 InsO)[24]. In diesen Fällen konnte der
Gläubiger bei Verfahrenseröffnung nur mit der Quote rechnen. Wird
er jetzt etwas zur Masse schuldig – sei es, dass er einen Vertrag mit

---

[22] *BGH* ZIP 2005, 1559, 1560; vgl. auch *BGHZ* 58, 72, 75; *BGH* ZIP 2005, 126, 130; NJW 1999, 1182, 1183 f.; *Baur/Stürner*[12], Rdnr. 16.10 m. w. N.; krit. *v. Olshausen*, KTS 2000, 1 ff.

[23] Davon ist der (seltene) Fall zu unterscheiden, dass nur eine einzige Forderung existiert, die sich aus einer Saldierung unterschiedlicher Rechnungsposten ergibt und erst nach Verfahrenseröffnung berechnet wird; vgl. *BGHZ* 170, 206 Rdnr. 5 ff.

[24] Vgl. *BGH* ZIP 2013, 125 Rdnr. 52; 2012, 1254 Rdnr. 9 ff.; ZInsO 2010, 1001 Rdnr. 14; *BFH* ZIP 2015, 2237 Rdnr. 15 ff. – Eine Ausnahme besteht nach § 110 Abs. 3 InsO für bestimmte Gegenansprüche des Mieters in der Insolvenz des Vermieters (*BGH* ZIP 2007, 239 Rdnr. 20 f.). Die Vorschrift schränkt nur § 96 Abs. 1 Nr. 1 InsO ein. Die §§ 95, 96 Abs. 1 Nr. 2–4 bleiben hingegen anwendbar (§ 110 Abs. 3 S. 2 InsO).

dem Insolvenzverwalter[25] oder dem Schuldner[26] geschlossen hat, sei es, dass deliktische, bereicherungsrechtliche oder Anfechtungsansprüche (→ Rdnr. 271) gegen ihn entstehen –, so berechtigt ihn das nicht zur Aufrechnung. Für diese Regelung gibt es drei gute Gründe: Erstens ist der Gläubiger nicht schutzwürdig; zweitens soll er sich nicht in der Hoffnung, aufrechnen zu können, leichtfertig zum Schuldner der Masse machen; und drittens soll das Geschuldete wirklich in die Masse gelangen.

320 **Beispiel**[27]: G hat S ein Darlehen gewährt. In der Insolvenz des S kauft G vom Insolvenzverwalter ein Grundstück. Er kann seine Darlehensforderung nicht gegen die Kaufpreisforderung aufrechnen, sondern muss den Kaufpreis voll zur Masse zahlen und sich wegen des Darlehens mit der Quote begnügen (§ 96 Abs. 1 Nr. 1 InsO). Hat bereits S dem G das Grundstück verkauft, so kann G hingegen in den Grenzen des § 95 Abs. 1 InsO aufrechnen (§ 94 InsO). Dasselbe gilt, wenn S die Kaufpreisforderung vor Verfahrenseröffnung an Z abgetreten und dieser sie nach Verfahrenseröffnung dem Insolvenzverwalter zurückübertragen hat: Hier ist zwar G erst nach Verfahrenseröffnung (wieder) etwas zur Masse schuldig geworden, aber § 96 Abs. 1 Nr. 1 InsO greift nicht ein, weil G gemäß § 406 BGB schon gegenüber Z hätte aufrechnen können und der dadurch begründete Vertrauensschutz vorgeht[28].

321 Unzulässig ist die Aufrechnung auch dann, wenn der Insolvenzgläubiger seine **Gegenforderung erst nach Verfahrenseröffnung von einem anderen Gläubiger erworben** hat (§ 96 Abs. 1 Nr. 2 InsO), mag diese Gegenforderung auch bei Verfahrenseröffnung bereits bestanden haben[29]. Denn zu diesem Zeitpunkt konnte der damalige Inhaber der Gegenforderung nur mit der Quote rechnen[30], während der spätere Erwerber darauf gefasst sein musste, die ihm obliegende Leistung voll zur Masse erbringen zu müssen. Dass die Gegenseitigkeit – sei es durch Abtretung, sei es durch gesetzlichen Forderungsübergang – nachträglich hergestellt wird, kann nicht zur Aufrechnung führen, da sonst die Masse ungerechtfertigt geschmälert würde.

---

[25] Zur Aufrechnungsbefugnis bei vom Schuldner geschlossenen gegenseitigen Verträgen, deren Erfüllung der Insolvenzverwalter wählt (§ 103 InsO), vgl. Rdnr. 190, 194.
[26] Nach Verfahrenseröffnung entstandene Ansprüche des Schuldners fallen als Neuerwerb nach § 35 InsO in die Masse (→ Rdnr. 145)!
[27] Nach *Baur/Stürner*[12], Rdnr. 16.16. – Vgl. ferner *BGHZ* 149, 326, 334 ff.
[28] *BGHZ* 56, 111, 114 f.; *Serick*, BB 1982, 873, 881 ff.
[29] Vgl. *BGH* ZIP 2013, 125 Rdnr. 53 und für Konzernverrechnungsklauseln *BGHZ* 160, 107, 110; *BGH* ZIP 2010, 994 Rdnr. 10; 2010, 138 Rdnr. 12; 2006, 1740 Rdnr. 11.
[30] Vgl. *BGH* NJW 1962, 1200, 1202.

Beispiel: G hat S ein Darlehen gegeben, S dem G ein Grundstück verkauft. **322**
G tritt den Darlehensanspruch im Wege einer Sicherungszession an D ab. Als
über das Vermögen des S das Insolvenzverfahren eröffnet wird, gibt D die Darlehensforderung frei und überträgt sie wieder auf G. Obwohl hier die Aufrechnungslage vor Verfahrenseröffnung (bis zur Sicherungszession) bestand, kann
G nach h. M.[31] nicht aufrechnen, weil zum Zeitpunkt der Verfahrenseröffnung
keine Aufrechnungslage bestand (§ 96 Abs. 1 Nr. 2 InsO). Hat G die Darlehensforderung hingegen erst nach Verfahrenseröffnung an D abgetreten, so steht
§ 96 Abs. 1 Nr. 2 InsO der Aufrechnung nicht entgegen, wenn G die Forderung
später zurückerwirbt[32].

Zulässig ist die Aufrechnung, wenn die **Gegenforderung nach Ver-** **323**
fahrenseröffnung in der Person des aufrechnenden Gläubigers ent-
standen ist. Erwirbt nämlich der Gläubiger nach Verfahrenseröffnung
durch Rechtsgeschäft mit dem Insolvenzverwalter oder kraft Gesetzes eine Forderung gegen die Masse, so ist er als Massegläubiger
(§ 55 InsO) ohnehin vor den Insolvenzgläubigern *aus der Masse* zu
befriedigen (§ 53 InsO), so dass die Masse auch nicht ungerechtfertigt geschmälert wird, wenn diese Befriedigung durch Aufrechnung
mit einer vor Verfahrenseröffnung begründeten Hauptforderung des
Schuldners erfolgt. Erwirbt der Gläubiger hingegen eine Forderung,
die *aus dem freien Vermögen des Schuldners* zu erfüllen ist, so ist die
Aufrechnung wegen der Trennung von Insolvenzmasse und freiem
Vermögen nach § 96 Abs. 1 Nr. 4 InsO unzulässig.

§ 24: Befriedigung der Massegläubiger

Literatur: *Breitenbücher*, Masseunzulänglichkeit, 2007; *Busch*, Der Insolvenz- **324**
verwalter und die Überwindung der Massearmut, 2005; *Kögel*, Die Rechtsfolge
der Masseunzulänglichkeitsanzeige auf beiderseitig nicht oder nicht vollständig
erfüllte Verträge, 2007; *Kröpelin*, Die massearme Insolvenz, 2003; *Papel Hauser*,
Massearme Verfahren nach der InsO, 2002; *Schröder*, Die Abwicklung des massenunzulänglichen Insolvenzverfahrens, 2010; *Walther*, das Verfahren bei Masseunzulänglichkeit nach den §§ 208 ff. InsO, 2005.

---

[31] *Ganter*, FS Kirchhof, 2003, S. 105, 110 ff.; *Häsemeyer*, Rdnr. 19.13; *Serick*, Eigentumsvorbehalt und Sicherungsübertragung, Bd. V, 1982, 756. – A. M. (wegen des Treuhandcharakters der Sicherungszession) *Fricke*, NJW 1974, 2118; *Kesseler*, ZInsO 2001, 148 ff.; *Kornblum*, BB 1981, 1296, 1303.
[32] Vgl. *RGZ* 51, 394, 395 ff.; *Ganter*, FS Kirchhof, 2003, S. 105, 118. – Methodisch ist dieses Ergebnis durch eine teleologische Reduktion des § 96 Abs. 1 Nr. 2 InsO zu erreichen.

5. Teil: Von der „Ist-Masse" zur „Soll-Masse"

A. Hinreichende Masse

325 Es wurde bereits dargelegt, dass die an die Insolvenzgläubiger zu verteilende „Soll-Masse" erst erreicht ist, wenn die Massegläubiger befriedigt sind, deren Ansprüche gemäß § 53 InsO vorweg berichtigt werden müssen. Massegläubiger sind all diejenigen Gläubiger, deren Ansprüche erst nach Verfahrenseröffnung begründet und durch das Verfahren selbst veranlasst worden sind (→ Rdnr. 84), insbesondere also diejenigen, deren Forderungen auf Handlungen des Insolvenzverwalters oder des vorläufigen Insolvenzverwalters (→ Rdnr. 127) beruhen. Die Ansprüche der Massegläubiger werden, wenn die Masse dafür reicht, voll befriedigt. Die Frage nach der Rangfolge stellt sich in diesem Fall nicht. Es ist lediglich zu berücksichtigen, dass Massegläubiger, deren Ansprüche zu spät bekannt werden, erst bedient werden können, wenn die übrigen Massegläubiger voll befriedigt sind und wenn an die Insolvenzgläubiger und die nachrangigen Insolvenzgläubiger die festgesetzte Quote ausgeschüttet worden ist (§ 206 InsO)[1].

B. Unzulängliche Masse

326 Ist nicht genügend Masse vorhanden, um die Massegläubiger zu befriedigen, so ist zu differenzieren[2]: Reicht die Masse nicht einmal für die **Massekosten** (sog. „Massearmut"), also für die Gerichtskosten und die Ansprüche des Insolvenzverwalters sowie der Mitglieder des Gläubigerausschusses (§ 54 InsO), so ist das Verfahren nach § 207 Abs. 1 InsO mangels Masse einzustellen, sofern nicht die weiteren Kosten vorgeschossen oder gestundet werden[3]. Finden sich in der Masse noch Barmittel, so sind davon zuerst die Auslagen des Insolvenzverwalters und der Mitglieder des Gläubigerausschusses zu erstatten, anschließend die übrigen Verfahrenskosten, und zwar innerhalb dieser Ranggruppen jeweils nach dem Verhältnis der Forderungsbeträge, also quotal (§ 207 Abs. 3 S. 1 InsO)[4]. Zur Verwertung

---

[1] Vgl. *BGHZ* 68, 276, 280.
[2] Vgl. allg. *Dienstühler*, ZIP 1998, 1697 ff.; *Häsemeyer*, FS Gerhardt, 2004, S. 341 ff.; *Mäusezahl*, ZVI 2003, 617 ff.
[3] Die Vorschrift korrespondiert mit § 26 InsO; → Rdnr. 117 ff. – Lehnt das Gericht die Einstellung nach § 207 InsO ab, ist der Insolvenzverwalter nicht beschwerdebefugt (*BGH* ZIP 2007, 1134 Rdnr. 4 f.); vgl. für den Einstellungsbeschluss auch § 216 Abs. 1 InsO.
[4] Auf die übrigen Verfahrenskosten kann daher eine Quote erst gezahlt werden, wenn die Auslagen voll ersetzt sind.

§ 24: Befriedigung der Massegläubiger

anderer Vermögensgegenstände ist der Insolvenzverwalter nicht mehr verpflichtet (§ 207 Abs. 3 S. 2 InsO)[5]. Das Verfahren ist zu Ende[6].
Reicht die Masse zwar für die Massekosten, aber nicht für die **sonstigen Masseverbindlichkeiten**[7] (sog. „Masseunzulänglichkeit"), so wird das Verfahren vorerst nicht eingestellt. Vielmehr hat[8] der Insolvenzverwalter die Masseunzulänglichkeit dem Insolvenzgericht anzuzeigen (§ 208 Abs. 1 InsO), das diesen Tatbestand öffentlich bekanntmacht und ihn den Massegläubigern besonders mitteilt (§ 208 Abs. 2 InsO)[9]. Massegläubiger, die ihre Ansprüche bis zu dem Zeitpunkt der Anzeige erworben haben, werden nunmehr als „Altmassegläubiger", solche, die ihre Ansprüche nach der Anzeige der Masseunzulänglichkeit erworben haben, als „Neumassegläubiger" bezeichnet[10]. Der Insolvenzverwalter – dessen Ansprüche hier ja ebenso wie die Gerichtskosten gedeckt sind – bleibt verpflichtet, die Masse zu verwalten und zu verwerten, um so das vorhandene Vermögen wenigstens an die Massegläubiger verteilen zu können. Auch die Insolvenzanfechtung ist geltend zu machen[11] und ein Insolvenzplan bleibt möglich (§ 210a InsO)[12]. Da es in dieser Phase des Verfahrens um eine möglichst gleichmäßige Befriedigung der Massegläubiger geht, dürfen sich diese keine Sondervorteile mehr verschaffen können, weswegen § 210 InsO ein Vollstreckungsverbot für die „Altmassegläubiger" anordnet[13]. Auch eine Verurteilung des Insolvenzverwalters zur vollständigen Befriedigung eines Massegläubigers kommt nicht mehr in Betracht[14], und eine Auf-

327

---

[5] Für Anfechtungsklagen *BGH* ZInsO 2012, 736 Rdnr. 6 f.
[6] Vgl. näher zum Einstellungsverfahren Rdnr. 360.
[7] Vgl. zu diesen § 55 InsO sowie oben Rdnr. 84.
[8] Der Verwalter hat keinen Ermessen, aber hinsichtlich der Voraussetzungen einen weiten Beurteilungsspielraum, *BGH* ZIP 2017, 1571 Rdnr. 25. Erst bei dessen Überschreiten haftet er nach §§ 60, 61 InsO.
[9] Dazu und zum Folgenden *Keller*, Rpfleger 2008, 1 ff.; *Runkel/Schnurbusch*, NZI 2000, 49 ff.; zur Sanktion bei verspäteter Anzeige *BGH* ZIP 2010, 2356 Rdnr. 7 ff.
[10] Vgl. *OLG Rostock* ZIP 2005, 360 f.
[11] *BGH* ZIP 2001, 1641, 1643; *Gundlach/Frenzel/Schmidt*, NZI 2004, 184 ff.; *Kröpelin* (Rdnr. 324), Rdnr. 328 ff. – A. M. etwa *OLG Dresden* NZI 2001, 259, 260; *Häsemeyer*, Rdnr. 21.25; MünchKomm.InsO-*Hefermehl*, § 208 Rdnr. 51 m. w. N.
[12] *Smid*, ZInsO 2017, 2085 ff.
[13] Vgl. *BGH* ZIP 2018, 541 Rdnr. 19 ff.; 2006, 1999 Rdnr. 11 ff.; krit. *Adam*, DZWIR 2009, 181 ff. – Zu den Vollstreckungsbefugnissen der Massegläubiger bis zur Anzeige der Masseunzulänglichkeit s. Rdnr. 129. § 210 InsO enthält denselben Rechtsgedanken wie § 89 InsO für die Insolvenzgläubiger. Die Norm ist analog anzuwenden, wenn die Masse auch für die „Neumassegläubiger" nicht ausreicht, *BGHZ* 167, 178 Rdnr. 20 ff.; *BGH* ZIP 2008, 2284 Rdnr. 5 ff.
[14] *BGH* ZIP 2018, 541 Rdnr. 23. Zulässig sind nur noch Feststellungsklagen, *BGHZ* 167, 178 Rdnr. 8; 154, 358, 360 f./368; *BGH* ZInsO 2004, 674, 675; ZIP 2004, 326, 329; *BAG* ZIP 2004, 1323, 1324; 2002, 628, 629; ZInsO 2003, 1054, 1055; *Pape*,

rechnung ist nur zulässig, wenn die Aufrechnungslage vor Anzeige der Masseunzulänglichkeit entstanden war[15]. Eingestellt werden kann das Verfahren erst, wenn die Masse nach Maßgabe des § 209 InsO verteilt ist (§ 211 InsO; → Rdnr. 360). Die Einstellungsentscheidung ist, wie sich aus § 216 InsO ergibt, der § 211 InsO nicht erwähnt, unanfechtbar[16].

328 Ist die Masse unzulänglich, so richtet sich bei der Verteilung der Masse die **Rangordnung** der Massegläubiger nach § 209 Abs. 1 InsO. Das gilt unabhängig davon, ob die Masseunzulänglichkeit gemäß § 208 InsO angezeigt wurde.[17] Die Vorschrift sieht drei Rangklassen vor. Das bedeutet, dass die Masse zuerst auf die erste Rangklasse verteilt werden muss und dass spätere Rangklassen nur berücksichtigt werden können, wenn die in der vorrangigen Klasse platzierten Forderungen voll befriedigt worden sind. Reicht die Masse zur Befriedigung einer Rangklasse nicht aus, so ist sie auf die zu dieser Rangklasse gehörenden Forderungen quotal zu verteilen. Dabei nehmen die Verfahrenskosten (§ 54 InsO), auch wenn sie gemäß § 4a InsO gestundet worden sind[18], den 1. Rang ein (§ 209 Abs. 1 Nr. 1 InsO)[19]. Ihnen folgen auf dem 2. Rang die Ansprüche der „Neumassegläubiger" (→ Rdnr. 327), die erst nach der Anzeige der Masseunzulänglichkeit begründet worden sind (§ 209 Abs. 1 Nr. 2 InsO)[20]. Erst wenn diese Ansprüche vollständig erfüllt sind, werden im 3. Rang alle übrigen Masseverbindlichkeiten befriedigt (§ 209 Abs. 1 Nr. 3 InsO).

ZInsO 2001, 60 ff.) sowie der Erlass, nicht aber die Durchsetzung von Ordnungsverfügungen (*BVerwG* ZIP 1998, 2167, 2169; *OVG Bautzen* ZIP 2013, 424). Leistungsklagen sind nur auf die Quote und erst dann zulässig, wenn der Insolvenzverwalter Schlussrechnung gelegt hat (§§ 66, 211 Abs. 2 InsO) und die vorrangigen Masseverbindlichkeiten gemäß § 209 Abs. 1 Nr. 1 und 2 InsO berichtigt sind, *BGH* ZIP 2018, 233 Rdnr. 10.

[15] *BGHZ* 130, 38, 44 ff.
[16] *BGH* ZIP 2007, 603 Rdnr. 5 ff.
[17] *BGH* ZIP 2010, 145 Rdnr. 11 ff.
[18] *BGH* ZIP 2013, 634 Rdnr. 3; 2010, 2252 Rdnr. 7; 2010, 145 Rdnr. 19 ff.
[19] Zum Kostenbegriff s. § 54 InsO sowie *BGH* ZIP 2010, 2252 Rdnr. 6 ff.
[20] Zur Abgrenzung stellt § 209 Abs. 2 InsO klar, dass zu dieser Rangklasse auch solche Verbindlichkeiten gehören, die zwar vor Anzeige der Masseunzulänglichkeit begründet worden sind, zu denen sich der Insolvenzverwalter aber nach diesem Zeitpunkt „bekannt" hat, indem er nach § 103 InsO Erfüllung eines gegenseitigen Vertrages gewährt hat, ein Dauerschuldverhältnis nach Eintreten der Masseunzulänglichkeit nicht gekündigt oder die daraus zu beanspruchende Gegenleistung in Empfang genommen hat; vgl. dazu *BGHZ* 167, 178 Rdnr. 9 ff.; 154, 358, 361 f./363 ff.; *BGH* ZInsO 2004, 674, 675; *BAG* ZIP 2004, 1323, 1325 f.; ZInsO 2003, 1054, 1055 f.; *Ringstmeier*, ZInsO 2004, 169 ff.

§ 24: Befriedigung der Massegläubiger

Unter diesen gibt es keine weitere Rangabstufung. Nur die Unterhaltsansprüche des Schuldners rangieren an letzter Stelle[21].

Massegläubiger, die eine Leistung zur Masse erbracht haben[22] und wegen der Gegenleistung bei der Verteilung aufgrund von Massearmut (→ Rdnr. 326) oder Masseunzulänglichkeit (→ Rdnr. 327) ausfallen, können die **Haftung des Insolvenzverwalters** aus § 61 InsO geltend machen[23]. Nach dieser Vorschrift haftet der Insolvenzverwalter bei Nichterfüllung der von ihm begründeten Masseverbindlichkeiten[24] im Zeitpunkt der Fälligkeit persönlich, es sei denn, er konnte bei Begründung der Verbindlichkeit nicht erkennen, dass die Masse voraussichtlich zur Erfüllung nicht ausreichen werde[25]. § 61 InsO soll den Insolvenzverwalter anhalten, sich vor der Begründung von Masseverbindlichkeiten Klarheit über deren Erfüllbarkeit zu verschaffen und den Gegner bei Zweifeln zu warnen, damit dieser sich überlegen kann, ob er das Risiko der Massearmut übernehmen will[26]. Deshalb gilt die Norm auch nur für vertragliche Primäransprüche, nicht für gesetzliche Sekundäransprüche, auf die sich die besondere Pflicht des Insolvenzverwalters, sich zu vergewissern, ob er bei normalem Geschäftsablauf zur Erfüllung der von ihm begründeten Forderungen

329

---

[21] Sozialplanansprüche sind zwar Masseforderungen i. S. v. § 209 Abs. 1 Nr. 3 InsO. Da aber § 123 Abs. 2 InsO vorsieht, dass für die Berichtigung nicht mehr als ein Drittel der Masse verwendet werden darf, die ohne den Sozialplan für die Verteilung an die Insolvenzgläubiger zur Verfügung stünde, können Sozialplanforderungen erst befriedigt werden, wenn alle anderen Masseansprüche erfüllt sind (vgl. Begr. zu § 141 RegE, BT-Drs. 12/2443, 154). Aus dieser Regelungssystematik folgt zugleich, dass die Unterhaltsansprüche den Sozialplanforderungen vorgehen.
[22] Vgl. *BGH* ZIP 2005, 131, 132.
[23] Dazu *BGHZ* 159, 104, 107 ff.; *BGH* ZIP 2010, 2356 Rdnr. 6; 2005, 131; *BAG* ZIP 2013, 638 Rdnr. 28 ff.; 2012, 38 Rdnr. 21 ff.; 2006, 1830, 1831 f.; *Adam*, DZWIR 2008, 14 ff.; *Berger*, KTS 2004, 185 ff.; *Deimel*, ZInsO 2004, 783 ff.; *Feser*, FS Runkel, 2009, S. 41 ff.; *Fischer*, WM 2004, 2185 ff.; *Heinrich/Ehrenberg*, FS Ganter, 2010, S. 489 ff.; *Kallweit*, Die Eigenhaftung des Insolvenzverwalters für prozessuale Masseverbindlichkeiten, 2005; *Kaufmann*, NZI 2004, 117 ff.; *Laws*, ZInsO 2009, 996 ff.; MDR 2004, 1149 ff.; 2003, 787 ff.; *Lüke*, FS Gerhardt, 2004, S. 599 ff.; *Meyer*, Die Haftung des vorläufigen Insolvenzverwalters, 2003, 132 ff.; *Meyer-Löwy/Poertzgen*, ZInsO 2004, 363, 365 ff.; *Pape*, ZInsO 2005, 953 ff.; 2005, 138 ff.; 2004, 605 ff.; 2003, 1013 ff.; *ders.*, FS Kirchhof, 2003, S. 391 ff.; *Schoppmeyer*, FS Kreft, 2004, S. 525 ff.; *Seidel/Hinderer*, NZI 2010, 745 ff.; *Timme*, MDR 2006, 1381 ff.; *Webel*, Die Haftung des Insolvenzverwalters für Masseverbindlichkeiten im Rahmen des § 61 InsO, 2008; *ders.*, ZInsO 2009, 363 ff.
[24] Darunter fallen nicht nur Zahlungs-, sondern alle die Masse treffenden Leistungsverpflichtungen, *BGH* ZIP 2018, 386 Rdnr. 12 f.
[25] Die Beweislast für die fehlende Voraussehbarkeit liegt beim Insolvenzverwalter, der sich entlasten muss; vgl. *BGH* ZIP 2012, 137 Rdnr. 4; 2005, 311, 312 f.
[26] *BGHZ* 159, 104, 110; *BGH* ZIP 2008, 2126 Rdnr. 4 f.; 2005, 131, 132.

mit Mitteln der Masse in der Lage sein wird, nicht bezieht[27]. Ersetzt wird dem ausgefallenen Gläubiger das negative Interesse. Er ist also so zu stellen, als wenn der Insolvenzverwalter die Masseverbindlichkeit nicht begründet hätte[28].

---

[27] *BGH* ZIP 2018, 386 Rdnr. 10, 15 ff.; 2017, 1571 Rdnr. 39; 2010, 242 Rdnr. 7 f.; 2008, 2126 Rdnr. 4 f.; a. M. *Hees*, ZIP 2011, 502 ff.; *Thole/Pogoda*, NZI 2018, 377 ff. – Auch der Rückgriff auf § 60 InsO ist insoweit verschlossen, *BGH* ZIP 2010, 2356 Rdnr. 5 ff.; 2010, 242 Rdnr. 9.

[28] *BGHZ* 159, 104, 117 ff.; *BAG* ZIP 2006, 1058 f.

6. Teil

Verteilung der Masse

§ 25: Feststellungsverfahren

Literatur: *Gellert*, Abwicklungs- und Verteilungsprobleme bei massenhaft strei- **330**
tigen Insolvenzforderungen im Insolvenzverfahren, 2017; *Schumacher*, Die
Pflichten des Insolvenzverwalters bei der Forderungsanmeldung, 2012.

A. Überblick

Nach § 38 InsO dient die Insolvenzmasse der Befriedigung der Insol- **331**
venzgläubiger. Welche Personen Insolvenzgläubiger sind, muss erst
noch herausgefunden werden. Diesem Zweck dient das in §§ 174 ff.
InsO geregelte Feststellungsverfahren, mit dem die Schulden des
Insolvenzschuldners ermittelt werden[1]. Das Gesetz überlässt die
Feststellung der „Schuldenmasse" der **Gläubigerautonomie**. Wer
am Verwertungserlös partizipieren will, muss die Initiative ergreifen und seine Forderung beim Insolvenzverwalter zur Eintragung
in eine Tabelle anmelden (→ Rdnr. 332). Wird dieser Anmeldung im
Prüfungstermin (→ Rdnr. 333) vom Insolvenzverwalter oder einem
Gläubiger[2] nicht widersprochen, so gilt die Forderung als festgestellt
und der Gläubiger nimmt mit ihr (quotal) an der Erlösverteilung teil.
Anderenfalls muss mit dem Widersprechenden um die Richtigkeit
der Anmeldung prozessiert werden (→ Rdnr. 335). Ob der Gläubiger
an der Erlösverteilung teilnimmt, hängt vom Ausgang dieses Prozesses ab. Eine gerichtliche Überprüfung der Gläubigerforderung findet
also nur in diesem letzten Fall statt.

---

[1] Vgl. dazu *BGH* ZIP 2009, 627 Rdnr. 22 ff.; *Merkle*, Rpfleger 2001, 157 ff.
[2] Das Gesetz vertraut insofern auf „das eigensüchtige Interesse" (*Baur/Stürner*[12],
Rdnr. 21.9) eines jeden Gläubigers daran, unberechtigte Forderungen zu bestreiten,
um die Quote für die eigene Forderung zu erhöhen.

B. Anmeldung der Insolvenzforderungen

332 Ein Insolvenzgläubiger[3], der bei der Verteilung des Verwertungserlöses berücksichtigt werden will, muss seine Forderung nach § 174 Abs. 1 S. 1 InsO schriftlich beim Insolvenzverwalter anmelden[4]. Dazu fordert das Insolvenzgericht im Eröffnungsbeschluss auf (§ 28 Abs. 1 S. 1 InsO). Für die Anmeldung wird den Gläubigern eine Frist gesetzt (§ 28 Abs. 1 S. 1 und 2 InsO). Diese Frist ist aber keine Ausschlussfrist. Wird sie versäumt, so ist eine nachträgliche Anmeldung bis zur Bekanntmachung des Schlussverzeichnisses (→ Rdnr. 350) möglich (§ 177 InsO)[5]. Bei der Anmeldung hat der Gläubiger die Forderung hinreichend zu individualisieren, insbesondere Grund und Betrag der Forderung anzugeben (§ 174 Abs. 2 InsO)[6] und etwaige Urkunden, aus denen sich die Forderung ergibt, in Kopie beizufügen (§ 174 Abs. 1 S. 2 InsO)[7]. Das Gesetz verlangt aber nicht, dass die Forderung tituliert ist, da die Gesamtvollstreckung im Gegensatz zur Einzelzwangsvollstreckung für alle Gläubiger stattfindet und die Feststellung der Berechtigung in erster Linie der Gläubigerautonomie überlassen bleibt (→ Rdnr. 331)[8]. Die angemeldeten Forderungen werden vom Insolvenzverwalter in eine Tabelle eingetragen, die nach Ablauf der Anmeldefrist in der Geschäftsstelle des Insolvenzgerichts zur Einsicht der Beteiligten niedergelegt wird (§ 175 InsO)[9].

---

[3] Die Aus- und Absonderungsberechtigten sowie die Massegläubiger werden ohne Teilnahme am Feststellungsverfahren befriedigt! Die absonderungsberechtigten Gläubiger können lediglich ihre gesicherten Forderungen anmelden (→ Rdnr. 306). – Für die nachrangigen Insolvenzgläubiger (§ 39 InsO) vgl. § 174 Abs. 3 InsO.

[4] Das gilt, wie sich indirekt aus § 191 InsO ergibt, auch für aufschiebend bedingte oder befristete Forderungen. Nicht fällige Forderungen gelten gemäß § 41 InsO als fällig. Für Forderungen, die von einer Zug um Zug zu erbringenden Gegenleistung abhängen, s. *BGHZ* 213, 362 Rdnr. 31; *BGH* NZI 2016, 301 Rdnr. 15 ff.; ZIP 2015, 1500 Rdnr. 18 ff.

[5] *BGH* ZIP 2007, 876 Rdnr. 6 ff. *Gerbers/Pape*, ZInsO 2006, 685 ff. – Der Gläubiger hat allerdings bis zur Anmeldung in der Gläubigerversammlung kein Stimmrecht (§ 77 Abs. 1 S. 1 InsO).

[6] Grundsätzlich zur Substanziierungspflicht *BGH* ZIP 2018, 1644 Rdnr. 7 ff.; 2013, 680 Rdnr. 15 ff.; 2009, 483 Rdnr. 8 ff.

[7] Vgl. *BGH* ZIP 2006, 192, 193; dazu *Hofer*, Rpfleger 2007, 361 ff.

[8] Die Anmeldung hemmt wie eine Klageerhebung die Verjährung (§ 204 Abs. 1 Nr. 10 BGB). Sie führt aber nicht zur Rechtshängigkeit der Forderung (sonst könnte über sie in einem Feststellungsprozess wegen § 261 Abs. 3 Nr. 1 ZPO gar nicht gestritten werden).

[9] Die Tabelle kann nach § 5 Abs. 4 InsO auf EDV-Basis geführt werden.

C. Prüfungstermin

Die angemeldeten Forderungen werden nach Betrag und Rang in einer besonderen Gläubigerversammlung, dem sog. **Prüfungstermin**, erörtert (§ 176 Abs. 1 S. 1 InsO). Das Insolvenzgericht setzt diesen Termin, der mindestens eine Woche und höchstens zwei Monate nach Ablauf der Anmeldefrist stattfinden soll, bereits im Eröffnungsbeschluss fest (§ 29 Abs. 1 Nr. 2 InsO)[10]. Im Prüfungstermin wird nicht etwa die Begründetheit der Forderungen geprüft, sondern nur, ob jemand der Anmeldung widerspricht. Wenn Widerspruch erhoben wird, wird die Forderung näher erörtert (§ 176 Abs. 1 S. 2 InsO), und zwar auch dann, wenn der anmeldende Gläubiger nicht anwesend ist.

333

Das weitere Verfahren hängt davon ab, ob und von wem **Widerspruch** erhoben wird: Widerspricht *niemand*, so gilt die Forderung als festgestellt (§ 178 Abs. 1 S. 1 InsO). Dies wird vom Insolvenzgericht mit Rechtskraftwirkung gegenüber dem Schuldner, dem Insolvenzverwalter und allen Insolvenzgläubigern[11] in der Tabelle vermerkt (§ 178 Abs. 2 S. 1 und Abs. 3 InsO)[12]. Es hat zur Folge, dass der Gläubiger mit seiner Forderung im angemeldeten Umfang[13] an der Erlösverteilung teilnimmt und nach Abschluss des Insolvenzverfahrens aus der Eintragung in die Tabelle wie aus einem vollstreckbaren Urteil in das Neuvermögen des Schuldners vollstrecken kann (§ 201 Abs. 2 InsO). Der Schuldner ist dabei mit Einwendungen, die vor Feststellung der Forderung zur Tabelle entstanden sind, präkludiert[14]. Wird der Anmeldung von einem *Gläubiger*[15] oder dem *Insolvenzverwalter* widersprochen, so wird dieser Widerspruch, auch wenn

334

---

[10] Nach § 29 Abs. 2 InsO kann der Prüfungstermin mit dem Berichtstermin (→ Rdnr. 88) verbunden werden, der spätestens drei Monate nach Verfahrenseröffnung stattfinden muss (§ 29 Abs. 1 Nr. 1 InsO).
[11] Vgl. *BGH* ZIP 2018, 640 Rdnr. 21 ff. (Rechtskraftwirkung im Haftungsprozess gegen einen Kommanditisten aus §§ 171, 172 Abs. 4 HGB; dazu *Dahl/Engels*, NZI 2018, 435 ff.); *BGHZ* 100, 222, 224 und *BGH* ZIP 2009, 243 Rdnr. 12 (nachträgliche Erfüllung der festgestellten Forderung kann nur im Wege der Zwangsvollstreckungsgegenklage geltend gemacht werden); *BGH* ZIP 2014, 134 Rdnr. 16 ff. (Feststellung als Nachlassverbindlichkeit); *BGH* ZIP 2013, 125 Rdnr. 25 ff. (Rechtskraftwirkung bei teilweisem Bestreiten); *OLG Frankfurt* KTS 1983, 602, 606 (zur Rechtskraftwirkung in einem Rechtsstreit zwischen Insolvenzgläubigern nach Abschluss des Insolvenzverfahrens).
[12] Dazu *Schoppmeyer*, ZInsO 2016, 2157 ff.; *Smid*, FS Beck, 2016, S. 483 ff.
[13] *BGH* ZIP 2012, 537 Rdnr. 10 ff.
[14] *OLG Köln* WM 1995, 597, 599.
[15] Kritisch zum Widerspruchsrecht der Gläubiger *Bischoff*, ZInsO 2003, 161 ff.

er nicht begründet worden ist, in der Tabelle vermerkt (§ 178 Abs. 2 S. 1 InsO)[16]. Er hat zur Folge, dass die Berechtigung der angemeldeten Forderung in einem Prozess mit dem Widersprechenden geklärt werden muss (§§ 179 ff. InsO; → Rdnr. 335 ff.). An der Erlösverteilung kann der Gläubiger erst teilnehmen, wenn er den Feststellungsprozess gewonnen hat (§ 189 InsO). Widerspricht der *Schuldner*, so wird auch dies in die Tabelle eingetragen (§ 178 Abs. 2 S. 2 InsO). Der Widerspruch bleibt aber für das Insolvenzverfahren ohne Bedeutung (§ 178 Abs. 1 S. 2 InsO). Er hat lediglich zur Folge, dass der Gläubiger nicht aus der Tabelle in das Neuvermögen des Schuldners vollstrecken kann (arg. § 201 Abs. 2 S. 1 InsO)[17], sondern nach Abschluss des Insolvenzverfahrens – vorher hindert ihn § 87 InsO – Leistungsklage erheben muss[18]. Der Gläubiger kann diese Wirkung schon jetzt verhindern, wenn es ihm gelingt, den Widerspruch durch einen Feststellungsprozess gegen den Schuldner zu beseitigen (§ 184 InsO)[19].

D. Feststellungsprozess

335 Wie sich aus dem vorstehend Gesagten ergibt, kann eine im Prüfungstermin vom Insolvenzverwalter oder einem anderen Gläubiger bestrittene Forderung nur berücksichtigt werden, wenn ihre Berechtigung in einem Feststellungsprozess mit dem Widersprechenden – bei mehreren Widersprechenden gegen alle[20] – geklärt worden ist. **Streitgegenstand** ist die Feststellung, dass dem Gläubiger gegen den Schuldner die Forderung so, wie sie angemeldet oder im Prüfungs-

---

[16] Das gilt auch dann, wenn sich der Insolvenzverwalter weitere Prüfung vorbehalten will und deshalb nur „vorläufig" bestreitet; vgl. (auch zur Kostenfolge) *BGH* ZIP 2006, 2132 Rdnr. 6 ff.; 2006, 576 Rdnr. 8; Gottwald-*Eickmann*, § 64 Rdnr. 7; *Hägele*, ZVI 2007, 347 ff.; Kübler/Prütting/Bork-*Pape/Schaltke*, § 179 Rdnr. 5 f.; Uhlenbruck-*Sinz*, § 179 Rdnr. 3; alle mit umfangreichen Rechtsprechungsnachweisen.

[17] Vgl. aber *BGH* ZIP 2014, 1185 Rdnr. 8, 11 ff.; ZInsO 2014, 1276 Rdnr. 8, 11 ff.

[18] Um diese Wirkung durch nachträglichen Widerspruch herbeizuführen, kann dem Schuldner, der den Prüfungstermin versäumt hat, nach Maßgabe von § 186 InsO Wiedereinsetzung in den vorigen Stand gewährt werden. – Hat der Gläubiger schon einen Titel, muss sich der Schuldner mit den noch zulässigen Rechtsmitteln wehren, *BGH* ZIP 1998, 1113, 1114.

[19] *BGH* ZIP 2013, 2265 Rdnr. 6; 2011, 39 Rdnr. 7 ff.; 2009, 1687 Rdnr. 6; 2009, 389 Rdnr. 6 ff.; 2007, 541 Rdnr. 7 ff.; ZInsO 2012, 1614 Rdnr. 7 ff.; 2011, 244 Rdnr. 9; 2009, 432 Rdnr. 5; 2006, 704 Rdnr. 9 f.; zur negativen Feststellungsklage des Schuldners gemäß § 184 Abs. 2 InsO s. *BGH* ZIP 2013, 2265 Rdnr. 7 ff.; 2013, 1640 Rdnr. 7 ff. – Zur Berichtigung der Tabelle nach einem der Klage stattgebenden Urteil s. Rdnr. 340.

[20] *BGH* ZInsO 2013, 950 Rdnr. 10; dazu *Adam*, ZInsO 2013, 1227 ff.

termin bezeichnet worden ist, als Insolvenzforderung zusteht (§ 181 InsO)[21].

Wer in diesem Prozess **Kläger** und wer Beklagter ist, hängt davon ab, ob die Forderung bereits tituliert ist oder nicht. Hat der anmeldende Gläubiger keinen Titel für die bestrittene Forderung, so muss er gegen den Widersprechenden Klage erheben, wenn er weiter am Insolvenzverfahren teilnehmen will (§ 179 Abs. 1 InsO). Ist die Forderung hingegen tituliert, so muss grundsätzlich der Widersprechende klagen (§ 179 Abs. 2 InsO)[22]. Der Gläubiger kann aber ebenfalls klagen, wenn der Bestreitende seinen Widerspruch nicht verfolgt[23]. War über die bestrittene Forderung bei Verfahrenseröffnung ein Rechtsstreit anhängig, so ist die Feststellung nicht durch eine neue Klage, sondern durch Aufnahme dieses durch die Eröffnung unterbrochenen Prozesses zu betreiben (§ 180 Abs. 2 InsO; → Rdnr. 224). 336

Beispiel: Hat G gegen S Klage auf Zahlung eines Kaufpreises von 20.000 € erhoben und ist dieses Verfahren durch die Eröffnung des Insolvenzverfahrens unterbrochen worden (§ 240 ZPO; → Rdnr. 219), so kann G den Prozess gegen den Insolvenzverwalter aufnehmen, wenn dieser der Forderung im Prüfungstermin widerspricht (→ Rdnr. 224). Hat ein anderer Gläubiger widersprochen, so kann der Prozess gegen diesen fortgeführt werden. Es handelt sich dann um einen gesetzlichen Parteiwechsel: Der jetzige Beklagte tritt in die Parteistellung, nicht aber in die materielle Rechtsstellung des S ein. Der Kläger muss dann seinen Antrag in objektiver Hinsicht (Feststellungs- statt Leistungsantrag) und in subjektiver Hinsicht (Verurteilung des widersprechenden Gläubigers, nicht des Schuldners) umstellen. Es handelt sich um eine (nach § 180 Abs. 2 InsO gesetzlich zulässige) Klageänderung[24]. 337

---

[21] Vgl. *BGH* LM Nr. 4 zu § 146 KO („Feststellung zur Tabelle"); *Häsemeyer*, Rdnr. 22.03; ferner *BGH* ZIP 2003, 2379, 2382.

[22] Soweit der Titel Rechtskraft entfaltet, bindet dies nicht nur die im Titel genannten Parteien und den Insolvenzverwalter als Rechtsnachfolger (§ 325 Abs. 1 ZPO), sondern auch die übrigen Gläubiger, denn die rechtskräftig festgestellte Verbindlichkeit des Schuldners steht (vorbehaltlich der Insolvenzanfechtung) als Bestandteil der „Schuldenmasse" fest. Bei einem rechtskräftigen Endurteil kann daher Widerspruch nur gegen den angemeldeten Rang erhoben werden, also nur noch gegen die Einstufung als Insolvenzforderung (§ 38 InsO) statt als nachrangige Insolvenzforderung (§ 39 InsO). Außerdem können Umstände geltend gemacht werden, auf die eine Abänderungs- oder eine Vollstreckungsgegenklage gestützt werden könnten (§§ 323 Abs. 2, 767 Abs. 2 und 3 ZPO); vgl. *BGH* ZInsO 2013, 196 Rdnr. 6 ff.; ZIP 2009, 243 Rdnr. 10, 12; *Ganter*, NZI 2017, 49 ff. Zum Verhältnis des vor der Insolvenz erwirkten Titels zum Tabellenauszug als Titel s. *BGH* ZInsO 2006, 704 Rdnr. 9.

[23] *BGH* ZIP 2013, 1094 Rdnr. 7; 2012, 2369 Rdnr. 7.

[24] Lehrreich *BGH* NZI 2016, 301 Rdnr. 25; ZIP 2012, 2369 Rdnr. 4 ff.

338 Die **Zuständigkeit** für den Feststellungsprozess ergibt sich aus §§ 180, 185 InsO[25]: Die Rechtswegzuständigkeit (§ 185 InsO) und die sachliche Zuständigkeit (§ 180 Abs. 1 InsO) richten sich nach den allgemeinen Vorschriften (§§ 13, 23 ff., 71 GVG)[26]. Innerhalb des Zivilrechtsweges ist für den Feststellungsprozess bei sachlicher Zuständigkeit des Amtsgerichts ausschließlich das Insolvenzgericht örtlich zuständig, anderenfalls das Landgericht, in dessen Bezirk das Insolvenzgericht liegt. Wird ein bereits rechtshängiger Prozess nach § 180 Abs. 2 InsO aufgenommen, so bleibt es bei der Zuständigkeit des vor Verfahrenseröffnung angerufenen Gerichts.

339 Eine **Frist** für die Feststellungsklage ergibt sich mittelbar aus § 189 InsO[27]: Soweit die Initiative für die Feststellungsklage dem anmeldenden Gläubiger auferlegt ist (→ Rdnr. 336), muss dieser spätestens zwei Wochen nach der öffentlichen Bekanntmachung des Verteilungsverzeichnisses nachweisen, dass er Klage erhoben oder einen anhängigen Rechtsstreit aufgenommen hat (§ 189 Abs. 1 InsO). Anderenfalls nimmt er an der Erlösverteilung selbst dann nicht teil, wenn er den Feststellungsprozess später gewinnt (§ 189 Abs. 3 InsO). Gelingt ihm der Nachweis hingegen, so wird der auf die bestrittene Forderung entfallende Erlösanteil bei der Verteilung zurückbehalten und dann – je nach Ausgang des Prozesses – an den Gläubiger oder (quotal) an die anderen Insolvenzgläubiger ausgeschüttet (§ 189 Abs. 2 InsO).

340 Die **rechtskräftige Entscheidung** über das Feststellungsbegehren bindet nicht nur die Prozessparteien, sondern auch den Insolvenzverwalter und alle Insolvenzgläubiger (§ 183 Abs. 1 InsO). Diese Rechtskrafterstreckung ist gerechtfertigt, weil der Prozess wegen der Auswirkungen auf die Quote im Interesse aller und mit wirtschaftlicher Auswirkung für alle Beteiligten geführt wird[28]. Die obsiegende Partei kann auf der Grundlage des Urteils die Berichtigung der Tabelle beantragen (§ 183 Abs. 2 InsO). Hat der anmeldende Gläubiger gewonnen, so wird in der Tabelle vermerkt, dass der Widerspruch beseitigt und

---

[25] Dazu *Stangl*, NZI 2016, 429 ff.

[26] Um die Berechtigung angemeldeter Steuerforderungen ist daher vor den Finanzgerichten, bei Sozialversicherungsbeiträgen vor den Sozialgerichten und bei Lohnforderungen vor den Arbeitsgerichten zu prozessieren. – Zum Streitwert vgl. § 182 InsO.

[27] Dazu *BGH* ZIP 2012, 2071 Rdnr. 6 ff.; *Zimmer*, ZVI 2004, 269 ff. – Diese Frist gilt aber nicht für Feststellungsklagen gegen den Schuldner gemäß § 184 InsO, *BGH* ZIP 2009, 389 Rdnr. 6 ff.

[28] Vgl. *Wolf*, FS Leipold, 2009, S. 469, 486 ff. – Deshalb gibt es in den Grenzen des § 183 Abs. 3 InsO auch einen Kostenerstattungsanspruch der widersprechenden Gläubiger gegen die Masse.

die Forderung damit festgestellt ist (vgl. § 178 Abs. 1 S. 1 InsO)[29]. Der Gläubiger nimmt jetzt mit dieser Forderung an der Erlösverteilung teil (→ Rdnr. 339)[30]. Hat der Widersprechende gewonnen, so wird in der Tabelle vermerkt, dass die Feststellungsklage abgewiesen worden und der Widerspruch damit begründet ist[31]. Der für diese Forderung zurückbehaltene Erlösanteil kommt dann den Insolvenzgläubigern insgesamt zugute.

§ 26: Verwertung der Masse

Literatur: *Boddenberg*, Auswirkungen einer absehbaren oder einer tatsächlich vollständigen Gläubigerbefriedigung auf Verwertungshandlungen im eröffneten Insolvenzverfahren, 2014; *Smid/Lambrecht*, Verwertung und Verteilung der Masse, 2. Aufl., 2013.

341

Da an die Insolvenzgläubiger nur Geld verteilt werden kann („Barmittel", § 187 Abs. 2 S. 1 InsO), müssen die zur Insolvenzmasse gehörenden Massegegenstände verwertet werden. Dies ist Aufgabe des Insolvenzverwalters (§ 159 InsO). Die meisten Vermögenswerte des Schuldners sind mit **Absonderungsrechten** belastet, so dass wegen der Verwertungsmodalitäten zunächst auf die Ausführungen zu Rdnr. 298 ff. verwiesen werden kann. Darüber hinaus ist auf folgende Grundsätze aufmerksam zu machen:

342

Die **Verwertungsart** liegt im Prinzip im freien Ermessen des Insolvenzverwalters. Er wird sich zunächst überlegen, ob er das Unternehmen als Ganzes verwerten kann oder ob die Vermögensgegenstände im Zuge einer Liquidation einzeln zu verwerten sind. In dieser Frage ist er allerdings an die Beschlüsse der Gläubigerversammlung gebunden (§§ 157, 159 InsO)[1]. Sofern einzeln verwertet werden soll, hat der Insolvenzverwalter bei *Grundstücken* die Wahl[2] (→ Rdnr. 300). Er kann den Gegenstand freihändig verwerten, also auf dem Markt zum Kauf oder zur Vermietung oder Verpachtung anbieten. Er kann aber auch den Weg der Zwangsverwertung beschreiten (§ 165 InsO)[3]. Die Zwangsverwertung kann sich insbesondere anbieten, um Gewähr-

343

---

[29] *BGH* ZIP 2008, 1441 Rdnr. 10.
[30] Das schließt nicht aus, dass der Gläubiger später den Standpunkt vertritt, es handele sich um eine Masseforderung; vgl. *BGHZ* 168, 112 Rdnr. 14 ff.
[31] Vgl. zu den Formulierungen im Einzelnen Gottwald-*Eickmann*, § 64 Rdnr. 55 ff.
[1] Näher zur übertragenden Sanierung unten Rdnr. 434 ff.
[2] Zu den praktischen Problemen s. *Raab*, DZWIR 2006, 234 ff.
[3] Dazu *Muth*, ZIP 1999, 945 ff.

leistungsansprüche der Erwerber auszuschließen (§ 56 S.3 ZVG). Bei beweglichen Sachen ist nur der freihändige Verkauf möglich[4]. Eine öffentliche Versteigerung kommt nur auf der Grundlage eines privaten Auftrags des Insolvenzverwalters an einen Versteigerer in Betracht. Dasselbe gilt für die Verwertung von *Rechten*.

344 Der Verwalter hat die einzelnen Vermögensgegenstände **so günstig wie möglich** zu verwerten[5]. Was die günstigste Verwertungsart ist, ist freilich nicht immer leicht zu bestimmen. Das liegt zum einen daran, dass die Entscheidung über die konkrete Verwertungsart häufig von unsicheren Prognosen über den zu erzielenden Verwertungserlös abhängt. Insbesondere ist der Erlös bei einer Zwangsverwertung nicht immer sicher vorherzusagen. Zum anderen ist zu beachten, dass es nicht nur auf den höchsten erzielbaren Erlös ankommt, sondern auch auf den richtigen Verwertungszeitpunkt. Der Insolvenzverwalter hat eine möglichst frühzeitige Befriedigung der Gläubiger anzustreben[6], und das kann eine frühe Verwertung rechtfertigen, auch wenn bei einigem Zuwarten noch ein höherer Erlös erzielt werden könnte[7].

345 Angesichts dieser Unwägbarkeiten ist es richtig, dass das Gesetz grundsätzlich keine strengen Verwertungsregeln aufstellt, sondern nur eine **mittelbare Verschleuderungskontrolle** vorsieht[8]. Sie besteht – außer in der allgemeinen Aufsicht des Gerichts und der Mitglieder des Gläubigerausschusses (→ Rdnr. 66 f.) – vor allem darin, dass der Verwalter bei besonders bedeutsamen Verwertungshandlungen verpflichtet ist, die *Zustimmung des Gläubigerausschusses* einzuholen (§§ 160 ff. InsO; → Rdnr. 67). Eine Verletzung dieses Mitwirkungsrechts hat zwar keine Außenwirkung (§ 164 InsO), kann aber die *Haftung* nach § 60 InsO auslösen, die dem Verwalter auch im Übrigen droht, wenn er die Masse unsorgfältig verwertet[9].

---

[4] Zu den wettbewerbsrechtlichen Schranken s. *BGH* ZIP 2006, 1208 Rdnr. 16 ff.; *OLG Düsseldorf* NJW-RR 2000, 424; *OLG Frankfurt* ZIP 2008, 1092; *OLG Hamburg* GRUR-RR 2004, 113, 114; *OLG Koblenz* ZInsO 2003, 569; *OLG Stuttgart* ZIP 1992, 712; *Tappmeier*, ZIP 1992, 679 ff.; *K. Schmidt*, FS v. Gamm, 1990, S. 185 ff.
[5] *OLG Düsseldorf* KTS 1973, 270, 271.
[6] *BGH* ZIP 1987, 115, 117.
[7] „Wer schnell gibt, gibt doppelt"; vgl. *Häsemeyer*, Rdnr. 13.36.
[8] *Baur/Stürner*[12], Rdnr. 5.67.
[9] *BGH* NJW 1973, 1198; *LG Düsseldorf* DZWIR 2003, 389 (*Smid*); *Ganter*, FS Wellensiek, 2011, S. 399 ff. Freilich sind beim Verschuldensvorwurf die bei Rdnr. 344 geschilderten Schwierigkeiten zu berücksichtigen. Zur Unwirksamkeit einer Verwertungshandlung wegen offensichtlicher Insolvenzzweckwidrigkeit s. Rdnr. 152.

§ 27: Verteilung

Literatur: *Frege/Riedel*, Schlussbericht und Schlussrechnung, 4. Aufl., 2016; **346** *Meyer*, Masseverwaltung nach Aufhebung des Insolvenzverfahrens am Beispiel der Nachtragsverteilung, 2015; *Mohrbutter*, Der Ausgleich von Verteilungsfehlern in der Insolvenz, 1998; *Smid/Lambrecht*, Verwertung und Verteilung der Masse, 2. Aufl., 2013.

A. Zuständigkeit

Ist die Masse[1] verwertet, so kann der Erlös an die Insolvenzgläubiger **347** verteilt werden. Die Verteilung ist **Aufgabe des Insolvenzverwalters**, der aber die Zustimmung des Gläubigerausschusses einzuholen hat, wenn ein solcher bestellt ist (§ 187 Abs. 3 InsO). Die Schlussverteilung (→ Rdnr. 350) darf nur mit Zustimmung des Insolvenzgerichts vorgenommen werden (§ 196 Abs. 2 InsO).

B. Verteilungsverzeichnis

Der Insolvenzverwalter hat ein Verteilungsverzeichnis aufzustellen, **348** das in der Geschäftsstelle des Insolvenzgerichts zur Einsicht der Beteiligten niederzulegen und öffentlich bekanntzumachen ist (§ 188 InsO)[2]. In dieses Verzeichnis werden alle angemeldeten Forderungen aufgenommen, also auch die bestrittenen, die aufschiebend bedingten[3] und die durch Absonderungsrechte gesicherten Forderungen. Über Einwendungen gegen das Verteilungsverzeichnis entscheidet das Insolvenzgericht (§§ 194, 197 InsO)[4].

---

[1] Gemeint ist die „Soll-Masse". Im Folgenden wird also vorausgesetzt, dass die Aus- und Absonderungsrechte bereits berücksichtigt und dass auch die Massegläubiger befriedigt sind (→ Rdnr. 230).

[2] Dazu *BGH* ZIP 2013, 636 Rdnr. 2 ff.

[3] Die *auflösend* bedingten Forderungen werden ohnehin als vollwertige Forderungen behandelt (§ 42 InsO). Für Forderungen „auf erstes Anfordern" vgl. *BGH* ZIP 2008, 1441 Rdnr. 15 ff.

[4] Zum *Schlussverzeichnis* vgl. Rdnr. 350.

C. Auszahlungszeitpunkt

349 Der Zeitpunkt der Verteilung richtet sich danach, wann genügend Geld vorhanden ist. Ausgezahlt werden kann frühestens nach dem Prüfungstermin (§ 187 Abs. 1 InsO), da vorher nicht feststeht, welche Forderungen bestritten und welche festgestellt sind (→ Rdnr. 333). Danach können **Abschlagsverteilungen** stattfinden, sobald hinreichende Barmittel in der Insolvenzmasse zur Verfügung stehen (§ 187 Abs. 2 InsO)[5].

350 Ist die Verwertung der Insolvenzmasse abgeschlossen, erfolgt die **Schlussverteilung** an die Insolvenzgläubiger (§ 196 Abs. 1 InsO). Zu diesem Zweck wird noch einmal ein *Schlussverzeichnis* erstellt, das der Zustimmung des Insolvenzgerichts bedarf (§ 196 Abs. 2 InsO). Erteilt das Gericht die Zustimmung, so setzt es zugleich den *Schlusstermin* an (§ 197 Abs. 1 S. 1 InsO). Dabei handelt es sich um eine spezielle Gläubigerversammlung (→ Rdnr. 88). Dieser Termin dient nach § 197 Abs. 1 S. 2 InsO zur Erörterung der Schlussrechnung des Insolvenzverwalters[6], zur Entscheidung über das Schicksal nicht verwertbarer Massegegenstände und zur Erhebung von Einwendungen gegen das Schlussverzeichnis. Wer solche Einwendungen versäumt, wird in diesem Insolvenzverfahren bei der Verteilung endgültig nicht (bzw. nur nach Maßgabe des Schlussverzeichnisses) berücksichtigt[7]. Er kann danach weder Rechtsmittel einlegen[8] noch Bereicherungsansprüche gegen die übrigen Insolvenzgläubiger geltend machen[9]. Ein solcher Ausgleich kommt nur in Betracht, wenn im Schlussverzeichnis aufgeführte Forderungen bei der Verteilung nicht bedient worden sind[10]. Verbleibt nach der Schlussverteilung noch ein Überschuss, so ist er dem Schuldner, bei einer liquidierten Gesellschaft[11] den Gesell-

---

[5] Die Vorschrift sieht keine Pflicht zur Abschlagsverteilung vor, weil die Barmittel auch anderweitig benötigt werden können, etwa um das Unternehmen fortzuführen oder um durch die Ablösung von Sicherungsrechten Zinszahlungen an gesicherte Gläubiger zu vermeiden; vgl. Begr. zu § 215 RegE, BT-Drs. 12/2443, 186.

[6] Vgl. dazu § 66 InsO (→ Rdnr. 67) sowie *Heyrath*, ZInsO 2005, 1092 ff./2006, 1196 ff.; *Lièvre/Stahl/Ems*, KTS 1999, 1 ff.; *Madaus*, NZI 2012, 119 ff.; *Schreiber*, FS Wellensiek, 2011, S. 337 ff.; *Weitzmann*, ZInsO 2007, 449 ff.

[7] BGHZ 91, 198, 201.

[8] *LG Düsseldorf* KTS 1966, 185. – Für Wiedereinsetzung in den vorigen Stand analog §§ 233 ff. ZPO *Häsemeyer*, Rdnr. 7.65.

[9] BGHZ 91, 198, 204 ff. – Dasselbe gilt nach Maßgabe des § 206 InsO für bisher unbekannte Masseverbindlichkeiten (→ Rdnr. 325).

[10] BGHZ 91, 198, 202; *Häsemeyer*, Rdnr. 7.65.

[11] Vgl. Rdnr. 161!

§ 27: Verteilung

schaftern herauszugeben (§ 199 InsO). Anschließend wird das Verfahren aufgehoben (§ 200 Abs. 1 InsO; → Rdnr. 358).

Gibt es nach Beendigung des Schlusstermins[12] noch etwas zu verteilen, weil zur Masse gehörende Vermögenswerte[13] nachträglich bekannt oder frei werden, kommt eine **Nachtragsverteilung** in Betracht (§§ 203 ff. InsO)[14]. Das Gesetz erlaubt sie, wenn zurückbehaltene Beträge (→ Rdnr. 352) für die Verteilung frei werden[15], bei bislang aufschiebend bedingten Ansprüchen des Schuldners die Bedingung eintritt[16], aus der Insolvenzmasse gezahlte Beträge zurückfließen[17] oder bisher unbekannte Massegegenstände ermittelt werden (§ 203 Abs. 1 InsO)[18]. Verteilt wird auf Anordnung des Gerichts[19] durch den bisherigen Insolvenzverwalter[20] an die Insolvenzgläubiger nach Maßgabe des Schlussverzeichnisses (§ 205 InsO)[21].

351

---

[12] Die Verfahrensaufhebung ist nicht Voraussetzung der Nachtragsverteilung, *BGH* NZI 2005, 395.
[13] Es muss sich aber wirklich um Massegegenstände handeln; vgl. dazu *BGH* ZIP 2014, 1235 Rdnr. 9 ff.; 2006, 340 Rdnr. 11 ff.; ZInsO 2006, 1105 Rdnr. 5 ff. Nach Verfahrensabschluss erworbenes Neuvermögen unterliegt dem Insolvenzbeschlag nicht (→ Rdnr. 144). Dasselbe gilt für individuelle Schadensersatzansprüche des Schuldners gegen den Insolvenzverwalter (*BGH* NZI 2008, 560 Rdnr. 8 ff.), für freigegebene Vermögenswerte (*BGH* ZIP 2014, 1183 Rdnr. 5 ff.) sowie für Gegenstände, deren Übergang auf einen Erwerber nicht mehr verhindert werden kann (*BGH* ZIP 2008, 322 Rdnr. 8 ff.).
[14] Näher dazu *Meyer* (Rdnr. 346); *Schneider*, KTS 2018, 51 ff.; *Zimmer*, KTS 2009, 199 ff. – Die Nachtragsverteilung muss sich allerdings lohnen; vgl. § 203 Abs. 3 InsO. Dass das Insolvenzverfahren nach § 207 InsO mangels Masse eingestellt wurde, steht aber nicht entgegen, da die jetzt entdeckte Masse die Verfahrenskosten decken kann, *BGH* ZInsO 2014, 340 Rdnr. 2 ff.; ZIP 2013, 2320 Rdnr. 7 ff.
[15] *Beispiel*: Der Insolvenzgläubiger verliert den Feststellungsprozess. Vgl. auch *BAG* ZIP 2014, 1498 Rdnr. 11.
[16] *BGH* ZIP 2015, 281 Rdnr. 13 ff.
[17] *Beispiel*: Ein Gläubiger zahlt einen zu viel gezahlten Betrag zurück.
[18] *Beispiele*: Nachträglich erfolgreiche Insolvenzanfechtung, *BGHZ* 83, 102, 103; *BGH* NZI 2010, 259 Rdnr. 5; nachträgliche Kenntnis von der Existenz bislang unbekannter oder der Werthaltigkeit bereits bekannter Vermögensgegenstände, *BGH* ZIP 2017, 1169 Rdnr. 14 ff.; 2013, 2112 Rdnr. 6; 2012, 437 Rdnr. 23; 2008, 322 Rdnr. 6; 2006, 143 Rdnr. 6; ZInsO 2013, 1409 Rdnr. 1 ff.; 2006, 1105 Rdnr. 9; nachträglich verwertbar gewordener Pflichtteilsanspruch, *BGH* ZIP 2011, 135 Rdnr. 7 ff.
[19] Dazu *BGH* ZInsO 2015, 634 Rdnr. 2.
[20] Vgl. *BGH* ZInsO 2015, 1396 Rdnr. 8.
[21] Vgl. auch *OLG Frankfurt* ZIP 1991, 1365: Eine Änderung des Schlussverzeichnisses ist nach rechtskräftiger Aufhebung des Insolvenzverfahrens unzulässig.

D. Verteilungsschlüssel

352 Berücksichtigt werden die in das Verteilungsverzeichnis aufgenommenen **festgestellten Forderungen** (→ Rdnr. 348). Für die **bestrittenen Forderungen** wird der auf sie entfallende Betrag bis zur Entscheidung im Feststellungsprozess zurückbehalten (§ 189 Abs. 2 InsO)[22]. Das gilt aber nur, wenn der Gläubiger entweder einen Titel hat oder spätestens zwei Wochen nach der öffentlichen Bekanntmachung des Verteilungsverzeichnisses nachweist, dass Feststellungsklage erhoben oder ein bereits anhängiger Rechtsstreit aufgenommen ist (§ 189 Abs. 1 InsO). Wird der Nachweis nicht rechtzeitig geführt, so wird die Forderung bei der Verteilung nicht berücksichtigt (§ 189 Abs. 3 InsO), so dass sich der Gläubiger nur noch nach Abschluss des Insolvenzverfahrens an den Schuldner halten kann.

353 Entsprechendes gilt nach Maßgabe des § 190 InsO für die selbst zur Verwertung befugten **absonderungsberechtigten Gläubiger**, die an der (Schluss-)Verteilung nur teilnehmen können, wenn sie rechtzeitig[23] nachweisen, dass sie aus dem Absonderungsrecht keine ausreichende Befriedigung der gesicherten Insolvenzforderung erlangt haben (→ Rdnr. 306). Für **aufschiebend bedingte Forderungen** bestimmt § 191 InsO, dass der auf sie entfallende Betrag zurückzubehalten ist[24]. Bei der Schlussverteilung gilt das aber nur dann, wenn der Bedingungseintritt nicht völlig fernliegt, weil die Forderung sonst wirtschaftlich keinen aktuellen Vermögenswert hat (§ 191 Abs. 2 InsO).

354 Bei der Verteilung werden die Insolvenzgläubiger alle gleich behandelt. Sie werden nach dem Verhältnis der Forderungsbeträge berücksichtigt, bekommen also einen Prozentsatz des ihnen zustehenden Betrages, die „Quote", ausgezahlt. Eine **Rangfolge** gibt es nur zwischen den „normalen" Insolvenzgläubigern (§ 38 InsO) und den nachrangigen Insolvenzgläubigern (§ 39 InsO). Sofern deren Forderungen überhaupt angemeldet werden konnten (vgl. § 174 Abs. 3 InsO), sind sie erst nach den Insolvenzgläubigern und dann in der in § 39 InsO aufgeführten Reihenfolge zu befriedigen. Das bedeutet, dass die in

---

[22] Der Ausgang des Feststellungsprozesses wird also nicht abgewartet. Die zurückbehaltenen Beträge sind nach der Schlussverteilung bei einer geeigneten Stelle zu hinterlegen (§ 198 InsO). „Geeignet" ist nicht nur die in § 372 BGB genannte öffentliche Hinterlegungsstelle (nach Maßgabe des Landesrechts i. d. R. das Amtsgericht), sondern auch eine Bank oder eine vergleichbare andere Stelle; vgl. den Bericht des Rechtsausschusses zu § 226 RegE, BT-Drs. 12/7302, 179.
[23] Zur Präklusion *BGH* ZInsO 2009, 2243 Rdnr. 13 ff.
[24] Vgl. *BGH* ZIP 2005, 909, 910.

einer späteren Rangklasse platzierten Forderungen bei der Verteilung nur dann berücksichtigt werden, wenn die Gläubiger einer früheren Rangklasse vollständig befriedigt sind.

Beispiel: Der Gesellschafter einer insolventen GmbH, der seiner Gesellschaft **355** ein Darlehen gegeben hat (→ Rdnr. 265), bekommt dieses Darlehen nur dann zurück, wenn alle Insolvenzgläubiger (§ 38 InsO) und alle in den Rangklassen des § 39 Abs. 1 Nr. 1–4 InsO platzierten Gläubiger vollständig befriedigt sind (§ 39 Abs. 1 Nr. 5 InsO).

7. Teil

Beendigung des Verfahrens

§ 28: Aufhebung und Einstellung

356 **Literatur:** *Menzinger*, Das freie Nachforderungsrecht des Konkursgläubigers, 1982.

A. Überblick

357 Für die Beendigung des Insolvenzverfahrens gibt es zwei Möglichkeiten[1]. Wird das Verfahren ordnungsgemäß zu Ende geführt, so findet es nach der Schlussverteilung mit der *Aufhebung* seinen Abschluss (→ Rdnr. 358). Muss das Verfahren hingegen vorzeitig abgebrochen werden, so endet es mit der *Einstellung* (→ Rdnr. 360). In beiden Fällen ist ein Beschluss des Insolvenzgerichts erforderlich, mit dessen Rechtskraft das Insolvenzverfahren abgeschlossen ist.

B. Aufhebung

358 Nach § 200 Abs. 1 InsO erlässt das Insolvenzgericht den **Aufhebungsbeschluss**, sobald die Schlussverteilung vollzogen ist[2]. Dieser Beschluss wird vom Rechtspfleger erlassen und kann deshalb gemäß § 11 Abs. 2 S. 1 RPflG mit der sofortigen Erinnerung angefochten werden; ansonsten ist er unanfechtbar (§ 6 Abs. 1 InsO; → Rdnr. 54, 57). Der Beschluss ist öffentlich bekanntzumachen und dem Grundbuchamt sowie den Registergerichten mitzuteilen, damit der Insolvenzver-

---

[1] Vgl. allg. *App*, DGVZ 2001, 1 ff.
[2] Die Schlussverteilung ist vollzogen, wenn der Verwertungserlös an die Gläubiger ausgeschüttet oder hinterlegt worden ist. Eine Hinterlegung sieht § 198 InsO für die zurückzubehaltenden Mittel vor. Außerdem kann nach §§ 372 ff. BGB hinterlegt werden, wenn eine Ausschüttung an den Gläubiger nicht möglich ist. Zur Nachtragsverteilung s. Rdnr. 351; zur Aufhebung nach Bestätigung eines Insolvenzplanes s. Rdnr. 403.

merk (→ Rdnr. 136) gelöscht werden kann (§§ 200 Abs. 2, 31 ff. InsO)[3]. Die Aufhebung wird mit dem Erlass der Entscheidung wirksam[4] und wirkt nur für die Zukunft (*ex nunc*). Sie hat zur Folge, dass die Ämter des Insolvenzverwalters und der Mitglieder des Gläubigerausschusses enden und dass der Schuldner die volle Verfügungsgewalt über sein Vermögen zurückerhält, soweit es nicht verwertet worden ist[5]. Das hat u. a. zur Folge, dass gegen den Insolvenzverwalter erwirkte Titel gemäß § 727 ZPO auf den Schuldner umzuschreiben sind[6].

Für die Insolvenzgläubiger besteht jetzt ein freies **Nachforderungs-** **359** **recht**: Sie können ihre restlichen Forderungen, soweit sie durch die Erlösverteilung nicht befriedigt worden sind, unbeschränkt gegen den Schuldner geltend machen (§ 201 Abs. 1 InsO), wenn nicht eine Restschuldbefreiung angekündigt ist (§ 201 Abs. 3 InsO; → Rdnr. 446 ff.). Sind die Forderungen festgestellt und hat der Schuldner der Anmeldung zur Tabelle nicht widersprochen (→ Rdnr. 334), so können sie aus der Eintragung in die Tabelle wie aus einem vollstreckbaren Urteil vollstrecken (§§ 201 Abs. 2, 202 InsO). Fehlt es an diesen Voraussetzungen – sei es, dass der Schuldner der Anmeldung widersprochen hat und der Widerspruch nicht in einem Feststellungsprozess für unbegründet erklärt worden ist, sei es, dass die Forderung gar nicht angemeldet oder aus anderen Gründen nicht festgestellt wurde –, muss der Gläubiger seine Forderung einklagen oder aus einem bereits vorhandenen sonstigen Titel vollstrecken.

C. Einstellung

Unter der Einstellung versteht das Gesetz die vorzeitige Beendigung **360** des Verfahrens. Sie kommt vor allem in Betracht, wenn sich nach der Verfahrenseröffnung herausstellt, dass die Masse nicht ausreicht, um die *Verfahrenskosten* zu decken (→ Rdnr. 122). In diesem Fall beschließt das Insolvenzgericht nach Anhörung der Gläubigerversammlung[7], des

---

[3] Vgl. *BGH* ZIP 2017, 1919 Rdnr. 17 ff.; *Dressler*, Rpfleger 2018, 246 ff.
[4] *BGHZ* 186, 223 Rdnr. 5; *BGH* ZIP 2013, 998 Rdnr. 12.
[5] *BGH* NZI 2015, 756 Rdnr. 7; ZIP 2011, 1220 Rdnr. 10; 2009, 2170 Rdnr. 2. – Da die Aufhebung nur für die Zukunft wirkt, bleiben Verfügungen des Insolvenzverwalters selbstverständlich wirksam. Zu den Verfügungen des Schuldners s. Rdnr. 163; zu den prozessualen Konsequenzen der Aufhebung *BFH* ZInsO 2012, 232 f.; *Smid*, ZInsO 2010, 641, 642 f.
[6] *LAG Düsseldorf* ZIP 2005, 2176.
[7] Die Gläubigerversammlung kann im Berichtstermin auf diese Anhörung verzichten; vgl. *LG Göttingen* ZIP 1997, 1039.

Insolvenzverwalters und der Massegläubiger die **Einstellung mangels Masse** (§ 207 InsO). Der Insolvenzverwalter hat dann nach § 207 Abs. 3 InsO nur noch die vorhandenen Barmittel auf die Kosten zu verteilen (→ Rdnr. 326). Reicht die Masse zwar für die Verfahrenskosten, nicht aber für die *sonstigen Masseverbindlichkeiten*, dann zeigt der Insolvenzverwalter die Masseunzulänglichkeit an, verwertet die Masse und verteilt den Erlös an die Gläubiger, bevor das Verfahren eingestellt werden kann (§§ 208–211 InsO; → Rdnr. 327 ff.).

361 Das Verfahren kann auf Antrag des Schuldners[8] auch vorzeitig durch **Einstellung wegen Wegfalls des Eröffnungsgrundes** beendet werden (§ 212 InsO)[9]. Dazu muss gewährleistet sein, dass der Schuldner nach der Einstellung zahlungsfähig ist und auch nicht i. S. v. § 18 InsO zahlungsunfähig zu werden droht[10]. Bei juristischen Personen und Gesellschaften ohne eine persönlich haftende natürliche Person darf außerdem keine Überschuldung vorliegen. Ein Verfahren kann also nicht eingestellt werden, wenn es sogleich wieder eröffnet werden müsste. Der Schuldner hat das Fehlen der Eröffnungsgründe glaubhaft zu machen[11]. Ist danach ein Eröffnungsgrund nicht mehr gegeben, muss das Verfahren auf Antrag des Schuldners eingestellt werden, ohne dass es der Zustimmung der Gläubiger bedürfte.

362 Schließlich ist eine **Einstellung mit Zustimmung der Gläubiger** möglich (§ 213 InsO)[12]. Diese Einstellung bedarf der Zustimmung aller Gläubiger, deren Forderungen festgestellt sind. Bei den Gläubigern bestrittener Forderungen und bei den absonderungsberechtigten Gläubigern entscheidet das Insolvenzgericht nach freiem Ermessen, ob es deren Zustimmung bedarf. Vor Ablauf der Anmeldefrist (→ Rdnr. 332) ist eine Einstellung nur dann zulässig, wenn andere als die zustimmenden Gläubiger nicht bekannt sind (§ 213 Abs. 2 InsO).

363 Für das **Verfahren** bestimmt zunächst § 214 InsO, dass der Einstellungsantrag in den Fällen der §§ 212, 213 InsO (also bei der Einstellung wegen Wegfalls des Eröffnungsgrundes oder mit Zustimmung der Gläubiger; → Rdnr. 361 f.) öffentlich bekanntzumachen ist, damit die Beteiligten informiert werden und der Einstellung gegebenenfalls widersprechen können. Im Übrigen entscheidet das Insolvenzgericht in allen Fällen durch Beschluss, der nach Maßgabe des § 216 InsO mit

---

[8] Dazu *BGH* ZIP 2016, 817 Rdnr. 11 ff.
[9] Näher dazu *Windel*, FS Spellenberg, 2010, S. 131 ff.
[10] Von einer Restschuldbefreiung erfasste Insolvenzforderungen sind dabei aber weiterhin zu berücksichtigen, *BGH* NZI 2014, 229 Rdnr. 7 ff.
[11] Dazu *OLG Celle* ZIP 2000, 1943, 1944; *LG München I* ZInsO 2001, 861, 862 f.
[12] S. *Schwarz/Brockmann*, ZInsO 2014, 1368 ff.; *Windel*, FS Spellenberg, 2010, S. 131, 138 ff.

der sofortigen Beschwerde anfechtbar ist. Der Beschluss ist mit dem Einstellungsgrund wie bei der Aufhebung öffentlich bekanntzumachen (§ 215 Abs. 1 InsO) und wird zwei Tage nach der Bekanntmachung wirksam (§ 9 Abs. 1 S. 3 InsO). Da die sofortige Beschwerde keine aufschiebende Wirkung hat (§ 4 InsO i. V. m. § 570 Abs. 1 ZPO), gilt das auch dann, wenn der Beschluss angefochten wurde[13]. Er hat – ebenfalls wie bei der Aufhebung – zur Folge, dass die Ämter des Insolvenzverwalters und der Mitglieder des Gläubigerausschusses enden[14], dass der Schuldner die Verfügungsbefugnis über die Insolvenzmasse zurückerhält und dass die Gläubiger ihre Forderungen wieder gegen den Schuldner verfolgen können (§ 215 Abs. 2 InsO). Eine Nachtragsverteilung (→ Rdnr. 351) gibt es bei der Einstellung nur nach Anzeige der Masseunzulänglichkeit (§ 211 Abs. 3 InsO).

---

[13] Vgl. *OLG Frankfurt* BB 1975, 1279; *Häsemeyer*, Rdnr. 7.70.
[14] *BGHZ* 83, 102 f.

8. Teil

Insolvenzplan

364 **Literatur:** *Achsnick*, Options-Modelle im Insolvenzplanverfahren, 2002; *Amlow*, Hindernisse für die Durchführung des Insolvenzplanverfahrens bei kleinen und mittelständischen Unternehmen, 2012; *Bauer*, Der Insolvenzplan, 2009; *Braun/Uhlenbruck*, Muster eines Insolvenzplans, 1998; *Brünkmans/Thole*, Handbuch Insolvenzplan, 2016; *Bulgrin*, Die strategische Insolvenz, 2016; *du Carrois*, Der Insolvenzplan im Nachlassinsolvenzverfahren, 2009; *Curtze*, Der strategische Einsatz des Insolvenzplanverfahrens durch den Vorstand der Aktiengesellschaft, 2016; *Deppisch*, Das Insolvenzplanverfahren nach dem ESUG, 2014; *Fischer*, Die unternehmerischen Mitwirkungsrechte der Gläubiger in der Überwachungsphase des Insolvenzplans, 2002; *Franke*, Die Überwachung der Insolvenzplanerfüllung, 2002; *Fritze*, Insolvenzplanverfahren und Eigenverwaltung, 2. Aufl., 2013; *Fritzsche*, Die juristische Konstruktion des Insolvenzplans als Vertrag, 2017; *Gilles*, Die Beteiligung des Betriebsrates im Insolvenzplanverfahren, 2009; *Hänel*, Gläubigerautonomie und Insolvenzplanverfahren, 2000; *Happe*, Die Rechtsnatur des Insolvenzplans, 2004; *Herweg*, Das Obstruktionsverbot bei der Unternehmenssanierung, 2004; *Herzig*, Das Insolvenzplanverfahren, 2001; *Hess/Obermüller*, Insolvenzplan, Restschuldbefreiung und Verbraucherinsolvenz, 3. Aufl., 2003; *Kersting*, Die Rechtsstellung der Gläubiger im Insolvenzplanverfahren, 1999; *Kröger*, Welches sind die Rechtsgründe, die zur Versagung der Bestätigung des Insolvenzplans führen können?, 2014; *Krull*, Bedingter Insolvenzplan und Kapitalschnitt, 2000; *Madaus*, Der Insolvenzplan, 2011; *Mai*, Insolvenzplanverfahren, 2008; *Michels*, „Nachzügler" im Insolvenzplanverfahren, 2014; *Paffenholz/Kranzusch*, Insolvenzplanverfahren, 2007; *Rendels/Zabel*, Insolvenzplan, 2. Aufl., 2015; *Rüve*, Mehrheitsbeschaffung durch die Gruppenbildung im Insolvenzplan, 2008; *Schäfele*, Die gesellschaftsrechtlichen Grenzen des Insolvenzplanverfahrens, 2018; *Schießler*, Der Insolvenzplan, 1997; *Schmelzer*, Die Position des Arbeitnehmers im Recht des Insolvenzplans, 2003; *Segmiller*, Kapitalmaßnahmen im Insolvenzplan, 2013; *Smid/Rattunde*, Der Insolvenzplan, 4. Aufl., 2015; *Vaske*, Die sofortige Beschwerde gegen die Bestätigung eines Insolvenzplans, 2015; *Warringsholz*, Die angemessene Beteiligung der Gläubiger an dem wirtschaftlichen Wert der Masse aufgrund eines Insolvenzplans, 2005; *Weber*, Betriebswirtschaftliche Fragen des Insolvenzplans, der übertragenden Sanierung und der Liquidation, 2010; *Zarzitzky*, Die Reform des Insolvenzplanverfahrens, 2014; *Zempel*, Genußrechte als Instrument zur Eigensanierung von Kapitalgesellschaften im Insolvenzplanverfahren, Diss. Berlin 2001.

§ 29: Planinhalt

A. Grundlagen

Das Insolvenzverfahren ist in erster Linie ein der gemeinschaftlichen Gläubigerbefriedigung dienendes Zwangsvollstreckungsverfahren (→ Rdnr. 1). Das legt den Gedanken nahe, dass es sich beim Insolvenzrecht um zwingendes Recht handeln könnte, von dem die Beteiligten nicht abweichen können. Dabei würde aber übersehen, dass das Insolvenzrecht in besonderem Maße vom Gedanken der **Gläubigerautonomie** geprägt ist (→ Rdnr. 18). Das hat seinen guten Grund. Schon in dem bisher dargestellten Regelverfahren müssen zahlreiche unternehmerische und wirtschaftliche Entscheidungen gefällt werden, die in einem nicht unerheblichen Maße von Prognosen geprägt sind. Dabei geht es letztlich immer um das Ziel der größtmöglichen Gläubigerbefriedigung. Erinnert sei hier nur an die Frage, ob das Unternehmen des Schuldners saniert oder liquidiert werden soll (→ Rdnr. 4f.) oder ob ein Vermögensgegenstand freihändig veräußert oder zwangsverwertet werden soll (→ Rdnr. 343 f.). Es liegt nahe, die Entscheidungsfindung weder in ein formalisiertes Zwangsvollstreckungsverfahren zu pressen noch ausschließlich in die Hand des Insolvenzverwalters zu legen. Vielmehr muss ein Rahmen eröffnet werden, innerhalb dessen die Beteiligten im allseitigen Interesse von dem vorgegebenen Verfahrensmodell abweichen können, wenn sie meinen, dass dies zu einer besseren Verwirklichung des Verfahrensziels führt.

365

Diesen Rahmen eröffnet das Gesetz – in Anlehnung an Chapter 11 des U.S. Bankruptcy Code[1] und in der Tradition des (Zwangs-)Vergleichs[2] – in den §§ 217 ff. InsO mit den Vorschriften über den **Insolvenzplan**. Programmatisch bestimmt § 217 InsO, dass in einem Insolvenzplan von den Vorschriften der Insolvenzordnung abgewichen werden kann, sei es, dass das Regelinsolvenzverfahren aufgehoben und durch die Planregelungen ersetzt werden soll[3], sei es, dass das Regelverfah-

366

---

[1] Ausf. Literaturangaben zum amerikanischen Recht bei *Bork*, ZZP 109 (1996), 473 f., 480 ff. – Vgl. ferner *Ehlers*, ZIP 1998, 2025 f.; *Fassbach*, Die „cram down power" des amerikanischen Konkursgerichts im Reorganisationsverfahren nach Chapter 11 des Bankruptcy Code, 1997; *Kemper*, Die US-amerikanischen Erfahrungen mit „Chapter 11": ein Vergleich mit dem Insolvenzplan der neuen Insolvenzordnung, 1996; *Minuth*, FS Greiner, 2005, S. 245 ff.; *Terhart*, Chapter 11 bankruptcy code: eine Alternative für Deutschland?, 1996.
[2] Dazu *Gaul*, FS Huber, 2006, S. 1187 ff.
[3] Zu den Grenzen *BGH* ZIP 2009, 480 Rdnr. 24 ff.

ren nur modifiziert oder ergänzt werden soll (sog. verfahrensleitender bzw. verfahrensbegleitender Plan). Das betrifft die Befriedigung der absonderungsberechtigten Gläubiger und der Insolvenzgläubiger, die Verwertung der Insolvenzmasse und deren Verteilung an die Beteiligten sowie die Haftung des Schuldners nach der Beendigung des Insolvenzverfahrens. Damit wird § 1 S. 1 InsO konkretisiert, der den Insolvenzplan ausdrücklich als gleichwertiges Instrument zur Verwirklichung der Gläubigerbefriedigung benennt. Da es sich um ein Instrument der Gläubigerautonomie handelt, ist der Insolvenzplan von seiner Rechtsnatur her den Rechtsgeschäften zuzuordnen[4].

367 § 1 S. 1 InsO hebt zugleich hervor, dass ein Insolvenzplan insbesondere **zum Erhalt des Unternehmens** in Betracht kommt. Zwar ist heute ein Insolvenzplanverfahren auch in der Verbraucherinsolvenz möglich (→ Rdnr. 478, 488). Der Schwerpunkt liegt aber bei der Unternehmenssanierung – in der Praxis freilich eher des Unternehmensträgers als (nur) des Unternehmens[5] –, die sich in der Tat am ehesten auf der Grundlage einer einvernehmlichen, von allen Beteiligten ausgehandelten und mitgetragenen Lösung verwirklichen lassen wird[6] (→ Rdnr. 413 ff.). Der Insolvenzplan ist aber nicht nur Sanierungsinstrument, sondern kann auch Grundlage einer **Liquidation** sein (→ Rdnr. 5). Auch die Zerschlagung des Unternehmens und die Verwertung der einzelnen Vermögensgegenstände können unter Umständen besser gelingen, wenn sie abweichend vom gesetzlichen Regelmodell durchgeführt werden. Der Anwendungsbereich der §§ 217 ff. InsO ist also nicht auf die Sanierung beschränkt. Vielmehr kann man je nach Verwertungsart unterscheiden zwischen einem *Sanierungsplan*, einem *Übertragungsplan* und einem *Liquidationsplan*[7].

---

[4] Vgl. *BGH* ZIP 2018, 1141 Rdnr. 23: „privatautonome, den gesetzlichen Vorschriften entsprechende Übereinkunft der mitspracheberechtigten Beteiligten über die Verwertung des haftenden Schuldnervermögens unter voller Garantie des Werts der Beteiligungsrechte". Nach *Fritzsche* (Rdnr. 364), *Häsemeyer*, FS Gaul, 1997, S. 175 ff. und *Madaus* (Rdnr. 364; krit. *Smid*, DZWIR 2011, 446 ff.) handelt es sich um einen Vertrag des Schuldners bzw. des Insolvenzverwalters mit den Gläubigern; vgl. auch die Allg. Begr. zum RegE, BT-Drs. 12/2443, 91. Ausf. *Happe* (Rdnr. 364), der selbst den Insolvenzplan als eine „von Privaten in Ausübung delegierter staatlicher Normsetzungsbefugnisse gesetzte Rechtsnorm eigener Art" ansieht. Indes dürfte der Staat zu einer solchen Delegation kaum befugt sein. Für eine verfahrensrechtliche Deutung *Leipold*, KTS 2006, 109 ff.; *Thöne*, KTS 2018, 151 ff.

[5] Die Sanierung des Unternehmens erfolgt in der Praxis regelmäßig durch den Insolvenzverwalter im Vorfeld einer übertragenden Sanierung (*asset deal*), → Rdnr. 414, 434 ff.

[6] Vgl. *Friedhoff*, ZIP 2002, 497 ff.; *Jaffé*, ZIP 2001, 2302 ff.; *Kaltmeyer*, ZInsO 1999, 255 ff./316 ff.; *Kußmaul/Steffan*, DB 2000, 1849 ff.

[7] *LG München I* ZVI 2003, 473, 474; *Uhlenbruck*, 106.

368 Der **Regelungsgegenstand** der §§ 217 ff. InsO erschöpft sich naturgemäß in Verfahrensfragen. Es wird geregelt, wie ein Insolvenzplan auszusehen hat, wie er zustande kommt und wie er umgesetzt wird. Über den konkreten Inhalt des Planes kann sich das Gesetz hingegen nicht äußern: Ihn zu bestimmen ist Sache der Beteiligten. Mehr, als den äußeren Rahmen zur Verfügung zu stellen und in § 217 InsO Abweichungen vom gesetzlichen Verfahren zu erlauben, konnte der Gesetzgeber nicht tun.

369 Ein Insolvenzplan besteht nach § 219 S. 1 InsO aus einem darstellenden und einem gestaltenden Teil[8]. Diese **Aufgliederung** soll zusammen mit den nachfolgend beschriebenen Pflichtangaben die Information aller Beteiligten gewährleisten, damit eine klare Grundlage für die Entscheidung über die Annahme des vorgeschlagenen Insolvenzplans besteht (vgl. § 220 Abs. 2 InsO)[9]. Dazu wird im *darstellenden* Teil dargelegt, welches Konzept diesem Änderungsvorschlag zugrunde liegt (→ Rdnr. 370 ff.), im *gestaltenden* Teil, wie die Rechtsstellung der Beteiligten geändert werden soll (→ Rdnr. 375 ff.)[10].

B. Darstellender Teil

370 Der **Inhalt** des darstellenden Teils ergibt sich aus § 220 InsO. Die Vorschrift bestimmt in Absatz 2, dass der Plan alle Angaben zu den Grundlagen und den Auswirkungen des Plans enthalten soll[11], die für die Entscheidung der Gläubiger über die Zustimmung des Plans und für die gerichtliche Bestätigung erheblich sind. Das bedeutet, dass sich der Insolvenzplan zunächst einmal zur *Vermögens-, Finanz- und Ertragslage* äußern muss. Das Gesetz sagt das zwar nicht ausdrücklich[12], aber ohne eine solche Bestandsaufnahme ist eine sinnvolle Ent-

---

[8] Ausf. Muster eines Insolvenzplans bei *Braun/Uhlenbruck* (Rdnr. 364); vgl. ferner *Ehlers/Schmidt-Sperber*, ZInsO 2008, 879 ff.; *Lauscher/Weßling/Bange*, ZInsO 1999, 5 ff.; zum „schlanken" Insolvenzplan s. *Bilgery*, DZWIR 2001, 316 ff.
[9] *BGH* ZIP 2015, 1346 Rdnr. 28 ff., 35 ff.
[10] Vgl. Begr. zu § 258 RegE, BT-Drs. 12/2443, 197.
[11] Entgegen dem Wortlaut sind die verlangten Informationen nicht fakultativ; ihr Fehlen kann in gravierenden Fällen zur Versagung der Planbestätigung (→ Rdnr. 397) führen, *BGH* ZIP 2012, 187 Rdnr. 9 f.
[12] § 229 InsO sieht lediglich für den Fall, dass die Gläubiger aus den Erträgen des fortzuführenden Unternehmens befriedigt werden sollen, vor, dass als Anlage zum Insolvenzplan eine Übersicht über die *künftige*, nach Wirksamwerden des Plans zu erwartende Vermögens-, Ertrags- und Finanzlage beizufügen ist; vgl. dazu *BGH* ZIP 2010, 341 Rdnr. 3; *Heni*, ZInsO 2006, 57 ff.

scheidung gar nicht möglich. Sie gehört sicher zu den Grundlagen für die Entscheidung über den Plan.

371 Dasselbe gilt für die *Art der Verwertung*. Der Plan muss sagen, woher das Geld kommen soll, das verteilt werden soll. Er muss sich deshalb zum einen dazu äußern, ob das Vermögen durch Liquidation, durch Sanierung des Unternehmensträgers oder durch übertragende Sanierung des Unternehmens verwertet werden soll (→ Rdnr. 367). Zum anderen muss er angeben, ob und wie von den gesetzlichen Verwertungsvorschriften abgewichen werden soll, ob es also beispielsweise beim Grundsatz unverzüglicher Verwertung (§ 159 InsO) bleiben soll oder ob geplant ist, das Unternehmen nicht nur vorübergehend (vgl. § 157 InsO), sondern über längere Zeit fortzuführen[13].

372 Darüber hinaus ist darzulegen, wie sich die geplanten Änderungen voraussichtlich auswirken werden. Dazu wird regelmäßig gehören, dass sich der Plan dazu äußert, welche Befriedigung die Gläubiger ohne den Insolvenzplan zu erwarten hätten. Eine solche *Vergleichsrechnung* ist im Gesetz nicht ausdrücklich vorgeschrieben[14], gehört aber zu den wesentlichen Entscheidungsgrundlagen[15], da sich die Gläubiger auf eine Schlechterstellung im allgemeinen nicht einlassen werden (s. auch Rdnr. 398 f.).

373 Ist eine Sanierung geplant, so muss natürlich das *Sanierungskonzept* erläutert werden. Dazu gehört, wie § 262 RegE noch ausdrücklich vorsah, dass auf Änderungen der Rechtsform, des Gesellschaftsvertrages oder der Satzung sowie der Beteiligungsverhältnisse hinzuweisen ist[16]. Das Institut der Wirtschaftsprüfer in Deutschland e.V. (IDW) hat dazu mit dem IDW S 6 einen Standard zu Sanierungskonzepten veröffentlicht, der den Sanierungsbemühungen häufig, aber nicht zwingend zugrunde gelegt wird[17].

374 Nach § 220 Abs. 1 InsO ist im darstellenden Teil insbesondere zu beschreiben, welche Maßnahmen nach der Eröffnung des Insolvenz-

---

[13] Vgl. *Uhlenbruck*, 103.

[14] Anders noch § 259 RegE. Dass §§ 259–262 RegE, die den Inhalt des darstellenden Teils näher beschrieben, nicht Gesetz geworden sind, ist vom Rechtsausschuss des Bundestages damit begründet worden, dass derjenige, der die Zustimmung zu einem Planvorschlag erreichen wolle, schon von sich aus daran interessiert sei, die erforderlichen Informationen zu geben (BT-Drs. 12/7302, 182).

[15] *BGH* ZIP 2010, 1499 Rdnr. 45. Vgl. auch *Kübler/Rendels*, FS Prütting, 2018, S. 697 ff.

[16] Vgl. *Müller*, KTS 2002, 209 ff.; *Sassenrath*, ZIP 2003, 1517 ff.; *Walker*, Die GmbH-Stammeinlageforderung in der Insolvenz, 2004, 157 ff.; im Übrigen s. unten Rdnr. 413 ff.

[17] Ausf. dazu *Steffan*, ZIP 2018, 1767 ff. m. w. N.

§ 29: Planinhalt

verfahrens getroffen worden sind oder noch getroffen werden sollen, um die Grundlagen für die geplante Gestaltung der Rechte der Beteiligten zu schaffen. Hierher gehören – wie § 258 Abs. 2 RegE noch beispielhaft aufzählte[18] – insbesondere *Betriebsänderungen und andere organisatorische und personelle Maßnahmen*. Es ist also anzugeben, ob Betriebe oder einzelne Betriebsteile bereits stillgelegt wurden, ob die betriebliche Organisation geändert wurde, ob Teile der Belegschaft entlassen wurden oder ob derartige Maßnahmen geplant sind. Im Zusammenhang damit ist es auch wichtig, über die *Sozialplanforderungen* Bescheid zu wissen, da sie als Massekosten vorweg zu befriedigen sind (§§ 123 Abs. 2 S. 1, 53 InsO). Es ist deshalb mitzuteilen, ob und mit welchem Inhalt ein Sozialplan bereits zustande gekommen ist oder welchen Stand die Verhandlungen mit dem Betriebsrat erreicht haben[19]. Auch die vom Insolvenzverwalter aufgenommenen *Darlehen* sind Masseforderungen (§ 55 Abs. 1 Nr. 1 InsO) und deshalb für die Entscheidung über den Plan von besonderem Interesse.

C. Gestaltender Teil

I. Überblick

Nach § 221 InsO wird im gestaltenden Teil des Insolvenzplans festgelegt, wie die Rechtsstellung der Beteiligten durch den Plan geändert werden soll[20]. **Beteiligte** in diesem Sinne sind, wie sich aus § 217 InsO ergibt, die absonderungsberechtigten Gläubiger, die Insolvenzgläubiger, der Schuldner und die an ihm beteiligten Anteilseigner. Durch einen Insolvenzplan kann daher weder in die Rechtsstellung der Aussonderungsberechtigten[21] noch in die der Massegläubiger eingegriffen werden. Erst recht können die Rechte Dritter nicht beeinträchtigt werden[22]. Das schließt natürlich nicht aus, dass dieser Personenkreis einen freiwilligen Beitrag zur Sanierung des Unternehmens leistet, etwa indem ein Aussonderungsberechtigter Gegenstände der Masse zur Nutzung überlässt, ein Massegläubiger Stundung bewilligt oder ein Dritter Sicherheiten leistet[23]. Diese Beiträge sind aber nicht durch den

375

---

[18] Vgl. – auch zum Folgenden – BT-Drs. 12/2443, 197.
[19] Vgl. zum Sozialplan § 123 InsO sowie oben Rdnr. 176 ff., 180.
[20] Ausf. *Madaus*, ZIP 2016, 1141 ff.
[21] Vgl. Begr. zu § 253 RegE, BT-Drs. 12/2443, 195.
[22] Zu den Auswirkungen auf die Regressansprüche von Bürgen etc. s. Rdnr. 402.
[23] Vgl. für diesen zuletzt genannten Fall § 230 Abs. 3 InsO.

Plan erzwingbar, sondern müssen außerhalb des Planverfahrens vereinbart (und dann im darstellenden Teil des Plans erwähnt) werden Allenfalls ist es möglich, den Plan gemäß § 249 InsO unter die Bedingung zu stellen, dass solche Beiträge erbracht werden[24] (→ Rdnr. 397).

376 Inhaltlich sind die Beteiligten grundsätzlich frei. In dem Plan kann alles vorgesehen werden, was zur Disposition der Beteiligten steht[25] und die Chance hat, von den Betroffenen akzeptiert zu werden. Das Gesetz schreibt allerdings vor, dass bei der Festlegung der Rechte der Beteiligten **Gruppen** zu bilden sind, soweit Gläubiger unterschiedlicher Rechtsstellung betroffen sind[26]. Nach § 222 Abs. 1 S. 2 InsO ist mindestens je eine Gruppe zu bilden für die absonderungsberechtigten Gläubiger (§§ 49 ff. InsO), wenn in deren Rechte durch den Plan eingegriffen werden soll (→ Rdnr. 378), für die Insolvenzgläubiger (§ 38 InsO), für die einzelnen Rangklassen der nachrangigen Insolvenzgläubiger (§ 39 InsO), sofern deren Forderungen nicht als erlassen gelten sollen (→ Rdnr. 382), sowie für die an der Schuldnergesellschaft beteiligten Personen, sofern deren Anteils- oder Mitgliedschaftsrechte in den Plan einbezogen werden sollen (→ Rdnr. 385). Außerdem ist eine eigene Gruppe für die Arbeitnehmer zu bilden, wenn diese in erheblichem Maße als Insolvenzgläubiger beteiligt sind (§ 222 Abs. 3 S. 1 InsO)[27]. Weitere Untergruppen, in denen Gläubiger mit gleichartigen wirtschaftlichen Interessen zusammengefasst sind, sind bei sachgerechter Abgrenzung möglich (§ 222 Abs. 2 InsO)[28].

377 Dahinter steht eine vernünftige Handhabung des Grundsatzes der **Gleichbehandlung**[29]: Die Gläubiger müssen nicht über einen Kamm geschoren werden, wenn sich sachliche Gründe für eine Differenzierung finden lassen (vgl. § 222 Abs. 2 S. 2 InsO), sondern können in unterschiedlichen Gruppen zusammengefasst werden. Nur innerhalb der Gruppen ist eine Ungleichbehandlung unzulässig, es sei denn, alle

---

[24] *BGH* ZIP 2010, 1039 Rdnr. 23.
[25] *BGHZ* 214, 78 Rdnr. 18; *BGH* ZIP 2018, 1141 Rdnr. 23; 2010, 1039 Rdnr. 21; 2009, 480 Rdnr. 25.
[26] Zu den damit verbundenen Manipulationsmöglichkeiten s. *Frind*, NZI 2007, 374 ff.; *Hingerl*, ZInsO 2007, 1337 ff.; *Rüve* (Rdnr. 364), passim.
[27] Dazu *LG Mühlhausen* NZI 2007, 724, 725.
[28] So kann es z. B. gerechtfertigt sein, die Großgläubiger und die Kleingläubiger in zwei eigenen Untergruppen zusammenzufassen, wenn etwa geplant ist, die Kleingläubiger voll zu befriedigen, während die Großgläubiger auf einen Teil ihrer Forderungen verzichten sollen (vgl. § 222 Abs. 3 S. 2 InsO). Freilich besteht hier die Gefahr, dass sich innerhalb der Gruppe der Großgläubiger keine erforderliche Mehrheit findet (→ Rdnr. 395). – Zu den Grenzen vgl. *BGHZ* 163, 344, 347 ff. (dazu *Smid*, NZI 2005, 613 ff.); *BGH* ZIP 2015, 1346 Rdnr. 18 ff.
[29] Vgl. *LG Berlin* NZI 2005, 335, 337.

betroffenen Beteiligten stimmen zu (§ 226 Abs. 1 und 2 InsO)[30]. Sonderabkommen mit einzelnen Beteiligten, in denen nicht im Plan ausgewiesene Vorteile gewährt werden, sind nach § 226 Abs. 3 InsO nichtig und können auch durch Zustimmung der Benachteiligten nicht geheilt werden[31].

II. Rechte der Absonderungsberechtigten

Soll der Insolvenzplan in die Rechte auf abgesonderte Befriedigung eingreifen, so ist dies in dem Plan **ausdrücklich zu erwähnen** (§ 223 Abs. 1 InsO). Diese Bestimmung beruht auf der Überlegung, dass das Recht auf abgesonderte Befriedigung (nicht unbedingt: die gesicherte Forderung) ohne einen Plan voll erfüllt wird. Da ein Gläubiger, der durch den Plan schlechter gestellt wird, als er ohne den Plan stünde, das Wirksamwerden des Insolvenzplans verhindern kann (§ 251 InsO; → Rdnr. 398), wird häufig darauf verzichtet werden, Eingriffe in die Absonderungsrechte vorzusehen[32]. Auf der anderen Seite ist es aber durchaus denkbar, dass die Absonderungsberechtigten zu Zugeständnissen bereit sind oder dass sie durch den Plan nicht schlechter gestellt werden, etwa wenn ihnen Ersatzsicherheiten angeboten werden können oder wenn dargelegt werden kann, dass sie bei einer Fortführung des Unternehmens (für die das Sicherungsgut gebraucht wird!) wenigstens in gleicher Höhe befriedigt werden können wie bei einer Verwertung des Sicherungsgutes[33]. **378**

Eingriffe in die Absonderungsrechte sind auf verschiedenen Wegen denkbar. So kann der Plan vorsehen, dass die gesicherten Forderungen gekürzt werden, damit der dadurch frei werdende Teil des Erlöses für die Masse zur Verfügung steht, oder dass ein bestimmter Prozentsatz des Verwertungserlöses vorab für die Masse zurückbehalten wird. Denkbar ist, dass die gesicherten Forderungen gestundet oder dass die Verwertung des Sicherungsgutes hinausgeschoben werden soll. Der Plan kann vorsehen, dass die Absonderungsberechtigten ihre Rechte in einen „Pool" einbringen, an dem sie antcilig beteiligt **379**

---

[30] Vgl. *BGH* ZIP 2015, 1346 Rdnr. 11 ff. „Betroffen" sind in der Regel alle Mitglieder der Gruppe. Wird einer oder werden einige Mitglieder deutlich vor den anderen bevorzugt, sind nur die benachteiligten Mitglieder betroffen; vgl. Begr. § 269 RegE, BT-Drs. 12/2443, 202.
[31] Vgl. *BGHZ* 162, 283, 288 ff. (dazu *Smid*, DZWIR 2005, 234 ff.).
[32] Vgl. Begr. zu § 266 RegE, BT-Drs. 12/2443, 200.
[33] Vgl. für die Grundpfandgläubiger *Bruns*, KTS 2004, 1 ff. (mit verfassungsrechtlichen Bedenken).

werden, oder dass das Absonderungsrecht durch eine sonstige Sicherung ersetzt wird. Alle diese Maßnahmen sind im gestaltenden Teil des Insolvenzplans genau zu bezeichnen (§ 223 Abs. 2 InsO).

380 Für dingliche Rechtsänderungen erforderliche **Willenserklärungen** können nach § 228 InsO in den Plan aufgenommen werden. Aufgenommen werden sie von demjenigen, der den Plan aufstellt. Mit Wirksamwerden des Insolvenzplans (→ Rdnr. 401) gelten dann die Erklärungen als formgerecht abgegeben (§ 254a InsO)[34], auch wenn der „Erklärende" sich nie geäußert oder sogar dem Plan widersprochen hat (§ 254b InsO). So kann also zum Beispiel der Verzicht auf ein Pfandrecht (§ 1255 BGB) oder die Einigung über die Rückübertragung von Sicherungsgut (§ 929 BGB) aufgenommen werden. Bei Grundstücksgeschäften kann sowohl die Einigung nach § 873 BGB als auch die Bewilligung nach § 19 GBO im Plan enthalten sein[35].

III. Rechte der Insolvenzgläubiger

381 Im Allgemeinen wird sich der Insolvenzplan in erster Linie zu den Rechten der (nicht nachrangigen) Insolvenzgläubiger äußern. Er wird zumeist vorsehen, dass deren Forderungen gekürzt[36] oder gestundet und aus künftigen Erträgen[37] befriedigt werden sollen. Daneben kommen weitere Maßnahmen in Betracht, etwa ein Zinserlass oder die Umwandlung einer Forderung in ein langfristiges Darlehen oder in eine gesellschaftsrechtliche Beteiligung (vgl. § 225a Abs. 2 S. 1 InsO; → Rdnr. 385). All dies ist nach § 224 InsO ebenso im gestaltenden Teil des Insolvenzplans anzugeben wie der Ausgleich des Eingriffs durch Sicherheiten oder sonstige Regelungen[38]. Sind die Insolvenzgläubiger nicht in einer einheitlichen, sondern in verschiedenen Gruppen zusammengefasst, so können die Gruppen unterschiedlich behandelt werden (→ Rdnr. 377).

---

[34] Dazu *Brünkmans*, ZIP 2015, 1052 ff.
[35] Die Form des § 925 BGB ist durch die Aufnahme in den Insolvenzplan nach § 925 Abs. 1 S. 3 BGB gewahrt. Antrag und Eintragung sind dagegen erst nach Wirksamwerden des Plans möglich.
[36] Vgl. auch Rdnr. 382. – Eine Mindestquote sieht das Gesetz nicht vor. Faktisch ist ein Plan aber nicht durchsetzbar, der nicht mindestens das anbietet, was auch ohne Plan zu erzielen ist (vgl. § 245 Abs. 1 Nr. 1 InsO).
[37] Dazu *Breitenbücher*, FS Graf-Schlicker, 2018, S. 215 ff.; zu den damit u. U. verbundenen flexiblen Quoten *Madaus*, FS Graf-Schlicker, 2018, S. 337 ff.
[38] Zum Nachrang gegenüber Neugläubigern, deren Ansprüche aus einer Kreditgewährung im Zuge der Planüberwachung resultieren, s. Rdnr. 410.

IV. Rechte der nachrangigen Insolvenzgläubiger

Dass die Rechte der nachrangigen Gläubiger (→ Rdnr. 83) durch den Insolvenzplan wirtschaftlich beeinträchtigt werden, ist kaum anzunehmen, da diese Gläubiger an der Erlösverteilung in der Regel ohnehin nicht teilnehmen (→ Rdnr. 354). Das Gesetz bestimmt daher in § 225 Abs. 1 InsO, dass die Forderungen nachrangiger Insolvenzgläubiger mit Ausnahme der Ansprüche auf Geldstrafen[39] als erlassen gelten, wenn der Plan nichts anderes bestimmt. Nur wenn der Plan eine abweichende Regelung vorsieht, werden für die einzelnen Rangklassen der nachrangigen Insolvenzgläubiger Gruppen gebildet (§ 222 Abs. 1 S. 2 Nr. 3 InsO; → Rdnr. 376), und der Plan muss sich dann im gestaltenden Teil zu diesen Rechten genauso äußern wie zu denen der (nicht nachrangigen) Insolvenzgläubiger (§ 225 Abs. 2 InsO). **382**

V. Rechtsstellung des Schuldners

Der Insolvenzplan wird häufig vorsehen, dass die Insolvenzgläubiger innerhalb eines bestimmten Zeitraums eine bestimmte Quote auf ihre Forderungen bekommen sollen. § 227 InsO knüpft an eine solche Regelung die Vermutung, dass dann der Schuldner und persönlich haftende Gesellschafter von den restlichen Verbindlichkeiten befreit sein sollen[40]. Der Plan kann etwas anderes bestimmen. Tut er das nicht, wird er als endgültige Regelung aufgefasst, mit der auf das Nachforderungsrecht (→ Rdnr. 359) und die Gesellschafterhaftung (→ Rdnr. 239) verzichtet wird. Auf diese Weise kann der Plan ohne zusätzliches Verfahren und ohne die Voraussetzungen der §§ 286 ff. InsO (→ Rdnr. 446 ff.) zu einer Restschuldbefreiung für den Schuldner führen[41]. **383**

Die Rechtsstellung des Schuldners kann auch noch dadurch berührt werden, dass der gestaltende Teil des Insolvenzplans die **Überwachung der Planerfüllung** vorsieht (§§ 260 ff. InsO). Darauf ist später zurückzukommen (→ Rdnr. 407 ff.). **384**

---

[39] §§ 225 Abs. 3, 39 Abs. 1 Nr. 3 InsO; vgl. auch Rdnr. 462.
[40] *BGH* ZIP 2015, 1346 Rdnr. 12.
[41] In jedem Fall ist es empfehlenswert, eine Restschuldbefreiung herbeizuführen, wenn der Schuldner ohne den Plan Anspruch auf eine Restschuldbefreiung nach §§ 286 ff. InsO hätte. Da auch der Schuldner durch den Plan nicht schlechter gestellt werden darf, als er ohne den Plan stünde (arg. § 247 Abs. 2 Nr. 1 InsO), könnte er sonst die Bestätigung des Plans durch seinen Widerspruch verhindern. Vgl. auch *Blankenburg*, ZVI 2017, 89 ff.; *Hänel/Harig*, ZVI 2015, 282 ff.; *Harig*, ZInsO 2017, 752 ff.; *Warikoff*, ZInsO 2005, 1179 ff.

VI. Rechtsstellung der Anteilseigner

385 Ursprünglich konnten die Rechte der an der Schuldnergesellschaft beteiligten Personen in einem Insolvenzplan nicht geregelt werden[42]. Dieser Rechtszustand ist durch das Gesetz zur weiteren Erleichterung der Sanierung von Unternehmen (ESUG; → Rdnr. 16) mit Wirkung vom 1. März 2012 geändert worden. Nunmehr ermöglicht § 225a InsO die Einbeziehung der Gesellschafter[43]. Gedacht ist hier vor allem an den sog. „Debt-Equity-Swap" (vgl. § 225a Abs. 2 S. 1 InsO), bei dem die Forderungen der Insolvenzgläubiger in gesellschaftsrechtliche Beteiligungen umgewandelt werden, was zu einer Verminderung der Beteiligungsquote der bisherigen Gesellschafter führt[44]. Daneben können auch alle sonstigen gesellschaftsrechtlichen Maßnahmen in den Plan aufgenommen werden, etwa die Veränderung der Rechtsform, ein Kapitalschnitt (→ Rdnr. 428), die Erbringung einer Sacheinlage, ein gesellschaftsrechtlich erforderlicher Fortsetzungsbeschluss für die infolge der Insolvenzeröffnung aufgelöste (→ Rdnr. 158) Gesellschaft oder die (Sicherungs-)Abtretung von Gesellschaftsanteilen[45] (§ 225a Abs. 2 und 3 InsO).

---

[42] *BGH* ZIP 2010, 1039 Rdnr. 22.

[43] Dazu u. a. *Brüning*, Gesellschafter und Insolvenzplan, 2006; *Büchele*, Eingriff in Gesellschafterrechte im Insolvenzplan, 2011; *Eidenmüller*, NJW 2014, 17 ff.; *Frauer*, Grenzen des Eingriffs in Gesellschafterrechte im Insolvenzplanverfahren, 2014; *Greif-Werner*, Umwandlungen im Insolvenzplanverfahren, 2018; *Haas*, FS Stürner, 2013, S. 749 ff.; *Kebekus/Georg*, FS Graf-Schlicker, 2018, S. 297 ff.; *Kern*, Die Bedeutung der gesellschaftsrechtlichen Treuepflicht im Insolvenzplanverfahren, 2017; *Madaus*, ZGR 2011, 749 ff.; *Schäfer*, ZIP 2016, 1911 ff.; *Schmetzer*, Schutz der Anteilsinhaber im Insolvenz- bzw. Insolvenzplanverfahren, 2017.

[44] Dazu u. a. *Burkert*, Der Debt-to-Equity Swap im Spannungsverhältnis von Gesellschafts- und Insolvenzrecht, 2015; *Ebbinghaus/Neu/Hinz*, NZI 2014, 729 ff.; *Gutowski*, Der Debt-Equity-Swap als Sanierungsinstrument in der Insolvenzordnung nach dem ESUG, 2014; *Habersack*, FS Kübler, 2015, S. 219 ff.; *Pühl*, Der Debt-Equity Swap im Insolvenzplanverfahren, 2016; *Schmidt-Preuß*, NJW 2016, 1269 ff.; *Schulz*, Der Debt Equity Swap in der Insolvenz, 2015; *Westpfahl*, FS Kübler, 2015, S. 773 ff.

[45] Die nach § 15 Abs. 3 GmbHG erforderliche notarielle Beurkundung wird dann durch die Aufnahme in den Plan ersetzt; vgl. § 254a Abs. 2 InsO (→ Rdnr. 401).

§ 30: Planverfahren

Literatur: Vgl. Rdnr. 364.   386

A. Initiativrecht

Zur Vorlage eines Insolvenzplans sind nach § 218 Abs. 1 S. 1 InsO nur   387
der **Insolvenzverwalter** und der **Schuldner**[1] berechtigt. Die einzelnen
Gläubiger haben kein Initiativrecht. Sie können aber den Insolvenzverwalter durch Beschluss der Gläubigerversammlung im Berichtstermin beauftragen, einen Plan auszuarbeiten (§ 157 S. 2 InsO)[2]. Außerdem wirkt der Gläubigerausschuss bei der Aufstellung des Plans mit,
wenn der Verwalter den Plan aufstellen will oder soll.

B. Verfahren

I. Ausarbeitung des Plans

Der Planvorschlag wird von demjenigen formuliert, der ihn vorlegen   388
will, also entweder vom Insolvenzverwalter oder vom Schuldner. Bei
der Aufstellung des Plans durch den Verwalter wirken außer dem
Gläubigerausschuss (→ Rdnr. 387) auch der Betriebsrat, der Sprecherausschuss der leitenden Angestellten und der Schuldner beratend
mit (§ 218 Abs. 3 InsO).

II. Vorlage

Adressat des Plans ist nach § 218 Abs. 1 S. 1 InsO zunächst das Insol-   389
venzgericht. Eine **Frist** für die Vorlage gibt es nicht. Allerdings kann
ein Plan, der erst nach dem Schlusstermin (→ Rdnr. 350) beim Insolvenzgericht eingeht, nicht mehr berücksichtigt werden (§ 218 Abs. 1
S. 3 InsO). Der Schuldner kann den Plan bereits mit dem Eröffnungsantrag einreichen (§ 218 Abs. 1 S. 2 InsO). Der Insolvenzverwalter
wird seinen Planvorschlag regelmäßig frühestens im Berichtstermin
vorlegen können, wenn er nicht schon im Vorfeld der Insolvenzeröffnung mit der Planvorbereitung befasst war. In diesem Termin kann

---

[1] Zum Schuldnerplan *Vogl*, DZWIR 2004, 490 ff.
[2] Näher dazu *Smid*, WM 1996, 1249 ff.

die Gläubigerversammlung den Verwalter auch beauftragen, einen Plan auszuarbeiten (→ Rdnr. 387).

III. Prüfung durch das Insolvenzgericht

390 Das Insolvenzgericht prüft nach § 231 InsO, ob derjenige, der den Plan eingereicht hat, vorlageberechtigt ist (→ Rdnr. 387) und ob der Plan den Vorschriften über den Planinhalt (→ Rdnr. 365 ff.) genügt[3]. Ist das nicht der Fall und kann der Mangel auch nicht innerhalb einer angemessenen Frist beseitigt werden, so wird der Plan **zurückgewiesen**[4]. Das gilt auch dann, wenn ein vom Schuldner vorgelegter Plan offensichtlich keine Aussicht hat, von den Gläubigern angenommen[5] (→ Rdnr. 392) oder vom Gericht bestätigt (→ Rdnr. 397) zu werden, wenn die Ansprüche, die den Beteiligten nach dem gestaltenden Teil des Planes zustehen (→ Rdnr. 375 ff.), offensichtlich nicht erfüllt werden können[6], oder wenn ein Schuldnerplan schon einmal zurückgewiesen wurde (§ 231 Abs. 2 InsO). Die Zurückweisung erfolgt durch Beschluss, der mit der sofortigen Beschwerde anfechtbar ist (§ 231 Abs. 3 InsO).

391 Wird der Plan **nicht zurückgewiesen**, so leitet ihn das Gericht dem Gläubigerausschuss sowie dem Schuldner und dem Insolvenzverwalter zu, soweit letztere nicht den Plan selbst vorgelegt haben (§ 232 Abs. 1 InsO). Außerdem wird der Plan zur Einsichtnahme in der Geschäftsstelle des Insolvenzgerichts ausgelegt (§ 234 InsO). Hat der Insolvenzverwalter bereits mit der Verwertung oder gar der Verteilung der Insolvenzmasse begonnen, so ordnet das Gericht nach Maßgabe von § 233 InsO deren Aussetzung an, wenn die Durchführung des Insolvenzplans durch die weitere Verwertung und Verteilung gefährdet würde.

IV. Annahme des Plans durch die Gläubiger

392 Der Plan muss als Regelungsgrundlage durch einen Beschluss der Gläubiger legitimiert werden. Zu diesem Zweck bestimmt das Gericht

---

[3] Näher *Horstkotte*, ZInsO 2014, 1297 ff.; *Stapper/Jacobi*, ZInsO 2014, 1821 ff.
[4] Vgl. *BGH* ZIP 2015. 1346 Rdnr. 8 ff.; *Smid*, FS Wellensiek, 2011, S. 665 ff.; *ders.*, NZI 2005, 296 ff.
[5] Dazu *BGH* ZIP 2017, 1576 Rdnr. 9 f.; ZInsO 2011, 1550 Rdnr. 2 f.
[6] Vgl. *LG Bielefeld* ZIP 2002, 951, 952.

einen **Erörterungs- und Abstimmungstermin**, also eine besondere Gläubigerversammlung, in der zunächst der Plan und das Stimmrecht der Gläubiger erörtert werden (§ 235 InsO). Der Erörterungs- und Abstimmungstermin darf frühestens zusammen mit dem Prüfungstermin (→ Rdnr. 333) stattfinden (§ 236 InsO). Die Erörterung kann dazu führen, dass der Vorlegende seinen Planvorschlag ändert, damit er Aussicht hat, angenommen zu werden (§ 240 InsO).

Der Erörterung schließt sich – entweder in demselben (§ 235 InsO) **393** oder in einem gesonderten Termin (§§ 241, 242 InsO) – die Abstimmung über den Plan an. Abgestimmt wird jeweils in den im gestaltenden Teil des Insolvenzplans festgelegten Gruppen (→ Rdnr. 376). **Stimmberechtigt** sind alle dort aufgeführten Gläubiger, deren Forderungen durch den Plan beeinträchtigt werden (§§ 237, 238 InsO), sowie ggf. die Anteilseigner (§ 238a InsO). Die Gläubiger bestrittener Forderungen dürfen nur dann mitstimmen, wenn sich der Verwalter und die erschienenen stimmberechtigten Gläubiger über das Stimmrecht geeinigt haben oder das Gericht den Gläubiger zur Abstimmung zugelassen hat (§§ 237 Abs. 1 S. 1, 238 Abs. 1 S. 3, 77 Abs. 2 InsO). Die Stimmrechte werden vom Urkundsbeamten der Geschäftsstelle in einer Stimmliste festgehalten (§ 239 InsO).

Der Insolvenzplan ist angenommen, wenn alle Gruppen (nicht nur **394** die Mehrheit der Gruppen!) zustimmen und **in jeder Gruppe Kopf- und Summenmehrheit** erreicht ist (§ 244 InsO)[7]. Eine Gruppe stimmt zu, wenn die Mehrheit aller abstimmenden[8] Gruppenmitglieder dem Plan zustimmt (Kopfmehrheit) und die Forderungen der zustimmenden mehr als die Hälfte der Forderungen aller abstimmenden Gruppenmitglieder ausmachen (Summenmehrheit).

Nach § 245 InsO besteht allerdings ein **Obstruktionsverbot**[9], das **395** verhindern soll, dass ein wirtschaftlich sinnvoller Plan am Widerstand einzelner Gläubiger bzw. Anteilseigner scheitert: Kommt die erforderliche Mehrheit in einer Gruppe nicht zustande, so gilt die Zustimmung gleichwohl als erteilt, wenn die Mitglieder der betreffenden Gruppe durch den Plan nicht schlechter gestellt werden, als

---

[7] Für die absonderungsberechtigten Gläubiger ist insoweit zu berücksichtigen, dass sie als Insolvenzgläubiger nur abstimmen dürfen, wenn ihnen der Schuldner auch persönlich haftet und wenn sie auf die abgesonderte Befriedigung verzichtet haben oder bei ihr ausgefallen sind (§ 237 Abs. 1 S. 2 InsO); vgl. auch Rdnr. 306.

[8] Gemeint sind die bei der Abstimmung anwesenden und sich daran beteiligenden Gläubiger, *Wegener*, ZInsO 2002, 1157 ff. Stimmenthaltungen zählen nicht mit.

[9] Allg. dazu *Herweg* (Rdnr. 364); zur Verfassungsmäßigkeit *Lepa*, Insolvenzordnung und Verfassungsrecht, 2002, 255 ff.

sie ohne den Plan stünden (Werterhaltungsprinzip)[10], und wenn diese Personen angemessen am Erlös teilhaben sollen (Gleichbehandlungsgrundsatz)[11]. Außerdem muss die Mehrzahl der Gruppen dem Plan tatsächlich zugestimmt haben (§ 245 Abs. 1 Nr. 3 InsO)[12]. Das „Nein" einer Gruppe kann daher beispielsweise dann nicht durch das Obstruktionsverbot überwunden werden, wenn in ihr Insolvenzgläubiger zusammengefasst sind, die eine (auch im Regelverfahren mögliche) Quote von 10 % bekommen sollen, während für eine andere Insolvenzgläubigergruppe 15 % vorgesehen sind (§ 245 Abs. 2 Nr. 3 InsO). Die ungleiche Behandlung von Gläubigern gleicher Rangordnung in unterschiedlichen Gruppen kann also nur dann Erfolg haben, wenn die benachteiligte Gruppe dies mehrheitlich akzeptiert[13].

V. Zustimmung des Schuldners

396 Nach § 247 InsO muss auch der Schuldner dem Plan zustimmen. Diese Zustimmung gilt als erteilt, wenn der Schuldner dem Plan nicht spätestens im Abstimmungstermin widerspricht (§ 247 Abs. 1 InsO)[14]. Auch der rechtzeitig erhobene Widerspruch ist allerdings nach § 247 Abs. 2 InsO unbeachtlich, wenn der Schuldner durch den Plan nicht schlechter gestellt wird, als er ohne den Plan stünde[15], und wenn kein Gläubiger mehr erhält, als ihm ohne den Plan zustünde.

---

[10] Vgl. auch Rdnr. 399 sowie *LG Traunstein* NZI 1999, 461, 462 f.; *AG Mühldorf* NZI 1999, 422, 423; *Braun*, NZI 1999, 473 ff.; *Jungmann*, KTS 2006, 135 ff.; *Smid*, InVo 2000, 1 ff. – Diese Voraussetzung ist nicht identisch mit der in § 237 Abs. 2 InsO genannten: Berührt der Plan die Rechte der Gläubiger gar nicht, müssen sie nicht gefragt werden (§ 237 Abs. 2 InsO; Beispiel: Der Plan sieht volle Befriedigung vor.). Berührt er ihre Rechte, stellt er die Gläubiger aber nicht schlechter, als sie im Regelinsolvenzverfahren stünden, müssen sie zwar gefragt werden; ihr Widerspruch kann aber unerheblich sein (§ 245 InsO; Beispiel: der Plan sieht eine Quote von 10 % vor, die auch im Regelinsolvenzverfahren zu erwarten gewesen wäre). Zur Nachprüfbarkeit entsprechender Annahmen der Tatsacheninstanzen im Wege der Rechtsbeschwerde s. *BGH* ZInsO 2007, 713 Rdnr. 8 f.

[11] Vgl. dazu näher § 245 Abs. 2 InsO sowie *LG Mühlhausen* NZI 2007, 724, 726; *LG Traunstein* NZI 1999, 461, 464; *Smid*, FS Gerhardt, 2004, S. 931 ff.; *Wittig*, ZInsO 1999, 373 ff. – Für die nachrangigen Insolvenzgläubiger wird die Zustimmung außerdem unter den Voraussetzungen des § 246 InsO fingiert.

[12] *LG Mühlhausen* NZI 2007, 724, 725. – Das Obstruktionsverbot ist somit nicht anwendbar, wenn der Plan nur eine Gruppe vorsieht; *AG Duisburg* NZI 2001, 605 f.

[13] *LG Magdeburg* NZI 2001, 326, 327.

[14] Vgl. *LG Berlin* NZI 2005, 335, 336.

[15] Vgl. auch Rdnr. 399.

VI. Gerichtliche Bestätigung

Haben Gläubiger und Schuldner dem Plan zugestimmt, muss er noch **397** durch das Insolvenzgericht bestätigt werden (§ 248 InsO), das dabei an die Vorprüfung (§ 231 InsO; → Rdnr. 390) nicht gebunden ist[16]. Die Entscheidung obliegt dem Richter (→ Rdnr. 54). Sie setzt zunächst voraus, dass die im Plan selbst festgelegten Bestätigungsvoraussetzungen erfüllt sind (§ 249 InsO)[17]. So kann der Plan z. B. vorsehen, dass er erst wirksam werden soll, wenn Vermieter einer Mietsenkung zugestimmt haben oder wenn zusätzliche Sicherheiten gestellt worden sind (→ Rdnr. 375). Außerdem gibt es gesetzliche Bestätigungsvoraussetzungen. Erforderlich ist zunächst ein **einwandfreies Verfahren**: Es darf kein unheilbarer und wesentlicher[18] Verstoß gegen Vorschriften über den Inhalt[19] oder das Planverfahren[20] vorliegen, der Plan muss von den Beteiligten nach Maßgabe der §§ 235 ff. InsO angenommen sein und die Annahme des Plans darf nicht unlauter herbeigeführt worden sein, insbesondere nicht durch „Stimmenkauf" (§ 250 InsO)[21].

Außerdem gewährt § 251 InsO einen **Minderheitenschutz**: Die **398** Bestätigung ist auf Antrag eines Gläubigers oder Anteilseigners zu versagen, wenn dieser Beteiligte dem Plan spätestens im Abstimmungstermin ausdrücklich widersprochen hat und wenn er glaubhaft macht, dass er durch den Plan schlechter gestellt wird, als er ohne den Plan stünde[22]. Das Gesetz enthält also eine Wertgarantie für die beteiligten Rechte: Jeder – auch der nicht stimmberechtigte – Gläubiger oder Anteilseigner kann durch Widerspruch und Antrag nach § 251 InsO verhindern, dass er weniger bekommt, als er bei einer Vermögensverwertung nach den gesetzlichen Vorschriften bekommen hätte. Der Plan kann solchen Einwänden allerdings, um querulatorischen Widersprüchen zu begegnen, vorbeugen, indem er im gestaltenden Teil verlässliche[23] Mittel für den Fall bereit stellt, dass ein Beteiligter eine Schlechterstellung nachweist; in diesem Fall wird der Plan

---

[16] *BGHZ* 214, 78 Rdnr. 14 ff.
[17] Dazu *BGHZ* 214, 78 Rdnr. 43.
[18] *BGH* ZIP 2018, 1141 Rdnr. 52 ff.
[19] *BGHZ* 214, 78 Rdnr. 17 ff.; *BGH* ZIP 2018, 1141 Rdnr. 14.
[20] Vgl. *BGH* 2012, 187 Rdnr. 11 ff.; 2010, 1499 Rdnr. 27 ff.; 2010, 341 Rdnr. 3.
[21] Vgl. auch Rdnr. 377.
[22] Vgl. *BGH* ZIP 2011, 966 Rdnr. 9; 2010, 1499 Rdnr. 17 ff.; 2010, 292 Rdnr. 6 ff.; 2009, 1384 Rdnr. 12 ff.; 2009, 480 Rdnr. 21; 2007, 923 Rdnr. 9 ff.; ZInsO 2007, 442 Rdnr. 5 ff.; *Jungmann*, KTS 2006, 135 ff.; *Thorwart/Schauer*, NZI 2011, 574 ff. – Auf die Glaubhaftmachung kann verzichtet werden, wenn die Schlechterstellung unstreitig ist; vgl. *BGH* ZIP 2009, 480 Rdnr. 22.
[23] *BGH* ZIP 2017, 1576 Rdnr. 14 ff.

bestätigt und der widersprechende Beteiligte muss auf Ausgleich aus diesen Mitteln klagen (§ 251 Abs. 3 InsO)[24].

399 § 251 Abs. 1 Nr. 2 InsO enthält denselben Maßstab wie §§ 245 Abs. 1 Nr. 1, 247 Abs. 2 Nr. 1 InsO. Die Schlechterstellung **festzustellen** ist in der Praxis mit großen Schwierigkeiten verbunden, da der Erlös, der bei einer Verwertung nach den gesetzlichen Vorschriften zu erzielen wäre, nicht immer sicher zu prognostizieren sein wird[25]. Das Gericht muss daher darauf drängen, dass sich der Plan selbst schon zu diesen Voraussetzungen äußert (→ Rdnr. 372). Außerdem kann die Glaubhaftmachung durch den betroffenen Gläubiger helfen (§ 251 Abs. 2 InsO)[26].

400 Über die Bestätigung entscheidet das Insolvenzgericht durch **Beschluss**, der im Abstimmungstermin oder in einem möglichst schnell anzuberaumenden Verkündungstermin bekanntgegeben wird (§ 252 Abs. 1 InsO). Der Beschluss ist nach § 253 InsO (nur[27]) durch die dort genannten Berechtigten und unter den dort genannten Voraussetzungen mit der sofortigen Beschwerde anfechtbar[28]. Das Landgericht kann die Beschwerde gemäß § 253 Abs. 4 unverzüglich zurückweisen (und den Beschwerdeführer auf Sekundäransprüche gegen die Masse verweisen), wenn das alsbaldige Wirksamwerden des Insolvenzplans vorrangig erscheint, weil die Nachteile einer Verzögerung des Planvollzugs die Nachteile für den Beschwerdeführer überwiegen[29].

VII. Wirkungen

401 Sobald der Bestätigungsbeschluss rechtskräftig ist, treten die im gestaltenden Teil des Plans festgelegten Wirkungen für und gegen alle Beteiligten ein, und zwar unabhängig davon, ob sie sich am Insolvenzverfahren beteiligt haben oder nicht (§§ 254 Abs. 1, 254b InsO)[30]. Die

---

[24] Näher *Lohmann/Rühle*, NZI 2015, 151 ff.; *Madaus*, NZI 2012, 597 ff.
[25] Vgl. *LG Berlin* NZI 2005, 335, 337; ferner zur Kritik *Eidenmüller*, NJW 1999, 1837 ff.; *Stürner*, in Leipold (Hrsg.), Insolvenzrecht im Umbruch, 1991, 46 f.; *Uhlenbruck*, 109.
[26] Vgl. *BGH* ZIP 2007, 923 Rdnr. 10; ZInsO 2007, 442 Rdnr. 9 ff.
[27] Nicht beschwerdebefugt ist der Insolvenzverwalter; *BGH* ZIP 2009, 480 Rdnr. 7 ff.
[28] Ausf. *BGH* ZIP 2014, 2040 Rdnr. 4 ff.; 2014, 1442 Rdnr. 6 ff.; *Madaus*, NZI 2012, 597 ff.; *Vaske* (Rdnr. 364). – Zum Problem der Beschwer s. *BGH* ZInsO 2011, 280 Rdnr. 5; *Heublein*, NZI 2005, 381 ff.
[29] Dazu *BGH* ZIP 2014, 2040 Rdnr. 6 ff.; *Brünkmans*, ZInsO 2014, 993 ff.; *Fischer*, NZI 2013, 513 ff.; *Lehmann/Rühle*, NZI 2014, 889 ff.; *Pleister/Tholen*, ZIP 2015, 414 ff.; *Skauradszun*, DZWIR 2014, 338 ff.
[30] Dazu *BGH* ZIP 2015, 1346 Rdnr. 12 ff.; 2012, 1359 Rdnr. 9 ff.; *BAG* ZIP 2016, 178 Rdnr. 22 ff.; 2013, 2268 Rdnr. 25 ff. – Allerdings können mangels Anmeldung erst

Forderungen der Gläubiger sind also jetzt teilweise „erlassen"[31] oder gestundet (→ Rdnr. 381), im Plan vorgesehene **Verpflichtungen** (etwa eines absonderungsberechtigten Gläubigers, das Sicherungsgut in einen „Pool" einzubringen oder der Masse zur Nutzung zu überlassen; → Rdnr. 379) sind entstanden. Die für Verfügungen nötigen **Willenserklärungen**, die gesellschaftsrechtlich erforderlichen Beschlüsse sowie etwaige Verpflichtungserklärungen gelten als formwirksam abgegeben, wenn sie in den Plan aufgenommen worden sind (§ 254a InsO; → Rdnr. 380).

Gläubiger, deren Forderungen durch den Plan beeinträchtigt worden sind, behalten allerdings ihre **Haftungsansprüche** gegen Dritte in voller Höhe (§ 254 Abs. 2 S. 1 InsO). Hat sich beispielsweise ein Dritter für die Forderung des Gläubigers verbürgt, so kann der Gläubiger den Bürgen jetzt bis zur Höhe des ursprünglich vom Schuldner zu zahlenden Betrages in Anspruch nehmen, nicht nur auf den im Plan festgesetzten Betrag. Der Regress des Bürgen gegen den Schuldner ist dagegen auf die im Plan vorgesehene Summe beschränkt (§ 254 Abs. 2 S. 2 InsO), da die mit dem Plan beabsichtigte Regelung sonst unterlaufen würde. Der Bürge wird dadurch nicht schlechter gestellt, da er ohne den Plan auf seine Regressforderung auch nur die Quote bekommen hätte. Unberührt bleiben nach § 254 Abs. 2 InsO auch die bestellten oder durch Vormerkung gesicherten dinglichen Sicherungsrechte am Vermögen Dritter. **402**

VIII. Aufhebung des Verfahrens

Nach Rechtskraft des Bestätigungsbeschlusses muss der Verwalter die unstreitigen und fälligen Masseansprüche berichtigen und für die streitigen oder noch nicht fälligen Sicherheit leisten (§ 258 Abs. 2 **403**

---

nachträglich bekannt werdende Forderungen die Plankalkulation in Frage stellen, weshalb § 259a InsO die Möglichkeit gibt, Vollstreckungsschutz gegen solche Gläubiger zu beantragen; vgl. dazu *BGH* ZIP 2016, 85 Rdnr. 2; 2015, 1346 Rdnr. 13; *Küpper/Heinze*, ZInsO 2013, 471 ff.; *Schmidt*, FS Kübler, 2015, S. 621 ff.; zur Abhilfe durch „Gesamtabgeltungsklauseln" *Heerma/Bergmann*, ZIP 2018, 949 ff. Außerdem sieht § 259b InsO eine besonders kurze Verjährungsfrist für nicht angemeldete Forderungen vor; dazu *Rugullis*, NZI 2012, 825 ff.

[31] Hat der Gläubiger mehr erhalten, als ihm nach dem Plan zusteht, so kann er allerdings das Erlangte bis zum Betrag seiner ursprünglichen Forderung behalten (§ 254 Abs. 3 InsO). Es besteht trotz des Plans eine natürliche Verbindlichkeit fort, die einen Rechtsgrund für die Leistung bildet; vgl. Begr. zu § 301 RegE, BT-Drs. 12/2443, 213 sowie *BGH* ZIP 2012, 1359 Rdnr. 9; 2011, 1271 Rdnr. 8.

InsO)[32]. Anschließend beschließt das Insolvenzgericht die Aufhebung des Verfahrens (§ 258 Abs. 1 InsO)[33], die öffentlich bekannt zu machen ist (§ 258 Abs. 3 InsO). Mit der Aufhebung erlöschen die Ämter des Insolvenzverwalters und der Mitglieder des Gläubigerausschusses, und der Schuldner erhält das Recht zurück, über die Masse frei zu verfügen (§ 259 Abs. 1 InsO)[34].

C. Erfüllung des Plans[35]

I. Durchsetzung

404 Die Erfüllung der im Plan geregelten Ansprüche ist Sache des jetzt wieder verfügungsbefugten Schuldners, nicht des Insolvenzverwalters, dessen Amt erloschen ist (→ Rdnr. 403). Damit der Schuldner seinen Verpflichtungen nachkommt, stellt das Gesetz in §§ 255 f. InsO mit der sog. **Wiederauflebensklausel** ein nicht unerhebliches Druckmittel zur Verfügung: Gerät der Schuldner mit der Erfüllung einer zur Tabelle festgestellten[36] sowie gestundeten oder teilweise erlassenen Forderung erheblich in Rückstand, so werden Stundung und Erlass für den betroffenen Gläubiger hinfällig, wenn der Gläubiger schriftlich gemahnt und dem Schuldner eine mindestens zweiwöchige Nachfrist gesetzt hat (§ 255 Abs. 1 InsO). Diese Folge entsteht kraft

---

[32] Kritisch dazu *Kebekus/Georg*, FS Wimmer, 2017, S. 368 ff.
[33] Dazu *Grub*, DZWIR 2004, 317 ff.
[34] *BGH* ZIP 2011, 1220 Rdnr. 10; *Kühne/Hancke*, ZInsO 2012, 812 ff.; vgl. auch Rdnr. 358. – Anfechtungsprozesse kann der Verwalter allerdings noch zu Ende führen, wenn und soweit ihm das im Plan gestattet ist (§ 259 Abs. 3 InsO; *BGH* ZIP 2013, 738 Rdnr. 2 ff.; 2006, 39 ff.) und der Anfechtungsprozess bei Aufhebung des Insolvenzverfahrens bereits anhängig war (*BGH* ZIP 2018, 1141 Rdnr. 16; 2016, 1295 Rdnr. 14; 2014, 330 Rdnr. 14 ff.; 2013, 998 Rdnr. 7 ff.; 2010, 102 Rdnr. 6 ff.; dazu *Gehrlein*, ZInsO 2016, 985 ff.; *ders.*, FS Görg, 2010, S. 185 ff.; *Priebe*, ZInsO 2012, 1015 ff.). Er prozessiert dann als gewillkürter Prozessstandschafter für den nach Aufhebung wieder verfügungsbefugten Schuldner; vgl. auch *BGH* ZIP 2008, 2094 Rdnr. 8 ff.; *Smid*, ZInsO 2010, 641, 643 ff.; *Wollweber/Hennig*, ZInsO 2013, 49 ff. Eine Alternative zu dieser Lösung besteht darin, rechtshängige Forderungen dem Insolvenzverwalter im Plan als Treuhänder abzutreten; diese Abtretung wird dann gemäß § 254a Abs. 1 InsO (→ Rdnr. 380, 401) mit rechtskräftiger Planbestätigung wirksam; vgl. *BGHZ* 175, 86 Rdnr. 10; zu den Grenzen *BGH* ZIP 2018, 1141 Rdnr. 26 ff.
[35] Vgl. dazu *Schreiber/Flitsch*, BB 2005, 1173 ff.
[36] *BGH* ZIP 2012, 1359 Rdnr. 12 ff.; hilfsweise muss die Forderung anders tituliert werden, *BAG* ZIP 2013, 2268 Rdnr. 48.

Gesetzes. Sie muss also im Plan nicht ausdrücklich vorgesehen sein[37] und bedarf auch keiner „Rücktrittserklärung" der Gläubiger. Wird vor vollständiger Erfüllung des Plans über das Vermögen des Schuldners ein neues Insolvenzverfahren eröffnet, so sind Stundungen und Erlasse für alle Gläubiger hinfällig (§ 255 Abs. 2 InsO)[38].

Nach § 257 InsO können die Gläubiger, deren Forderungen festgestellt und vom Schuldner im Prüfungstermin nicht bestritten worden sind, aus dem Plan auch die **Zwangsvollstreckung** betreiben[39]. Die Vollstreckung ist nicht nur gegen den Schuldner zulässig, sondern auch gegen Mitschuldner, Bürgen, Garanten oder sonstige Dritte, die durch eine dem Insolvenzgericht eingereichte schriftliche Erklärung für die Planerfüllung neben dem Schuldner ohne Vorbehalt der Einrede der Vorausklage Verpflichtungen übernommen haben (§ 257 Abs. 2 InsO). Haben sich hingegen die Gläubiger im Plan zu einer Leistung verpflichtet, so kann der Schuldner aus dem Plan nicht vollstrecken. **405**

Beispiel: Ein Pfandgläubiger hat sich im Plan verpflichtet, die verpfändete Sache freizugeben. Mit Rechtskraft des Bestätigungsbeschlusses gilt die dazu nach § 1255 BGB erforderliche Erklärung als erteilt, wenn sie in den Plan aufgenommen wurde (§ 254a Abs. 1 InsO; → Rdnr. 401). Gibt der Gläubiger den Gegenstand nicht freiwillig heraus, so muss der Schuldner aus § 985 BGB auf Herausgabe klagen. Eine Herausgabevollstreckung (§ 883 ZPO) ist aus dem Plan nicht möglich. **406**

II. Überwachung der Planerfüllung

Nach § 260 InsO kann im gestaltenden Teil des Plans vorgesehen werden, dass die Erfüllung des Insolvenzplans auf Kosten des Schuldners (§ 269 InsO)[40] überwacht wird. Eine solche Überwachung bietet sich insbesondere an, wenn der Schuldner sein Unternehmen fortführen **407**

---

[37] Der Begriff „Wiederauflebens*klausel*" ist daher missverständlich. – Der Plan kann allerdings zugunsten des Schuldners von der gesetzlichen Regel abweichen (§ 255 Abs. 3 InsO).
[38] Die Wirkung des § 255 InsO beschränkt sich aber auf den Wegfall von Stundung und Teilerlass. Die zögerliche Planerfüllung führt also auf keinen Fall dazu, dass das aufgehobene Insolvenzverfahren fortgesetzt wird, und auch die sonstigen Wirkungen, etwa Änderungen der Beteiligungsverhältnisse, bleiben unberührt.
[39] Dazu *App*, DGVZ 2003, 49 f.
[40] Um „Massekosten" kann es sich nicht mehr handeln, da das Insolvenzverfahren aufgehoben ist. Es gibt keine Insolvenzmasse mehr. Die Überwachung ändert nichts an der Beendigung des Insolvenzverfahrens.

und die Gläubiger aus den Erträgen befriedigen soll[41]. Die Überwachung ist zusammen mit dem Aufhebungsbeschluss (→ Rdnr. 403) öffentlich bekanntzumachen (§ 267 InsO). Sie ist, wenn der Plan nichts anderes sagt[42], **Aufgabe des Insolvenzverwalters** (§ 261 InsO), der der Aufsicht des Insolvenzgerichts und der Mitglieder des Gläubigerausschusses unterliegt[43]. Zu diesem Zweck bestehen die Ämter des Insolvenzverwalters und der Mitglieder des Gläubigerausschusses trotz der Aufhebung des Verfahrens fort (§ 261 InsO).

408 Die Befugnisse des Insolvenzverwalters erschöpfen sich zunächst in einer lediglich **beobachtenden Kontrolle**. Zu besonderen Eingriffen – etwa in die Geschäftsführung des Unternehmens – ist er nicht berechtigt[44]. Er überprüft nur, ob der Schuldner den Plan ordnungsgemäß erfüllt. Ist das nicht der Fall, so hat er dies unverzüglich dem Gläubigerausschuss und dem Insolvenzgericht anzuzeigen (§ 262 InsO). Gläubiger und Gericht sollen möglichst schnell informiert werden, damit sie sich überlegen können, ob die Voraussetzungen der Wiederauflebensklausel vorliegen (→ Rdnr. 404), ob sie vollstrecken wollen (→ Rdnr. 405) oder ob ein neues Insolvenzverfahren durchgeführt werden soll.

409 Die Überwachung ändert grundsätzlich nichts daran, dass der Schuldner mit der Aufhebung des Insolvenzverfahrens wieder frei verfügen kann. Der Plan kann aber **Zustimmungsvorbehalte** vorsehen, also anordnen, dass bestimmte Rechtsgeschäfte des Schuldners während der Zeit der Überwachung nur mit Zustimmung des Insolvenzverwalters wirksam sind (§ 263 S. 1 InsO). Verfügungen des Schuldners und Leistungen an den Schuldner sind dann, soweit der Zustimmungsvorbehalt reicht, in gleicher Weise unwirksam wie während des Insolvenzverfahrens (§ 263 S. 2 i.V.m. §§ 81 Abs. 1, 82 InsO; → Rdnr. 163 ff.).

410 Ein Insolvenzplan wird häufig aufgestellt werden, um das Unternehmen des Schuldners zu sanieren. Dazu sind Sanierungskredite erforderlich. Die Kreditinstitute werden diese Kredite aber nicht ohne weiteres zur Verfügung stellen, sondern Sicherheiten verlangen. Eine Möglichkeit, den Banken eine gewisse Sicherheit zu geben, besteht darin, im Insolvenzplan die Überwachung der Planerfüllung anzuordnen und zugleich gem. §§ 264 ff. InsO einen **Kreditrahmen** vorzusehen.

---

[41] Vgl. Begr. zu § 307 RegE, BT-Drs. 12/2443, 215.
[42] Die Vorschriften über die Überwachung sind dispositiv. Sie greifen nur ein, wenn und soweit der Plan dies vorsieht (arg. §§ 217, 260 InsO).
[43] Dazu *Lissner*, ZInsO 2012, 1452 ff.
[44] Vgl. Begr. zu § 308 RegE, BT-Drs. 12/2443, 215. – Zu den Ausnahmen s. Rdnr. 409 f.

Mit der Bewilligung eines solchen Kreditrahmens erklären sich die Insolvenzgläubiger für den Fall, dass während der Überwachung ein zweites Insolvenzverfahren nötig werden sollte (§ 266 InsO), bereit, bis zu einem bestimmten Betrag (der den Wert des Schuldnervermögens nicht übersteigen darf) zurückzustehen. Dieser Rangrücktritt wird zugunsten derjenigen erklärt, die dem Schuldner während der Überwachung ein Darlehen oder sonstigen Kredit gewähren (§ 264 Abs. 1 InsO). Es muss allerdings mit dem Kreditgeber ausdrücklich vereinbart werden, dass seine Forderung innerhalb des Kreditrahmens liegen soll (§ 264 Abs. 2 InsO). Ist das der Fall, dann genießt dieser Gläubiger in einem zweiten Insolvenzverfahren nicht nur Vorrang vor den Insolvenzgläubigern des ersten Verfahrens, sondern auch vor allen anderen vertraglichen Gläubigern, deren Ansprüche während der Überwachung begründet wurden (§ 265 InsO)[45].

411 Die Überwachung ist nach § 268 InsO durch Beschluss des Insolvenzgerichts **aufzuheben**, wenn der Plan erfüllt oder seine Erfüllung gewährleistet ist oder wenn seit der Aufhebung des Insolvenzverfahrens drei Jahre verstrichen sind und kein Antrag auf Eröffnung eines neuen Insolvenzverfahrens vorliegt.

---

[45] Dieser Nachrang ist den vertraglichen Gläubigern zuzumuten, da sie den Vertragsschluss davon hätten abhängig machen können, dass auch ihre Ansprüche in den (öffentlich bekanntgemachten) Kreditrahmen aufgenommen werden; vgl. Begr. zu § 312 RegE, BT-Drs. 12/2443, 216.

9. Teil

Sanierung in der Insolvenz

412 Literatur: *Achzet*, Sanierung von Krisenunternehmen, 2015; *Beck/Möhlmann*, Sanierung und Abwicklung in der Insolvenz, 2. Aufl., 2004; *Becker*, Ist der gerichtliche Eigensanierungsrahmen nach dem Gesetz zur weiteren Erleichterung der Sanierung von Unternehmen besonders geeignet für die Sanierung mittelständischer Unternehmen?, 2015; *Borchardt/Frind* (Hrsg.), Die Betriebsfortführung im Insolvenzverfahren, 2. Aufl., 2014; *Bork*, Sanierungsrecht in Deutschland und England, 2011; *Braun/Uhlenbruck*, Unternehmensinsolvenz, 1997; *Busch*, Zerschlagungsabwendende Verfahren im deutschen und italienischen Insolvenzrecht, 2009; *Buth/Hermanns*, Restrukturierung, Sanierung, Insolvenz, 4. Aufl., 2014; *Cavaillès*, Der Unternehmenskauf in der Insolvenz, 2009; *Crone/Werner*, Modernes Sanierungsmanagement, 5. Aufl., 2017; *Depré*, Unternehmenskrise: Sanieren oder liquidieren?, 2. Aufl., 2018; *Doliwa*, Die geplante Insolvenz, 2012; *Ebke/Seagon/Blatz*, Solvenz – Insolvenz – Resolvenz, 2013; *Ehlers/Drieling*, Unternehmenssanierung nach neuem Insolvenzrecht, 2. Aufl., 2000; *Eidenmüller*, Unternehmenssanierung zwischen Markt und Gesetz, 1999; *Evertz/Krystek*, Restrukturierung und Sanierung von Unternehmen, 2010; *Frege*, Verhandlungserfolg in Unternehmenskrise und Sanierung, 2. Aufl., 2019; *Geldmacher*, Das präventive Sanierungsverfahren als Teil eines reformierten Insolvenz- und Sanierungsrechts in Deutschland, 2012; *Grau*, Konsolidierung von Rechtsträgern einer Unternehmensgruppe in der Sanierung, 2007; *Ph. Grub*, Tätigkeiten und Haftungsrisiken des Insolvenzverwalters bei der Unternehmensfortführung, 1997; *Grünewald*, Mehrheitsherrschaft und insolvenzrechtliche Vorauswirkung in der Unternehmenssanierung, 2015; *Haarmeyer* (Hrsg.), Sanierungs- und Insolvenzmanagement, 2009; *Haarmeyer/Buchalik*, Sanieren statt liquidieren, 2012; *Häller*, Kapitalmarktrecht und Unternehmenssanierung in der Insolvenz, 2016; *Hegerl/Thierhoff*, Außergerichtliche Sanierung als Alternative zum Insolvenzplan, 2000; *Heinrich*, Wirkungsvolle Gestaltung von Arbeitsbedingungen als Weichenstellung für Restrukturierung, Sanierung und Insolvenz, 2008; *Hess*, Sanierungshandbuch, 6. Aufl., 2013; *Hess/Weis*, Liquidation und Sanierung nach der InsO, 1999; *Hinrichs*, Insolvenzbewältigung durch Optionen?, 2002; *Hohlbein*, Sanierung insolventer Unternehmen durch Private Equity, 2010; *Kautzsch*, Unternehmenssanierung im Insolvenzverfahren, 2001; *Koblitz*, Betriebsübergang in der Insolvenz, 2008; *Korch*, Probleme und Aspekte der freien Sanierung von Unternehmen im Spannungsfeld von Sanierungsprivilegierung und Insolvenzverschleppung, 2003; *Kriegs*, Übertragende Sanierung im Insolvenzeröffnungsverfahren, 2015; *Kübler*, Handbuch der Restrukturierung in der Insolvenz, 2. Aufl., 2015; *Leister*, Beschäftigungs- und Qualifizierungsgesellschaften als Gestaltungsmittel einer übertragenden Sanierung in der Insolvenz, 2010; *Medla*, Präventive Unternehmenssanierung im deutschen und französischen Recht, 2008; *Mönning*, Betriebsfortführung in Restrukturierung und Insolvenz, 3. Aufl., 2016; *Müller*, Verhandlungsgesteuerte Sanierung durch den prepackaged plan, 2013; *Nerlich/Kreplin*, Münchener Anwaltshandbuch Insolvenz und Sanierung, 3. Aufl. 2019; *Pape*, Sanierungsgutachten, 2016; *Patzschke*, Reorganisation der Kapitalgesellschaften im Insolvenzverfahren, 2000; *Paulus/Knecht*, Gerichtliche Sanierung, 2018; *Portisch*, Sanierung und Insolvenz aus Bankensicht, 2010; *Robbe-Grillet*, Planmäßige Sanierung nach französischem und nach deutschem Insolvenzrecht, 2007; *Römermann*, Das neue Sanierungsrecht für Unternehmen, 2012; *Schlicht*, Die Rechtsträgersanierung und Eigenverwaltung der zweigliedrigen „typischen" GmbH & Co. KG nach dem ESUG, 2014; *Schlicker/Maus/Uhlenbruck*, Die Unternehmensinsolvenz nach der Insolvenzordnung, 1997; *A. Schmidt*, Sanierungsrecht, 2. Aufl., 2019; *Schulz*, Restrukturierungspraxis, 2010; *von Spee*, Gesellschafter im Reorganisationsverfahren, 2014; *Spieker*, Die Unternehmensveräußerung in der Insolvenz, Diss. Bonn 2001; *Strümpell*, Die übertragende Sanierung innerhalb und außerhalb der Insolvenz, 2006; *Theiselmann* (Hrsg.), Praxishandbuch des Restrukturierungsrechts, 3. Aufl., 2017; *Thiehoff/Müller*, Unternehmenssanierung, 2. Aufl., 2016; *Vennemann*, Unternehmenssanierung in der Insolvenz, 2007; *Weber*, Betriebswirtschaftliche Fragen des Insolvenzplans, der übertragenden Sanierung und der Liquidation, 2010; *Weisemann/Smid*, Handbuch der Unternehmensinsolvenz, 1999; *Wimmer*, Unternehmenssanierung mittels Transfergesellschaften, 2011.

§ 31: Sanierung

A. Überblick[1]

413 Die bisherige Darstellung hat sich im Wesentlichen mit der Liquidation befasst, also mit der Zerschlagung des Unternehmens (durch Einzelveräußerung der Aktiva und Befriedigung der Gläubiger aus dem Verwertungserlös) und der gleichzeitigen Liquidation des Unternehmensträgers, sofern es sich bei dem Schuldner um eine Gesellschaft handelt (→ Rdnr. 158 ff.). Dieses Abwicklungsverfahren ist aber nicht die einzige denkbare Reaktion auf die Insolvenz des Schuldners. Es kommt vielmehr auch in Betracht, das Unternehmen des Schuldners, ggf. auch mit dem Unternehmensträger den Schuldner selbst zu retten, indem es saniert und fortgeführt wird[2]. Die Insolvenzordnung erkennt in § 1 S. 1 den **Erhalt des Unternehmens als gleichrangiges Verfahrensziel** an (→ Rdnr. 4)[3]. Dieses Ziel ist vor allem deshalb

---

[1] Einführend *Bork*, ZIP 2010, 397 ff.
[2] Instruktive Beispiele aus der Praxis bei *Friedhoff*, ZIP 2002, 497 ff.; *Wellensiek*, ZGR 1999, 234 ff.; vgl. ferner *Heinrich*, FS Greiner, 2005, S. 111 ff.; *Paulus*, ZGR 2005, 309 ff.; *Rattunde*, AnwBl. 2007, 241 ff.; *ders.*, ZIP 2003, 2103 ff.; *ders.* in: Smid (Hrsg.), Neue Fragen des deutschen und internationalen Insolvenzrechts, 2006, 58 ff.
[3] Abl. *Heese*, JZ 2018, 179, 180.

in Erwägung zu ziehen, weil die Sanierung dazu führen kann, dass wenigstens ein Teil der bedrohten Arbeitsplätze gerettet wird und dem Wettbewerb ein (gesundeter) Marktteilnehmer erhalten bleibt. Außerdem bekommen die Gläubiger bei Fortbestand eines lebenden Unternehmens regelmäßig eine höhere Quote als bei dessen Zerschlagung in Einzelteile[4].

414 Der Erhalt des Unternehmens ist – neben der Gläubigerbefriedigung – ein Verfahrens*ziel*[5]. Das *Mittel* dazu ist die **Sanierung**[6] oder „Reorganisation"[7]. Dieser Begriff umfasst alle Maßnahmen zur Gesundung und Erhaltung eines Unternehmens. Saniert werden soll dabei in erster Linie das Unternehmen. Ob gleichzeitig auch der Unternehmensträger, also der Schuldner, saniert werden kann, ist eine zweite Frage. Es ist durchaus denkbar, dass das sanierte Unternehmen am Ende durch den Schuldner fortgeführt wird, mag es sich bei diesem um eine natürliche Person oder eine Gesellschaft handeln. Die Gläubiger sollen in diesem Fall aus den Erträgen befriedigt werden, die das sanierte Unternehmen erwirtschaftet. In der Praxis wird das sanierte Unternehmen allerdings sehr viel häufiger auf einen neuen Unternehmensträger übertragen. Die Gläubiger werden dabei aus dem Verwertungserlös befriedigt, und der bisherige Unternehmensträger wird, wenn es sich um eine Gesellschaft handelt, liquidiert. Man spricht in diesem Fall von einer übertragenden Sanierung bzw. von einer sanierenden Liquidation (→ Rdnr. 434 ff.).

414a Die Sanierung eines Unternehmens(-trägers) kann außerhalb eines Insolvenzverfahrens von den Beteiligten ausgehandelt und vertraglich vereinbart werden. Ein geordnetes Sanierungsverfahren stellt das deutsche Recht aber derzeit nur im Rahmen eines Insolvenzverfahrens zur Verfügung. Ein **vorinsolvenzliches Sanierungsverfahren**[8] kennt das deutsche Recht nicht. Es wird aber von der Praxis vermehrt gefordert und – angehalten durch Arbeiten an einer EU-Richtlinie – vom Gesetzgeber vorbereitet.

---

[4] *BGH* NJW 1997, 524, 525.
[5] Kritisch *Buchalik*, ZInsO 2015, 484 ff.
[6] Zum Begriff s. *Bergner*, FS Wimmer, 2017, S. 63 ff.
[7] Dieser Begriff hat seinen Ursprung in Chapter 11 des U.S. Bankruptcy Code (→ Rdnr. 366) und bezeichnet die Sanierung innerhalb eines gesetzlich geregelten Insolvenzverfahrens; vgl. ausf. *Flessner*, 33 ff.
[8] Dazu u.a. *Braun*, Die vorinsolvenzliche Sanierung von Unternehmen, 2015; *Heßel*, Das vorinsolvenzliche Sanierungsverfahren, 2016; *Hüttinger*, Instrumente zur vorinsolvenzlichen Sanierung des Unternehmensträgers, 2015.

B. Ursachen- und Schwachstellenanalyse

Ob ein Unternehmen saniert werden kann oder nicht, hängt zum einen von den Ursachen der Insolvenz und zum anderen von der Bereitschaft aller Beteiligten ab, an der Rettung des Unternehmens mitzuwirken. Erforderlich ist deshalb zunächst eine umfassende betriebswirtschaftliche Ursachen- und Schwachstellenanalyse[9]. Diese muss sich mit den **Marktverhältnissen** befassen, also überlegen, ob es überhaupt einen Markt für die von dem Unternehmen angebotenen Waren oder Dienstleitungen gibt. Jede Sanierung ist sinnlos, wenn die Produkte des Unternehmens auch nach der Sanierung keine Absatzchancen haben, weil ein Bedarf nicht besteht oder von der in- und ausländischen Konkurrenz dauerhaft befriedigt wird. In diesem Fall bleibt nur die Liquidation. Ist das Unternehmen nur mit einem Teil seiner Produkte wettbewerbsfähig, muss der Geschäftsbetrieb eingeschränkt werden, was zur Folge hat, dass die Zahl der Beschäftigten erheblich reduziert werden muss.

415

Dasselbe wird in der Regel eine Analyse der **Fixkosten** ergeben, zu denen Mieten, Energiekosten, Verwaltungskosten und vor allem die Lohn- und Lohnnebenkosten gehören. Diese Faktoren beeinflussen die Rentabilität eines Unternehmens in ganz erheblichem Maße. Bei fast allen insolventen Unternehmen sind sie viel zu hoch. Das bedeutet, dass im Zuge einer Sanierung die Betriebsorganisation erheblich gestrafft werden muss, was wiederum mit der Entlassung von Arbeitnehmern einhergeht.

416

Die Sanierungsfähigkeit hängt sodann wesentlich von den **Ressourcen** ab, über die das Unternehmen verfügt. Dazu ist zum Beispiel zu fragen, über welche Kapitalausstattung das Unternehmen verfügt, auf welchem Stand der Technik sich die Produktion befindet, welche Kapazitäten zur Verfügung stehen, wie die Führungsstrukturen beschaffen sind oder wie die Mitarbeiter ausgebildet und motiviert sind. In dieser Hinsicht kann sich sehr unterschiedlicher Handlungsbedarf ergeben. Häufig wird es erforderlich sein, dem Unternehmen Eigenkapital zuzuführen, wozu sich alte und eventuell aufzunehmende neue Gesellschafter freilich nur bereit erklären werden, wenn eine Sanierung Aussicht auf Erfolg hat (→ Rdnr. 428). Außerdem kommen Umstrukturierungen, der Abbau von Überkapazitäten und die Modernisierung der Betriebsmittel in Betracht. Dazu bedarf es wenigstens einer Zwischenfinanzierung durch Sanierungs-

417

---

[9] Vgl. dazu ausf. *Holzer*, NZI 2005, 308 ff.; *Risse*, KTS 1994, 465 ff.

kredite (→ Rdnr. 430), und im Übrigen wird die Sanierung auch hier in nicht unerheblichem Maße zu Lasten der Arbeitnehmer gehen (→ Rdnr. 432).

C. Verfahren

418 Aus den vorstehenden Überlegungen hat sich bereits ergeben, dass die Sanierung in erster Linie eine unternehmerische Aufgabe ist, deren Bewältigung sehr vom Einzelfall abhängt. Das Insolvenzrecht kann das Sanierungsverfahren deshalb nicht in allen Einzelheiten regeln, sondern nur einen rechtlichen Rahmen zur Verfügung stellen, der eine sinnvolle Verfahrensgestaltung ermöglicht. Die folgenden Ausführungen werden sich deshalb auf die Darstellung der insolvenzrechtlichen Sanierungsinstrumente beschränken.

I. Prüfung der Fortführungsmöglichkeit

419 Dem Insolvenzgericht steht bereits **im Eröffnungsverfahren** die Möglichkeit zur Verfügung, die Sanierungsfähigkeit des Unternehmens prüfen zu lassen. Es kann einen vorläufigen Insolvenzverwalter bestellen (§ 21 Abs. 2 S. 1 Nr. 1 InsO; → Rdnr. 125 ff.). Dieser hat, wenn auch ein allgemeines Verfügungsverbot beschlossen wurde (§ 21 Abs. 2 S. 1 Nr. 2 InsO), die Aufgabe, das Unternehmen bis zur Entscheidung über den Eröffnungsantrag fortzuführen (§ 22 Abs. 1 S. 2 Nr. 2 InsO). Außerdem kann er als Sachverständiger beauftragt werden, die Aussichten für eine Fortführung des Unternehmens zu prüfen (§ 22 Abs. 1 S. 2 Nr. 3 InsO).

420 **Nach der Eröffnung** des Insolvenzverfahrens ist es Aufgabe des Insolvenzverwalters, die Sanierungsfähigkeit des Unternehmens zu prüfen, denn er hat im Berichtstermin darzulegen, ob Aussichten bestehen, das Unternehmen des Schuldners im Ganzen oder in Teilen zu erhalten (§ 156 Abs. 1 S. 2 InsO). Da der Berichtstermin spätestens drei Monate nach der Verfahrenseröffnung stattfinden muss (§ 29 Abs. 1 Nr. 1, 2. Hs. InsO), steht für die Prüfung nicht sehr viel Zeit zur Verfügung.

421 Die Zeit ist schon deshalb knapp, weil es in der Praxis nicht immer ganz leicht ist, an die erforderlichen **Informationen** heranzukommen[10]. Häufig liegt der letzte Jahresabschluss lange zurück und ist dazu noch, wie seine Vorgänger,

---

[10] Vgl. zum Folgenden *Risse*, KTS 1994, 465, 469 f.

manipuliert. Es gibt keine aussagefähige und aktuelle Buchführung („Waschkorbbuchhaltung") und keine brauchbare Unternehmensplanung. Kostenrechnung und Marktforschung sind nicht vorhanden oder unzureichend. Sachkundige Mitarbeiter sind bereits abgewandert. Häufig bleibt als Auskunftsperson nur der Schuldner, und im Übrigen muss sich der (vorläufige) Insolvenzverwalter mit seinen Mitarbeitern selbst einarbeiten (s. auch Rdnr. 113 ff.).

II. Kompetenzen

Die Entscheidung, ob die Sanierung versucht werden soll, legt das Gesetz in die Hände der **Gläubiger** (§ 157 InsO). Das ist richtig, weil es nicht sicher ist, ob die Sanierung wirklich zu einer höheren Quote für die Gläubiger führt als die Liquidation, so dass die Gläubiger darüber befinden müssen, ob sie diesen Weg beschreiten wollen. Außerdem müssen sie festlegen, ob die Sanierung auf der Basis eines Insolvenzplanes versucht werden soll oder ob der Insolvenzverwalter nach den allgemeinen Regeln vorgehen soll (→ Rdnr. 424). **422**

Die Sanierung selbst ist dann regelmäßig Aufgabe des **Insolvenzverwalters**[11]. Er muss besonders erfahren und qualifiziert sein, denn er ist jetzt weniger Zwangsvollstreckungsorgan als vielmehr Unternehmer. Den Vorschriften über die Auswahl, die Überwachung und die Haftung des Insolvenzverwalters (→ Rdnr. 65 ff.) kommt daher in diesem Zusammenhang besondere Bedeutung zu. **423**

III. Insolvenzplan als Sanierungsinstrument

Die bei Rdnr. 415 ff. angedeuteten Problemfelder lassen schon erkennen, dass ein Unternehmensträger in der Regel nur durch ein **Zusammenwirken aller Betroffenen** saniert werden kann. Erforderlich ist, dass die Gläubiger wenigstens eine Zeit lang stillhalten, damit die Sanierungsaussichten geprüft werden können. Soll die Sanierung gelingen, wird es mit einer Stundung freilich nicht getan sein, sondern es werden zumindest die Großgläubiger zum Gelingen beitragen müs- **424**

---

[11] Denkbar ist auch die Sanierung durch den Schuldner selbst im Rahmen einer Eigenverwaltung unter Aufsicht eines Sachwalters (§§ 270, 274 InsO; → Rdnr. 464 ff.). Sie kann sinnvoll sein, wenn das Unternehmen von den besonderen persönlichen Fähigkeiten des Schuldners profitieren kann, der Schuldner also beispielsweise ein guter Handwerker, aber ein schlechter Kaufmann ist. Allein wird er das Unternehmen allerdings sicher nicht sanieren können. – Zur eigenverwaltenden Sanierung im sog. „Schutzschirmverfahren" nach § 270b InsO → Rdnr. 468.

sen, indem sie auf einen Teil ihrer Forderungen verzichten. Das gilt auch und gerade für die absonderungsberechtigten Gläubiger, denen außerdem zugemutet werden muss, auf die Verwertung der Sicherheiten vorläufig zu verzichten, damit das Sicherungsgut für die Unternehmensfortführung zur Verfügung steht (→ Rdnr. 427). Anderenfalls würde der organisatorische Verbund des Unternehmens zerschlagen und damit der Erhalt des Unternehmens von vornherein vereitelt. Auch von den Arbeitnehmern werden große Opfer verlangt. Damit aber wenigstens ein Teil der Arbeitsplätze gerettet werden kann, muss von den Arbeitnehmervertretungen verlangt werden, dass sie sich an den nötigen Umstrukturierungsmaßnahmen konstruktiv beteiligen (→ Rdnr. 432). Schließlich müssen Geldgeber gefunden werden, die bereit sind, in das Unternehmen zu investieren oder jedenfalls für die Zeit der Sanierung eine Zwischenfinanzierung zur Verfügung zu stellen (→ Rdnr. 428 ff.).

425 Der **Insolvenzplan** kann ein geeignetes Instrument sein, um die unterschiedlichen Interessen zu einem angemessenen Ausgleich zu bringen und das erforderliche Zusammenwirken in einen rechtlichen Rahmen zu fassen[12]. Das Planverfahren ist zwar einerseits nicht das einzige Sanierungsinstrument[13] und andererseits nicht auf die Sanierung beschränkt, wird aber bei der Sanierung seine größte Bedeutung entfalten (→ Rdnr. 367). Das kommt nicht nur in § 1 S. 1 InsO zum Ausdruck, sondern auch in §§ 229 f. InsO, die an einen Sanierungsplan besondere Anforderungen stellen. So verlangt § 229 InsO, dass dem Sanierungsplan, der natürlich das Sanierungskonzept ausführlich darlegen muss (→ Rdnr. 373 f.), eine Vermögensübersicht und ein Ergebnis- und Finanzplan beizufügen sind, aus dem sich ersehen lässt, welche Aufwendungen und Erträge künftig zu erwarten sind und wie die Zahlungsfähigkeit des Unternehmens gewährleistet werden soll. Soll der Schuldner das Unternehmen fortführen, so muss er dazu vorab seine Bereitschaft erklären (§ 230 Abs. 1 InsO). Dasselbe gilt, wenn der Plan vorsieht, dass sich Gläubiger an der unternehmenstragenden Gesellschaft beteiligen sollen (§ 230 Abs. 2 InsO).

---

[12] Vgl. *Fritze*, DZWIR 2007, 89 ff. – Ausführlich zu den Einzelheiten von Planinhalt und Planverfahren Rdnr. 365 ff., 387 ff.

[13] Zur übertragenden Sanierung s. u. Rdnr. 434 ff. Zum „Dual-Track-Verfahren", bei dem Insolvenzplan und übertragende Sanierung parallel ausgehandelt werden, um so die optimale Lösung zu finden, s. *Nerlich*, FS Prütting, 2018, S. 717 ff.

IV. Einzelne Maßnahmen

Jede Sanierung wird natürlich begünstigt, wenn der Insolvenzantrag rechtzeitig gestellt wurde und wenn möglichst viel Aktivvermögen vorhanden ist, das für die Sanierung eingesetzt werden kann. Deshalb sind alle Vorschriften des Insolvenzrechts, die ganz allgemein auf einen frühzeitigen Insolvenzantrag und eine möglichst große Insolvenzmasse abzielen (→ Rdnr. 11), auch für das Sanierungsverfahren von Bedeutung. Das gilt in besonderem Maße für die Regelungen über das „Schutzschirmverfahren" nach § 270b InsO (→ Rdnr. 468). Darüber hinaus gibt es sanierungstypische Maßnahmen, auf deren insolvenzrechtliche Handhabung im Folgenden kurz eingegangen werden soll.

426

1. Sicherung des Unternehmensbestandes

Sanierungsbemühungen sind von vornherein zum Scheitern verurteilt, wenn der Insolvenzverwalter das Unternehmen schon deshalb nicht fortführen kann, weil ihm die dafür erforderlichen Ressourcen entzogen werden. Die Insolvenzordnung versucht deshalb, den organisatorischen Verbund des Unternehmens wenigstens vorläufig zu sichern. Dieser Gedanke liegt beispielsweise § 112 InsO zugrunde, der einem Vermieter in der Insolvenz des Mieters die Kündigung des Mietvertrages erschwert (→ Rdnr. 205 f.), oder § 107 Abs. 2 InsO, der dem Insolvenzverwalter bis zum Berichtstermin Zeit lässt, um zu entscheiden, ob er einen Kaufvertrag erfüllen will, bei dem der Verkäufer an den Schuldner unter Eigentumsvorbehalt geleistet hat (→ Rdnr. 198). Außerdem gehören hierher §§ 166, 172 InsO, die die Verwertung von Sicherungsgut in die Hand des Insolvenzverwalters legen, so dass die gesicherten Gläubiger für die Unternehmensfortführung benötigte Gegenstände nicht zu Verwertungszwecken herausverlangen können (→ Rdnr. 298, 301). Auch die Möglichkeit, die Zwangsversteigerung von Grundstücken vorläufig einstellen zu lassen (→ Rdnr. 299), dient der Sicherung des Unternehmensbestandes. Schließlich kann die Insolvenzanfechtung sanierungsfördernd wirken[14].

427

---

[14] Vgl. *Bork*, FS Runkel, 2009, S. 241 ff.

2. Kapitalzufuhr

428 Soll ein Unternehmen saniert werden, so braucht es Kapital. Denn wie der Umstand, dass der Schuldner zahlungsunfähig und/oder überschuldet ist, zeigt, ist das vorhandene Kapital entweder aufgezehrt oder es war von vornherein nicht in ausreichendem Maße vorhanden. Das Unternehmen braucht daher neues **Eigenkapital**[15]. Dazu wird häufig ein „Kapitalschnitt"[16] erforderlich sein. Dieser besteht zunächst aus einer nominellen Kapitalherabsetzung, mit der deklaratorisch zum Ausdruck gebracht wird, dass das ursprüngliche Eigenkapital zum Ausgleich von Wertminderungen oder Verlusten aufgebraucht ist und im Falle einer Liquidation endgültig nicht mehr an die Gesellschafter zurückgezahlt werden kann[17]. Kennzeichnend für den Kapitalschnitt ist, dass die Kapitalherabsetzung von einer effektiven Kapitalerhöhung begleitet wird (die freilich auch ohne gleichzeitige Kapitalherabsetzung möglich ist[18]). Durch die Kapitalerhöhung werden neue Gesellschaftsanteile geschaffen, die von den bisherigen Gesellschaftern oder Dritten gegen Leistung der Stammeinlage übernommen werden können[19].

429 Beispiel: Ist das in der Satzung ausgewiesene Stammkapital einer GmbH von 500.000 € bis auf 50.000 € aufgezehrt, so kann es durch Satzungsänderung im Wege der nominellen Kapitalherabsetzung auf 50.000 € reduziert werden (§§ 58a ff. GmbHG). Eine Ausschüttung an die bisherigen Gesellschafter findet nicht statt. Zugleich kann eine Kapitalerhöhung um 450.000 € beschlossen werden. Das Stammkapital beträgt dann wieder 500.000 €. Der GmbH fließen aber auf die neuen Geschäftsanteile 450.000 € als Einlage zu[20]. Ob sich jemand zur Beteiligung an der GmbH bereit findet, hängt wesentlich davon ab, wie überzeugend das Sanierungskonzept begründet ist, denn in ein insolventes Unternehmen wird nur derjenige erstmalig oder zusätzlich investieren, der zuversichtlich sein kann, dass als Rendite auf das investierte Kapital irgendwann auch einmal Gewinne ausgeschüttet werden können.

430 Bis ein sanierungsfähiges Unternehmen wieder auf eigenen Füßen stehen kann, ist eine erhebliche „Durststrecke" zu überwinden, die finanziert sein will. Der Insolvenzverwalter braucht, um das Unter-

---

[15] *Gerig/Meller/Nientkewitz*, ZIP 2017, 2029 ff. Zur Unterscheidung zwischen Eigenkapital und Fremdkapital vgl. nur *K. Schmidt*, GesR, § 18 II 2.
[16] Dazu *Hirte*, ZInsO 1999, 616 ff.
[17] Vgl. zu den Einzelheiten §§ 229 ff. AktG, 58a ff. GmbHG. Bei Personengesellschaften ist in der Regel eine Änderung des Gesellschaftsvertrages erforderlich.
[18] Vgl. dazu *Müller*, ZGR 2004, 842 ff.
[19] Vgl. näher §§ 182 ff. AktG, 55 GmbHG.
[20] Vgl. auch die Beispiele bei *K. Schmidt*, GesR, §§ 29 III 1, 37 V.

nehmen fortführen und sanieren zu können, liquide Mittel in Form von Sanierungskrediten, die ihm als **Fremdkapital** zur Verfügung gestellt werden müssen. Die Kreditinstitute werden zu (weiteren) Darlehen aber nur bereit sein, wenn eine gesicherte Aussicht besteht, dass die Kredite auch zurückgezahlt werden. Da die vorhandenen Vermögenswerte des Unternehmens im Allgemeinen mit Absonderungsrechten belastet sind, kann der Insolvenzverwalter in den seltensten Fällen dingliche Sicherheiten anbieten. Es ist für die Darlehensgeber auch nur ein schwacher Trost, dass es sich bei Darlehen, die vom „starken" vorläufigen Insolvenzverwalter oder vom Insolvenzverwalter aufgenommen werden, um Masseverbindlichkeiten handelt (§ 55 Abs. 1 Nr. 1, Abs. 2 InsO), denn auch deren Erfüllung ist nur gesichert, wenn dafür genügend Masse zur Verfügung steht (→ Rdnr. 325 ff.). Eine Lösung kann hier allenfalls der „Kreditrahmen" nach § 264 InsO bieten, der die Privilegierung von Darlehensgebern ermöglicht, wenn in einem Insolvenzplan die Überwachung des Schuldners nach der Aufhebung des Verfahrens vorgesehen ist (→ Rdnr. 410).

Wird das Fremdkapital von einem Gesellschafter zur Verfügung gestellt, so handelt es sich um ein **Gesellschafterdarlehen**, das in der Insolvenz eine Sonderbehandlung erfährt (→ Rdnr. 265). Insofern ist zunächst zu berücksichtigen, dass einige Sanierungsdarlehen durch § 39 Abs. 4 S. 2 InsO von den Regeln über Gesellschafterdarlehen freigestellt sind. Nur wo dieses Sanierungsprivileg nicht eingreift (etwa weil kein Anteilserwerb vorliegt), ist zu unterscheiden: Hat der Gesellschafter den Sanierungskredit *vor dem Antrag auf Eröffnung des Insolvenzverfahrens* gewährt, so ist er mit dem Rückzahlungsanspruch nachrangiger Insolvenzgläubiger nach § 39 Abs. 1 Nr. 5 InsO[21]. Ist das Gesellschafter-Darlehen *nach Antragstellung* von einem „starken" vorläufigen Insolvenzverwalter (→ Rdnr. 125) oder nach Verfahrenseröffnung vom Insolvenzverwalter aufgenommen worden, so handelt es sich, wenn die Sanierung misslingt, um eine Masseforderung nach §§ 55 Abs. 1 Nr. 1, Abs. 2 InsO[22]. Misslingt die Sanierung erst nach Aufhebung des Verfahrens, so ist der Gesellschafter mit seinem Darlehensanspruch in einem zweiten Insolvenzverfahren wieder nachrangiger Insolvenzgläubiger. Hat der Gesellschafter das Darlehen erst *nach Aufhebung des Insolvenzverfahrens* gewährt, so kann es nach § 264 Abs. 3 InsO nicht in den Kreditrahmen aufgenommen werden[23].

431

---

[21] Vgl. zum alten Recht *BGHZ* 105, 168, 175.
[22] A. M. wohl *Ulmer*, in: Kübler (Hrsg.), Neuordnung des Insolvenzrechts, 1989, 119, 125 f. – In der Praxis wird allerdings der Insolvenzverwalter mit dem Gesellschafter den Nachrang vereinbaren (§ 39 Abs. 2 InsO).
[23] Vgl. dazu *Kämpfer*, 150 ff.

3. Umstrukturierungen

432 Die nötigen Strukturmaßnahmen, insbesondere die Stilllegung von Betrieben oder Betriebsteilen, gehen regelmäßig mit einem erheblichen Abbau des Personalbestandes einher. Wie in Rdnr. 208 ff. ausführlich dargestellt, nimmt das Gesetz auf die Interessen der Arbeitnehmer besondere Rücksicht, stellt aber zugleich auch das Instrumentarium zur Verfügung, um die erforderlichen organisatorischen und personellen Einschnitte effizient durchsetzen zu können, wenn eine einvernehmliche Lösung scheitert.

§ 32: Übertragende Sanierung

433 **Literatur:** Vgl. Rdnr. 412.

A. Grundgedanke

434 Wie zu Rdnr. 414 dargestellt, kann die Sanierung des Unternehmens zugleich zur Sanierung des Schuldners als Unternehmensträger führen. In der Praxis wird sehr viel häufiger die übertragende Sanierung gewählt, die als gleichwertige Verwertungsmöglichkeit neben der Liquidation und der Sanierung steht[1]. Die übertragende Sanierung ist dadurch gekennzeichnet, dass das Unternehmen (oder ein selbstständiger Teil davon) auf einen anderen Rechtsträger übertragen wird. Dabei kann es sich um eine eigens zu diesem Zweck gegründete Auffanggesellschaft handeln, aber auch um einen Konkurrenten, um einen anderen Unternehmer, der seinen Geschäftsbereich erweitern möchte, oder das bisherige Management, das das Unternehmen künftig auf eigene Rechnung fortführen will (sog. „Management-buy-out"). Der Kaufpreis für das übertragene Unternehmen wird als Verwertungserlös an die Gläubiger des bisherigen Unternehmensträgers verteilt. Handelt es sich bei dem bisherigen Unternehmensträger um eine Gesellschaft, so wird diese liquidiert (→ Rdnr. 158 ff.), weshalb

---

[1] Allg. dazu *Arend/Hofert-von Weiss*, BB 2009, 1538 ff.; *Bülow*, DZWIR 2005, 192 ff.; *Falk/Schäfer*, ZIP 2004, 1337 ff.; *Fröhlich/Köchling*, ZInsO 2005, 1121 ff.; *Hagebusch/Oberle*, NZI 2006, 618 ff.; *Kluth*, NZI 2002, 1 ff.; *Köchling*, ZInsO 2009, 641 ff.; *Menke*, BB 2003, 1133 ff.; *Müller-Feldhammer*, ZIP 2003, 2186 ff.; *Noack/Bunke*, KTS 2005, 129 ff.; *Piepenburg*, FS Greiner, 2005, S. 271 ff.; *Schmerbach/Staufenbiel*, ZInsO 2009, 458 ff.; *Wellensiek/Flitsch*, FS Ganter, 2010, S. 63 ff.; *Zipperer*, NZI 2008, 206 ff.

man auch von einer „sanierenden Liquidation" sprechen kann: Das im Wege der Übertragung zu sanierende Unternehmen wird vom zu liquidierenden Unternehmensträger getrennt.

B. Preisfindung

Das Grundproblem der übertragenden Sanierung besteht darin, den richtigen Kaufpreis für das zu übertragende Unternehmen zu finden. Da nämlich den Gläubigern des Schuldners mit dem Unternehmen der wesentliche Teil der Insolvenzmasse genommen wird, kann die übertragende Sanierung als Verwertungsform nur akzeptiert werden, wenn als Kaufpreis **wenigstens der Zerschlagungswert** in die Insolvenzmasse fließt, der Kaufpreis also nicht geringer ist als diejenige Summe, die sich im Wege der Einzelliquidation erlösen ließe[2]. Weitergehend wird man verlangen müssen, dass durch die Übertragung ein Kaufpreis erzielt wird, der dem Umstand Rechnung trägt, dass ein saniertes, überlebensfähiges Unternehmen erworben wird. Der Insolvenzverwalter kann sich daher nicht mit dem Zerschlagungswert begnügen, sondern er muss versuchen, den **Fortführungswert** zu erreichen[3]. **435**

Das Gesetz, das die übertragende Sanierung nicht umfassend regelt, enthält in §§ 160 ff. InsO für die Preisfindung verschiedene Sicherungsmaßnahmen. Zunächst sieht § 160 Abs. 2 Nr. 1 InsO die **Mitwirkung des Gläubigerausschusses** vor. Ist ein Gläubigerausschuss nicht bestellt, muss die Gläubigerversammlung zustimmen (§ 160 Abs. 1 S. 2 InsO). Verkauft der Insolvenzverwalter das Unternehmen, ohne die Zustimmung des Gläubigerausschusses einzuholen, so ist die Veräußerung zwar wirksam (§ 164 InsO; → Rdnr. 67). Er macht sich aber schadensersatzpflichtig, wenn ihm nachgewiesen werden kann, dass er das Unternehmen nicht zu einem angemessenen Preis veräußert hat (→ Rdnr. 345). **436**

Droht eine Veräußerung unter Wert, so können der Schuldner oder eine qualifizierte Gläubigermehrheit[4] beim Insolvenzgericht die Anordnung beantragen, dass die Veräußerung nur mit **Zustimmung** **437**

---

[2] Vgl. *K. Schmidt*, in: Leipold (Hrsg.), Insolvenzrecht im Umbruch, 1991, 67, 75.
[3] Vgl. zum Fortführungswert oben Rdnr. 111; zur „due diligence" *Fiebig/Undritz*, MDR 2003, 254 ff.
[4] Erforderlich ist ein Antrag von mindestens fünf Gläubigern, deren Absonderungsrechte und Forderungen zusammen mindestens ein Fünftel aller Absonderungsrechte und Insolvenzforderungen ausmachen (§§ 163 Abs. 1, 75 Abs. 1 Nr. 3 InsO).

der **Gläubigerversammlung** zulässig ist (§ 163 InsO). Dazu muss glaubhaft gemacht werden, dass eine Veräußerung an einen anderen Erwerber für die Insolvenzmasse günstiger wäre, wobei es nicht nur auf den Preis, sondern auch auf die Zahlungsmodalitäten (Fälligkeit, Risiko einer Stundung etc.) ankommt[5].

438 Wegen dieser Sonderregelung kommt § 161 S.2 InsO bei der Betriebsveräußerung nur geringe Bedeutung zu. Diese Norm sieht vor, dass das Insolvenzgericht die Umsetzung der vom Insolvenzverwalter geplanten und vom *Gläubigerausschuss* bewilligten Maßnahme **vorläufig untersagen** und eine Beschlussfassung der *Gläubigerversammlung* herbeiführen kann[6]. Der Unterschied zwischen § 161 S.2 InsO und § 163 InsO liegt darin, dass in den Fällen des § 161 InsO die Zulässigkeitsvoraussetzungen vorliegen, aber die Umsetzung der zulässigen Maßnahme angehalten wird, während der Beschluss der Gläubigerversammlung in § 163 InsO Zulässigkeitsvoraussetzung ist. Für die Praxis macht das keinen Unterschied.

439 Besondere Skepsis ist angebracht, wenn das Unternehmen ganz oder teilweise an **besonders Interessierte** veräußert werden soll. Darunter versteht das Gesetz Erwerber (oder an der erwerbenden Gesellschaft zu mindestens einem Fünftel beteiligte Personen[7]), die dem Schuldner i.S.v. § 138 InsO nahestehen (→ Rdnr. 259)[8], außerdem nicht nachrangige Gläubiger, deren Forderungen und Absonderungsrechte mindestens ein Fünftel aller Absonderungsrechte und Insolvenzforderungen ausmachen (§ 162 Abs.1 InsO). In diesem Fall bedarf die Veräußerung nicht nur der Zustimmung des Gläubigerausschusses (→ Rdnr. 436), sondern auch der Zustimmung der Gläubigerversammlung. Diese Regelung beruht auf der Vermutung, dass der bei

---

[5] Begr. zu § 182 RegE, BT-Drs. 12/2443, 175. – Die Glaubhaftmachung wird häufig die Einschaltung eines Sachverständigen erfordern, dessen Kosten der Antragsteller aus der Insolvenzmasse verlangen kann, wenn das Gericht die beantragte Anordnung beschließt (§ 163 Abs.2 InsO).

[6] Vgl. dazu *Hilzinger*, ZInsO 1999, 560 ff. Erforderlich ist auch hier ein Antrag des Schuldners oder ein Antrag von mindestens fünf Gläubigern, deren Absonderungsrechte und Forderungen zusammen mindestens ein Fünftel aller Absonderungsrechte und Insolvenzforderungen ausmachen.

[7] Die Beteiligung durch abhängige Gesellschaften wird zugerechnet (§ 162 Abs.2 InsO).

[8] Das trifft etwa zu, wenn das Unternehmen von bisherigen Gesellschaftern der Schuldnerin oder deren Management gekauft wird (sei es direkt, sei es über eine Auffanggesellschaft; → Rdnr. 434). In der Praxis wird ein solcher Erwerb häufig vor dem Insolvenzantrag oder jedenfalls noch im Antragsverfahren unterschriftsreif vorverhandelt und dann durch den Insolvenzverwalter nach Verfahrenseröffnung (und ggf. auf der Grundlage eines vorbereiteten Insolvenzplans) durchgeführt. Man spricht dann auch von einem „*pre-pack*"-Verfahren. Vgl. dazu etwa *Dammann*, FS Graf-Schlicker, 2018, S.245 ff.; *Müller* (Rdnr. 412).

§ 32: Übertragende Sanierung

der Veräußerung an „Insider" erzielte Preis nicht dem Marktpreis entspricht, weil diese Personen besondere Informations- und Einflussmöglichkeiten haben[9]. Die Mitwirkung der Gläubigerversammlung soll deshalb dazu beitragen, dass die Preisfindung transparent und zugleich legitimiert wird.

C. Durchführung

Während die Gläubiger darüber entscheiden, *ob* auf diese Weise verwertet werden soll (→ Rdnr. 436 ff.), ist die Durchführung der übertragenden Sanierung grundsätzlich Sache des Insolvenzverwalters[10]. Allerdings kann die Gläubigerversammlung den Insolvenzverwalter auch hier beauftragen, einen **Insolvenzplan** auszuarbeiten und die übertragende Sanierung auf der Grundlage eines solchen Plans durchzuführen, was den allseitigen Interessenausgleich gewährleisten und die Entscheidung zusätzlich legitimieren kann (→ Rdnr. 424 f.). **440**

Ein Insolvenzplan bietet sich vor allem deshalb an, weil es mit der bloßen Übertragungsentscheidung nicht getan ist. Vielmehr ist zu bedenken, dass der Übertragung regelmäßig die **Sanierung** vorausgehen muss, weil der Erwerber nur selten bereit sein wird, für das Unternehmen viel zu zahlen, wenn es noch saniert werden muss[11]. Für diese Sanierung gelten grundsätzlich die allgemeinen Regeln, so dass auf die Ausführungen zu Rdnr. 413 ff. verwiesen werden kann. **441**

Dass das Unternehmen hier aus einem Insolvenzverfahren heraus veräußert wird, ändert grundsätzlich nichts an dem **Bestandsschutz für die Arbeitsverhältnisse** nach § 613a BGB. Die Vorschrift gilt auch in der Insolvenz, so dass der Erwerber mit dem Betriebsübergang kraft Gesetzes in die dem übernommenen Betrieb oder Betriebsteil zuzuordnenden Arbeitsverhältnisse eintritt (→ Rdnr. 217). **442**

Der Erwerber muss hingegen nicht nach **§ 25 HGB** für die Schulden des bisherigen Unternehmensträgers einstehen. Denn abgesehen davon, dass diese Haftung durch Änderung der Firma oder Eintragung eines Haftungsausschlusses ins Handelsregister vermieden werden könnte (§ 25 Abs. 2 und 3 HGB), ist heute anerkannt, dass § 25 HGB nicht eingreift, wenn das Unternehmen durch einen Insolvenz- **443**

---

[9] Begr. zu § 181 RegE; BT-Drs. 12/2443, 174.
[10] Vgl. bereits Rdnr. 423.
[11] Immerhin sind nach § 128 InsO die Vorschriften der §§ 125–127 InsO über den Interessenausgleich und den Kündigungsschutz auch für den Fall anwendbar, dass eine Betriebsänderung erst nach der Betriebsveräußerung durchgeführt werden soll.

verwalter veräußert wird[12]. Die Vorschrift geht davon aus, dass ein Unternehmen mit allen Aktiva und Passiva übertragen wird. Sie passt daher bei der übertragenden Sanierung nicht, da der Insolvenzverwalter nur die Aktiva überträgt.

444 Damit übereinstimmend ist in § 75 Abs. 2 AO bestimmt, dass der Betriebsübernehmer nicht nach **§ 75 Abs. 1 AO** für die Betriebssteuern haftet, wenn er den Betrieb aus der Insolvenzmasse erworben hat.

---

[12] *BGHZ* 104, 151, 153; *BGH* ZIP 2014, 29 Rdnr. 17 ff.; *BAG* ZIP 2007, 386 Rdnr. 7 ff.; NJW 1980, 1124, 1126; *Baur/Stürner*[12], Rdnr. 9.40; Jaeger-*Henckel*, § 35 Rdnr. 30. – Die bloße materielle Insolvenz reicht aber nicht, *BGH* ZIP 2006, 367 Rdnr. 14.

10. Teil

Restschuldbefreiung

Literatur: *Ahnert*, Verbraucherinsolvenz und Restschuldbefreiung, 1998; *Döbereiner*, Die Restschuldbefreiung nach der Insolvenzordnung, 1997; *Eckhardt*, Die Restschuldbefreiung, Diss. Köln 2006; *Forsblad*, Restschuldbefreiung und Verbraucherinsolvenz im künftigen deutschen Insolvenzrecht, 1997; *Fuchs*, Nationale und internationale Aspekte des Restschuldbefreiungs-Tourismus, 2015; *Gold*, Verbraucherinsolvenz- und Restschuldbefreiungsverfahren versus pacta sunt servanda, 2006; *Graf Schlicker/Livonius*, Restschuldbefreiung und Verbraucherinsolvenz nach der InsO, 1999; *Hess/Obermüller*, Insolvenzplan, Restschuldbefreiung und Verbraucherinsolvenz, 3. Aufl., 2003; *Heyer*, Verbraucherinsolvenzverfahren und Restschuldbefreiung, 1997; *ders.*, Restschuldbefreiung im Insolvenzverfahren, 2004; *ders.*, Restschuldbefreiung und Verbraucherinsolvenz in der Praxis, 3. Aufl., 2016; *Hoffmann*, Verbraucherinsolvenz und Restschuldbefreiung, 2. Aufl., 2002; *Koch*, Der vorläufige Treuhänder im Entschuldungsverfahren, 2011; *Köhler*, Entschuldung und Rehabilitierung vermögensloser Personen im Verbraucherinsolvenzverfahren, 2003; *Kolbe*, Deliktische Forderungen und Restschuldbefreiung, 2009; *Kothe*, Das Restschuldbefreiungsverfahren, 1999; *Kohte/Ahrens/Grote/Busch*, Verfahrenskostenstundung, Restschuldbefreiung und Verbraucherinsolvenzverfahren, 7. Aufl. 2015; *Laroche*, Entschuldung natürlicher Personen und Restschuldbefreiung nach deutschem und niederländischem Recht, 2003; *Lehmann*, Erbrechtlicher Erwerb im Insolvenz- und Restschuldbefreiungsverfahren, 2007; *Mattern*, Die Reformierung des Restschuldbefreiungsverfahrens unter Einbeziehung des Stundungsverfahrens, Diss. Münster 2006; *Napoletano*, Privatinsolvenz und Restschuldbefreiung: Fresh Start oder „bürgerlicher Tod"?, 2012; *Neuner/Raab*, Verbraucherinsolvenz und Restschuldbefreiung, 2001; *Philipp*, Vorgänger der Restschuldbefreiung nach heutigem Insolvenzrecht, 2006; *Preuß*, Verbraucherinsolvenzverfahren und Restschuldbefreiung, 1999; *Prziklang*, Verbraucherinsolvenz und Restschuldbefreiung, 2000; *Reill-Ruppe*, Anspruch und Wirklichkeit des Restschuldbefreiungsverfahrens, 2013; *Rothammer*, Die insolvenzrechtliche Restschuldbefreiung, 2008; *Schulte*, Die europäische Restschuldbefreiung, 2001; *Schwede*, Restschuldbefreiung für Verbraucher, 2006; *Trendelenburg*, Restschuldbefreiung, 2000; *Wagner*, Verbraucherinsolvenz und Restschuldbefreiungsverfahren, 1999.

445

10. Teil: Restschuldbefreiung

§ 33: Überblick

A. Grundgedanke

446 Im normalen Liquidationsverfahren behalten die Gläubiger das Recht, ihre Forderungen, soweit sie im Insolvenzverfahren nicht befriedigt worden sind, nach dessen Abschluss weiter gegen den Schuldner geltend zu machen (§ 201 InsO; → Rdnr. 359). Dieses unbeschränkte Nachforderungsrecht hat häufig zur Folge, dass der Schuldner nicht in der Lage ist, sich wieder eine dauerhaft gesicherte wirtschaftliche Existenz zu schaffen. Deshalb erhebt § 1 S. 2 InsO die Restschuldbefreiung ausdrücklich zu einem eigenständigen Verfahrensziel[1]. Dieses Ziel kann auf zwei Wegen erreicht werden: nach den gesetzlichen Vorschriften über die Restschuldbefreiung (§§ 286 ff. InsO) oder durch einen Insolvenzplan. Das *gesetzliche Restschuldbefreiungsverfahren*, das im Jahre 2013 erheblich überarbeitet wurde (→ Rdnr. 23), setzt keine Zustimmung der Gläubiger voraus[2]. Vielmehr wird vor allem verlangt, dass der Schuldner ab Eröffnung des Insolvenzverfahrens sechs Jahre lang den pfändbaren Teil seines Arbeitseinkommens zur Befriedigung seiner Gläubiger zur Verfügung stellt (→ Rdnr. 450). In einem *Insolvenzplan* kann die Restschuldbefreiung beliebig geregelt werden, solange der Schuldner nicht schlechter gestellt wird, als er im gesetzlichen Restschuldbefreiungsverfahren stünde (→ Rdnr. 396).

B. Begünstigter Personenkreis

447 Nach § 286 InsO kann dem Schuldner nur dann Restschuldbefreiung gewährt werden, wenn es sich um eine natürliche Person handelt.

---

[1] Vgl. dazu *Adam*, DZWIR 2006, 495 ff.; *Ahrens*, VuR 2000, 8 ff.; *Anlauf*, DZWIR 2007, 146 ff.; *Pape*, ZInsO 2017, 2717 ff.; *Vallender*, FS Gerhardt, 2004, S. 999 ff.; *ders.*, JuS 2004, 665 ff. – Vorbild war vor allem die *discharge* nach Chapter 13 des U.S. Bankruptcy Code; vgl. dazu *Ackmann*, KTS 1986, 555 ff. Zu Regelungen in anderen Ländern der EU s. *Ehricke*, ZVI 2005, 285 ff.; *Fuchs* (Rdnr. 445); *Mock*, KTS 2013, 423 ff.; *Schönen*, ZVI 2009, 229 ff. und 2010, 81 ff.; zu den historischen Vorläufern *Stephan*, FS Görg, 2010, S. 473 ff.

[2] Verfassungsrechtliche Bedenken dagegen bei *Christmann*, DGVZ 1992, 177 ff.; *Smid*, in: Leipold (Hrsg.), Insolvenzrecht im Umbruch, 1991, 149 ff. – Das *BVerfG* hat Vorlagen zu dieser Frage (*AG München* NZI 2004, 456 [*Sesemann*]; ZVI 2003, 546; ZInsO 2002, 994) bisher nicht zur Entscheidung angenommen: *BVerfG* ZInsO 2006, 317 (*Grote*); 2004, 339; 2003, 176; dazu *Ahrens*, ZVI 2004, 69 ff.; 2003, 509 ff.; ZInsO 2003, 197 ff.; *Kocher*, DZWIR 2004, 187 ff.; *Pape*, ZInsO 2004, 314 ff.; 2002, 951 ff.; *Prütting/Stickelbrock*, ZVI 2002, 305 ff.; *Roellenbleg*, NZI 2004, 176 ff.; *Schilz*, ZVI 2002, 447 ff.

§ 33: Überblick

Juristische Personen und Gesellschaften ohne Rechtspersönlichkeit werden im Insolvenzverfahren entweder liquidiert (→ Rdnr. 158 ff.) oder saniert (→ Rdnr. 413 ff.), so dass für eine Restschuldbefreiung kein Anlass besteht. Das Gesetz unterscheidet bei den natürlichen Personen nicht danach, ob es sich um Unternehmer oder Verbraucher handelt. Die Restschuldbefreiung können Einzelkaufleute ebenso erlangen wie persönlich haftende Gesellschafter oder einfache Verbraucher[3]. Allerdings müssen all diese Personen Schuldner in einem über ihr eigenes Vermögen geführten Insolvenzverfahren sein[4].

C. Voraussetzungen

Nach § 1 S. 2 InsO wird (nur) dem redlichen Schuldner Gelegenheit gegeben, sich von seinen restlichen Verbindlichkeiten zu befreien. In § 290 Abs. 1 InsO wird näher definiert, was unter dieser **Redlichkeit** zu verstehen ist[5]. Nach dieser Vorschrift muss das Insolvenzgericht die Restschuldbefreiung bei nicht nur unwesentlichen Verstößen[6] versagen, und zwar ohne dass es auf eine durch sie verursachte konkrete Gläubigerbenachteiligung ankäme[7],

448

– wenn der Schuldner in den letzten fünf Jahren vor dem Insolvenzantrag oder nach diesem Antrag rechtskräftig[8] wegen einer Insolvenzstraftat zu einer Geldstrafe von mindestens 90 Tagessätzen oder einer Freiheitsstrafe von mindestens 3 Monaten verurteilt ist (Nr. 1)[9],

---

[3] Allerdings sehen §§ 304 ff. InsO für Verbraucher ein besonderes Schuldenbereinigungsverfahren vor (→ Rdnr. 477 ff.), so dass die Restschuldbefreiung nach dem gesetzlichen Konzept nur subsidiäre Bedeutung haben sollte. In der Praxis funktioniert das aber nicht, weil sich die Gläubiger im Hinblick auf die sechsjährige Wohlverhaltensperiode, von der sie sich noch zusätzlichen Ertrag versprechen, auf eine außergerichtliche Schuldenbereinigung in der Regel nicht einlassen.
[4] Keine Restschuldbefreiung also für die mithaftende Ehefrau im Insolvenzverfahren über das Vermögen des Mannes oder für den persönlich haftenden Gesellschafter im Insolvenzverfahren über das Vermögen der Gesellschaft; vgl. Begr. zu § 235 RegE, BT-Drs. 12/2443, 189.
[5] Überblicke bei *Ahrens*, ZVI 2011, 273, 276 ff.; *Schmerbach*, NZI 2005, 521, 522 ff.
[6] BGH ZInsO 2005, 146.
[7] BGH ZInsO 2011, 1223 Rdnr. 5; 2011, 835 Rdnr. 3; 2009, 2215 Rdnr. 5; 2009, 395 Rdnr. 7 ff. Vgl. aber auch bei Fn. 15.
[8] Die Rechtskraft muss bis zum Ablauf der Abtretungserklärung eingetreten sein, *BGH* ZInsO 2013, 1093 Rdnr. 8 ff.
[9] Vgl. *BGH* ZInsO 2014, 1675 Rdnr. 10; 2012, 543 Rdnr. 5 ff.; 2011, 834 Rdnr. 4; 2010, 629 Rdnr. 5 ff. (dazu *R. Paulus*, ZInsO 2010, 1366, 1370 ff.); 2003, 125 f.; *Röhm*, DZWIR 2003, 143 ff.; *Weiß*, ZInsO 2012, 1058 ff.

– wenn er sich in den letzten drei Jahren vor dem Eröffnungsantrag oder nach diesem Antrag, aber vor dem Schlusstermin[10], vorsätzlich oder grob fahrlässig durch unrichtige oder unvollständige schriftliche Angaben Kredite oder öffentliche Leistungen erschlichen hat (Nr. 2)[11],
– wenn er in den letzten drei Jahren vor dem Insolvenzantrag oder nach diesem Antrag vorsätzlich oder grob fahrlässig die Befriedigung der Insolvenzgläubiger dadurch beeinträchtigt hat, dass er unangemessene Verbindlichkeiten begründet oder Vermögen verschwendet[12] oder ohne Aussicht auf Besserung seiner wirtschaftlichen Lage die Eröffnung des Insolvenzverfahrens verzögert hat (Nr. 4),
– wenn er vorsätzlich oder grob fahrlässig seine insolvenzrechtlichen[13] Auskunfts- und Mitwirkungspflichten verletzt hat (Nr. 5)[14],
– wenn er in einem Verbraucherinsolvenzverfahren unrichtige oder unvollständige Angaben gemacht hat (Nr. 6)[15] oder
– wenn er schuldhaft seiner Erwerbsobliegenheit nach § 287b InsO (→ Rdnr. 450) nicht nachkommt (Nr. 7).

Ist der Tatbestand erfüllt, kommt eine spätere *Heilung*, etwa durch Berichtigung von Falschangaben i. S. v. § 290 Abs. 1 Nr. 2, grundsätzlich nicht in Betracht[16]. Etwas anderes gilt in den Fällen des § 290 Abs. 1 Nr. 5, wenn der Schuldner die unterlassene Auskunft nachholt, bevor sein Verhalten aufgedeckt und ein Versagungsantrag gestellt ist, weil

---

[10] *BGH* ZInsO 2012, 192 Rdnr. 6 ff.
[11] Dazu *BGH* ZInsO 2011, 301 Rdnr. 6 ff.; 2010, 1058 Rdnr. 12 f.; 2008, 157 Rdnr. 5 ff.; 2006, 601 Rdnr. 5 ff.; 2006, 265 Rdnr. 5 ff.; 2005, 926 f.; 2003, 610 (dazu *Urban*, ZVI 2003, 386 ff.).
[12] S. *BGH* ZInsO 2016, 34 Rdnr. 14; 2013, 1484 Rdnr. 7 ff.; 2011, 1471 Rdnr. 6 ff.; 2009, 1506 Rdnr. 3; 2009, 732 Rdnr. 10 f.- Ob diese Vermögensverschwendung nach §§ 129 ff. InsO anfechtbar ist, ist dafür irrelevant, *BGH* ZInsO 2013, 1484 Rdnr. 12.
[13] Vertraglich übernommene Pflichten gehören nicht hierher, *BGH* ZInsO 2018, 1509 Rdnr. 7 ff.
[14] *BGH* ZInsO 2018, 1508 Rdnr. 7; 2017, 1270 Nr. 8 f.; 2016, 2097 Rdnr. 2 ff.; 2016, 34 Rdnr. 7 ff.; 2015, 1790 Rdnr. 8; 2013, 1095 Rdnr. 17 ff.; 2013, 38 Rdnr. 4; 2012, 751 Rdnr. 13 ff.; 2011, 1412 Rdnr. 4; 2011, 836 Rdnr. 5 ff.; 2011, 396 Rdnr. 2 ff.; 2010, 2101 Rdnr. 4 ff.; 2010, 477 Rdnr. 5 ff.; 2009, 2162 Rdnr. 3; 2009, 734 Rdnr. 2 ff.; 2009, 300 Rdnr. 6 ff.; 2008, 1278 Rdnr. 7 ff.; 2008, 975 Rdnr. 8 f.; 2007, 96 Rdnr. 5; 2005, 265; 2003, 413, 415 (*Grote*); NZI 2013, 904 Rdnr. 6 ff. (*Harder*); ZIP 2011, 133 Rdnr. 5 f.; 2010, 1042 Rdnr. 8 f.; *Demme*, NZI 2010, 710 ff.; *Vallender*, ZVI 2003, 253 ff.
[15] Vgl. *BGH* ZInsO 2013, 99 Rdnr. 6/10; 2011, 835 Rdnr. 3; 2010, 2148 Rdnr. 2 ff.; 2010, 631 Rdnr. 15; 2009, 1459 Rdnr. 5 ff.; 2007, 446 Rdnr. 3 f.; NJW-RR 2004, 1639; ZVI 2004, 756, 757.
[16] *BGH* ZInsO 2008, 753 Rdnr. 4.

die Obliegenheitsverletzung dann die Gläubigerinteressen letztlich nicht beeinträchtigt hat, so dass eine Versagung der Restschuldbefreiung unverhältnismäßig wäre[17].

Hingegen wird **keine Mindestquote** verlangt. Die Restschuldbefreiung setzt nicht voraus, dass die Gläubiger im Insolvenzverfahren eine Mindestquote erhalten haben oder während des Restschuldbefreiungsverfahrens erhalten können[18], da die Restschuldbefreiung selbst dann zulässig ist, wenn das Insolvenzverfahren nach § 211 InsO wegen Masseunzulänglichkeit eingestellt worden ist (§ 289 InsO)[19]. Allerdings bestimmt § 300 Abs. 1 Nr. 2 InsO, dass die Restschuldbefreiung schon nach Ablauf von drei Jahren nach der Verfahrenseröffnung erteilt wird, wenn der Schuldner bis dahin auf die Insolvenzforderungen mindestens 35 % gezahlt hat[20].

449

Außerdem muss der Schuldner während einer sog. **Wohlverhaltensperiode** bestimmte Obliegenheiten beachten. Dazu gehört als erstes, dass er den pfändbaren Teil seines Arbeitseinkommens für die Dauer von sechs Jahren[21] ab der Eröffnung des Insolvenzverfahrens (sog. Abtretungsfrist) an einen vom Gericht zu bestellenden Treuhänder abtritt (§ 287 Abs. 2 InsO; → Rdnr. 454, 458)[22]. Einkünfte aus selbstständiger Tätigkeit sind in entsprechendem Umfang an den Treuhänder abzuliefern (§ 295 Abs. 2 InsO)[23]. Sodann muss der Schuldner besondere Obliegenheiten beachten. Dazu gehört vor allem, dass er eine angemessene *Erwerbstätigkeit* ausübt bzw. sich um eine solche bemüht. Diese Obliegenheit folgt – auch für selbstständig Tätige[24] – für die Zeit von der Verfahrenseröffnung bis zur Aufhebung des

450

---

[17] *BGH* ZIP 2011, 133 Rdnr. 6; 2010, 1042 Rdnr. 15; ZInsO 2011, 1223 Rdnr. 5; 2011, 447 Rdnr. 2; 2010, 2148 Rdnr. 7; 2010, 684 Rdnr. 6 (dazu *R. Paulus*, ZInsO 2010, 1366 ff.); 2009, 1954 Rdnr. 9, 11.

[18] *OLG Stuttgart* NZI 2002, 563.

[19] Dazu *BGH* ZVI 2009, 346 Rdnr. 3; *Voigt*, ZInsO 2002, 569 ff.; vgl. auch Rdnr. 454.

[20] Näher *Frind*, ZInsO 2017, 814 ff.; *Kluth*, NZI 2014, 801 ff.; *Möhlers*, ZInsO 2015, 1603 ff.

[21] Vgl. aber Rdnr. 452.

[22] Abtretungsausschlüsse sind nach § 287 Abs. 3 InsO unwirksam, Aufrechnungen unzulässig (§ 294 Abs. 3 InsO); dazu *BGHZ* 163, 391, 392 ff. – Zur „stillen" Zession s. *BGH* ZInsO 2014, 687 Rdnr. 3.

[23] Dazu *BVerfG* ZIP 2017, 433 Rdnr. 19; *BGH* ZInsO 2016, 593 Rdnr. 10, 26 f.; 2014, 47 Rdnr. 7 ff.; 2013, 405 Rdnr. 9 ff.; 2012, 1488 Rdnr. 6 ff.; 2011, 2101 Rdnr. 9; 2011, 1301 Rdnr. 6 ff.; 2009, 1217 Rdnr. 4 f.; *Grote*, ZInsO 2004, 1105 ff.; *Harder*, NZI 2013, 521 ff.; *Trendelenburg*, ZInsO 2000, 437 ff. – Die Abtretungserklärung erstreckt sich auf diese Einkünfte nicht, *BGH* ZInsO 2010, 59 Rdnr. 7 ff.

[24] Ausf. *Kolodzik*, ZVI 2016, 337 ff. – Anders für die Zeit vor dem 1.7.2014; vgl. *BGH* ZInsO 2013, 1586 Rdnr. 6 ff.

Insolvenzverfahrens aus § 287b InsO und für die Zeit danach²⁵ aus §§ 295 Abs. 1 Nr. 1, Abs. 2 InsO²⁶. Auf dieser Obliegenheit, bei der strenge Maßstäbe anzulegen sind²⁷, besteht das Gesetz deshalb, weil der Schuldner während der Wohlverhaltensperiode seine Gläubiger weiter befriedigen soll.

451 Außerdem wird von dem Schuldner verlangt, dass er *Vermögen*, das er nach Aufhebung des Verfahrens von Todes wegen²⁸ oder mit Rücksicht auf ein künftiges Erbrecht²⁹ erwirbt, zur Hälfte an den Treuhänder herausgibt (§ 295 Abs. 1 Nr. 2 InsO)³⁰. Sonstiges Vermögen (Schenkungen, Lottogewinn etc.) kann er hingegen behalten, wenn es ihm nach Abschluss des Insolvenzverfahrens, aber während der Wohlverhaltensperiode zufällt³¹. Der Schuldner darf die Gläubiger nicht direkt befriedigen, sondern er muss ab Aufhebung des Insolvenzverfahrens (→ Rdnr. 450) *an den Treuhänder leisten* und darf keinem Gläubiger einen Sondervorteil verschaffen (§ 295 Abs. 1 Nr. 4

---

[25] *BGH* ZInsO 2013, 625 Rdnr. 5; 2010, 345 Rdnr. 9 ff.; 2009, 299 Rdnr. 7 ff. Das gilt auch für die Pflicht, an den Treuhänder zu leisten (→ Rdnr. 451), *BGH* ZInsO 2010, 380 Rdnr. 10.

[26] Vgl. *Wenzel*, NZI 1999, 15 ff.

[27] „Anzunehmen ist z. B. auch eine berufsfremde Arbeit, eine auswärtige Arbeit, notfalls auch eine Aushilfs- oder Gelegenheitstätigkeit. Der Erwerbslose muss sich selbst um eine Arbeitsstelle bemühen und nicht nur für das Arbeitsamt seine Arbeitskraft vorhalten. Allerdings ist auf Pflichten des Schuldners gegenüber seinen Familienangehörigen Rücksicht zu nehmen; z. B. kann es einer Mutter mit Kleinkindern unzumutbar sein, eine Erwerbstätigkeit auszuüben." (Begr. zu § 244 RegE, BT-Drs. 12/2443, 192). – Vgl. zu den Details der Erwerbsobliegenheit auch *BGH* ZInsO 2011, 1301 Rdnr. 16 ff. (Pflicht zur fortlaufenden Bewerbungen); 2010, 1558 Rdnr. 9 ff. (Straffälligkeit während der Wohlverhaltensperiode); 2018, 787 Rdnr. 12, 2010, 393 Rdnr. 5 und 2009, 1217 Rdnr. 5 (Teilzeittätigkeit genügt im Allgemeinen nicht); 2010, 105 Rdnr. 9 f. (Kinderbetreuung); 2009, 734 Rdnr. 2 (Pflicht zur Wahl der günstigsten Steuerklasse); für Studierende s. *AG Göttingen* ZInsO 2002, 385, 386.

[28] Zum Pflichtteilsanspruch *BGH* ZInsO 2009, 1831 Rdnr. 9; 2009, 1461 Rdnr. 8 f.; 2009, 299 Rdnr. 14 f.

[29] Hierunter fällt auch alles, was nach dem Willen der Parteien den Erwerb von Todes wegen ersetzen soll (Beispiele: Grundstücksübertragung, um Erbschaftssteuer zu sparen; Übergabe des Hofes an den Hoferben; Übertragung des Unternehmens an den „Juniorchef").

[30] *BGH* ZInsO 2013, 307 Rdnr. 6 ff.; ZIP 2010, 1610 Rdnr. 4 ff.; *Grunsky/Kupka*, NZI 2013, 465 ff.; *Regefus*, ZInsO 2015, 726 ff.; *Wienke*, ZVI 2017, 92 ff. – Erbausschlagung bleibt aber möglich, *BGH* ZInsO 2009, 1461 Rdnr. 10 ff.

[31] Das gilt beispielsweise nicht für Steuererstattungsansprüche, die sich auf den Zeitraum des Insolvenzverfahrens beziehen. Sie sind als aufschiebend bedingte Ansprüche Bestandteile der Masse (→ Rdnr. 145). Zwar werden sie von der Abtretungserklärung nach § 287 Abs. 2 InsO nicht erfasst. Die Erstattung löst aber eine Nachtragsverteilung aus (→ Rdnr. 351), vgl. *BGHZ* 163, 391, 393; *BGH* ZIP 2006, 340 Rdnr. 5 ff.; *BFH* ZVI 2007, 137 f.

InsO). Damit soll der Grundsatz der Gleichbehandlung der Gläubiger auch für die Wohlverhaltensperiode gesichert werden[32]. Schließlich treffen ihn *Informationspflichten*: Er muss jeden Wohnsitzwechsel anzeigen[33], darf herauszugebendes Vermögen nicht verheimlichen[34] und muss auf Verlangen Auskunft erteilen (§ 295 Abs. 1 Nr. 3 InsO)[35].

Eine **vorzeitige Erteilung** der Restschuldbefreiung ist durch Insolvenzplan (→ Rdnr. 383) oder gemäß § 300 InsO[36] in vier Fällen möglich: **452**

- sofort, wenn kein einziger Gläubiger eine Forderung angemeldet hat und die Verfahrenskosten sowie die sonstigen Masseverbindlichkeiten berichtigt sind (§ 300 Abs. 1 S. 2 Nr. 1 InsO);
- sofort, wenn alle Gläubiger vollständig befriedigt und die Verfahrenskosten sowie die sonstigen Masseverbindlichkeiten berichtigt sind (§ 300 Abs. 1 S. 2 Nr. 1 InsO)[37];
- nach drei Jahren, wenn die angemeldeten Forderungen zu 35 % befriedigt sind (§ 300 Abs. 1 S. 2 Nr. 2, Abs. 2 InsO; → Rdnr. 449);
- nach fünf Jahren, wenn die Verfahrenskosten beglichen sind (§ 300 Abs. 1 S. 2 Nr. 3 InsO).

§ 34: Verfahren

Literatur: → Rdnr. 445. **453**

Die Restschuldbefreiung setzt einen **Antrag des Schuldners** voraus (§ 287 Abs. 1 S. 1 InsO), dem die Erklärung beizufügen ist, dass der pfändbare Teil des Arbeitseinkommens für die Zeit von sechs Jahren nach Eröffnung des Insolvenzverfahrens abgetreten werde (§ 287 Abs. 2 InsO)[1]. Der Antrag soll mit dem Antrag auf Eröffnung des **454**

---

[32] Vgl. auch Rdnr. 458.
[33] *BGH* ZInsO 2013, 1310 Rdnr. 12 ff.; 2010, 1291 Rdnr. 9 ff.
[34] Dazu *BGH* ZInsO 2018, 2049 Rdnr. 7; 2013, 625 Rdnr. 6; 2013, 405 Rdnr. 8; 2009, 2212 Rdnr. 9 ff.
[35] Zu den Grenzen der Erforderlichkeit s. *BVerfG* ZIP 2017, 433 Rdnr. 20 ff.
[36] Näher dazu *Blankenburg/Godzierz*, ZInsO 2014, 1361 ff.; *Henning*, ZVI 2014, 219 ff.; *Jäger*, ZVI 2014, 223 ff.; *Waltenberger*, ZInsO 2014, 808 ff. Zum früheren Recht s. *BGH* ZInsO 2015, 691 Rdnr. 10 ff.
[37] *BGH* ZInsO 2016, 2357 Rdnr. 3 ff.
[1] Dabei handelt es sich nicht um das Angebot zu einem Abtretungsvertrag mit dem Treuhänder i. S. v. § 398 BGB, sondern um eine Prozesshandlung, deren Abgabe den Forderungsübergang kraft Gesetzes bewirkt, *BGH* ZIP 2006, 1651 Rdnr. 13. – Fehlt die Erklärung, muss das Insolvenzgericht dem Schuldner im Verbraucherinsolvenzverfahren gemäß § 305 Abs. 3 InsO eine Frist setzen, binnen deren die Abtretungserklärung nachzureichen ist, *BGH* ZInsO 2009, 51 Rdnr. 5 ff.

Insolvenzverfahrens verbunden werden (§ 287 Abs. 1 S. 1 InsO)[2] und ist spätestens zwei Wochen nach der gemäß § 20 Abs. 2 InsO[3] erfolgenden Belehrung zu stellen (§ 287 Abs. 1 S. 2 InsO). Versäumt der Schuldner diese Frist[4], kann er die Präklusion nicht dadurch vermeiden, dass er den Insolvenzantrag zurücknimmt und einen neuen stellt, dem er dann einen Restschuldbefreiungsantrag beifügt[5]. Wird das Insolvenzverfahren auf Gläubigerantrag hin eröffnet[6] oder mangels Masse nicht eröffnet[7] (§ 26 InsO) oder wieder eingestellt (§ 207 InsO), findet ein Restschuldbefreiungsverfahren nicht statt[8], es sei denn, der Schuldner ist nicht ordnungsgemäß gemäß § 20 Abs. 2 InsO belehrt worden[9].

455 Die **Zulässigkeit des Antrags** richtet sich über das vorstehend Ausgeführte hinaus nach § 287a Abs. 2 InsO. Diese Norm will verhindern, dass sich Schuldner wiederholt durch Restschuldbefreiung entschulden. Deshalb bestimmt § 287a Abs. 2 Nr. 1 InsO, dass ein Restschuldbefreiungsantrag frühestens zehn Jahre nach der letzten Erteilung und fünf Jahre nach der letzten Versagung der auf § 297 InsO (→ Rdnr. 459) gestützten Restschuldbefreiung gestellt werden kann. Ist die Restschuldbefreiung in einem früheren Verfahren nach §§ 290 Abs. 1 Nr. 5–7, 296, 297a InsO (→ Rdnr. 448, 459) versagt worden, so beträgt die Sperrfrist drei Jahre[10].

456 Gemäß § 287a InsO soll das Gericht, sofern das Insolvenzverfahren eröffnungsreif ist, noch vor der Eröffnung eine **Eingangsentschei-**

---

[2] Daraus ergibt sich, dass eine Restschuldbefreiung stets einen Eröffnungsantrag des *Schuldners* voraussetzt, *BGHZ* 162, 181, 183; *BGH* ZInsO 2008, 1138 Rdnr. 6; 2004, 974, 975 m. w. N.; NZI 2004, 511 f.; *Heyer*, ZInsO 2002, 59 ff.; *Pape*, NZI 2004, 543 ff.; *Schmahl*, ZInsO 2002, 212 ff. Hat also ein Gläubiger das Insolvenzverfahren beantragt, muss der Schuldner sich anschließen, wenn er Restschuldbefreiung haben will, worauf er gemäß § 20 Abs. 2 InsO vom Insolvenzgericht hinzuweisen ist; vgl. dazu u. a. *BGH* ZInsO 2009, 1171 Rdnr. 5 f.; *Foerste*, ZInsO 2009, 319 ff.
[3] Dazu *BGH* ZInsO 2016, 2086 Rdnr. 9 ff.; 2011, 837 Rdnr. 10.
[4] Sie bezieht sich freilich nur auf den Restschuldbefreiungsantrag, nicht auf die im Falle eines Gläubigerantrages vom Gericht gesetzte Frist zur Stellung eines Eigenantrags; vgl. *BGH* ZInsO 2008, 1138 Rdnr. 7; 2008, 924 Rdnr. 15.
[5] *BGH* ZInsO 2006, 821 Rdnr. 7 ff.; vgl. auch *BGH* ZInsO 2006, 99; *Büttner*, ZVI 2007, 229 ff.; *Hackländer*, ZInsO 2008, 1308 ff.
[6] *BGH* ZIP 2015, 186 Rdnr. 8 ff.
[7] Das kommt nur in Betracht, wenn die Massekosten nicht gestundet werden können (→ Rdnr. 121). Vgl. auch *BGH* ZInsO 2014, 1758 Rdnr. 4; 2006, 99 Rdnr. 14.
[8] Hingegen kann die Restschuldbefreiung erteilt werden, wenn das Verfahren wegen Masseunzulänglichkeit (§ 208 InsO) eingestellt wird (→ Rdnr. 449).
[9] *BGH* ZInsO 2015, 2579 Rdnr. 7 ff.; 2015, 1734 Rdnr. 20; 2015, 1103 Rdnr. 9.
[10] Hingegen ist der Antrag zulässig, wenn im ersten Insolvenzverfahren die Kostenstundung mangels Mitwirkung des Schuldners aufgehoben und dann das Insolvenzverfahren mangels Masse eingestellt worden ist, *BGH* ZInsO 2017, 1444 Rdnr. 7 ff.

dung erlassen, in der dem Schuldner die Restschuldbefreiung dadurch angekündigt wird, dass das Gericht feststellt, unter welchen Voraussetzungen er die Restschuldbefreiung erlangen kann[11].

Die **Versagung** der Restschuldbefreiung[12] erfolgt gemäß § 290 InsO nach dem Schlusstermin wegen mangelnder Redlichkeit des Schuldners (→ Rdnr. 448) und setzt voraus, dass ein Gläubiger[13] sie bis zum Schlusstermin beantragt[14] und den Versagungsgrund glaubhaft macht[15], solange er nicht unstreitig ist[16]. Die Berücksichtigung nicht vom Gläubiger vorgetragener Versagungsgründe von Amts wegen ist ebenso unzulässig[17] wie das Nachschieben von Versagungsgründen durch den Gläubiger[18]; das gilt auch im Beschwerdeverfahren. Der Schuldner kann gegen den Versagungsbeschluss sofortige Beschwerde einlegen (§ 290 Abs. 3 InsO)[19]. Lehnt das Gericht die Versagung ab, so kann diese Entscheidung von jedem Insolvenzgläubiger, der die Versagung der Restschuldbefreiung beantragt hat, mit der sofortigen Beschwerde angefochten werden (§ 290 Abs. 3 InsO). Die Versagungsentscheidung wird gemäß § 303a InsO in das Schuldnerverzeichnis nach § 882b ZPO eingetragen[20]. **457**

In der Entscheidung über die Aufhebung oder Einstellung des Insolvenzverfahrens bestimmt das Gericht den **Treuhänder** (§ 288 InsO). Dies kann der bisherige Insolvenzverwalter sein. Schuldner und Gläubiger können aber auch jede andere natürliche Person als Treuhänder vorschlagen. Durch den Bestellungsbeschluss gehen die **458**

---

[11] Ausf. dazu *Frind*, ZInsO 2013, 1448 ff.; *Streck*, ZVI 2014, 205 ff.; *Waltenberger*, ZInsO 2013, 1458 ff.

[12] Ausf. dazu *Ahrens*, ZVI 2014, 227 ff.; *Pape*, ZVI 2014, 234 ff.; *Schmerbach*, ZVI 2015, 277 ff.

[13] Maßgeblich ist, dass für den Antragsteller eine Forderung zur Tabelle angemeldet worden ist, auch wenn sie bestritten ist, *BGH* ZInsO 2015, 2233 Rdnr. 7; 2015, 947 Rdnr. 9 ff.; 2015, 108 Rdnr. 7; vgl. für die Ausfallforderung absonderungsberechtigter Gläubiger *BGH* ZInsO 2012, 2164 Rdnr. 9 ff.

[14] Ein schriftlich gestellter Antrag genügt, § 290 Abs. 2 InsO; vgl. auch *BGH* NZI 2017, 674 Rdnr. 7. Zur Rücknahme des Antrags s. *BGH* ZInsO 2010, 1495 Rdnr. 4.

[15] Dazu *BGHZ* 156, 139, 141 ff.; *BGH* ZInsO 2010, 1058 Rdnr. 6 ff.; 2007, 446 Rdnr. 2; 2006, 647 Rdnr. 3; 2003, 413, 414 (*Grote*); NZI 2006, 481 Rdnr. 8; 2005, 404. – Ist die Glaubhaftmachung gelungen, gilt für das weitere Verfahren die Amtsermittlungspflicht, *BGH* ZInsO 2013, 1484 Rdnr. 10; 2013, 1095 Rdnr. 10.

[16] *BGH* NZI 2013, 904 Rdnr. 4; ZInsO 2009, 481 Rdnr. 7; 2009, 298 Rdnr. 4; ZIP 2009, 480 Rdnr. 22; ZVI 2005, 614 Rdnr. 3.

[17] *BGH* ZInsO 2010, 1495 Rdnr. 3; 2009, 2162 Rdnr. 3; 2009, 684 Rdnr. 6; 2007, 1221 Rdnr. 3.

[18] *BGH* ZInsO 2009, 1317 Rdnr. 5; 2009, 684 Rdnr. 4 ff.; 2009, 481 Rdnr. 6; 2008, 1272 Rdnr. 9 ff.

[19] Zur Präklusion verspäteten Vorbringens s. *BGH* ZInsO 2011, 837 Rdnr. 6 ff.

[20] Näher *Heyer*, ZVI 2014, 244 ff.

Lohn- und Gehaltsforderungen, für die der Schuldner die Abtretung erklärt hat (→ Rdnr. 450), auf den Treuhänder über, der die Beträge beim Arbeitgeber einzieht und sie zusammen mit dem sonstigen abzuliefernden Vermögen (→ Rdnr. 451) einmal jährlich ausschüttet. Die auszuschüttenden Beträge werden nach Maßgabe des Schlussverzeichnisses (→ Rdnr. 350) an die Insolvenzgläubiger verteilt, sobald die gestundeten Verfahrenskosten beglichen sind (§ 292 Abs. 1 S. 2 InsO)[21]. Damit soll die Gläubigergleichbehandlung gewährleistet werden, weshalb auch Zwangsvollstreckungen einzelner Insolvenzgläubiger und Sonderabkommen mit einzelnen Gläubigern unzulässig sind (§ 294 Abs. 1 und 2 InsO)[22]. Die Neugläubiger, die ihre Ansprüche erst nach Eröffnung des Insolvenzverfahrens erworben haben, nehmen hingegen nicht an der Ausschüttung teil. Sie müssen sich an das nicht abzuliefernde Neuvermögen des Schuldners (→ Rdnr. 451) halten, wobei das Zwangsvollstreckungsverbot des § 294 Abs. 1 InsO für sie nicht gilt.

459 Eine endgültige **Versagung der Restschuldbefreiung während der Wohlverhaltensperiode** kommt in drei Fällen in Betracht[23]: Wenn der Schuldner während der Laufzeit der Abtretungserklärung schuldhaft seine Obliegenheiten verletzt hat (§ 296 InsO[24]), wenn er nachträglich wegen einer Insolvenzstraftat verurteilt wird (§ 297 InsO)[25] oder wenn die Vergütung des Treuhänders nicht gewährleistet und eine Stundung nicht bewilligt ist (§ 298 InsO)[26]. Allerdings wird die Restschuldbefreiung nicht von Amts wegen versagt[27]: In den beiden ersten Fällen bedarf es des Antrags eines Gläubigers[28], ab dessen Anhängigkeit eine Heilung der Obliegenheitsverletzung durch nachträgliches

---

[21] Zu den übrigen Massegläubigern s. *Schmidt*, ZInsO 2003, 9 ff.; *Voigt*, ZInsO 2002, 569 ff.

[22] Vgl. auch Rdnr. 451; einschränkend *Ehlenz/Wiesmeier*, InVo 2007, 93 ff.; *Schmidt*, DGVZ 2004, 49 ff. – Das Zwangsvollstreckungsverbot gilt nicht für Massegläubiger (*BGH* ZInsO 2007, 994 Rdnr. 15), wohl aber auch für Gläubiger, die nicht am Insolvenzverfahren teilnehmen (*BGH* ZInsO 2006, 872 Rdnr. 8 f.) oder von der Restschuldbefreiung nach § 302 InsO ausgenommen sind (*BGH* ZInsO 2012, 1437 Rdnr. 5 ff.), und erstreckt sich bis zur endgültigen Versagung der Restschuldbefreiung auch auf das nicht abzuliefernde Neuvermögen; vgl. Begr. zu § 243 RegE, BT-Drs. 12/2443, 191. – Zu den Konsequenzen für Aufrechnungslagen s. *AG Wittlich* ZInsO 2003, 577, 578 f. (dazu *Schmidt*, ZInsO 2003, 547, 548); MünchKomm.InsO-*Ehricke*, § 294 (alt) Rdnr. 55; Uhlenbruck-*Sternal*, § 294 Rdnr. 33 f.

[23] Ausf. *Ahrens*, ZVI 2011, 273, 282 ff.

[24] Zum Verfahren s. *BGH* ZInsO 2016, 593 Rdnr. 8 ff.

[25] Dazu *BGH* ZInsO 2014, 1675 Rdnr. 6 ff.; *Weiß*, ZInsO 2012, 1058 ff.

[26] Dazu *Lissner*, ZInsO 2015, 489 ff.; 2013, 162 ff.

[27] *BGH* ZInsO 2012, 1580 Rdnr. 3 ff.

[28] Vgl. *BGH* ZInsO 2011, 1319 Rdnr. 5 ff.

§ 34: Verfahren

Wohlverhalten des Schuldners ausgeschlossen ist[29], im letzten Fall eines Antrags des Treuhänders[30]. Der Gläubiger muss am Insolvenzverfahren teilgenommen haben[31] und hat die Obliegenheitsverletzung und eine daraus resultierende Beeinträchtigung der Gläubigerbefriedigung[32] glaubhaft zu machen (§§ 296 Abs. 1 S. 3, 297 Abs. 2 InsO)[33]. Der Schuldner hat sich zu erklären und gegebenenfalls die Richtigkeit seiner Auskunft an Eides Statt zu versichern (§ 296 Abs. 2 S. 2 InsO). Anderenfalls kann ihm die Restschuldbefreiung versagt werden, ohne dass es auf eine Schlechterstellung der Gläubiger ankäme[34]. Die Feststellungslast für die Obliegenheitsverletzung trägt aber der Gläubiger, während der Schuldner mangelndes Verschulden beweisen muss[35]. Das Gericht kann seine Entscheidung nur auf die vom Antragsteller geltend gemachten Versagungsgründe stützen[36]. Insoweit gilt im Hinblick auf die Gläubigerautonomie die Dispositionsmaxime. Wird dem Antrag stattgegeben, kann der Schuldner sofortige Beschwerde einlegen; dasselbe gilt für den Antragsteller, wenn der Antrag zurückgewiesen wird (§§ 296 Abs. 3 S. 1, 297 Abs. 2, 298 Abs. 3 InsO). Die Versagung ist öffentlich bekanntzumachen (§§ 296 Abs. 3 S. 2, 297 Abs. 2, 298 Abs. 3 InsO). Sie hat zur Folge, dass die Abtretungserklärung ihre Wirkung verliert, das Amt des Treuhänders endet und das freie Nachforderungsrecht der Gläubiger wiederauflebt (§ 299 InsO).

Wird das Verfahren nicht vorzeitig beendet, so wird es mit einer **460 Entscheidung über die Restschuldbefreiung am Ende der Wohlverhaltensperiode**[37] abgeschlossen (§ 300 Abs. 1 InsO). Auch hier gibt

---

[29] *BGH* ZInsO 2010, 685 Rdnr. 6 ff.; 2008, 920 Rdnr. 11 ff. – Unzulässig ist außerdem die Rücknahme des Restschuldbefreiungsantrages, sobald ein zulässiger Versagungsantrag gestellt ist, *BGH* ZInsO 2018, 1635 Rdnr. 6 ff.; 2016, 2343 Rdnr. 10 ff.; *Jacobi*, NZI 2016, 254 ff.; *Pape*, ZInsO 2017, 565 ff.
[30] *BGH* ZInsO 2010, 492 Rdnr. 4 ff.; 2009, 2310 Rdnr. 6 f.
[31] *BGH* ZInsO 2009, 52 Rdnr. 2.
[32] *BGH* ZInsO 2018, 787 Rdnr. 31; 2016, 593 Rdnr. 9; 2011, 2101 Rdnr. 7 f.; 2011, 978 Rdnr. 4 f.; 2010, 1558 Rdnr. 7 ff.; 2010, 1456 Rdnr. 4 f.; 2010, 391 Rdnr. 9; 2009, 2210 Rdnr. 11; 2006, 547 Rdnr. 5.
[33] Zur Glaubhaftmachung *BGH* ZInsO 2012, 1581 Rdnr. 8 f.; 2010, 1558 Rdnr. 7; 2010, 1456 Rdnr. 4; 2010, 391 Rdnr. 9 ff.
[34] Vgl. *BGH* ZInsO 2009, 2162 Rdnr. 6; 2009, 1268 Rdnr. 14; 2008, 736 Rdnr. 3; ZVI 2009, 389 Rdnr. 5; ZIP 2005, 909, 910; *Laroche*, ZInsO 2011, 946 ff.
[35] *BGH* ZInsO 2018, 787 Rdnr. 15; 2009, 2069 Rdnr. 6; *Döbereiner* (nach Lit.-Verz.), 204.
[36] *BGH* ZInsO 2010, 391 Rdnr. 11; 2007, 322 Rdnr. 8.
[37] Auch dann, wenn das Insolvenzverfahren selbst noch nicht abgeschlossen sein sollte, *BGHZ* 183, 258 Rdnr. 14 ff.; *BGH* ZInsO 2013, 1093 Rdnr. 5; 2012, 2164 Rdnr. 8; 2010, 1011 Rdnr. 9; 2010, 102 Rdnr. 14 ff.; *Büttner*, ZInsO 2010, 1025 ff. – Zur vorzeitigen Erteilung der Restschuldbefreiung vor Ablauf der sechsjährigen Wohlverhaltensperiode → Rdnr. 452.

es wieder zwei Möglichkeiten: Liegt ein bisher noch nicht geltend gemachter (und auch nicht nach §§ 296 Abs. 1 S. 2, 297 Abs. 2 InsO präkludierter) Versagungsgrund vor, so wird die Restschuldbefreiung endgültig *versagt* (§ 300 Abs. 3 InsO) mit der Folge, dass das freie Nachforderungsrecht der Gläubiger wieder auflebt. Gegen den Beschluss, der öffentlich bekanntzumachen ist, steht dem Schuldner die sofortige Beschwerde zu (§ 300 Abs. 4 S. 1 und 2 InsO). Liegt kein Versagungsgrund vor, wird die Restschuldbefreiung *erteilt*. Auch dieser Beschluss ist öffentlich bekannt zu machen (§ 300 Abs. 4 S. 1 InsO). Er kann von jedem Gläubiger, der die Versagung der Restschuldbefreiung beantragt hat, mit der sofortigen Beschwerde angefochten werden (§ 300 Abs. 4 S. 2 InsO).

461 Stellt sich nachträglich heraus, dass der Schuldner seine Obliegenheiten verletzt und dadurch die Befriedigung der Insolvenzgläubiger erheblich beeinträchtigt hat, so ist auf Antrag eines Insolvenzgläubigers der **Widerruf** der Restschuldbefreiung durch das Insolvenzgericht möglich (§ 303 InsO)[38].

462 Die **Wirkung** der Restschuldbefreiung besteht vor allem darin, dass die Forderungen der Insolvenzgläubiger[39], soweit sie nicht im Insolvenzverfahren und während der Wohlverhaltensperiode erfüllt worden sind, zu unvollkommenen Verbindlichkeiten werden (arg. § 301 Abs. 3 InsO): Sie sind erfüllbar, aber nicht mehr erzwingbar[40]. Diese Wirkung tritt ex nunc[41] gegenüber allen Insolvenzgläubigern ein, auch gegenüber solchen, die ihre Forderungen nicht zur Tabelle angemeldet haben (§ 301 Abs. 1 InsO)[42]. Zwingend[43] ausgenommen sind nur die zur Tabelle angemeldeten Ansprüche aus einer vorsätzli-

---

[38] Dazu *BGH* ZInsO 2016, 2097 Rdnr. 7 ff.; *App*, MDR 2000, 1226 f.; *Rugullis*, ZInsO 2016, 2072 ff.

[39] Richtet sich der Anspruch des Gläubigers gegen einen Dritten und nimmt er den Insolvenzschuldner nur im Wege der Gläubigeranfechtung nach dem AnfG in Anspruch, so ist er nicht Insolvenzgläubiger und sein Anfechtungsanspruch wird von der Restschuldbefreiung nicht berührt, *BGHZ* 208, 1 Rdnr. 15 ff.; *BGH* ZIP 2018, 935 Rdnr. 8 ff. Auch die Masseverbindlichkeiten fallen nicht unter die Restschuldbefreiung; vgl. etwa *BFH* ZIP 2018, 593 Rdnr. 12 ff.; krit. *Sämisch*, ZInsO 2018, 1946 ff.

[40] Vgl. *BGH* NZI 2014, 229 Rdnr. 8; *Dellit/Hamann*, ZIP 2015, 308 ff.; *Fischer*, Rpfleger 2007, 173 ff. – Hier gilt dasselbe wie beim Insolvenzplan nach § 254 Abs. 3 InsO (→ Rdnr. 401 Fn. 31).

[41] *BGH* ZInsO 2017, 1692 Rdnr. 11.

[42] Allerdings kann ein Gläubiger, dessen Anspruch im Restschuldverfahren vorsätzlich verschwiegen worden ist, Schadensersatzansprüche gegen den Schuldner aus § 826 BGB haben; vgl. *BGH* NZI 2009, 66 Rdnr. 11; *Ahrens*, NZI 2013, 721 ff.

[43] Vgl. *BGH* ZIP 2015, 1692 Rdnr. 7 ff.

chen unerlaubten Handlung des Schuldners[44], aus pflichtwidrig nicht gewährtem rückständigen Unterhalt sowie aus Steuerstraftaten, Geldstrafen und gleichgestellte Verbindlichkeiten sowie Darlehen, mit denen die Verfahrenskosten finanziert werden sollen (§ 302 InsO[45]; vgl. auch Rdnr. 382). Die Neugläubiger, die am Restschuldbefreiungsverfahren nicht teilnehmen (→ Rdnr. 458), behalten ihre Ansprüche ebenfalls. Sie können jetzt, auch wenn das Insolvenzverfahren noch nicht abgeschlossen ist, auf den Neuerwerb (→ Rdnr. 144) zugreifen (§ 300a InsO). Unberührt bleiben auch Haftungsansprüche gegen Mitschuldner und Bürgen sowie die dinglichen Sicherheiten (§ 301 Abs. 2 InsO)[46].

---

[44] Vgl. zur Reichweite *BGH* ZInsO 2013, 1589 Rdnr. 12 ff.; 2011, 1608 Rdnr. 6 ff.; 2011, 430 Rdnr. 4 ff.; 2007, 814 Rdnr. 8 ff.; NZI 2010, 615 Rdnr. 4; ausf. auch *Gaul* in: Gedächtnisschrift M. Heinze, 2005, 193 ff.; *Kolbe* (nach LitVerz.); *Pape*, InVo 2007, 303 ff./352 ff. – Für nicht angemeldete Forderungen aus unerlaubter Handlung bleibt es bei den allgemeinen Regeln, *BGH* ZInsO 2011, 244 Rdnr. 16 ff.

[45] Ausf. *Geißler*, ZInsO 2018, 1701, 1704 ff.; *Lackmann*, ZVI 2016, 177 ff.; *Pape*, ZInsO 2016, 2005 ff. – Ob die Voraussetzungen dieser Norm vorliegen, kann der Schuldner durch Widerspruch gegen die Forderungsanmeldung und der Gläubiger durch anschließenden Feststellungsprozess klären lassen, *BGH* ZInsO 2016, 918 Rdnr. 17; 2014, 236 Rdnr. 5 ff.; 2013, 2206 Rdnr. 12.

[46] Auch insoweit gilt dasselbe wie im Planverfahren nach § 254 Abs. 2 InsO (→ Rdnr. 402); vgl. etwa *Geißler*, ZInsO 2018, 1701, 1703 f.

11. Teil

Besondere Verfahren

§ 35: Eigenverwaltung

463 **Literatur:** *Cadmus*, Die Haftung der GmbH und ihres Geschäftsführers in der Eigenverwaltung, 2016; *Dietrich*, Die Eigenverwaltung als Sanierungsweg nach dem neuen Insolvenzrecht, 2002; *Finke*, Kollision von Gesellschaftsrecht und Insolvenzrecht, 2011; *Fritze*, Insolvenzplanverfahren und Eigenverwaltung, 2013; *Gulde*, Die Anordnung der Eigenverwaltung durch das Insolvenzgericht, 2005; *Hedaiat-Rad*, Der Sachwalter in der Eigenverwaltung, 2018; *Hofmann*, Die Eigenverwaltung in der Insolvenz, 2. Aufl., 2016; *Hübler*, Die Eigenverwaltung des Schuldners als Instrument zur Unternehmenssanierung im Insolvenzverfahren, 2013; *Hügel*, Die Eigenverwaltung als Modell zur Erhöhung der Insolvenzmasse, 2007; *Huhn*, Die Eigenverwaltung im Insolvenzverfahren, 2003; *Kessler*, Die Aktiengesellschaft in der Eigenverwaltung, 2006; *Koch*, Die Eigenverwaltung nach der Insolvenzordnung, 1998; *König*, Die Haftung bei der Eigenverwaltung, 2015; *Kolmann*, Schutzschirmverfahren, 2014; *Kruse*, Die Eigenverwaltung in der Insolvenz mit ihren gesellschaftsrechtlichen Bezügen, 2004; *Möhlenkamp/Andres*, Eigenverwaltung in der Insolvenz: Wann ja, wann nein?, 2013; *Rattunde*, Der Sachwalter, 2015; *Schaal*, Die Haftung der Geschäftsführungsorgane einer insolvenzrechtlich eigenverwaltenden GmbH oder AG, 2017; *Schlegel*, Die Eigenverwaltung in der Insolvenz, 1999; *Sedlak*, Das Schutzschirmverfahren, 2017; *Smid/Flöther/Wehdeking*, Die Eigenverwaltung in der Insolvenz, 2005; *Wehdeking*, Masseverwaltung durch den insolventen Schuldner, 2005.

A. Grundgedanke

464 Das Gesetz sieht für den Regelfall der Insolvenz vor, dass der Schuldner die **Verfügungsbefugnis** über sein Vermögen verliert und dass an seiner Stelle der Insolvenzverwalter handelt (→ Rdnr. 150 f.). Es kann aber auch Fälle geben, in denen es günstiger ist, dem Schuldner die Verfügungsbefugnis zu lassen, etwa weil seine Kenntnisse und Erfahrungen für die Geschäftsführung des Unternehmens unentbehrlich sind und auch nicht auf andere Weise genutzt werden können. Diesem Bedürfnis trägt das Gesetz in §§ 270 ff. InsO Rechnung, in denen es unter bestimmten Voraussetzungen die Eigenverwaltung der Insolvenzmasse durch den Schuldner ermöglicht, der dabei unter der Aufsicht eines Sachwalters steht[1].

Eine vergleichbare Regelung findet sich für die **Zwangsverwaltung** von landwirtschaftlichen, forstwirtschaftlichen und gärtnerischen Grundstücken seit jeher in § 150b ZVG, der die Zwangsverwaltung durch den Schuldner vorsieht, wenn dieser dazu bereit ist und nach Lage der Verhältnisse eine ordnungsmäßige Führung der Verwaltung erwarten lässt.

465

Es darf freilich kein Zweifel daran bestehen, dass die Eigenverwaltung durch den Schuldner ein **Ausnahmefall** bleiben muss[2]. In der Verbraucherinsolvenz ist die Eigenverwaltung schon gesetzlich ausgeschlossen (§ 270 Abs. 1 S. 3 InsO; → Rdnr. 478, 488). Aber auch im Übrigen spricht normalerweise wenig dafür, demjenigen, der sein Unternehmen aus eigener Kraft nicht hat retten können, die Verwaltung seiner eigenen Insolvenz anzuvertrauen, also „den Bock zum Gärtner" zu machen. Die Eigenverwaltung ist für die Gläubiger gefährlich, weil der verfügungsbefugte Schuldner irreversible Schäden anrichten kann[3]. Sie ist zwar billiger als die Verwaltung durch einen Insolvenzverwalter und sie vermeidet auch den nötigen Einarbeitungsaufwand. Das darf aber nicht dazu führen, sie – und sei es auch nur vorläufig bis zur ersten Gläubigerversammlung (→ Rdnr. 469) – zum Regelfall zu erheben[4]. Vielmehr sind die Voraussetzungen für die Eigenverwaltung (→ Rdnr. 467) restriktiv zu interpretieren, soweit sie der Gesetzgeber nicht selbst gelockert hat (→ Rdnr. 468).

466

---

[1] Ausf. *Brinkmann/Zipperer*, ZIP 2011, 1337 ff.; *Görg*, FS Metzeler, 2003, S. 105 ff.; *Hess/Ruppe*, NZI 2002, 577 ff.; *Hofmann*, ZIP 2007, 260 ff.; *Hölzle*, ZIP 2012, 158 ff.; *Körner*, NZI 2007, 270 ff.; *Kranzusch*, ZInsO 2008, 1346 ff.; *Madaus*, KTS 2015, 115 ff.; *Pape*, ZIP 2013, 2285 ff.; *Prütting*, FS Kirchhof, 2003, S. 433 ff.; *Prütting/Huhn*, ZIP 2002, 777 ff.; *Ringstmeier/Hohmann*, NZI 2002, 406 ff.; *Smid*, DZWIR 2002, 493 ff.; *Uhlenbruck*, FS Metzeler, 2003, S. 85 ff.; *Vallender*, WM 1998, 2129 ff.; *Wallner*, ZIP 2015, 997 ff.; *Wehdeking*, DZWIR 2006, 451 ff.; *Westrick*, NZI 2003, 65 ff.

[2] Vgl. Begr. RegE zum 8. Teil, 1. Abschnitt, BT-Drs. 12/2443, 222 sowie den Bericht des Rechtsausschusses zu § 331 RegE, BT-Drs. 12/7302, 185; ferner *AG Darmstadt* ZIP 1999, 1494, 1495 f.; *AG Duisburg* ZIP 2002, 1636, 1639 (dazu *Kluth*, ZInsO 2002, 1170 f.; 2002, 1001 ff.; *Köchling*, ZInsO 2003, 53 ff.).

[3] Vgl. Begr. zu § 333 RegE, BT-Drs. 12/2443, 224.

[4] So aber die Sorge von *Grub*, WM 1994, 880, 881; vgl. zur Skepsis der Gläubiger auch *Bichlmeier*, DZWIR 2001, 62 ff.; ferner *Förster*, ZInsO 2003, 402 ff.

B. Voraussetzungen

467 Die Anordnung der Eigenverwaltung setzt zunächst einen **Antrag** des Schuldners voraus (§ 270 Abs. 2 Nr. 1 InsO). Sodann dürfen keine Umstände bekannt sein, die erwarten lassen, dass die Anordnung zu **Nachteilen** für die Gläubiger führen wird (§ 270 Abs. 2 Nr. 2 InsO)[5]. Zu berücksichtigen sind nur die bekannten Umstände; Zweifel gehen nicht zulasten des Schuldners[6]. Das Gericht muss auf dieser Grundlage sorgfältig prüfen, ob die Eigenverwaltung für die Gläubiger Nachteile erwarten lässt, etwa weil zu erkennen ist, dass die Insolvenz auf einem persönlichen Versagen des Schuldners beruht, weil es ihm an den erforderlichen besonderen persönlichen Kenntnissen und Fähigkeiten für die ihm durch die Insolvenzordnung übertragenen Aufgaben (→ Rdnr. 472 ff.) fehlt oder weil die Kosten für die Beratungskosten erheblich über den Kosten des Regelverfahrens liegen[7]. In jedem Fall muss bei der Subsumtion berücksichtigt werden, dass die Eigenverwaltung einen Ausnahmefall darstellt, der im Interesse der Gläubiger einer besonderen Legitimation bedarf (→ Rdnr. 466).

468 Gelockert sind diese Voraussetzungen allerdings in § 270b InsO für das sog. **Schutzschirmverfahren**[8]. Mit dieser Vorschrift will der Gesetzgeber dem sanierungswilligen Schuldner einen Anreiz setzen, möglichst früh ein Insolvenzverfahren einzuleiten. Das Schutzschirmverfahren ist ein vorläufiges Eigenverwaltungsverfahren, das der Schuldner beantragen kann, sobald er drohend zahlungsunfähig und/oder überschuldet, aber noch nicht zahlungsunfähig ist[9], und das daneben nur voraussetzt, dass eine Sanierung nicht offensichtlich aussichtslos ist (§ 270b Abs. 1 S. 1 InsO). Beide Voraussetzungen sind durch eine Bescheinigung eines Insolvenzfachmanns zu belegen (§ 270b Abs. 1 S. 3 InsO)[10]. Liegen sie vor, setzt das Insolvenzgericht dem Schuldner eine höchstens dreimonatige Frist zur Vorlage eines Insolvenzplans (§ 270b Abs. 1 S. 2 InsO). Während dieser Frist, für deren Dauer dem Schuldner auf Antrag Vollstreckungsschutz zu gewähren ist (§ 270b Abs. 2 S. 3, 2. Hs. InsO), kann das Insolvenzver-

---

[5] Dazu *Frind*, ZIP 2017, 993 ff.; *Henkel*, ZIP 2015, 562 ff.
[6] Begr. RegE § 270 InsO n. F., BT-Drs. 17/5712, 38.
[7] *Buchalik/Schröder/Ibershoff*, ZInsO 2016, 1445 ff.; *Hammes*, NZI 2017, 233 ff.
[8] Näher dazu *Beth*, ZInsO 2015, 369 ff.; *Desch*, BB 2011, 841 ff.; *Hirte*, ZInsO 2011, 401 ff.; *Kolmann* (Rdnr. 463); *Mönning*, FS Kübler, 2015, S. 431 ff.; *Pape*, ZInsO 2013, 2077 ff.; *Schelo*, ZIP 2012, 712 ff.; *K. Schmidt/Linker*, ZIP 2012, 963 ff.; *Sedlak* (Rdnr. 463).
[9] Vgl. *Ganter*, NZI 2012, 985 ff.
[10] Dazu *Gutmann/Laubereau*, ZInsO 2012, 1861 ff.

fahren nicht ohne Aufhebung des Schutzschirmverfahrens eröffnet werden (§ 270b Abs. 4 InsO). Gleichzeitig ist ein vorläufiger Sachwalter einzusetzen[11], für dessen Person der Schuldner ein Vorschlagsrecht hat (§ 270b Abs. 2 S. 1 und 2 InsO)[12]. Weitere Sicherungsmaßnahmen sind möglich (§ 270b Abs. 2 S. 3, 1. Hs. InsO)[13].

C. Verfahren

Die Eigenverwaltung kann nur angeordnet werden, wenn der Schuldner einen entsprechenden **Antrag** stellt (§ 270 Abs. 2 Nr. 1 InsO; → Rdnr. 467). Über den Antrag entscheidet das Gericht – ggf. nach Anhörung des vorläufigen Gläubigerausschusses (§ 270 Abs. 3 InsO) – im **Eröffnungsbeschluss** (§ 270 Abs. 1 S. 1 InsO), möglichst ohne einschneidende Sicherungsmaßnahmen während des Eröffnungsverfahrens (§ 270a InsO)[14]. Die Entscheidung ist nach h. M. unanfechtbar[15]. Wird der Antrag zurückgewiesen, so kann diese Entscheidung von der Gläubigerversammlung korrigiert werden (§ 271 InsO)[16]. Wird ihm stattgegeben, so kann später vom Schuldner, von der Gläubigerversammlung und von jedem Gläubiger die **Aufhebung** der Eigenverwaltung beantragt werden (§ 272 InsO)[17] mit der Folge, dass jetzt ein Insolvenzverwalter eingesetzt wird. Der Aufhebungsantrag eines einzelnen Gläubigers ist allerdings nur zulässig, wenn der Wegfall der Anordnungsvoraussetzungen glaubhaft gemacht wird (§ 272 Abs. 1

469

---

[11] Zu dessen Kompetenzen *BGHZ* 211, 225 Rdnr. 36 ff.; *BGH* ZIP 2016, 1981 Rdnr. 41 ff.

[12] Dazu *Frind*, NZI 2014, 937 ff.; *Krämer*, NZI 2017, 960 ff.

[13] Zur Ermächtigung des Schuldners, Masseverbindlichkeiten zu begründen, s. *BGHZ* 210, 372 Rdnr. 17 ff.; *BGH* ZIP 2016, 831 Rdnr. 4 ff.

[14] Näher *Pape*, ZInsO 2013, 2077 ff.

[15] Über die *Anfechtbarkeit* der Entscheidung äußert sich das Gesetz nicht. Nach dem Grundsatz des § 6 Abs. 1 InsO bedeutet das, dass die Anordnung oder Ablehnung der Eigenverwaltung isoliert nicht anfechtbar ist. Man wird jedoch annehmen können, dass der Schuldner den Eröffnungsbeschluss nach § 34 Abs. 2 InsO anfechten kann, auch wenn er sich nicht gegen die Eröffnung, sondern nur gegen die Versagung der Eigenverwaltung wenden will; vgl. oben Rdnr. 138 Fn. 16 (zur Versagung des Verbraucherinsolvenzverfahrens) sowie *Uhlenbruck*, ZInsO 2003, 821 f. m. w. N.; anders aber die h. M.: *BGH* ZIP 2007, 448 Rdnr. 7 ff.; 2007, 394 Rdnr. 6 ff.; Kübler/Prütting/Bork-*Pape*, § 270 Rdnr. 170 ff.; *Schlegel*, ZIP 1999, 954 ff.

[16] Die Gläubigerversammlung kann hingegen die Eigenverwaltung nicht ohne Antrag des Schuldners beschließen, denn es hat keinen Sinn, den Schuldner mit der Vermögensverwertung zu beauftragen, wenn dieser nicht will. Deshalb ist die Eigenverwaltung auch auf Antrag des Schuldners ohne weiteres aufzuheben (§ 272 Abs. 1 Nr. 3 InsO).

[17] Vgl. *BGH* ZIP 2011, 1622 Rdnr. 4 ff.

Nr. 2, Abs. 2 InsO), während einem Antrag des Schuldners oder der Gläubigerversammlung ohne weiteres stattzugeben ist.

D. Rechtsfolgen

470 Die Anordnung der Eigenverwaltung ändert nichts daran, dass ein **Insolvenzverfahren** stattfindet (§ 270 Abs. 1 S. 2 InsO). Es ist also nicht etwa so, dass das Insolvenzverfahren nach der Anordnung aufgehoben wird. Vielmehr bleibt es dabei, dass das Schuldnervermögen zugunsten der Gläubiger zu verwerten ist.

471 Ein wesentlicher Unterschied zu den allgemeinen Regeln besteht allerdings darin, dass der Schuldner **verfügungsbefugt** bleibt (§ 270 Abs. 1 S. 1 InsO)[18]. Dabei ist es aber nicht so, dass der Schuldner seine ursprüngliche Verfügungsmacht ausübt. Vielmehr ist die Eigenverwaltung so zu verstehen, dass der Insolvenzschuldner selbst zum Insolvenzverwalter bestellt wird und somit Insolvenzverwalterkompetenzen wahrnimmt[19]. Dass der Schuldner weiterhin verfügungsbefugt ist, hat notwendigerweise Abweichungen vom üblichen Verfahrensablauf zur Folge. So gibt es beispielsweise keine Freigabe[20] und die Anordnung der Eigenverwaltung muss zwar öffentlich bekannt gemacht werden (§ 273 InsO), aber die Eröffnung des Insolvenzverfahrens braucht nicht in die sachenrechtlichen Register eingetragen zu werden (§ 270c S. 3 InsO), in denen sonst der Verlust der Verfügungsbefugnis publiziert wird (→ Rdnr. 136)[21]. Es gibt auch keinen Insolvenzverwalter, der an Stelle des Schuldners handelt. Stattdessen wird ein neutraler[22] **Sachwalter** eingesetzt (§ 270c S. 1 InsO), der zwar nicht

---

[18] Einzelheiten, insbesondere für die Eigenverwaltung bei juristischen Personen, sind streitig; vgl. Blersch/Goetsch/Haas-*Spliedt/Fridgen*, § 270 Rdnr. 5; *Cadmus* (Rdnr. 463), S. 23 ff.; *Gulde* (Rdnr. 463), S. 31; *Häsemeyer*, Rdnr. 8.13; *Henckel*, FS Schumann, 2001, S. 211, 214; *Huhn* (Rdnr. 463), Rdnr. 583 ff., 630; *Jacoby*, FS Vallender, 2015, S. 261 ff.; Kübler/Prütting/Bork-*Pape*, § 270 Rdnr. 1 f.; *Kebekus/Zenker*, FS Kübler, 2015, S. 331 ff.; *Lakies*, BB 1999, 1759, 1760; MünchKomm.InsO-*Tetzlaff*, § 270 Rdnr. 147 ff.; *Pape*, Kölner Schrift, Rdnr. 3. – Allgemein zur Kompetenzverteilung in der Eigenverwaltung *Mönning*, FS Wellensiek, 2011, S. 641 ff.

[19] Folgerichtig haftet die eigenverwaltende Geschäftsführung analog §§ 60, 61 InsO, *BGH* ZIP 2018, 977 Rdnr. 10 ff.; dazu u. a. *Bachmann/Becker*, NJW 2018, 2235 ff.; *Hölzle*, ZIP 2018, 1669 ff.

[20] *BGH* ZIP 2017, 686 Rdnr. 8. Allg. zur Freigabe oben Rdnr. 149.

[21] Dass laufende Prozesse gleichwohl gemäß § 240 ZPO unterbrochen werden, liegt daran, dass damit auch die Gläubigergleichbehandlung gewährleistet werden soll (→ Rdnr. 224), *OLG München* ZInsO 2003, 232.

[22] Zutr. *Lüke*, ZIP 2001, 2189 f. gegen *LG Cottbus* ZIP 2001, 2188; vgl. ferner *Graf-Schlicker*, FS Kirchhof, 2003, S. 135 ff.

verfügungsbefugt ist, der aber die wirtschaftliche Lage des Schuldners zu prüfen und dessen Geschäftsführung sowie die Ausgaben für die Lebensführung zu überwachen hat (§ 274 Abs. 2 InsO)[23]. Stellt er dabei Umstände fest, die Nachteile für die Gläubiger erwarten lassen, so hat er dies unverzüglich dem Insolvenzgericht und dem Gläubigerausschuss anzuzeigen, damit entschieden werden kann, ob die Aufhebung (→ Rdnr. 469) beantragt werden soll (§ 274 Abs. 3 InsO). Für schuldhafte Pflichtverletzungen haftet der Sachwalter nach §§ 274 Abs. 1, 60 InsO wie ein Insolvenzverwalter (→ Rdnr. 68 ff.).

An diese Ausgangslage knüpft sich eine **Aufteilung der Insolvenzverwalterkompetenzen** auf Schuldner und Sachwalter. Grundsätzlich ist der Schuldner für die Durchführung des Verfahrens zuständig. Er hat die sonst in die Zuständigkeit des Insolvenzverwalters fallenden (→ Rdnr. 61) *Vermögensverzeichnisse* zu erstellen, die vom Sachwalter zu überprüfen sind (§ 281 Abs. 1 InsO), und er hat wie ein Insolvenzverwalter (→ Rdnr. 62) im *Berichtstermin* der Gläubigerversammlung Bericht zu erstatten (§ 281 Abs. 2 InsO). Die Gläubigerversammlung kann ihn oder den Sachwalter mit der Ausarbeitung eines *Insolvenzplans* beauftragen (§ 284 InsO; vgl. Rdnr. 365). Der Schuldner entscheidet nach § 279 InsO grundsätzlich über die Fortsetzung beiderseits nicht vollständig erfüllter *Vertragsverhältnisse* (→ Rdnr. 186)[24] und über die *Aufnahme von Prozessen* (→ Rdnr. 220)[25]. Hingegen ist nach § 280 InsO der Sachwalter für die *Gesamtschadensliquidation* (→ Rdnr. 235) und für die *Insolvenzanfechtung* (→ Rdnr. 244 ff.) zuständig[26]. **472**

Die *Verwaltung* der Masse (→ Rdnr. 61) liegt in den Händen des Schuldners, wobei das Gesetz allerdings vorsieht, dass der Sachwalter eingeschaltet werden soll (§ 275 Abs. 1 InsO)[27]. Ferner kann der Sachwalter verlangen, dass der Zahlungsverkehr von ihm abgewickelt wird (§ 275 Abs. 2 InsO). Für besonders bedeutsame Rechtshandlun- **473**

---

[23] Zum Sachwalter u. a. *Hedaiat-Rad* (Rdnr. 463); *Korch*, ZIP 2018, 109 ff.; *Rattunde* (Rdnr. 463).

[24] Die Kündigung von Betriebsvereinbarungen (§ 120 InsO) und die Klagen auf Zustimmung zu einer Betriebsänderung (§ 122 InsO) sowie auf Feststellung der Rechtmäßigkeit von Kündigungen (§ 126 InsO) sind allerdings nur mit Zustimmung des Sachwalters zulässig (§ 279 S. 3 InsO).

[25] Vgl. Begr. zu § 331 RegE, BT-Drs. 12/2443, 223.

[26] *BGH* ZIP 2016, 1295 Rdnr. 11.

[27] Hier wie an anderer Stelle (vgl. etwa § 282 Abs. 2 InsO) appelliert das Gesetz an die Kooperationsbereitschaft des Schuldners. Schaltet dieser den Sachwalter nicht ein, so hat das keine Außenwirkung. Es kann nur zur Aufhebung der Eigenverwaltung (→ Rdnr. 469) und zur Haftung des Schuldners führen, die den Gläubigern freilich wenig nützt, da der Schuldner ohnehin schon insolvent ist.

gen bedarf der Schuldner wie ein Insolvenzverwalter (→ Rdnr. 67) der Zustimmung des Gläubigerausschusses (§ 276 InsO). Außerdem kann angeordnet werden, dass bestimmte Rechtsgeschäfte des Schuldners nur mit Zustimmung des Sachwalters wirksam sind (§ 277 InsO)[28]. Ein allgemeines Verfügungsverbot ist aber nicht zulässig[29], weil es sich sonst letztlich nicht mehr um eine Eigenverwaltung handeln würde. Entnahmen zum Bestreiten des Lebensunterhalts erlaubt dem Schuldner in engen Grenzen § 278 InsO[30].

474 Auch für die *Verwertung* der Masse (→ Rdnr. 342 ff.) ist der Schuldner zuständig (wobei hier dieselben Mitwirkungsrechte wie bei der Verwaltung zu beachten sind; → Rdnr. 473). Das gilt auch für die Verwertung von Gegenständen, an denen Absonderungsrechte bestehen (§ 282 InsO; vgl. Rdnr. 298 ff.). Für die absonderungsberechtigten Gläubiger hat das den Vorteil, dass die Feststellungskosten gar nicht und die Verwertungskosten nur in der tatsächlich entstandenen Höhe vom Erlös abgezogen werden (§ 282 Abs. 1 S. 2 und 3 InsO; vgl. Rdnr. 303).

475 Für die *Anmeldung der Insolvenzforderungen* (→ Rdnr. 332) ist nach § 270c S. 2 InsO der Sachwalter zuständig, für das *Feststellungsverfahren* das Insolvenzgericht (§§ 270 Abs. 1 S. 2, 176 ff. InsO; → Rdnr. 333). Im Prüfungstermin sind an Stelle des Insolvenzverwalters der Schuldner und der Sachwalter zum Widerspruch gegen eine Anmeldung berechtigt (§ 283 Abs. 1 InsO; vgl. Rdnr. 334). Die *Verteilung* des Verwertungserlöses (→ Rdnr. 347) liegt wieder in den Händen des Schuldners (§ 283 Abs. 2 InsO). *Masseunzulänglichkeit* ist vom Sachwalter anzuzeigen (§ 285 InsO; vgl. Rdnr. 327).

§ 36: Verbraucherinsolvenzverfahren

476 Literatur: *Ahnert*, Verbraucherinsolvenz und Restschuldbefreiung, 1998; *Ahrens*, Das neue Privatinsolvenzrecht, 2. Aufl., 2016; *Bernhardi*, Die Abtretung des Anspruchs auf Arbeitsentgelt und das Verbraucherinsolvenzverfahren, 2014; *Bindemann*, Handbuch Verbraucherkonkurs, 3. Aufl., 2002; *Bruckmann*, Die Verbraucherinsolvenz in der Praxis, 1999; *Caps*, Aufgaben und Stellung des Treuhänders in der Verbraucherinsolvenz, 2001; *Erhardt*, Regel- und Verbraucherinsol-

---

[28] Dazu *Prütting*, FS Kirchhof, 2003, S. 433, 437 ff.; zu den Grenzen *Kluth*, ZInsO 2002, 1170 f. – Ohne diese Zustimmung ist das Rechtsgeschäft absolut unwirksam; §§ 81 Abs. 1 S. 2 und 3, 82 InsO gelten entsprechend (§ 277 Abs. 1 S. 2 InsO). Das Zustimmungserfordernis wird dann auch in die Register eingetragen (§ 277 Abs. 3 S. 3 InsO).
[29] Kritisch dazu *Koch* (Rdnr. 463), 230 ff.; *Leipold*, in: ders. (Hrsg.), Insolvenzrecht im Umbruch, 1991, 173.
[30] Dazu *Morgen/Baumgarten*, ZVI 2018, 267 ff.

venz: Prozessuale Probleme der Zweigleisigkeit des Insolvenzverfahrens, 2003; *Frind*, Praxishandbuch Privatinsolvenz, 2. Aufl., 2017; *Graf Schlicker/Livonius*, Restschuldbefreiung und Verbraucherinsolvenz nach der InsO, 1999; *Hess/Obermüller*, Insolvenzplan, Restschuldbefreiung und Verbraucherinsolvenz, 3. Aufl., 2003; *Heuschneider*, Die praktischen Probleme im Verbraucherinsolvenzverfahren, 2004; *Heyer*, Verbraucherinsolvenzverfahren und Restschuldbefreiung, 1997; *ders.*, Restschuldbefreiung und Verbraucherinsolvenz in der Praxis, 2010; *Hoffmann*, Verbraucherinsolvenz und Restschuldbefreiung, 2. Aufl., 2002; *Jurisch*, Verbraucherinsolvenzrecht nach deutschem und U.S.-amerikanischem Insolvenzrecht, 2002; *Kainz*, Das Scheitern der Reform des Verbraucherinsolvenzverfahrens, 2010; *Kniesch*, Praktische Probleme des Verbraucherinsolvenzverfahrens gem. §§ 304 ff. InsO, 2000; *Köhler*, Entschuldung und Rehabilitierung vermögensloser Personen im Verbraucherinsolvenzverfahren, 2003; *Kohte/Ahrens/Grote/Busch*, Verfahrenskostenstundung, Restschuldbefreiung und Verbraucherinsolvenzverfahren, 7. Aufl. 2015; *Krug*, Der Verbraucherkonkurs, 1998; *Martini*, Verbraucherinsolvenz, 2010; *Melchers/Hauß*, Unterhalt und Verbraucherinsolvenz, 2003; *Merten/Schlotter/Wolff*, Das neue Verbraucherinsolvenzverfahren nach der Insolvenzrechtsreform, 2014; *Neuner/Raab*, Verbraucherinsolvenz und Restschuldbefreiung, 2001; *Preuß*, Verbraucherinsolvenzverfahren und Restschuldbefreiung, 1999; *Prziklang*, Verbraucherinsolvenz und Restschuldbefreiung, 2000; *von Reden*, Das besondere Verfahren für Verbraucher nach der neuen Insolvenzordnung (InsO), Diss. Münster 2000; *Schallock*, Die gesetzlichen Veränderungen bei der Abwicklung von Verbraucherinsolvenzen, 2009; *Schmidt*, Privatinsolvenzrecht, 2018; *Sinz/Wegener/Hefermehl*, Verbraucherinsolvenz und Insolvenz von Kleinunternehmen, 2003; *Stahlschmidt*, Private Schulden, 2010; *Strumpe*, Verbraucherinsolvenz als aktives Instrument familienrechtlicher Unterhaltsgestaltung, 2006; *Veit/Reifner*, Außergerichtliches Verbraucherinsolvenzverfahren, 1998; *Wagner*, Verbraucherinsolvenz und Restschuldbefreiungsverfahren, 1999.

A. Grundgedanke

In den §§ 304 ff. InsO hat der Gesetzgeber für die Verbraucherinsolvenz ein eigenes Insolvenzverfahren geschaffen. Es ist von dem Gedanken getragen, dass das Regelinsolvenzverfahren für die Abwicklung der Verbraucherinsolvenz viel zu aufwändig und zu unflexibel ist. Außerdem verfehlt es mit dem Primat der Vermögensverwertung seine eigentliche Aufgabe, weil bei den Verbrauchern in der Regel wenig Vermögen zu verwerten ist und weil es in erster Linie darum gehen muss, dem Schuldner durch eine angemessene Schuldenbereinigung einen Neuanfang zu ermöglichen. Das Gesetz rückt deshalb die außergerichtliche und gerichtliche Schuldenbereinigung in den Vordergrund und sieht nur subsidiär ein – i. d. R. stark vereinfachtes – Insolvenzverfahren vor.

477

B. Anwendungsbereich

478 Die Vorschriften über das Verbraucherinsolvenzverfahren gelten für alle **natürlichen Personen, die keine selbstständige wirtschaftliche Tätigkeit ausüben oder ausgeübt haben** (§ 304 Abs. 1 S. 1 InsO)[1]. Damit scheiden alle juristischen Personen, alle Gesellschaften ohne Rechtspersönlichkeit und alle wirtschaftlich selbstständig Tätigen einschließlich der Freiberufler[2] aus dem Anwendungsbereich aus. Für den übrigen Personenkreis (z. B. Erwerbslose, Arbeitnehmer einschließlich der leitenden Angestellten, nicht geschäftsführende Personengesellschafter[3]) ist das Verbraucherinsolvenzverfahren hingegen **zwingend**. Die allgemeinen Vorschriften kommen also nur zur Anwendung, wenn §§ 305 ff. InsO nichts anderes bestimmen (§ 304 Abs. 1 InsO).

479 Hat der Schuldner **früher** eine selbstständige wirtschaftliche Tätigkeit ausgeübt, so ist er eigentlich nicht Adressat der §§ 304 ff. InsO, gilt aber nach § 304 Abs. 1 S. 2 InsO gleichwohl als Verbraucher, wenn seine Vermögensverhältnisse überschaubar sind[4] und gegen ihn keine Forderungen aus Arbeitsverhältnissen bestehen[5]. Überschaubar sind seine Vermögensverhältnisse nach § 304 Abs. 2 InsO nur dann, wenn er bei Antragstellung weniger als 20 Gläubiger hat[6]. Aber auch dann kann sich die mangelnde Überschaubarkeit aus der Komplexität der Verhältnisse im Übrigen ergeben, etwa aus einer Vielzahl von streitigen Forderungen oder Anfechtungsansprüchen[7]. Maßgeblich ist, ob die Verschuldungsstruktur des Schuldners nach ihrem Gesamterscheinungsbild der eines abhängig Beschäftigten entspricht[8]. Im Zweifel ist nicht im Verbraucher-, sondern im Regelinsolvenzverfahren zu entscheiden[9].

---

[1] Vgl. *Hergenröder*, FS Stürner, 2013, S. 781, 793 ff.; *Kohte*, ZInsO 2002, 53 ff.; *Ley*, MDR 2003, 205 f.
[2] *BGH* NJW 2003, 591 (Zahnarzt); für unternehmerische Nebentätigkeit nennenswerten Umfangs *BGH* ZIP 2011, 966 Rdnr. 7 (Schreibbüro).
[3] Vgl. Rdnr. 51 sowie *AG Göttingen* ZInsO 2002, 147, 148; *AG Köln* NZI 2002, 265; abw. *Foerste*, FS Prütting, 2018, S. 639 ff. – Organschaftliche Vertreter einer juristischen Person sind immer Verbraucher; a. M. *Schmittmann*, ZInsO 2002, 742 ff. und für den geschäftsführenden Alleingesellschafter der GmbH *BGH* ZIP 2009, 626 Rdnr. 2; 2005, 2070 ff.
[4] Vgl. *BGH* NZI 2003, 647.
[5] Dazu *BGH* ZIP 2011, 578 Rdnr. 10 ff.; 2005, 2070, 2071; ZInsO 2009, 2216 Rdnr. 9; *Hess/Röpke*, InVo 2003, 89 ff.
[6] Dazu *BGH* ZIP 2005, 2070, 2071; *App*, InVo 2002, 87 ff.
[7] *BGH* ZIP 2009, 626 Rdnr. 6.
[8] *BGH* ZInsO 2008, 1324 Rdnr. 4.
[9] *BGH* ZIP 2009, 626 Rdnr. 6; ZInsO 2008, 1324 Rdnr. 6.

C. Verfahren

Das Gesetz unterscheidet danach, ob der Schuldner einen Antrag auf Eröffnung des Insolvenzverfahrens gestellt hat oder nicht. **480**

I. Eröffnungsantrag eines Gläubigers

Ist der Antrag nicht vom Schuldner, sondern (nur) von Gläubigerseite gestellt worden, so wird ein – dann freilich i. d. R. erheblich vereinfachtes – Insolvenzverfahren durchgeführt (→ Rdnr. 487). Die nachstehend erläuterten Vorschriften über den außergerichtlichen und gerichtlichen Einigungsversuch gelten in diesem Fall nicht (arg. § 306 Abs. 3 InsO). **481**

II. Eröffnungsantrag des Schuldners

Hat der Schuldner – allein oder neben einem Gläubiger – den Antrag gestellt, so sind dem Insolvenzverfahren Bemühungen um eine einvernehmliche Lösung vorgeschaltet. **482**

1. Außergerichtlicher Einigungsversuch

Der Schuldner kann den Eröffnungsantrag nur stellen, wenn zuvor ein außergerichtlicher Einigungsversuch stattgefunden hat[10]. Das ergibt sich aus § 305 Abs. 1 Nr. 1 InsO, der verlangt, dass der Schuldner bei Antragstellung eine Bescheinigung vorlegt, dass eine außergerichtliche Einigung mit seinen Gläubigern über die Schuldenbereinigung auf der Grundlage eines (Schuldenbereinigungs-)Plans[11] innerhalb der letzten sechs Monate vor dem Eröffnungsantrag erfolglos geblieben ist. Diese Bescheinigung muss – nach vorangegangener Beratung[12] – von einer geeigneten Person oder Stelle ausgestellt sein, wobei die Bundesländer in Ausführungsgesetzen bestimmt haben, **483**

---

[10] Dazu *Hofmeister*, ZVI 2003, 12 ff.; *Lissner*, ZInsO 2014, 229 ff.
[11] Ein telefonischer Einigungsversuch reicht also nicht (vgl. Bericht des Rechtsausschusses, BT-Drs. 12/7302, 190). Es ist aber auch kein Insolvenzplan i. S. d. §§ 217 ff. InsO gemeint (denn es findet zu diesem Zeitpunkt noch gar kein Insolvenzverfahren statt), sondern ein außergerichtlicher Schuldenbereinigungsplan, vgl. zur Abgrenzung *Rugullis*, NZI 2013, 869 ff.
[12] Dazu *Zerhusen*, ZVI 2017, 331 ff.

welche Personen oder Stellen als geeignet anzusehen sind[13]. Hier kommen insbesondere die Verbraucherzentralen, die Schuldnerberatungs- oder Gütestellen, die Sozialämter, aber auch Rechtsanwälte[14], Notare, Wirtschaftsprüfer, Steuerberater, Gerichtsvollzieher oder Schiedsleute in Betracht[15]. Hat der Schuldner keinen Einigungsversuch unternommen, so fordert ihn das Insolvenzgericht gemäß § 305 Abs. 3 S. 1 InsO auf, das Versäumte nachzuholen. Reicht er die entsprechenden Unterlagen nicht binnen eines Monats ein, so gilt sein Antrag gemäß § 305 Abs. 3 S. 2 InsO als zurückgenommen[16].

2. Insolvenzantrag

484 Ist ein außergerichtlicher Schuldenbereinigungsplan nicht zustande gekommen, kann der Antrag auf Eröffnung des Insolvenzverfahrens gestellt werden. Begleitend zu diesem Antrag hat der Schuldner zu erklären, warum der (beizufügende) außergerichtliche Einigungsvorschlag gescheitert ist (§ 305 Abs. 1 Nr. 1 InsO). Außerdem hat er (außer der in Rdnr. 483 beschriebenen Bescheinigung und dem in Rdnr. 485 näher erörterten Schuldenbereinigungsplan) ein Verzeichnis seines Einkommens und Vermögens, seiner Gläubiger und der gegen ihn gerichteten Forderungen einzureichen (§ 305 Abs. 1 Nr. 3 InsO)[17]. Ferner muss er sich dazu äußern, ob er eine Restschuldbefreiung beantragen will (§ 305 Abs. 1 Nr. 2 InsO).

3. Gerichtliche Vermittlung einer Schuldenbereinigung

485 Der Eröffnungsantrag des Schuldners führt vorerst nicht zu einer Entscheidung über die Eröffnung des Insolvenzverfahrens, sondern zu einem gerichtlichen Vermittlungsverfahren, während dessen das Eröffnungsverfahren ruht (§ 306 InsO)[18]. Der Schuldner hat nämlich

---

[13] Abgedr. u. a. bei *Kübler/Prütting/Bork*, Bd. V, Texte.
[14] Vgl. *Heuer*, Anwaltliche Schuldner- und Verbraucherinsolvenzberatung, 2009.
[15] *Schmidt-Räntsch*, MDR 1994, 321, 323. – Näher zu den geeigneten Stellen *OVG Berlin-Brandenburg* ZVI 2009, 490; *VG Düsseldorf* NZI 2012, 901 ff.; *Hergenröder*, ZVI 2007, 448 ff.; *Holzer*, ZVI 2011, 237 ff.; zu der Bescheinigung *Hackling*, ZVI 2006, 225 ff.
[16] Dazu *BGH* ZIP 2011, 1271 Rdnr. 10.
[17] Vgl. *BGH* ZInsO 2009, 1459 Rdnr. 5 ff.; 2005, 537, 538; 2005, 484, 485.
[18] Etwas anderes gilt nur dann, wenn das Gericht das nachfolgend im Text beschriebene Schuldenbereinigungsplanverfahren für aussichtslos hält (§ 306 Abs. 1 S. 3 InsO).

zu dem Eröffnungsantrag einen **Schuldenbereinigungsplan** einzureichen, der alle Regelungen enthalten kann, die unter Berücksichtigung der Gläubigerinteressen sowie der Vermögens-, Einkommens- und Familienverhältnisse des Schuldners geeignet sind, zu einer angemessenen Schuldenbereinigung zu führen (§ 305 Abs. 1 Nr. 4 InsO)[19]. In Betracht kommen alle der Privatautonomie zugänglichen Maßnahmen, insbesondere Stundung, (Teil-)Erlass, Ratenzahlung, Verfallklauseln, Regelungen für den Fall der Arbeitslosigkeit, Schonung bestimmter Vermögenswerte wie z. B. des Eigenheims, Zahlung oder Absicherung durch einen Dritten etc.[20]. Das Gericht stellt den Gläubigern den vom Schuldner vorgelegten Schuldenbereinigungsplan und die Vermögensübersicht (→ Rdnr. 484) zu und fordert die Gläubiger auf, binnen einer Notfrist von einem Monat dazu Stellung zu nehmen (§ 307 Abs. 1 InsO). Aufgrund dieser Stellungnahmen kann der Schuldner den Plan anpassen, wozu die Gläubiger wiederum Stellung nehmen können (§ 307 Abs. 3 InsO)[21].

Über die **Annahme des Schuldenbereinigungsplans** müssen die Gläubiger entscheiden[22]. Der Plan ist angenommen, wenn alle Gläubiger zustimmen (§ 308 Abs. 1 InsO)[23]. Dabei gilt die Zustimmung als erteilt, wenn sich der Gläubiger innerhalb der Frist nicht äußert (§ 307 Abs. 2 InsO)[24]. Außerdem kann eine fehlende Zustimmung durch Entscheidung des Insolvenzgerichts ersetzt werden, wenn mehr als die Hälfte der benannten Gläubiger zugestimmt hat und deren Forderungen mehr als die Hälfte aller Ansprüche ausmachen (§ 309 Abs. 1 S. 1 InsO)[25]. Die Ersetzung ist allerdings ausgeschlossen, wenn ein nicht zustimmender Gläubiger nicht angemessen beteiligt wird oder wenn

---

[19] Dazu *Glomski*, DZWIR 2000, 485 ff.; ferner *OLG Celle* ZInsO 2002, 285, 286. Zum sog. „Null-Plan", mit dem der Schuldner seinen Gläubigern den vollständigen Forderungserlass vorschlägt, s. *BGH* ZInsO 2013, 2333 Rdnr. 6 ff.; *Ludwig*, ZInsO 2017, 863 ff.

[20] Bericht des Rechtsausschusses, BT-Drs. 12/7302, 190; *Schmidt-Räntsch*, MDR 1994, 321, 323 f.

[21] Vgl. *BGH* ZInsO 2006, 206 Rdnr. 15.

[22] Vgl. dazu *Tobias*, DZWIR 1999, 66 ff.

[23] Zur Auslegung von Zustimmungserklärungen s. *BGH* ZInsO 2006, 206 Rdnr. 6 ff.

[24] Da es sich um eine Notfrist handelt, ist allerdings Wiedereinsetzung in den vorigen Stand zulässig (§§ 4 InsO; 233 ZPO).

[25] Vgl. *BGH* ZInsO 2008, 327 Rdnr. 5 ff.; 2004, 1311; *Derleder/Rotstegge*, ZInsO 2002, 1108 ff. – Dieses „Obstruktionsverbot" (→ Rdnr. 395) soll verhindern, dass wirtschaftlich sinnvolle Maßnahmen am Widerstand einzelner Gläubiger scheitern, und es soll die Gläubiger anhalten, möglichst schon einem außergerichtlichen Schuldenbereinigungsplan zuzustimmen (vgl. Bericht des Rechtsausschusses, BT-Drs. 12/7302, 189/192.

er schlechter gestellt wird, als er bei Durchführung des Insolvenzverfahrens mit anschließender Restschuldbefreiung stünde (§ 309 Abs. 1 S. 2 InsO)[26]. Ist der Plan angenommen, so bestehen die Ansprüche der Gläubiger nur noch nach Maßgabe des Plans (arg. § 308 Abs. 1 S. 2 InsO)[27]. Die Anträge auf Eröffnung des Insolvenzverfahrens und auf Restschuldbefreiung gelten als zurückgenommen (§ 308 Abs. 2 InsO). Die Gläubiger können jetzt aus dem Schuldenbereinigungsplan wie aus einem Prozessvergleich vollstrecken (§ 308 Abs. 1 S. 2 InsO)[28]. Ein Rücktritt ist nicht möglich, da es sich nicht um einen gegenseitigen Vertrag im Sinne der §§ 323 ff. BGB handelt[29].

III. Insolvenzverfahren

487 Ist der vom Schuldner vorgelegte Schuldenbereinigungsplan nicht angenommen worden (→ Rdnr. 486), so wird das **Eröffnungsverfahren** wieder aufgenommen (§ 311 InsO). Bei einem Gläubigerantrag wird es gleich eingeleitet (→ Rdnr. 481). Das Gericht prüft jetzt, ob ein Eröffnungsgrund vorliegt (→ Rdnr. 101 ff.) und ob hinreichend Masse vorhanden ist, um die Verfahrenskosten zu finanzieren, oder ob die Verfahrenskosten gestundet werden können (→ Rdnr. 117 ff.). Liegen diese Voraussetzungen vor, so wird das Verfahren eröffnet.

488 Das **Insolvenzverfahren** wird i. d. R. stark vereinfacht durchgeführt. Nach § 29 Abs. 2 S. 2 InsO soll das Gericht auf den Berichtstermin (→ Rdnr. 88) verzichten, die Vorschriften über die Eigenverwaltung (→ Rdnr. 466) sind nicht anwendbar und das Verfahren wird grundsätzlich schriftlich abgewickelt (§ 5 Abs. 2 InsO). Im Übrigen bleibt es

---

[26] Vgl. dazu *BGH* NZI 2010, 948 Rdnr. 5; ZInsO 2009, 2406 Rdnr. 6 f.; *Schäferhoff*, ZInsO 2001, 687 ff.

[27] Dort nicht aufgeführte Gläubiger behalten ihre Ansprüche, es sei denn, sie hätten die Berichtigung des ihnen übersandten Forderungsverzeichnisses versäumt (§ 308 Abs. 3 InsO). Dem Schuldner ist daher zu raten, streitige Forderungen mit dem Wert „Null" in den Plan aufzunehmen, so dass diese Forderungen jedenfalls als erloschen gelten, wenn der Gläubiger nicht widerspricht (vgl. Bericht des Rechtsausschusses, BT-Drs. 12/7302, 191). – Akzessorische Sicherheiten gehen mangels abweichender Vereinbarung (§ 305 Abs. 1 Nr. 4, 2. Hs. InsO) in gleichem Umfang verloren wie die Ansprüche gegen den Schuldner, da eine den §§ 254 Abs. 2, 301 Abs. 2 InsO vergleichbare Vorschrift für das Verbraucherinsolvenzverfahren fehlt; a. M. wohl *Schmidt-Räntsch*, MDR 1994, 321, 324, die dafür eine ausdrückliche Regelung im Plan fordert; wie hier dagegen *dies.*, § 305 Rdnr. 11; *LG Hamburg* NZI 2002, 114.

[28] Zugleich ergibt sich aus der Gleichstellung mit einem Prozessvergleich, dass sich die Wirksamkeit auch nach den Vorschriften des BGB beurteilt; vgl. Bericht des Rechtsausschusses, BT-Drs. 12/7302, 192.

[29] *LG Hechingen* ZInsO 2005, 49, 50 (dagegen *Theiß*, ZInsO 2005, 29 ff.).

aber bei den allgemeinen Vorschriften des Regelinsolvenzverfahrens einschließlich des Insolvenzplanverfahrens (→ Rdnr. 367)[30].

§ 37: Insolvenzverfahren über besondere Vermögensmassen

A. Nachlassinsolvenz

Literatur: *du Carrois*, Der Insolvenzplan im Nachlassinsolvenzverfahren, 2009; *Geitner*, Der Erbe in der Insolvenz, 2007; *Hüsemann*, Das Nachlaßinsolvenzverfahren, Diss. Münster 1997; *Roth/Pfeuffer*, Praxishandbuch für Nachlassinsolvenzverfahren, 2009.

I. Grundgedanke[1]

Nach §§ 1922, 1967 BGB rückt ein Erbe in die Rechtsstellung des Erblassers ein. Das bedeutet, dass er für die Nachlassverbindlichkeiten[2] nicht nur mit dem erbten Vermögen, dem Nachlass[3], haftet, sondern auch mit seinem gesamten übrigen Vermögen. Eigenvermögen und Nachlass bilden *ein* **Haftungsvermögen**. Der Erbe kann aber die Haftung auf den Nachlass begrenzen, also Eigenvermögen und Nachlass haftungsrechtlich wieder trennen (→ auch Rdnr. 496 ff.), indem er eine Nachlassverwaltung oder die Eröffnung eines Nachlassinsolvenzverfahrens beantragt (§ 1975 BGB)[4]. Nachlassverwaltung wird er beantragen, wenn der Nachlass zur Befriedigung der Nachlassgläubiger voraussichtlich ausreicht. Reicht der Nachlass nicht aus, muss das Nachlassinsolvenzverfahren beantragt werden (§§ 1980, 1985 Abs. 2 BGB).

In diesem Insolvenzverfahren wird, abweichend vom Normalfall, nicht das gesamte Schuldnervermögen für alle Gläubiger des Schuld-

---

[30] Ausf. *Stapper*, ZVI 2018, 303 ff.

[1] Ausf. zum Nachlassinsolvenzverfahren *Busch*, FS Vallender, 2015, S. 69 ff.; *Kuleisa*, ZVI 2013, 173 ff.; *Staufenbiel/Brill*, ZInsO 2012, 1395 ff.

[2] *Nachlassverbindlichkeiten* sind alle Schulden des Erblassers (Erblasserschulden). Außerdem gehören alle aus Anlass des Erbfalls entstandenen Schulden des Erben dazu (Erbfallschulden); *Beispiele*: Verbindlichkeiten aus Pflichtteilsrechten, Vermächtnissen und Auflagen (§ 1967 Abs. 2 BGB); Beerdigungskosten (§ 1968 BGB); Unterhaltsansprüche nach § 1969 BGB; Erbschaftssteuer.

[3] Zum Begriff *Schmidt-Kessel*, WM 2003, 2086 ff.

[4] Zu den Unterschieden im Verfahren *Rugullis*, ZEV 2007, 117 ff.

ners verwertet, sondern nur der Nachlass für die Nachlassgläubiger (§ 325 InsO). Es handelt sich um eine in § 11 Abs. 2 Nr. 2 InsO zugelassene **Sonder- oder Partikularinsolvenz** (→ Rdnr. 34, 42), neben der ein zweites Insolvenzverfahren über das Eigenvermögen des Erben möglich ist[5]. Wird ein Nachlassinsolvenzverfahren nicht beantragt, so kann ein Insolvenzverfahren über das Gesamtvermögen des Erben in Betracht gezogen werden[6].

II. Verfahren

1. Insolvenzantrag

492 Für das Nachlassinsolvenzverfahren gelten grundsätzlich dieselben Regeln wie für das normale Insolvenzverfahren, sofern nicht §§ 315 ff. InsO Abweichungen enthalten. Das Verfahren beginnt folglich mit einem Insolvenzantrag (§ 13 InsO; → Rdnr. 94)[7], der beim Insolvenzgericht zu stellen ist[8]. **Zuständig** für das Nachlassinsolvenzverfahren ist nicht etwa das Nachlassgericht, sondern das Insolvenzgericht. Örtlich ist ausschließlich dasjenige Insolvenzgericht zuständig, in dessen Bezirk der Erblasser zur Zeit seines Todes den Mittelpunkt seiner wirtschaftlichen Tätigkeit, hilfsweise seinen allgemeinen Gerichtsstand hatte (§ 315 InsO; → Rdnr. 50).

493 **Antragsberechtigt** ist zum einen der Erbe als Schuldner, und zwar auch dann, wenn er die Erbschaft noch nicht ausdrücklich angenommen hat[9] oder wenn er bereits unbeschränkt haftet, etwa weil er die Inventarfrist nach § 1994 BGB nicht gewahrt hat (§ 316 InsO)[10]. Mit-

---

[5] Zum Verhältnis der beiden Verfahren s. Fn. 9.

[6] Das gilt auch dann, wenn für den Nachlass ein Testamentsvollstrecker eingesetzt ist; vgl. *BGHZ* 167, 352 Rdnr. 7 ff.

[7] Etwas anderes gilt nur dann, wenn über das Vermögen einer natürlichen Person ein Insolvenzverfahren eröffnet war, der Schuldner stirbt und das Insolvenzverfahren als Nachlassinsolvenzverfahren fortgesetzt wird (→ Rdnr. 36).

[8] Vgl. zum Antrag *Vallender/Fuchs/Rey*, NZI 1999, 355 f.

[9] Die Annahme ist nämlich nicht Voraussetzung der Erbenhaftung, sondern verhindert lediglich eine spätere Ausschlagung (§ 1943 BGB). – Anders aber bei Anfechtung der Annahme, *BGH* NZI 2011, 653 Rdnr. 6 ff.

[10] In diesem Fall können die Nachlassgläubiger trotz des Nachlassinsolvenzverfahrens in das Eigenvermögen des Erben vollstrecken, solange nicht auch über das Eigenvermögen ein Insolvenzverfahren eröffnet ist. Findet neben dem Nachlassinsolvenzverfahren ein Verfahren über das Eigenvermögen statt, so können die Gläubiger, denen beide Vermögensmassen haften, ihre Ansprüche in dem Verfahren über das Eigenvermögen nur anmelden, soweit sie im Nachlassinsolvenzverfahren ausgefallen sind (§ 331 InsO).

erben können die Eröffnung des Insolvenzverfahrens einzeln beantragen (§ 317 Abs. 2 InsO)[11], auch wenn der Nachlass bereits aufgeteilt ist (§ 316 Abs. 2 InsO)[12]. Zum anderen kann der Antrag von einem Nachlassverwalter oder einem anderen Nachlasspfleger[13], einem Testamentsvollstrecker und von jedem Nachlassgläubiger[14] gestellt werden (§ 317 Abs. 1 InsO)[15], außerdem von einem Nachlasserwerber (§ 330 InsO)[16].

Anders als im Regelinsolvenzverfahren kennt das Gesetz für Anträge der Gläubiger eine **Antragsfrist**: Der Antrag eines Gläubigers ist unzulässig, wenn seit der Annahme der Erbschaft zwei Jahre verstrichen sind (§ 319 InsO). Diese Frist beruht auf der Erkenntnis, dass die Trennung von Nachlass und Eigenvermögen (→ Rdnr. 490) kaum noch möglich ist, wenn die beiden Vermögensmassen längere Zeit vermischt waren[17]. **494**

2. Eröffnungsgründe

Als Eröffnungsgründe kommen Überschuldung (→ Rdnr. 108), Zahlungsunfähigkeit (→ Rdnr. 102) und drohende Zahlungsunfähigkeit (→ Rdnr. 106) in Betracht[18]. Auf den zuletzt genannten Grund können sich Gläubiger allerdings nicht berufen (§ 320 InsO). Die Eröffnungsgründe sind bezogen auf den Nachlass festzustellen. Es kommt daher für die (drohende) Zahlungsunfähigkeit nur auf die Liquidität des Nachlasses, nicht auf die des Erben an[19]. **495**

---

[11] Bei einer Miterbengemeinschaft ist jeder Miterbe Schuldner im Sinne der Insolvenzordnung.
[12] Das Insolvenzverfahren findet aber stets über den gesamten Nachlass, nicht über einen Erbteil statt (§ 316 Abs. 3 InsO).
[13] *BGH* NZI 2011, 653 Rdnr. 14; ZIP 2007, 1868 Rdnr. 9 ff. – Die Nachlassverwaltung ist ein besonderer Fall der Nachlasspflegschaft; vgl. § 1975 BGB.
[14] *BGH* NZI 2011, 653 Rdnr. 21.
[15] Zur *Antragspflicht* s. Rdnr. 98 Fn. 34.
[16] *OLG Köln* ZIP 2000, 627, 628.
[17] Begr. zu § 362 RegE, BT-Drs. 12/2443, 230.
[18] Die Einbeziehung der Zahlungsunfähigkeit beruht auf der Überlegung, dass es sich bei einem Nachlass nicht immer um eine statische Vermögensmasse handeln muss, was insbesondere einleuchtet, wenn zum Nachlass ein Unternehmen gehört (vgl. Begr. zu § 363 RegE, BT-Drs. 12/2443, 230 f.).
[19] Vgl. Begr. zu § 363 RegE, BT-Drs 12/2443, 231, wo es freilich etwas irreführend heißt, „Schuldner" i. S. v. §§ 21, 22 des Entwurfs (= §§ 17, 18 InsO) sei der Nachlass. Schuldner ist weiterhin der Erbe, aber beschränkt auf den Nachlass.

3. Insolvenzmasse

496 Die Eröffnung des Insolvenzverfahrens führt auch hier zunächst zur Beschlagnahme der Insolvenzmasse (→ Rdnr. 140 ff.). Die Insolvenzmasse besteht nur aus dem Nachlass, soweit er der Pfändung unterliegt[20]. Die Eröffnung führt zur **haftungsrechtlichen Trennung des Nachlasses vom Eigenvermögen des Erben** (→ Rdnr. 490). Der Nachlassinsolvenzverwalter hat ihn nach den allgemeinen Regeln in Besitz zu nehmen, zu verwalten und zu verwerten (§ 148 InsO). Dazu ist die vom Verwalter vorgefundene „Ist-Masse" auch hier auf den „Soll-Bestand" zu bringen (→ Rdnr. 227 ff.). Abweichungen gegenüber dem Regelinsolvenzverfahren bestehen nur insoweit, als Sicherungsrechte, die im Wege der Zwangsvollstreckung in den Nachlass erlangt wurden, nicht nur nach Maßgabe von § 88 InsO unwirksam sind, sondern immer schon dann, wenn die Zwangsvollstreckung nach dem Erbfall durchgeführt wurde (§ 321 InsO)[21]. Außerdem sind Leistungen aus dem Nachlass auf Pflichtteilsansprüche, Vermächtnisse oder Auflagen in gleicher Weise anfechtbar wie unentgeltliche Leistungen (§ 322 InsO)[22], weil die Pflichtteilsberechtigten und Vermächtnisnehmer grundsätzlich nach den (übrigen) Nachlassgläubigern befriedigt werden sollen (→ Rdnr. 499). Außerdem soll möglichst der Zustand hergestellt werden, der zur Zeit des Erbfalls bestand, denn die Regeln über die Nachlassinsolvenz sind geprägt von einer **„Rückorientierung auf den Erbfall"**[23]: Das Gesetz versucht, die Insolvenz so abzuwickeln, als ob das Insolvenzverfahren mit dem Erbfall eröffnet worden wäre[24]. Auch dies korrespondiert mit der haftungsrechtlichen Trennung von Nachlass und Eigenvermögen (→ Rdnr. 490).

4. Gläubigerklassen

497 Dass es sich beim Nachlassinsolvenzverfahren um eine Sonderinsolvenz handelt (→ Rdnr. 490), wirkt sich auch auf die Zusammensetzung der Gläubigerklassen aus. Zunächst erweitert § 324 InsO den

---

[20] Vgl. allg *Baur/Stürner*[12], Rdnr. 32.11; für Anteile an einer Grundstücks-GbR *BGH* ZIP 2017, 2109 Rdnr. 16 ff.
[21] Es bedarf daher für sie keiner Insolvenzanfechtung, *OLG Köln* MDR 1969, 401.
[22] Vgl. zu § 134 InsO Rdnr. 255.
[23] *Häsemeyer*, Rdnr. 33.05a.
[24] Vgl. auch Begr. zu § 367 RegE, BT-Drs. 12/2443, 231; krit. zu diesem Konzept *Häsemeyer*, Rdnr. 33.05 ff.

Kreis der **Massegläubiger**, und zwar im Wesentlichen um diejenigen, deren Ansprüche auf der Verwaltung des Nachlasses beruhen[25], was wiederum mit der Trennung der Vermögensmassen (→ Rdnr. 490) und der „Rückorientierung auf den Erbfall" (→ Rdnr. 496) korrespondiert[26].

Diese Trennung schlägt sich auch bei der Bestimmung der **Insol-** **498** **venzgläubiger** nieder: Insolvenzgläubiger sind nur die Nachlassgläubiger (§ 325 InsO), weil nur ihnen der Nachlass als Insolvenzmasse haftungsrechtlich zugewiesen ist. Auch der Erbe selbst kann zu den Insolvenzgläubigern gehören. Seine Ansprüche gegen den Erblasser sind zwar mit dem Erbfall durch Konfusion untergegangen, aber durch die Insolvenzeröffnung und die damit verbundene Trennung von Nachlass und Eigenvermögen wieder aufgelebt (§ 1976 BGB).

§ 327 InsO erweitert gegenüber § 39 InsO den Kreis der **nachrangi-** **499** **gen Insolvenzgläubiger** um die Pflichtteilsberechtigten, die Vermächtnisnehmer und die durch eine Auflage Begünstigten. Diese Zurücksetzung beruht darauf, dass dieser Personenkreis nur Anspruch auf Teilhabe am Nachlassüberschuss hat. Er soll nicht besser stehen als der Erbe selbst[27].

B. Gesamtgutinsolvenz

Literatur: *Menz*, Das Aussonderungsrecht des einen Ehegatten im Konkurs des **500** anderen, Diss. Tübingen 1961.

I. Eherechtliche Grundlagen

Das eheliche Güterrecht des BGB sieht drei Güterstände vor: Die **501** Eheleute können Gütergemeinschaft (§ 1415 BGB; → Rdnr. 502) oder Gütertrennung (§ 1414 BGB) vereinbaren; haben sie nichts vereinbart, leben sie im gesetzlichen Güterstand der Zugewinngemeinschaft (§ 1363 Abs. 1 BGB), bei der es sich um eine „Gütertrennung mit Zugewinnausgleich" handelt (§ 1363 Abs. 2 BGB). Bei der **Zugewinngemeinschaft** (§ 1363 BGB) und bei der **Gütertrennung** (§ 1414 BGB) hat jeder Ehegatte ein eigenes Vermögen, das von dem des anderen

---

[25] Vgl. für Verwaltungsaufwendungen des Erben (§ 324 Abs. 1 Nr. 1 InsO) die Einschränkungen in §§ 1978, 1979 BGB.
[26] Für Neugläubiger s. *BGH* ZIP 2014, 137 Rdnr. 12 ff.
[27] Begr. zu § 370 RegE, BT-Drs. 12/2443, 232.

Ehegatten getrennt ist (vgl. § 1364 BGB). Seinen Gläubigern haftet jeder Ehegatte nur mit seinem eigenen Vermögen. Deshalb kann über das Vermögen eines jeden Ehegatten ohne weiteres ein eigenes Insolvenzverfahren eröffnet werden. Das Vermögen des anderen Ehegatten bleibt davon unberührt. Berührungspunkte gibt es nur, wenn ein Vermögensgegenstand im Miteigentum der Ehegatten steht, etwa weil sie ihn gemeinsam erworben haben[28]. Dann fällt der Miteigentumsanteil des insolventen Ehegatten in die Insolvenzmasse und wird nach den allgemeinen Regeln verwertet (§ 84 InsO).

502 Haben die Ehegatten hingegen den Güterstand der **Gütergemeinschaft** gewählt, so gibt es mehrere voneinander zu unterscheidende Vermögensmassen:

– Die nicht übertragbaren Vermögensgegenstände bleiben *Sondergut* eines jeden Ehegatten (§ 1417 BGB).
– Übertragbare Vermögensgegenstände bleiben *Vorbehaltsgut* eines jeden Ehegatten, wenn das im Ehevertrag oder von einem zuwendenden Dritten so bestimmt worden ist (§ 1418 BGB).
– Im Übrigen werden die übertragbaren Vermögensgegenstände eines jeden Ehegatten zu einem *Gesamtgut* zusammengeführt (§ 1416 BGB). Die Ehegatten bilden insoweit eine Gesamthandsgemeinschaft (§ 1419 BGB). Aus dem Ehevertrag ergibt sich, ob das Gesamtgut von beiden Ehegatten gemeinsam oder von einem allein verwaltet wird (§ 1421 BGB). Wird es von einem allein verwaltet, so haftet das Gesamtgut für die Gesamtgutsverbindlichkeiten. Darunter fallen alle Schulden des verwaltenden Ehegatten und nach Maßgabe der §§ 1438 ff. BGB auch die des nicht verwaltenden Ehegatten (§ 1437 Abs. 1 BGB)[29]. Außerdem haftet der verwaltende Ehegatte den Gläubigern des anderen Ehegatten für die Gesamtgutsverbindlichkeiten persönlich als Gesamtschuldner (§ 1437 Abs. 2 BGB), so dass die Gläubiger außer auf das Gesamtgut auch auf das Vorbehaltsgut zugreifen können[30]. Wird das Gesamtgut von beiden gemeinsam verwaltet, so haftet es nach Maßgabe der §§ 1460 ff. BGB für die Verbindlichkeiten beider

---

[28] Vgl. dazu *BGHZ* 114, 74, 75 ff.
[29] Das Gesamtgut haftet für vor Eintritt der Gütergemeinschaft begründete Verbindlichkeiten des nicht verwaltenden Ehegatten uneingeschränkt, für die danach begründeten nach § 1438 BGB nur, wenn der verwaltende Ehegatte zustimmt oder wenn das Rechtsgeschäft nach §§ 1429, 1431, 1432, 1434, 1357 BGB auch ohne Zustimmung für das Gesamtgut wirksam ist.
[30] Das Sondergut ist i. d. R. mangels Übertragbarkeit nicht pfändbar.

Ehegatten (§ 1459 Abs. 1 BGB)³¹. Außerdem haften beide Ehegatten für die Gesamtgutsverbindlichkeiten des anderen als Gesamtschuldner (§ 1459 Abs. 2 BGB).

Gemäß § 1483 BGB können die Ehegatten im Ehevertrag eine **fortgesetzte Gütergemeinschaft** vereinbaren. Das bedeutet, dass die Gütergemeinschaft nach dem Tode eines Ehegatten zwischen dem überlebenden Ehegatten und den gemeinschaftlichen Abkömmlingen (nicht: mit den Erben des Verstorbenen!) fortgesetzt wird. In diesem Fall gehört der Anteil des verstorbenen Ehegatten am Gesamtgut nicht zum Nachlass (§ 1483 Abs. 1 S. 3 BGB). Der überlebende Ehegatte übernimmt die alleinige Verwaltung des Gesamtgutes (§ 1487 Abs. 1, 2. Hs. BGB), auch wenn er vorher nicht verwaltungsberechtigt war. In diesem Fall haftet das Gesamtgut jetzt auch für alle seine Verbindlichkeiten (§ 1488 BGB). Außerdem haftet der überlebende Ehegatte für Gesamtgutsverbindlichkeiten persönlich als Gesamtschuldner (§ 1489 BGB).

503

II. Insolvenzrechtliche Konsequenzen

1. Insolvenzverfahren über das Vermögen eines Ehegatten

Wird in einer Gütergemeinschaft über das Vermögen eines Ehegatten das Insolvenzverfahren eröffnet, so richten sich die insolvenzrechtlichen Konsequenzen nach der Verteilung der Verwaltungsbefugnis. Ist der Schuldner **allein verwaltungsbefugt**, so fällt – außer dem Sonder- und Vorbehaltsgut, soweit es pfändbar ist (→ Rdnr. 502) – auch das Gesamtgut in die Insolvenzmasse (§ 37 Abs. 1 S. 1 InsO)³². Eine Auseinandersetzung des Gesamtguts findet nicht statt (§ 37 Abs. 1 S. 2 InsO). Die Gläubiger des nicht verwaltenden Ehegatten können sich in diesem Verfahren beteiligen, da ihnen der verwaltende Ehegatte als Gesamtschuldner haftet, soweit es sich um Gesamtgutsverbindlichkeiten handelt (§ 1437 Abs. 2 BGB; → Rdnr. 502).

504

Ist der Schuldner **nicht verwaltungsbefugt**, so fällt zwar sein Sonder- und Vorbehaltsgut, nicht aber das Gesamtgut in die Masse (§ 37

505

---

³¹ Das Gesamtgut haftet für die vor Eintritt der Gütergemeinschaft begründeten Verbindlichkeiten eines jeden Ehegatten, für die danach begründeten nur, wenn der andere Ehegatte zustimmt oder wenn das Rechtsgeschäft nach §§ 1454 ff. BGB auch ohne Zustimmung für das Gesamtgut wirksam ist (§ 1460 BGB).

³² Ausf. *Thiele/Salmen*, ZInsO 2014, 2259 ff.

Abs. 1 S. 3 InsO)³³. Das ist deshalb hinnehmbar, weil den Gläubigern des nicht verwaltenden Ehegatten der verwaltende als Gesamtschuldner haftet, so dass sie diesen in Anspruch nehmen und in dessen Insolvenz auf das Gesamtgut zugreifen können, soweit ihre Ansprüche Gesamtgutsverbindlichkeiten sind (Rdnr. 504). Gegenstände, die zum Gesamtgut gehören, können also vom verwaltenden Ehegatten ausgesondert werden (§§ 47 InsO, 1422 BGB). Auch der dem insolventen Ehegatten gehörende Gesamthandsanteil fällt nicht in die Insolvenzmasse, weil er nicht pfändbar ist (§§ 36 Abs. 1 InsO, 860 ZPO³⁴).

506 Dasselbe gilt, wenn die Ehegatten **gemeinsam verwaltungsbefugt** sind (§ 37 Abs. 2 InsO). In diesem Fall ist aber ein Insolvenzverfahren über das Gesamtgut zulässig (→ Rdnr. 507).

2. Insolvenzverfahren über das gemeinsam verwaltete Gesamtgut

507 Nach § 11 Abs. 2 Nr. 2 InsO kann über das Gesamtgut einer Gütergemeinschaft, das von beiden Ehegatten gemeinschaftlich verwaltet wird, ein eigenständiges Insolvenzverfahren durchgeführt werden³⁵. Auch dabei handelt es sich um eine **Sonder- oder Partikularinsolvenz** (→ Rdnr. 34, 42, 491), bei der das Gesamtgut (nur) für die Gläubiger verwertet wird, die Erfüllung ihrer Verbindlichkeiten aus dem Gesamtgut verlangen können.

508 **Antragsberechtigt** ist jeder dieser Gläubiger, außerdem jeder Ehegatte (§ 333 InsO), denn die Ehegatten sind in diesem Verfahren als Träger des zu verwertenden Vermögens Schuldner (→ Rdnr. 33). **Insolvenzgrund** ist allerdings die Zahlungsunfähigkeit (bei Antrag beider Ehegatten auch die drohende Zahlungsunfähigkeit) des *Gesamtgutes*³⁶, wie sich aus § 333 Abs. 2 InsO (und indirekt auch aus § 334 Abs. 1 InsO) ergibt. Ob die Ehegatten auch mit ihrem übrigen Vermögen zahlungsunfähig sind, ist unerheblich, denn die Sonderinsolvenz betrifft nur Aktiva und Passiva des Gesamtguts. Die Gläubiger können die Ehegatten zwar auch persönlich in Anspruch nehmen, da diese für Gesamtgutsverbindlichkeiten als Gesamtschuldner haften

---

[33] *BGH* NZI 2006, 402 Rdnr. 4 ff.
[34] Der Ausschluss der Pfändbarkeit (§ 860 ZPO) korrespondiert mit dem Ausschluss der Verfügungsmöglichkeit (§ 1419 BGB).
[35] Dazu *Holzer*, NZI 2016, 713 ff.
[36] Die Überschuldung des Gesamtguts ist, anders als bei der Nachlassinsolvenz (→ Rdnr. 495), kein Eröffnungsgrund.

(§ 1459 Abs. 2 BGB; → Rdnr. 502). Diese Haftung muss aber, wenn auch insoweit ein Eröffnungsgrund vorliegt, in weiteren Insolvenzverfahren über die Vermögen der Ehegatten durchgesetzt werden. In der Gesamtgutinsolvenz wird sie vom Insolvenzverwalter geltend gemacht (§ 334 InsO)[37].

3. Insolvenzverfahren bei fortgesetzter Gütergemeinschaft

Ist fortgesetzte Gütergemeinschaft vereinbart, so verschlechtert sich mit dem Tode eines Ehegatten die Haftungslage, wenn das Gesamtgut erst jetzt für die Verbindlichkeiten des überlebenden Ehegatten haftet (§ 1488 BGB; → Rdnr. 503). Diese Rechtsfolge kann zur Insolvenz des Gesamtgutes führen. Da das Gesamtgut nicht in den Nachlass fällt (§ 1483 Abs. 1 S. 3 BGB), ist eine Nachlassinsolvenz nicht möglich. Das Gesetz lässt aber eine Sonderinsolvenz über das Gesamtgut der fortgesetzten Gütergemeinschaft zu (§ 11 Abs. 2 Nr. 2 InsO) und unterwirft sie in § 332 Abs. 1 InsO den Regeln über die Nachlassinsolvenz. Abweichungen bestehen nur insoweit, als Insolvenzgläubiger hier nur diejenigen Gläubiger sind, deren Forderungen aus dem Gesamtgut zu erfüllen sind und zur Zeit des Eintritts der fortgesetzten Gütergemeinschaft (also bei Erbfall) als Gesamtgutsverbindlichkeiten bestanden[38]. Im Übrigen kann auf die Ausführungen zu Rdnr. 492 ff. verwiesen werden.

509

---

[37] Die Vorschrift entspricht § 93 InsO (→ Rdnr. 239).
[38] An dieser Voraussetzung fehlt es bei den Eigenverbindlichkeiten des überlebenden Ehegatten, da diese erst mit dem Erbfall Gesamtgutsverbindlichkeiten geworden sind (wenn sie es nicht vorher schon nach § 1437 BGB waren; → Rdnr. 503), außerdem bei allen nach Erbfall begründeten Verbindlichkeiten. Vgl. auch Begr. zu § 378 RegE, BT-Drs. 12/2443, 233.

12. Teil
Internationales Insolvenzrecht im Überblick

§ 38: Grenzüberschreitende Wirkungen eines Insolvenzverfahrens

510 Literatur: *Adam*, Zuständigkeitsfragen bei der Insolvenz internationaler Unternehmensverbindungen, 2006; *Ahrens*, Rechte und Pflichten ausländischer Insolvenzverwalter im internationalen Insolvenzrecht, 2002; *Attinger*, Der Mittelpunkt der hauptsächlichen Interessen nach der EuInsVO, 2008; *Blitz*, Sonderinsolvenzverfahren im Internationalen Insolvenzrecht, 2002; *Bork*, Principles of Cross-Border Insolvency Law, Cambridge/Antwerp/Portland 2017; *Bornheimer*, Insolvenzgesellschaftsrecht und Insolvenzstrafrecht: Grundzüge des internationalen Insolvenzrechts, 3. Aufl., 2015; *Carstens*, Die internationale Zuständigkeit im europäischen Insolvenzrecht, 2005; *Cranshaw*, Einflüsse des Europäischen Rechts auf das Insolvenzverfahren, 2006; *Czaja*, Umsetzung der Kooperationsvorgaben durch die Europäische Insolvenzverordnung im deutschen Insolvenzverfahren, 2009; *DACH* (Hrsg.), Grenzüberschreitendes Insolvenzrecht, 2004; *Dawe*, Der Sonderkonkurs des deutschen Internationalen Insolvenzrechts, 2006; *Deyda*, Der Konzern im europäischen internationalen Insolvenzrecht, 2008; *Graf*, Die Anerkennung ausländischer Insolvenzentscheidungen, 2003; *Henewer*, Das Forum Shopping einer GmbH unter der deutschen Insolvenzordnung und der Europäischen Insolvenzordnung, 2010; *Hortig*, Kooperation von Insolvenzverwaltern, 2008; *Jeremias*, Internationale Insolvenzaufrechnung, 2005; *Keggenhoff*, Internationale Zuständigkeit bei grenzüberschreitenden Insolvenzverfahren, 2006; *Keller*, Zur Verwertung im Ausland belegenen Schuldnervermögens durch deutsche Insolvenzverwalter, 2010; *Klumb*, Kollisionsrecht der Insolvenzanfechtung, 2005; *Kohn-Löffelmann*, Insolvenzanfechtung in Europa, 2008; *Kranemann*, Insolvenzanfechtung im deutschen Internationalen Insolvenzrecht und nach der Europäischen Insolvenzrechtsverordnung, 2001; *Kupka*, Die Behandlung des Eigentumsvorbehaltes nach der Insolvenzrechtsreform unter besonderer Berücksichtigung der EG-Verordnung über Insolvenzverfahren, 2003; *Langenbach*, Die vertraglichen Mobiliarsicherheiten in grenzüberschreitenden deutsch-österreichischen Unternehmensinsolvenzen, 2009; Leonhardt/*Smid*/Zeuner, Internationales Insolvenzrecht, 2. Aufl., 2012; *Liersch*, Sicherungsrechte im Internationalen Insolvenzrecht, 2001; *Lorenz*, Annexverfahren bei Internationalen Insolvenzen, 2005; *Ludwig*, Neuregelungen des deutschen Internationalen Insolvenzverfahrensrechts, 2004; *Martius*, Verteilungsregeln in der grenzüberschreitenden Insolvenz, 2004; *McBryde/Flessner/Kortmann*, Principles of European Insolvency Law, 2003; *Naumann*, Die Behandlung dinglicher Kreditsicherheiten und

Eigentumsvorbehalte nach den Artikeln 5 und 7 EuInsVO sowie nach autonomem deutschen Insolvenzkollisionsrecht, 2004; *Nitsche*, Konzernfolgeverantwortung nach lex fori concursus, 2007; *Probst*, Die Internationale Zuständigkeit zur Eröffnung von Insolvenzverfahren im europäischen Insolvenzrecht, 2008; *Rossbach*, Europäische Insolvenzverwalter in Deutschland, 2006; *Rugullis*, Litispendenz im europäischen Insolvenzrecht, 2002; *Scherber*, Europäische Grundpfandrechte in der nationalen und internationalen Insolvenz im Rechtsvergleich, 2004; *Schmiedeknecht*, Der Anwendungsbereich der Europäischen Insolvenzverordnung und die Auswirkungen auf das deutsche Insolvenzrecht, 2004; *Schmüser*, Das Zusammenspiel zwischen Haupt- und Sekundärinsolvenzverfahren nach der EuInsVO, 2009; *Siemonsen*, Die deutschen Ausführungsvorschriften zur Europäischen Insolvenzverordnung, 2009; *Staak*, Der deutsche Insolvenzverwalter im europäischen Insolvenzrecht, 2004; *Stehle*, Die Stellung des Vollstreckungsgläubigers bei grenzüberschreitenden Insolvenzen in der EU, 2007; *Strobel*, Die Abgrenzung zwischen EuGVVO und EuInsVO im Bereich insolvenzbezogener Entscheidungen, 2006; *Torz*, Gerichtsstände im Internationalen Insolvenzrecht zur Eröffnung von Partikularinsolvenzverfahren, 2005; *Vogler*, Die internationale Zuständigkeit für Insolvenzverfahren, 2004; *Wessels*, International Insolvency Law, Part I, 4. Aufl., Deventer 2015; *Westphal/Goetker/Wilkens*, Grenzüberschreitende Insolvenzen, 2008; *Willemer*, Vis attractiva concursus und die Europäische Insolvenzverordnung, 2006; *Zeeck*, Das Internationale Anfechtungsrecht in der Insolvenz, 2003. – Zur älteren Literatur → *3. Aufl.*

A. Einführung[1]

Das Internationale Insolvenzrecht befasst sich mit **grenzüberschreitenden Vorgängen**, die in der Praxis häufig vorkommen: Der Schuldner hat Sitz oder Wohnsitz im Ausland; der Schuldner hat Sitz oder Wohnsitz im Inland, hat aber ausländische Gläubiger; der Schuldner hat Vermögen im Ausland; für Gläubiger des Schuldners sind ausländische Sicherheiten bestellt worden; im Ausland ist ein Insolvenzverfahren eröffnet worden und der Insolvenzverwalter nimmt in Deutschland belegenes Vermögen in Anspruch; etc. 511

In solchen Konstellationen stellen sich **Grundfragen des internationalen Insolvenzrechts**. Zunächst stellt sich das Problem der internationalen Zuständigkeit für Insolvenzverfahren (→ Rdnr. 514). Sodann geht es zum einen um die grenzüberschreitende Wirkungserstreckung. Es ist zum einen die Frage zu beantworten, welche Wirkungen ein im Inland eröffnetes Insolvenzverfahren im Ausland entfaltet, ob also z.B. im Ausland belegenes Vermögen beschlagnahmt, die Verfügungsbefugnis des Insolvenzverwalters anerkannt oder ein im Aus- 512

---

[1] Vgl. auch *Liersch*, NZI 2003, 302 ff.; *Schack*, Internationales Zivilverfahrensrecht, 7. Aufl. 2017, Rdnr. 1137 ff.

land anhängiger Rechtsstreit unterbrochen wird (Auslandswirkungen der Inlandsinsolvenz; → Rdnr. 516). Zum anderen befasst sich das Internationale Insolvenzrecht mit der umgekehrten Konstellation, also mit der Frage, ob die Wirkungen eines im Ausland eröffneten Insolvenzverfahrens im Inland anerkannt werden können (Inlandswirkungen der Auslandsinsolvenz; → Rdnr. 518). Eng damit zusammen hängt die Problematik des anwendbaren Rechts (→ Rdnr. 522).

513 Die **Rechtsgrundlagen** zu diesen Fragen finden sich in der Insolvenzordnung in §§ 335 ff. Für den Bereich der Europäischen Union ist das Internationale Insolvenzrecht mit Wirkung vom 31. Mai 2002 verbindlich durch die Europäische Insolvenzverfahrensverordnung (EuInsVO)[2] geregelt[3]. Ausführungsbestimmungen dazu finden sich in Art. 102c EGInsO. Die EuInsVO geht als direkt anwendbares Recht den §§ 335 ff. InsO im Verhältnis zu anderen Mitgliedstaaten der EU vor[4]. Im Verhältnis zu allen anderen Staaten ist hingegen – vorbehaltlich völkerrechtlicher Verträge – grundsätzlich das deutsche Internationale Insolvenzrecht (§§ 335 ff. InsO) anwendbar. Da sich die meisten Insolvenzfälle mit Auslandsberührung im Bereich der Europäischen Union abspielen, steht in diesem Kapitel die Rechtslage nach der EuInsVO im Vordergrund; die Vorschriften des deutschen Internationalen Insolvenzrechts werden nur am Rande erwähnt.

B. Internationale Zuständigkeit

514 In Fällen mit Auslandsberührung stellt sich zunächst die Frage, die Insolvenzgerichte welchen Staates für das Insolvenzverfahren zuständig sind. Für die Mitgliedstaaten der EU findet sich die Antwort in **Art. 3 EuInsVO**. Danach sind für das Insolvenzverfahren[5] die Gerichte

---

[2] Ursprünglich VO (EG) Nr. 1346/2000 vom 29.5.2000 – ABl. EG Nr. L 160/1 vom 30.6.2000; jetzt VO (EU) Nr. 2015/848 vom 20. Mai 2015 – Abl. EU Nr. L 141/19 vom 5.6.2015. Dazu u. a. *Bork/Mangano*, European Cross-Border Insolvency Law, Oxford 2016; *Bork/van Zwieten*, Commentary on the European Insolvency Regulation, Oxford 2016; *Mankowski/Müller/J. Schmidt*, EuInsVO 2015, 2016; *Moss/Fletcher/Isaacs*, Moss, Fletcher and Isaacs on the EC-Regulation on Insolvency Proceedings, 3. Aufl., Oxford 2016; *Paulus*, EuInsVO, 5. Aufl. 2017; *Vallender*, EuInsVO, 2017.
[3] Zu den Vereinheitlichungsbemühungen für das materielle Insolvenzrecht vgl. *Flessner*, ZEuP 2004, 887 ff.
[4] *BGHZ* 188, 177 Rdnr. 11; *BGH* ZIP 2017, 535 Rdnr. 6.
[5] Außerdem weist Art. 6 EuInsVO den für die Eröffnung zuständigen Gerichten auch die internationale Zuständigkeit für eng mit dem Insolvenzverfahren verbundene Klagen zu, insbesondere für Anfechtungsklagen. Näher zur Annexzuständigkeit erstmals *EuGH* Rechtssache C-133/78 *Gourdain v. Nadler*, ECLI:EU:C:1979:49;

des Mitgliedstaates zuständig, in dessen Gebiet der Schuldner den Mittelpunkt seiner hauptsächlichen Interessen (**COMI**[6]) hat[7]. Diesen Mittelpunkt zu bestimmen, kann freilich gerade in grenzüberschreitenden Fällen schwierig sein. Daher enthält Art. 3 UAbs. 2–4 EuInsVO die Vermutung, dass sich der COMI bei juristischen Personen am Ort des satzungsmäßigen Sitzes, bei natürlichen Personen am Ort ihrer Niederlassung bzw. ihres gewöhnlichen Aufenthaltes[8] befindet. Diese Vermutung kann aber widerlegt werden, wenn aufgrund von objektiven und für Dritte feststellbaren Umständen die Annahme gerechtfertigt ist, dass sich der Mittelpunkt der hauptsächlichen Interessen in einem anderen Mitgliedstaat befindet als in dem des Satzungssitzes[9].

Das **deutsche Internationale Insolvenzrecht** sagt zur internationalen Zuständigkeit nichts. Vielmehr gilt der allgemeine Grundsatz, dass die internationale Zuständigkeit der örtlichen Zuständigkeit folgt. Es sind also § 3 InsO sowie über § 4 InsO die §§ 12 ff. ZPO entsprechend anzuwenden[10]. Das bedeutet, dass die deutschen Insolvenzgerichte zuständig sind, wenn der Schuldner in Deutschland den Mittelpunkt seiner selbstständigen wirtschaftlichen Tätigkeit oder seinen Sitz bzw. Wohnsitz hat (§ 3 InsO analog)[11]. Außerdem kann an das in

515

Rechtssache 339/07 *Seagon v. Deko Marty Belgium NV*, ECLI:EU:C:2009:83; ausf. Bork, FS Beck, 2016, S. 49 ff.; zur Abgrenzung *EuGH* Rechtssache C-649/16, *Peter Valach u. a. v. Waldviertler Sparkasse Bank AG u. a.*, ECLI:EU:C:2017:986; Rechtssache C-641/16 *Tünkers France and Tünkers Maschinenbau*, ECLI:EU:C:2017:847; Rechtssache C-157/13 *Nickel & Goeldner Spedition GmbH v. „Kintra" UAB*, ECLI:EU:C:2014:2145. Nach der Rechtsprechung gilt diese internationale Zuständigkeit allerdings auch im Verhältnis zu Drittstaaten (vgl. *EuGH* Rechtssache C-295/13 *H. v. H.K.*, ECLI:EU:C:2014:2410; Rechtssache C-328/12 *Schmid v. Hertel*, ECLI:EU:C:2014:6, dazu *BGH* ZIP 2014, 1132, *Baumert*, NZI 2014, 106 ff., *Paulus*, EWiR 2014, 85 f.), jedoch nicht nach einer Abtretung des Anspruchs (*EuGH* Rechtssache C-213/10 *F-Tex SIA v. Lietuvos-Anglijos UAB „Jadecloud-Vilma"*, ECLI:EU:C:2012:215). – Zur örtlichen Zuständigkeit s. Art. 102c § 6 EGInsO.

[6] In der englischen Fassung: „Centre of main interests".

[7] Zu der Frage, ob es auf die Verhältnisse bei Antragstellung oder bei Eröffnung ankommt, s. *EuGH* C-1/04 Rechtssache *Susanne Staubitz-Schreiber*, ECLI:EU:C:2006:39; *BGH* ZIP 2011, 833 Rdnr. 11 ff.; 2006, 767 Rdnr. 10; 2006, 529 Rdnr. 6 ff.; 2004, 94, 95 f.

[8] Vgl. *BGH* ZIP 2017, 688 Rdnr. 10; *Rentsch*, GPR 2017, 147 ff.

[9] *EuGH* Rechtssache C-191/10 *Rastelli Davide e C. Snc v. Jean-Charles Hidoux*, ECLI:EU:C:2011:838; Rechtssache C-396/09 *Interedil*, ECLI:EU:C:2011:67; Rechtssache C-341/04 *Eurofood IFSC Ltd.*, ECLI:EU:C:2006:281. Vgl. zu Art. 3 EuInsVO ferner *BGH* ZIP 2012, 139 Rdnr. 9 ff.; 2007, 878 Rdnr. 14; ZInsO 2009, 1955 Rdnr. 3.

[10] *BGH* ZInsO 2010, 1013 Rdnr. 9; 2010, 348 Rdnr. 3 f. – Für das Nachlassinsolvenzverfahren gilt § 315 InsO (→ Rdnr. 492) entsprechend, *BGH* ZInsO 2010, 348 Rdnr. 3.

[11] Hingegen reicht ein Wohnsitz in Deutschland nicht, wenn der Mittelpunkt der wirtschaftlichen Tätigkeit im Ausland liegt, *AG Münster* ZInsO 2000, 49, 50.

Deutschland belegene Vermögen angeknüpft werden (§ 4 InsO i.V.m. § 23 ZPO analog)[12], was dann aber nur zu einem Sonderinsolvenzverfahren für das in Deutschland befindliche Vermögen führen kann (→ Rdnr. 525).

C. Anerkennung der Insolvenzeröffnung

I. Auslandswirkungen einer Inlandsinsolvenz

516 Wird durch ein deutsches Insolvenzgericht ein Insolvenzverfahren eröffnet, so gehört im Ausland belegenes Vermögen des Schuldners nach deutschem Internationalen Insolvenzrecht zur Insolvenzmasse[13]. Das deutsche Recht folgt hier dem **Universalitätsprinzip**, wonach sich die Wirkungen eines inländischen Insolvenzverfahrens auf die ganze Welt erstrecken sollen. Die Bundesrepublik Deutschland nimmt also für sich in Anspruch, dass die Wirkungen der Eröffnung eines deutschen Insolvenzverfahrens auch im Ausland anerkannt werden. Ob dieser Anspruch durchgesetzt werden kann, ist eine andere Frage. Sie richtet sich nach dem Internationalen Insolvenzrecht des jeweiligen ausländischen Staates[14], da das deutsche Recht diesen selbstverständlich nicht zwingen kann, die Beschlagnahmewirkungen der Verfahrenseröffnung bis hin zum Vollstreckungsverbot (§ 89 InsO) oder die Verfügungsbefugnis eines deutschen Insolvenzverwalters (§ 80 Abs. 1 InsO) anzuerkennen. Erkennt ein ausländischer Staat die Wirkungen des deutschen Insolvenzverfahrens nicht an, so muss sich ein Dritter, der auf das im Ausland belegene Vermögen des Schuldners zugegriffen hat, allerdings in Deutschland entgegenhalten lassen, dass er ungerechtfertigt bereichert ist (§ 812 BGB)[15]. Außerdem ist der Schuldner verpflichtet, den Insolvenzverwalter bei der Masseverwertung zu unterstützen (§ 97 Abs. 2 InsO). Deshalb muss er z. B. einem Insolvenzverwalter, dessen Rechtsstellung im Ausland nicht anerkannt wird, eine Vollmacht erteilen[16].

517 Für die Mitgliedstaaten der Europäischen Union ergibt sich die wechselseitige Anerkennung aus **Art. 19 EuInsVO**[17]. Danach wird die

---

[12] Vgl. *OLG Karlsruhe* NZI 2002, 387, 388.
[13] Vgl. – auch zum Folgenden – *BGHZ* 95, 256, 264 f.; 88, 147, 150/153; *BGH* ZIP 2003, 2123, 2124.
[14] Vgl. für die Schweiz *BezG Zürich* ZIP 2001, 165 ff.
[15] *BGHZ* 88, 147, 153 ff.
[16] *BGH* ZIP 2003, 2123, 2124; krit. *Baur/Stürner*[12], Rdnr. 37.5.
[17] *BGH* ZIP 2015, 2331 Rdnr. 7 ff.; Haas, FS Gerhardt, 2004, S. 319 ff.

Eröffnung eines Insolvenzverfahrens in einem Mitgliedstaat in allen anderen Mitgliedstaaten automatisch anerkannt, ohne dass es eines besonderen *exequatur*-Verfahrens bedürfte. Auch dem liegt ein (im Detail allerdings modifiziertes; → Rdnr. 525) Universalitätsprinzip zugrunde. Die Anerkennung hat gemäß **Art. 20 EuInsVO** zur Folge, dass die Eröffnung eines deutschen Insolvenzverfahrens in allen anderen Mitgliedstaaten dieselben Wirkungen wie in Deutschland hat, so dass insbesondere die Beschlagnahme des im Ausland belegenen Vermögens und die Verfügungsbefugnis des Insolvenzverwalters über dieses Vermögen anzuerkennen sind (vgl. auch **Art. 21 ff. EuInsVO**).

II. Inlandswirkungen einer Auslandsinsolvenz

Die Anerkennung ausländischer Insolvenzverfahren in Deutschland hat eine wechselvolle **Geschichte**. Die Rechtsprechung ist hier lange Zeit dem Territorialitätsprinzip gefolgt, nach dem die Wirkungen eines ausländischen Insolvenzverfahrens im Inland nicht anerkannt werden können[18]. Der BGH ist dann aber 1985 auch hier auf das Universalitätsprinzip umgeschwenkt und hat sich der in der Literatur seit langem vertretenen Auffassung angeschlossen, dass die im Recht des Eröffnungsstaates vorgesehenen Wirkungen des Insolvenzverfahrens auch in Deutschland anzuerkennen sind[19]. Diese Anerkennung setzte nach der Rechtsprechung des BGH lediglich voraus, dass es sich bei dem ausländischen Verfahren wirklich um ein Insolvenzverfahren handelt, dass es nach ausländischem Recht wirksam eröffnet worden ist, dass das ausländische Insolvenzgericht international zuständig war und dass die Anerkennung mit den Grundsätzen des deutschen *ordre public* vereinbar ist (Art. 6 EGBGB, § 328 Abs. 1 Nr. 4 ZPO)[20].

518

Die gesetzliche Regelung hat diese Rechtsprechung aufgegriffen. Nach **§ 343 Abs. 1 InsO** wird ein im Ausland eröffnetes Insolvenzverfahren – mag es sich um ein Liquidations- oder ein Sanierungs-[21], Haupt- oder Sekundärinsolvenzverfahren[22] handeln – im Inland automatisch anerkannt[23], sofern das Eröffnungsgericht nach deutschem Recht international zuständig war[24] und die Anerkennung nicht gegen

519

---

[18] Grundlegend *BGH* NJW 1960, 774 m. w. N.
[19] *BGHZ* 95, 256, 263 ff. mit umfassenden Nachweisen.
[20] *BGHZ* 95, 256, 269 f.; *BGH* NJW 1997, 524 ff.
[21] *BGH* ZIP 2014, 1997 Rdnr. 52 ff.; 2009, 2217 Rdnr. 8 ff.; NJW 1997, 524 ff.
[22] Dazu *Reichelt*, ZIP 2017, 2389 ff.
[23] Vgl. *OLG Düsseldorf* ZIP 2015, 1739, 1740.
[24] Vgl. dazu *BGH* ZInsO 2001, 1009 ff. (*Vallender*).

den deutschen *ordre public* verstößt[25]. Der Gesetzgeber hat sich also auf der Grundlage des Universalitätsprinzips darauf beschränkt, den mittlerweile anerkannten Grundsätzen des deutschen Internationalen Insolvenzrechts Gesetzeskraft zu verleihen.

520 Wird das Insolvenzverfahren in einem Mitgliedstaat der Europäischen Union eröffnet, so ergibt sich die Anerkennung in Deutschland wieder aus **Art. 19 EuInsVO** (→ Rdnr. 517), der ebenfalls eine wirksame Verfahrenseröffnung voraussetzt. Den *ordre public*-Vorbehalt enthält hier Art. 33 EuInsVO[26]. Die Wirkungen folgen wieder dem Universalitätsprinzip. Die ausländische Beschlagnahme erfasst mithin auch das Inlandsvermögen[27]. Wird in einem ausländischen Verfahren ein Insolvenzverwalter eingesetzt und ist dieser nach ausländischem Recht verfügungsbefugt, so darf er auch das in Deutschland belegene Vermögen zur Masse ziehen[28]. Muss er dazu prozessieren, so ist er vor deutschen Gerichten prozessführungsbefugt[29] (vgl. auch Art. 21 Abs. 2 EuInsVO). Konsequenterweise bestimmen Art. 18 EuInsVO, § 352 InsO, § 240 ZPO, dass ein inländischer Rechtsstreit durch die Eröffnung des ausländischen Insolvenzverfahrens nach Maßgabe des inländischen Rechts unterbrochen wird[30].

521 Die genannten Normen befassen sich im Übrigen nicht nur mit den Eröffnungsentscheidungen, sondern auch mit der **Anerkennung sonstiger Entscheidungen**, die typischerweise in einem Insolvenzverfahren ergehen (§§ 343 Abs. 2, 344 InsO; Art. 32 EuInsVO)[31]. Hilfsweise kann auf §§ 328, 722 f. ZPO zurückgegriffen werden[32].

---

[25] Dazu *BGH* ZIP 2009, 2217 Rdnr. 21 ff.; ausf. *Mankowski*, KTS 2011, 185 ff.

[26] Vgl. *BGH* ZIP 2015, 2331 Rdnr. 9 ff.; *BFH* ZIP 2016, 2027 Rdnr. 21 ff.; *Bork*, ZIP 2016, Beil. zu Heft 22, S. 11 ff.; *Hess/Laukemann*, FS Wellensiek, 2011, S. 813 ff.; *Laukemann*, IPRax. 2012, 207 ff.

[27] Vgl. zur Wirkung einer ausländischen Vollstreckungssperre *EuGH* Rechtssache C-444/07 *MG Probud Gdynia sp. z o.o.*, ECLI:EU:C:2010:24.

[28] *BGHZ* 188, 177 Rdnr. 12; 95, 256, 263.

[29] Vgl. *BGHZ* 95, 256, 271.

[30] Vgl. *EuGH* Rechtssache C-250/1 *Tarragó da Silveira v. Massa Insolvente da Espírito Santo Financial Group SA*, ECLI:EU:C:2018:398; *BGH* ZInsO 2017, 1399 Rdnr. 3; 2012, 878 Rdnr. 29 ff.; 2009, 2217 Rdnr. 5 ff.; näher *Buntenbroich*, NZI 2012, 547 ff.; *Eyber*, ZInsO 2009, 1225 ff.; Kübler/Prütting/Bork-*Bork*, Art. 18 EuInsVO Rdnr. 1 ff.

[31] Dazu *Leipold*, FS Ishikawa, 2001, S. 221 ff.

[32] Vgl. für die Anerkennung einer im Ausland erteilten Restschuldbefreiung *BGH* ZInsO 2001, 1009 ff. (*Vallender*); allg. dazu *Ehricke*, RabelZ 62 (1998), 712 ff.; *Hergenröder*, DZWIR 2009, 309 ff.; *ders.*, ZIV 2005, 233 ff.; *Schulte*, Die europäische Restschuldbefreiung, 2001.

D. Anwendbares Recht

Die Anerkennung nach dem Universalitätsprinzip hat zur Folge, dass 522
sich das Insolvenzverfahren grundsätzlich nach dem Insolvenzrecht
des Staates richtet, in dem das Insolvenzverfahren eröffnet wurde
(*lex fori concursus*). Das ist für den Bereich der Europäischen Union
in **Art. 7 ff., 20 ff.** EuInsVO ausdrücklich ausformuliert. Ist also in
Deutschland ein Insolvenzverfahren eröffnet worden, so gilt grundsätzlich deutsches Insolvenzrecht[33]. Folglich bestimmen sich die
gemäß Art. 21 EuInsVO anzuerkennenden (→ Rdnr. 517) Beschlagnahmewirkungen[34] und die Befugnisse des deutschen Insolvenzverwalters nach deutschem Recht (Art. 7 Abs. 2 lit. b und c EuInsVO).
Dasselbe gilt nach Art. 7 Abs. 2 EuInsVO beispielsweise für die Zulässigkeit einer Aufrechnung (lit. d)[35], die Auswirkungen auf laufende
Verträge (lit. e), den Rang der Gläubigerforderungen (lit. i)[36] sowie
die Folgen einer unterlassenen Forderungsanmeldung[37].

Das Primat der *lex fori concursus* wird allerdings verschiedentlich 523
durchbrochen. So bestimmt beispielsweise Art. 8 EuInsVO für **dingliche Rechte**, insbesondere Kreditsicherheiten[38], dass sie nicht dem
Insolvenzrecht des Eröffnungsstaates unterliegen, wenn sie sich in
einem anderen Mitgliedstaat befinden[39]. Nach dem 68. Erwägungsgrund zur EuInsVO sollen sich die Begründung, die Gültigkeit und
die Tragweite eines solchen dinglichen Rechts regelmäßig nach
dem Recht des Belegenheitsorts (*lex rei sitae*) bestimmen und von
der Eröffnung des Insolvenzverfahrens nicht berührt werden. Hier
soll der Sicherungsnehmer vor Überraschungen aus dem Ausland
geschützt werden. Nach h. M. geschieht dies dadurch, dass das dingli-

---

[33] Dazu können auch Normen aus anderen Gesetzen als der InsO gehören, z. B.
§ 64 GmbHG, *EuGH* Rechtssache C-594/14 *Simona Kornhaas v. Thomas Dithmar*,
ECLI:EU:C:2015:806; *BGH* ZIP 2015, 68 Rdnr. 13 ff.
[34] *BGH* ZIP 2017, 1578 Rdnr. 15 ff.
[35] *BGH* ZIP 2018, 1299 Rdnr. 26 ff. (zu § 338 InsO). Allg. zur Aufrechnung im Internationalen Insolvenzrecht *Bork*, ZIP 2002, 690 ff.; *v. Wilmowsky*, KTS 1998, 343 ff.
[36] Vgl. dazu *BGH* ZIP 2011, 1775 Rdnr. 14 ff., 18.
[37] *EuGH* Rechtssache C-212/15 *ENEFI Energiahatékonysági Nyrt v. Direcţia Generală Regională a Finanţelor Publice Braşov (DGRFP)*, ECLI:EU:C:2016:841.
[38] Zum Begriff des dinglichen Rechts s. *EuGH* Rechtssache C-195/15 *SCI Senior Home (in administration) v. Gemeinde Wedemark/Hannoversche Volksbank eG*,
ECLI:EU:C:2016:804; *BGH* ZIP 2017, 535 Rdnr. 7 ff.; 2015, 1134 Rdnr. 13 ff.
[39] Dazu *EuGH* Rechtssache C-527/10 *ERSTE Bank Hungary Nyrt v. Magyar Állam and Others*, ECLI:EU:C:2012:417 Rdnr. 40 ff.; ferner *BGHZ* 188, 177 Rdnr. 18 ff. (dazu *Reinhart*, IPRax. 2012, 417 ff.).

che Recht dem Insolvenzrecht völlig entzogen ist, also auch das Insolvenzrecht der *lex rei sitae* nicht anwendbar ist[40].

524 Ähnliches gilt für die **Insolvenzanfechtung**. Sie richtet sich zwar grundsätzlich nach dem Recht des Eröffnungsstaates (Art. 7 Abs. 2 lit. m EuInsVO)[41]. Deshalb können Anfechtungsklagen gemäß Art. 6 EuInsVO auch vor den Gerichten des Eröffnungsstaates anhängig gemacht werden[42]. Einschränkend bestimmt aber Art. 16 EuInsVO, dass dem Anfechtungsgegner der Nachweis offen steht, dass sich die anfechtbare Rechtshandlung selbst nach einem anderen Recht als dem des Eröffnungsstaates richtet und dass sie nach diesem Recht nicht angreifbar ist[43]. Auch hier soll das Vertrauen in die Rechtsbeständigkeit vor Überraschungen aus dem ausländischen Insolvenzverfahren geschützt werden[44].

E. Sonderinsolvenzverfahren

525 Auch wenn ein Insolvenzverfahren eröffnet ist, kann es sinnvoll und notwendig sein, über dasjenige Teilvermögen des Schuldners, das sich in einem anderen Staat als dem Eröffnungsstaat befindet, ein Sonderinsolvenzverfahren[45] durchzuführen, sei es neben einem Hauptinsolvenzverfahren[46], sei es ohne ein solches. Im Bereich der Europäi-

---

[40] Krit. dazu *Bork* (Rdnr. 510), Rdnr. 6.12 ff. m. w. N.
[41] Vgl. dazu *BGH* ZIP 2018, 1455 Rdnr. 17 und 2018, 1299 Rdnr. 32 (zu § 335 InsO); 2013, 2167 Rdnr. 5 ff.; *Dahl/Kortleben/Michels*, NZI 2018, 683 ff.; *Hau* in: Gottwald (Hrsg.), Europäisches Insolvenzrecht/Kollektiver Rechtsschutz, 2008, 79 ff.; *Paulus*, ZInsO 2006, 295 ff.; *Zeeck*, ZInsO 2005, 281 ff.
[42] Dazu oben Fn. 5. Das soll nach einer zweifelhaften Entscheidung aber dann nicht mehr gelten, wenn der Anfechtungsanspruch abgetreten wurde.
[43] Dazu *EuGH* Rechtssache C-54/16 *Vinyls Italia SpA, in liquidation v Mediterranea di Navigazione SpA*, ECLI:EU:C:2017:433; Rechtssache C-310/14 *Nike European Operations Netherlands BV v. Sportland Oy*, ECLI:EU:C:2015:690; Rechtssache C-557/13 *Hermann Lutz v. Elke Bäuerle*, ECLI:EU:C:2015:227 und *BGH* ZIP 2015, 2284; 2013, 2167; *Bork*, FS Carl Heymanns Verlag, 2015, S. 263 ff.; *Thole*, IPRax. 2018, 388 ff. Vgl. ferner zu § 339 InsO *BGH* ZIP 2018, 1455 Rdnr. 21 ff. und 2018, 1299 Rdnr. 43 ff.; dazu *Dahl/Kortleben/Michels*, NZI 2018, 683 ff.
[44] Krit. dazu *Bork* (Rdnr. 510), Rdnr. 6.83 ff. m. w. N.; vgl. auch Kübler/Prütting/Bork-*Bork*, Art. 16 EuInsVO Rdnr. 3.
[45] Zum Begriff der Sonderinsolvenz s. Rdnr. 34.
[46] In diesem Fall spricht man auch von einem Sekundärinsolvenzverfahren; vgl. § 356 InsO, Art. 3 Abs. 3 EuInsVO; ferner *EuGH* Rechtssache C-649/13 *Comité d'entreprise de Nortel Networks SA and Others v. Cosme Rogeau and Cosme Rogeau v. Alan Robert Bloom and Others*, ECLI:EU:C:2015:384; Rechtssache C-327/13 *Burgo Group SpA v. Illochroma SA and Jérôme Theetten*, ECLI:EU:C:2014:2158; *BGH* ZIP 2014, 2092 Rdnr. 9 ff.; *Dammann*, FS Beck, 2016, S. 73 ff.; *Wimmer*, FS Beck, 2016, S. 587 ff.

schen Union ist das allerdings nach **Art. 3 Abs. 2–4, 34 ff. EuInsVO**[47] nur möglich, wenn der Schuldner in dem Zweitstaat eine organisatorisch und personell verfestigte Niederlassung hat; dass sich dort lediglich Vermögensgegenstände befinden, reicht nicht[48]. In Deutschland darf ein zweites Hauptinsolvenzverfahren weder beantragt noch durchgeführt werden (Art. 102c §§ 2, 3 EGInsO). Bis zur Einstellung getroffene Maßnahmen bleiben aber gemäß Art. 102c § 3 Abs. 2 EGInsO wirksam, solange die Eröffnung des deutschen Hauptinsolvenzverfahrens nicht in Kenntnis des ausländischen erfolgt ist[49].

Im deutschen Internationalen Insolvenzrecht schließt nach **§ 356 InsO** die Anerkennung des ausländischen Insolvenzverfahrens eine inländische Sonderinsolvenz nur über das im Inland belegene Vermögen nicht aus[50]. Dieses auf das in Deutschland befindliche Schuldnervermögen beschränkte (Partikular-)Insolvenzverfahren kann nach § 354 InsO auch eingeleitet werden, ohne dass es vorher der Eröffnung eines ausländischen Insolvenzverfahrens bedarf[51]. Ist das Insolvenzverfahren im Ausland bereits eingeleitet, so kann das Sonderinsolvenzverfahren in Deutschland zusätzlich stattfinden, ohne dass noch ein Eröffnungsgrund nachgewiesen werden muss (§ 356 Abs. 3 InsO). Antragsbefugt sind dann die Gläubiger sowie der ausländische Insolvenzverwalter, nicht aber der Schuldner, da er durch die Eröffnung des ausländischen Insolvenzverfahrens seine Verfügungsbefugnis verloren hat[52].

---

[47] Näher *EuGH* Rechtssache C-116/11 *Bank Handlowy w Warszawie SA and PPHU „ADAX"/Ryszard Adamiak v. Christianapol sp. z o.o.*, ECLI:EU:C:2012:739.
[48] Dazu *EuGH* Rechtssache C-112/10 *Zaza retail BV*, ECLI:EU:C:2011:743; *BGH* ZIP 2012, 1920 Rdnr. 6 ff; 2012, 782 Rdnr. 5 ff.; 2011, 389 Rdnr. 4. Allg. zum Begriff der Niederlassung *Bork/Harten*, NZI 2018, 673 ff.
[49] *BGHZ* 177, 12 Rdnr. 15 ff.
[50] Vgl. auch *BGHZ* 95, 256, 269 f.; *Smid*, ZInsO 2013, 953 ff. – Zum umgekehrten Fall (Sonderinsolvenz im Ausland, Insolvenzverfahren in Deutschland) vgl. *BAG* NZI 2013, 758 Rdnr. 36 ff. (*Kamann*).
[51] *OLG Köln* NZI 2001, 380, 381 f.; *LG München I* ZInsO 2001, 863, 864; *LG Stuttgart* ZIP 2000, 1122 f.
[52] *AG Düsseldorf* ZIP 2004, 623, 625; *Sabel*, NZI 2004, 126, 128; a. M. *AG Köln* ZIP 2004, 471, 473.

13. Teil

Insolvenzstrafrecht

§ 39: Überblick über die insolvenzbezogenen Strafnormen

527 **Literatur:** *Bittmann*, Praxishandbuch Insolvenzstrafrecht, 2. Aufl., 2017; *Bornheimer*, Insolvenzgesellschaftsrecht und Insolvenzstrafrecht: Grundzüge des internationalen Insolvenzrechts, 3. Aufl., 2015; *Dannecker/Knierim/Hagemeier*, Insolvenzstrafrecht, 3. Aufl., 2018; *Frings*, Die zivil- und strafrechtliche Haftung des GmbH-Geschäftsführers in der Insolvenz, 2008; *Habetha*, Bankrott und strafrechtliche Organhaftung, 2014; *Pelz*, Strafrecht in Krise und Insolvenz, 2. Aufl., 2011; *Weyand/Diversy*, Insolvenzdelikte, 10. Aufl., 2016.

A. Allgemeines[1]

528 Das Insolvenzstrafrecht ergänzt die Regelungen der InsO im Hinblick auf die Sicherung der Insolvenzmasse im Interesse aller Gläubiger[2], um das Ziel des Insolvenzverfahrens – die geordnete und gleichmäßige Befriedigung der Gläubigeransprüche – zu verwirklichen. Allerdings erweist sich, um das gleich vorweg zu schicken, die Durchsetzbarkeit der Strafvorschriften, insbesondere im Bereich der speziellen Bankrottdelikte, als besonders schwierig, u. a. aufgrund von erheblichen Beweisproblemen[3], mangelnder Zusammenarbeit von Insolvenzverwaltern und Staatsanwaltschaft[4] und ungenügender Abschreckungswirkung der strafrechtlichen Sanktionen. Ein effektiver Schutz des Wirtschaftsverkehrs ist durch das Insolvenzstrafrecht allein also

---

[1] Ausf. zu diesem Kapitel auch Bork/Hölzle-*Bittmann*, Handbuch Insolvenzrecht, Kap. 24; *Hess*, Anh. D; *Müller*, FS Beck, 2016, S. 347 ff.; *Rönnau*, NStZ 2003, 525 ff.; vgl. ferner die Rechtsprechungsübersichten von *Weyand*, ZInsO 2018, 681 ff.; 2017, 307 ff.; 2016, 611 ff.; 2015 995 ff.; 2014, 1033 ff.; 2013, 1064 ff.; 2012, 770 ff.; 2011, 745 ff.

[2] BGH NZI 2016, 419 Rdnr. 14; NJW 2001, 1874, 1875 m. w. N.; vgl. auch Leipziger Kommentar (= LK)-*Tiedemann*, StGB, 12. Aufl., Band 9/2, 2009 vor § 283 Rdnr. 2; MünchKomm.StGB-*Radtke/Petermann*, Band 4, 2. Aufl. 2014, Vor §§ 283 ff. Rdnr. 8 m. w. N.

[3] *Pape/Uhlenbruck/Voigt-Salus*, Kap. 47 Rdnr. 5/14.

[4] *Bittmann*, § 1 Rdnr. 246 ff.

nicht gewährleistet[5]. Im Insolvenzverfahren selbst werden die Insolvenzstraftaten wegen §§ 297, 290 Abs. 1 Nr. 1 und 2 InsO insbesondere bei der Restschuldbefreiung relevant. Denn die Restschuldbefreiung kann nach diesen Normen wegen Begehung einer Tat nach §§ 283 bis 283c StGB bzw. nach §§ 263 ff. StGB untersagt werden.

B. Begrifflichkeiten

Das Insolvenzstrafrecht wird in Insolvenzstraftaten im engeren und im weiteren Sinne unterteilt. Unter Insolvenzstraftaten im engeren Sinne versteht man die Straftaten der §§ 283 bis 283d StGB (Bankrott, Verletzung der Buchführungspflicht, Gläubiger- bzw. Schuldnerbegünstigung) und die Straftat der Insolvenzverschleppung gemäß § 15a Abs. 4 und 5 InsO. Es handelt sich um Sonderdelikte, da sie die materielle Insolvenz des späteren Insolvenzschuldners voraussetzen[6]. Zu den Insolvenzstraftaten im weiteren Sinne zählen alle allgemeinen Straftatbestände, die im Zusammenhang mit einer bevorstehenden oder eingetretenen Insolvenz zum Nachteil von Gläubigern, Staat oder Dritten begangen werden[7], so z. B. die Regelungen des Strafgesetzbuches in § 263 (Betrug), § 266 (Untreue) und § 266a (Vorenthalten und Veruntreuen von Arbeitsentgelt). Nicht zum Insolvenzstrafrecht gehört das Bilanzstraf- und Ordnungswidrigkeitenrecht der §§ 331 ff. HGB.

529

C. Insolvenzstraftaten im engeren Sinne

Die Straftatbestände des 24. Abschnitts des Strafgesetzbuches gehören zum Kernbereich des Insolvenzstrafrechts, innerhalb dessen der **Bankrott** nach § 283 StGB das Kernstück bildet[8]. Nach dieser Norm wird bestraft, wer seine materielle Insolvenz, also einen Eröffnungsgrundes i. S. v. §§ 17 ff. InsO (→ Rdnr. 101 ff.), herbeiführt (Absatz 2)[9] oder nach deren Eintritt eine der in § Absatz 1 Nummern 1–8 normierten Handlungen vornimmt. Hierher gehören insbesondere die

530

---

[5] *Pape/Uhlenbruck/Voigt-Salus*, Kap. 47 Rdnr. 14.
[6] *BGH* ZInsO 2017, 1364 Rdnr. 27 ff.; Lackner/Kühl-*Heger*, StGB, 29. Aufl. 2018, § 283 Rdnr. 2; *Pape/Uhlenbruck/Voigt-Salus*, Kap. 47 Rdnr. 19 m. w. N.
[7] Vgl. LK-*Tiedemann* (Fn. 2), vor § 283 Rdnr 2.
[8] *Bittmann*, § 12 Rdnr. 1.
[9] *BGH* ZInsO 2016, 2249 Rdnr. 12; 2016, 2032 Rdnr. 2 ff.

Verkürzung¹⁰ oder Verheimlichung¹¹ der späteren Insolvenzmasse, die unseriöse Vermehrung der Schuldenmasse und der Verstoß gegen die Buchführungspflichten¹². Der Versuch ist nach Abs. 3 strafbar. § 283a StGB erfasst besonders schwere Fälle¹³. Die Schuldnereigenschaft ist besonderes persönliches Merkmal i. S. d. § 14 StGB, so dass auch die dort genannten Organe und Vertreter einer Gesellschaft Täter sein können¹⁴.

531 Nach § 283b StGB wird auch die **Verletzung von Buchführungspflichten** und das Aufstellen falscher Bilanzen bestraft. Die Norm unterscheidet sich von dem spezielleren¹⁵ § 283 Abs. 1 Nrn. 5–7 StGB dadurch, dass das Delikt nicht voraussetzt, dass ein Eröffnungsgrund vorliegt.

532 § 283c StGB stellt die **Gläubigerbegünstigung** unter Strafe. Sie liegt vor, wenn der Täter in Kenntnis seiner Zahlungsunfähigkeit einem Gläubiger eine Sicherheit oder Befriedigung gewährt, die dieser nicht oder nicht in der Art oder nicht zu der Zeit zu beanspruchen hat (sog. inkongruente Deckung¹⁶; s. Rdnr. 262), und ihn dadurch absichtlich oder wissentlich vor den übrigen Gläubigern begünstigt. Letztlich handelt es sich um eine Privilegierung der Strafbarkeit nach § 283 Abs. 1 Nr. 1 StGB.

533 Demgegenüber behandelt § 283d StGB die **Schuldnerbegünstigung**. Nach dieser Norm macht sich ein außenstehender Dritter strafbar, wenn er in Kenntnis der dem anderen drohenden Zahlungsunfähigkeit, nach Zahlungseinstellung oder in einem Insolvenzverfahren Bestandteile des Vermögens des anderen, die im Falle der Eröffnung des Insolvenzverfahrens zur Insolvenzmasse gehören, mit dessen Einwilligung oder zu dessen Gunsten beiseite schafft oder verheimlicht¹⁷ oder in einer den Anforderungen einer ordnungsgemäßen Wirtschaft widersprechenden Weise zerstört, beschädigt oder unbrauchbar macht.

---

¹⁰ Dazu *BGH* ZInsO 2017, 1038 Rdnr. 13 ff.; 2016, 916 Rdnr. 6; 2010, 1383 Rdnr. 25 ff.; ZIP 2012, 1451 Rdnr. 10 ff.
¹¹ *BGH* NZI 2016, 419 Rdnr. 15.
¹² Zu § 283 Abs. 1 Nr. 8 StGB vgl. *BGH* ZInsO 2013, 555 Rdnr. 16.
¹³ Vgl. etwa *BGH* ZInsO 2017, 1425 Rdnr. 22.
¹⁴ Näher *BGH* ZInsO 2013, 555 Rdnr. 17 ff.; 2013, 387 Rdnr. 9 ff.; 2009, 1011 Rdnr. 10 f./19 ff.; *Helmrich*, ZInsO 2009, 1475 ff.; Lackner/Kühl-*Heger* (Fn. 6), § 283 Rdnr. 3.
¹⁵ Lackner/Kühl-*Heger* (Fn. 6), § 283b Rdnr. 4 m. w. N.; *Papel/Uhlenbruck/Voigt-Salus*, Kap. 47 Rdnr. 26.
¹⁶ *Fischer*, StGB, 65. Aufl. 2018, § 283c Rdnr. 3; Lackner/Kühl-*Heger* (Fn. 6), § 283c Rdnr. 3 m. w. N.
¹⁷ Dazu *BGH* ZIP 2016, 2280 Rdnr. 11.

Objektive Bedingung der Strafbarkeit nach §§ 283 ff. StGB ist gemäß § 283 Abs. 6 StGB (i.V.m. §§ 283b Abs. 3, 283c Abs. 3, 283d Abs. 4 StGB), dass der Täter (bzw. bei § 283d Abs. 4 StGB der Schuldner) seine Zahlungen eingestellt hat, über sein Vermögen das Insolvenzverfahren eröffnet oder der Eröffnungsantrag mangels Masse abgewiesen worden ist. **534**

Den Tatbeständen der **Insolvenzverschleppung** nach § 15a Abs. 4 und 5 InsO kommt in der Praxis erhebliche Bedeutung zu[18]. Das liegt zum einen daran, dass die Verletzung der Insolvenzantragspflicht als Formaldelikt und damit als Auffangtatbestand für andere schwer nachweisbare Insolvenzstraftaten gilt. Zum anderen gewinnt § 15a InsO über § 823 Abs. 2 BGB als Schutzgesetz zugunsten der Gläubiger schadensersatzrechtliche Relevanz (→ Rdnr. 98). **535**

D. Insolvenzstraftaten im weiteren Sinne

Im Vorfeld einer Insolvenz kommt es häufig zur Begehung allgemeiner Delikte, so dass die praktische Relevanz der Insolvenzstraftaten im weiteren Sinne relativ groß ist. Das gilt insbesondere für die **Betrugstatbestände** der §§ 263, 265b StGB[19]. Häufig wird der *Betrug* (§ 263 StGB) in Form des Lieferanten – bzw. Warenbetrugs verwirklicht, indem trotz eingetretener Krise weiterhin Waren oder Werkleistungen bestellt werden[20]. *Kreditbetrug* (§ 265b StGB) begeht, wer unrichtige oder unvollständige Angaben macht, um einem Betrieb oder Unternehmen einen Kredit[21] zu verschaffen oder zu erhalten. Als Tathandlungen kommen z.B. in Betracht die Vorlage falscher oder unvollständiger Bilanzen, Gewinn- und Verlustrechnungen u.ä., aber auch das Unterlassen der Mitteilung über Verschlechterungen der in den eingereichten Unterlagen dargestellten wirtschaftlichen Verhältnisse[22]. Nach § 265b Abs. 2 StGB kann der Täter einer Bestrafung jedoch entgehen, wenn er die Erbringung der beantragten Leistung verhindert bzw. sich freiwillig und ernsthaft darum bemüht. **536**

Große Bedeutung kommt, besonders im gesellschaftsrechtlichen Bereich, auch dem **Untreue-Tatbestand** des § 266 StGB zu[23]. Dieses **537**

---

[18] Vgl. zur Strafbarkeit des faktischen Geschäftsführers *BGH* ZIP 2015, 218 Rdnr. 2 ff.
[19] *Bittmann*, § 14 Rdnr. 1 ff.; *Pape/Uhlenbruck/Voigt-Salus*, Kap. 47 Rdnr. 7.
[20] *Pape/Uhlenbruck/Voigt-Salus*, Kap. 47 Rdnr. 7.
[21] Dazu *BGH* ZIP 2015, 481 Rdnr. 55 ff.
[22] *Pape/Uhlenbruck/Voigt-Salus*, Kap. 47 Rdnr. 9.
[23] *Bittmann*, § 16 Rdnr. 6; *Pape/Uhlenbruck/Voigt-Salus*, Kap. 47 Rdnr. 10.

Delikt begeht, wer die ihm obliegende Vermögensbetreuungspflicht verletzt oder missbraucht und demjenigen, dessen Vermögensinteresse er zu betreuen hat, Nachteile zufügt. Der Tatbestand ist beispielsweise erfüllt, wenn der Geschäftsführer im eigenen Interesse Mittel auszahlt, die der Gesellschaft als Eigenkapital zur Verfügung stehen müssten[24].

538 Häufig im Vorfeld der Insolvenz verwirklichtes Delikt ist auch das **Vorenthalten und Veruntreuen von Arbeitsentgelt** gemäß § 266a StGB[25]. Die Norm erfasst vor allem Täter, die die an die Sozialversicherungsträger (Krankenkassen) und die Bundesagentur für Arbeit (Arbeitsamt) abzuführenden Lohnbestandteile der Arbeitnehmer einbehalten. Demnach macht sich ein Arbeitgeber[26] z. B. strafbar, wenn er zwar die Löhne auszahlt, die darauf entfallenden Sozialabgaben jedoch nicht mehr abführt, um dadurch Liquidität für das insolvente Unternehmen zu erhalten[27].

---

[24] *BGH* ZInsO 2016, 916 Rdnr. 5; *Bittmann*, § 16 Rdnr. 6; *Pape/Uhlenbruck/Voigt-Salus*, Kap. 47 Rdnr. 10 m. w. N.

[25] *Pape/Uhlenbruck/Voigt-Salus*, Kap. 47 Rdnr. 11.

[26] Auch hier gilt § 14 StGB, so dass etwa bei einer GmbH deren Geschäftsführer zu bestrafen ist (und zwar unabhängig von seinen Kompetenzen im Innenverhältnis, *BGH* ZIP 2017, 224).

[27] *Groß*, ZIP 2001, 945 ff.; *Pape/Uhlenbruck/Voigt-Salus*, Kap. 47 Rdnr. 11.

Paragrafenregister

Die Fundstellen beziehen sich auf die Randnummern einschließlich der dazugehörigen Fußnoten.

AktG	
§ 66	312
§ 76	98
§ 92	98
§ 182	428
§ 229	428
§ 262	135, 158
§ 278	312

AnfG	
§ 3	260
§ 4	260

AO	
§ 75	444

BErzGG	
§ 18	211

BGB	
§ 31	68
§ 42	98, 158
§ 119	245
§ 121	201
§ 130	168
§ 135	129, 163
§ 136	129, 163
§ 138	245
§ 153	168
§ 161	175, 179
§ 164	77
§ 166	257
§ 185	163, 166
§ 203	275
§ 204	332
§ 242	273
§ 267	173
§ 273	271, 297
§ 278	70
§ 280	202
§ 286	270
§ 287	270
§ 292	270, 271
§ 320	192
§ 323	198
§ 362	173
§ 372	352, 358
§ 387	312
§ 388	312
§ 389	230, 311
§ 390	310
§ 392	310, 316
§ 393	312
§ 395	312
§ 399	282
§ 406	242, 310, 320
§ 407	172
§ 409	168
§ 412	172, 242
§ 419	17, 444
§ 433	197
§ 449	283
§ 528	255
§ 546	85, 287
§ 546a	205
§ 562	295
§ 581	287
§ 604	287
§ 613a	217, 442
§ 615	210
§ 633	197
§ 670	271
§ 683	271
§ 728	158
§ 812	186, 516
§ 816	172, 255, 279, 305

§ 818	167, 269, 270, 271	§ 1429	502
§ 819	269, 270, 271	§ 1431	502
§ 822	255	§ 1432	502
§ 823	98, 237, 308, 535	§ 1434	502
§ 826	96	§ 1437	502, 504, 509
§ 839	58	§ 1438	502
§ 873	380	§ 1454	502
§ 878	177, 251	§ 1459	502, 508
§ 892	130, 170, 177	§ 1460	502
§ 893	170, 177	§ 1483	503, 509
§ 925	380	§ 1487	503
§ 929	380	§ 1488	503, 509
§ 932	166	§ 1489	503
§ 935	166	§ 1922	490
§ 937	175	§ 1943	493
§ 946	175	§ 1967	490
§ 951	175	§ 1968	490
§ 955	175	§ 1969	490
§ 985	85, 166, 406	§ 1975	490, 493
§ 987	270	§ 1976	498
§ 988	255	§ 1978	497
§ 989	270	§ 1979	497
§ 994	271, 297	§ 1980	98, 490
§ 996	297	§ 1985	98, 490
§ 1000	297	§ 2219	98
§ 1003	297	§ 2287	255
§ 1006	282	§ 2325	255
§ 1018	286		
§ 1090	286	**BetrAVG**	
§ 1098	286	§ 7	209
§ 1113	286	§ 14	209
§ 1120	294	§ 17	43
§ 1121	308		
§ 1122	308	**BetrVG**	
§ 1135	308	§ 77	212
§ 1204	295	§ 111	213
§ 1228	302	§ 112	213, 214
§ 1247	303		
§ 1255	380, 406	**BZRG**	
§ 1273	295	§ 5	98
§ 1279	295		
§ 1357	502	**EGBGB**	
§ 1363	501	Art. 6	518
§ 1364	501		
§ 1414	501	**EGInsO**	
§ 1415	501	Art. 102c	513, 525
§ 1416	502		
§ 1417	502	**EuInsVO**	
§ 1418	502	Art. 3	514, 525
§ 1419	502, 505	Art. 6	514, 524
§ 1421	502	Art. 7	522, 524
§ 1422	505	Art. 8	523

Art. 16	524	§ 114	51
Art. 18	520	§ 124	40
Art. 19	517, 520	§ 128	241, 242
Art. 20	517, 522	§ 129a	265
Art. 21	517, 420, 522	§ 130a	98
Art. 32	521	§ 131	135, 158
Art. 33	520	§ 171	240
Art. 34	525	§ 172a	265
		§ 177a	98

FamFG
§ 394   158, 161

§ 331   529
§ 354a 282
§ 369   297

FGG
§ 141a 161

§ 371   297
§ 384   287
§ 397   295
§ 410   295

GBO
§ 17   170, 178
§ 19   380

InsO
§ 1   *1*, 6, 7, 33, 160, 366, 367, 413, 425, 446, 448

GenG
§ 22   312
§ 81a   135
§ 99   98

§ 2   28, 49
§ 3   50, 515
§ 3a 45a, 53
§ 4   *55*, 57, 95, 99, 138, 363, 486, 515

GewO
§ 35   98
§ 149   98

§ 4a 121
§ 5   *55*, 56, 113, 115, 332
§ 6   57, 99, 358, 469
§ 8   55

GG
Art. 34   58
Art. 92   54
Art. 103 114

§ 9   136, 138, 358, 363
§ 10 114
§ 11 28, *33* ff., 48, 54, 491, 507, 509
§ 12 43 ff.
§ 13 28, 55, *94* ff., 492

GmbHG
§ 6   98
§ 15   380
§ 55   428
§ 58a   17, 428, 429
§ 60   135, 158
§ 64   237

§ 13a 45a
§ 14   35, 56, 95, 113
§ 15   95
§ 15a 98, 529, 535
§ 16   2, 28, 101
§ 17   101, *102* ff., 261, 495
§ 18   13, 105, *106* f., 361, 495

GVG
§ 13   338
§ 22   42
§ 23   338
§ 71   338

§ 19   101, 108 ff.
§ 20   114, 454
§ 21   28, 91, 124 ff., 165, 419
§ 22   115, 125 ff., 299, 419
§ 22a 91
§ 23   130

HGB
§ 1   478
§ 2   478
§ 17   36
§ 25   443

§ 24   125, 129
§ 25   133
§ 26   13, 28, 98, *117*, 119, 120, 135, 326, 454
§ 27   28, 48, 65, 137

§ 28	*137*, 151, 171, 232, 332	§ 80	29, 35, 60, 76, 78, 140, *150* f.,
§ 29	5, 28, 48, 62, 88, *137*, 333, 420		163, 219, 232, 233, 312, 516
§ 30	*136*, 137, 172, 232, 454	§ 81	129, 136, 144, 150, 153,
§ 31	135, 136, 138, 358		*163* ff., 176, 178, 204, 245,
§ 32	136, 170		249, 250, 260, 409, 473
§ 34	99, 133, *135*, *138*, 469	§ 82	129, 136, 150, 151, 168,
§ 35	3, 13, *140*, 142, 144, 227, 228,		*171* ff., 232, 409, 473
	244, 281, 319	§ 83	143
§ 36	141, 144, *146*, 148, 150, 505	§ 84	142, 297, 501
§ 37	504 ff.	§ 85	29, 160, *220*, 222, 223, 233
§ 38	3, 21, 33, *81*, 150, 163, 224, 227,	§ 86	225
	306, 331, 336, 354, 355, 376	§ 87	81, 153, 224, 334
§ 39	*83*, 265, 332, 336, 354, 355,	§ 88	*154*, 247, 263, 294, 496
	376, 431, 499	§ 89	1, 81, 83, 131, 144, *153*, 155,
§ 40	81		174, 327, 516
§ 41	81, 316, 332	§ 90	84, 155, 174
§ 42	348	§ 91	136, 153, 155, 164, *174* ff.,
§ 45	81, 192		191, 204, 245, 249, 250, 251,
§ 47	85, 142, 198, 230, 273, *281* ff.,		260, 294
	505	§ 92	45a, 68, 235 ff.
§ 48	289, 290, 307	§ 93	239 ff., 508
§ 49	86, 230, 286, *293* ff., 376	§ 94	194, 230, 252, *310* ff., 320
§ 50	154, 295, 302	§ 95	316 ff.
§ 51	142, 283, 284, 285, *296*, 302	§ 96	190, 271, *313*, 314, 319 ff.
§ 52	306	§ 97	*55*, 114, 156, 233, 516
§ 53	*84*, 117, 228, 230, 323, 325,	§ 98	114, 156
	328, 374	§ 99	156
§ 54	*84*, 117, 326	§ 100	84, 156
§ 55	*84*, 167, 186, 199, 206, 209,	§ 101	156
	290, 323, 327, 374, 430, 431	§ 102	156
§ 56	48, 65, 125	§ 103	29, 84, 179, 183, 184, 185,
§ 56a	65		*186* ff., 319, 328
§ 56b	45a	§ 104	183, 184, 203
§ 57	65, 72, 89	§ 105	199, 200, 205
§ 58	48, 66, 125	§ 106	204
§ 59	72	§ 107	179, 198, 427
§ 60	66, *68* ff., 238, 345, 471	§ 108	84, 183, 206, 209
§ 61	329	§ 109	206
§ 62	68	§ 110	176, 206, 319
§ 64	71	§ 111	205
§ 65	71	§ 112	205, 206, 427
§ 66	350	§ 113	84, 211, 217
§ 67	19, 48, 91	§ 115	176, 183, 207
§ 68	89, 91	§ 116	207
§ 69	67, 92	§ 117	207
§ 71	92	§ 119	183
§ 72	92	§ 120	212, 472
§ 74	19, 87	§ 121	214
§ 75	88, 437	§ 122	214, 472
§ 76	48, 87	§ 123	21, 84, *216*, 328, 374
§ 77	57, 87, 332	§ 124	216
§ 78	65, 90	§ 125	215, 441

§ 126	214, 472	§ 179	30, 277, 334, 336
§ 127	214, 441	§ 180	224, 336 ff.
§ 128	217, 441	§ 181	335
§ 129	29, 83, 154, 177, 194, 229, 244 ff., 293, 313	§ 182	338
		§ 183	30, 340
§ 130	261, 264	§ 184	334
§ 131	262, 264, 314	§ 185	338
§ 132	246, 264	§ 186	334
§ 133	253, 257, 258	§ 187	30, 64, 228, 342, *347*, 349
§ 134	255, 258, 496	§ 188	348
§ 135	265	§ 189	334, 339, 352
§ 136	265	§ 190	306, 353
§ 137	265	§ 191	332, 353
§ 138	259, 439	§ 194	348
§ 139	254	§ 196	347, 350
§ 140	249, 250, 251, 257	§ 197	30, 88, 348, 350
§ 141	247	§ 198	352, 358
§ 142	253	§ 199	135, 241, 350
§ 143	*266*, 269, 270, 271, 273	§ 200	30, 48, 72, 138, 350, *358*
§ 144	271	§ 201	7, 192, 193, 334, *359*, 446
§ 145	274	§ 202	359
§ 146	275 ff.	§ 203	351
§ 147	170, 249, 250, 251	§ 205	351
§ 148	29, 47, 60, *61*, 132, 151, 228, 232, 301, 496	§ 206	325, 350
		§ 207	28, 48, 122, *326*, 360, 454
§ 151	61, 156	§ 208	327, 360
§ 152	61	§ 209	21, 84, 117, 157, 327, *328*
§ 153	51, 156	§ 210	327
§ 156	5, 28, 48, *62*, 88, 420	§ 210a	327
§ 157	19, *89*, 126, 343, 371, 387, 422	§ 211	327, 360, 363, 449
§ 158	92	§ 212	2, 361, 363
§ 159	29, 47, *63*, 342, 343, 371	§ 213	362, 363
§ 160	17, *67*, 89, 345, 436	§ 214	363
§ 161	438	§ 215	72, 363
§ 162	89, 439	§ 216	363
§ 163	89, 437, 438	§ 217	6, 19, *366* ff., 375, 407, 483
§ 164	67, 92, 345, 436	§ 218	19, 387, 388, 389
§ 165	29, 86, 225, 230, 293, *298* ff., 343	§ 219	369
		§ 220	370, 374
§ 166	13, 63, 132, 154, 155, 284, 293, *301* ff., 427	§ 221	375
		§ 222	19, 376, 377, 382
§ 168	301	§ 223	378, 379
§ 169	84, 301	§ 224	381
§ 170	284, 301, 303	§ 225	382
§ 171	303, 304	§ 225a	381, 385
§ 172	301, 427	§ 226	377
§ 173	302	§ 227	383
§ 174	30, 64, 81, 224, *331* ff.	§ 228	380
§ 175	64, 332	§ 229	370, 425
§ 176	28, 48, 88, 333	§ 230	375, 425
§ 177	332	§ 231	48, 390
§ 178	30, 334, 340	§ 232	391

§		§	
§ 233	391	§ 275	471, 473
§ 234	391	§ 276	473
§ 235	88, 392, 393	§ 277	473
§ 236	392	§ 278	473
§ 237	57, 393, 394, 395	§ 279	472
§ 238	57, 393	§ 280	472
§ 238a	393	§ 281	472
§ 239	393	§ 282	473, 474
§ 240	392	§ 283	475
§ 241	393	§ 284	472
§ 242	393	§ 285	475
§ 243	19	§ 286	7, 13, 23, 383, *446* ff.
§ 244	394	§ 287	31, 155, 169, 450, *454*
§ 245	381, 395, 399	§ 287a	455, 456
§ 246	395	§ 287b	448, 450
§ 247	383, 396, 399	§ 288	458
§ 248	48, 397	§ 289	449
§ 249	375, 397	§ 290	98, 448, 455, 457, 528
§ 250	397	§ 291	457, 458
§ 251	378, 398, 399	§ 292	458
§ 252	400	§ 294	450, 458
§ 253	400	§ 295	31, 144, *450*, 451, 457
§ 254	*401*, 402, 462, 486	§ 296	31, 54, 455, 459, 460
§ 254a	380, 385, 401, 403, 406	§ 297	54, 455, 457, 459, 460, 528
§ 254b	380, 401	§ 298	459
§ 255	404	§ 299	459
§ 256	404	§ 300	31, 48, 54, 449, 460
§ 257	405	§ 300a	462
§ 258	403	§ 301	31, 462, 486
§ 259	403	§ 302	31, 462
§ 259a	401	§ 303	54, 461
§ 259b	401	§ 303a	457
§ 260	384, 407	§ 304	23, 28, 36, 447, *477* ff.
§ 261	407	§ 305	144, 478, *483* ff.
§ 262	408	§ 306	48, 481, 485
§ 263	409	§ 307	485, 486
§ 264	410, 430, 431	§ 308	486
§ 265	410	§ 309	486
§ 266	410	§ 311	487
§ 267	407	§ 315	492, 515
§ 268	411	§ 316	493
§ 269	407	§ 317	98, 493
§ 269a	45a	§ 319	494
§ 270	13, 48, 423, 464, *467* ff.	§ 320	83, 495
§ 270a	124, 469	§ 321	496
§ 270b	17, 65, 426, *468*	§ 322	496
§ 270c	471, 475	§ 324	497
§ 270d	45a	§ 325	491, 498
§ 271	469	§ 327	499
§ 272	469	§ 331	493
§ 273	471	§ 332	509
§ 274	365, 471	§ 333	508

Paragrafenregister

§ 334	508	§ 70	98
§ 335	513	§ 263	529, 536
§ 339	524	§ 265b	536
§ 343	519, 521	§ 266	529, 537
§ 344	521	§ 266a	529, 538
§ 352	520	§ 283	98, 528, 529, *530*, 531, 532, 534
§ 354	526		
§ 356	526	§ 283a	530
		§ 283b	531, 534
KO		§ 283c	528, 532, 534
§ 1	144	§ 283d	529, 533, 534
§ 8	173		
§ 10	160	**StPO**	
§ 15	191	§ 111i	95
§ 17	186		
§ 26	202	**UrhG**	
§ 54	316	§ 31	147
§ 55	190	§ 113	147
§ 59	21, 209		
§ 61	21	**VVG**	
§ 71	51	§ 110	297
§ 127	298, 303		
§ 209	40	**WG**	
§ 212	241	Art. 53	264
§ 215	495		
§ 236a	508	**ZPO**	
		§ 12	515
KSchG		§ 13	50
§ 1	211	§ 17	50
§ 4	211	§ 19a	79, 524
§ 15	211	§ 23	515
		§ 40	49
MutterschutzG		§ 50	36, 37, 38, 99
§ 9	211	§ 57	57, 99
		§ 116	78
PatG		§ 166	55
§ 15	147	§ 168	55
		§ 196	55
RPflG		§ 233	350, 486
§ 3	54	§ 240	79, 126, *219*, 222, 337, 520
§ 11	57, 358	§ 241	223
§ 18	54	§ 246	219
		§ 249	219
SGB III		§ 250	220
§ 157	209, 210	§ 261	332
§ 165	209	§ 270	55
		§ 294	95
SGB IX		§ 306	223
§ 85	211	§ 307	225
		§ 317	55
StGB		§ 323	336
§ 14	530	§ 325	336

§ 328	518, 521	§ 851	146
§ 571	57, 138	§ 857	146
§ 572	363	§ 860	505
§ 578	57	§ 864	294
§ 704	234	§ 865	294
§ 722	521	§ 882b	457
§ 727	234	§ 883	61, 406
§ 735	38		
§ 750	234	**ZVG**	
§ 766	174	§ 10	294
§ 767	277, 336	§ 30d	131, 155, 299
§ 771	268, 281	§ 30e	299
§ 794	234	§ 52	300
§ 804	1, 295	§ 56	343
§ 805	293	§ 92	303
§ 811	146, 148	§ 150b	465
§ 812	148	§ 153b	155, 299
§ 850	146	§ 172	300

Stichwortverzeichnis

Die Fundstellen beziehen sich auf die Randnummern einschließlich der dazugehörigen Fußnoten.

Abschlagsverteilung 349
Absonderung 230, 293 ff.
Absonderungsberechtigte 86, 155, 378
Absonderungsrechte 294, 342
- Bewegliches Vermögen 295
- Eingriffe 379
- Ersatzabsonderung 307
- Unbewegliches Vermögen 294
- und Insolvenzforderung 306
- Verfahren 298
- Verwertung 299–305
Abtretung 191, 296, 305
Abtretungsfrist 450
Abweisung mangels Masse 119
Akteneinsicht 56
Aktivmasse 228
Aktivprozess 220
Altlasten 70a, 149
Altmassegläubiger 327
Amtsbetrieb 55
Amtstheorie 78
Anerkennung 516
Anfechtung s. Insolvenzanfechtung
Anfechtungsanspruch 275
- Verjährung 275
Anfechtungseinrede 276
Anfechtungsgegner 271
- Gegenansprüche 271
Anfechtungsgrund 254
- Besondere Insolvenzanfechtung 260
- Sonstige 265
- Unentgeltliche Leistung 255
- Vorsätzliche Gläubigerbenachteiligung 257
Anhörung 56
Antrag 28, 94 ff.
- Abweisung 135

- Antragsberechtigung 95
- Antragspflicht 98
- Zulässigkeit 99
Antragsverfahren 55
Anwartschaftsrecht 145
Anwendbares Recht 522
Arbeitnehmerprivileg 21
Arbeitsentgelt 538
Arbeitslosengeld 209
Arbeitsverhältnisse in der Insolvenz 208, 442
- Auswirkungen der Eröffnung 208 ff.
- Betriebliche Änderungen 212 ff.
- Betriebsveräußerung 217
- Kündigung 211
Arrest, offener 171
Aufbau des Gesetzes 24 ff.
Aufhebung des Verfahrens 30, 358
Aufhebungsbeschluss 358
Aufrechnung 230, 310 ff.
Aufrechnungslage 311
- Anfechtbarkeit 313
- Bedingtheit 316
- Fälligkeit 316
- Existenz 319
- Gegenseitigkeit 319
- Gleichartigkeit 316
- nach Verfahrenseröffnung 316
- vor Verfahrenseröffnung 311
Aufträge 207
Auskunfts- und Mitwirkungspflicht 156
Aussonderung 230, 281 ff.
- Aussonderungsrechte 282
- Dingliche Rechte 286
- Eigentum 282
- Eigentumsvorbehalt 283
- Ersatzaussonderung 289

Stichwortverzeichnis

- Obligatorische Herausgabeansprüche 287
- Sicherungseigentum 285
- Verfahren 288

Aussonderungsberechtigte 85, 155

Bankrott 530
Bargeschäft 253
Befriedigung
- Anteilige Befriedigung 2, 7
- der Insolvenzgläubiger 347 ff.
- der Massegläubiger 230 ff.
- Gemeinschaftliche Befriedigung 1
- par condicio creditorum 2, 244

Berechtigung 163 ff.
Berichtstermin 28, 62, 88, 472
Beschlagnahme 140 ff.
Beschlagnahmewirkungen 150
Beschluss 56
Beschwerde, sofortige 57, 138
Beschwerde, weitere 57
Betriebsänderung 212, 374
Betriebsveräußerung 217
Betriebsvereinbarungen 212
Betrug 536
BGB-Gesellschafter 241
Buchführung 151
Buchführungspflichten 531

centre of main interest 514

Dienstbarkeit
- Grunddienstbarkeit 286
- Beschränkte persönliche 286

Dispositionsmaxime 94

Eigenkapital 428
Eigentumsvorbehalt 179, 198, 283
Eigenverwaltung 27, 464 ff.
- Rechtsfolgen 470
- Verfahren 469
- Voraussetzungen 467

Eingangsentscheidung 456
Einheitliches Verfahren 14
Einstellung des Verfahrens 360
Einzelrechtsnachfolger 274
Einzelzwangsvollstreckung 1
Erfüllungsablehnung 201
Erfüllungsgeschäft 271
Erfüllungswahl 199
Erinnerung, sofortige 57
Erlösverteilung 30, 347 ff.

Eröffnungsbeschluss 28, 136 f.
Eröffnungsgrund 2, 101 ff.
- Drohende Zahlungsunfähigkeit 106
- Maßgeblicher Zeitpunkt 104
- Überschuldung 108
- Zahlungsunfähigkeit 102

Eröffnungsverfahren 48
Erörterungs- und Abstimmungstermin 88, 392
Ersatzabsonderung 307
Ersatzaussonderung 289

Feststellungsprozess 335
- Zuständigkeit 338

Feststellungsverfahren 30, 311, 331 ff., 475
Finanztermingeschäfte 203
Firma 143
Fixgeschäfte 203
Förderung der Sanierung 16
Forderungen 64, 305, 401
- aufschiebend bedingte 145, 353
- bestrittene 352
- festgestellte 352

Forderungseinzug 229, 232 ff.
Fortbestehensprognose 111
Fortführungswert 435
Freigabe 149
Fremdkapital 430

GbR 41
Geistige Erfindungen 147
Gesamtgut 502
Gesamtgutinsolvenz 501 ff.
Gesamtrechtsnachfolger 274
Gesamtschadensliquidation 235, 472
Gesamt- und Universalinsolvenz 34
Gesamtvollstreckung 1
Gesamtvollstreckungsordnung 8
Geschäftsausstattung 118
Geschäftsbesorgungsverträge 207
Geschäftsbücher 148
Geschäftsverteilungsplan 49
Gesellschaften, Liquidation 158
Gesellschaften ohne Rechtspersönlichkeit 39
- OHG 39, 40
- KG 39, 40
- GbR 39, 41
- EWIV 39

Gesellschafterdarlehen 355, 431

Stichwortverzeichnis

Gesellschafterhaftung 383
Gestreckter Erwerb 175
Gläubiger 24, 81 ff.
Gläubigerausschuss 48, 91, 438
- Aufgabe 92
- Einsetzung und Besetzung 91
- Mitwirkung 436
- Zustimmung 345
Gläubigerautonomie 18, 331, 365, 459
Gläubigerbegünstigung 532
Gläubigerbenachteiligung 252
- mittelbare 252
- unmittelbare 252
- vorsätzliche 257
Gläubigergruppen 81 ff.
- Absonderungsberechtigte 86, 155
- Aussonderungsberechtigte 81, 155
- Insolvenzgläubiger 81
- Massegläubiger 84
Gläubigerorganisation 87
Gläubigerselbstverwaltung 24
Gläubigerversammlung 67, 87, 333, 437, 438
- Abstimmungstermin 88
- Berichtstermin 88, 472
- Erörterungstermin 88
- Kompetenzen 89
- Prüfungstermin 88, 333
- Schlusstermin 88
Going-Concern-Werte 111
Gütergemeinschaft 502
- fortgesetzte 503
Gütertrennung 501
Gutgläubiger Erwerb 166 f.
- Bewegliche Sachen 166
- Eigentumsvorbehalt 179
- Forderungen 168
- Gestreckter Erwerb 175
- Grundstücke 166
- Sicherungsrechte (bedingte/künftige) 181
- Sonstiger Rechtserwerb 174
Grundbuchsperre 170
Grundpfandrechte 286
Grundstücke 170, 177, 343
Grundvermögen 118

Haftung
- des Insolvenzgerichts 58
- des Insolvenzverwalters 68, 329
Haftungsansprüche 239, 402
Haftungsrechtliche Theorie 268

Haftungsvermögen 490
Hausrat 148
Herausgabeansprüche, obligatorische 287
Hilfskräfte 70

Immobiliarzwangsvollstreckung 294
Initiativrecht 387
Inkongruente Deckung 262
Insolvenzanfechtung 25, 229, 244 ff., 472; s. auch Anfechtung
Insolvenzantrag 492
Insolvenzdelikte 528 ff.
Insolvenzfähigkeit 35
Insolvenzforderung 332
- Anmeldung 332, 475
- Feststellungsprozess 335
- Prüfungstermin 333
Insolvenzgeld 209
Insolvenzgericht 47 ff., 66
- Aufgaben 47–48
- Haftung 58
- Verfahren 55–57
- Zuständigkeit 49–54
Insolvenzgläubiger 81, 153, 381, 382
- nachrangige 83
Insolvenzmasse 3, 24, 140 ff.
- Absonderungsrechte 26
- Befriedigung der Insolvenzgläubiger 26
- Einstellung 26
- Erlösverteilung 26
- Freigabe 149
- Sicherung 26
- Verwaltung 26
- Verwertung 26, 63
Insolvenzordnung 8 ff.
- Diskussionsentwurf 9
- Erster Bericht 9
- Rechtsausschuss 10
- Rechtsentwicklung 8 f.
- Referentenentwurf 9
- Reform 8 f.
- Regierungsentwurf 10
- Zweiter Bericht 9
Insolvenzplan 6, 27, 365 ff., 440, 441, 472
- Darstellender Teil 369, 370 ff.
- Gestaltender Teil 369, 375 ff.
- Planinhalt 365 ff.
- Planverfahren 387 ff.
- Regelungsgegenstand 368

Insolvenzstrafrecht 528 ff.
Insolvenzverfahren 1 ff., 94 ff., 113, 487 ff.
- Ablauf 28
- Begriff 1 ff.
- Zweck 1 ff.
Insolvenzverwalter 24, 60 ff., 151, 238, 301, 303
- Amtstheorie 78
- Aufgaben 60, 347, 407, 408, 423
- Aufsicht 48
- Ernennung 48, 65
- Haftung 68, 329, 345
- Hilfskräfte 70
- Organtheorie 75
- Rechtsstellung 65, 73
- neutrales Handeln 77
- Vergütung 71
- Vertretertheorie 76
- Vorläufiger 115, 125, 248
Insolvenzverschleppung 535
Insolvenzzweckwidrigkeit 152
Interessenausgleich 213, 215
Internationales Insolvenzrecht 511 ff.
Internationale Zuständigkeit 514
Inventar 148

Kapitalerhöhung 428
Kapitalherabsetzung 17, 428
Kapitalschnitt 428
Kapitalzufuhr 428
Kassenbestand 118
Kennzeichen 143
Klage des Insolvenzverwalters 233
Kleinverfahren 477 ff.
Kommanditgesellschaft 39, 40
Kommanditist 240
Kommission 287
Kongruente Deckung 261
Konkursordnung 8
Konkurs des Konkurses 8, 9
Konzern 45a, 53
Kopfmehrheit 394
Kostenpflicht 304
Kostenstundung 121
Kreditbetrug 536
Kreditrahmen 410, 430
Kündigung 205 f., 211
Kündigungsfrist 211
Kündigungsgründe 211
Kündigungshindernisse 211
Kündigungsschutzklage 211

Leasing 205
lex fori concursus 522, 523
lex rei sitae 523
Liquidation von Gesellschaften 158 ff.
Liquiditätsplan 367
Lizenz 147, 205
Lohn- und Gehaltsansprüche 145, 155, 169, 209

Maklerlohn 145
Marken 143
Masse 227 ff.
- Abschlagverteilungen 349
- Aktivmasse 228
- Auszahlungszeitpunkt 349
- Hinreichende 325
- Ist-Masse 227
- Massearmut 11, 12
- Nachtragsverteilung 351
- Passivmasse 228
- Schlussverteilung 350
- Schuldenmasse 228
- Soll-Masse 227
- Teilungsmasse 228
- Unzulängliche 326, 475
- Verteilung 331, 347
- Verteilungsschlüssel 352
- Verteilungsverzeichnis 348
- Verwaltung 473
- Verwertung 342 ff., 474
- Verwertungsart 343
Massegläubiger 84, 325
Massekosten 117, 326
Massekredite 127
Masseunzulänglichkeit 326 ff.
Masseverbindlichkeiten, sonstige 327
Miet- und Pachtverträge 205
Minderheitenschutz 398
Miteigentum 142

Nachforderungsrecht 7, 359, 383
Nachlassinsolvenz 36, 490 ff.
- Eröffnungsgründe 495
- Gläubigerklassen 497
- Insolvenzantrag 492
- Insolvenzmasse 496
- Verfahren 492
Nachrangige Insolvenzgläubiger 83
Nachtragsverteilung 351
Neuerwerb 144, 155
Neugläubiger 155
Neumassegläubiger 327

Nicht rechtsfähiger Verein 37
Nutzungsentschädigung 205, 301

Obligatorisches Geschäft 271
Obstruktionsverbot 395
Öffentlichkeit 56
OHG 39, 40
OHG-Gesellschafter 241
Ordnungspflichten 82
Ordre public 518, 519
Organtheorie 75

Partei kraft Amtes 78
Parteiöffentlichkeit 56
Partikularinsolvenzverfahren 34, 42, 491, 507, 525 f.
Passivmasse 228
Passivprozess 224 f.
Patentrecht 147
Personen
– juristische 36
– nahestehende 258, 259
– natürliche 36
– öffentlichen Rechts 43
Persönlichkeitsrechte 143
Pfandrechte 295
Pflichtteilsanspruch 145
Plan s. Insolvenzplan
Planinhalt 365 ff.
Planverfahren 387 ff.
– Erfüllung des Plans 404
– Initiativrecht 387
– Verfahren 388
Polizeipflichtigkeit 82
Postsperre 132, 156
pre-pack 439
Prioritätsprinzip 1
Prozess 219 ff.
Prüfungstermin 28, 88, 333, 392

Rangfolge 354
Rangordnung 328
Rangrücktritt 410
Rechnungslegung 151
Rechtliches Gehör 35, 114
Rechtshandlungen 246
Rechtsschutzbedürfnis 96
Reform 8 ff.
Regelungsgegenstand 368
Regressansprüche 402
Renten 145, 209
Reorganisation 414

Restschuldbefreiung 7, 17, 21, 25, 446 ff.
– begünstigter Personenkreis 447
– Verfahren 454 ff.
– Versagung 459
– Voraussetzungen 448
– Widerruf 461
– Wirkung 462
Richter 54
Rückgewähranspruch 266
Rückorientierung auf den Erbfall 496
Rückschlagsperre 154
Rückübertragungsanspruch 275

Sachverständige 115
Sachwalter 471
Sanierung 4, 413 ff.
– Einzelne Maßnahmen 426
– Fixkosten 416
– Insolvenzplan 373, 424
– Kapitalzufuhr 428
– Kompetenzen 422
– Marktverhältnisse 415
– Prüfung der Fortführungsmöglichkeit 419
– Ressourcen 417
– Sicherung d. Unternehmensbestands 427
– Umstrukturierungen 432
– Ursachen- u. Schwachstellenanalyse 415
– Verfahren 418
– vorinsolvenzlich 414a
Sanierung, übertragende 4, 434 ff.
– Durchführung 440
– Fortführungswert 435
– Preisfindung 435
– Zerschlagungswert 435
Sanierungskonzept 373
Sanierungsplan 367
Schadensersatzansprüche 145, 236
Schiedsvereinbarung 233
Schlusstermin 31, 88, 350
Schlussverteilung 350
Schlussverzeichnis 350
Schriftliches Verfahren 56, 488
Schuldenbereinigung 485
Schuldenbereinigungsplan 485 ff.
Schuldenmasse 228
Schuldenmassestreit 224
Schuldner 33 ff., 114
– Anhörung 56

Stichwortverzeichnis

- Auskunfts- und Mitwirkungspflicht 156
- Leistungen an den Schuldner 171
- Rechtsstellung 383
- Unterhalt 84, 157, 328
- Verfügungen 163

Schuldnerbegünstigung 533
Schuldnervermögen 61, 81
- Verwertung 3, 4, 29, 63

Schuldnerverzeichnis 119, 135
Schuldrechtliche Theorie 268
Schutzschirmverfahren 468
Schwebende Geschäfte 183 ff.
- Arbeitsverhältnisse 208
- Aufträge, Geschäftsbesorgungsverträge 207
- Auswirkungen 183
- Dogmatik 187 ff.
- Erfüllungsablehnung 201
- Erfüllungswahl 199
- Miet- und Pachtverträge 205
- Rechtsfolgen 199
- Unbewegliche Sachen 206
- Vormerkung 204
- Vollmachten 207
- Voraussetzungen 197

Schwebende Prozesse 219 ff.
- Unterbrechung 219
- Verfahrensfortgang im Aktivprozess 220
- Verfahrensfortgang im Passivprozess 224

Sekundärinsolvenzverfahren 525 f.
Sequester 125
- Kompetenzen 126

Sicherungseigentum 285
Sicherungsmaßnahmen 28, 124 ff.
- Aufhebung 133

Sicherungsrechte 181
Sicherungsübereignung 296
Sicherungszession 191, 296, 305
Sondergut 502
Sonderinsolvenzverwalter 45a, 238
Sonderinsolvenzverfahren 34, 42, 491, 507, 525
Sondervermögen 78
Sozialabgaben 538
Sozialplan 213, 216, 374
Staatshaftungsansprüche 58
Stärkung der Gläubigerautonomie 18
Steuererklärung 151

Steuern 303
Stimmrecht 87
Strafrecht 528 ff.
Streitgegenstand 335
Stundung 121
Summenmehrheit 394

Teilungsmasse 71, 228
Teilungsmassegegenstreit 225
Teilungsmassestreit 220
Territorialitätsprinzip 518
Theorie vom neutralen Handeln 77
Treuhänder 31, 268, 287, 451, 458

Überlebens- und Fortbestehensprognose 111
Überschuldung 108, 495
Überschuldungsbilanz 110
Überschuldungsprüfung 111
Übertragungsplan 367
Umlaufvermögen 118
Umsatzsteuer 303
Umstrukturierungen 432
Unentgeltliche Leistungen 255
Unpfändbare Gegenstände 146
Universalitätsprinzip 516, 519
Unterbrechung 219, 520
Unterhalt 84, 157, 328
Untersuchungsgrundsatz 55
Untreue 537
Urheberrecht 147

Veräußerungsverbot 28
Verbraucherinsolvenzverfahren 22, 27, 477 ff.
- Anwendungsbereich 478
- Arten 27
- Verfahren 480 ff.

Verfahren
- Aufhebung 358
- Beendigung 357 ff.
- Einheitliches 14
- Einstellung 360 ff.

Verfahrensbeteiligter 35
Verfahrenseröffnung 245
Verfahrenskosten 122, 360
Verfahrenskostenvorschuss 120
Verfügungsbefugnis 29, 150 f., 169, 464, 471
Verfügungsverbot, allgemeines 129
Vergleichsordnung 8
Vergleichsrechnung 372

Stichwortverzeichnis

Verjährung des Anfechtungsanspruchs 275
Vermittlungsverfahren 214
Vermögensanspruch i. S. § 38 InsO 224
Vermögenshaftung 3
Vermögensverwertungsverfahren 7
Verschleuderungskontrolle, mittelbare 345
Verteilung 347 ff.
– Auszahlungszeitpunkt 349
– Verteilungsschlüssel 352
– Verteilungsverzeichnis 348
– Zuständigkeit 347
Vertretertheorie 76
Veruntreuung 537, 538
Verwaltungs- und Verfügungsbefugnis 29, 150, 151
Verwertung des Schuldnervermögens 3, 4, 29, 63
Verwertungsart 4, 343
Verwirklichung der Vermögenshaftung 3
vis attractiva concursus 48
Vollmachten 207
Vollstreckungsverbot 131, 153
Vorbehaltsgut 502
Vorkaufsrecht 286
Vorläufiger Insolvenzverwalter 115, 125, 248
Vormerkung 204

Warenzeichen 143
Wertverlustausgleich 301
Wettlauf der Gläubiger 119
Widerspruch 334
Wiederauflebensklausel 404
Wohlverhaltensperiode 31, 450, 459, 460

Zahlungseinstellung 103
Zahlungsunfähigkeit 102, 495
– Drohende 106, 495
– Maßgeblicher Zeitpunkt 104
Zeitpunkt-Illiquidität 104
Zeitraum-Illiquidität 105
Zerschlagungswert 435
Zession s. Abtretung
Zeugen 115
Zubehör 308
Zugewinngemeinschaft 501
Zurückbehaltungsrechte 297
Zuständigkeit 49
– sachliche 49
– örtliche 50
– funktionelle 54
Zustimmungsvorbehalte 132, 409
Zwangsversteigerung 299
Zwangsverwaltung 299
Zwangsverwertung 6
Zwangsvollstreckung 234, 405